Hermann Semmig

Geschichte der französischen Literatur im Mittelalter nebst ihren Beziehungen auf die Gegenwart

Hermann Semmig

Geschichte der französischen Literatur im Mittelalter nebst ihren Beziehungen auf die Gegenwart

ISBN/EAN: 9783742808509

Hergestellt in Europa, USA, Kanada, Australien, Japan

Cover: Foto ©Thomas Meinert / pixelio.de

Manufactured and distributed by brebook publishing software (www.brebook.com)

Hermann Semmig

Geschichte der französischen Literatur im Mittelalter nebst ihren Beziehungen auf die Gegenwart

Geschichte
der
französischen Literatur
im Mittelalter

nebst ihren Beziehungen auf die Gegenwart

Dr. Hermann Semmig.

Leipzig
Verlag von Otto Wigand.
1862.

À MONSIEUR

JULES MICHELET,

Membre de l'Institut de France.

Monsieur !

Cette première livraison ouvre une série d'entretiens sur la littérature française. En mettant votre nom à la tête de l'ouvrage, j'ai pensé que j'aurais toujours devant moi comme une étoile, pour éclairer la route que je me suis tracée.

Vous trouverez dans ces pages peu d'érudition. Je n'aime guère à respirer la poussière des bibliothèques, mais je me jette volontiers dans le grand courant de la vie du peuple. J'ai étudié la France sur le vif, en la parcourant à pied, en causant avec le peuple sur la route, aux champs, dans l'atelier. Si d'autres, plus savants, prétendent la juger plus profondément, moi j'ai appris à l'aimer davantage. Et qu'est l'étude sans l'amour ? Que de beautés frappent l'amant, qui échappent au critique ?

Un grand peuple, digne de toutes les sympathies de l'humanité, va se reconquérir une patrie, l'Italie renaît. L'Allemagne aussi aspire à sa renaissance, elle aussi veut redevenir la patrie d'une grande nation et a droit aux mêmes sympathies. Malheureusement, de déplorables préventions, nées peut-être des souvenirs d'un temps passé, mais nourries surtout par ceux qui haïssent dans la France la patrie des principes de 89, ont retardé jusqu'ici l'harmonie entre deux peuples, appelés à guider le monde dans le chemin du progrès. Il faut dissiper ces nuages, qui cachent un danger sérieux pour la civilisation, et ils se dissiperont, quand les deux nations se connaîtront mieux. Dans un cadre restreint mon ouvrage voudrait contribuer à cette oeuvre de reconciliation.

Allemand de naissance et Français d'adoption, j'embrasse l'Allemagne et la France dans un même amour et, en vous serrant la main, je serre la main du peuple français.

Chambéry le 4. Novembre 1861.

Hermann Semmig.

Offener Brief an Herrn von Lamartine.

Ein Vorwort.

Mein Herr!

Unter den glänzenden Namen, die in der Geschichte der europäischen Literatur unsers Jahrhunderts prangen, steht auch der Ihre und wahrlich, sein Ruhm ist kein geringer. Nur Wenigen ist das Glück geworden, für ihre Lieder und Worte bei den Zeitgenossen eine so begeisterte Aufnahme zu finden, als Ihnen für die Ihren ward. Ja, als Sie „die Girondins" schrieben, lauschte Ihnen das Volk wie einem Propheten. So geschwächt auch der Glaube an seine Untrüglichkeit im Herzen des Volkes jetzt sein möge, ein Wort von Ihnen hat noch immer Gewicht.

Es hat um so mehr Gewicht, als Sie nicht bloß ein Dichter, sondern auch ein Staatsmann sind, ein Staatsmann, der nicht durch diplomatische Künste, sondern durch eine That seinen Ruhm gegründet hat. Angelangt auf der Höhe Ihres Lebens, nicht zufrieden mit dem üppigen Kranze, der Sie schon als Dichter schmückte, nahmen Sie sich in stolzem Vollgefühle Ihrer Kraft das Recht, mit eigner Hand das Geschick Ihres Vaterlandes, ja Europa's in eine neue Bahn zu lenken und einer weltgeschichtlichen Epoche Ihren Namen aufzudrücken. Das Schicksal Frankreichs schwankte auf der Wage; auf der einen Seite stand das siegberauschte Volk, das von dem von ihm gewählten Könige die ihm ertheilte Vollmacht zurückverlangte und die Rechte seiner Souveränetät selbst auszuüben begehrte, auf der andern eine Dynastie, die mit dem neuen Frankreich groß geworden, als der Hort und das Symbol seiner Wohlfahrt und Freiheit galt und, irregeführt durch doctrinäre Afterweisheit, zwar den Genius ihrer Nation und Zeit schwer verletzt hatte, aber seinen Irrthum einsehend und bekennend aufrichtig bereitstand, allen verfassungsmäßigen Ansprüchen des Volkes gerecht zu werden. In dem Deputirtenpalast aber tagten die Vertreter des Volkes, in dem Augenblick der Krise, wo alle Bande der Gesetze sich lösten, der oberste Senat der Nation; ihre Stimme mußte entscheidend sein. In ihrer Mitte erscheint eine Frau, eine Fürstin, geehrt von Allen um aller Tugenden willen, die ein Weib schmücken, und geehrt voll ehrfurchtsvollen Mitleides, denn es ist die Wittwe des Lieblings der Nation; sie vertritt in diesem Augenblick die fallende Dynastie. An ihrer Hand führt sie zwei Knaben, von denen der eine der Erbe des Thrones ist. Sie stellt ihn der Versammlung vor, fleht um deren Schutz und gelobt im Namen ihres Kindes Treue dem Volke und Achtung seiner Rechte. Mit banger Erwartung lauscht sie auf die Entscheidung, die ihr werden wird. Nimmt die Versammlung die dargebotene Hand an, so vollzieht sie ein Werk der Versöhnung und die überstandene Gefahr ist Bürgschaft dafür, daß die Rechte des Fortschritts gewahrt sein werden. Verwirft sie dieselbe dagegen, so bricht sie gewaltsam mit der Vergangenheit und es thut sich dem Lande eine Zukunft voll Stürmen und Erschütterungen auf, deren Ausgang Niemand voraussehen kann. Verhängnißvoller Augenblick! da fällt von Ihren Lippen ein Wort, ein einziges Wort, aber ganz Europa wird davon elektrisch durchzuckt: „Zu spät!" Die Republik ist proclamirt.

Wenn es wahr ist, mein Herr, daß Sie in den Tagen des Alters und der Einsamkeit, wo der Mensch sinnend in sein Inneres einkehrt, zu verschollenen Illusionen sich bekehren, die zu zerstören Sie doch so eifrig gewesen sind, dann mag dieses Wort schwer auf Ihrem Herzen lasten. Aber wie Sie es auch in diesem Falle in Stunden der Reue büßen mögen, Nichts löscht das Wort auf den Tafeln der Geschichte aus. Denn wenn der Ruhm, in die Geschicke der Welt einzugreifen, maßlos ist, sobald er am stärksten starke Seelen ergreift, wie auch nur starke Seelen danach begehren sollen, so ist auch seine Verantwortlichseit ungeheuer. Eine geschichtliche Schuld ist nicht eher gesühnt, als bis ihre Wirkungen verlöschen; das Gedächtniß einer guten That aber überlebt ihren Segen.

War aber Ihr Wort ein gutes; war es ein böses? welches waren seine Wirkungen? Ich übergehe den Sturz des Hauses Orleans als eine persönliche Angelegenheit, und im Grunde war die gefallene Dynastie nicht ohne Schuld an den Verwicklungen, in denen sie unterging. Ich maße mir auch nicht das Recht an, die Folgen davon für Frankreich abzuwägen, denn ich damals noch ein Fremder war, umsoweniger als dasselbe siegreich aus der schrecklichen Krise hervorgegangen ist. Wie sollte es auch fallen, dieses schöne Land, dem das Schicksal seine Sendung so sichtbarlich vorgezeichnet hat? Auf neuen Bahnen ist im Gegentheil seitdem das französische Volk geschritten und neue Siege hat es geerntet, die Sie, mein Herr, zwar nicht voraussahen, die sich aber doch nothwendig an Ihr Wort anknüpfen. Aber dasselbe hat noch andere Wirkungen gehabt, Wirkungen, die über die Gränzen Ihres schon so weiten Vaterlandes hinausgriffen und ganz Europa in die ungeheure Bewegung hineinrissen, in der eine gewaltige Zukunft noch geheimnißvoll gährt.

Denn es ist Frankreichs stolzes Vorrecht, den Völkern Europa's voranzugehn auf der politischen Kampfbahn und den Anstoß zu geben zu neuen Epochen der Geschichte. So trug es einst den christlichen Nationen des Occidents auf dem Zuge nach Jerusalem das Banner des Kreuzes vor; so durfte Mirabeau rufen: die französische Revolution wird die Reise um die Welt machen.

Und, sehen Sie, das Unglaubliche selbst ist geschehen: im Herzen Rußlands gährt die Idee der Emancipation. Frankreichs Legionen konnte der moskowitische Schnee begraben, Frankreichs Gedanken erstickt er nicht; der heilige Ruf: Liberté! fliegt höher als der russische Adler.

Zwei Nationen jedoch sind seit jenen Tagen aufgetreten und beschäftigen die bange Aufmerksamkeit aller Staatsmänner und Staaten, denn der endliche Ausgang ihrer Kämpfe und Bestrebungen hat unvermeidlich eine durchgängige Neugestaltung des europäischen Staatenſyſtems zur Folge; es ist die italieniſche und die deutſche. Aus einer Nation wollen ſie jede ein Volk werden!

Zwar reichen die Anfänge dieſer zweifachen nationalen Bewegung weiter hinauf. Wie alle Ereigniſſe der Gegenwart knüpfen auch ſie ſich an die große Umwälzung von 1789 an, den Markſtein des politiſchen Mittelalters. Gekräftigt war Italien aus der franzöſiſchen Herrſchaft hervorgegangen und ſchon damals (1821) ſtand die Familie Carignan an der Spitze des „jungen Italiens". Ebenſo mußte nach dem Zerfall des deutſchen Reichs grade der Druck der Fremdherrſchaft in dem deutſchen Volke die Sehnſucht nach nationaler Verjüngung wecken und mancher begeiſterte Jüngling, mancher edle Mann iſt ſeitdem dieſer Idee zum Opfer gefallen, denn die Trägheit der Maſſe war noch größer als die Gewalt, die den jungen Geiſt bekämpfte. Aber das Feuer der Prüfung bewährte nur das Gold der reinen Ueberzeugung, und als in den erſten Frühlingstagen von 1848 die Glocken von Notre-Dame den Sieg Ihres Wortes verkündeten, da glaubten Deutſche und Italiener, man läute auch das Feſt i h r e r Auferſtehung ein.

Das hatten S i e gethan, mein Herr; das that Ihr Wort! Verſuchen Sie es nicht dieſe hiſtoriſche Ehre von ſich abzulehnen. Ich weiß wohl, was einmal kommen ſoll, das m u ß kommen, gleichviel auf welchem Wege und durch welches Werkzeug; denn die Menſchheit folgt in ihrer Entwicklung einer logiſchen Nothwendigkeit. Aber die Freiheit des Einzelnen iſt dabei gewahrt und wenn er Herz und Ohr dem Rufe der Geſchichte verſchließen darf, um Andern die Leitung der Menge zu überlaſſen, ſo hängt es auch von ihm ab, ob er ſeinen Mund zum Organ jenes Rufes machen will. Und das thaten Sie, als Sie in dem Sturme der Empörung, der durch die Straßen von Paris brauſte, die Stimme von Frankreichs Genius zu vernehmen glaubten und ſich zum Apoſtel ſeines Willens aufwarfen. Daß die Frage der Nationalitäten früher oder ſpäter nach ihrer Löſung verlangte, war unvermeidlich; daß es aber ſo kam, w i e es kam, das iſt I h r Werk.

Verſuchen Sie es auch nicht, dieſe große Verantwortlichkeit mit der Erklärung von ſich abzulehnen, jedes Volk ſei der Herr ſeines Geſchicks und fordre Niemand auf in ſeine Bahn zu treten, nur Frankreichs Schicksal hätten Sie im Auge gehabt. Sie könnten sich dabei auf Ihr damaliges Manifest berufen wollen. Umsonst! Sie mußten wissen, daß eine Revolution in Frankreich, wenn sie siegreich ist, wie sie es durch Ihr Wort geworden, der Sauerteig ist, der die europäische Welt in Gährung bringt; Sie mußten, wenn Sie diesen Sieg des Aufstandes entschreiben oder bestätigen wollten, auch für die Folgen einstehen, die er haben konnte.

Nun die Folgen, die Welt kennt sie. Seit jenen Tagen steht Italien in ununterbrochenem Brande, an dem Herzen seiner Völker frißt wie Feuer der unauslöschliche Drang nach Einheit. Seit jenen Tagen rufen die verschiedenen Stämme der deutschen Nation nach ihrer Einigung unter Einem Staatsoberhaupte, will die deutsche Nation ein Volk werden und als solches mit entscheiden über die Geschicke der Welt.

Das ist die Saat, die, wenn sie auch nicht aus Ihrem Worte aufgegangen ist, doch durch dasselbe gezeitigt wurde. Um so größeres Gewicht mußte bei der öffentlichen Meinung das Urtheil haben, das Sie, mein Herr, über diese Bewegung fällen würden, so geschwächt auch (wie ich beim Eingang sagte) der Glaube an dessen Untrüglichkeit heutigen Tages sein mag. Sie haben es gefällt; Sie haben über den Aufschwung zwei großer edler Nationen ein Wort fallen lassen, das giftiger Mehlthau sein würde, wenn die deutsche Eiche und der italienische Lorbeer nicht zu tief in kräftigem Erdreich wurzelten, um dadurch in seinem Wachsthum gefährdet zu werden. Es steht in Ihren „literarischen Unterhaltungen". Bei der von allen Seiten beschäftigten Thätigkeit der beiden Nationen haben es dieselben wahrscheinlich unbemerkt vorübergehen lassen. Ich habe es gelesen, ich nehme es auf.

Wenn Sie, die Sie doch die Revolution in Frankreich durch die Republik heiligten, die italienische Revolution fast als verbrecherisch anklagen, wenn Sie von „angeblicher Nationalität" sprechen und fast all dieselben Gründe und Vorwürfe gegen das junge Italien erheben, auf die sich die legitimistische Reaction, die Partei des alten Régime's stützt, so muß ich es der angegriffenen Nation überlassen, diese Beschuldigungen zurückzuweisen, wofern sie es nicht vorzieht, sie durch die That zu widerlegen. Nur das Eine will ich hier bemerken: im Munde der Legitimisten sind diese Ausbrüche des Schmerzes und Zornes achtungswerth, denn sie sind der Ausdruck unwandelbarer Treue und Anhänglichkeit an ein tausendjähriges Princip; in Ihrem Munde sind sie ein Widerspruch.

Im tiefsten Herzen aber hat mich das Urtheil verwundet, mit dem sie kurz und hart über die deutsche Bewegung abgesprochen haben. Ein Andrer vielleicht würde dasselbe ebenso kurz mit flüchtigem Lächeln abfertigen und die Geschichte daraus antworten lassen. Ich denke zu hoch von dem Manne, der einst Europa mit dem Klang seiner Stimme erfüllt hat, um seinen Irrthum nicht gründlich zu bekämpfen. Habe ich mich im Laufe dieses Werkes schon verleiten lassen, den Dichter und Denker in Ihnen kälter zu beurtheilen, als es bisher von Andern geschah, so fühle ich mich doch durch die Achtung vor dem Staatsmann, dem Mann der That, unwillkürlich getrieben, sein Urtheil zwar entschieden zurückzuweisen, wenn es die Wahrheit verletzt, es aber vorher streng zu prüfen und dadurch zu versuchen, ihn selbst zu bekehren.

Ihr Urtheil, sagte ich, war kurz und hart; Sie nannten das Streben der deutschen Nation sich als Volk hinzustellen, den deutschen Staat „eine antifranzösische Ungeheuerlichkeit, zu fürchten wie der Tod." Statt dessen riethen Sie bei fortdauernder Spaltung des eigentlichen Deutschlands zu einem Bunde Frankreichs mit Oesterreich. Fragen Sie die Geschichte, ob ein solcher Bund jemals gute Früchte für Frankreich getragen hat; vergleichen Sie den Charakter beider Staaten und fragen Sie sich, ob ein solcher Bund möglich, natürlich ist. Die österreichische Monarchie unter der habsburgischen Dynastie ist auf eine durchaus conservative Politik hingewiesen; Frankreich bedarf, schon zur Beschäftigung seines Naturells, einer steten Bewegung, die Politik des Fortschritts ist die unabweisliche Bedingung seiner Lebensfähigkeit. Käme ein solcher Bund aber wirklich und auf die Dauer zu Stande, was wäre die Folge davon? Das eigentliche Deutschland, eingeschlossen zwischen den beiden Bundesgenossen, würde gegen den einen wie den andern ein stetes Mißtrauen nähren, namentlich würde sein Verkehr mit den deutschen Bruderstämmen Oesterreichs vergiftet werden; fortwährender Bevormundung ausgesetzt, könnte es nicht zum Vollgenuß seiner Kräfte kommen; das Gedeihen Zweier würde durch das Verkümmern eines Dritten erkauft; ewiger Unfriede, von Zeit zu Zeit sich wiederholende Kriege wären die unausbleibliche Frucht. Doch, wenn ich die legitimistische Partei ausnehme, so stehen Sie mit diesem Vorschlag so vereinzelt da, daß er einer weitern Widerlegung nicht bedarf.

Er bedarf derselben auch darum nicht, weil die Errichtung des deutschen Staates, wie Sie ihn auch Ihrem Vaterlande als ein Schreckbild hinstellen mögen, doch unvermeidlich ist. Die Idee hat gesiegt, nur das Wie der Verwirklichung schwebt noch. In allen Schichten des Volkes ist die Nothwendigkeit dieser Einigung anerkannt, und die besonnensten Staatsmänner fühlen sich genöthigt, den Bedürfnissen der Zeit und der Nation Rechnung zu tragen. Denn wie auch die Herren von Rechberg in Oesterreich, von Bernstorff in Preußen, von Beust in Sachsen und von Roggenbach in Baden in ihren Vorschlägen aus einander gehen mögen, Jeder von ihnen erkennt an, daß der bisherige deutsche Staatenbund nicht mehr der Zeitlage gewachsen sei, daß die Nation zu einem Volke werden und eine gemeinschaftliche Staatsregierung haben müsse.

Ist denn aber diese Forderung ungerecht, daß man das Recht habe sie unbedingt zu verwerfen? Die bloße Pflicht der Selbsterhaltung gebietet sie. Ueberall gruppiren sich die bisher vereinzelten Staaten und Stämme um ein nationales Centrum. Frankreich vereinigt um sich die ganze neulateinische Welt, es ist ihr natürliches Oberhaupt, schon hat es an der Seite italienischer Heere gefochten, wie im Augenblick spanische Truppen neben den seinen kämpfen; ist es aber schon so furchtbar als Kriegsmacht, wenn es allein steht, wie stark muß es erst sein, wenn es die Heere des verjüngten Italiens und Spaniens unter seinen Fahnen schaaren kann! Im Norden stehen die scandinavischen Völker verbündet zusammen. Im Osten ruft seit langen Jahren „die slavische Jungfrau" (Slawy Deera) die hundertfach zerstreuten Glieder des slavischen Nationalkörpers auf, sich unter Ein Haupt zu einen. Selbst in dem zerbröckelnden Türkenreiche schlagen alle Flammen des Aufruhrs der geknechteten Völker zu Einem Brande zusammen. Und Sie verlangen, daß Teutschland wehrlos und gespalten dastehn soll, preisgegeben der Willkür und dem Uebermuth, zu dem den Starken so leicht die Schwäche verlockt? Daß es die Schätze von Kunst und Gewerbfleiß, Wissenschaft und Gesittung, die eine jahrhundertlange ausdauernde Arbeit ihm errungen hat, ewig bedroht, ja verkümmern sehen soll? Ich sage: verkümmern; denn wo die Frucht des Fleißes nicht gesichert ist, verliert die Arbeit den Muth. Und wollen Sie den segensreichen Einfluß läugnen, den die deutsche Gesittung auf ganz Europa gehabt hat? Die Vernichtung derselben wäre ein Raub, ein Majestätsverbrechen an der Menschheit! Die Vereinigung der deutschen Stämme in Einen Staat ist nicht nur eine Pflicht der Selbsterhaltung, sie ist auch ein sittliches Gebot der Geschichte.

In Keines Munde konnte die Verwerfung dieser nationalen Bewegung Deutschlands härter und rauher tönen, als in dem Munde eines Franzosen. Es ist ein gemeines Sprüchwort in meinem Vaterlande: Was dem Einen recht, ist dem Andern billig. Gerade der Anblick Frankreichs und der Größe, die es durch seine Einheit erhalten hat, der elastischen Kraft, mit der es sich nach dem tiefsten Fall rasch wieder emporhebt stark wie zuvor und die es ebenfalls seiner Einheit verdankt, hat den Gedanken der Einheit Deutschlands zum unverrückbaren Ziel meiner Wünsche werden lassen. Ein Opfer der deutschen Spaltung, durch diese Uneinigkeit in's tiefste Elend gestürzt, fand ich ein Asyl in einem Land, das mir gerade den entschiedenen Gegensatz darbot. Jahrelang habe ich es beobachtet und überall trat mir das großartige Bild seiner Einheit entgegen; sollte ich für mein Vaterland nun nicht wünschen, was das Ihre so groß macht?

Aber Sie haben auch nur Einen Einwand dagegen, den nämlich, daß ein einiges Deutschland zu mächtig sei und gefahrbringend für Frankreich. In einer Zouavenbrust wäre dieser Einwand allerdings nicht aufgekommen; der Spartaner, dessen Todesverachtung wohl nicht größer sein konnte als die eines Zouaven, fragte nicht: wie viel sind ihrer? sondern: wo sind die Feinde? Das kleine Griechenvolk trotzte dem ungeheuern Perserheere und trotzte siegreich, weil es für eine Idee kämpfte; die kleine batavische Republik gab dem Despoten Ludwig XIV. dieselbe Lehre und vierzehn Armeen sprangen aus Frankreichs Erde, als der Convent das Vaterland in Gefahr erklärte. Hatten Sie vergessen, wie lange Frankreich dem verbündeten Europa getrotzt hat? Zwar stand an Frankreichs Spitze ein Feldherr, den von der Höhe der Pyramiden schon vierzig Jahrhunderte bewundert hatten, aber so groß auch das Genie des Kaisers war, es war doch das französische Volk, das seine Schlachten schlug. Fragen Sie die Enkel jener Braven, ob sie Furcht vor einer neuen Coalition haben.

Indessen Besorgnisse, die der Soldat verachten darf und wohl auch verachten muß, sind einem Staatsmann erlaubt, es ist selbst seine Pflicht, etwaige Gefahren wohl zu erwägen. Und in der That ist ein vereintes Deutschland eine Macht, die, was das Zahlenverhältniß betrifft, Frankreich weit überlegen wäre. Ist es aber darum zu fürchten? Nicht die Kraft fürchtet man, nur den Mißbrauch der Kraft. Und ist dieser bei dem deutschen Volke vorauszusetzen? Nein. Eroberungssucht liegt nicht in seinem Charakter. Die abergläubische Tradition vom römischen Kaiserthum führte die deutschen Kaiser im Mittelalter nach Italien, das deutsche Volk begehrte nicht danach. Seiner heimischen Schätze will es froh werden und so tief wurzelt der Sinn für häusliches Glück, für die engen Freuden des Familienlebens in ihm, daß derselbe sogar lange Zeit in patriotische Schwäche, in kleinliches Stillbürgerthum umschlug. Nicht in Deutschland hatten die französischen Heere ein Saragossa zu belagern, einen Brand von Moskau zu fürchten; die deutschen Sitten waren viel zu mild dazu, und als nach der Schlacht von Jena die preußische Monarchie zusammenstürzte, da durfte es ein General von Schulendorf wagen, dem empörten Patriotismus mit den Worten Schweigen zu gebieten: „Ruhe ist die erste Bürgerpflicht!" Für fremde Eroberer mag ein solcher Zustand günstig sein, das deutsche Volk achtet sich zu sehr, um ihn dauern zu lassen; nur durch seine Einheit aber wird es auch Andern Achtung einflößen. Das will es, nicht mehr. Und gerade die französischen Kriege mußten das national-patriotische Ehrgefühl in ihm wecken. Darum segne ich trotz alles unmittelbaren Elends, das sie mit sich führten, diese Kriege; sie rüttelten Europa aus dem Schlummer auf und verjüngten seine Völker. Und wenn einst Deutschland Eins sein wird, was sollte es noch begehren? Groß und reich genug, um sich zu genügen so wie es ist, wird es sich auf den friedlichen Einfluß seiner Bildung beschränken, wie überhaupt der fernere Verkehr unter den Nationen in dem Austausch der Arbeitskräfte und Arbeitserzeugnisse bestehen wird. Es liegt eine weltgeschichtliche Lehre darin, daß Napoleon I. das Blokadedecret gegen die britischen Inseln erließ und Napoleon III. den Handelsvertrag mit demselben England abschloß. Wollen Sie, mein Herr, dieselbe wohl erwägen!

Es ist eine wunde Stelle in Europa's Staatensystem, Sie könnten versucht sein sie gegen mich anzuführen; es ist Polen. Abgesehen davon, daß es ein slavischer Bruderstamm ist, der in Warschau herrscht und daß Polen, nächst der eigenen hartgebüßten Schuld, das Opfer einer veralteten Kabinetspolitik ward, die über das eigene Volk despotisch verfügte, so kann Europa überhaupt nur dann gegen Polen gerecht werden, wenn Deutschland als Staat geeinigt sein wird.

Die deutsche Frage ist im Grunde vielmehr eine innere als eine äußere. Die Schwierigkeit ihrer Lösung besteht in der Zufriedenstellung der einzelnen dynastischen Interessen, nach denen sich Deutschland spaltet. Können diese versöhnt werden, so wird aus dieser Bewegung keine Störung für den Frieden der Welt hervorgehn. Derselbe wird alsdann im Gegentheil gesichert sein. Ohne ein starkes Deutschland könnte Europa immer wieder der Spielball einzelner Großmächte werden, die sich um die Herrschaft streiten, wenn sie es nicht vorziehen, die Traditionen roherer Zeiten wach zu rufen und sich in die Herrschaft zu theilen. Erst durch ein starkes Deutschland wird das europäische Gleichgewicht gegründet, Europa erhält dadurch seinen natürlichen Schwerpunkt.

Vielleicht verletzt dieser Gedanke den politischen Ehrgeiz anderer Völker, des Ihren selbst. Aber die Hand auf's Herz, mein Herr, ist ein solcher Ehrgeiz, andere Nationen beherrschen zu wollen, ihnen seinen eigenen Willen zu dictiren, noch unserer gesitteten Zeiten würdig? Fragen Sie die öffentliche Meinung Frankreichs, ob sie nicht auf der Höhe dieser Zeit steht, ob sie nicht den moralischen Einfluß für den einzig berechtigten hält.

Ich fürchte, mein Herr, daß Sie Ihre Nation sowohl verkennen als Ihre Zeit überhaupt. Was ist die Politik, die Sie vorschlagen, anders als das selbstsüchtige „theile und herrsche"? Eine Politik, die großer Seelen nicht würdig ist. Lassen Sie es mich Ihnen sagen, niemals habe ich es lebhafter gefühlt, daß alle europäischen Nationen nur Eine große Familie bilden als auf Frankreichs gastlichem Boden, der uns Alle, die wir uns aus den verschiedensten Ländern auf ihm zusammenfanden, mit gleicher Liebe aufnahm und uns dieselbe Liebe unter einander einflößte. Wie namentlich französische Herzen mir mit unverstellter Theilnahme entgegengekommen sind, das werde ich nie vergessen; ich habe in meiner deutschen Heimath keine treuern und edlern Freunde gefunden als in Frankreich und ich bin nicht der einzige Deutsche, der die Gastlichkeit Ihres Vaterlandes erfahren hat. So nahm einst Deutschland die Opfer des Despotismus Ludwigs XIV. auf. Wie sollte nicht ein Band der gegenseitigen Liebe die beiden Nationen umschlingen?

Napoleon I. selbst, der große Eroberer, so feind er aller Ideologie war, dachte nicht anders von Europa's Zukunft. Lesen Sie, was der Geschichtsforscher Johannes von Müller über die Unterredung berichtet, die er am 20. November 1806 mit dem Kaiser in Berlin hatte, und erstaunen Sie, daß auch Napoleon das Ideal „der großen Völkerföderation hatte und daß er die Möglichkeit eines glücklichern Zustandes in dem Aufhören der vielen Fehden sah, welche durch allzuverwickelte Verfassungen, dergleichen die deutsche, und unerträgliche Belastung der Staaten durch die übergroßen Armeen veranlaßt worden."

Versöhnen Sie sich, mein Herr, mit dem Genius unsers Jahrhunderts; noch ist es Zeit, schließen Sie Ihre Laufbahn mit einem Segensspruch über die Nationen, die nach dem Vorgang Ihres Volkes sich erhoben, um sich auf gleiche Höhe staatlicher Größe und Wohlfahrt zu schwingen. Haben Sie Vertrauen in den Geist der Eintracht, der alle Völker Europa's umschlingt. Verdammen Sie jene engherzige Politik, die Ihnen das böse Wort des Mißtrauens eingegeben hat. Das Epos der Kriegshelden ist zu Ende gesungen, wir wollen das Epos der Arbeit, der Segnungen des Friedens singen. Weihen Sie es ein durch Ihren Segensspruch, Niemandem geziemt es mehr als Ihnen, dem Dichter und Staatsmann, und wenn Sie es thun, so wird der Segen der Welt auch Ihren Namen verklären.

Meine Aufgabe aber ist das Werk der Versöhnung, der Verständigung zwischen Frankreich und Deutschland. In diesem Sinne habe ich dieses Werk begonnen. Großes hat jedes der beiden Völker in der

Vereinzelung vollbracht, Größeres wird einst ihr Bund vollbringen. Ergänzen sie sich doch gegenseitig in ihrer Thätigkeit, wie Kopf und Herz! Noch liegt manches Vorurtheil, manch böse Erinnerung zwischen Beiden. So schwer es auch dem Einzelnen fallen mag, im Interesse des Ganzen, im Interesse der Menschheit müssen diese düstern Schatten vor dem Sonnenlicht der Liebe weichen. Deutschland und Frankreich, ihr seid die Völkerdioskuren, bestimmt den Nationen voranzuleuchten auf der Bahn der Zukunft. Frankreich und Deutschland, ihr seid die Doppelschneide am Schwert der Freiheit, das in der Hand des Genius der Geschichte blitzt. Frankreich und Deutschland, blickt euch fest in's Auge, daß ihr euch verstehet, und dann reicht euch die Hand und sprecht, eines zum andern gekehrt:

Arm in Arm mit dir, so fo'dr' ich das Jahrhundert in die Schranken!

Geschrieben im Maimonat des Jahres 1862.

Hermann Semmig.

I.
Vorgeschichte.

1. Die europäische Sprachfamilie.

Die Sprachkunde als Wissenschaft ist eine Schöpfung des neunzehnten Jahrhunderts; ja nur erst seit wenig Jahrzehnten hat sich ihre volle Bedeutsamkeit erschlossen. Das Alterthum hat sie kaum geahnt; erst als es seinem Ende nahe war, lernte es das Abc davon kennen. Die Wiederaufnahme dieser Elementarkenntnisse ist eins der Symptome, die den Verfall des Mittelalters bezeichnen; es erwachten die philologischen Studien. Sie beschränkten sich auf die griechische und lateinische Sprache, und so ärmlich es um ihre Resultate steht, so herrschen sie doch noch immer ausschließlich auf den Schulen, gestützt auf die Schultern von zwei schwerfälligen Burschen: Schlendrian und Pedantismus. Das achtzehnte Jahrhundert arbeitete, wie auf allen Gebieten, auch hier dem Lichte vor; Condillac, Volney und Joh. Chr. Adelung sind Namen, die an große Verdienste erinnern. Da ward am Ende dieses Jahrhunderts das Sanskrit entdeckt; eine ungeheure Revolution der Sprachstudien war die Folge davon. Der menschliche Geist stieg bis zu den geheimnißvollen vorgeschichtlichen Quellen hinauf, wo die Uranfänge seiner Sprache lagen, und indem er von da den Strom wieder hinab verfolgte, entdeckte er eine ganze unbekannte Welt. Die Sprachwissenschaft verbreitete Licht über Epochen der Menschheit, von denen in der Geschichte kein Denkmal übrig geblieben ist; die Räthsel der Mythologie wurden aufgeschlossen und die Verwandtschaft von Völkern wurde dargethan, zwischen denen in Raum und Zeit unermeßne Strecken lagen.

Es bewährte sich hier Schiller's Wort:

 Auch, ihr Völker, gehört der Kaufmann: Güter zu suchen,
  Geht er, doch an sein Schiff knüpfet das Gute sich an.

Einer Compagnie englischer Kaufleute gelüstete es nach Indiens Schätzen, und, ohne es zu ahnen, bereicherte sie die Welt mit einem Schatz von Kenntnissen, der für die Gestaltung der Menschheit von noch unberechenbaren Folgen ist. So zog Columbus einst nach Indien aus und fand Amerika.

Gebührt aber den Engländern das Verdienst der ersten Entdeckung des Sanskrit und der unermüdeten Pflege dieser Studien, so sind es doch die Deutschen, die letztere auf jene wissenschaftliche Höhe gehoben haben, wo sie allein Frucht tragen konnte. Ist doch der rein germanische Genius, der in den Engländern mit fremden Elementen geschwängert ist, den indischen am verwandtesten, wie Sprachbau und Philosophie genügend darthun, und von jener systematischen Tiefe und Gründlichkeit, die zu solchen Werke unentbehrlich sind. Frankreich hat in Männern wie Renan und Littré treffliche Mitarbeiter geliefert; aber, einen Eugène Burnouf ausgenommen, sind es doch nur Nachzügler auf der Bahn, die von den deutschen Gelehrten gebrochen worden ist. Das scharfsinnige französische Volk beweist eine glänzende Ueberlegenheit da, wo es den ihm eigenen esprit zur Entzifferung z. B. der ägyptischen Hieroglyphen gilt; Champollion — möge es mir mein Lehrer, der Leipziger Archäolog Seyffarth, verzeihen — hat keinen Nebenbuhler. Außerdem erfreuen sich bei ihm in Folge seiner politischen Beziehungen die modernen orientalischen Sprachen praktischer Zwecke wegen einer lebhaften Pflege.

Eines der erfreulichsten Ergebnisse der modernen Sprachwissenschaft ist die Erkenntniß, daß die Völker Europa's Einem Urstamme entsprungen sind, Eine Familie bilden. Es giebt nur wenig Fremdlinge unter uns. Außer den schon im Alterthum untergegangenen Etruskern, über deren Abkunft noch ein großes Dunkel liegt, sind dies die Finnen oder Tschuden, zu denen die Ungarn d. h. Magyaren gehören, die tatarischen Türken (nach Einigen sind Tataren und Finnen gemeinsamen Ursprungs), die von den alten Iberern abstammenden Basken und die Zigeuner. Die Juden erwähne ich nicht, da sie sich doch allmälig mit den Nationen verschmelzen, in deren Mitte sie wohnen; die Ungarn aber haben selbst als Nation längst europäisches Bürgerrecht erhalten. Wir Europäer sind also nicht nur Brüder im demokratischen Sinne, wie der Refrain jenes französischen republikanischen Liedes von 1848 sagte: les peuples sont des frères. Wir sind Brüder im eigentlichen Sinne des Wortes, Blutsverwandte. Wie wäre es auch möglich, daß Europa so schwer in der Wagschale der Weltgeschichte wiegt, daß alle Völker der Erde sich vor seiner Hoheit und seinem Einflusse beugen, wenn nicht der Gedanke der Einheit uns beseelte, wenn wir nichts als eine massenhafte Zusammenhäufung verschiedenartiger Elemente wären? Je mehr aber dieser Gedanke der Einheit in uns zum Bewußtsein kommt, je näher kommen wir auch dem Ziele einer wirklichen Verbrüderung. Einst kommt der Tag, leider vielleicht spät, aber sicher, wo, gleichviel unter welchem Namen, die europäischen Völker in einen

Staatenbund zusammentreten werden, der dem nordamerikanischen ähnlich seine gemeinsame Verwaltung und Vertretung hat, der mit Bewußtsein gemeinsame Interessen verfolgt und in welchem die Eroberungspolitik als eine Ungereimtheit unmöglich werden wird. Schon wird dies Ziel europäischer Einheit durch das Streben nach nationaler Einheit angebahnt, das sich in den Völkern gemeinsamer Zunge regt. Dies Streben lebt in den deutschen Stämmen, es erwacht in den slavischen Völkern des türkischen Reiches, und die italienische Bewegung, wie auch Vorurtheil und Kurzsichtigkeit es verkennen mag, hat keine andere Bedeutung. Mag es auch im Anfang den Anschein haben, als ziele es nur auf Vergrößerung des oder des Staates ab, z. B. Preußens oder Piemonts; zuletzt kommt doch Alles darauf hinaus, daß sich die bisher durch Sonderinteressen getrennten Stämme Einer Nation concentriren, und wenn das durchgängig geschehen sein wird, dann wird die machiavellistische Politik des „theile und herrsche" zu Nichte und ganz Europa feiert seinen Rütlibund.

Der geschichtliche Zusammenhang der europäischen Völker ist kurz dieser: Es gab in der Urzeit auf den Hochebenen Mittelasiens einen Menschenstamm, der von der Natur vorzugsweise glücklich begabt und eigenen Ursprungs war; denn die Abstammung des Menschengeschlechts von Einem Elternpaare ist ein Mährchen. Vielleicht sind die Semiten von jenem ein Bruderstamm, der aber schon in den uraltesten Zeiten seinen eigenen Weg gegangen ist. Jener Menschenstamm bezeichnete den Erdboden, der ihn trug, mit dem Worte Ar; daher kam der Name Arien für das besondere Land, das seine Wiege war. Dies Wort bedeutet also im Grunde nichts anders als „Erde"; auch kommt in allen indoeuropäischen Sprachen die Sylbe Ar in allen Wörtern vor, die sich auf den Ackerbau beziehen. Der Name Asien aber ist nichts andres (r und s werden oft vertauscht), denn die Völker, die sich aus diesem Lande westwärts wendeten, trugen die Urbezeichnung desselben auf den ganzen östlichen Continent über, von dem sie gekommen waren. Von diesem arischen Volke lösten sich allmälig einzelne Familiengruppen los und bildeten nach und nach besondere Völker. Die ersten, die sich trennten, zogen südwärts und theilten sich in Hindus und Perser. Darauf zog ein dritter Stamm westwärts; es waren die Celten, welche Mitteleuropa und die britannischen Inseln einnahmen. Ihnen folgten die Pelasger nach, die sich in Griechen und Lateiner theilten. Zuletzt, wenn nicht gleichzeitig mit den Pelasgern, kamen die Germanen nach mit den Slaven, deren erste Vorposten die alten Preußen und Lithauer waren. Ganz Europa ward also von Völkern Eines Stammes eingenommen; die allmälige Losreißung und lange Trennung aber wirkte so auf ihre Sprache ein, daß sie sich zuletzt unverständlich wurden. Indessen war der Südwesten Europa's (die pyrenäische Halbinsel, Südfrankreich, die balearischen Inseln und vielleicht auch Sici-

1*

lien) vor der Ankunft der arischen Stämme von einem gänzlich verschiedenen Volke besetzt worden, das höchst wahrscheinlich libyschen Ursprungs ist und von Afrika aus, wie später die Araber, über die Meerenge von Gibraltar eingewandert war: es sind dies die Iberer, von denen sich noch die Basken erhalten haben. Ein Theil derselben vermischte sich mit den südlich vordringenden Celten und bildete das Mischvolk der Celtiberer; zuletzt aber erlagen sie den erobernden Römern. Aus ihrer Mischung mit diesen, den Germanen und Arabern gingen die Spanier und Portugiesen hervor.

Wir kommen hiermit zu einer der interessantesten Erscheinungen in der Geschichte der menschlichen Gesittung; ich meine die Schöpfung einer neuen Sprache aus einer alten durch ein fremdes Volk, dem die letztere überbracht wird. Dieses Schauspiel bietet uns die Entstehung der neulateinischen Sprachen. Im Wesen bringen sie kein neues Element zu der europäischen Sprachfamilie; denn sie sind nichts als umgeformte alte Sprachen. Vergleicht man aber die Frucht mit dem Keime d. h. die Sprache, wie sie jetzt besteht, mit der alten, die ihr zum Stoffe gedient hat, so findet man eine solche Verschiedenheit in Bau und Gedankenausdruck, daß die Umbildung eine wirkliche Schöpfung zu nennen ist. Ein nicht minder interessantes Resultat davon ist die Umgestaltung der politischen Bezüge. Römer, Gallier und Iberer waren sich anfangs fremd, ja feindlich; jetzt aber, wo die römische Sprache in Folge der Eroberung den drei Ländern gemeinsam geworden ist, stehen sie unter sich in steter Wechselwirkung. Ja, wie die slavischen Stämme im Panslavismus nach der Bildung Eines Reiches ringen, so hat unlängst ein Franzose in der Broschüre „l'Empire de l'Occident reconstitué" die Verschmelzung der neulateinischen Nationen zu einer großen Staatengruppe vorgeschlagen.

Den eigenthümlichsten Charakter unter diesen Sprachen, zu denen noch die rumänische der Moldo-Walachen gehört, besitzt aber die französische. Obgleich nur im zweiten oder dritten Gliede von der arischen Ursprache herstammend, gehört sie doch zu derselben Familie; wer aber würde die Familienähnlichkeit erkennen, wenn er diese Sprache mit der griechischen oder deutschen vergleicht? Während der Grundcharakter des französischen Sprachgeistes die Analyse oder logische Zersetzung ist, zeichnet sich die deutsche Sprache durch ihren synthetischen Geist aus, der sie der geletrtesten und verwickeltsten Combinationen fähig macht. Ist die französische Sprache scharfsinnig und klar, zuweilen klar bis zur Oberflächlichkeit, so ist die deutsche dichterisch und tief, zuweilen tief bis zur Dunkelheit. Selten haben zwei so grundverschiedene Nachbarn nebeneinander gewohnt. Aber wie in der Liebe, so auch hier: grade entgegengesetzte Charaktere ziehen sich an.

Betrachten wir nun, aus welchen Elementen die französische Nation und Sprache entstanden ist, deren literarische Schöpfungen der Gegenstand unsrer Unterhaltung sein sollen.

2. Frankreichs Ureinwohner.
Die Iberer.

Wie noch heute Frankreich in zwei durch Sitten und Dialekt sehr verschiedne Theile zerfällt, Nord- und Südfrankreich, so war schon in der Urzeit der Charakter des Nordens von dem des Südens verschieden. Die Loire bildete von jeher nicht nur die geographische Grenze. Im Süden längs des Mittelmeeres waren die Iberer heimisch. Wir sahen schon, daß sie ein von den Europäern, der arischen Race, gänzlich verschiedenes Volk waren. Ihre mehr als patriarchalische Trennung in Stämme ohne Nationaleinheit, die strenge Nüchternheit ihrer Lebensweise, ihre anscheinend so spitzfindige und im Grunde doch so geistigarme und einfache Sprache weist darauf hin, daß sie nicht aus Hochasien, der Wiege der europäischen Völker, kamen, daß vielmehr ihre Heimath die libysche Wüste war. Sie haben nie einen hohen Grad von Civilisation erreicht. Der Dichter Grabbe hat aus seiner Phantasie heraus in seinem Drama „Hannibal" ein lebendiges Bild der iberischen Race geschaffen. Ihre Literatur entsprach ihrer Gesittung, sie kam nicht über die jeder ursprünglichen Civilisation eigene lyrische Poesie hinaus: Kriegslieder, Siegesgesänge, nach Strabo didaktische Verse, in denen die alten Gebräuche dem Gedächtniß überliefert wurden, und kurze epische Gedichte, die aber immer lyrisch gefärbt waren. Es fragt sich sehr, ob diese Literatur es jemals bis zu einem Ossian gebracht hat; indessen, wunderhalber wär' es nicht unmöglich. Es war natürlich, daß dieses Volk früh in den gebildeten Eroberern aufging, nicht jedoch ohne der fremden aufgedrungenen Civilisation etwas von heimischer Färbung zu geben; denn anders läßt sich der blühende bis zur Schwulst declamatorische Charakter der aus Spanien gebürtigen römischen Schriftsteller nicht erklären. In Gallien waren die Iberer schon früh mit den Celten verschmolzen und es hat sich daher von ihnen, wie es scheint, Nichts, auch gar Nichts in der französischen Sprache und Literatur erhalten. Wir dürfen daher kurz über sie hinweggehen. Die Franzosen sind indessen nicht so rasch, sie beanspruchen Alles, was auf ihrem Territorium erwachsen ist, mag es auch von fremder Nation berühren, und so verschmähen sie denn auch nicht, bei einer Sammlung französischer Volkslieder die baskischen miteinzureihen, wenn sie auf französischem Grund und Boden gesungen werden. So theilte ein Herr Garay de Monglave dem Ministerium des öffentlichen Unterrichts 1853 folgendes baskische Lied mit, das sich auf die Schlacht von Ronceval beziehen kann und allerdings den Charakter ursprünglicher Volkspoesie an sich trägt. Da die Basken der unverfälschte letzte Rest der iberischen Nation sind, so mag es hier zum Schluß seinen Platz finden; Escualdonac's nennen sich die Basken in ihrer Sprache. Das Lied lautet nach obiger Mittheilung also:

„Ein Schrei erhob sich inmitten der Berge der Escualdonac's.

Sie kommen, sie kommen . . . .
Wieviel sind ihrer? Kind, zähl' sie genau.
Einer, zwei, drei, vier, fünf, sechs, sieben, acht, neun, zehn, elf,
Zwölf, dreizehn, vierzehn, funfzehn, sechzehn, siebzehn, achtzehn, neunzehn, zwanzig.
Zwanzig und Tausende noch.
Man verlör' seine Zeit, sie zu zählen.
Vereinen die nervigen Arme wir, auswurzeln wir die Felsen.
Von den Bergen laßt sie uns wälzen
Herab auf ihre Häupter,
Zerschmettern, tödten wir sie.

Es spritzt das Blut, es zuckt das Fleisch;
Was für Knochen zermalmt, von Blut welches Meer!

Sie fliehen, sie fliehen.

Wieviel sind ihrer? Kind, zahl' sie genau.
Zwanzig, neunzehn, achtzehn, siebzehn, sechzehn, funfzehn, vierzehn, dreizehn, zwölf, elf,
Zehn, neun, acht, sieben, sechs, fünf, vier, drei, zwei, Einer.
Einer! Blieb übrig auch nicht Einer!

Es steigen zur Nacht die Adler herab,
Das zermalmte Fleisch zu fressen
Und alle die Knochen, sie haben Zeit
Zu bleichen während der Ewigkeit."

Die wahren heimischen Herrn des französischen Landes, der echte Urstamm des französischen Volkes sind die Celten, hier Gallier genannt. Und nicht nur ist der Volkscharakter der heutigen Einwohner noch immer derselbe, den man an den Galliern kannte, sondern auch Sprache und selbst Literatur haben so manche celtische Spuren bewahrt, daß wir uns bei diesen Ureinwohnern längere Zeit aufhalten müssen.

Die Celten.

In uralten Zeiten waren die Celten in Deutschland ansässig. Wir haben dafür keines Schriftstellers Zeugniß, aber unwiderlegliche Beweise nicht nur in Bauresten und ausgehundenem Geräthe, sondern namentlich in den Fluß- und Ortsnamen, die sie zurückgelassen haben. Worte wie „Donau, Main, Isar, Rhein, Wien, Breisach" sind celtischen Ursprungs und finden sich zum Theil im westlichsten Frankreich wieder. Die Geschichte aber findet die Celten von den Germanen schon jenseits des Rheins in den Westen Europa's gedrängt und der Sprache nach in zwei große

Stämme getheilt, den gallisch-britannischen und den irländischen. Die Sprache des letztern zerfiel in zwei Dialekte, den eigentlich irischen und den in Hochschottland gesprochenen gälischen, in welchem Ossian gesungen hat; indessen ist gällisch das einheimische Wort für die irländische Sprache selbst, die alten Irländer nannten sich Gälen, abgekürzt für Gädelu, d. h. Ungestüme. Ihre Sprache hatte sich sehr früh schon dermaßen umgestaltet, daß sie dem gallisch-britannischen Stamme schwerlich verständlich war. Die Gallier, zu denen die Belgen und Aquitanier gehören, nahmen das heutige Frankreich und Norditalien ein; wie aber noch heute der südfranzösische Dialekt dem Nordfranzosen unverständlich ist, so hatten sich schon damals die Aquitanier, wie wir oben sahen, namentlich durch ihre Verschmelzung mit den Iberern den Nordgalliern entfremdet. Zwischen diesen und den Britanniern herrschte eine nur geringe Sprachverschiedenheit, sonst hätten z. B. die gallischen Druiden nicht nach Britannien gehen können, um sich daselbst in die Mysterien ihrer Religion einweihen zu lassen. Die Britannier wohnten im heutigen England (südlich von Schottland) und in Armorika, der französischen Bretagne; die Bewohner der letztern nennen noch heute die Franzosen ar C'hall, Gallier, ein Beweis, daß sie sich als Volksstamm von ihnen unterscheiden. Die britannische Sprache zerfiel in drei Dialekte, den von Cambrien oder Wallis, den von Cornwall in England und den von Armorika. Von diesen drei ist der zweite im achtzehnten Jahrhunderte ausgestorben; die beiden andern sind sich so verwandt, daß sich die Bretonen von England und Frankreich unter einander verstehen. Noch kürzlich ward dies auf's Neue bestätigt. Ende Decembers 1850 litt ein englisches Schiff bei der Halbinsel Quiberon Schiffbruch, die Mannschaft wurde gerettet und nach Sarzeau bei Vannes geführt. Keiner der Engländer verstand die französische Sprache, aber unter ihnen befand sich ein Walliser: dieser hört bretonisch sprechen, sofort beginnt er in seinem cambrischen Dialekte zu reden und mittelst dieser Ursprache ihrer gemeinsamen Vorfahren machen sich Franzosen und Engländer gegenseitig verständlich. Dieser Fall zeugt für einen sehr wichtigen Umstand; wenn sich nämlich Walliser und französische Bretonen noch heute verstehen, obgleich kein Verkehr zwischen ihnen stattfindet, so darf man schließen, daß ihre Sprache seit ihrer langen Trennung keine wesentliche Veränderung erlitten hat, und es ist ebenso anzunehmen, daß das heutige Bretonisch von der gallischen Sprache zu Cäsars Zeiten nur wenig verschieden ist. Versuche man doch mit diesem Bretonisch noch die celtischen Lieder aus dem sechsten Jahrhundert.

Indessen, wie verwandt sich auch Gallier und Britannier durch die Sprache waren, in Bezug auf den Charakter waren sie sicher sehr verschieden von einander, und dieser Charakter hat nicht gewechselt. Der Franzose oder Gallier ist heiter, frivol (im deutschen Sinne des Wortes), wandelbar, freigeistig, skeptisch, ruhmrednerisch, aber auch, wie schon zu Brennus Zeiten, zu Eroberungszügen geneigt, wenn das Banner der gloire darüber flattert; der Bretone dagegen ist ernst, zäh an der Ueberlieferung haftend, tief gläubig bis zum Aberglauben, das Wort C h r i st bedeutet bei ihm soviel wie M e n s ch. Höchst wahrscheinlich waren sich auch die Literaturen beider Stämme nicht ganz ähnlich; die Triaden, in welchen die celtischen Priester vom Weltgeheimniß sangen, sind ohne Zweifel nicht in dem Vaterlande Racine's und Voltaire's entstanden, in dem Vaterlande der Poesie des guten Tones und der gefälligen klaren Prosa, die, weil dem Dunkel, auch der mystischen Tiefe abhold ist. Der Genius eines Volkes verändert sich nicht so von Grund aus; hätte die Poesie der Gallier je eine so düstre mystische Färbung gehabt, wie wir bei den westlichen Barden finden, so würde sie noch in der französischen Literatur nachschimmern. Im Gegentheil aber, gaulois heißt in derselben grade die Ader der kecken Lust und Satire, wie sie in Lafontaine, Rabelais, Béranger u. s. w. pulsirt. Der Druidencultus war allerdings über ganz Gallien verbreitet, dieselben celtischen Denkmale, die man in der Bretagne findet, sind über das ganze Innere zerstreut und haben mich zu ernstem Nachdenken gezwungen. Es war ein dämmernder Winternachmittag, als ich im Jahre 1855 durch die Ebene von Chartres wanderte, wo zu Cäsars Zeit das Druidencollegium waltete, das über ganz Gallien herrschte; zweitausend Jahre sind darüber hingegangen und noch stehen die heiligen Opferringe und riesigen Dolmens und Menhirs als Beweise, daß dieselbe Gesittung, die damals in der Bretagne bestand, auch hier waltete. Da fragte ich mich: wo ist dieser Druidengeist hingeflogen, daß er so gar keine Spuren in diesem Lande und Volke zurückgelassen hat? Warum erscheint diese celtische Welt, jetzt wo sie von Männern wie Souvestre und la Villemarqué wieder erweckt wird, dem modernen französischen Geiste so gänzlich fremd? Und meine Antwort war wie oben.

Uebrigens haben wir für diese Verschiedenheit Aehnliches bei andern Völkern. Unsre leichtblütigen Rheinländer haben so gut germanisches Blut als die Westphalen und sind doch sehr verschiedenen Charakters. Die katholische Religion ist die der Italiener wie die der Franzosen, und dennoch herrscht in der äußern Auffassung und Feier manche Verschiedenheit. Nun gar die auch katholischen Spanier! ist ihr düstrer Fanatismus etwa auch den Italienern eigen?

Derjenige Zug, der uns am alten gallischen Volkscharakter am meisten interessirt und den Demogeot besonders hervorhebt, ist folgender: „Eins lieben die Celten fast ebenso sehr als den Kampf, das ist die elegante Rede" (finement parler). Kein Volk kostet den geschmackvollen Ausdruck mit solchem Wohlgefallen, wie das französische; die witzig leichte und feine Unterhaltung (la causerie) ist ein Talent, das jeden jungen

Mann in der Gesellschaft empfiehlt. In Deutschland kann ein Schriftsteller die elegantesten Artikel schreiben; so gern er auch vielleicht mit Vorzug vor Andern gelesen wird, sonderliches Aufsehen wird er nicht machen. Dieser geringe Werth, den man bei uns über'm Rhein auf die Form der Darstellung legt, ist auch eine Ursache davon, daß unsre Prosa sehr im Argen liegt. Der Schriftsteller bedarf der Aufmunterung. In Frankreich ist ein geschmackvoller Journalist ein Mann von Bedeutung.

Der große Werth, den die Celten auf Sprache und Styl legten, erhielt sogar in dem Gott Ogmius einen religiösen Ausdruck, wie uns Lucian berichtet. Letzterer erzählt nämlich: Die Celten nennen Herkules (das Sinnbild der Stärke) in ihrer Sprache Ogmius; wie der griechische Halbgott trägt derselbe eine Löwenhaut, an der Seite einen Köcher, in der rechten Hand eine Keule, in der linken einen Bogen. Er wird aber als Greis dargestellt; von seiner Zunge aus gehen eine Menge dünne Ketten aus Gold und Bernstein gefertigt, mit denen er eine große Menge Menschen, an deren Ohren diese Ketten gebunden sind, nach sich zieht; diese folgen ihm mit sichtbarem Wohlgefallen, er selbst aber wendet sich ihnen lächelnd zu. Ein celtischer Philosoph, sagt Lucian, löste mir das Räthsel. „Wir Celten, sprach derselbe, glauben die Rede nicht, wie ihr Griechen, durch Hermes vertreten, sondern durch Herkules, denn dieser ist bei weitem stärker als Hermes; als einen Greis stellen wir ihn dar, weil die Rede erst im Alter ihre volle Kraft erhält; die Sprache dringt durch die Ohren in's Herz, darum die Ketten; und überhaupt glauben wir, daß unser Herkules durch seine Weisheit und Ueberredung das Meiste ausgerichtet habe." Ogmius war also der Gott der Rede, wie der griechische Hermes, und der Held des Sieges, wie Herkules. Auch in der germanischen Mythe wird der Gott der Dichtkunst und Beredsamkeit, Braga, als Greis dargestellt. Die celtische Mythe geht aber weiter in ihrer Symbolisirung. Wer denkt dabei nicht an die Herrschaft, die die französische Sprache und Literatur seit zwei Jahrhunderten in Europa ausgeübt hat?

Es ist hier der Ort, einen vergleichenden Blick auf die alte und die heutige Sprache der Bewohner Galliens zu werfen.

Celtische Sprachreste.

Am Ende des zweiten Jahrhunderts nach Christi Geburt predigte der Bischof Irenäus zu Lyon noch in celtischer Sprache. Selbst im sechsten Jahrhunderte ward dieselbe noch von dem Volke in Gallien hier und da gesprochen. Darf man bei einer solchen Ausdauer nicht voraussetzen, daß Vieles aus dieser Sprache in die neue romanische übergegangen ist? Mit vollem Rechte, allein viel weniger, als man glauben möchte, hat sich in der That davon erhalten. Es erklärt sich dies dadurch, daß im Anfang nur die Vornehmen die Sprache ihrer Eroberer lernten, um Einfluß und Zutritt zu den Würden zu erhalten; natürlich bemühten sie sich diese Sprache so rein als möglich zu erlernen. Das Volk folgte nach. Unter dieser allmäligen Umwandlung hatte sich der celtische Sprachgenius natürlich abgestumpft und konnte nicht mehr entschieden einwirken. Was ich davon ableiten zu können glaube, will ich hier zusammenstellen.

Man erinnert sich aber, daß von der gallischen Sprache kein literarisches Denkmal übrig geblieben ist, es fehlt uns somit, scheint es, der Maßstab. Diesen Mangel ersetzt uns das Bretonische, das dem Gallischen so nahe verwandt war und sich ziemlich in seinem alten Zustande erhalten hat. Wenige Worte zuvor über die philologische Behandlung dieses Dialekts. Während sich die celtischen Idiome Englands seit längerer Zeit schon sorgfältiger Studien erfreut haben, wird der armorikanische Dialekt, das bas-breton, von den Franzosen als ein barbarisches Patois ganz vernachläßigt. Man erzählt, im vorigen Jahrhundert habe ein fahrender Jahrmarktsgaukler einen bretagnischen Bauer im Schlafe oder in der Trunkenheit am Wege aufgerafft, ihn als wilden Indianer ausstaffirt und so dem Pariser Volke gezeigt, das die celtischen Jammerlaute des armen Bauern in allem Ernst für indianisch genommen habe; endlich sei derselbe von einem bretagnischen Edelmann, der zufällig vorüberging, erlöst worden. Gesetzt, es sei ein Mährchen, so ist es doch gut erfunden, um die Unwissenheit zu zeichnen, die über die bretagnische Sprache in Frankreich herrsche. Noch heute bezeichnet die französische Sprache mit dem bretagnischen Worte petra (was? wörtlich: welches Ding?) einen Tölpel und mit dem Worte baragouin, zusammengesetzt aus den bretagnischen Wörtern bara d. h. Brod und gouin d. h. Wein, ein unverständliches Kauderwälsch. Das erste gedruckte Buch über die bretagnische Sprache ist ein bretagnisch-lateinisch-französisches Wörterbuch, gedruckt 1499 in Treguier, Catholicon genannt, das aber nur noch in drei Exemplaren existirt. Ich habe eins davon auf der Bibliothek in Quimper gesehen und glaube, daß für die Linguistik wenig daraus zu ziehen ist. Im achtzehnten Jahrhundert erschienen zwei andre französisch-bretagnische Wörterbücher, das eine vom Kapuziner Grégoire von Rostrenen, das andre bedeutend bessere vom Benedictiner Lepelletier (Paris 1752). Das größte Verdienst aber hat der Bretagner Legonidec (geb. 1775, gest. 1838), der u. a. ein Wörterbuch und eine Grammatik herausgegeben hat; er ist der Wiederhersteller der bretagnischen Sprache, die ohne ihn gänzlichem Verfall entgegengegangen wäre. Die erste Anregung gab ihm wohl der Avocat Lebrigant, der ihm wenigstens als Sprachforscher voranging; freilich ein sonderbarer Sprachforscher! Nun, es muß auch solche Käuze geben. Nach Lebrigant nämlich ist die bretagnische Sprache die Ursprache der Menschheit, in welcher Gott zu Adam und Eva sprach. Das Hebräische, die Sprache der Sandwichinseln, das Griechische, kurz alle Sprachen der Erde kommen vom bas-breton her. Phantastereien der Art haben die celtischen Studien in argen Mißcredit gebracht, sodaß sich mancher ernste Gelehrte nicht damit befassen wollte. Ein Freund Lebrigants und mit gleichen Forschungen beschäftigt war Latour d'Auvergne, bekannt als der erste Grenadier Frankreichs; derselbe war aus Freundschaft als Ersatzmann für einen Sohn Lebrigants in die Armee eingetreten und fand da den Heldentod, der ihn zu früh seinen Sprachstudien entriß. Wie sein Name dem Tagesbefehl des Generals Dessoles zufolge an der Spitze der 46sten Halbbrigade blieb, wo er gefallen war, so beschloß auch die 1803 in Paris gegründete celtische Akademie, daß der Name Latours an die Spitze der Namen ihrer Mitglieder gestellt und beim Aufrufe zuerst genannt werden sollte. Der celtische Genius war wieder erwacht. Dennoch herrschten in Frankreich die lächerlichsten Vorurtheile über die Bretagne fort und noch unter der Juliregierung mußte sich C. Souvestre ernstlich die Mühe geben, darzuthun, daß die bretagnische Sprache nicht ein bloßes Patois, sondern reines Celtisch sei. Endlich kam Herlart de la Villemarqué, der nicht nur Legonidecs Arbeiten vervollständigte, sondern auch durch seine Barzaz Breiz (,,bretagnische Lieder"; barzaz von dem Worte Barde) ungeahnte Schätze celtischer Poesie anschloß. Wenn Souvestre nur die gegenwärtige Bretagne verständlich machte, so führte uns de la Villemarqué in jene Zeit zurück, wo die Arthussage entstand, ja noch weiter bis in die keltnische Vorzeit.

Alle diese Arbeiten beschränken sich indessen nur auf die Bretagne; eine gleiche Einseitigkeit kennzeichnet auch die Arbeiten der niederbretagnischen Archäologen. Es war einem deutschen Gelehrten vorbehalten, die erste allgemeine celtische Grammatik zu schreiben; ich meine den 1855 in Bamberg gestorbenen Zeuß. Selber hat derselbe die unglückliche Idee gehabt, sie lateinisch abzufassen; ist er dabei von der Idee ausgegangen, daß die fremden Nationen die deutsche Sprache zu schwer finden, um ein gelehrtes Werk in derselben studiren zu können? Nun, ich möchte wohl wissen, wieviel Exemplare dieses Werkes in Frankreich abgesetzt worden sind. In der Bretagne habe ich vor noch drei Jahren kein einziges gefunden; ohne meine persönlichen und öffentlichen Mittheilungen, z. B. im Courrier de Nantes Sept. 1858, wäre dies Werk, das doch die Bretagne vor Allem angeht, daselbst vielleicht noch nicht einmal bekannt. Ein dasiger Gelehrter meinte sogar, ich möchte es doch in's Französische übersetzen: da habt ihr die Bescheerung. Jetzt frage ich euch Deutsche einmal; ihr wollt vom Ausland geachtet werden und achtet euch selbst so wenig, daß ihr dem Ausland zu Liebe nicht einmal in eurer Sprache schreibt, wenn ein Buch das Ausland interessiren soll? Gerade, eure Wissenschaft ist das, was das Ausland an euch namentlich und ohne Rückhalt anerkennt, und ihr wollt es nicht zwingen, eure Sprache zu lernen, um eure wissenschaftlichen Schätze kennen zu lernen? Es wäre euch besser, von der Ruhmretigkeit, die ihr den romanischen Völkern und namentlich den Franzosen vorwerft, selbst mehr trotzigen Stolz zu lernen, als euch über diese sogenannte Windbeutelei lustig zu machen. Und hört es nur, es giebt unter diesen „Windbeuteln" ernste Geister genug, die eure Sprache lernen, so schwer sie auch den Romanen erscheint, und die sie gründlich lernen. Wollte Gott, jeder deutsche Professor kennete seine Sprache so gut als sie der Franzose Régnier kennt, dem wir die treffliche erste vollständige Uebersetzung von Schillers Werken zu verdanken haben.

Oder war es alter herkömmlicher Gelehrtenpedantismus, der den um deutsche Geschichte so verdienten Zeuß das lateinische Idiom wählen ließ? Wann werden denn die Herrn Gelehrten diesen Zopf einmal abschneiden? „Man denkt nur in der Sprache, die man spricht," sage ich in einem ungedruckten Gedichte bei Gelegenheit von dem Sachsen Christian Thomasius, der zuerst in deutscher Sprache statt in lateinischer zu den Studenten sprach. Und in der That, auf allen Universitäten ist die lateinische Sprache nun von der deutschen verdrängt worden, aber in den Büchern will man sie noch beibehalten? Als ob eine todte, seit mehr als einem Jahrtausend todte Sprache im Stande wäre, all' unsre modernen Gedanken auszudrücken! Bei aller Gelehrsamkeit bringt ihr es im lateinischen Ausdruck doch nie zu der Natürlichkeit der Römer, für die das Lateinische eine lebende, eine Muttersprache war. Da war Leibnitz noch immer verständiger, als er französisch schrieb; es war zwar nicht seine Muttersprache und sein Stil ist dem Franzosen noch fremdartig genug, aber es ist doch eine lebendige Sprache, die für alle Gedanken der Epoche den rechten Ausdruck hatte. Soviel sei über die Form gesagt, ohne deshalb im Geringsten das große Verdienst unsres tüchtigen ehrenwerthen Zeuß schmälern zu wollen. Und ich sage es auch nur, damit sich's die lebenden Gelehrten zu Herzen nehmen sollen. Schreibt deutsch, wenn ihr Deutsche seid. Uebersetzt man etwa noch viel französische wissenschaftliche Werke? Nein, ihr gebt euch die Mühe Französisch zu lernen, um sie im Original zu lesen, und ihr thut Recht daran. Laßt denn die französischen Gelehrten auch ihrerseits Deutsch lernen.

Was mich betrifft, so habe ich Zeuß benutzt, das heutige Bretagnische aber nach Legonidec studirt und auch seiner Zeit im Lande selbst in sehr bescheidenem Maße sprechen gelernt. Ich erwähne noch, daß sich Herr Demogeot hierbei auf Edwards stützt, Recherches sur la langue celtique; es ist dies ein Werk ohne gelehrte Tiefe noch wahre Gründlichkeit, nach den oben genannten ziemlich überflüssig.

Daß sich in der französischen Sprache außer den Eigennamen noch celtische Wörter erhalten haben, ist natürlich, doch sind sie nicht zahlreich. Stützt man sich bei dem Vergleich auf das Bretagnische, so muß man auch vorsichtig sein und sehen, ob nicht vielmehr das Letztere dem Französischen entlehnt hat. Souvestre, bei dem die Linguistik nicht grade die starke Seite war, hat manchmal geirrt. Aber überlassen wir das den Wörterbüchern. Das Dictionnaire de l'Académie française bekümmert sich freilich nicht darum und thut Unrecht.

Schon das französische **Alphabet** trägt unverkennbare Spuren celtischen Einflusses. Das scharfe u = û und eu = ô, das der Deutsche schreibt, aber selten spricht, ist celtisch, ebenso das säuselnde z (der Deutsche verwechselt in der Aussprache des Französischen oft c, s und z) und die beiden sogenannten sons mouillés von n und l, z. B. in dignité und paille; man vergleiche im Bretagnischen biña d. h. schinden und pilou d. h. Lumpen, wo der Circumflex den son mouillé andeutet. Das französische j indessen existirt zwar auch im Bretagnischen, ist aber noch Legon der modern; man spricht heute noch oft javed statt javed, Kinnbacken.

Das englische th und w ist ebenfalls celtischen Ursprungs, die bretagnische Sprache hat ferner unser ch (in Wörtern wie la ch e n). Diese Laute finden sich im Französischen nicht, sind überhaupt für Franzosen schwer auszusprechen. Man darf daher annehmen, daß schon die Gallier sie nicht hatten. Jenes ch wird c'h geschrieben und findet sich, abweichend vom Deutschen, auch am Anfang der Wörter, wie im Schweizer Volksdialekt (z. B. **Chille** für Kirche). Der Fremde wird in der Bretagne mit folgendem Satze eingerübt:

c'houec'h merc'h gwerc'h war c'houec'h sac'h kerc'h war c'houec'h
       six   filles vierges sur   six   sacs d'avoine sur   six
marc'h kalloc'h
chevaux entiers,
d. h. sechs jungfräuliche Mädchen saßen auf sechs Säcken Hafer auf sechs Hengsten.

Ich bin geneigt zu glauben, daß selbst Provinzialismen der heutigen Aussprache in Frankreich aus der gallischen Zeit herrühren. So spricht der Auvergner das französische c oder s wie ch, z. B. chirer statt cirer (ähnlich die Schwaben in Deutschland). Die Hauptstadt der Auvergne zu Cäsars Zeit hieß Gergovia, der Ort existirt noch heute und wird Gergovic gesprochen. Sollte die Silbe ger nicht das bretagnische ker sein, welches **Stadt** bedeutet und in vielen Ortsnamen existirt? (z. B. Kersuntuu bei Quimper, Caernarthen und Cardiff in Wallis). Ich habe diese Aussprache auch im Morbihan gehört; so sprach man bei Aurav statt Loc-Maria-ker (in welchem Worte ker schön bedeutet) Loc-Mariatscher.

Die **Declination** des französischen Nennworts besteht außer der verschiedenen Endung im Plural nur in der Vorsetzung des Artikels, ganz wie im Bretagnischen, wo die Pluralendungen ziemlich zahlreich sind. Darum aber anzunehmen, es sei dies ein celtisches Erbstück, hieße wohl zu weit gehn. Auch das Spanische und Italienische hat den Artikel, und selbst das Lateinische gebrauchte schon in der gemeinen Umgangssprache das Pronomen ille, woraus der französische Artikel le und la entstanden ist, zuweilen als Artikel. Der Verlust der lateinischen Declination ist leicht erklärlich. Das gallische Volk faßte von der ihm aufgedrungenen fremden Sprache nur den Kern, nicht die feinen Schattirungen auf; auch dauerte die Herrschaft der Römer in Gallien nicht so lange wie in Spanien und selbstverständlich in Italien, sodaß sich die lateinischen Formen hier eher verwischten. Auffallend ist, daß die irländische Sprache viel reicher an Formen in der Wortbeugung war, als die britannische. Hier sind einige bretonische Pluralendungen: avel Wind, plur. avélou; lestr Schiff, plur. listri; paotr Knabe, plur. paotred u. s. w. Zum Vergleich gebe ich noch ein Beispiel der Declination:

     Singular.   Plural.
Nom. ar mâb, der Sohn.   Nom. ar mipien, die Söhne.
Gen. eûz ar mâb, des Sohnes.   Gen. eûz ar mipien, der Söhne.
Dat. d'ar mâb, dem Sohne.   Dat. d'ar mipien, den Söhnen.

Der Accusativ ist wie der Nominativ. Man sieht also, die Bildung ist ganz wie im Französischen, wo du für de le, au für à le steht u. s. w.

Das Geschlecht ist im Bretagnischen männlich oder weiblich oder gemeinsam; das letztere ist im Französischen verwischt. Z. B. den heißt im Bretagnischen Mensch d. h. Mann oder Frau, pried Gatte oder Gattin, wie das Lateinische conjux. Auch die hübschen Diminutivbildungen des Bretagnischen (tâd Vater, tâdik, plur. tadouigou Väterchen) fehlen im Französischen; fehlten sie schon im Gallischen? In Südfrankreich ist das Patois sehr reich daran; hörte ich doch schon in der Nähe der Loirequellen eine Mutter ihr Kind dem französischen Wörterbuch zuwider imbecilletta d. h. Einfaltspinselchen nennen.

Die Verneinung ist wie im Französischen doppelt (Nota bene! ich weiß wohl, daß pas, point u. s. w. nicht an und für sich ursprünglich verneinend sind), z. B. n'em eûz ket gwélet, Wort für Wort: ne je ai pas ou.

Das Passivum wird wie im Französischen, so im Bretagnischen mit dem Hilfszeitwort sein (bret. béza) gebildet; z. B. von karout lieben bildet man mé a zô karet oder kared ounn d. h. je suis aimé, ich werde geliebt. Eine kürzere Bildung ähnlich der lateinischen hat es auch im Celtischen gegeben, sie ist aber verloren gegangen.

Ganz gewiß celtischen Ursprungs ist die Zahlbenennung viermal zwanzig quatre-vingts statt octante d. h. achtzig. Der Bretagner liebt die Multiplication mit zwanzig, z. B. 40 = 2 × 20 daou-ugent, 60 = 3 × 20 tri-ugent, 70 = 10 und 3 × 20 dék ha tri-ugent (also ähnlich wie im Französischen, nur daß die Zehn vorausgesetzt ist), 80 =

4 × 20 povar-ugent (quatre-vingts), 90 = 10 und 4 × 20 (wie siebzig gebildet). Diese Multiplication geht in die Hundert über, z. B. 120 = 6 × 20 c'houec'h-ugent (six-vingts), 280 = 14 × 20 pevarzek-ugent, 300 = 15 × 20 pemzek-ugent, ganz wie im Altfranzösischen quinze-vingts. Im Patois haben sich noch mehre ähnliche Formen erhalten.

Die französische zusammengesetzte Conjunction par ce que, weil, entspricht ganz der bretagnischen dren pez ma, lateinisch übersetzt per rem qua. Sollte der celtische Sprachgenius dem lateinisch lernenden Gallier diese Umschreibung des einfachen quia eingeflößt haben? Denn nicht nur Formen, ganze Wendungen, die für den Deutschen Gallicismen sind, finden sich im Bretagnischen wieder. Ich will einige anführen:

1) Das deutsche lassen in „etwas machen lassen" wird in beiden Sprachen mit faire gegeben, z. B. mein Vater hat schöne Häuser bauen lassen, im Bret.

va zâd en deuz grêat sevel tiez kaer, Wort für Wort im Franz.:
mon père a fait bâtir maisons belles.

2) Das persönliche Fürwort, wenn es vom Zeitwort regiert wird, steht im Französischen vor letzterem (z. B. il me voit, er sieht mich), im Bretagnischen ist dies die Regel, wenigstens wenn das Fürwort im Singular steht, z. B. va c'hi hé diwallô, Wort für Wort mon chien le défendra; selbst im Plural sagt man:

mé hô kar hag hô karô, keit ba ma vévinn, Wort f. W.
je vous aime et vous aimerai, tant que (je) vivrai.

Doch sagt man in der vergangenen Zeit im Bretagnischen wie im Deutschen: eure Mutter hat uns gerufen, W. f. W. hô mamm ô deuz hor c'hased.

3) „Etwas gern thun" übersetzt der Franzose wie der Bretagner mit aimer à faire quelque chose, z. B.

ar ré a gâr lenn, a gav berr ann amzer, W. f. W.
ceux qui aiment lire, trouvent court le temps.

4) Für „singen können" sagt der Franzose wie der Bretagner nicht pouvoir, sondern savoir chanter, z. B.

na c'houi, na mé né ouzomp kana, W. f. W.
ni vous, ni moi ne savons chanter.

5) Das deutsche besuchen wird auf gleiche Weise übersetzt: venez me voir, deut d'am gwélout, besuchen Sie mich; allez voir mon frère, it da gwélout va breûr, besuchen Sie meinen Bruder (da steht wie das französische de oder à vor dem Infinitiv).

6) Ebenso das deutsche holen, z. B. holen Sie Ihre Schwester,
it da glask hô c'hoar, W. f. W.
allez chercher votre sœur.

7) Diese Neigung zur Construction mit dem Infinitiv findet sich auch in Sätzen, wie der folgende: sagen Sie meinem Vater, daß er hieher komme,

   livirid d' am   zād donnt amann, W. f. W.
   dites à mon père (de) venir ici.

  8) In folgendem Satze gebraucht der Franzose wie der Bretagner das Futurum statt des Präsens, das im Deutschen gebräuchlich ist: gebt mir was ihr wollt, rōid d' in ar pez a garrot (fut. von karout lieben, wollen), Wort für Wort: donnez à moi ce que (vous) voudrez.

  Es ist durchaus nicht anzunehmen, daß diese Formen und Wendungen aus dem Französischen in's Bretagnische übergegangen seien; sie wurzeln in der gemeinsamen Sprachanlage der Gallier und Bretagner, sie sind celtisch. Begnügen wir uns mit diesen Andeutungen; im Allgemeinen sagten wir schon, daß die Anzahl der celtischen Sprachreste beschränkt ist. Es ist dies ganz natürlich. Die lateinische Sprache war viel reicher und ausgebildeter als die einheimische, sie entsprach mehr den Fortschritten des menschlichen Geistes und überall ist der Einfluß des Gebildeten auf den Ungebildeten stärker als umgekehrt. Die natürliche geistige Anlage aber, die dem celtischen Stamm der Gallier innewohnte, waltete freilich fort und behielt die Kraft, das fremde Idiom selbständig umzumodeln. Die Gewalt seines Einflusses werden wir bei einer andern Gelegenheit wieder erkennen. Werfen wir jetzt noch einen Blick auf die

Celtische Literatur.

  Ich habe mir in diesem Werke eigentlich nur das moderne Frankreich zum Gegenstand genommen und darf mich daher selbst bei diesem historischen Abriß nicht zu sehr davon entfernen. Die echt celtische Literatur hat keinen oder geringen Bezug zu Frankreich, sie ist auch nicht zu reich an Denkmalen. Die irländische Sprache fand in Ossian ihren Homer; wer kennt ihn nicht? Von der Druiden- und Bardenpoesie sind uns nur wenige Trümmer im britanischen Dialekt erhalten, deren Entdeckung wir dem Vicomte de la Villemarqué verdanken; er hat sie aus dem Munde jener Bettler und Bauern, die das elegante Frankreich in seiner hochmüthigen Unwissenheit so lange als petra verhöhnte. Die Bettler sind vorzüglich Träger der bretagnischen Poesie, sie bezahlen mit ihren Mährchen die Gastfreundschaft der Bauern. Aber auch diese Poesien haben nur selten Bezug zu unserem Gegenstande.

  Im Allgemeinen beschränkt sich, was sich von altceltischer Literatur auf dem gallischen Boden erhalten hat, auf Sagen und hier und da Spuren in Volksliedern. Nächst der Bretagne ist die Auvergne diejenige Provinz, die noch am meisten Spuren celtischen Wesens bewahrt hat. Zu Cäsars Zeit war das kleine Land Velav von den Arvernern abhängig. Dieses

Land entspricht dem heutigen Departement der Haute-Loire nicht nur seinem Umfang, sondern auch seinem Namen nach. Die griechische Schreibart des Namens seiner Bewohner, im Lateinischen bald Vellauni, bald Vellavi genannt, löst uns das Räthsel der Etymologie; Strabo schreibt nämlich Οὐελαυνιοι. Im Celtischen bedeutet uhel hoch und avon oder zusammengezogen aon Wasser. Vellauni sind also die Anwohner der hohen Wasser und in der That kommen die Flüsse Allier und Loire vom Velay herab. In diesem Lande hat sich eine schöne Sage sicher aus der Celtenzeit erhalten. Nördlich von der Stadt Le Puy befand sich bei dem Orte St. Pierre-Duchamp ein geheimnißvoller Stein, im dasigen Patois la Teadaire de la Damma (der Sessel der Dame) genannt und der Sage nach von unsichtbaren Geistern in unbekannter Zeit hergetragen. Ehemals, erzählt die Sage weiter, in kalten finstern Winternächten, wenn der einsame Wanderer seinen Pfad im Schneegestöber verlor und Gefahr lief umzukommen, erschien hier eine weißgekleidete Dame, einen Kranz von wilder Stechpalme in den Haaren und stimmte einen Gesang voll tiefer Trauer an, zu dem sie sich mit der Harfe begleitete. Ihre Stimme, klagend wie der Wind, der in den Lüften ging, schwoll zuweilen so laut an, daß sie das Brausen der Loire übertäubte, bis sie zuletzt in einen Schrei voll göttlicher Verzweiflung ausbrach, daß alle Klüfte davon widerhallten; aus ihren Augen aber stürzten große Thränen, die wie Flammen niederfielen und auf ihrem Busen verloschen. — Kein Volkslied, keine Ballade kann schöner sein als diese Sage und darum erwähnen wir sie hier als ein literarisches Erzeugniß. Was ist aber wohl der Sinn dieses tiefgeheimnißvollen Bildes?

Wie die Sage von der weißen Dame, zieht sich eine andre unter der Decke der heutigen französischen Civilisation fort, die ebenfalls celtischen Ursprungs ist, die von der Melusine oder Sirene; sie hängt mit dem Symbol des Aals zusammen. In dem Morbihan, dem Binnenmeer, das dem Departement den Namen gegeben hat, liegt eine öde, von einer einzigen Familie bewohnte Insel, Gavrinis, zu deutsch: Ziegeninsel. Auf dem felsigen Gestade hart am Meere erhebt sich ein celtischer Grabhügel, in dessen Innern sich eine Gruft mit seltsam skulptirten Steinplatten befindet. Ich werde nie vergessen, wie ich beim Morgengrauen mit einer Fackel in diese uralte Nacht hineintrat und die Hieroglyphen betrachtete; unter ihnen befindet sich auch der Aal. Dies Symbol ist auf das Gebäck übergegangen und wird z. B. im Velay von Bäckern aufs Brod gezeichnet; warum sie es thun, weiß Keiner mehr; für sie ist es ein Herkommen. Das Wort Melusine hat keine andre Bedeutung als Aal oder Schlange (im südlichen Frankreich ist man zuweilen die unschädliche Grasschlange unter dem Namen anguille de baie, Heckenaal). Und da war es mir seltsam, in dem verzwickten bizarren Städtchen Malestroit (Dep. Morbihan) unter andern seltsamen Holzschnitzereien an alten Häusern auch die Sirene zu finden. Es ist derlei nicht aus bloßen Grillen oder Liebhabereien zu erklären, sondern hat eine tiefere Wurzel. Die Schlange häutet sich alljährlich; deutet jenes Symbol vielleicht die Metajomatoie an, d. h. die Körperwanderung der Seelen?

Aus der celtischen Religion ist ferner die Sitte des Weihnachtscheites, la bûche de Noël, zu erklären, daß man am Abend vor Weihnachten unter einer Art Feierlichkeit in den Hintergrund des Kamines legt (eine Sitte, die nach und nach abkommt); es bedeutet die Wintersonnenwende und entspricht den Johannisfeuern.

Celtisch sind ferner die Sagen von Wendelsteinen, pierres qui tournent, die vielleicht zu der Religion selbst in Bezug standen. Unter andern Denkmalen giebt es in der Bretagne große Felsblöcke, die auf einem andern ruhen und beweglich sind; man kann sie mit dem bloßen Finger in Bewegung setzen, ohne daß sie das Gleichgewicht verlieren. Archäologen der Provinz, u. a. Cayot-Delandre, haben sie allen Ernstes unter die Druidensteine gerechnet. Die Sage aber hat weiter gedichtet und behauptet, diese Steine drehten sich wirklich um, wenigstens zu bestimmten gewählten Stunden. Ein solcher Wendelstein befindet sich im Parke von Clisson bei Nantes, er dreht sich im Augenblick, wo die Stunde der Geburt Christi zu Weihnachten schlägt, von selbst um sich herum. Ein andrer befindet sich in der Francher-Comté gegenüber dem Schlosse Jour, das ehmals den Moutaign gehörte. Alle hundert Jahre steigt in der Nacht von Allerheiligen die letzte Dame Moutaigu aus dem Grabe, einen goldnen Schlüssel im Munde; im selben Augenblick dreht sich der Stein, unter dem ihre Schätze liegen, unter furchtbarem Spuk um, und wer da den Muth hat, den Schlüssel zu verlangen, der bekommt die Schätze.

Auf derlei Mythen beschränkt sich, was sich in Frankreich von celtischer Dichtung im Volke erhalten hat. Anders ist es indessen mit der Bretagne, wo die celtische Sprache selbst noch fortlebt, und es lohnt sich der Mühe dabei einen Augenblick zu verweilen, nur um zu sehen, was nach dem Untergang der Druidencivilisation der celtische Genius gleichzeitig mit dem französischen geschaffen hat. Bei dem beschränkten Raume, den das bretagnische Volk einnimmt, haben wir auch unsre Erwartungen von seiner Literatur zu beschränken, eine Wechselwirkung zwischen ihr und der französischen darf uns auch nicht wundern; doch hat die Bretagne, wie in Allem, auch hierin eine große Originalität bewahrt.

Die Bretagne.

Auf die Verschiedenheit des Volkscharakters der Bretagner und Gallier (Franzosen) wies ich schon oben hin. Es sind zwei Bruderstämme, der eine düster, der andre heiter. Die Bretagner haben zu allen Zeiten ihre jetzigen Wohnsitze eingenommen, obgleich man behauptet hat, die Inselbretonen hätten die französische Bretagne (Armorika) im 4ten Jahrhundert unter dem Häuptling Conan Meriadec erobert, der 383 n. Chr. dem Tyrann Maximus nach Gallien folgte. Allerdings hatten mehre Einwanderungen aus Inselbritannien statt, namentlich als die celtischen Ureinwohner daselbst von den Sachsen bedrängt wurden (noch heute nennt der französische Bretagner die Engländer Saoz d. h. Sachsen; das Wort Briton bedeutet **bunt** und kommt von der unter den Bretonen üblichen Sitte der Hautfärbung her, weshalb sie von den Römern Picti d. h. Bemalte, Tättowirte genannt wurden); bedeutender als die Wanderungen der Krieger waren die der Heidenbekehrer, denn die Armorikaner blieben länger Heiden als die Inselbretonen. Aber alle diese Einwanderer fanden in Armorika schon ein Volk vor, das ihre Sprache sprach. Waren sie nun aus der Heimath ausgezogen, um den Sachsen zu entgehen, so fanden ihre Nachkommen bald andre Feinde an den Franken. Im neunten Jahrhunderte schüttelte der Held Rominoö, der Arminius der Bretagne, das fremde Joch ab; er ließ auf der Abtei von St. Florent an der Loire seine Statue aufrichten mit drohend gegen Frankreich emporgehobenem Arme. Sonderbar! in demselben St. Florent brach der Krieg der Vendée gegen die französische Republik aus, in welchen auch die Bretagne hineingezogen wurde. Im zwölften Jahrhundert wird Frankreich und Deutschland von der bretagnischen Literatur erobert, es ist die Sage von König Artus und seiner Tafelrunde, die von den Trouvères und Minnesingern den **celtischen** Barden der Bretagne nachgesungen wird. Artus war eigentlich der Nationalheld der Inselbretonen, der Heros der französischen Bretagne aber zur Zeit der Völkerwanderung war König Grallon oder Gradlon-Mur, dessen Schloß bei Quimper stand: auf der Kathedrale dieser Stadt steht seine Reiterstatue. Er ist in die Legende von der Stadt Is verwebt, die Gott wegen der Frevelhaftigkeit ihrer Einwohner vom Meere verschlungen werden ließ. Diese Stadt war so reich und üppig, daß man die Hauptstadt von Frankreich nicht anders zu benennen wußte als Paris d. h. par-Is, der Stadt Is gleich.

Allmälig französirt sich die Bretagne; die Bretagner Bertrand Duguesclin und Clisson sind **französische** Ritter. Aber am Abend vor der Schlacht bei Auray befragt Duguesclin noch die Prophezeihungen des Zauberer Merlin. Der Bretagner kann es noch nicht vergessen, daß er einst von den Galliern unabhängig war; er klammert sich fest an seine Nationalität. Zur Zeit der Ligue am Ende des 15ten Jahrhunderts stützt der Lothringer Mercoeur aus dem Hause Gulse seine ehrgeizigen Pläne darauf, er will aus der Bretagne ein selbstständiges Herzogthum machen. Aber das Celtenland unterliegt, wie Irland vor England unterliegt. Da

2*

erhebt sich im 18ten Jahrhundert eine neue Ligue gegen den französischen Genius, eine literarische zwar, aber wie im 15ten Jahrhundert wird für die katholische Tradition gekämpft. Damals war sie durch den Ketzer Heinrich IV. gefährdet, diesmal durch einen noch furchtbareren Ketzer, durch den Sänger Heinrichs des Vierten, den Philosophen Voltaire, Verfasser der Henriade. Und merkt es wohl: wieder sind Lothringer und Bretagner im Bunde. Fréron, der Vertheidiger der Classicität, ist aus Quimper gebürtig, und Palissot, der zwar nicht Voltaire selbst, sondern Diderot, also doch die neue Philosophie bekämpft, aus Nancy. Gilbert, ein dritter Feind der Philosophie, ist ebenfalls Lothringer. Aber die Aufklärung siegt in der französischen Revolution, und sonderbar, wie in der Reaction, so stehen Bretagner und Lothringer jetzt auch im Kampfe für die Freiheit zusammen. Denn die Idee zu dem Verbrüderungsfeste vom 14. Juli 1790, wo das französische Volk den Eid der Treue gegen die von der Nationalversammlung geschaffene Verfassung leistete, ist nach dem Historiker Villaumé von Lothringen ausgegangen, dessen Nationalgarden mit denen der Haute-Marne am 19. April 1790 zuerst ein solches Fest bei Nancy feierten, nach Dr. Guépin in Nantes aber (Histoire de la ville de Nantes, Philosophie du XIXòme siècle) von Pontivy in der Bretagne.

Von jetzt an verschmilzt die Bretagne gänzlich mit Frankreich und das Celtenthum geht auch hier seinem Untergange entgegen. Aber so kräftig ist die Originalität dieses Volkes, daß sein Genius selbst noch in den französischen Schriftstellern fortwirkt, die aus ihm hervorgehen. Am Ende des vorigen Jahrhunderts erstrebt Chateaubriand, der Wiedererwecker des religiösen Gefühls, der Vorgänger der romantischen Poesie; nur ein Bretagner konnte diese starke Innerlichkeit besitzen. Ihm folgt der große Lamennais, der Verfasser der Paroles d'un Croyant und des Livre du peuple; wie Chateaubriand ging er vom Katholizismus aus, aber entschiedener als dieser, der in träumerischem Liberalismus schwankte und schwärmte, ging er bis zur äußersten Consequenz fort und starb unter dem Bannfluch des Papstes ruhig und ernst als Demokrat. Denn wenn die Bretagne 1793 für den Glauben ihrer Väter kämpfte, so weiß die Geschichte auch, daß ihre Volksvertreter jenen furchtbaren Club der Jakobiner bildeten, dem Freund und Feind das Verdienst hat lassen müssen, Frankreich und die Revolution gerettet zu haben.

Man kann sagen, die bretagnischen Schriftsteller in Paris bilden eine Art Colonie, sie geben der französischen Literatur eine eigene Färbung. Wie die Mosel noch lange nach ihrer Vermählung mit dem Rhein bläulich neben den grünen Fluthen des stolzen Stromes schimmert, so waltet noch immer ein Duft der Heimath in den Schöpfungen jener Bretagner fort. Da sind namentlich Pitre-Chevalier, jetzt Herausgeber des „Familienmagazins", und der nun verstorbene Emil Souvestre zu nennen, ferner der Sonettist Soulary-Vaw und Hippolyte Lucas, Mitarbeiter am Siècle, Dichter der Heures d'Amour (Liebesbreviee). Unter der Julireguerung kam eine junge Dichterin aus Nantes nach Paris, Ellie Mercoeur, ein schönes anmuthiges Talent, das in Gram und Elend untergegangen ist. Einer der eigenthümlichsten Dichter aus der Bretagne ist Brizeur (geb. 1803 zu Lorient, von einer aus Irland stammenden Familie, gest. zu Montpellier 1858); er ist als Dichter, was Souvestre als Prosaiker. In seiner Idylle Marie giebt er ein reizendes Gemälde seiner celtischen Heimath. Er schrieb selbst Lieder in celtischer Sprache und hat dadurch manches Gute gewirkt, indem er seine Landsleute mit den französischen Ideen bekannt machte. Sein letztes gedrucktes Gedicht war eine Elegie, ein Abschiedsgesang an die Bretagne, für die er durch die eindringende Industrie und Eisenbahn den Untergang ihrer heimischen Sprache und Sitten fürchtete: er spricht darin voll düsterer Ahnung:

> Der letzte unsrer Tage neigt sich zum Untergang;
> Da kommt der rothe Drache, von dem einst Merlin sang.

Der rothe Drache ist die Locomotive, die Alles gleichmacht, die alle Grenzbarrièren durchreißt, die alle sonst durch Wahn und Eifersucht getrennten Völker verbindet und die Aufklärung selbst durch Rußland und Sibirien hindurch nach China tragen wird. Und vor ihr mag auch der Rest mittelalterlicher Anschauung weichen, der noch in der Bretagne sich erhalten hat. Er findet zwar auch noch Dichter und Schriftsteller, nicht solche wie Brizeur, die im Grunde liberal, nur etwas unklar, aus poetischem Wohlgefallen dafür schwärmen, sondern wirkliche Vertheidiger, die mit Bewußtsein kämpfen, wie der in Morlaix lebende Dichter Hippolyte Violeau, der selbst durch Vorträge und Volksschriften dafür wirkt. Weniger klar diesem Ziele zu, aber doch in dieser Richtung arbeitet die Dichterin Ellie Morin in Nantes, die namentlich die katholischen Kirchenfeste schön zu schildern weiß.

Vergessen wir nur dabei nicht, daß die celtische Race nicht nur Kämpfer für das Mittelalter geboren hat, sondern auch Helden der freien Forschung. Pelagius, der das Dogma von den Folgen der Erbsünde bestritt, war ein Celte; Abailard war aus der Bretagne gebürtig und auch Descartes entstammte einer bretagnischen Familie. Noch zeigt man auf der Mairie des Dorfes Elven im Morbihan seine Unterschrift als Pathe bei einem Mitglied seiner Familie. Unter den jetzt lebenden freien Denkern verdienen Dr. Guépin in Nantes und der scharfsinnige Renan in Paris, beide geborne Bretagner, genannt zu werden. Dagegen sind die echten und größten Vertreter des französischen Genius, Molière, Voltaire und Béranger, in Paris geboren. Denn die Geister sind wie Pflanzen, dem oder dem Himmelsstriche eigen.

Sehen wir nun, was für eigenthümliche Blumen der Poesie unter dem Himmel der Bretagne erblüht sind. Was die Lyrik betrifft, so sind es Haideblumen.

Lyrik der Bretagne.

Nichts gehört der französischen Literatur eigenthümlicher an als die chanson. Ich gebrauche das französische Wort, denn kein deutsches giebt den Sinn treu wieder. Es weht ein andrer Geist im deutschen Liede als in der französischen chanson, die Franzosen gebrauchen daher ihrerseits auch das fremde Wort Lied für die fremde Sache. Die chanson ist eben celtisch; bei den Galliern ward sie heiter, satirisch, politisch, und wenn auch der Refrain von Beaumarchais „Tout finit par des chansons" kurze Zeit darauf Lügen gestraft wurde, so hat sich das französische Volk doch mehr als einmal begnügt (die Geschichte der Fronde ist reich an Beispielen), seine Minister, Könige und Königsmätressen zu „chansonner". Durch Béranger aber ward die chanson nicht nur eine wahrhaft politische Macht, die mehr als Manches zum Sturze der Bourbonen beitrug und in die Geschichte übergegangen ist, sie erhielt auch in der Literatur classischen Rang so gut als die vornehmsten Tragödien Racine's. Um billich zu reden, die chanson ist der gamin de Paris der Literatur, ein echtes Kind aus dem Volke; der muthwillige Taugenichts hat nichts als tolle Streiche und Neckereien im Kopfe, es macht ihm Spaß die kokette Grisette am Häubchen zu zupfen, dem Polizeidiener unter die Nase zu rauchen und wohl auch der steifen oder zimperlichen Bourgeois-Moral hier und da ein Schnippchen zu schlagen. Etwas zu lernen fällt ihm nicht ein, ist auch nicht nöthig; das Beste lernt man doch in keiner Schule, das ist der bon sens, der Mutterwitz, und den hat er im Kopfe. Béranger hat mir selbst gesagt, er habe nie Rechnen schulmäßig gelernt, nicht einmal die vier Species, er fand es von selbst. Aber eins hat der gamin, woran die vornehme Welt, die Salonwelt oft arm, blutarm ist, ein gutes Herz, und zwar ohne Sentimentalität, auch im Rechtthun ist er noch keck. Ja, er ist im Stande, um seine Schwester wieder zu Ehren zu bringen und den Verführer bei dem vornehmen Herrn Vater zu verklagen, einem General die Fenster einzuwerfen, blos um sich Zutritt zu ihm zu erzwingen. Da er immer auf der Straße liegt und seine gesunden fünf Sinne hat, so weiß er auch immer, woher der Wind weht. Bei jedem Straßenkrawall ist er voran. Aber laßt nur die Sturmglocken gegen die Juliordonnanzen läuten, so steigt er auf die Barrikaden, und wenn der Convent ruft: „das Vaterland ist in Gefahr", so stimmt er die Marseillaise an, eilt an die Grenze und der gamin de Paris wird zum Helden. Das ist die französische chanson.

Ein so echtes Nationalgewächs läßt sich nur aus dem Nationalcharakter erklären und da hat man denn an dem bretagnischen Volksstamm, dem

Bruder des gallischen, ein lebendiges Zeugniß dafür, wie der Gesang in der celtischen Race die Poesie beherrscht. Es versteht sich, daß die Verschiedenheit des Volkscharakters sich auch in der Poesie abspiegelt. Der Bretagner kann auch lustig sein, er macht Spässe wie folgender Reim, den wir französisch und deutsch wiedergeben.

Bret.:   Franzöf.:
Bléan gwen ha lunedou   Barbe blanche et lunettes
Ne blijont két d'ar merc'hedou.   Ne plaisent pas aux fillettes.

Auf deutsch:
Weiße Haar' und Brillen am Mann
Stehen den Mädchen gar nicht an.

Im Ganzen jedoch ist er ernster, tiefer, romantischer; in seinen süßen, zarten Elegien, hat er etwas, was man füglich mit dem deutschen Lied vergleichen kann. Aber das Charakteristische ist, daß er alle Poesie, die in Strophen geschrieben ist, nach irgend einer Volksweise singt, sie mag so lang sein wie sie wolle. Souvestre erzählt, er habe eines Tags, als er zu einer Wallfahrt ging (Kirchweihe, in der Bretagne pardon genannt), einen Blinden bretagnische Verse auf die Geburt Jesu Christi singen hören; Abends bei der Heimkehr fand er den Blinden an derselben Stelle, der noch immer fort sang, denn das Lied oder vielmehr Gedicht war noch nicht zu Ende. Um es ganz zu singen, brauchte er gewöhnlich einen Tag. Man kann dabei die Entstehung von Nationalepopöen beobachten; sei es, daß diese Bettler den ursprünglichen Text vergessen, sei es, daß die Begeisterung sie beim Singen ergreift und selbst zum Dichter macht, es entstehen in dem Gedichte bald Lücken, bald Veränderungen oder Insätze.

Daß die Form keine classische Feile hat, begreift man leicht; die Gedichte haben ein noch ursprüngliches Volk zum Publikum und wenig gebildete Dorfschulmeister, junge Seminaristen geistlichen Standes (in der Bretagne kloarek genannt) oder auch Handwerker zu Verfassern, und diese erlauben sich in Reim und Versmaß Lizenzen ohne Gewissensbisse. Die wenigsten sind niedergeschrieben (die neueren Sammlungen sind Werke von Gelehrten); es giebt wohl seit neuerer Zeit Buchdrucker, z. B. in Lannion im Dep. der Nordküste, die Lieder drucken, wohl auch aus Speculation neue fabriziren und sie von Bänkelsängern auf Jahrmärkten und Kirchweihen absingen und verkaufen lassen. So ward unter Anderm 1854 der Streit um die heiligen Orte und der daraus entspringende Krieg mit Rußland in bretonische Verse gesetzt, die ich am Meeresgestade von Kindern singen hörte; aber die wahre Bibliothek dieser Lieder ist das Gedächtniß. Wie jeder Gesang dringen sie durch die Ohren in's Herz, fliegen von Mund zu Mund, schwirren des Abends wie Käfer über die Haide und erhalten durch die romantische mit Druidensteinen und Burgruinen geschmückte Landschaft einen wilden Reiz mehr, als wären sie ein Echo aus den Tagen Ossians.

So begreift man, wie Alles, was nur die Seele dieses Volkes bewegt, in diesen Gesängen niedergelegt ist. Wie im Mittelalter die Lieder der Troubadours, so spiegeln sie die öffentliche Meinung wieder und sind das, was in den Ländern moderner Bildung der Journalismus ist. Ein zweischneidiges Messer gebraucht man sie gegen Freund und Feind; sie nehmen jeden Ton an, Hirten und Bettler sind ihre Colporteure und in drei Tagen machen sie die Runde durch das Departement oder, wie der christliche Bretagner sagt, durch das Bisthum. Ein seltsames Beispiel von ihrem Einfluß bietet folgender Umstand. Zur Zeit der Cholera wollten die Präfecte und übrigen Behörden die Bauern durch gedruckte Circulare über die Mittel belehren, die gegen die Pest wirksam wären, an allen Kirchhöfen wurden die Zettel angeschlagen, der Bauer aber ging daran vorüber, ohne sie zu lesen. Da fiel es einem Volksdichter ein, diese Belehrungen in celtische Verse zu setzen, die sich singen ließen:

> Wollt ihr nicht fall'n der Pest zur Beute,
> Eßt wenig Obst, ihr Christenleute,
> Und wer da Wasser trinkt, der thu'
> Ein wenig Essig erst dazu.
> Legt euch nicht auf das kalte Gras,
> So lang' ihr seid vom Schweiße naß u. s. w.

In einer Woche sang alle Welt das gereimte Recept und Jedermann wußte nun, wie er sich vor der Cholera zu schützen habe.

Wie die Irländer, ihre Sprachbrüder, so haben die Bretagner den mittelalterlich katholischen Glauben noch am treuesten bewahrt, die **religiöse Lyrik** nimmt daher bei ihnen den ersten Platz ein. Man muß auch in's Mittelalter zurückgehn, um Lieder zu treffen, wie das von der „Hölle"; nur das Zeitalter Dante's konnte so schreckliche düstre Bilder ersinnen.

> Die Hölle! o ihr Sünder, wißt.
> Wißt ihr es, was die Hölle ist?
> . . . .
> Niemals gewahret ihr dort Licht.
> Das Feuer brennt, ihr seht es nicht,
> Wie Fieberglut brennt im Gebein.
> Nie dringt zum furchtbar'n Orte,
> Niemals die Hoffnung ein;
> Der Zorn Gottes verschleß die Pforte!
> Ringsum Feuer! Wenn der Hunger nagt,
> Eßt Feuer! wenn der Durst euch plagt,
> Trinkt dort an jenem Flusse
> Brennenden Schwefel und Erz im Gusse!
> Dann weinet ihr weinen Jahr' auf Jahr';
> Doch schwellen die Thränen an zum Meere,

Es wär' die ganze Meeresfluth
Nicht ein Tropfen nur für tiefe Gluth.

Zu der physischen Folter gesellt der Dichter die moralische. Der Vater wird dem Sohne fluchen, dem zu Liebe er geraubtes Gut gehäuft, und der Sohn dem Vater, der ihm die Hoffart eingeblasen. Und alles das ewig!

Ewig! Ihr Christen, bekennt dies Wort!
Weinen und Sterben ewig fort!
Und niemals, nie ein Ende,
Wo die Seele Ruhe fände!
O Niemals, Wort voll Schrei und Wuth,
Größer als des Meeres Fluth.
Nie! Dies Wort so klein, und sieh',
So unendlich! Strenges Nie,
Du bist furchtbar!...

Aber so erfinderisch die Phantasie des Bretagners an Schrecken ist, wenn es gilt, den Sünder aufzurütteln, so schmeichelnd mild ist sie in der Schilderung der Freuden des Paradieses; dann rinnt der Gesang süßflüsternd wie ein Silberbach durch blumige Wiesen und Alles ist Anmuth und Friede.

Seh' ich auf zum Himmel droben,
Sag' ich mir:
Meine Heimath ist dort oben.
Weg von hier
O wie gerne flög' mein Herz,
Eine weiße Turteltaube,
Himmelwärts:
Wo der Harfen Chor die Seele schwellt,
Ungeschen mit ros'gen Mienen
Uns umflattern, wie der Bienen
Heiter Schwarm im Blumenfeld.

Um diese Poesien, in denen die Stimme der Natur immer die Kunst überwiegt, richtig zu würdigen, muß man wohl bedenken, daß es keine Spielereien leerer Frömmelei sind, sondern, wie Quellen dem Granitfelsen, dem felsenfesten Glauben eines Volkes entspringen, dem, wie schon erwähnt, Christ gleichbedeutend mit Mensch ist.

Eine andere Gattung der Lyrik entspricht dem, was man in der englischen und deutschen Literatur unter Ballade und Romanze versteht; es sind dies die Guerz. Legenden, Wunder, spaßhafte oder traurige Ereignisse bilden den Inhalt. In der Form haben sie nicht oder selten die lyrischen Sprünge der deutschen Volkslieder, wie man sie selbst bei den mittelalterlichen französischen findet; die Erzählung ist zu umständlich und wird dadurch breit und schleppend. Folgender Guerz zeichnet so ziemlich diese Gattung; der Dichter hat keine Blumen zu seinem Schmuck verschwendet; er hat gefühlt, daß die einfache Erzählung der schrecklichen Geschichte Eindruck genug auf die Phantasie der Bretagner machen wird. Ich darf mir daher auch erlauben sie in Prosa wiederzugeben.

Der Mann, der nicht lügt.

„Heiliger Geist! entflamme meine Seele, ich will ein Lied singen den Bretagnern; ich will erzählen, was im letzten September im Niederlande geschehen ist (Niederland d. h. la basse Bretagne). Mir bricht das Herz, der Krampf packt meine Glieder und mein Auge zerrinnt in Thränen, wenn ich bedenke, wie traurig ist, was ich singen will. O heilige Jungfrau, steh' mir bei!

Ein junger Bursche, ach! sah an der Pest all' seine Leute sterben und war somit zu allerlei Leid, zu allerlei Jammer verdammt. Da er jung war, getraute er sich nichts zu verlangen; gute Leute brachten ihm ein paar Bissen aus Christenliebe. Da er jung war, fuhren ihn Andre an: Hebe dich auf und arbeite! Er duldet tausendfachen Schimpf, aber ergebungsvoll; denn er hatte Vertrauen in die geweihte Jungfrau; er hatte ihr Bild und das von Christi Leiden und betete täglich vor beiden.

Ein Reicher im Lande hörte von seinem Elend, er wollte ihn sehen und sprach zu ihm: Komm zu mir auf Arbeit! Und der arme Elende antwortete: „Ach, ich habe keine Kleider. Ich kann wohl ackern und schaffen, aber ach! ich hab' nicht Schaufel noch Hacke. Ich müßte vier Thaler haben; ich gäb' sie Euch sicherlich wieder!"

Der Reiche zahlt ihm auf sein Wort vier Thaler aus und sagt: „Mein Freund, vergiß dein Versprechen nicht, und komm zu mir auf Arbeit, wenn du Schaufel und Hacke hast, und wenn deines Leibes Blöße bedeckt ist."

Der Arme ging zu ihm. Gewiß, er arbeitete gern; eines Tags aber war alle Welt verwundert. Alle Welt fragte: Wo ist denn der Arme geblieben? Sie gingen hin und sahen und fanden ihn todt in seiner Kammer auf einer Handvoll Stroh.

Ein Leintuch war um seinen Leichnam geschlagen, als wär' er bereit für das Grab. Der Lärm davon lief schnell umher, die Leute kamen herbei, der Reiche kam auch und wollte sehen ... O Gott, was ist es erschütternd!

Als er aus dem Hause trat, rief er vor den Leuten: „Nein! Nein! seine Seele darf nicht in's Paradies, bevor er mir nicht wiedergegeben hat, was ich ihm geliehn: Vier Thaler!"

Ach, als er die schrecklichen Worte sprach, warum that sich die Erde nicht auf, um ihn zu verschlingen, ihn, der den Flug einer Seele aufhielt, einer Seele, die zur Seligkeit ging, die Jesus im Himmel empfangen wollte?

Die glorreiche Jungfrau Maria giebt dem Dahingeschiednen eine Frist zum Dank für seine Treue. Sie erlaubt ihrem Diener eine Weile auf die Erde zurückzukehren, um im Hause des Reichen zu arbeiten, damit er den Unmensch bezahle!

Und er geht in des Reichen Haus und wird angenommen. — Arbeit! Arbeit! — Man giebt ihm Arbeit und er schafft auf dem Felde wie drei der Stärksten, wunderbar! ohne zu essen noch zu trinken!

Als die Stunde der Mahlzeit kam, bat man ihn wohl mit den Andern zu kommen, er aber zog sich still zurück und streckte sich hin mit dem Munde gegen die Erde, zu dulden seine Qualm.

Der Wucherer kam und stand verwundert. Sofort geht er zum Pfarrer und spricht: „Ich hab' einen Arbeiter, der arbeitet wie Drei, wunderbar! ohne zu essen noch zu trinken!" — Gut, sprach der Pfarrer, geht nur heim, ich komme nach. Als der Pfarrer zum Acker kam, erkannt' er sogleich durch Gottes Gnade, daß es eine Seele war.

Und er spricht: „Ich beschwöre dich, antworte mir, ist es nicht heut' acht Tage her, daß ich deinen Leichnam in die Erde gelegt? Was willst du und was suchst du hier? was bedarf es, dich zu erlösen?"

„Ich schuldete vier Thaler dem Herrn vom Hause; ich habe das einzige Mittel erwählt, um ihn bezahlen zu können." — „O du sollst acht statt vier bekommen, arme Seele, und erlöst werden."

„Ach, ich kann nicht von selbst in's Paradies eingehn; mein guter Engel muß kommen und mir's verkünden. Bittet Gott für mich; morgen geb' ich zur selben Stunde Euch Euer Gebet im Himmel zurück!"

Der Pfarrer kommt mit dem Gelde, um den Armen aus seiner Qual zu befreien. „Nein, ich, spricht die Seele, ich hab' es von ihm bekommen; gebt her, da Ihr so gut seid, ich will 's ihm zurückgeben."

Der Reiche streckt die Hand aus, um das Geld zu empfangen; aber plötzlich fühlt er die Qual und den Brand des Todten; sein rechter Arm ist bis zur Schulter versengt. Das Geld fällt aus seiner Hand zur Erde. „Lebt wohl, Herr Pfarrer, nun geh' ich ein zur Seligkeit, dort will ich zu unserm Herrn Jesus für Euch beten."

Wenn ein Mensch euch schuldig ist und er scheidet vom Leben, fluchet ihm nicht, betet für ihn. Ja laßt uns beten und segnen, so gehn wir ein zur Ruhe und loben einst Gott in der Glorie seines heiligen Paradieses."

Auch ohne die naive Gläubigkeit des Bretonen zu haben, wird man in dieser Erzählung eine kräftige ursprüngliche Phantasie nicht verkennen. In andern, die ein wirkliches Ereigniß schildern, wird der Ton freilich der gerügten Umständlichkeit wegen etwas schleppend und wäre der naive Ernst des Verfassers nicht, so möchte man z. B. den von Souvestre gerühmten Guerz, die Mörder Tregoat, mit den Bänkelsängereien auf deutschen Jahrmärkten vergleichen. Was in Prosa eine recht gute Erzählung geworden wäre, ist nun Reimerei; aber etwas anders als Gereimtes und Singbares gefällt dem Bretagner nicht und so zeugen auch diese Produkte für die poetische Natur des celtischen Stammes. Es giebt aber Ausnahmen, seien wir gerecht. Die Ballade von Mariannic, dem armen Mädchen, das nur in Scene tritt, um zu sterben, hat einen raschen dramatischen Gang und elegischen Ton. Zwei wilde Edelleute sitzen bis spät in die Nacht in der Trinkstube und zechen; als sie aufbrechen, soll Mariannic sie heim leuchten. Unterwegs heißen sie ihr die Laterne auslöschen und das Kind gehorcht. Komm mit uns, sagen sie unter verführerischen Versprechungen, aber das sanfte Kind schlägt aus. Und sie gehen immer weiter! Das Mädchen zittert und sucht an den Fenstern nach Licht, wo etwa ein Kranker wacht, um sich zu beruhigen. Die Männer sprechen leis untereinander, da fängt das Mädchen still zu weinen an. Hier bricht der Dichter zart ab und geschickt erfüllt er den Leser mit trauriger Ahnung, indem er plötzlich Mariannics Wirthin selbst voll banger Ahnung wartend zeigt und wie sie voll Angst durch die Straßen läuft und ruft: Herr Seneschall, ihr schlaft gar früh; Herr Seneschall, meine Mariannic kommt nicht heim! Und sie kommen zur Brücke, da lag sie todt, das schönste Mädchen, das durch die Straßen von Lannion ging.

Nur äußerst wenige der historischen Balladen steigen bis zum dreizehnten Jahrhunderte oder noch weiter hinauf; fast alle sind nach dem sechszehnten Jahrhunderte entstanden. Von den kriegerischen oder ritterlichen Elementen, die in den schottischen und deutschen Balladen vorherrschen, ist hier keine Spur; die Bretagner sind im Grunde kein kriegerisches Geschlecht: tapfer im Kampfe, machen sie doch keinen Lebenszweck daraus, wie ihre gallischen Nachbarn, ihr Leben ist innerlicher. Der einzige Gnerz, der eine ritterliche Färbung hat und aus den Zeiten der Kreuzzüge stammt, die zwei Brüder, legt allen Ton auf das innerliche Moment, auf das Gemüthliche. Selbst in den ersten Gedichten vom König Artus und seinen Helden geht es durchaus nicht so ritterlich zu, wie in den französischen Bearbeitungen des Mittelalters; das Ritterwesen erwuchs nicht aus dem heimischen celtischen Wesen heraus, es wurde der Bretagne von außen zugebracht. Und als nun gar der Adel das französische Lilienbanner aufpflanzte, als seit dem sechzehnten Jahrhunderte die Bretagne ihre Selbständigkeit verlor, da zog sich das Volk von dem öffentlichen Leben immer mehr in sich selbst zurück und was es sang, bezog sich nur auf das innere Leben seines Herzens. Als es sich 1703 mit der Vendée gegen die Republik verband, handelte es auch vielmehr aus religiösen Motiven, denn aus politischen; während der Adel französisch geworden war, war der Bauer d. h. der Kern des bretagnischen Volks celtisch geblieben, und setzte mit trotzigem Stolze dem Ritterschwerte seinen Pen-bas (Knüttel, der als Waffe dient) entgegen. Die Ballade, der Kloarek von Laoudour, der achtzehn Edelleute beim Tanze tödtet und frei ausgeht, ist ein Beleg dafür, wie wenig Respect das bretagnische Volk für den Adel hatte.

Die bisher erwähnten Poeſſen tragen einen ſehr verſchiedenen Charakter im Vergleich mit den franzöſiſchen derſelben Gattung; in den ſpaßhaften Guerz dagegen oder den komiſchen Erzählungen findet man eher einen Anklang vom galliſchen Elemente. Dieſe Art erinnert an die Fabliaur des Mittelalters, denen Boccace und Lafontaine die claſſiſche Form gegeben haben. Die Form freilich iſt mangelhaft, unbeholfen; die leichte frivole Erzählung gelingt dem ernſten Bretagner wenig. Aber wahr iſt darum doch, daß wie die Franzoſen der Bretagne den epiſchen Stoff der Artusſage entlehnt haben, ſo auch den Spaß von der Müllerin. Erſt haben ihn die Troubadours nachgeahmt, dann die Königin von Navarra in ihrer Novellenſammlung und endlich Lafontaine im Quiproquo. Auch in's Deutſche iſt er übergegangen und darum möchte ich ihn gern nach dem celtiſchen Original wiedererzählen. Er iſt freilich etwas körnig und ich möchte faſt — doch nicht allzuprüde! Da iſt er:

„Es war bei Seaër ein Müller, der hatte ein junges hübſches Weib. Aber man wird Alles ſatt: der Müller ward ſein Weib gewohnt wie ſein Mühlrad, er hatte eins ſo oft geſehn wie das andre. Er hatte aber zum Erſatz eine Magd im Hauſe, die ihm gar recht in's Auge ſtach. Er ſchielte nach ihr, wie die Kinder auf der Kirchweihe nach den Kuchen ſchielen, von denen ſie noch nicht gekoſtet haben; der Mund ward ihm wäſſerig. Das Mädchen gab nicht ſonderlich Acht; ſie wußte, was man ſelbſt anbietet, verliert an Werth; ſie lief in der Mühle herum wie ein Maifink und ſprach: mein Bettſtroh iſt von keinem Mann zerknittert und ſoll's von Keinem werden.

Aber da traf ſie einmal der Müller vor der Mühle und ſagte: „Maharite, in Faouet (zu deutſch: Buchendorf) ſind ſchöne Kreuze zu verkaufen; wenn du willſt, häng' ich dir eins auf deine hübſche Bruſt." — „Die goldnen Kreuze fallen gar zu tief." antwortete Maharite.

„Wenn du willſt, Maharite, ſo kauf' ich dir ſchöne violette Strümpfe mit gelben und blauen Zwickeln und thu' ſie ſelbſt dir an dein rundes Bein." — „Die violetten Strümpfe gehn zu hoch hinauf," antwortete Maharite.

„Maharite iſt ein armes Mädchen und ich bin ein reicher Müller; wenn du willſt, ſind hundert Thaler in Silber und zehn in Golde dein. Laß mich nur, wenn Alles ſchläft, heut' Abend mit dir plaudern." — „Ein bloßes Brett trennt mich von Eurer Frau; ſie weiß es, wie ihr plaudert," antwortete das Mädchen.

„Ich will kein Sterbenswörtchen ſprechen, ich mach' auch keinen Lärm, laß nur dein Schrankbett offen." — „Nun, ſagte Maharite, an einem Schrankbett hängt kein Schloß," und damit ging ſie fort.

Der Müller war entzückt, die Zeit ward ihm lang bis zum Abend; er zog ein weißes Hemd an und putzte ſich, als ging' er in die Stadt.

Aber Maharite hatte es der Müllerin gesteckt, und als er kam, fand er sein Weib an des Mädchens Stelle.

Was war das eine Lust die ganze Nacht! Der Müller sagte zu sich selbst: „Wenn doch meine Frau wie dies Mädchen wäre! Aber das ist wie Kerbel und wälsche Nuß. Hätt' ich die zur Frau, die würd' ich niemals satt." Indessen stand er vor dem Tage auf und dachte: 's ist doch eine theure Nacht. Hundert Thaler in Silber und zehn in Gold! Eh' das Geld wieder einkommt, muß man mit der Schüssel in manchen Getreidesack fahren. (Auf solche Weise nehmen die Müller den Mahlpreis vorweg.)

Da besann er sich auf seinen Pathen, der bei ihm im Dienste stand. Es war ein schöner Bursche, jung genug, um ein Bett zu zwei'n zu wärmen, und der sich nicht vor den Mädchen fürchtete; den wollt' er noch als Zugabe passiren lassen. Er weckte ihn und sagte ihm Alles. Der Müllerbursche stand rasch auf und ging zu Maharitens Bett, wo er die Müllerin noch fand. Die junge Frau war ganz verwundert und bricht endlich ihr Schweigen: „Na, lieber Mann, das ist gewiß, morgen bist du krank."

Der Müllerbursche war ganz verdutzt, wie er die Stimme erkannte. „Das ist Maharite nicht?" rief er aus. „Ganz gewiß nicht, und Ihr seid nicht mein Mann?" — „Ich bin's, Hans der Müllerbursch, mein Pathe hat mir den Rest der Nacht schenken wollen." — Da lachte die Müllerin auf. „Sei still, Hans, und verrathe nichts, sagte sie. Morgen geh' ich auf den Jahrmarkt nach Faouet, du sollst einen schönen Hut haben, denn dir kommt er zu, und meinem Mann kauf ich eine gelbe Nachtmütze, wie er verdient. Maharite aber soll ein neues Kleid haben, violette Strümpfe und ein goldnes Kreuz; das ist die Einzige von uns Allen, die was taugt und ihr Mann wird einmal ruhig durch das Dickicht gehn können, ohne Furcht vor den Aesten zu haben." (Anspielung auf ein leicht zu errathendes Sprichwort.)

Fremde übernachteten im Hause; den Morgen drauf fragten sie die Müllerin, warum in ihrer Mühle vor Tagesanbruch soviel Leben und Lärm gewesen wäre. „Mein Mann, antwortete die Müllerin, hat seinen Burschen Hans geweckt, er sollte ihm sein Mehl beuteln." —

Wir kommen jetzt zu den wirklichen Liedern, zu den Poesien, die ihrer Natur nach bei allen Völkern für den Gesang bestimmt sind und die man ihres rein subjektiven Gehalts wegen vorzugsweise lyrisch nennt. Deren, die gewissen Ständen eigen sind, giebt es darum wenig, weil die celtische Bevölkerung nicht so vielfach getheilt ist, wie andere in der Civilisation fortgeschrittene Nationen. Die Hauptbeschäftigung des ächt celtischen Bretagners (denn was in den Städten sich mit moderner Industrie u. s. w. befaßt, ist entweder französischer Herkunft oder französisch) ist Ackerbau oder Seewesen (Fischerei und Schiffahrt). Souvestre zitirt ein

Klagelied über die Mühseligkeiten des Bauernstandes und ein Wallfahrts-
lied der Matrosen von Arzon im Morbihan, worin sie der heiligen Anna,
der Patronin der Bretagne für den Schutz danken, den sie den Matrosen
des Orts in der Seeschlacht gegen den Holländer Ruyter angedeihen ließ.
Das Handwerk genießt keine sonderliche Achtung, der Bauer betrachtet
sich als den echten Herrn des Landes und die Handwerker als Lohnarbei-
ter, die an Würde unter ihm stehen. Den Stand der letztern umgiebt
daher die Poesie mit wenig Reiz. Doch giebt es ein Lied vom Pillawer
(Lumpensammler, der die Lumpen für die Papiermühlen aufkauft), das
nicht ohne dichterische Züge ist. Wie rührend schildert es die Sorgen des
unstäten Lebens: „Kommt nun der Pillawer heim von seiner Fahrt, so
bleibt er vor der Thüre stehn und getraut sich nicht einzutreten, denn er
weiß nicht, was ihm Gott derweil bescheert hat: einen Sarg oder eine
Wiege." All diese Lieder, wenn sie einiger Maßen ernsten Inhalt haben,
schließen mit religiösen Gedanken. So tröstet das letztere den Lumpensammler zum Schluß: „Sieh' dort die schmutzigen Lumpen; bald werden
sie rein gewaschen und unter die Hämmer in der Mühle gethan, dann
machen die Menschen ein Papier draus, weißer als das schönste Linnen.
So auch du, Pillawer. Wenn du einst deinen armen mit Lumpen bedeckten Leichnam an eines Grabens Rande wirst gelassen haben, dann wird
deine Seele ihm entsteigen schön und weiß, und die Engel werden sie tragen in's Paradies." Der Franzose tröstet sich freilich mit Weniger. Indessen wenn's gilt, versteht der Bretagner auch zu lachen und zu scherzen,
da hört z. B. den kleinen Betteljungen:

1.
Ich kleiner Betteljunge,
Im Elend kam ich auf die Welt,
Ich habe weder Gold noch Geld;
Vor Armuth bin ich klein und schwach,
In lauter Lumpen geh' ich, ach!
Mir fehlt nur's Geld zum Kaufen:

2.
Um Bänder mir zu kaufen
Für meine Jack' und meine Schuh', —
Für meinen kleinen Hut dazu,
Mit hübschen bunten Bändern
Mein Hütchen zu berändern;
's sind schon vier Löcher drein.

3.
Seht da mein kleines Hütchen,
Nehmt ihn nur hin, ihr lieben Herrn,
Ich gebe ihn euch herzegern;
Für einen schönen neuen Hut
Geb' ich ihn gern, seid nur so gut
Und gebt mir's Geld zum Kaufen.

4.
Mein Vater hat das Seine
Verzehrt aus Furcht, ihm stähl's ein Dieb;
Meine Mutter trank, was übrig blieb;
Sie hatt' 'ne durst'ge Kehle
Und ließ mir armen Seele
Was weniger als Nichts.

5.
Dank' euch, ihr lieben Herrn,
Was ihr mir gabt, gebrauch' ich gut;
Nun krieg' ich Bänder auf den Hut;
Den Rest will ich vertrinken,
Auf euer Wohlsein trinken,
Daß Nichts verloren geht.

Ich habe das Lied nicht mit der schelmischen Kürze des Originals wiedergeben können; aber ist der kleine Taugenichts nicht ein rührend komisches Gemisch von Armuth, unschuldiger Kindeslust und gemüthlicher Schalkhaftigkeit, die mit dem Elend spielt, während das Schlänglein der Liederlichkeit schon den kleinen Vagabunden umschlingt und ihm das Gift der Verderbniß in das sorglose Herz spritzt?

Aber die echte Blüthe der celtischen Lyrik sind die Sônes, zarte Elegien der Liebe und zwar meist der unglücklichen, voll Tiefe des Gemüths, voll Zartheit und Naivetät wie nur irgend ein deutsches Lied. Es giebt welche, die Hölty und Goethe selbst nicht verschmähen würden; die moderne französische Poesie hat in ihren Romances etwas Aehnliches, aber es fehlt denselben jener natürliche Schmelz der Frische, der diese in freier Luft erblühten Blumen schmückt. Der ganze Roman des Herzens, „die schöne Zeit der jungen Liebe," klingt uns aus ihnen entgegen mit jenem Zauber, den nur das Wort der ersten Liebe hat; sie bilden die Literatur der Jugend und der Frauen, den celtischen Minnegesang. Ein enger Rahmen schließt diese kleinen Lieder ein, klein wie Herz und Auge; aber wie Herz und Auge spiegeln sie das Weltall zurück mit all seinem Frühlingsschmucke; Blumen, Vögel und Sterne verschönen natürlich vorzugsweise diese Poesie, in welcher Alles, selbst der Schmerz, süß ist. Selbst die linkische Einfalt dieser Bauernsprache ist ein Reiz mehr, rührend wie der einfältige Sinn eines Fiesole in der Malerei, köstlich wie die naive Ungeschicktheit der ersten Liebe. Was die letztere ist, hat Niemand greller empfunden und gezeichnet als Heinrich Heine; als „sein kühnrer Arm noch viel schlankre Hüften umschlang," vermißte er doch immer das Beste dabei, er nannte es in der bittern Sprache des sich selbst täuschen wollenden Zweifels „die verlorne süße blöde Jugendeselei." Die französische Literatur hat eine köstliche Idylle, die jene celtische erste Liebe mit all ihrem Reiz der Einfalt und Unschuld malt, es ist die schon erwähnte „Marie" von Brizeux, deren Lecture ich allen Frauen empfehle, die ein gutes französisches Gedicht in der Sprache des Originals lesen wollen. Eine Mutter kann es ruhig ihrer fünfzehnjährigen Tochter in die Hand geben. Dort findet man ein Echo dieser Sônes, die nur in der Ursprache selbst vollkommen zu genießen sind; denn unsre modernen Sprachen geben sie unwillkürlich gedehnt wieder. Zwar wenn diese Sônes Kloarels d. h. celtische Studenten zu Verfassern haben, so kommt es wohl vor, daß der gelehrte Schulwust den Staub des Pedantismus auf die grünen Blätter der Elegie wirft und z. B. das Gebet zur Jungfrau Maria sich mit der Anrufung Cupido's vermengt; man glaubt alsdann eines jener Gedichte Ronsards zu lesen, wo sich so oft das natürliche Gefühl im Purpurmantel der classischen Mythologie hinschleppt. Souvestre nennt dies l'école trégorroise, die Schule von Tréguier, weil namentlich die jungen Seminaristen dieses Bisthums (Dep. Nordlüste) diesen Ton anschlagen. Aber anders sind die vom ungeschulten Volke gedichteten Lieder, z. B. von Müllerburschen, die nicht wissen, was Kunstpoesie ist, die nichts von Prosodie, ars poetica und Grammatik verstehn und wohl nie französische Verse gelesen haben, die ihr Lied völlig ungekünstelt, wie der Vogel vom Schnabel weg, rein aus dem Herzen singen. Ich entlehne aus Villemarqué's Chants bretons (Barzaz Breis) folgendes von zwei Bauermädchen im Finistère verfaßten Sönc. Obgleich ich ihn in zwei Theile aufgelöst und daher das Metrum gewechselt habe, so herrscht doch der Ton der Einheit darin; die erste Hälfte bildet nur die Exposition oder Grundlage des Liedes:

Die Schwalben.

1.
Von seinem Schloß herunter
Zieht grün und schmal
Sich wie ein Schlänglein munter
Ein Pfad in's Thal;

2.
Ein Pfad, an dessen Saume
Ein Weißdorn steht,
Von Blüthen, wie von Schaume
Ganz überweht.

3.
Der junge Sohn des Grafen
Hat sie so gern,
Ich seh' bei meinen Schafen
Und seh's von fern.

4.
Mit seiner Hand, die weißer
Als Blüthenschaum,
Pflückt er davon und leiser
Sing' ich im Traum:

5.
Könnt' ich zur Blume werden,
Die er sich pflückt,
Wie wäre dann auf Erden
Mein Loos beglückt!

6.
Daß meine Seel' er schlürfte,
O sel'ge Lust!
Daß ich verblühen dürfte
An seiner Brust!

7.
Wenn des Winters Stürme
Unser Dorf betrohn,
Fliehet mit den Schwalben
Auch des Grafen Sohn.

8.
Aber wenn der Frühling
Kommt, o welches Glück!
Kommen auch die Schwalben,
Kommt auch Er zurück;

9.
Wenn der Hafer blühet,
Sich beblümt die Au,
Fink und Hänfling singen
Unter'm Himmelsblau;

10.
Wenn zum Kirchweihfeste
Ruft der Glocken Ton,
Kommt zurück uns wieder
Auch des Grafen Sohn.

11.
Gäb's doch Fest' und Blumen
Bei uns immerdar,
Gäb' ich doch die Schwalben
Hier das ganze Jahr!

Man merke wohl, es sind Bauermädchen, die dies gedichtet haben; im sechsten Verse habe ich den Sinn nur etwas verstärkt. In folgendem

Söne habe ich Vers 2 und 4 auch nur etwas ausgeschmückt, sonst ist er treu wiedergegeben; Titel haben diese Lieder nicht.

1.
Du, die mein Herz noch segnet,
Sieh' mich nicht an,
Wenn mir dein Aug' begegnet
Auf seiner Bahn;

2.
Ich säh' auf seinem Grunde
Das Paradies,
Traut' mich in böser Stunde
Dein Trug verließ.

3.
Du, die mein Herz noch segnet,
Sprich mich nicht an,
Wenn mir dein Mund begegnet
Auf seiner Bahn;

4.
Aus fernen sel'gen Zeiten
Bräch' mir sein Schall
Von keinen falschen Eiten
Den Widerhall.

5.
Hör' ich das Turteltäubchen,
Sprich' ich: du bist
So fröhlich, weil dein Weibchen
Nicht ferne ist.

6.
Bald sprichst du, die ich liebe,
In's Grab mir nach:
Da liegt ein Herz voll Liebe,
Das um mich brach.

Das Folgende ist eine Glosse oder vielmehr die Ausführung einer Strophe, welche aus den Anfangsversen der vier folgenden Strophen besteht; ein Virtuose würde sagen: **Variationen über ein celtisches Thema.**

1.
Die Turteltaube will ein Nest
Verborgen unter Rosen,
Bei Blumenduft und lauem West
Zu küssen und zu kosen.

2.
Der müde Leib verlangt ein Grab
Zu süßem ew'gen Schlummer,
Da legt er hin den Wanderstab
Und allen Schmerz und Kummer.

3.
Die Seele fliegt zum Paradies
Auf leichten Engelschwingen,
Im Himmel, den ihr Gott verhieß,
Zu jubeln und zu singen.

4.
Mich aber sehnt's nach deiner Brust,
Nach deinem schönen Herzen,
Dem Nestlein süßer Liebeslust,
Dem Grab von meinen Schmerzen,

5.
Wo ich vergesse, was mich quält
Von Kummer und Beschwerden,
Dem Himmel, den mein Herz erwählt,
Dem Paradies auf Erden.

Ich gebe noch einen Söne in treuer Uebersetzung wieder, er hat etwas vom Charakter der Ballade und ist darum interessant, weil er in's Französische übergegangen ist; das celtische Original ist um Tréguier heimisch.

Vorgeschichte.

Die Braut.

1.
O meine Mutter, warum denn spricht
 Alles im Haus so leise?
Warum geht Alles im schwarzen Kleid,
 Alles in Trauerweise?
O meine Mutter, sag' deinem Kind,
Darum so roth deine Augen sind?

2.
Mein Sohn, mein Sohn, weil du so
 krank,
Spricht man im Haus so leise;
Das schwarze Kleid steht aller Welt,
 Allen die Trauerweise.
So roth, so roth meine Augen sind,
Weil ich geweint ob dir, mein Kind.

3.
O meine Mutter, warum ist mir
 Das Herz so schwer zur Stunde?
Warum mit solchen Klagetönen
 Heulen draußen die Hunde?
O sag', warum das Sonnenlicht
Bleich, wie ein Wittwenangesicht?

4.
Mein Sohn, es ist das Herz uns schwer
 In jeder Trennungsstunde;
Mein Sohn, sobald sie wittern den Tod,
 Heulen laut die Hunde.
Mein Sohn, es scheinet auf ein Grab
Die Sonne immer bleich herab.

5.
O Mutter, Mutter, sage mir,
 Warum die Glocken hallen;
Warum hör' ich's wie Hämmerschlag
 Im Nachbarhause schallen?
O Mutter, sag', warum der Gesang
Der Priester tönt die Gass' entlang?

6.
Mein Sohn, es hallt der Glocken Geläut
 Für einer Seele Ruhe;
Man schlägt die Nägel im Nachbarhaus
 In eine Todtentruhe;
Es singen die Priester die Gass' hinab,
Sie tragen deine Braut zu Grab.

Selbst die Tändeleien der Vorste sind den Bretagnern nicht fremd; folgende Strophe, mit der wir diesen Abschnitt schließen wollen, kann füglich ein **Madrigal** genannt werden. Es ist in dem Dialekte von Leon (St. Pol de Leon) geschrieben, dem ausgebildetsten der Bretagne, wie das Hochdeutsche gegenüber dem Plattdeutschen u. s. w. Ich gebe es in drei Sprachen, damit der Leser sich eine Idee auch vom Celtischen machen kann.

Bretagnisch:
 Ar galon é poa din roet,
 Va donéssig coant, da viret,
 N'em eûz collet, n'a distrôet,
 N'a d'uzach fal é lakéet;
 Mesket em eûz gant va ini,
 N'onn ket piui é da ini.

Französisch:
 Le cœur que tu m'avais donné,
 Ma douce amie, en gage,
 Ne l'ai perdu, ni détourné,
 Ni mis à mauvais usage;
 Je l'ai mêlé avec le mien,
 Je ne sais plus, quel est le tien.

Auf deutsch:
 Das Herz, das du mir aufzuheben
 Gegeben hast, mein süßes Leben,
 Hab's nicht verloren, nicht verschwendet,
 Zu bösem Brauche noch verwendet;
 Mit meinem so vermengt es ist,
 Daß ich nicht weiß, was deines ist.

Epik der Bretagne.

Der kleine bretonische Volksstamm nimmt in der Geschichte der epischen Poesie überhaupt eine der wichtigsten Rollen ein. Zwar die deutsche Nation allein darf sich rühmen, in dem Nibelungenliede ein Volksepos geschaffen zu haben, das sich dem griechischen der Iliade an die Seite stellen darf, ein Epos, das nicht einen Einzelnen zum Verfasser hat, sondern dem Genius des gesammten Volkes entsprossen ist. Virgil, Ariost, Tasso, Camoëns und alle andern epischen Dichter bis auf Ernst Schulze herab sind Künstler, deren Schöpfungen mehr oder minder das Gepräge ihres individuellen Ursprungs tragen, ein Gepräge, welches selbst dem größten epischen Denkmale des Mittelalters, Dante's göttlicher Komödie, aufgedrückt ist. Die Iliade und das Nibelungenlied aber, rein plastische objective Werke, sind frei aus der Nation heraus gewachsen und die Namen Homer und Osterdingen sind nur Symbole, Räthsel wie der Name Gott, ersonnen um ein andres Räthsel zu erklären. Denn Anderes thut der Mensch nichts, wenn er die Welt die Schöpfung Gottes nennt; „in's Innre der Natur bringt kein erschaffner Geist." So großartig nun aber auch und unvergleichlich diese beiden Epopöen des griechischen und des deutschen Volkes dastehen, so bietet doch, was die allmälige Entwicklung und Ausbildung betrifft, der bretonische Sagenkreis vom König Artus etwas Aehnliches dar, nur mit dem Unterschiede (und das ist das eigenthümlich Interessante daran), daß sich diese Entwicklung nicht innerhalb des Volksstammes selbst vollendet hat, von welchem die Sage ausging, sondern in dem Schooße und durch die Arbeit fremder Völker, die jene Sage adoptirten. Wir kennen keinen der poetischen Urkeime unsers Nibelungenliedes, selbst das Fragment vom Hildebrandliede stammt schon aus späterer Zeit; wohl aber verdanken wir der fleißigen Forschung de la Villemarqué's die Kenntniß der Uranfänge des epischen Cyclus der Tafelrunde. Sie sehen sehr bäuerlich einfach aus im Vergleich mit den ritterlichen Bearbeitungen dieses Sagenkreises. Wir verfolgen nun ihre Ausbildung weiter, zuerst seitens der Anglo-Normannen; sie gewinnen an Schmuck in den Händen der französischen Trouvères, die deutschen Minnesänger Gottfried von Straßburg und Wolfram von Eschenbach erheben sie auf die Höhe der Kunst und Idealität; von dem herrschenden und gebildetsten Theile des deutschen Volkes, von dem Ritterstande, werden nun diese Epen als der treueste Ausdruck des damaligen gesellschaftlichen Lebens adoptirt, und so groß ist ihr Einfluß, daß sie die ganze mittelalterliche Dichtung beherrschen und selbst das heimische Epos Deutschlands, das Nibelungenlied, in den Hintergrund drängen. Die innere Umwandlung, die mit dem ursprünglichen Sagenkerne vorgegangen, ist so groß als die der Rhapsodien von der Völkerwanderung, aus denen das Nibelungenlied zusammenwuchs. Den ritterlichen Gehalt trugen zuerst die Franzosen in die Artussage hinein, den religiös-mystischen die Deutschen. Noch in neuerer Zeit hat ein Deutscher das celtische Gold gemünzt, Karl Immermann in seinem Merlin, dem einzigen deutschen Gedichte, das mit Göthe's Faust verglichen werden kann. Es darf dies nicht wundern; wie wir schon oben sahen, ist der Romantismus des Ritterwesens dem eigentlich celtischen Volke fremd geblieben; es gebührt dem letztern aber darum nicht minder der Ruhm, die europäische Literatur mit einem schönen Kranze epischer Poesie bereichert zu haben.

Man sollte nun glauben, ein solches Volk habe sich mit diesen Erzeugnissen nicht erschöpft und später noch epische Werke geschaffen, worunter wir hier keine singbaren Lieder, sondern planvoll ausgearbeitete Schriftwerke verstehen. Dem ist aber nicht so. Zwar war jener Nominoë, der unter Karl dem Kahlen das fränkische Joch abschüttelte und der Armin der Bretagne genannt werden kann, eine heroische Gestalt, aber wie unser Cheruskerheld hat auch er keinen Sänger gefunden, nicht einmal einen Reimer Schönaich. Auch die fernere Geschichte der Armorika war nicht arm an epischen Stoffen, aber wie wir schon bei den Balladen sahen, so entfremdete sich ihr der celtische Volksgenius mehr und mehr. Das französische Element wird vorherrschend und die Historiker der Bretagne schrieben in französischer Sprache; die Bretagne bewahrt darum nicht minder das Gefühl ihrer nationalen Eigenthümlichkeit und es entsteht jenes Gemisch von romantischem und celtischem Wesen, das uns z. B. in Bertrand du Guesclin entgegentritt und noch jetzt einen eigenthümlichen Zauber über Land und Volk ausbreitet. Endlich kommt das große historische Ereigniß der französischen Revolution und der Conflict, in welchem mit derselben das an der Ueberlieferung hangende bretagnische Volksthum gerieth, für einen epischen Dichter ein großartiger Stoff. Zeichnen wir erst die Rolle, welche die Bretagne in jener Epoche gespielt hat. Den liberalen Antheil, den sie nahm, kennen wir schon. Worin aber bestand ihre Opposition? Gewöhnlich mengt man Bretagne und Vendée zusammen; es besteht aber ein großer Unterschied zwischen beiden. In der Vendée führte der Widerstand gegen das Conscriptionsgesetz zum Aufstande, der Adel und der von ihm abhängige Bauer sympathisirten zusammen für die alte Ordnung der Dinge und wenn auch der religiöse Fanatismus, von den Priestern geschürt, ein mächtiger Hebel war, so war doch das politische Motiv vielleicht noch stärker. Anders in der Bretagne. Es war hier zwischen Adel und Bauer eine Kluft entstanden, der letztere war celtisch geblieben, der erstere hatte sich französirt. Durch seinen Reichthum hatte es wohl noch Einfluß auf den Bauern, aber der Respect vor der adligen Herkunft selbst, vor dem Stammbaum war bei letzterm bei weitem nicht so stark. Ja, ein celtisches Lied aus dem Jahre 1780, „die Emporkömmlinge," greift sogar im Interesse des Adels die niedern Stände an, die in Putz und Kleiderpracht es demselben gleich thun wollen; es herrschte also schon eine Art Spannung zwischen beiden. Der einzige Cultus, den die Bretagne aus dem Mittelalter unverletzt gerettet hatte, war der der Kirche. Für seinen Glauben trat der Bretagner in die Schranken, nicht für den König, der im Grunde doch immer ein fremder für ihn war, ein französischer. Man hat den Beweis dafür noch vor Kurzem bei der Reise Napoleons in die Bretagne erlebt; während sich der Adel grollend und schmollend in seine Häuser verschloß (der Schlösser giebt es nur noch wenige), strömten die langhaarigen celtischen Bauern zu Schaaren herbei, um den Kaiser, den Erben der Revolution, zu grüßen. Nur das Morbihan, die Heimath Cadoudals (von der Niedervloire sprechen wir nicht, dieses Departement ist bis auf vier kleine Dörfer ganz französisch) hatte politischen Antheil am Bürgerkriege; hier auch, auf Quiberon, landeten die Emigranten. Das Finistère aber, wo der Kern der celtischen Race sitzt, ward nur durch den Haß der Revolution gegen die Religion zu trotzigem Widerstande aufgestachelt, der aber nicht in offnen Bürgerkrieg ausbrach. Wenn es unmöglich war, die heilige Messe auf dem Festlande zu feiern, die Kinder hier zu taufen und die Brautleute christlich zu trauen, so fuhren die Bretagner mit dem Schlage Mitternacht hinaus aufs offne Meer, von wo ein einsames Licht wie ein Stern schimmerte, die ewige Lampe, die vor dem Tabernakel im Rachen des Priesters brannte, und hier zwischen Himmel und Meer fielen sie betend vor dem Allerheiligsten nieder. Andre Priester aber, von Ort zu Ort gehetzt, flohen nach England, in das verhaßte Land der Ketzer, in das Land des Erbfeindes, und aßen hier das bittere Brot des Exils, verbittert durch das Gefühl, daß es Sachsenbrot war. Diese Priester nun in ihren Zusammenkünften dichteten in der Sprache ihres Stammes das Epos von der französischen Revolution, das Souvestre mit dem Psalme vergleicht: „An den Wassern zu Babylon saßen wir," der Elegie des jüdischen Exils. Die Unglücklichen, sie ahnten freilich nicht die Segnungen, die aus dieser Revolution für ihr Vaterland hervorgehen sollten, und während Camoëns in seiner Verbannung zu Macao den Ruhm seines Vaterlandes sang, riefen sie ihre Landsleute in der Heimath zum Kampf und Anschluß an die Vendée auf. Das Gedicht ist ein elegisch-episches Gemisch von Klage und Sehnsucht, von Schilderung blutiger Gräuel und von Verwünschungen voll bittern Hohns, von gläubigem Zorn und prophetischem Aufschwung. Um es zu würdigen, muß man sich auf den Standpunkt seiner Verfasser stellen; „sie kämpfen für ein Grab, wir kämpfen für eine Wiege, sagt Souvestre, aber sie, wie wir, waren beseelt von Glauben und Aufopferung."

Auch bei diesem großen historischen Ereigniß griff also der celtische Genius für die Feier des innerlichen Lebens zur Harfe, aus religiösen

Motiven. Ein anderes Epos hat nichts als das innere Leben des Herzens zum Vorwurf, die Abenteuer eines jungen Bretagners, bestehend aus mehr als 1300 Versen und wahrscheinlich von einem Kloarek verfaßt, der seine lateinischen Dichter gelesen hatte. Es ist ein Seelenroman, erzählt von dem, der ihn erlebt hat, die Geschichte eines Kloareks, der seine Studien aus Liebe zu einem Mädchen aufgiebt, dann wieder reuevoll auf den Ruf Gottes, der lateinisch spricht, zu ihnen zurückkehrt, als er aber hört, seine erste Liebe habe sich verheirathet, in Verzweiflung und bittere Ironie verfällt und zuletzt damit schließt, daß auch er eine ponnerès (Demoiselle) heirathet, der die Eltern „ihren Segen und einen Theil ihres Vermögens mitgeben." Und das ist die Moral davon: auf die Illusionen folgt die Enttäuschung. Nur unter den Händen des naiven Bretagners konnte dieser an sich triviale Stoff poetischen Reiz gewinnen, welch letzterer namentlich in den Details besteht. Ist es nicht allerliebst, wenn das Mädchen zu ihrem Freunde spricht: „O mein Geliebter, ich möchte beredt sein, um mit dir zu plaudern, aber meine Zunge ist unwissend. O laß uns nicht zu zweien sprechen, sprich du allein, mein Freund!" So kommen wir immer wieder zu dem Stillleben als dem vorherrschenden Thema der bretagnischen Poesie zurück, aber lebt das ganze bretagnische Volk in seinem Erdwinkel ohne politische Selbständigkeit mit einer Sprache, die nur die wenigen Kinder seiner Heimath verstehen, ein anderes als ein Stillleben?

Der realistische Abschluß letzteren Gedichtes deutet an, wie sich in Sitten und Anschauung dieses sonst so ursprünglichen Volkes schon von selbst eine Umwandlung anbahnen würde, selbst wenn sie ihr nicht von der eindringenden fremden Civilisation zugeführt würde. Als Beleg dafür dient ferner, daß in neueren Zeiten auch einige didaktisch-philosophische Gedichte entstanden sind, was stets auf eine gewisse Reife des geistigen Lebens schließen läßt. Die bedeutendsten sind Ar buguel-fur (das kluge Kind), ein Buch voll praktischer Lebensweisheit, das jeder Buchbinder in den kleinen Städten für die zu Markte kommenden Bauerweiber feil hat, und das Gespräch, eine Satire auf die verschiedenen Stände, zu dessen Verständniß und Würdigung man die Sitten des Landes kennen muß. Es ist bemerkenswerth, daß der Verfasser dieser beiden Gedichte selbst den geistlichen Stand, Mönche und Nonnen inbegriffen, mit seiner Ironie nicht verschont. „Es giebt manche Pfarrer, sagt er u. A., die ihrem Vikar den Schlüssel zu ihrem Weinkeller nicht anvertrauen würden; aber den Schlüssel zum Himmelreich, das ist etwas Anderes."

Bis zu einer wirklichen Literatur in Prosa hat es aber die celtische Bretagne nicht gebracht, den Katechismus, einige Gebetbücher und die für die Protestanten in's Celtische übersetzte Bibel abgerechnet. Souvestre führt indessen eine Bearbeitung der Fabeln Aesops von einem Bauern,

Namens Rifou, an, die 1828 in Morlaix erschienen ist. Soviel Verdienste sie auch hat, so ist sie doch wenig in's Volk gedrungen; der Bretagner will Verse, keine Prosa.

Eine Ausnahme machen die **Volksmährchen**, mit dem Unterschiede jedoch, daß sie nicht niedergeschrieben sind, sondern mündlich von den Erzählern fortgepflanzt werden, ein Umstand, der der Ausbildung einer geregelten Prosa keineswegs förderlich ist. Souvestre hat bekanntlich eine Auswahl davon in seinem Foyer breton gegeben. Unter ihnen ist eins, das wie die Gedichte der Artussage die Runde durch Europa gemacht hat: **das Mährchen vom Ritter Blaubart**. Bekanntlich erschien es zuerst 1697 französisch in Charles Perraults Mährchensammlung „Contes de ma mère l'Oye.

„Anne, Schwester Anne, siehst du noch Nichts? — Nichts als des Waldes grünes Laub und den goldnen Sonnenstaub." Rien que la forêt qui verdoie et le soleil qui poudroie. Wen hat nicht Mutter- oder Ammenmund mit diesen naiven Reimen als Kind in Schlummer gewiegt? Wen hat es nicht gegraust, als nun der goldne Schlüssel in das Blut fiel und sich die Kammer mit ihren blutigen Häuptern aufthat?

Alle Schauer der Kindheit mischten sich auch in mir mit froher Ueberraschung, als ich während meines Exils in Nantes an den romantischen Ufern des Flusses Erdre spazieren ging, der die Stadt theilend sich hier in die Loire gießt, und man mir auf waldgrüner Höhe die Ruinen des Schlosses Barbbleue, des Ritters Blaubart, zeigte. Sie liegen bei dem Dörfchen Jonnelière, wohin die Jugend von Nantes auf Miethkähnen spazieren fährt, auf einer Bergecke, deren Fuß der Erdre und der Bach Cens netzt; die ganze Gegend umher ist freundlich zart und wiederum düster wie das Mährchen selbst. Aber Niemand weiß, wie die Tradition entstanden ist. Nur das ist thatsächlich: das Schloß, eigentlich la Verrière genannt, hat dem grausamen Gilles de Laval, Baron von Rais (oder Retz) gehört, der 1440 seiner gräuelhaften Verbrechen wegen zu Nantes verbrannt wurde, und man glaubte daher, daß derselbe den Typus zu Perraults Mährchen hergab.

Nun las ich, als ich im Herbst 1858 das Morbihan zu Fuß durchreiste und dabei in das Kloster St. Gildas de Rhuys, einst Abälards Aufenthaltsort, kam, in der Legende seines Gründers, des h. Gildas, der im 6ten Jahrhundert lebte, daß er in einem mährchenhaften Drama eine Rolle gespielt habe und daß dieses Drama die eigentliche Quelle des Mährchens sei. Kurz darauf kam ich nach Tiffanges in der Vendée. Hier auf den Trümmern des alten Schlosses, wo Gilles de Laval seine fürchterlichen Grausamkeiten begangen hat, erwachte von Neuem meine Neugierde, die gewiß Jeder theilt, der sich seiner Kindheit freut. Woher kommt das Mährchen? Wer war Blaubart? . Die Forschungen des

Vorgeschichte. 41

Herrn Guéraud (Notice sur Gilles de Rais, Nantes 1855) gaben mir vollständigen Aufschluß.

Der Erste, der die Heimath des Mährchens auf dem Schlosse la Verrière bei Nantes gefunden zu haben glaubt, ist Richer in seiner Déscription de la rivière d'Erdre, Nantes 1820. Zwar behauptete der Alterthümler Herr von Kerdanet, mit dem mich der Zufall auf einer Fußwanderung im Finistère bekannt machte, daß das Schloß Conmore, des Zeitgenossen des h. Gildas, die Wohnung Blaubarts sei, und erneuerte diese Behauptung in den Vies des Saints de Bretagne, die er 1837 mit dem Bischof Graveran von Culmper in Brest herausgab. Aber Richer blieb bei seiner Meinung (s. Lycée Armoricain 1823, t. II. S. 96 und 172), Gilles de Laval habe dem Erzähler Perrault den Stoff geliefert, obgleich er zugab, daß mehr als hundert Städte eine historische Person mit diesem Namen belegen könnten. So sagt z. B. der Historiker Michelet (Histoire de France, t. V. S. 218): „die Geschichte des Bretonen Retz, sehr gemildert indessen, hat den Stoff zu einem Mährchen geliefert; später (um die Ehre der Familie oder des Landes zu retten) setzte man an die Stelle seines Namens den des englischen Parteigängers Blue-Barb." Eine Menge Schriftsteller, die sich meistens einander abgeschrieben haben, sind der Meinung Richers gefolgt. So Pitre-Chevalier (la Bretagne ancienne et moderne, S. 482), welcher sagt: „tausend Traditionen des Volks haben die blutigen Erinnerungen an Gilles de Rais in das Gedächtniß der Bretonen eingegraben. Das Mährchen vom Ritter Blaubart hat vermuthlich keinen andern Ursprung als diese Traditionen." So Daru, der bekannte Historiker der Bretagne, der dem Baron Gilles mehrere Frauen giebt, die er nach und nach umgebracht habe, während die einzige, die derselbe hatte, ihn überlebt und sich zum zweiten Mal verheirathet hat, auch niemals von ihm gemißhandelt worden ist. So ferner Chapplain in Nantes, der sich aber widerspricht und die Legende des h. Gildas als Quelle anführt; so endlich außer vielen Andern noch Chevas in seinen Notes sur les Communes de la Loire-Inférieure, arrondissement de Paimboeuf, wo er S. 273 die Ruinen des Schlosses Prinzé unfern der Meeresküste beschreibt. Mehrere Schriftsteller haben behauptet, der Dichter St. Amant habe dieses Schloß und „die bezauberten Inseln" Blaubarts besungen; indessen findet sich in den Oeuvres du Sieur de Saint-Amand (Rouen 1660, erster Theil S. 130) nur ein Gedicht betitelt le Palais de la volupté sur une maison de plaisance que Monseigneur le duc de Retz a fait bâtir dans la forêt de Prinçay, welches Gedicht aber keinen Bezug auf Gilles de Rais hat. Selbstständig in ihren Meinungen sind nur Le Cadre in seinen Notes sur la ville de Nantes, der sich die Frage stellt: „warum sollte nicht jedes Land die Ehre haben, seinen oder seine Blaubart gehabt zu haben?" und J. Macé (im Journal l'Artiste, 1840, 2tes Halbj., S.

219 und 270), der sich für Heinrich VIII. von England entscheidet. Die verschiedenen Hinrichtungen seiner Frauen geben Letzterem allerdings mehr Ansprüche, als Gilles de Laval hat, dessen Ehe so ziemlich stürmelos war. Gilles könnte eher mit dem Oger des kleinen Däumlings verglichen werden.

Nun existirt von Walckenaer ein höchst seltenes anonym erschienenes Werk: Lettres sur les contes de fées attribués à Perrault et sur l'origine de la féerie (gedruckt bei Didot 1826, in 12.; wieder abgedruckt mit Veränderungen in Mémoires, contes et autres oeuvres de Charles Perrault, Paris, Gosselin 1842, herausgegeben von P. L. Jacob). Dasselbe unterscheidet diese Mährchen in Bezug auf ihr Alter; diejenigen, worin von Ogern gesprochen wird, reichten nicht über das 12te Jahrhundert hinaus, die andern aber (wie Blaubart und l'eau-d'Ane) könnten weit älter sein. Die Legende der h. Trifine, die mit Recht als die Quelle unsers Mährchens angesehen wird, rechtfertigt diese Behauptung; sie mag daher hier ihren Platz finden.

Im Morbihan, landeinwärts von Aurav, bei Gamors, stand das Schloß des Ritters Coumor, der im sechsten Jahrhundert lebte. Derselbe hatte die blutdürstige Grille, seine Weiber, sobald sie schwanger waren, zu tödten. So war er schon mehrmals Wittwer geworden, als er die schöne Trifine, Tochter Guérechs Grafen von Vannes, sah und sie zur Frau begehrte. Darob erschrak Guérech, denn er wußte, daß König Chilebert von Frankreich den Ritter beschützte und er fürchtete ihn; aber bewegt von den Bitten seiner Tochter verweigert er ihm ihre Hand. Die Weigerung facht die Liebe in Coumors Herzen nur noch stärker an; der Ritter geht zum h. Gildas, der eben auf der nahen Halbinsel Rhuys das Kloster gestiftet hatte, das Abälards Leiden einst so berühmt machen sollten, und bittet ihn um seine Fürsprache. Der Heilige, der sein böses Herz kennt, stößt ihn anfangs mit Abscheu zurück; aber getäuscht durch Coumors Gleißnerei und Besserungsgelübde, verwendet er sich zuletzt doch für ihn und erhält ihm die Hand der schönen Trifine. Kaum aber war auch sie schwanger, so brach die Wildheit ihres Gemahls von Neuem aus und nach mancherlei Mißhandlungen entflieht Trifine, das Aergste fürchtend. Schon ist sie nur wenige Schritte vor den Thoren von Vannes, als der Ritter sie einholt und ihr den Kopf abschlägt. Da eilt ihr Vater Guérech in seinem Schmerze zum h. Gildas und fleht ihn an, ihm seine Tochter wiederzugeben, die er nur auf die Bitten des Heiligen dem Ritter vermählt habe. Der wunderthätige Gildas ruft sie auch in das Leben zurück und Trifine gebiert einen Sohn Tremeur, der im Kloster erzogen wird, aber nach kurzem frommen Leben von Coumor bei einsamem Begegnen im Felde ermordet ward. Trifine zog sich in ein Kloster im Dorfe Ste. Trifine (Depart. der Nordküsten) zurück, wo ihres Sohnes Leichnam begraben ward. Conmor aber wurde von den Bischöfen der Bretagne excommunicirt und fand ein schreckliches Ende.

Gouvestre hat nach den bretagnischen Volkserzählern Einiges hinzugethan und geändert; er erzählt, es sei dem Ritter prophezeiht worden, sein Sohn werde ihm das Leben rauben, weshalb er seine Weiber ermordete, wenn sie schwanger wurden; nach dieser Variante geht die Prophezeihung durch Trifinens Sohn in Erfüllung.

Scenen aus obiger Legende sind in der Kapelle St. Nicolas bei Bieuzy im Morbihan in interessanten Fresken, dem Style nach aus dem 13ten oder 15ten Jahrhundert, dargestellt; verwischt oder übertüncht, sind letztere erst im Jahre 1850 wieder entdeckt und restaurirt worden. (Vergl. Bulletin archéologique de l'Association bretonne, 1850, 2 vol. S. 133.) Diese Legende war lange Zeit von der Tradition getragen und ausgebildet worden; in der Diöcese von Vannes sang man z. B. am Tage des h. Gildas lateinische Reime zu Ehren der h. Trifine. Albert der Große von Morlaix in seinen Lebensbeschreibungen der Heiligen (Vies des Saints, 3ème édition 1680, S. 16) gab ihr historisches Bürgerrecht und Dom Lobineau in seiner Geschichte der Bretagne erzählte sie nach. Obgleich das Leben des h. Gildas noch in vielen andern Werken erzählt ist, so hat Charles Perrault seinen Stoff doch wahrscheinlich aus Alberts des Großen Sammlung entlehnt. Wenn er das Werk auch nicht selbst besaß, so hat er es doch bei seinem Bruder dem Generaleinnehmer, der die reiche Bibliothek des Abbé Serisi gekauft hatte, oder bei seinem andern Bruder Nicolas antreffen können, der als ausgezeichneter Theolog sicherlich ein damals berühmtes Buch besaß, das trotz seines hohen Preises von 1630—1680 drei Auflagen erlebte.

Das ist der Ursprung des Mährchens vom Ritter Blaubart. Denn eine dritte Behauptung, daß nämlich Perrault es aus sich erfunden habe, kommt nicht in Betracht. Nach seinem Erscheinen ward es von populären Commentatoren mit dem Gedächtniß des Barons von Rais in Bezug gebracht, der aber mit dem Ritter Blaubart nur durch die Grausamkeit überhaupt verwandt ist. So bestätigt sich denn auch hier, was die Dichterin Marie de Franoy schon vor Jahrhunderten sagte:

| Meints merveille aucun ren | Manches Wunder, das Niemand gesehn, |
| Que en Bretaigne est avenu. | Ist schon in der Bretagne geschehn. |

Die Dramatik der Bretagne.

Die Civilisation der Celten hat es in der Literatur nicht bis zur dramatischen Poesie gebracht. Das einzige Gedicht Ossians, das in der Form mit derselben verwandt ist, Komala, ist kein Drama. Auch sind alle in celtischer Sprache geschriebenen Dramen der Bretagne erst im Mittelalter und zwar unter dem Einfluß fremder Civilisation entstanden;

es sind zum großen Theil sogenannte Mysterien. Eins derselben, das Leben der heiligen Nonn (oder Nonita), glaubte sein Herausgeber Legonidec vor dem zwölften Jahrhundert geschrieben; Jeuß aber stimmt, und wie es scheint mit Recht, für das vierzehnte Jahrhundert. Diese Dramen sind so gut wie alle gleichzeitigen der andern Nationen; ja ich möchte behaupten, daß für die tragische Poesie, für die Muse Shakespeare's, der celtische Genius befähigter gewesen ist als der französische. Aber ihm fehlte die Erziehung und das bildungsfähige Idiom. Doch die Leidenschaft findet in jeder Sprache ihren Ausdruck. So wenn Votiphars Frau in dem Drama „Jakob" Joseph verführen will, spricht sie, indem sie ihn zärtlich betrachtet, mit folgenden schwärmerischen Worten:

       Joseph! ... o wie schön bist du!
       Deine Blicke sind wie Sonnenstrahlen,
       Eine wie Fäden, die mich fest umschlingen,
       Daß ich drin, von aller Welt geschieden,
       Träumerisch wie dein Gefangner wandle.

In Bezug auf Scenerie, Bau, Anachronismen u. s. w. sind diese Stücke wie alle mittelalterlichen gearbeitet; geographische Lizenzen erlaubten sich ja auch Calderon und Shakespeare, warum also einen Norer oder Hans Sachs der Bretagne strenger beurtheilen? Eine Eigenthümlichkeit sind die Prologe, mit denen jeder Act beginnt; in denselben setzt der Schauspieler, der ihn spricht, nach einigen an die verschiedenen Stände der Zuschauer gerichteten Achtungsbezeigungen den Inhalt des Actes auseinander, der von dem Dichter nicht selten mit zuweilen unpassendem Spaße parodirt wird. „Ihr werdet sehen, heißt's in einem Prologe zur h. Triffine, wie die Prinzessin sich durch einen Spaziergang in's Holz in's Verderben stürzt; das lehrt euch, ihr Mädchen, daß es nicht gut ist, Brombeeren die Hecken entlang zu suchen; ihr werdet sehen, wie sie unglücklich wird, weil sie mit Gewalt geküßt worden ist; das lehrt euch, ihr Mädchen, es gutwillig geschehen zu lassen." Dem Gebrauche zufolge machte der Schauspieler von vier zu vier Versen die Runde um das Theater, gefolgt von all seinen Genossen, wobei Violen (rebecs) und Dudelsäcke aufspielten.

Die drei Dramen, welche Souvestre aus der Masse herausgehoben hat, leugen Zeugniß für die poetische Kraft des celtischen Volksstammes ab, der dem Engländer Shakespeare ja auch den Stoff zum „König Lear" gegeben hat. Ich will mir hier nicht die Mühe geben, Souvestre's zuweilen verzwickte Ansichten zu beurtheilen oder zu widerlegen; ich bemerke nur, daß ich vielfach davon abweiche. Es ist aber zu beklagen, daß Tieck diese Dramen nicht gekannt hat; er, der die romantischen Schöpfungen des Mittelalters mit so frischen Farben zu reproduciren wußte, hätte darin einen herrlichen Stoff für sein Talent gefunden.

Das erste, der h. Wilhelm, Graf von Poitou, Drama in sieben Acten, stürmt maßlos und wild mit allen Gräueln und Schrecken eines „Titus Andronikus" einher und schließt dann fromm und mild wie ein Gewittertag, wenn Abends die Sonne durch die erschöpften Wolken bricht und noch einmal rührend mit sanftem Schimmer die verwüsteten thränenfeuchten Fluren küßt, ehe die Nacht die schwarzen Flügel der Ruhe und des Schweigens darüber breitet. Der Held des Stückes ist eine ebenso titanische Figur als nur ein Karl Moor oder Göthe'scher Faust, aber wie diese rettet er sich aus den Tiefen der Hölle zum lichten Aether des Himmels auf. Uebrigens ist er eine historische Person. Guillaume IX., Herzog von Aquitanien und Graf von Poitiers, geb. 1071 und gest. 1126, gilt für den ältesten Troubadour. Von angenehmem Aeußern, vergnügungssüchtig und verschwenderisch, nahm er den Klöstern einen Theil der ihnen erst geschenkten Reichthümer wieder, zog zwar als Kreuzfahrer nach Palästina, verfiel aber nach seiner Rückkehr auf's Neue in leidenschaftliche Genußsucht. So raubt er die schöne Vicomtesse von Chatellerault ihrem Gatten, seinem Verwandten, und vermählt sich mit ihr noch bei dessen Lebzeiten, nachdem er seine Gemahlin Hildegard verstoßen hat. Der Bischof von Poitiers drohte ihm deshalb mit dem Bann, wenn er die Vicomtesse nicht ihrem Gatten heimführte; im Zorne griff der Graf zum Schwerte, den Priester zu durchbohren; der aber spricht ruhig die Bannformel und sagt dann: „Nun schlage, ich bin bereit." „Ich liebe dich nicht genug, um dich in's Paradies zu schicken," antwortete jetzt der Graf. Neuer Frevel willen (er soll z. B. zu Niort ein Freudenhaus auf dem Boden eines Nonnenklosters errichtet haben) wurde er 1119 vor das Concil zu Rheims citirt, welchem der Papst Calixtus II. vorsaß; er verweigerte aber zu erscheinen. Zuletzt zog er gegen die Sarazenen in Spanien. Welch bessern Stoff konnte ein dramatischer Dichter wählen, der Himmel und Erde in Bewegung setzen und das ganze Meer der Leidenschaften aufrühlen wollte? War doch auch dieser Graf schon zur Mythe geworden, wie es später Don Juan ward.

Er führt sich selbst mit folgenden Worten in Scene ein:

> Ich bin der Graf von Poitou, der mächt'ge,
> Der muthigste Gebieter unter'm Himmel;
> Ja auf der runden Erde giebt es keinen,
> Der tapferer und frecher sei als ich.

Er belegt dies sein Urtheil durch einen langen Monolog, den er mit der Erklärung schließt, daß er Geld brauche. Aber vergebens schickt er seinen Schatzmeister zum Bischof, Seneschall und Gouverneur der Stadt; Alle drei verweigern ihre Seckel aufzuthun und die Bürger ziehen die Zugbrücke auf. Wüthend bestürmt der Graf die Stadt, bringt durch die Thore, tödtet den Gouverneur und die Bürger erkaufen ihr Leben nur mit ihren Schätzen. Mit tiefem Kummer vernimmt diese Frevel sein Bruder, der Herzog. Fromm und tugendhaft beschließt er, den Grafen zu bekehren;

vergebens räth es ihm die Herzogin ab, begleitet von seiner Gemahlin begiebt er sich zu seinem Bruder. Nach reichlicher Begrüßung beginnt er seine Ermahnung, er hat sie gut ausstudirt und selbst mit lateinischen Sätzen geschmückt. Aber er predigt tauben Ohren; während der ganzen Bußrede verschlingt der Graf die schöne Herzogin mit den Augen und unterbricht ihn mitten in der salbungsvollsten Stelle:

     Das Alles ist gar schön, mein lieber Bruder;
     Euch ist die Tugend leicht, Gott ist Euch günstig:
     Nichts mangelt Euch, Euch geht's nach Herzenswunsche.
     Reich seid Ihr, mächtig; was Ihr nur begehrt,
     Wird Augenblicks erfüllt, und dazu habt
     Der Frauen Reiz Ihr! — Ja, Ihr seid glücklich!
Herzog. Ihr werdet's sein wie ich, wenn Ihr der Pflicht
     Gehorchen wollt. Dann findet alle Welt
     Bereit Ihr, Eure Wünsche zu erfüllen.
Graf. Nein, nein, kein andres Weib ist dieser gleich,
     Kein andres so vollkommen, keine Blume
     So fleckenlos wie sie. O, all' mein Herz
     Fühl' ich verzaubert, wenn ich diese Reize,
     Wenn diese Anmuth ich betrachte und
     Mein Blick in diesen wollustvollen Augen
     Ertrinkt. (Stürmisch.) Ich muß sie haben! will sie haben.
      (Er reißt die Herzogin in seine Arme.)
     Du, Herr Gelehrter, werde Mönch und pred'ge.
Herzog. Mein Bruder, willst du spotten?.. Aber sterben!
Graf. Fürchtest du dich vor Gott nicht?
            Ich entsag' ihm.
     Ich will die Herzogin... wo nicht, dein Leben.

Vergebens ist aller Widerstand, die Reisigen des Grafen reißen den unglücklichen Gemahl hinweg. Dieser rift zum Bischof und Seneschall, die zusammen den Tyrannen verwünschen und die von ihm erpreßten Summen beklagen; er fordert beide auf, Recht über den Verbrecher zu sprechen, aber die Angst raubt ihnen den Muth sich an den Gewaltigen zu wagen und der Herzog geht mit den Worten hinweg: „Ihr Herrn, es ist ein ernstes Ding in diesem Leben, einen Menschen alle Verbrechen begehen zu lassen oder ihn zu bestrafen zu wagen." Es ist als spräch' aus diesen Worten das empört unterdrückte Volk selbst, das keinen Richter auf Erden für das von dem Adel an ihm gethane Unrecht findet und gerade um jene Zeit das in ihm mit Füßen getretene Menschenrecht in dem Bauernkriege rächt.

Indessen genießt der Graf die Frucht seines Frevels. Gewalt ist die beste Ueberredung, sagt Gianettino Doria in Schillers Fiesko, und die Herzogin hat ihr nicht widerstehen können, wie uns der Dichter in einer leidenschaftlichen Scene zeigt.

Der Graf (sitzt neben der Herzogin und hält ihre Hand).
  Mein Herz, mein Glück, seid Ihr nicht glücklich nun?

Vorgeschichte. 47

Seht Ihr nicht, daß der Mann, aus dessen Armen
Ich Euch entriß, Euch nicht geliebt wie ich?
Herzogin (weinend). O nimmer giebt es für mich Glück auf Erden,
Als bis ich meinem Gatten heimgegeben.
Graf. Was habt Ihr hier zu leiden?
Herzogin. O das größte
Von allen Uebeln! . . . Ihr habt mich entehrt.
Graf. Mein Liebchen, denkt nicht dran und laßt uns küssen.
Herzogin. Du grausamer, boshafter, frecher Mensch!
Graf (sucht sie auf seinen Schoß zu ziehen).
Du Abgott meines Herzens, Heißgeliebte!
Herzogin. Ihr fesselt meine Seele, Ihr verderbt sie.
Graf (mit zärtlichem Lächeln).
Du Heißgeliebte, Abgott meines Herzens!
Herzogin. Unsel'ger, bist du denn in Satans Macht?
Graf (lächelnd). Ja, seit dem Tage, da zum ersten Mal
Ich voll Bewund'rung Euch in's Auge sah,
Seit jenem Augenblicke, da Ihr mich
Bezaubertet, bin ich in Satans Macht.
(Die Herzogin kreuzt in Verzweiflung die Hände und fällt auf die Kniee.)
Graf (will sie aufheben). Nun, o mein Abgott, was ist das? Warum
Verzweifeln? Ei, so kommt doch her, zu mir . . .
(Er will sie an sich ziehen.)
Herzogin. Unsel'ger, Eure frevelhaften Worte
Entsetzen mich. Ich sterb'. Ach, stürb' ich doch!
Graf. Steht auf, mein Liebchen; nicht so ungestüm!
Ich lieb' und will die Freude nur. Ich hab' es
Gern, wenn man zärtlich mit einander plaudert.
Seht Ihr denn nicht, daß ich mich selbst bekümm're
Wie Ihr ob Eurem Kummer? Meine Seel' ist
Von Eurer Trauer traurig. — Herzogin.
Du bist mein Hoffen, meine ganze Wonne,
Mein ganzer Trost in meinem Leid; du bist
Mein ird'scher Schatz, mein köstlichstes Juwel. —
O wenn du's willst, für dich in ew'ger Liebe
Und Treue werd' ich brennen. — Meine Dame,
Euch werd' ich noch anbeten, wenn ich sterbe.
(Er preßt sie drunten in seine Arme.)
So hör' mich aber doch; hörst du denn nicht?
Mir zeugen's Stern' und Mond, nie hab' auf Erden
Ich etwas angebetet so wie dich.
Dein Dasein macht mich froh, in treuer Liebe
Bin ich von nun an dein, und unaufhörlich
Und immerdar —
Herzogin (reißt sich aus seinen Armen los und fällt auf die Kniee).
Jungfrau, Jungfrau Marie,
Dir, Heilige, empfehl' ich meine Seele,
Nimm sie in deinen Schutz. Weh' mir Unsel'gen,
Was sag' ich? Eine Sünderin bin ich
Vor dir, mein Gott! O um des Blutes willen,
Das Jesus Christus hat am Kreuz vergossen,
Erlöse mich von dem Tyrannen! Oder,

48 Vorgeschichte.

     O du mein Gott, schick' mir den Anton*), daß
     Ich sterbe und nicht in der Sünde bleibe.
Graf (sie betrachtend). Noch niemals hab' ich sie so schön gesehn!
     — O, warum widerstehen meinem Wünschen?
     Ich fleh' Euch an, o sagt mir doch, warum
     Sich Euer Herz nicht an dem Leben freut.
     Wenn es in eines Menschen Macht steht, zu erfüllen,
     Was Ihr begehrt, so sagt's, ich werd' es thun.
Herzogin. Es steht in Eurer Macht, Ihr wißt's wie ich,
     Die Ihr den Meinen mich und meinem Gatten
     Geraubt habt, meinem theuern Gatten, der
     Mein Liebstes war und der es immer sein wird.
Graf (verletzt). Kann ich denn nicht wie er geliebet werden?
Herzogin. Ihr würdet's, Graf, wenn Ihr ein Mensch wär't, der
     Gott fürchtete.
Graf (ungeduldig). Ein andres Mal . . . Ich werde
     Dran später denken, später, wenn einmal
     Die Zeit ich dazu habe.
Herzogin.   Geh denn, Wilhelm,
     Ertränk' dein Herz in dieser Erde Dingen.
     Berausche dich in schändlich rohen Lüsten;
     Die Wahrheit dir zu sagen, Niemand wagt's,
     Ich aber sage sie dir ohne Scheu.
     Wenn du nicht umlehrst, Wilhelm, wehe dir!
     Gottes Geduld wird endlich sich erschöpfen,
     Und wenn er seine Gnade dir versagt;
     So kommt ein Tag, wo du auf deinem Pfade
     Dem Unglück Aug' in Auge sehen wirst.
Graf (mit bitterem Lächeln). Ich kenn' schon, Schönste, Eure Predigten;
     Ich bin ein Bösewicht, ist's nicht so?
Herzogin.   Ja,
     Ein Bösewicht, und der boshafteste,
     Den je die Welt gesehn, denn Ihr schrecktet
     Selbst vor dem Gräuel nicht zurück, zu rauben
     Des eignen Bruders Weib.
Graf.   Genug, Herzogin,
     Meine Geduld ist fertig . . .
Herzogin.   Keine Liebe
     Vermögen zu erringen und die Liebe
     Erzwingen durch Gewalt, das thut ein Bube!
Graf (wüthend). Hinaus, hinaus, Weib! . . . Mich beschimpfen, ha!
     Hinaus mit Euch! — Geschöpfe so wie Ihr
     Wirft, wenn man ihrer satt, man vor die Thüre.
        (Er jagt sie fort.)

  Ich brauche nicht zu entwickeln, mit welcher Kraft und Seelenkenntniß der Dichter den Ungestüm von seines Helden Leidenschaft zu schildern gewußt, wie geschickt er sie im Kampfe mit der zerknirschten Tugend dargestellt hat. Es ist ein meisterhafter Zug, daß gerade der Ausbruch

---

*) Das Gespenst des Tods.

glühender Frömmigkeit die Genußsucht des Grafen am schärfsten aufstachelt; es erhebt ihn dies auf die schaurige dämonische Höhe eines Richard III.

Auf die Abenteuer der Liebe folgen die Abenteuer des Kriegs, welche die drei folgenden Acte ausfüllen. Der Graf ist in Rauferei und Schlachten trotz so zügellos und furchtbar wie in der Genußsucht. Dem Verfasser hat dabei der Grundgedanke dramatischer Oekonomie, nach welchem das Drama in fünf Acte zerfällt und wobei die Verwicklung im dritten sich zum Sturz der Katastrophe steigert, instinctmäßig vorgeschwebt. In formaler Beziehung hat er seinen Stoff nicht zu beherrschen vermocht und ihn in sieben Acte ausgedehnt, aber das Gesetz der Steigerung hat er meisterlich beobachtet: der Graf muß das Maß seiner Sünden erst voll machen und die Schwindelhöhe Prometheischen Trotzes erreichen, ehe er entweder für immer in die Klauen Satans oder in die ausgebreiteten Arme seines Erlösers fallen kann.

Zuerst erscheint ein König der Türkei, der sich als den mächtigsten Fürsten der Erde ankündigt; er hat die Könige von Spanien, Hibernien, Deutschland, England, Candien und Normandie besiegt und läßt unter seinem Volke austrompeten, daß es nun in Frieden und Freuden leben könne. Da hört der Graf von Poitou, daß in der Türkei ein Fürst sei, der noch nicht seinen Meister habe finden können; sogleich läßt er ihn herausfordern. Der Sultan geräth in Wuth; in sieben Tagen (die während des Actes selbst vergehen) ist er vor des Grafen Schloß mit seinen Türken, die als Scheusale von Wildheit und Häßlichkeit angekündigt werden, aber ein einziger Ausfall Wilhelm's zerstreut seine Armee; verzweifelt und mit Wunden bedeckt muß der Sultan sein Heil in der Flucht suchen.

Im dritten Acte ersteht dem Grafen ein neuer gefährlicherer Feind. Er vernimmt, daß man in Rom einen Papst gewählt, der ihn excommunizirt hat, „ihn den Grafen von Poitou, der nie etwas gethan, was seine Heiligkeit hätte verdrießen können." Diese komische fast naive Erklärung bereitet auf Späße vor, die mit „britischem" Humor eingestreut sind; britisch ist celtisch, aber britisch heißt auch Shakespeare's Muse. Der Graf beschließt gegen Rom zu ziehen und den Papst abzusetzen, ein Herold wird ausgesandt, um Truppen anzuwerben, denen ein Leben voller Lust versprochen wird. Da tritt ein Bauer aus dem Hause, Allan Caro, er singt, weil er Feuerwein (gwin ardant, Branntwein) im Kopfe hat und seine Frau hübsch ist; er ist aber, wie er selbst erklärt, nicht egoistisch genug, um seine Frau für sich allein haben zu wollen. Und wie er noch spricht, legt sich die letztere mit zerknitterter Haube und über die weißen Schultern fließendem Haaren in's Fenster, sie lacht mit einem Edelmann, der sie auf die Augen küßt. Caro thut, als säh' er nichts, aber da ihn das Weib ruft, muß er sich doch umsehen. Er soll ihr frisches Wasser holen, damit sie die Spur von den Küssen abwaschen könne. Wie es so manchem Philosophen geht, dessen Leben wenig in Einklang mit seinen Lehren steht, so verläßt auch den Bauern seine anerzogene stoische Gleichgültigkeit; er weigert sich entschieden. Der Edelmann hetzt die Frau nun mit derben Spässen auf, sie kommt heraus und beweist ihrem Manne mit schlagenden Gründen, daß sie Herr im Hause ist. „Da seht Ihr, sagt Allan mit betrübtem Ernste, was für ein Leben ein armer Lehnsmann mit seiner Frau hat. Wär' es nicht besser, wenn ich dieser Hölle entliefe und in den Krieg zöge? Zum Teufel das Weib! zum Teufel der Schuh, der zu alle Füße paßt! Ich will leben wie ein Edelmann und Soldat werden."

Die Scene wechselt. Ein anderer Bauer, Lavigne, kommt betrübt nach Hause; seine Frau fragt nach der Ursache seines Kummers. Er erzählt ihr, daß er aus der Beichte käme und daß ihm der Pfarrer als Buße drei Tage Nüchternheit auferlegt habe, das sei sein Tod. „Drei Tage nicht zu trinken und anzuhören, wie in der Schenke die Gläser anstoßen, was erst dem Wein seinen Geschmack giebt! Lieber werd' ich Ketzer!" Umsonst ist alle Mäßigkeitspredigt seiner Frau; als sie fertig ist, antwortet ihr Lavigne, der sie wie ein aufmerksamer Zuhörer hat ausreden lassen: „Frau, gieb mir Geld." — „Wozu, Mann?" — „Um den Armen zu geben, wenn ich einem begegne." Aber die Frau weiß, wem er wohlthun will, und Lavigne zieht ab mit leerem Beutel. Glücklicherweise begegnet er Allan Caro, der ihn in die Schenke mitnimmt, dort ersäufen sie ihren häuslichen Aerger und bald sieht man sie als die ärgsten Eisenfresser in des Grafen Heere.

Souvestre bemerkt hierbei, daß das celtische Theater, wie das alte italienische, für die komischen Rollen seine stehenden Typen habe: den Teufel, den Trunkenbold und den schwachen Ehemann, der unter dem Pantoffel steht. Der Erstere ist vom ganzen Mittelalter geprellt worden, weshalb man noch heute „dummer Teufel" sagt; Trunkenheit ist ein allgemeines celtisches Laster, das Allen auch in der Parodirung behagt; ein schwacher Ehemann aber ist in der Bretagne um so lächerlicher, weil dort die Frau für den Gatten nur eine Magd ist, die keinen Lohn bekommt.

Im vierten Act verkündet der Papst Eugen ein Jubiläum und Ablaß für alle Sünder, der Graf von Poitou allein ist ausgenommen. Aber dieser rückt heran, nimmt die heilige Stadt ein, verjagt den Papst und setzt Anaklet an seine Stelle. Eugen flieht, ihm bleibt, wie er sagt, keine Hoffnung als der h. Bernhard, zu ihm will er sich zurückziehn. Seitdem er aber den obersten Herrn der Christenheit bekriegt hat, ist der Graf wie von Berserkerwuth ergriffen. Das Drama selbst wird zu Raserei und wildem Schlachtengetümmel. Ein König von Hibernien verbündet sich

mit dem Sultan, um den König von Persien zu bekriegen. Wilhelm
kommt als fahrender Ritter während der Schlacht, stürzt sich voll Tollheit
mitten in die drei Armeen, richtet unter ihnen ein furchtbares Gemetzel
an und jagt den Rest in die Flucht. Der König der Türken versammelt
ein neues Heer und ruft „die Schlangen und Löwen der Hölle, die fliegenden Drachen, die Stürme und Feuerregen" zu seinem Beistand auf.
Das ganze wilde Heer der Hölle tritt unter seine Fahnen. Aber was
kann dem Grafen von Poitou widerstehen? Er zerstreut auch dieses
neue Heer; „nie," ruft ein Dämon, der zitternd davonläuft, „nie hat ein
Mensch auf Erden den Teufel so ermüdet wie dieser rasende Graf."

Und entsetzt lauscht nun Himmel und Erde, wie das enden soll; die
ganze Weltordnung ist durch dieses Ungeheuer in Gefahr, denn „dieser
Mensch ist böser als der Teufel selbst." Was dem oberflächlichen Blick
nur die kranke Ausgeburt einer tollgewordenen Phantasie erscheint, ist
gerade ein genialer Zug: den Teufel selbst muß der Graf bezwingen, damit der Sieg Gottes über ihn um so glänzender und herrlicher wird.

Der fünfte Act beginnt; wir befinden uns vor dem Kloster des heil.
Bernhard. Man kennt den allgewaltigen Einfluß, den der Letztere im
Mittelalter ausübte, er stand an Macht und Ansehn über Papst und Für-
sten: der höchste Schiedsrichter in Staat und Kirche ist er einer der vor-
züglichsten Vertreter des kirchlichen Mittelalters und war außerdem der
Zeitgenosse von dem Helden unsers Drama's. Die Scene stellt eine wüste
öde Gegend dar; ein Mädchen in Lumpen, mit stieren Augen und blutigen
Armen stürzt herein, sie ist vom Teufel besessen und zerfleischt sich die
Brust.

> Drei Jahre, schon drei Jahre ist er hier
> Und haust in mir, der Teufel, der mich zwingt
> Zu laufen und zu schrei'n und mich zu wälzen! —
> Ich lauf' in's Meer, in's Feld, dann auf die Wipfel
> Der Bäume, in die Schluchten und in's Feuer! —
> Ich lauf' und heul' und tödte alle Kinder
> Auf meinem Lauf. — O fort! Ich will auf einen
> Thurm klettern und mich in die Tiefe stürzen;
> Von Mühlenrädern will ich meine Glieder
> Zerreißen lassen. Oder nein, ich will
> Die Welt durchirren, rastlos, Tag und Nacht.
> Zu Löwen, Schlangen, Bär'n will ich mich lagern,
> Sie soll'n mir Brüder und Gefährten sein,
> Denn nicht Gefährte blieb noch Bruder mir.
> Der Teufel! o der Teufel! Horch, er ruft mir:
> Ergreif' ein Messer oder Beil und morde
> Den Ersten, den du auf der Straße siehst,
> Zerreiß' ihn mit den Zähnen, friß sein Herz. —
> Da siehst du, Lucifer! ... Ein großer Schleier
> Verhüllt das Haupt dir. Morde, morde, morde!

Mehrere Personen gehen vorüber, sie tödtet sie; der h. Bernhard

tritt auf, sie läuft auf ihn zu, er hebt die Hand auf und sie fällt auf die
Knie nieder.

h. Bernhard. Herr Jesus! Jesus! Jesus! Welterlöser!
Das Mädchen (unter gräßlichen Zuckungen). Calvin und Luther! Satan! Hilfe,
Hilfe!
h. Bernhard. Im Namen des Vaters, der die Welt erschaffen,
Des Sohns, der sie erlöst, des heil'gen Geistes
Beschwör' ich, Dämon, dich, fahr' heim zur Hölle
Und fahr' aus Leib und Seele dieser Armen.
(Der Teufel fährt aus dem Mädchen und entflieht.)
Das Mädchen. O Dank dir, heil'ger Mann!
h. Bernhard. Geh' hin, du Arme,
Werd' anders und gieb dich dem Tiger nicht
Der Finsterniß mehr hin. Mit Gottes Gnade
Wirst du einst eingehn in das Paradies.

In der That, ergreifender konnte der Dichter den Heiligen nicht einführen, dem die Aufgabe geworden ist, den Freveltrotz des Grafen zu bän-
digen. Schon die wüste Einöde, die die Scene bildet, erfüllt die Seele
mit Grausen und macht, daß sie alles Irdische und Eitle dieser Welt vergißt. Das Herz wird von der ganzen strengen Ascetik des Mittelalters
ergriffen und der heilige Schrecken, den die Wuth der Besessenen und die
Austreibung des Teufels in ihm zurückläßt, bereitet es würdig auf die Bekehrung des Frechen vor, der im letzten Acte „noch boshafter als der Teufel" genannt wurde. Daß die Besessene Calvin und Luther als Diener
Satans anruft, zeigt die erste Hälfte des 16ten Jahrhunderts als Zeit der
Entstehung des Drama's an; wie die Reformirten damals im Papste den
Antichrist sahen, so sahen ihn umgekehrt die Katholiken in den zwei Re-
formatoren.

Es kommt nun Papst Eugen, er erzählt dem h. Bernhard das Vor-
gefallene; dieser verspricht die Bekehrung des Grafen zu versuchen und
läßt auch denselben zu sich entbieten. Wie wir sahen, so ragte der Heilige
an Ansehen über seine ganze Zeit empor; auch der Graf von Poitou wagt
nicht ihm den Gehorsam zu verweigern und erscheint Tags darauf vor dem
Kloster. Er verlangt den Heiligen zu sprechen; ein Mönch antwortet ihm:
Geht in die Kirche; eben ließt man Messe,
Der heil'ge Abt kann auf der Stell' Euch pred'gen.
Graf. Ich habe keine Eil' ; er soll selbst kommen.
Ein Baron. Denkt dieser Abt etwa, wir sei'n hieher
Gekommen, um die Messe anzuhören?
Ein Edelmann. 's gäb' wohl ein Mittel, diese Mönch' heraus
Zu bringen, ha! man braucht das Kloster nur
In Brand zu stecken.
Lavigne (ist betrunken und hat nur die letzten Worte gehört).
Ich will's thun. Da werden
Die Mönche laufen und die Kutt' aufschürzen.
Wie Mädchen ihre Röck'. Das wird ein Spaß sein.

Eben schickt er sich an, Feuer an's Kloster zu legen, als plötzlich die
Kirche erleuchtet wird und man den Gesang der Priester hört, die das
hochheilige Geheimniß des Meßopfers feiern:

> Pange, lingua, gloriosi
> Corporis mysterium
> Sanguinisque pretiosi,
> Quem in mundi pretium
> Fructus ventris generosi
> Rex effudit gentium.

Und gerührt von diesen Gesängen, wie Faust, als er die Osterglocken
vernimmt, fällt der Graf auf die Kniee und ruft:

> Barmherzigkeit, mein Gott! Behalte deine
> Gerechtigkeit und strafe mich noch nicht!

In diesem Augenblick erscheint der heil. Bernhard und spricht zu ihm:

> Bereue ernstlich und du findest Gnade.

Als aber Wilhelm mit seinen Soldaten in's Kloster will, um dort
die Gnade Gottes zu erstehen, weigert ihm der Abt, der noch an der Auf-
richtigkeit seiner Bekehrung zweifelt, den Eingang. Der Graf zieht sich
verletzt zurück, kommt jedoch den folgenden Tag zurück. Nur ist indessen
der fromme Eindruck verwischt, den er Tags vorher „gewöhnt an diesen
Klang von Jugend auf" erhalten hatte und Spott und Stolz wohnen
wieder in seinem Herzen. Es beginnt nun ein feierlicher Kampf zwischen
ihm und dem h. Bernhard. Umsonst weist der Graf die göttlichen Worte
des frommen Mannes mit allen Waffen des Hohnes und des Hochmuths,
ja selbst mit Drohungen zurück; so hoch er sich in seinem hoffärtigen
Trotze erhebt, immer erhabener steht der Heilige da und erdrückt ihn mit
unerschütterlicher Strenge. Wie der Drache unter dem Fuße des Erzengels Michael, krümmt sich der Graf unter der zermalmenden Redegewalt
des Abtes und es bleibt ihm zuletzt keine Waffe als der Stachel der Ironie; er giebt scheinbar nach und bekennt sich schuldig, aber mit jener spött-
ischen Geckenhaftigkeit, die sich wohlgefällig noch in der Schuld bespiegelt.

> Nun gut, warum noch läugnen? Ja, ich will
> Mein ganzes Leben Euch erzählen. Was
> Ein Mensch von Sünden nur begehen kann,
> Ich hab's gethan. Und weh', ich muß gestehn,
> Ich fand noch Wohlgefall'n an meinen Freveln.
> Mein geiler Blick betrog der Unschuld Herz.
> Ich freute mich an zärtlichem Geflüster,
> An üpp'gen Augen, schimmernden Gewändern.
> Ich sah mit Lust den hübschen Mädchen nach,
> Wenn leichten Fußes sie zu Markte gingen
> Und sinnend wandelten auf schatt'gen Pfaden.
> Ich suchte sie bei ihrer Arbeit auf,
> Ja in der Kirche, wenn sie betend knieten;
> Und es entzündete in meinem Herzen

Bei ihrem bloßen Anblick sich ein Feuer.
All' meine Liebe bot ich ihnen an,
Und meine Stimme war so überredend,
Mein Antlitz wußte so geschickt zu heucheln,
Daß mehr als hundert mein schon war'n. Zuerst
Versprach die Eh' ich ihnen, und nachher
Macht' ich mich Sünder lustig über sie.
Allein, hochwürd'ger Abt, Ihr wißt auch nicht,
Wie letzt verbuhlt die Weiber sind. Man braucht
Nur einen Schein von Lieb' ihnen zu zeigen,
So sitzen sie Euch schon im Schooß. Sie denken
An nichts als nur den Männern zu gefallen.
Seit ein'ger Zeit hat Satan ihnen noch
Gelehrt, sich Schminke auf's Gesicht zu legen,
Um rosig auszusehen. Alle sind
Balltäuferinnen oder zweischneid'ge Zungen. —
Und dennoch seht, hochwürd'ger Abt, das sind
Nun die Geschöpfe, die ich liebte, ach!
Das sind die Wesen, die ich lieben werde,
So lang' das Leben rinnt in meinen Adern.

Auf diesen langen Erguß von Spott und frechem Muthwillen antwortet der heilige Bernhard nur zwei Verse:

Kehrt um zu Jesus Christus, dem Erlöser!
Graf, kehret um; wo nicht, seid Ihr verloren.

Und der Graf beginnt zu zittern; seine letzte übermüthige Rede war nur die krampfhafte Zuckung eines Fieberkranken, seine Kraft hat sich mit ihr erschöpft, und als nun der Heilige auf seine Knier fällt, um Gott selbst und seine Gnade anzuflehen, da wird der Graf von himmlischer Begeisterung ergriffen und er stürzt zerknirscht dem Abt zu Füßen. Hier endet der fünfte Act.

In dem folgenden sucht der Graf von Poiton zu sühnen, was er Böses gethan. Vor Allem setzt er den wahren Papst wieder ein und erhält dessen Segen. Aber alle Buße, die er thut, vermag ihn nicht zu beruhigen; er fürchtet, Gott habe nicht Gnadenengel genug, um jede seiner Uebelthaten auszulöschen. Selbst der Trost des h. Bernhard ist nicht stark genug; endlich räth ihm der Abt, einen frommen Einsiedler aufzusuchen. Dieser letztere heißt den Grafen der Welt entsagen und im härenen Büßergewand in Einsamkeit frommer Betrachtung leben. Wilhelm entläßt seine Diener und wird Einsiedler.

Als solchen sehen wir ihn im siebenten Acte in einem Walde. Hier liegt er in steten Kampfe mit den Schrecken seines Gewissens und den Versuchungen der Hölle. Alle Lockmittel derselben sind bisher umsonst gewesen; umsonst hat sie ihm die Wollust unter dem Trugbild eines schönen verirrten Mädchens zugeschickt; der Graf hat allen Reizungen widerstanden. Da — und das ist ein meisterhafter Zug, der eine treffliche Menschenkenntniß an dem Verfasser verräth — da erscheint ihm Satan in der

Gestalt eines Ritters aus dem Volksn, in voller Rüstung, blut- und staub-
bedeckt.
Satan.   Graf, die Verwüstung haust in deinem Lande,
           Der Feind belagert deine Stadt, und wenn
           Du schleunig nicht sie zu vertheid'gen kommst,
           Ist sie verlor'n.
Graf.   Was sagst du? Meine Stadt
           Erobert! Können denn die Bürger sich
           Nicht wehren? Thürm' und Mauerwerk sind stark.
Satan.   Die Bürger sind auf's Aeußerste gebracht;
           Der Feind bedrängt sie und ich bin gekommen,
           Dich aufzufordern, ihnen schnell zu helfen.
Graf   (außer sich). Ich ihnen helfen! . . . Kann ich's in dem Kleide?
           (Er zerreißt sein Einsiedlerkleid.)
           Ha, wenn ich Waffen hätte! . . . Die Belag'rung
           Wär' bald gehoben.
Satan.   Hier sind sie; ich habe
           Dir welche mitgebracht.
Graf   (sie ergreifend). Ha! Waffen!
           (Satan legt ihm eine vollständige Rüstung an.)
Der Engel Gabriel (erscheint). Wilhelm!
           Wo willst du hin? Du hattest Gott versprochen,
           Ein treuer Diener ihm fortan zu bleiben.
Graf.   Der Feind belagert meine Stadt, ich muß
           Hineil'n und sie vertheid'gen.
Der Engel.   Glaub' es nicht;
           Der dir's gesagt hat, ist der Geist der Lüge.
Graf.   Wär's möglich! — O mein Gott, mein Schöpfer, Gnade!
           (Er stürzt auf die Knie.)

Dramatischer konnte der Dichter den inneren Kampf nicht schildern,
den der Ritter unter dem härenen Gewande mit seinen Erinnerungen besteht. Die Zeit der Prüfung geht nun zu Ende. Wilhelm fühlt sein
Haupt sich zu Grabe neigen und seine Seele harrt bange des Erlösers.
Da naht sich plötzlich eine Frau seiner Hütte, Schönheit und Heiligkeit
vermählen sich in ihren Zügen. Sie bleibt an der Thüre stehen und spricht,
indem sie ihr leuchtendes Antlitz ihm zuwendet:
           Was macht Ihr, armer Mann, hier so allein
           Und krank? Ihr scheint voll schweren Kummers.
Wilhelm.   Ach!
           Ich bin ein elend armer Mann, der seine
           Begangnen Sünden büßt.
Frau.   Was habt Ihr Schweres
           Verbrochen denn, mein Sohn, um einsam es
           Im tiefen Wald zu büßen? Eure Buße
           Muß hart gewesen sein.
Wilhelm.   Ich hatte sie
           Verdient.
Frau.   Und also wollt Ihr leiden, bis
           Ihr Gottes Zorn versöhnt?
Wilhelm.   Ich will's mit Freuden.

Frau.	Wilhelm, mein Sohn, Geduld! Du wirst es nicht Beklagen, was du duldest jetzt! Ich habe Gesehn dein Leiden und vom Paradies Bin ich herabgekommen, dich zu trösten. Ich bin die Mutter Gottes. Stehe auf, Wilhelm, und bete; bald wirst du die Krone Empfangen droben in der Schaar der Engel.
Wilhelm.	O Jungfrau, Mutter Gottes, Dank dir, daß Du mich besucht. O Dank! Nun ist mein Körper Geworden stark und meine Seele heiter.

Eine heilige Ruhe von unbeschreiblich süßem Zauber bemächtigt sich unser beim Anblick dieser Seele, die ihren Flug zum Himmel erwartet. Und wenn er nun endlich erscheint, „der Engel mit weißen Gewändern und den schwarzen Schwingen," wenn er dem Dulder verkündet, daß sein Leiden geendet und daß er gekommen ist ihn hinüber zu führen in jenes Leben, „in welches man durch eine Pforte eingeht, die nur sechs Fuß hat und die ein Stein zuschließt;" da bleibt man mit seliger Rührung vor dem dahingeschiedenen Grafen stehen, der noch im Tode das Crucifix an die verblichenen Lippen drückt; all' der wilde Tumult seines Lebens ist längst verrauscht und längst gesühnt, und es bleibt im Herzen nur der tiefe Frieden zurück, den die fromme Ergebung des Dulders und die Stille des Waldes umher athmet.

Ich kenne nicht leicht ein Stück oder ein Gedicht, worin das Seelenleben des Mittelalters mit seinem Fluthen von einem Extrem zum andern, mit seinen leidenschaftlichen Stürmen und seiner ascetischen Entsagung so treu und ergreifend geschildert sei. In das Mittelalter auch muß man sich zurückversetzen, um dieses Drama zu würdigen und zu genießen. Die neue Zeit versteht der Bretone nicht, müßte sie daher auch nicht zu schildern.

Ein zweites Drama behandelt die Sage von den **vier Haimonskindern**; da der Stoff hinlänglich bekannt und das Stück im Grunde nur die in Scene gesetzte Chronik ist, so will ich nicht darauf eingehen. Doch darf ich nicht verschweigen, daß es darin nicht an ergreifenden pathetischen Stellen mangelt, die an Poesie das alte Volksbuch weit übertreffen und die ich nur ungern bei Seite lasse.

Nur auf das dritte, die **heilige Triffine und Kervoura**, will ich näher eingehen, da es den Leser interessiren muß zu sehen, wie die bretonische Melpomene das Weib dargestellt hat. Die Frauenrollen Shakespeare's und Schillers sind zwar von schmelzendem Zauber, die weiblichen Opfer Racine's (Junie in Britannicus, Aricia in Phädra) sind zwar von lieblicher rührender Zartheit, doch glaub' ich behaupten zu dürfen, daß die Heldin des celtischen Stücks sich mit jeder verwandten Schöpfung der drei genannten Dichter messen kann. Sonnefire vergleicht sie mit Desdemona. In Bezug auf den dramatischen Bau des Ganzen ist das

Stück nicht von demselben Werthe wie das erste, es ist mehr eine dramatisirte Legende, die in acht Tage oder Acte zerfällt. Der Gang der Handlung ist folgender.

Arthur, König der Bretagne im Jahr 508, hat sich mit Triffine, Prinzessin von Hibernien, vermählt, ein heiliges Weib, wie nur je eins auf Erden war, voll sanfter Demuth und Milde. Ihr Bruder Kervoura dagegen ist ein Neuid, dessen Herz schwärzer als eine Winternacht und dessen Schutzengel Satan ist. Macht und Reichthum suchend, zieht er in der Welt umher und kommt so zu Abacorus, ruhmreichem König von England, aber gebeugt durch schwere Krankheit. Dieser fragt ihn, der Frankreich und die Bretagne durchreißt hat, ob er seinen Arzt oder sein Mittel wisse, das ihn zu heilen vermöge. „Wenn Ihr's vermögt, Ihr seid jung und ich habe eine Prinzessin, so will ich aus euch Beiden einen König und eine Königin machen." Dies facht den Ehrgeiz Kervoura's an; er sucht eine geschickte Hexe auf, das Orakel aller liebeskranken Mädchen, welche Jupiter und Satan citirt. Satan erscheint unter Donner und Blitz und sagt: man müsse ein erstgebornes Knäblein von königlichem Blut und sechs Monat alt nehmen, es tödten, sein Fleisch dem König zu essen und sein Blut ihm zu trinken geben; dann werde letzterer wieder stark wie ein Jüngling und er könne wieder die Streitart in seine Hand und junge Mädchen in seine Arme nehmen. Kervoura kehrt darauf an den Hof Arthurs zurück und bemerkt, daß Triffine schwanger ist; sofort schickt er einen Boten an die Hexe, die eben von „der neuen Erde" zurückkommt, wohin sie nach Belieben in einem Augenblicke gehen kann. Die Hexe blickt in ein Glas Wasser und sieht, daß Triffine von einem Knäbchen schwanger ist. Kervoura, davon benachrichtigt, faßt seinen Plan, läßt ein Schloß bauen, wobei der Druck des Adels auf das arbeitende Volk geschildert wird, entfernt den König Arthur, den er von Abacorus einladen läßt, und führt seine Schwester auf sein neues Schloß zu Kerfuntun. Triffine kommt hier nieder und Kervoura, der ihr eine Fehlgeburt weis macht, schickt das Kind mit einer Amme nach Hibernien. Das arme Lamm geht auf's hohe Meer, nicht wissend, daß es in den Tod geht. Hier endet der erste Tag.

Im zweiten Act wird das Schiff, welches das Kind trägt, während eines entsetzlichen Sturmes von flamändischen Seeräubern genommen und alle Mannschaft niedergemacht und in's Meer geworfen. Der Hauptmann wendet sich darauf zur Amme. „Und du Mädchen mit dem kleinen Vogel, du warst die Buhldirne von Denen da? Wirf den Bastard in's Meer, wenn du nicht zu demselben Feste wie deine Buhlen eingeladen sein willst." Aber die Amme weigert sich muthig, wüthend heben die Flamänder ihre Aerte auf, als sie plötzlich wie gelähmt stehen. Erschreckt von diesem Wunder fallen sie auf die Kniee und das Schiff segelt fort, ohne Führer, ein Spiel der Wellen. In der folgenden Scene, die zu St. Malo spielt, erscheint ein Engel dem Bischof der Stadt und verkündet ihm, daß ein Schiff von flamändischen Seeräubern eben gelandet sei, von welchem er ein Kind nebst seiner Amme holen solle; das Kind sei von hoher Geburt und Gott behalte es sich für ein großes Wunder vor. Der Bischof gehorcht dem Gebote. Ende des zweiten Actes.

Im dritten ist Arthur wieder zurück und Kervoura reist nach Hibernien. Dort vernimmt derselbe, daß Amme und Kind nicht angekommen sind; er erblaßt vor Schreck und geräth außer sich:

> Das Unglück ist auf allen meinen Plänen.
> Wenn ich nur was begehr', so schlägt's auch fehl.
> Ich weiß nicht, was ich noch auf Erden soll;
> Warum nicht sterben eh'r? — Strick oder Wasser! . . .
> Da sich die Hölle mir nicht öffnen will!
> Ihr Teufel in der Hölle Gluth, ich bin
> Unglücklicher als ihr noch, denn der Ehrgeiz
> Brennt mehr als alles Feuer. O ich fühl's,
> Ich werde vor Verzweiflung rasend, ja!
> Toll wie ein Hund. Dies Kind, was ward aus ihm?
> Wo hat man's hingeführt? Wer hat's genommen?
> Berit und Astaroth, kommt her zu mir!
> Ich sag' mich los von Gott, euch geb' ich mich,
> Mit Blut und Seele euch, mit Augen und Ohren,
> Auf ewig euch, wenn ihr mir sagen wollt,
> Wo dieses Kind ist.

Die Teufel erscheinen und Berit sagt ihm, daß er von Triffinen getäuscht worden sei. Kervoura, wüthend, schwört sich zu rächen und schreibt deshalb in die Bretagne. Triffine ahnt indessen nichts; „sie ist in ihrem Betzimmer so fröhlich wie ein Engel," als plötzlich eine Dienerin hereinstürzt und ihr verkündet, daß man sie in's Gefängniß setzen wolle; ihr Bruder Kervoura habe sie angeklagt, daß sie aus Haß gegen ihren Gemahl ihr Kind umgebracht habe und ihrem Gatten selbst nach dem Leben trachte.

Triffine (stürzt zusammen). Jesus! Das wirft mich nieder . . . Meine Knie
Versagen mir.
(Sie will sich aufrichten und fällt auf die Knie.)
Jungfrau und heil'ge Engel,
Erbarmt euch mein, denn ich bin ohne Grund
Verklagt.

Dienerin. O meine Herrin, in dem Namen
Des wahren Gott's, faßt Muth und hebt auf.
Es ist nicht Zeit zu Thränen. Wenn man Euch
Hier überrascht, wird Euer Unglück größer.

Triffine. Was soll ich thun? Ach, ich bin doch verloren,
Wenn sie es wollen. Und es ist mein Bruder
Kervoura, o mein Gott! mein Bruder ist's.
Was hab' ich ihm gethan! ·

Dienerin. Beeilet Euch,
Weil es noch Zeit ist; wechselt Eure Kleider,
Verkleidet Euch als Bäuerin, so könnt
Als eine Magd Ihr aus dem Schlosse gehn.
Da ist ein Mieder und ein Rock. Geschwinde
Und rettet Euch; und sagt, um Jesus Christus,
Kein Wort von mir; denn wüßten sie, was ich
Gethan, so brächten sie mich sicher um.

Triffine (legt ihre Gewänder ab).
Das ist das Trauerkleid der Königinnen!
Das ist das Linnen, das die Fürsten deckt!
Gott helf' mir, da ich sie lassen muß,
Da Lebewohl ich sagen muß der Krone!
O Gott, allein so fortzugehn! Ein Weib!
Und in der Nacht! Ich fürchte mich.

Dienerin. Schnell, Herrin;
's ist Zeit zu fliehn, die Stunde rückt heran.
Ich möcht' Euch gern geleiten können und
Euch trösten; doch der König der Engel ist
Ein guter Hirt; zu ihm flieh in Gefahren.

Triffine (weinend). So flieht ein reines Weib, das von dem Throne
Der Königin in's tiefste Elend fiel.
Nun nehme Abschied ich von jeder süßen
Gewohnheit, von der Kön'ge Prunk und Rang.
(Sie küßt Thüren und Wände.)
Leb' wohl, Schloß meines Gatten, lebe wohl,
Mein goldnes Kruzifix, dem meine Freuden
Ich anvertraut; mit meinen Thränen werd' ich
Die steinernen Kreuz' nun an den Wegen netzen.

Triffine geht nun fort in die Nacht hinein; sie zittert wie das Laub des Gesträuchs am Wege. Alle Schrecken des Aberglaubens begleiten sie; sie glaubt die Kobolde auf der Haide tanzen zu sehen, die geisterhaften Nachtwäscherinnen ihre Leichengewänder im Thale waschen zu hören. Entsetzt läuft sie um so schneller und als der Morgen graut, sinkt sie erschöpft an einem Kalvarienhügel nieder. Aber kein Groll kommt in ihr schmerzgebrochnes Herz, nur Klagen hat sie für den bösen Bruder. Sie rafft sich zu weiterer Flucht auf und kommt endlich in eine Stadt; hier tritt sie in eine Kirche, um zur heiligen Jungfrau zu beten, aber einmal auf ihre Knie gesunken, vermag sie sich nicht wieder zu erheben und fällt in einen Schlaf der Erstarrung.

Im vierten Acte kommt die Herzogin, die zu Orleans regiert, in die nämliche Kirche. Sie weckt Triffinen auf und befragt sie über ihr Schicksal. Triffine antwortet, daß sie eine arme Fremde sei, die vor dem Hasse mächtiger Feinde geflohen. Die Herzogin bietet ihr an, bei ihr in Dienste zu treten, und Triffine willigt ein, aber ohne sich ihr zu erkennen zu geben; denn die Herzogin ist Arthurs Tante und könnte sie vielleicht verrathen. Indessen ist König Arthur nicht minder betrübt über das Verschwinden

seiner Gemahlin, die er, wie er sagt, unmöglich hätte tödten können, und
schickt einen Herold durch das Land, um Kunde von ihr zu erhalten.
Dieser ruft überall aus:

> Klein ist sie, ihre Augen schwarz und sanfter
> Als eines Lammes Augen; roßig ist
> Ihr Antlitz und so schön, daß man vermeint,
> Es sei vom Schimmer eines Sternes vergoldet.

Aber Niemand hat sie gesehen und Arthurs Thränen fließen fort in
der Einsamkeit. Triffine ist sehr unglücklich bei der Herzogin, sie wird
von einer alten Haushofmeisterin gemißhandelt und endlich fortgeschickt,
die Säue zu hüten. Hier hat sie wieder die Leidenschaft des Hirten zu
bekämpfen und als sie endlich allein ist, nimmt sie ihre Zuflucht zu dem
einzigen Troste, der ihr geblieben, zum Gebete. So wird sie von der
Herzogin bemerkt, die in der Ferne spazieren geht; diese, gerührt von dem
Anblick, ahnt in ihr eine Person von Rang und macht sie zu ihrer
Kammerfrau. Darauf kommt ein Hofbeamter Arthurs, der eine Sendung
an König Ludwig von Frankreich hat und bei dieser Gelegenheit die Herzogin begrüßt.

Im fünften Acte gehen diese Beiden im Garten lustwandeln; sie
sprechen von der Königin, so mild und unglücklich, die nun wohl irgendwo
in einem namenlosen Grabe schläft, als Triffine plötzlich hereintritt. Ihre
Züge fallen dem Gesandten auf, er will sie näher sehen, aber Triffine ver-
schließt sich in ihr Zimmer, wo sie die Herzogin, der der Gesandte seine
Gedanken mitgetheilt hat, aufsucht. Die Königin kann dem Flehn und
Drängen derselben nicht widerstehen, sie muß sich zu erkennen geben und
der ganze Hof, die Herzogin an der Spitze, bitten sie um Vergebung für
alle erlittene Unbill. König Arthur kommt nun seine Gemahlin heim
zu holen. Der Dichter hat hier einen heimischen Gebrauch bei Hochzeits-
festen eingewebt. Die Herzogin hält ihn an der Thüre auf und fragt ihn,
was er suche; der König antwortet, er wolle die Rose sehen, die er liebe,
die Gebieterin seines Herzens. Die Herzogin stellt ihm verschiedene Frauen
nach einander vor, aber Arthur antwortet immer, es sei nicht die, die er
suche, bis endlich Triffine erscheint; er bittet sie, ihm den ihr verursachten
Schmerz zu verzeihen.

Triffine. Arthur, ich habe viel gelitten; doch
> Beklage ich mich nicht, da's Gott gewollt
> Und ich noch immer Euch die Liebste bin.
> O Arthur, seht mich an! Ich bin es, ja,
> Das Mädchen aus Hibernien, das Ihr,
> Die Kron' auf ihrer Stirne, heimgeführt.
> Da ist ein goldner Schleier noch, den ich
> Bewahrt mir habe. Arthur, seht ihn an!
> Ich trug ihn an dem Tag, da wir uns Beide
> Versprochen, froh zusammen nun zu leben.

Arthur (gerührt). Wahrhaftig ja; da sind noch unsre Namen
Darein gestickt, in reinem Gold ... Triffine,
O glaubet mir, nie will ich mehr mein Ohr
Den falschen Zungen leih'n, nur meinen Augen
Glaub' ich hinfort. Komm mit mir, du Erwählte,
Und mit des heil'gen Geistes Gnade werden
Wir glücklich leben noch, zum Trotz der Bösen,
Die unsre Freude stören möchten.

Und das versöhnte Paar zieht heim in die Bretagne.

Im sechsten Acte sieht man Kervoura voll Verzweiflung, daß seine Schwester wieder zu Gnaden aufgenommen ist. Er läßt den König um Vergebung bitten, indem er selbst getäuscht worden sei, und Arthur nach einigem Schwanken erlaubt ihm an den Hof zurückzukommen.

    Er hat mir weh gethan, sehr weh, doch ist
    Mein Glück so groß jetzt, daß ich alle Welt
    Auch glücklich sehen möchte. Das Vergangne
    Ist nun vergessen. Laßt ihn wiederkommen.
    Es giebt für mich im Leben weiter nichts,
    Als meines Hauses traulich süßes Glück.

Kervoura kommt denn wieder, aber der Anblick von Triffinens Glück facht seinen Haß nur noch stärker an. Während des Schlafs giebt ihm Astaroth einen höllischen Gedanken der Rache ein. Er läßt, unter dem Vorwande ihr ein Geheimniß mitzutheilen, Triffinen bitten, in ein nahes Gehölz zu kommen. Dort lauern Soldaten auf sie, nehmen sie in die Arme und küssen sie; in diesem Augenblicke erscheint Arthur, geleitet von Kervoura, der die Scene veranstaltet hat. Der König, nicht ahnend, daß Triffinen Gewalt geschieht, schwört die untreue Gemahlin zu bestrafen. Ein Priester, den er noch befragt und der ein Werkzeug Kervoura's ist, sagt ihm, Triffine habe ihm in der Beichte bekannt, daß sie den König verrathe, und nun läßt Arthur seine Gemahlin in ein unterirdisches Gefängniß werfen, wo, wie ein Soldat sagt, Ketten allein ihr königlicher Schmuck sind.

Der siebente Act beginnt im Kerker. Triffine ist abgezehrt und verhärmt wie die Griseldis des deutschen Drama's.

    O Gott, der du die Kraft giebst, tröste mein
    Zerrißnes Herz; denn endlich muß ich brechen.
    Neun Monat' schon bin ich in diesem Kerker,
    Neun Monate ohn' einen Strahl des Lichts.
    O daß ich einen Stern nur sehen könnte!
    Nur einen Stern, mein Gott, am blauen Himmel!

Sie fleht um einen Wechsel; Folter und Tod eher, als noch länger in der finstern kalten Gruft bleiben. Indessen versammelt sich das Parlament, Arthur tritt selbst als Kläger auf und alle Zeugen, bestochen von Kervoura, sagen gegen die Königin aus. Diese erscheint vor dem Tribunal.

Präsident. Triffine, Königin von Kleinbretagne,
        Wir sind hier, Euch die Klage vorzuhalten.
        Die gegen Euch erhoben, tretet vor.
Triffine. Ich bin bereit, ihr Herr'n; ich werd' mich nicht
        Vertheidigen. Sprecht, wie's Euch dünken mag,
        Vor diesem armen Weibe hier; ich weiß,
        Daß gegen Eure Gründ' ich wehrlos bin.
Präsident. Zuerst sagt uns, warum habt Ihr das Kind
        Umbringen lassen, das Ihr habt geboren?
Triffine. Ich hab' nichts zu erwiedern, meine Herrn;
        Ich sagte schon, ich hab' kein Kind gehabt.
Präsident. Man hat auch ausgesagt, Ihr hättet Euern
        Gemahl woll'n tödten lassen.
Triffine.   Arthur! O!...
        Gott kennt die Wahrheit und er weiß auch, ob
        Ich ihn noch liebe.
Präsident.   Dann klagt man Euch an,
        Daß man Euch im Gehölz mit Buhlen fand.
Triffine. Wüßtet Ihr Herrn die Wahrheit so wie die,
        Die ich dort sehe und die mich verklagen!...
                (Sie weist auf die Zeugen hin.)
        Mög' ihr Gewissen sie bestrafen! Doch,
        Ich sag' Euch meinen Will'n schon; Euch gehört
        Mein Leben und mein Leib, das Uebrige Gott!
Präsident (läßt Arthur vortreten, der bisher bei Seite gestanden hat).
        Da ist, o Frau, der König, Euer Gemahl.
        Ich fleh' Euch an bei Gott, sprecht zu ihm, wie
        Zu einem bied'ren Mann und sagt die Wahrheit.
Triffine (erhebt sich bei'm Anblick ihres Gemahls und ruft mit Bitterkeit).
        Ich schuldig, o! und er ein bied'rer Mann!
        Der heil'gen Jungfrau hab' ich mich ergeben,
        Antworte sie für mich, wenn sie es will;
        Ich habe nichts zu sagen.
            (Plötzlich von Liebe hingerissen, die Arme nach dem König ausbreitend.)
                    Arthur!... Arthur!...
            (Der König bleibt unbeweglich, sie verhüllt ihr Gesicht.)
        Lebt wohl, lebt Alle wohl, ich will den Tod!

    Man stimmt ab, Kervoura ist für den Tod der Königin, ein Parlamentsrath sagt zu ihm: „Es wäre gut, gestrenger Herr, wenn Ihr bedächtet, daß dies Eure Schwester ist; und Ihr hättet den Muth, sie zum Tode zu schicken!... Ich füge nichts weiter hinzu; Gott stehe den Betrübten bei!" Die Königin wird zum Tode verurtheilt. Ein Bote in schwarzer Kleidung durchzieht die Bretagne und verkündet überall den Parlamentsspruch. Aller Herzen ergreift das Entsetzen und Jeder spricht leise für sich: „Man tödtet jetzt die Königinnen wie gemeine Weiber; was wird aus der Welt werden? Der rothe Henkerblock dient jetzt den gekrönten Häuptern zum Kopfkissen."

    Triffine erwartet nun im Kerker die Stunde der Hinrichtung; je näher diese rückt, je lachender erscheint ihr das Leben. Ihre Kraft verläßt

Vorgeschichte. 63

sie; sie ist jung und schön; weit noch dehnt sich die Bahn des Erdenwallens
vor ihr aus und sie möchte noch leben, noch einmal den fröhlichen Ernte-
lärm auf den Tennen der Dörfer hören, noch einmal ein Frohnleichnams-
fest sehen, dieses Volksfest aller katholischen Völker, und Blumen auf die
hübschen Kinder streuen, die Johannes den Täufer darstellen. Sie be-
tastet ihre Hände, die noch warm und voll Stärke sind und weint bei dem
Gedanken, daß sie bald in der Erde faulen werden; sie küßt sie im Wahn-
sinn des Schmerzes und schreit zu Gott um Erbarmen.

> O was mein Herz betrübt ist! Meine Zeit
> Ist nun zu End', ich weiß es, sie ist aus!
> Kommst du mir nicht zu Hilfe, ew'ger Gott?
> Hätt' deine heil'gen Tempel ich zertrümmert,
> Die Sakramente gar entweiht, ich fände
> Barmherzigkeit noch in dir, wenn dein Blick
> Auf dies mein Leiden fiele. O mein Gott,
> Soll' ich allein nicht Mitleid finden können?
> Du bist voll Liebe für die ganze Welt;
> Das Weltall dankt dir sein Bestehn; es singen
> Die Engel deine Ehre Tag und Nacht;
> Der Fisch im großen Meer, der Wurm der Erde,
> Alles ruft deinen Namen; einem jeden
> Geschöpfe giebst du seinen Theil von Freude,
> Und diesem armen Weib hier nichts als Qual!
> Warum, o Christus, bin ich so erniedrigt?
> Warum zum Tod verurtheilt? Und, mein Gott,
> Gar zu gewaltsamem! Ach sterben, sterben!
> Weißt du denn, Herr, nicht, was es heißt: zu sterben?
> Sieh' doch, ich habe nicht gesündigt, du
> Bist gut, und doch werd' ich bestraft! O wahrlich,
> Wahnsinnig werd' ich noch bei dem Gedanken,
> Daß du auch mich verläßest. — Die. Triffine?
> Was willst du thun, du arme liebe Thörin?
> An Gott dich rächen? Mein Erlöser, Gnade!
> Es ist mein Leiden nur, das schreit und anklagt,
> Doch nicht mein Wille.

Der Engel Raphael ruft ihr zu: „Muth, du treues Weib!", unter
seinen tröstenden Worten richtet sich Triffine allmällig wieder auf und ist
entschlossen, mit ruhiger Ergebung bis an's Ende zu dulden. Aber während dieser Zeit reist der Bischof von Saint-Malo auf göttliche Eingebung
mit Triffinens Sohn und dessen Amme nach Rennes ab, welche Stadt als
der Sitz des Parlaments für die Hauptstadt galt. Das Kind ist gerüstet
wie ein Ritter und trägt Degen und Pistolen. Die ihn vorübergehen
sehen, betrachten mit Bewunderung sein stolzes Antlitz und entblößen vor
ihm das Haupt, indem sie sprechen: „Dies ist ein junger Heiliger oder
ein verkleideter Engel, der irgend ein Wunder thun wird." Damit endet
der siebente Act.

Im achten und letzten sieht man die Richter auf dem Platze versamwelt, das Schaffot steht im Hintergrunde und das Volk erfüllt die Scene. Triffine tritt ein mit aufgelösten Haaren; sie hält ihren Schritt vor Arthur an, der bleich wie ein Gespenst unter seinen Soldaten steht, und sinkt auf ihre Kniee nieder.

    Triffine. Vergebung, Arthur, daß ich Eurem Herzen
            Nicht sanft genug war, Auch das Leben nicht
            Wie einen Tag im Paradies gemacht.
            Das ist es, daß ich schuldig bin, das ist
            Die öffentliche Abbitt', die ich thue.
            Nicht andre Schuld ist mein. Lebt wohl, mein Arthur,
            Ich sterbe ohne Zorn, da Ihr mich tödtet,
            Und ohne Schmerz, da Ihr mich nicht mehr liebt.

    Alles zerfließt in Thränen, aber Triffine richtet sich mit königlichem Stolze auf und geht zum Schaffot. Zwei Soldaten empfangen sie dort. „Frau, spricht der eine, sagt nun Lebewohl dem Leben und denen, die Ihr liebt; Ihr werdet nicht mehr lebendig von dieser Stelle aufstehn."

    Triffine (mit Inbrunst). Gieb mir den Muth, Gott, meinen Feinden zu
            Vergeihn (Sie streckt die Hände nach der Menge aus).
            So leb' denn wohl, o Welt; lebt wohl,
            Die ihr mich glücklich und gekrönt gesehn!
            Ich sterb' als eure Königin und Fürstin,
            Denn ohne Grund behandelt man mich so.
            Am Tag des Weltgerichts werd' ich vor Jesum
            Mit meinem Kopf in meinen Händen treten.
            Der wird ihn meinen falschen Richtern zeigen
            Und sie verfluchen. Lebt wohl, ihr Mädchen,
            Die ich dort seh'; ihr Glücklichen, lebt wohl!
            In eurer Freude, daß ihr lebt, vergeßt
            Triffinen nicht, die nun in ihrem Grabe
            Die Würmer fressen werden. Schöne Kinder,
            Die ihr hieher kommt, sterben mich zu sehn,
            Lebt wohl; ach! ihr seid kaum gebor'n, ihr wißt
            Nicht, was das ist. O lebet Alle wohl,
            Die ihr hier seid. Einer ist unter euch,
            Dem sag' ich dreimal Lebewohl. Im Himmel
            Erwart' ich ihn.

Erster Soldat (weint). Ich bin so traurig, wenn ich der Frau zuhöre, daß ich nimmermehr den Muth habe sie hinzurichten. Gewiß, sie ist unschuldig.

Zweiter Soldat. Sprich nicht so, oder du wirst bestraft. Du red'st von dem, was du nicht verstehst. Man hat uns befohlen sie zu tödten, wir müssen's thun.

1. S. Schneid' ihr den Kopf ab, wenn Du willst; ich thu's nicht. Wenn ich ihr Gesicht ansehe, werden meine Glieder ganz kraftlos.

2. S. Was du zärtlich geworden bist. 's gab eine Zeit, wo du nicht so empfindsam warst, damals wo du schwangern Weibern den Bauch aufschlitztest und ihre Kinder auf deine Pike spießtest.

1. S. Das war was anderes!... Das war in Feindesland.

    Triffine. Im Namen Gottes, schickt euch an, ihr Leute,
            Vollstreckt den ungerechten Urtheilsspruch,
            Ich harr' auf nichts als meines Lebens Ende.

3. S. Wir machen auch zuviel Umstände mit ihr. Mir das Beil, da dir die Hand zittert. (Er nimmt das Beil.)

4. S. Halt' ein! Horch: was will die Trompete? Da, sieh', Reiter kommen in gestrecktem Galopp auf uns zu.

(Das Kind und der Bischof treten auf mit Gefolge.)

Das Kind (zu den Soldaten). Soldaten, haltet ein, schlagt nicht zu schnell:
Der's thäte, wär' nicht seines Lebens sicher.
Wer einen Schritt thut, wer dies Weib berührt,
Den schieß' ich todt. — Ich kämpf' für meine Mutter!
Recht soll ihr werden gegen ihre Feinde
Und falschen Zeugen.

(Er wendet sich gegen die Richter und Zeugen.)

Falscher Priester da,
Dein Leben fordre ich vor allen Fürsten.
Man greife ihn und werf' ihn in's Gefängniß.
Und daß er nicht entkomm'; man baut' es zu
Berenen. Parlament, Gerechtigkeit!

(Zu den Soldaten auf dem Schaffotte.)

Kommt her mit euren Stricken, ihr Elenden;
Rieter mit diesem falschen Zeugen und
Kervoura; bindet sie wie tolle Eber.

(Zu den Richtern.)

Umstoßen müßt ihr Richter euren Spruch,
Denn diese drei soll'n heut' gehenkt noch werden.

Arthur. Was für Beweise hat dies Kind für das,
Was es aussagt?

Das Kind. Ihr sollt es hören, Arthur.

(Er läuft auf's Schaffott.)

Ich muß erst diese Heilige befrein.
Ihr werdet leben bleiben, Muth! Ich bin
Gekommen Euch zu retten.

(Er nimmt Triffinen bei der Hand und tritt mit ihr vor Arthur.)

König Arthur,
Der so zu Euch hier spricht, ist Euer Sohn.
Ja, ich bin jenes Kind, das sie geboren,
Um meinetwillen hat sie so gelitten.
Errettet durch die Gnade Gottes, ward
Von diesem heil'gen Bischof ich erzogen.
Nicht ohne Beweise bin ich hergekommen.
Dies meine Amme, die Kervoura kennt.
Und hier stehn Leute, die da leben, und
Die Ihr befragen könnt.

(Er wirft sich in Triffinens Arme.)

O meine Mutter,
Nie habt Ihr einen Sohn voll solcher Freude.

Triffine. Ein Sohn, ein Sohn... Ich habe einen Sohn!

(Sie betrachtet ihn.)

Was er für schöne Locken hat, mein Sohn!

(Zum König.)

O Arthur, sucht nicht anderen Beweis
Als meines Blutes Schrei.

(Sie legt ihre Hand auf das Haupt des Kindes.)

Ich segne ihn;
Es ist mein Kind.

Kerroura. Wie kann man auf die Lügen
Von diesem Affen hör'n? Es ist vermuthlich
Ein Pfaffenlist, das Abenteuer sucht
Ihr könntet, Arthur, die britann'sche Krone
Dem Kind von einem Balge geben woll'n?
Wenn ich nicht an mich hielte, würde ich
Sofort es unter meinem Fuß zertreten.

Das Kind. Ich bin kein Sohn von einem Balg, Kerroura;
Ich werde dir's beweisen, denn ich kenn' dich.
Du bist's, Tyrann, der, als ich kaum geboren,
Mich raubte, um zu Abacurus' Heilung
Im sechsten Monat mich zu tödten, daß
Du König würdest. Satan hatte dir
Den Rath gegeben und des Herren Engel
That mir ihn kund. Du siehst, ich kenne dich,
Tyrann.

Kerroura. Du lügst.
Das Kind. Warum denn wirst du bleich?
Kerroura (rasend vor Zorn). Ich halt's hier nicht mehr aus. Ich geh' hinweg.
Wenn man den Bastard nicht verjagt. Da, Bursche,
Nimm das und geh' (Er giebt ihm eine Ohrfeige.)
Das Kind (sein Schwert ziehend). Zu mir, Vater und Mutter!
Zu mir, Geister! Ihr Ritter, ich will Rache.
Ich bin beschimpft von diesem Bösewicht;
Zum Kampf! ich will den Kampf!

Arthur. Gott möge richten.
Was er entscheidet, werd' ich glauben. Auf!
Laßt kämpfen dieses Kind.

Kerroura und das Kind treten in die Schranken; aber der Erzengel Michael kämpft dem letztern zur Seite, Kerroura ist wie geblendet und das Kind durchbohrt ihm das Herz. Es setzt den Fuß auf den Leichnam und gestützt auf sein Schwert, ruft es:

Dies war ein Bube,
Arthur, ich bin dein Sohn und meine Mutter
Ist eine Heilige.

Der König drückt Triffinen und das Kind an seine Brust und die Versammlung geht froh auseinander. So schließt das Stück.

Abgesehen davon, daß dasselbe (wie schon gesagt) weniger ein Drama, als eine dramatisirte Legende ist, abgesehen von der Schwäche der Intrigue und selbst hier und da in der Charakterzeichnung, so ist es doch in seiner kindlich zarten Naivetät von einem solchen Pathos beseelt, daß jedes Gemüth davon ergriffen wird. Und welch' staunlaer, wahrhaft frommer Gedanke, ein Kind zum Helden zu machen. Die Franzosen haben es für eine der schönsten Erfindungen Racine's erklärt, daß in seiner Athalia ein Kind den Mittelpunkt der Tragödie bildet (auf eine tiefere Erklärung derselben komme ich später zurück); ich frage aber, ob sich die Schöpfung des

Franzosen mit der des celtischen „Barbaren", des „bas-breton", messen kann. Ein Kind mußte den frechen Bösewicht, der im Dienste Satans stand, überwinden, damit die Hand Gottes sichtbar würde (denn die bretonische Muse bleibt immer eine christliche und der Sion ist ihr Olymp) und der Sieg der Unschuld um so herrlicher erscheine. Und durch ihr Kind mußte die Mutter gerettet werden, damit die Rettung um so tröstlicher, um so rührender sei.

Diese Zeiten der naiven heimischen Begeisterung sind vorüber für die Bretagne. Souvestre hat noch „die vier Haimonskinder" aufführen sehen; aber die alten Traditionen verlieren sich je mehr und mehr. Statt der dichterischen Gebilde heimischer Dichter setzt man von Zeit zu Zeit in Morlaix die kranken Ausgeburten der modernen französischen Theaterfabrikanten in bretonischer Uebersetzung in Scene, jene Melodramen der Boulevards, die auf Kunst und Gefühl gleich verderblich wirken. Das Celtenthum geht unter. So nehmen wir denn Abschied von ihm, um auf seinen jüngeren Sohn und Erben, das Franzosenthum, überzugehen. Dir aber, o Bretagne, du Land der Treue und der Gastlichkeit, das mich so oft die Leiden des Exils vergessen ließ, dessen Luft mich so manchmal wie ein Hauch aus meiner Heimath angeweht, rufe ich in deiner Zunge noch grüßend zu:

Breiz-izel, iûd hag brô,
Kenavezo! Kenavô!

3. Rom.

Dreierlei Einflüsse wirkten auf das celtische Volksthum Galliens ein und schufen daraus die französische Nationalität; sie sind: die Eroberung durch die Römer, das Christenthum und der Einfall der Germanen. Das erstere griff am tiefsten ein. Ohne Rom wäre Frankreich Nichts d. h. wären die Gallier nicht Franzosen geworden, hätten sie keine geschichtliche Rolle gespielt. Sie wären in sich zerfallen oder verknöchert, wie die andern celtischen Stämme, die ihre Originalität bewahrt haben. Wenn der deutsche Stamm der Franken, der sich auf Galliens Boden niederließ, die Bedeutung erlangt hat, die er hat, so ist dies nur durch die römische Civilisation möglich geworden, die er vorfand und in die er sich auf seine eigenthümliche Weise hineinlebte. Denn er selbst besaß diese Ueberlegenheit an und für sich nicht, wenn auch gewisse französische Historiker ihn auf Kosten andrer deutschen Stämme erheben. Die Gothen waren damals bei weitem das gebildetste und bildungsfähigste Volk der germanischen Race; ihre Sprache das Verbindungsglied zwischen der griechischen und deutschen. Theodorich, der König der Ostgothen, schuf mit Bewußtsein, was für Chlodwig, den Frankenkönig, die Umstände thaten: einen Staat; wie er überhaupt in jeder Beziehung hoch über Chlodwig stand. Aber er und sein Volk waren Arianer und der römische Katholizismus allein war im Stande, Ordnung in das wilde Chaos jener Zeit zu bringen. Für die Sitten vermochte er freilich nicht mehr zu thun als der Arianismus, vielleicht haben dieselben durch ihn sogar weniger gewonnen, wenigstens ist die Geschichte keines deutschen Volksstammes so reich an Gräueln und Freveln als die der katholischen Franken. Aber ihm sollte der Sieg werden. Es mußte so sein, unglücklicher Weise für die edeln arianischen Völker. Denn gegenüber den ungestümen, in zahlreiche Stämme ohne Band und Zusammenhang zerfallenden Germanen bot nur Rom, dessen politische Tradition auf das katholische überging, die zur neuen Weltordnung nöthige Einheit dar. Indem die Franken sich für dieses erklärten, wurden sie die vom Schicksal bestimmten Herren der Epoche; indem die gallisch-fränkische Nation zuerst für die lateinische Kirche auftrat, die die Supremate des heidnischen Roms erbte, stellte sie sich vor Allem thatsächlich an die Spitze aller neulateinischen Staaten, was sie jetzt (siehe Seite 4) aufs Neue beansprucht. Freilich hat das kirchliche Band heutzutage an Ansehen verloren und das Mutterland der Kirche selbst, Italien, setzt das Prinzip der freien Nationalität über das kirchliche, das nur von Fremden daselbst aufrecht erhalten wird.

Was das celtische Sprichwort:

Kant bro, kant kis, Hundert Länder (Kantone), hundert
Kant parrez, kant iliz Sitten,
 Hundert Pfarreien, hundert Kirchen

von dem bunten mannigfach getheilten Charakter der heutigen Bretagne sagt, kann nach Cäsars Schilderung von dem ganzen alten Gallien gelten. Dieses so vielfach zertheilte Land verdankt dem alten Rom vor Allem die Einheit, die Centralisation. Wie in Rom einst alles nationale und politische Leben zusammenlief, so faßt Paris das ganze französische Leben in sich zusammen. Es ist die Stadt, urbs, kurzweg; der Rest ist nur „Provinz" mit beschränkter Municipalverfassung. Den Keim dazu legte Rom; die Könige entwickelten ihn durch alle mittelalterlichen Privilegien und Immunitäten hindurch.

So konnte Frankreich das politische Werk Roms aufnehmen und fortbilden. Während der griechische Volksgenius die Kunst schuf, gab das römische Volk der Welt zuerst das Bild eines geordneten politischen Gemeinwesens; es schuf den Staat und in ihm den Bürger. Von den fränkischen Königen an arbeitete Frankreich aus seinem Innern diese Idee des Staates heraus (s. die deutschen Jahrbücher von 1842 über Löbells Gregor von Tours) und war schon durch die Logik dieser Thatsache zur Revolution von 1789 bestimmt, während Deutschland (England ist trotz seiner politischen Freiheit eine Abnormität) ohne politischen Sinn aller Willkür der mittelalterlichen Lehnsherrschaft verfiel und seine ungeheuerliche Schöpfung des „heiligen römischen Reichs deutscher Nation", das nach Voltaire's treffender Bemerkung weder heilig, noch römisch, noch deutsch war, langsam zerbröckeln ließ. Nur die ausschweifende unrealistische germanische Phantasie konnte ein solches Unding schaffen; aber auch nur ein Volk von so tiefsinnerlichem Leben konnte ein Werk wie die Reformation vollbringen, ohne welches die mittelalterliche Souverainetät von Papst und Kirche nicht erschüttert worden wäre; wie unverträglich aber ein kräftiges Staatsleben mit dieser Souverainetät ist, geht aus der Geschichte des ganzen Mittelalters, sowie der der französischen Revolution deutlich hervor.

Es ist aber nur ein scheinbarer Widerspruch, wenn das Volk, das der neuen Welt die Idee des Staates gegeben hat, doch der Kirche gleichzeitig bisher treu geblieben ist; denn das kirchliche Centralisationssystem des römischen Katholizismus entspricht dem politischen. Der Germane mit seiner Vorliebe für die individuelle Freiheit, diesem großen Hinterniß der staatlichen Einheit Deutschlands, ist Protestant; der Franzose, der im Grunde sehr monarchisch ist und so gern Andere für sich regieren läßt, wäre es auch die Pariser Commune von 93 (die Analogie mit Rom kommt immer wieder), ist Katholik. Auch entspricht der Prunk des katholischen Cultus dem militärischen Prunk, der in Frankreich so sehr gepflegt wird, eine Spur des celtischen Charakters, der sich so gern an Glanz und Flitter freute. Vergessen wir dabei aber nicht, daß der französische Staat immer Compromisse mit dem Papst zu treffen wußte, die seine Unabhängigkeit verbürgten, während der gewissenhafte Deutsche von gänzlicher Unterwerfung zu entschiedenem Bruche überging; auch der einzelne Franzose zieht im religiösen Leben ein Compromiß vor, was freilich immer nur etwas Halbes und Schwankendes ist. Das Ideal bestände, wie in allem Andern, auch hier in der innigen Verschmelzung und Durchdringung des französischen und deutschen Elements, der Ordnung und der Freiheit.

Selbst die sociale Frage, die seit einem Jahrhundert in Frankreich mit so viel Leidenschaft angebaut wird, ist in Folge des römischen Drucks zuerst auf seinem Boden erschienen; denn der Aufstand der Baganden hat, und das unterscheidet ihn von den Sklavenkriegen z. B. des Spartakus, einen ganz modernen Grund: den Pauperismus.

Unzählig sind die sonstigen Spuren des römischen Wesens in Sitte und Sprache; letztere namentlich bewahrt eine Menge Anspielungen, die dem Deutschen, der nicht lateinisch gelernt hat, entgehen. Wir denken bei den Worten bonheur, malheur nichts als „Glück, Unglück": in diesen Worten wuchert der römische Aberglaube fort, der gewisse Tage und Stunden für glücklich hielt, daher der Ausdruck à la bonne heure. Das Wort sinistre, das im Lateinischen ursprünglich links, kann unheil-

70 Vorgeschichte.

bringend bedeutet (nach griechischer Meinung, denn in den römischen Auspicien ist das Umgekehrte der Fall), hat die zweite Bedeutung im Französischen behalten. Wir sagen ferner statt „bezaubern" auch „besprechen", weil dies durch gewisse Zauberformeln geschah; die Römer hatten denselben Aberglauben, sie nannten diese Formeln carmen von cano oder casuo fingen, weil man sie sang; so erklärt sich das französische charme, charmer. Daß Alles außer Paris Provinz genannt wird, ist, wie wir oben sahen, rein römische Ueberlieferung, da es außerhalb Roms (richtiger Italiens) nur „Provinzen" gab. Wenn sodann die Völkerwanderung im Französischen la migration des barbares genannt wird, so ist dies noch immer der Ausdruck des römischen Hochmuths, der in den einbrechenden Germanen nur „Barbaren" sah. Alle Welt weiß endlich, daß die französischen étrennes die römische strenae sind, Geschenke, die sich die Römer am Neujahrstage machten; die Franzosen beschenken sich noch heute an diesem Tage, während der Deutsche sein Julfest der heidnischen Zeit auf Weihnachten übergetragen hat, welches Fest mit der Zeit des erstern zusammenfiel. Ein Beispiel nur noch. Gentil heißt hübsch, artig; wie läßt sich dies Wort erklären? Aus dem fortlebenden Hochmuth der römischen Aristokratie. Man nannte in Rom gentes kurzweg die herrschenden patrizischen Geschlechter, entgegengesetzt der plebs, dem gemeinen Volke; ähnlich sagte man im Mittelalter „die Geschlechter" für die regierenden Familien der Reichsstädte. Diese gentes führten einen gemeinschaftlichen Namen, z. B. die gens Cornelia, zu der die Familien der Scipionen, Lentuler u. s. w. gehörten, wie sich die adligen Familien des Mittelalters ebenfalls durch gemeinschaftliche Namen unterschieden, während der gemeine Mann nur einen einzigen Namen führte, seinen Taufnamen. Weil nun die Aristokratie der gentes sich durch größere Eleganz auszeichnete, so sagte man für elegant kurzweg gentilis d. h. was den gentes, den vornehmen Geschlechtern, eigenthümlich ist. Für roh ward das entgegengesetzte Wort plebejisch d. h. dem gemeinen Volke eigenthümlich gebraucht; im Französischen erhielt das Wort vilain (häßlich, garstig) diese Bedeutung, es heißt eigentlich „was den Leuten auf dem Dorfe (villani von villa) eigenthümlich ist" d. h. soviel wie bäurisch. Das Wort artig (von Art d. h. Geschlecht) übersetzt also gentil ganz getreu; hübsch hat einen ähnlichen Sinn, denn es ist nur das verstümmelte höfisch d. h. was vom Hofe herkommt, was dem Hofe und seinen (feinern) Sitten gemäß ist. Nur hat höfisch heutzutage einen üblen Sinn, der gute ist auf höflich übergegangen, das dieselbe Ableitung hat. Diese Andeutungen werden für die Dilettanten genügen.

Auf die Gefahr hin vorzugreifen, muß ich hier den Begriff der Nationalität feststellen. Ich wiederhole erst: nicht als Celten haben die Einwohner Galliens ihre Bedeutung und Eigenthümlichkeit erhalten, sondern durch die römische Civilisation; diese aber ward durch die germanischen Franken befestigt, welche sich der römischen Kirche unterwarfen; aus diesen drei Elementen ging die französische Nationalität hervor. Was ist nun die Wurzel der letztern? Offenbar nicht das Blut, nicht ein bestimmter Volksstamm, da ja drei Racen (Celten, Lateiner und Franken, wozu noch Burgunder und Normannen kommen) zusammenschmolzen, obwohl deren Eigenthümlichkeit bedingend auf die neue Nationalität einwirkte. Nein, was diese drei Racen verkittete, ist eine bestimmte Civilisation, eine Idee.

Ich stimme daher dem französischen Historiker Buchez, was seine philosophische Begründung des Begriffs „Nationalität" betrifft, im Grunde vollkommen bei. In wiefern ich von ihm abweiche, das hervorzuheben findet sich vielleicht später Gelegenheit. Hier bemerke ich nur, daß ich deutschen Lesern gegenüber nicht zu entwickeln brauche, welch ärmliche Stütze Herr Buchez in Professor Leo hat, wenn er die Franken als echte Gallier beanspruchen möchte. Nur Eins sei erwähnt: Leo nennt das Wort Leude ein celtisches; und doch wurden unter Theodosius 382 schon die reingermanischen Gothen so genannt, die mit den Celten gar nichts zu thun hatten. Das Wort ist so deutsch wie der Frankenstamm selbst es war.

Ich sage also: der Mensch ist ein denkendes Wesen, das gesellige Band für ihn ist daher die Idee. Sie ist zuweilen mächtiger als das Band der Blutsverwandtschaft, sie ist auch das echte Prinzip der Nationalität. Nur in der Kindheitsepoche der Menschheit, in der Zeit des naturwüchsigen Volksthums, fielen Race, Sprache, Religion und Nationalität zusammen; aber diese Völker und ihre Reiche erlagen darum auch vor jedem durch bewußte Ideen geleiteten Volke, falls sie sich nicht selbst untereinander im rohen Krafttriebe der Eroberung aufrieben. Die Verschiedenheit zwischen den leitenden Ideen, nicht aber das Blut trennte die Bewohner Spaniens in zwei Nationen, Araber und christliche Spanier. Die Juden erkennen sich noch heute als von gleicher Nation, gleichviel unter welchem Volke andrer Sprache sie wohnen, weil Eine Idee sie verbindet, wie sie auch alle Eroberer des Alterthums ermüdet haben, denen sonst alle naturwüchsigen Nationen erlagen. Der Kampf für eine gemeinsame Idee erzeugt sodann gemeinsame Interessen und diese verschmelzen dann die durch Sprache oder Abstammung ursprünglich getrennten Völker. So erklärt es sich, warum die Elsässer trotz ihrer Sprache und mancherlei Traditionen, die sie noch an Deutschland fesseln, doch aufrichtige Franzosen sind; warum die Lombardo-Venetianer nicht Deutsche, die Schleswig-Holsteiner nicht Dänen sein wollen. Die Sprache freilich ist ein mächtiges Band, eben um der Idee willen, denn „man denkt nur in der Sprache, die man spricht", in ihr schöpfen auch die Norditaliener und die Schleswig-Holsteiner die Kraft und Nahrung für ihre nationalen Antipathien. Aber sie ist nicht mächtig genug, gegen festgefaßte Ideen und Interessen anzukämpfen, wie eben die deutschredenden Elsässer zeigen. Der deutsche Patriotismus darf sich darüber keine Illusionen machen. Wie könnten sich die Elsässer wieder politisch an Deutschland fesseln wollen, wenn sie sehen, daß dasselbe nicht einmal die ihm verbliebenen Schleswig-Holsteiner gegen den dänischen Uebermuth zu schützen vermag!

Daher kann auch Das, was man natürliche Grenzen genannt hat, nicht über das Prinzip der Nationalität entscheiden. Wie die Revue des deux mondes im Sommer 1860 richtig sagte, so sind dies nur strategische Punkte. Die Bildung hat dahin zu arbeiten, daß die letztern überflüssig werden, und auch dieses Werk hat die Absicht, auf die gegenseitige Verständigung, auf die Verbrüderung von Frankreich und Deutschland hinzuarbeiten.

4. Das Christenthum.

Die römische Kirche nennt Frankreich sa fille ainée, ihre erste Tochter; sie verdankt ihm vielleicht ihre ganze Existenz, denn hätte sie Chlodwig, den Frankenkönig und Herrn von Gallien, nicht für das katholische Dogma gewonnen, so würde sie wahrscheinlich dem Arianismus erlegen sein. Aber schon das celtische Frankreich hatte sich Ansprüche auf diesen Titel erworben, ihm verdankt so zu sagen das Christenthum überhaupt seinen Sieg. Denn an der Spitze der gallischen Legionen ertheilte Konstantin der Große der neuen Religion das römische Bürgerrecht. Es ist auch zweifelhaft, ob er anderswo als in Gallien diese Idee hätte fassen können; denn gerade hier war in jener Epoche das Christenthum am stärksten vertreten, während auf römischem und griechischem Boden das Heidenthum noch innig in das politische Leben verflochten war. Wir sehen auch, daß die Bischöfe in Gallien die echten Volksvertreter waren, die zuweilen sogar, wie in Velay (dem heutigen Departement der Oberloire), die politische Oberhoheit besaßen. Späterhin werden wir Frankreich wieder an der Spitze der größten christlichen Bewegung des Mittelalters sehen, ich meine die Kreuzzüge, zu denen der Anstoß von Frankreich ausging.

So bethätigt es von seinem ersten Auftreten an den Charakter, der ihm fort und fort in der Geschichte eigen ist, den der Initiative. Es liegt dies im Blute, denn kein Volk ist so neuerungssüchtig wie das gallische, schon Cäsar erkannte dies; von allen germanischen Stämmen aber ließ sich gerade der beweglichste und ungestümste unter den Galliern nieder. Warum sich also wundern, wenn noch heute fast jede umwälzende Bewegung von Frankreich ausgeht? Einem jeden Volke ist seine Rolle in der Geschichte zugefallen, das französische aber ist der ewige Gährungs-

Vorgeschichte.   73

stoff, der Europa vor Verstockung bewahrt. Es mag dies manche Besorgnisse wecken, namentlich die Nachbarn oft beunruhigen; es ist auch natürlich, daß sich ein ungestümer angreifender Charakter leicht zum Mißbrauch der Kraft wohl auch zur Bedrückung hinreißen läßt; geschichtliche Erinnerungen nähren dann bei den Nachbarn die Besorgniß der Gegenwart. Seien wir gerecht in Lob und Tadel! Aber ist der Sieg denn allein das Verdienst des Siegers und nicht auch die Schuld des Besiegten? Wenn sich z. B. Deutschland jetzt gegen die Suprematie ereifert, die nach seiner Meinung Frankreich sich anzumaßen droht, so stützt sich diese Suprematie doch ebensowohl auf die Schwäche Deutschlands als auf die Stärke Frankreichs. Wären die Kräfte des erstern so concentrirt, wie die des zweiten, so wäre an eine Suprematie des letztern nicht zu denken; das Interesse beider Länder erheischte dann unbedingt das innigste Bündniß statt der gegenseitig aufreibenden Eifersucht. Denn es ist klar wie Sonnenlicht, daß Frankreich an und für sich nicht reicher an Kräften ist als Deutschland; selbst die französische Armee, die auf militärischen Ruhm so eifersüchtig ist wie keine zweite, hat die Tapferkeit des österreichischen Heeres aufrichtig anerkannt. Aber kein noch so glänzender Sieg über Frankreich, wie man ihn wohl während des italienischen Feldzugs träumte, würde Deutschland die Bürgschaft für fernere Ruhe geben; denn daß sich an der Spitze des französischen Staates im Augenblick ein Mann von solcher politischen Ueberlegenheit befindet, wie Freund und Feind sie anerkennen, dies ist nur ein zufälliger Umstand. Die bleibende Gefahr für Deutschland ist, daß es zerstückelt, während Frankreich Eins ist. Jener zufällige Umstand aber kann sich immer erneuen und wird es um so mehr, als eben die Concentrirung der nationalen Kräfte energische Charaktere nur reizt, sich ihrer nach Außen zu bedienen. Deutschland findet Heil einzig in seiner Einheit; solange es diese nicht erringt, wird es fremden Mächten unter Umständen immer zur Beute fallen. „Seid einig, einig, einig!" läßt Schiller den Edlen von Attinghausen den Schweizern zurufen.

Hat Deutschland doch selbst seine Annäherung zur Einheit Frankreich zu verdanken. Der glühendste Patriot des achtzehnten Jahrhunderts sah die Möglichkeit nicht ein, das in mehr als dreihundert Souverainetäten zerfallende deutsche Reich zu Einem Staate umzuschaffen, die deutschen Stämme zu Einer Nation zu verschmelzen. Deutschland zerbröckelte. Erst in Folge des Einfalls der Franzosen und der ihn begleitenden Säcularisationen gelang es, die ungeheuerliche Zahl der deutschen Staaten und Städtchen, die nicht einmal immer eine Stadt waren, auf eine geringere zurückzuführen. Und erst in Folge des Napoleonischen Druckes entflammte sich wieder das Feuer eines gemeinsamen deutschen Patriotismus, aus dem die heutigen Einheitsbestrebungen hervorgegangen sind. Deutschland hat es theuer bezahlt, was es gewonnen hat; es steht noch in Aller Erinnerung; aber kein Opfer ist zu groß für das Vaterland. Sucht das deutsche Volk etwa aus diesem Grunde einen Krieg mit Frankreich, nur um eine Gelegenheit zur Einigung zu bekommen und dann die Forderungen geltend zu machen, die es auf dem Wiener Congresse und in Karlsbad zu machen vergaß?

Indessen mißtraue man gewissen Stimmen, die zum Kriege drängen. Zum Theil ist es das Philisterthum, das sie erhebt und das nur Ruhe will um jeden Preis. Allerdings ist nicht der Krieg der Zweck des Lebens, aber wohl der Friede der Zweck des Krieges, nur soll es ein Friede sein, der Allen gedeihlich ist und in welchem die Freiheit neben der Ordnung wandelt. Eine andere Partei, die auf Paris ziehen möchte, ist die Reaction, die eine dritte „Restauration" herbeisehnt. Hüte sich Jeder, der da weiß, was der General von Schulenburg nach der Schlacht von Jena rief: „Ruhe ist die erste Bürgerpflicht." Frankreich ist noch immer das Vaterland der Revolution von 1789, es ist der Gährungsstoff, es ist das Salz der Welt, troß alledem! „So aber das Salz dumm wird" — hütet Euch!

Einem jeden Volke ist seine Rolle in der Geschichte zugefallen; Frankreich, sagte ich, hat die der Initiative, aber es vermag selten zu Ende zu führen, was es begonnen hat. Bezeichnend z. B. dafür ist, daß es zwar zu erobern, aber nicht zu colonisiren vermag. In der jüngsten Zeit hat es Angesichts einzelner Erfolge sich das Gegentheil einreden wollen; aber den Thatsachen der Geschichte gegenüber bedarf es noch kräftigerer Gegenbeweise. Hier ist Deutschland seinem überrheinischen Bruder überlegen. Deutsche Geduld ist oft ein Spottwort gewesen und mit Recht; sagen wir aber dafür deutsche Ausdauer und wir haben die gute Bedeutung des Wortes. Könnte es sich mit Frankreich verbinden, der Sieg der Bildung wäre schnell errungen und fest begründet. „Großes wirket ihr Streit, Größeres wirket ihr Bund," sagt Schiller von den Kräften der bürgerlichen Gesellschaft. Auf beiden Seiten freilich hat die Masse (denn die Spitzen der Gesellschaft sind schon längst von der Sonne der Aufklärung erleuchtet) noch manches Vorurtheil zu opfern, ehe dieser Gedanke sie durchdringen kann.

Da der Einfluß des Christenthums auf die Literatur fast überall derselbe war, so darf ich hier rascher darüber hinweggehn. Die ersten Jahrhunderte kommen hierbei nicht in Betracht; auf die griechisch-römische Welt beschränkt, konnte sich das neue Dogma der Beziehungen zur altclassischen Gesittung und Anschauung nicht enthalten. Diese aber waren den neuen Völkern wenig verständlich, zum größten Theil fremd. Ich will auch auf „das Wesen des Christenthums" und das, was man seine Segnungen nennt, nicht eingehn. In Bezug auf's Erstere bemerke ich nur, daß ich in Hegelscher Atmosphäre aufgewachsen bin und den deutschen

Forschungen der letzten zwanzig Jahre völlig beistimme. Die zweiten hat man übertrieben; denn es ist unwahr, daß das Christenthum die Sklaverei abgeschafft habe. Im Gegentheil wird dieselbe in den Paulinischen Briefen bestätigt und als im 17ten Jahrhundert die französischen Protestanten, von denen Einige Pflanzungen mit Sklaven besaßen, die Rechtmäßigkeit der Sklaverei discutirten, stützten sie sich für dieselbe auf die Bibel. Das ist geschichtliche Thatsache. Die neue philosophische Bildung hat die Sklaverei abgeschafft. Uebertrieben ist ferner, was man von der durch das Christenthum verbesserten Stellung der Frauen sagt. In der römisch-griechischen Welt war sein Einfluß allerdings in dieser Beziehung groß; das classische Alterthum fand in der Regel nur die Männer des Heroenthums würdig, das Christenthum erhob auch Frauen zu Märterinnen und Heiligen. Und doch verhandelten im Mittelalter christliche Concile allen Ernstes die Frage, ob die Frauen auch zu den Menschen gehörten. Ich könnte viel darüber sagen, nur ist hier der Platz nicht dazu; der geistreiche Fechner in Leipzig hat übrigens diesen Satz in seinen „Stapelia mixta von Dr. Mises" witzig parodirt. Die Wahrheit ist: schon im classischen Alterthum bahnte sich eine bessere gesellschaftliche Stellung der Frauen an, erst aber mit den Germanen tritt die Idee der Frauenwürde in die Welt und zwar noch bevor dieselben das Christenthum annahmen; dem 19ten Jahrhundert jedoch gebührt das Verdienst, diese Frage sich ernstlich gestellt zu haben, deren Wichtigkeit trotz des mit der sogenannten Frauenemancipation getriebenen Mißbrauchs beharrt. Die Lösung derselben ist, wie der Franzose Michelet (l'Amour, la Femme, Paris chez Hachette) erkannt hat, nur vom physiologischen Standpunkte aus möglich.

Uebertrieben ist aber auch und schmeckt etwas nach Sophistik, was Ludwig Feuerbach von dem kunstfeindlichen Charakter des Christenthums sagt. Es war fanatisch gegen die classische Kunst, weil diese aus einer ihm feindlichen Religion hervorgegangen war, darum ist aber nicht minder eine neue Kunst aus ihm hervorgegangen, die seinem Dogma entsprach. Wir verdanken der christlichen Begeisterung unter Anderm, um nur ein Beispiel aus der französischen Literatur zu nehmen, das Rolandslied. Von Raphael freilich und seinen Zeitgenossen spreche ich nicht; In ihnen lebte die antike Kunst wieder auf, obgleich sie ihre Stoffe der christlichen Mythologie entlehnten. Doch ist kein wesentlicher Widerspruch zwischen beiden letztern, denn jede Religion wurzelt, die antike wie die christliche, im menschlichen Gemüthe und ist also mehr oder minder künstlerischer Bildung fähig. Aus Feuerbachs Thesen selbst ließe sich dies beweisen. Der Ekel, den das entstehende Christenthum an der Welt und ihrem Glanze hatte, entsprang vielmehr aus dem lebenssatten Heidenthum selbst, letzteres bahnte dadurch der neuen Religion den Weg in die Gemüther. Verloren sich diese anfangs in abstracten Verzückungen, so war dies nur die naturnothwendige Folge jenes Ekels, nicht aber ein Beweis dafür, daß die christliche Religion an und für sich kunstfeindlich gewesen wäre. Wie sie im Gegentheil eine Lücke der classischen Kunst ergänzte, werden wir später sehen. Vergessen wir auch nicht, daß die christliche Anschauung fast mit jedem Jahrhundert sich geändert hat; denn wie jede geschichtliche Erscheinung war auch das Christenthum der Modification unterworfen.

Der philosophischen Literatur war es freilich nicht günstig, weil es nach biblischem Ausdrucke die Vernunft unter den Glauben gefangen nahm. Aus dieser Verbindung konnte nur ein Ungeheuer wie die Scholastik entstehen. Aber auch hierin theilt es den Charakter jeder Religion. Selbst das hochgebildete Athen unter Perikles verbannte den Philosophen Anaxagoras. Warum? Weil er lehrte: „Aus Nichts wird Nichts", somit die Schöpfung leugnete und die Materie ewig nannte, obschon er ein gleich ewiges geistiges Urwesen, eine Intelligenz, annahm, die das Chaos der Materie geordnet habe. Eine Idee, die zu allen Zeiten wieder auftauchte ist. Selbst Xavier de Maistre, der Bruder des bekannten Fanatikers, hätte den Bannstrahl verdient; denn in seiner „nächtlichen Wanderung um meine Stube", bei der Betrachtung des gestirnten Weltraums, den jedes Schulkind jetzt für unendlich hält, sagt er kurzweg: „Was im Raume unendlich ist, muß es auch in der Zeit sein" (d. h. ewig). Wie man diesen logisch folgerichtigen Schluß mit einer Schöpfung der Welt in Einklang bringen will, ist nicht einzusehen. Genug davon, denn an Sokrates, Servet, den Calvin verbrennen ließ und den Kanzler Crell, den die sächsischen lutherischen Theologen als geheimen Calvinisten enthaupten ließen, brauche ich nur zu erinnern.

In zweierlei Beziehungen aber wirkte das Christenthum namentlich auf die französische Literatur ein: erstens durch die neue Art von Beredtsamkeit, die mit ihm in die Welt trat, die Predigt. Bei keinem andern Volke ist dieselbe so mit der Literatur verschmolzen, hat sie solche Meisterwerke des Stils hervorgebracht wie bei den Franzosen. Die Kanzelredner Fléchier, Bourdaloue, Massillon werden in den Schulen als classische Schriftsteller gelesen und erklärt; in neuerer Zeit haben sich Freyssinous und der Pater Felix literarischen Ruhm, Lacordaire sogar das akademische Bürgerrecht erworben. In Deutschland hatten Harms, Reinhard und Dräseke allerdings das Unglück, in einer zu philosophischen, profanen Literatur gegebenen Zeit aufzutreten, abgesehen von der übertriebenen Pflege und Vorliebe, deren bisher in Deutschland die Poesie vor der Prosa genoß.

Das zweite Element sind die Klöster. Das Klosterleben ist eine Schöpfung des Orients, wo der Mensch sich leicht zum beschaulichen Leben hinneigt. Vor dem Christenthume entstanden, wie uns die Inder und in Palästina die Essener zeigen, ward es doch durch dasselbe genährt. In dem kälteren verständigeren Occident ändert es seinen Charakter und wird praktisch. Es macht sich der Welt nützlich durch den Ackerbau und das Studium. Wieviel zwar durch die Klöster an Schätzen des Geistes verloren gegangen ist, deuten uns z. B. die Palimpsesten an. Dessenungeachtet sind die Verdienste der Klöster um Literatur und Bildung nicht zu verkennen; als in Folge der Völkerwanderung die römischen Schulen untergingen, wurden sie, wenn auch kümmerlich, durch die Klosterschulen ersetzt. In Frankreich aber vor Allem haben sich die gelehrten Benedictiner von der Regel des h. Maurus unvergängliche Verdienste um die Literatur erworben und das Kloster Port-Royal war die Wiege Racine's, des größten tragischen Dichters Frankreichs, und das Asyl Pascals, des Meisters der französischen Prosa.

5. Karl der Große und die Franken.

Die Keime der neuen Gesittung waren nun vorhanden. Aber es bedarf nicht allein des Stoffs, es bedarf auch der Thatkraft, die ihn zur Gestaltung bringt, und diese war der ganzen römischen Welt abhanden gekommen; die Gallier aber waren in die letztere aufgegangen. Diese Thatkraft wurde von den germanischen Franken hinzugebracht, wie die Deutschen sie durch die Völkerwanderung überall hinbrachten. Der germanische Volksstamm verjüngte die absterbende römische Welt und das ist sein weltgeschichtliches Verdienst, das kein sophistischer Historiker zu schmälern vermag.

Kein deutsches Volk war übrigens zu dieser Rolle geeigneter als das fränkische, denn keins war seiner Organisation nach verwandter mit den Galliern. Beide sind gleich beweglich und ungestüm. Die übrigen germanischen Stämme, die in Gallien eindrangen, haben wenig oder nicht auf die Bildung des neuen Volksthums eingewirkt, sie sind völlig von dem romanischen Elemente absorbirt worden. Was ist z. B. den Burgundern von deutscher Eigenthümlichkeit Anderes geblieben als der Name?

Der Einfluß, den die deutschen Eroberer auf die Bildung der französischen Sprache übten, konnte nur ein geringer sein, da das inländische Idiom, welches sie vorfanden, dem ihren weit überlegen und schon zu sehr mit Sitten und Verwaltung verschmolzen war. Der Sprachschatz hat durch sie kaum gegen tausend Wörter gewonnen und noch dazu sind viele davon nach dem Mittelalter, als das moderne Französische sich bildete, ungebräuchlich geworden. Einige mögen hier Platz finden. Heaume kommt von Helm, sarreau (Kittel) von Saro (im Hildebrandsliede soviel als Kriegsgewand), éperler von spellen, étriller von striegeln, épervier von Sperber, haire (härenes Büßerhemd) von Haar, rosse (Mähre) von Roß, digue von Deich, écherin von Schöppe, maréchal von Mähre und Schalk (im Altdeutschen soviel als Diener), sénéchal von Gesinde und Schall. Die Wörter écrin und bruit sind ebenfalls deutschen Ursprungs; das erstere ist unser Schrein, das zweite kommt von dem altdeutschen Worte prut, welches „Verwirrung, Lärm" bedeutet und von welchem das Wort „Windsbraut" herkommt (soviel als: Sturmlärm); man vergleiche bruit und brouiller. Herr Adler-Mesnard macht in seiner vortrefflichen deutschen Grammatik zum Gebrauch für Franzosen folgende interessante Bemerkung: „Es existirt im Deutschen eine ziemlich große Anzahl von Wörtern, die trotz ihres fremden Ansehens germanischen Ursprungs sind: Bivouac und bivouakiren haben die ehemals sehr gebräuchlichen Wörter Beiwache (niederdeutsch Biwake) und beiwachen erseßt. Preschen, brechen, kommt offenbar von brechen her. Lakai kommt von lacken (gothisch laikan) d. h. laufen, springen, ausschlagen, woher die Redensart: wider den Stachel lacken." Ein anderer Ausdruck ist sicher zum Theil fränkischen Ursprungs: ostrogoth ist im Französischen ein Schimpfwort, es bedeutet die tiefste Barbarei und Ignoranz. Möglich, daß der römisch-katholische Klerus den Namen Ostgothe, als den eines arianischen Volkes, mit verächtlichem Tone aussprach, wie späterhin das Wort Bulgar zu bougre ward und Keßer noch heute ein Schimpfwort ist. Aber in die Volkssprache ging der Ausdruck gewiß nur durch die Feindschaft und den Haß der Franken über, die mit den Ostgothen in Krieg lagen. Wir wissen indessen, daß die leßtern gerade ein hochgebildetes Volk waren; jener Ausdruck beruht auf ebenso ungegründetem Vorurtheil als das Wort Vandalismus; denn die Vandalen, als sie Roms Kunstschäße entführten, thaten es nur, um ihre Hauptstadt Karthago damit zu schmücken, sie waren also so wenig „Vandalen", als es Mummius, der Zerstörer Korinths, war.

Auch eine Menge deutscher Eigennamen sind durch die Franken heimisch geworden, wie z. B. Louis, Armand, Robert, Thierry (Dietrich), Gauthier (Walther) u. s. w., worauf sich bekanntlich Augustin Thierry für gewisse Behauptungen stüßt. Wir haben in Deutschland etwas Aehnliches; wieviele Deutsche beurkunden durch ihren Namen ihren slavischen Ursprung, namentlich in den Elb- und Muldegegenden! In Sachsen sind beinahe zwei Drittel der Ortsnamen slavisch.

Das Hauptverdienst um Frankreich haben aber die Franken durch die staatliche Einigung der Bevölkerung Galliens erworben. Wenn wir für die Gallier den Ruhm beanspruchten, unter Constantin dem Großen das Christenthum zur politischen Macht erhoben zu haben, so müssen wir erwähnen, daß ein großer Theil der gallischen Legionen, vielleicht die Hälfte aus fränkischen Schaaren bestand. Die Franken unter Chlodwig sicherten dem Katholizismus die Herrschaft und bereiteten dadurch das Mittelalter vor, wie es sich gestaltet hat. Die Franken unter Karl Martel schüßten Europa vor der arabischen Invasion und endlich aus der fränkischen Mon-

archie Karls des Großen gingen Frankreich und Deutschland als gesonderte
Staaten hervor.

Wir kommen hier auf einen sonderbaren Streitpunkt, von dem ganz
Deutschland vielleicht keine Ahnung hat. In allen deutschen Schulbüchern
steht geschrieben, daß Karl der Große ein deutscher Fürst war, der an der
Spitze des deutschen Stammes, Franken genannt, Gallien, Spanien und
Italien (letztere beide zum Theil) beherrschte und die übrigen deutschen
Bruderstämme unter seinem Scepter vereinte. Jetzt komme ein Deutscher
aber nach Frankreich. In allen Schulbüchern wird er lesen, daß Charlemagne ein Franzose war, der als Franzose Deutschland erobert hat. Will
man noch ganz verwirrt die Stimme erheben und sagen, daß Karl deutschen Blutes und Stammes gewesen, so wird man von der ganzen halb-
gebildeten Masse, d. h. der unendlichen Mehrheit des französischen Volkes
als einzige Antwort ein schallendes Gelächter vernehmen. Ich hab's erlebt. Nun wird der Deutsche auch begreiflich finden, was ihm sonst ganz
ungeheuerlich klingen würde, daß einmal an einer Wirthstafel, wo man
die Ansprüche auf das linke Rheinufer durch die Geschichte zu begründen
suchte und schon auf die Eroberungen Ludwigs des Vierzehnten zurück-
gegangen war, ein Commis-Voyageur dictatorisch kurz hinwarf: „Et
Charlemagne!" Und Karl der Große! Ja, ja, so ist's; ich hab's erlebt. Man gehe nicht spöttisch darüber hinweg, weil es ein Commis-
voyageur ist, einer jener blageurs (wie man in Frankreich unübersetzbar
sagt), bei denen es das Handwerk mit sich bringt, daß das Mundwerk
niemals stille steht, und „wär' auch kein Iltelchen Wahres daran." Es
ist dies eben ein Zeichen, daß die Masse so denkt. Und welches Unglück
aus solchem Vorurtheile über zwei Nationen kommen kann, deren gegenseitige Interessen gerade das innigste Verständniß fordern, liegt auf der
Hand.

Es ist auch nicht blos die Masse, die so denkt. Wenige neuere Historiker ausgenommen, vertheidigen selbst Gelehrte diesen Satz. Da wo
die Geschichte nur noch Franken nennt, gebraucht der erwähnte Buchez
schon überall das Wort Français, sodaß jeder Leser glauben muß, die
„Franzosen" hätten z. B. den Sachsen Wittekind bezwungen. Daß die
Franken ein deutscher Stamm sind (Buchez möchte auch dies in Zweifel
ziehen), wie Schwaben und Sachsen, thut diesen Schwärmern nichts.
Die Franken wohnten in Gallien d. h. in dem heutigen Frankreich, folglich (schließt man) sind sie Franzosen. Die Wurzel des Vorurtheils ruht
natürlich in dem Namen; weil aus Frankenland, la France
d. h. Frankreich im modernen Sinne geworden ist, darum soll auch alles
Fränkische rein französisch sein. Denn es fällt Keinem ein, die Westgothen
Franzosen oder Spanier zu nennen, obgleich sie auf französischem und
spanischem Boden gewohnt haben; und doch ist das Verhältniß derselben

zu Spanien dasselbe wie das der Franken zum heutigen Frankreich. Sie waren ein deutscher Stamm, der in der Völkerwanderung sich unter den romanisirten Spaniern niederließ, allmälig mit ihnen verschmolz und aus dem Kampfe mit den Arabern das heutige Spanien herausarbeitete. Nein, der heutige Name Français hat keine rückwirkende Kraft auf die Franken; die Franken waren ein deutscher Stamm wie die Longobarden, die doch der jetzt völlig italienischen Lombardei den Namen gegeben haben, wie die Vandalen, die ihren Namen dem entschieden spanischen Andalusien gelassen haben.

Kann der Franzose, der in Karl dem Großen einen Franzosen sieht, während der Deutsche ihn einen deutschen Fürsten nennt, nicht weiter, so flüchtet er sich hinter den unbestimmten Ausdruck „Kaiser des Occidents", der die Frage der Nationalität unerörtert läßt; können wir ihn nicht für uns beanspruchen, schließt er aus weiter nichts als falschverstandener nationaler Eigenliebe, so wollen wir ihn wenigstens den Fremden entreißen. Und vor allen Dingen will er damit die Behauptung abwehren, daß ein **deutscher Fürst Frankreich erobert habe.** Unnöthiger Strupel! Dem Deutschen fällt es nicht ein, dies zu behaupten; er ist zu gerecht dazu. Die Deutschen als Franken haben sowenig „Frankreich" erobert, als die „Franzosen" damals Deutschland erobern konnten. Warum? Aus dem ganz einfachen Grunde, weil Frankreich damals noch nicht existirte.

Der Boden allein macht eine Nation nicht aus. Die Deutschen waren Deutsche, als sie Deutschland noch gar nicht gesehen hatten, als sie z. B. unter Hermanrich noch in der Ukraine saßen. Zur Zeit der Völkerwanderung gab es noch keinen der modernen Staaten, diese gingen erst aus ihr hervor. In jener Epoche der Gährung, wo alle Grenzen in stetem Schwanken waren, war die Sprache das einzige nationale Band; die Franken aber und Karl der Große selbst sprachen deutsch. Namentlich die Unfruchtbarkeit seiner Bestrebungen in literarischer Hinsicht beweist, daß Karl nicht auf nationalem Boden arbeitete. Seine fränkische Sprache hatte keine politische Geltung in Gallien, sie war hier nur eine Sprache der Barbaren; was er für sie that, blieb erfolglos. Das Lateinische ward, obgleich Staatsorgan, schon je mehr und mehr Gelehrtensprache. Die eigentliche Volkssprache aber, die späterhin allen Theilen der Bevölkerung Galliens gemeinsam ward, das Französische, lag noch im Keime in den Dialekten, den sogenannten patois, die sich erst später vereinigten. Herr Demogeot erkennt dies auch klar und offen an, er sagt: „la renaissance Carlovingienne précéda la constitution réelle de la nation; il en résulta, qu'elle eut quelque chose de superficiel et d'éphémère, d. h. das Wiederaufblühen der Wissenschaften unter Karl dem Großen ging der wirklichen Begründung der (französischen) Nation voraus; die Folge davon war, daß es ziemlich oberflächlich und von kurzer Dauer war."

Ich widerspreche mir nicht (f. §. 3), wenn ich eine gemeinsame Sprache als den Ausdruck einer bestimmten Nationalität bezeichne. Der gemeinsame Zweck begründet diese zwar, aber das Verfolgen desselben bedarf doch eines Organs. Die andersredenden Theile der französischen Nation sind doch immer nicht nur in ungeheurer Minorität, als Bürger des französischen Staates bedienen sie sich auch der französischen Sprache. Die Geschichte Ungarns liefert mir einen schlagenden Beweis für meinen Satz. Der herrschende Volksstamm sind die Magyaren, sie bilden aber kaum mehr als ein Viertel der ganzen Bevölkerung (15 Millionen), welche vier grundverschiedene Sprachen und eine Menge Dialekte spricht. Die Gewalt der Eroberung hätte sie unmöglich zusammengehalten. König Stephan der Heilige (997—1038) befolgte daher die weise Politik, eine allen Theilen der ungarischen Bevölkerung gleich fremde Sprache, das Lateinische, zur Staatssprache zu erheben. So lange dies Gesetz galt, war Ungarn auch ein ziemlich festgeschlossener Staat. Als aber 1830 das Magyarische zur Staatssprache ward, wurden die Reibungen angebahnt, welche 1848 in offenen Kampf zwischen Slaven und Magyaren ausbrachen. Denn wenn Kossuth als Vorkämpfer der Freiheit der Magyaren aufgetreten ist, so vertrat er auch deren Herrschsucht gegenüber den ungarischen Slaven, denen er eine fremde Sprache aufdringen wollte, die noch dazu die Sprache der Minorität war.

Das Verhältniß zwischen den Magyaren und Slaven Ungarns ist ursprünglich dasselbe wie zwischen den Franken und der einheimischen Bevölkerung Galliens. Auch die Franken waren in der Minorität, doch nicht in gleich niedrem Maße; auch sie kamen als Eroberer, auch sie nahmen das Lateinische als Staatssprache an, in welcher alle Capitularien Karls des Großen geschrieben sind; während aber Slaven und Magyaren ungefähr auf derselben Stufe der Bildung standen, fanden die Franken ein schon civilisirtes Volk vor, in welchem sie nach und nach aufgingen.

Der Sachverhalt ist sehr einfach. Die römische Welt war entnervt, die germanischen d. h. deutschen Stämme waren durch die Völkerwanderung berufen, neue Säfte hineinzubringen; und wenn sie sogar den römischen Kaiserthron selbst umstürzten, so kann es doch der Eigenliebe des römisch gewordenen Galliens, das damals nur eine römische Provinz ohne politisch-nationale Selbständigkeit war, nicht zuviel kosten, um zuzugeben, daß es ebenfalls die Beute eines deutschen Stammes geworden ist. Dieser Stamm sind die Franken. Wie alle germanischen Stämme, die sich auf altrömischem Boden niederließen, wurden auch sie nach und nach von der vorgefundenen Bildung gewonnen, nicht jedoch ohne dieselbe nach dem mitgebrachten Charakter umzumodeln. Diese große Gährung, Völkerwanderung genannt, von der die Normannen und die Magyaren die Nachzügler sind, endigte erst mit der Entstehung derjenigen Staaten, die das heutige Europa ausmachen. Karl der Große gehört noch zu ihr, aber er ist ihre Krone, er schließt sie ab. Er schloß sie namentlich ab durch das Wiedererwecken des römischen Kaiserthums. Odoaker hatte den Cäsarthron umgestürzt, verschmähend sich darauf zu setzen; Karl richtete ihn wieder auf, aber usurpirte ihn für die Barbaren. „Und geendigt nach langem verderblichem Streit war die kaiserlose, die schreckliche Zeit." Wie Rom zuerst die Idee eines geordneten Staatswesens verwirklicht hatte, so waren die Kaiser (Cäsaren) das Symbol der Staatseinheit gewesen und lebten als solches in verschwommener Völkererinnerung fort. So übte die römische Welt durch ihre Tradition den Einfluß auf die Barbaren, den sie sonst durch ihre Legionen ausgeübt hatte; wo sich diese nur auf lateinischem Boden niederließen, wurden sie von dem lateinischen Element durchdrungen und absorbirt, die Franken wie die andern Stämme. Letztere aber, als der thatkräftigste Volksstamm, der die römische Tradition wieder belebte, die römische Kirche, die Erbin des alten Roms, rettete, der endlich alle noch unbändigen Stämme der Völkerwanderung (die deutschen Sachsen wie die Slaven und die tatarischen Avaren) unter Karl dem Großen zum Frieden zwang, also die Neugestaltung Europa's mehr als jeder andere bewirkte, dieser fränkische Volksstamm hatte auch die verdiente Ehre, dem gallisch-römischen Lande, in welchem er sich niedergelassen hatte, seinen deutschen Namen aufzudrücken: aus Francia ward France, aus dem Frankenreich ward Frankreich.

Insofern nun Karl der Große wie der Frankenstamm überhaupt um Frankreichs Bildung so unendlich große Verdienste hat, gehört er diesem und seiner Geschichte nicht minder an, als der deutschen Nation. Denn zwei Fremde, zwei Nichtgallier sind Frankreichs Gründer, Julius Cäsar und Karl. Der Erstere ist so zu sagen in die Mythe übergegangen; wenn irgendwo eine römische Brücke, ein römisches Lager u. s. w. steht oder gestanden hat, so sagt das Volk kurzweg: das datirt aus der Zeit Cäsar's. Als der erste Eroberer brachte er ja die römische Civilisation nach Gallien. Diese beiden großen Namen wirken mit ihren Traditionen bis auf die Gegenwart fort. Das Kaiserthum Napoleon's des Ersten gründet sich auf die Erinnerung an Karl den Großen. Und Napoleon der Dritte, der seinen Thron auf das vote universel, auf die Masse gebaut hat, nicht auf die Bourgeoisie allein wie die Julidynastie, nicht auf den Adel allein wie die Bourbonen, stellt sich in Parallele mit Julius Cäsar, dem Gründer der kaiserlichen Demokratie in Rom, als welchen er selbst ihn in einem geschichtlichen Werke darzustellen beabsichtigt. Wenn ich diese Parallele dem Historiker zur Beurtheilung überlasse, so darf ich doch auf die Thatsache hinweisen, daß das kaiserliche Frankreich jetzt allerdings an der Spitze der lateinischen Welt steht. Diese aber ist nur ein Theil der europäischen Familie; wollte sie sich absondern und ihr feindlich gegenübertreten, so

wäre es eben ein Familienzwist, und diesem vorzubeugen, rufe ich den
Namen Karls des Großen an. Wie dieser große Mann einst die lateinische
und germanische Welt unter seinem Scepter vereinigte, wie aus seiner
Monarchie die Bruderstaaten Deutschland und Frankreich hervorgingen,
so sei er ihnen, so sei er uns nicht ein Gegenstand des Streites, sondern
das Symbol brüderlicher Einigung. Denn uns gemeinsam gehört er an.
Nur wenn Deutschland und Frankreich zusammen der Zukunft zuschreiten,
nur dann ist der Fortschritt gesichert; möge Eines dem Andern zurufen:

    „Arm in Arm mit dir,
    So fordr' ich mein Jahrhundert in die Schranken!"

6. Frankreich.

Die französische Litteratur beginnt wie der französische Staat erst
mit den Capetingern, der ersten wirklich französischen Dynastie. Zwischen
ihr und der celtischen Urzeit liegt die gallo-römisch-germanische Epoche.
Diese Dynastie, nach der französischen Ansicht die dritte (nach Merowingern
und Karolingern), stützte sich auf die Feindseligkeit des eingebornen Volkes
gegen das fremde Element. Nach gewissen französischen Historikern berrich-
ten diese Fremden, die sich als Einzelne im Süden nur noch durch die
deutschen Namen kenntlich machten, als Feudalherren noch im Mittelalter
fort, bis endlich in der französischen Revolution die plebs, d. h. die gallischen Ureinwohner auch über diesen letzten Schein der fränkischen Eroberung triumphirten. So läßt z. B. Balzac in seiner Novelle „le cabinet
des Antiques" einen Altadeligen über die Julirevolution ausrufen: „les
Gaulois triomphent." Mag auch der historische Witz übertreiben (denn
dem Auslande gegenüber waren die fränkischen Grundherren, wenn sie ja
sich ihres Ursprungs noch bewußt waren, gute Franzosen), etwas Wahres
ist daran. Die Franken hatten sich besonders im Norden festgesetzt und
drückten ihm das Gepräge ihres rauhen Charakters auf. Die als hart
und rauh geschmähte deutsche Sprache selbst (das Wort Karls V., der mit
Gott spanisch, mit den Damen französisch und mit seinen Pferden deutsch
reden wollte, vernimmt man wohl heute noch bei einigen Franzosen, in
denen nationales Vorurtheil sich mit Unwissenheit paart) war nicht ohne
kräftigenden Einfluß auf die Bildung der französischen. Herr Demogeot
sagt: „das germanische Idiom theilt dem neuen Idiom des nördlichen
Frankreichs jene Festigkeit und Energie mit, welche die Sprachen gewisser-
maßen stählt, ihnen Schnellkraft und Dauer giebt." Und in der That,
die durch den milden südlichen Himmel früh gezeitigte langue d'oc muß
zuletzt der Sprache des Nordens, der langue d'oeil, dem derben rauhen
picard weichen. Dieser Sprachwechsel beruht auf einem Naturgesetze, dem
wir auch anderswo begegnen. Ein welcherer Dialekt, der sich namentlich

durch größere Fülle der Vokale auszeichnet, geht fast immer der Epoche der reifen Literatur voraus. Homer sang im echt Ionischen Dialekte, Thucydides und Plato schrieben in dem attischen. Die deutschen Minnesinger dichteten im schwäbischen Dialekte, der dem südlichen Deutschland angehörte, Luther aber wählte für seine ernsteren Werke die kräftige Sprache Obersachsens.

Das mittägliche Frankreich, längst römische Provinz, bewahrte noch fernerhin als Provence die römische Ueberlieferung. Norden und Süden haßten sich und zuletzt ward der Haß Vernichtungskrieg; der fränkische Norden unterwarf den römischen Süden im Albigenserkriege. Die Provenzalen waren so zu sagen ein Volk für sich gewesen, ihr Fall diente der französischen Staatseinheit und ist nicht ohne Aehnlichkeit mit der Unterdrückung der Hugenotten, gegen welche Richelieu und Ludwig der Vierzehnte die Ketzerei ja auch nur als Vorwand gebrauchten, während sie den Grundsatz: un roi, une loi, une foi verwirklichen wollten.

II.

Das Mittelalter.

———

À LA MÉMOIRE

DE

ARMAND GUÉRAUD

DE

NANTES.

En inscrivant ce nom cher à mon cœur à la tête des pages suivantes, je remplis un devoir sacré de piété et de reconnaissance. Armand Guéraud était un de ces citoyens dévoués qui à toutes les époques ont illustré la ville de Nantes. Jeune encore il mourut au moment où j'achevais cette partie de mon ouvrage, dont la dédicace lui était destinée d'avance.

Mais non, mon ami, vous n'êtes pas mort; vous vivez de cette immortalité, qui est le partage de tout esprit actif et dévoué et dont les impulsions fécondes se communiquent de génération en génération. Ces pages particulièrement sont animées de votre souffle.

C'est à vous que je dois d'avoir complété ma connaissance du moyen-âge. Enfant de la race germanique qui a jeté les bases du régime féodal, je comprenais bien le beau désordre de cette époque et son génie poétique m'était familier; mais, né presque sur les confins de l'ancien empire allemand, dans un pays conquis sur les Slaves et qui est entré assez tard dans le mouvement historique, je n'avais fait qu'entrevoir un côté essentiel de la civilisation du moyen-âge: son architecture, son art. C'est en Bretagne, sur le sol sacré des antiques traditions, que guidé par vous, le savant archéologue, j'ai comblé cette lacune de mon savoir. Années heureuses, où je descendis avec vous le cours des âges, depuis l'époque celtique qui se perd dans la nuit des temps jusqu'à l'aube brillante de la Renaissance, représentée dans la cathédrale de Nantes par le chef-d'œuvre de Michel Colomb!

Mais pour vous l'archéologie n'était pas un stérile amusement d'esprit et, comme l'avenir s'appuie sur le passé, cette science, souvent hostile au progrès, devint par vous son auxiliaire. Chose étrange et grave d'enseignement! Vous forciez la Vendée même à déposer en faveur de la liberté et dans les ruines des châteaux de Clisson et de Tiffauges, monuments grandioses de la tyrannie féodale, vous me fîtes comprendre par l'audace sombre et hautaine de ces Bastilles, combien un jour l'éclat de la colère du peuple opprimé devait être terrible, inévitable. *Etsi homines taceant, lapides loquentur!*

Mais plus encore qu'au savant je dois à l'homme. Vous êtes pour moi le représentant de l'hospitalité française et par vous la ville de Nantes, où j'ai passé la plus grande partie de mon exil, m'est devenue chère comme une seconde patrie. Aussi votre souvenir vivra-t-il dans mon coeur tant qu'il battra, comme vous continuez à vivre dans ma pensée. Car la mort n'est qu'une ombre; la vie seule est éternelle comme la lumière, l'amour et la liberté.

Chambéry le 3 Septembre 1861.

Herman Semmig.

1. Die Sprachen.

Mit dem Untergange des römischen Staates und dem Einbruche der Völkerwanderung trat auch Barbarei und Verwirrung in den Sprachen ein. Die eingebornen Idiome konnten schon lange nicht mehr als Werkzeuge der Literatur in Betracht kommen, das Lateinische allein war herrschende Weltsprache, der das Griechische in Osten allerdings den Scepter streitig machte. Während das Letztere in dem byzantinischen Reiche sogar noch lange nach dem Fall des Lateinischen, freilich ohne politischen oder literarischen Einfluß, fortexistirte, bis auch Homer's schöne Sprache vor der Feuerzunge Muhamed's verstummte oder doch nur, verderbt durch slavische Elemente, in türkischen Sklavenketten seufzte, zerfiel mit Roms Macht auch der symmetrische Bau der römischen Sprache, in der bisher die Gesetze der Welt geschrieben waren. Die Grammatik ging mit der römischen Rechtskunde zugleich zu Grunde; die kunstreiche Formenbildung der Declination und Conjugation verkümmerte mit der Bildung überhaupt; dem naturwüchsigen Germanen, der sich auf dem römischen Reichsboden niederließ, war sie vollends unbrauchbar. Statt ihrer schlichen sich allmälig als Aushilfe für die Declinationsendungen die Präpositionen mit dem Pronomen illo als Artikel ein, der Conjugation (die zwar heute noch im Französischen reicher ist, als im Deutschen) kamen die H i l f s z e i t w ö r t e r zu Hilfe; die Sprache ward analytisch. Die Sprachverwilderung, die am Abschluß der Periode als Sprachumbildung erscheint, war so allgemein, daß selbst die Geistlichen, d. h. die einzigen damaligen Gelehrten, davon angesteckt wurden. Einzelne Priester, wie der Papst Gregor der Große im sechsten Jahrhundert, förderten sie sogar absichtlich aus demselben religiösen Fanatismus, mit welchem Schaaren von Mönchen andere Kunstdenkmäler des classischen Heidenthums zerstörten und verfuhren darin nur consequent in dem Sinne des damaligen Christenthums.. Was hat Kunst und Wissenschaft mit der Erlösung unserer Seele von dem Fluche der Erbsünde gemein? und das ist doch die einzige Aufgabe des Christen, der nicht für diese Spanne Zeit, sondern für die Ewigkeit jenseits dieser Welt geboren ist. Ich sagte: das damalige Christenthum, denn seine dogmatische Unveränderlichkeit ist nur scheinbar; die Weltanschauung des Menschen, die entweder Philosophie oder Religion ist, wechselt mit seiner Erkenntniß. Der Katholizismus, wie er aus dem tridentinischen Concil hervorgegangen ist, hat, bedingt durch den Gegensatz des Protestantismus, einen von dem früheren verschiedenen Charakter; selbst gleichzeitige Völker, z. B. Franzosen und Spanier, gaben je nach ihrer nationalen Individualität auch ihrer Auffassung des Katholizismus eine eigene Färbung. Denn die Wahrheit, die reelle wie die eingebildete, ist dem Lichte gleich, das im Wesen Eins sich doch in sieben Farben schimmernd bricht. Wie unphilosophisch, wie inconsequent ist daher heutzutage jener Pater Lacordaire, der die reife Frucht des Geistes von Gregors des Großen Epoche, das Mönchsthum nämlich, wieder ins Leben einführen will, und zugleich, wie die Sophisten und Rhetoren des sinkenden Alterthums, als Stylist und Schönredner um den Beifall der Feinschmecker der Literatur buhlt! Ihn mag das Beispiel des Johannes Chrysostomus (Goldmund) verblendet haben, der auch als Advokat seine ersten Triumphe feierte und sich dann zu den Einsiedlern der syrischen Berge zurückzog; und allerdings hat die französische Civilisation das mit der griechischen gemein, daß die Beredtsamkeit und der schöne Styl bei beiden gepflegt wird und zu Ehren führt. Aber Chrysostomus hatte aufrichtigen Herzens nur den Zweck der Bekehrung vor Augen und verschmähte die eitlen Triumphe der Redegewalt. Müssen wir an Lacordaire seine Inconsequenz rügen, so entschuldigen wir ihn als Charakter durch die ihm angeborene romantische schwärmerische Stimmung, die seinen Geist im Glauben gefangen nahm; immerhin steht er doch über Guizot, der, ein geborener Protestant, in unnatürlichem Bunde mit dem Jesuitismus steht und dessen Herz so eng und trocken ist, als sein Geist beschränkt und kalt. Kehren wir von unserer Parallele zwischen Gregor dem Großen und Lacordaire zur Epoche des Ersteren zurück.

Nicht nur verwilderte die lateinische Sprache selbst, auch eine Menge germanischer Dialekte ließen sich neben ihr nieder und gingen allmälig in ihr auf: die Westgothen in Südgallien und Spanien, die Burgunden in Provence und Ostgallien, die Franken in Nordgallien. Alle brachten fremde Sprachelemente zu dem römischen hinzu. Unter Karl dem Großen gab es zwar neben der politischen auch eine Art Sprach einheit, indem die Reichsgesetze, die Capitularien, in lateinischer Sprache erschienen; aber als unter seinen Enkeln der Zerfall des Reichs beginnt, als Ludwig neben seinem in Neustrien (dem eigentlichen Frankreich) herrschenden Bruder Karl dem Kahlen vorzugsweise der Deutsche genannt wird, obgleich Beide deutscher Herkunft sind, da treten auch schon mit den Völkern die gesonderten Sprachen auf und heißen auf dem ganzen Reichsboden **Volkssprachen** zum Unterschiede von dem Lateinischen, das, wenn auch nicht gänzlich todt, doch nur eine Gelehrtensprache und als solche die des Staates und der Kirche war. Das Wort **deutsch** heißt bekanntlich nichts anderes als vulgaris, dem **Volke** eigen; es kommt von dem altdeutschen Worte thiud, d. h. Volk, der (Theodorich, woraus Dietrich ward, bedeutet der Volkreiche) und lautete anfangs Diutisch, theodiscus. Noch im neunten Jahrhunderte hatte das Wort **deutsch** in dieser Beziehung keinen andern Gegensatz als **lateinisch**, d. h. Gelehrtensprache; als Otfried seine Bearbeitung der Evangelien unternahm, riethen ihm seine Freunde, es nicht in lateinischer, sondern in der Sprache des Volkes, in theotisker zu thun. Bei den neulateinischen Völkern war der Gegensatz des Lateinischen die lingua romana **rustica**, das Bauernrömische, später kurzweg **romanisch** genannt; das Nordfranzösische hieß je roman wallon oder das wälsche (d. h. gallische) Romanisch, wie denn der Lothringer und Elsässer die Franzosen noch heute Wälsche nennt. In Straßburg fragte ich einmal ein recht verständiges zehnjähriges Mädchen auf dem Lande: „Was bist du, Kleine? eine Französin oder eine Deutsche?" — „Eine Französin!" antwortete sie auf deutsch. „Aber du sprichst ja deutsch und nicht französisch," warf ich ein, um das Nationalgefühl zu prüfen. „Das thut Nichts," entgegnete das naive Kind, „es giebt Deutsche und Wälsche unter den Franzosen." Wenn Herr Büchez diese Anekdote liest, so wird sie ihn freuen; da habt ihr's, wird er sagen, Kinder sprechen die Wahrheit; die Elsässer wissen wohl, daß sie deutsch reden und sind doch Franzosen. Aber lassen wir den Nationalstreit von heute. Wie sich das Romanische vom Lateinischen unterschied, zeigt noch das Epos von Garin le Loherain, wo es heißt: bien savait lire et roman et latin. Mit der Zeit wurde die Sprache des nördlichen Galliens, weil hier die Franken fester und gedrängter saßen als im Süden, die **französische** genannt. In Italien tritt dieselbe Bezeichnung für die neulateinischen Dialekte auf, der toskanische als der gebildetste hieß das volgare illustre, d. h. die feinste Volkssprache, es ist auch das Organ der Literatur geworden, während die übrigen Dialekte mehr oder minder zu patois herabgesunken sind. Das Englische existirte damals noch nicht, es entstand erst nach der Eroberung Großbritanniens durch die Normannen aus der Verschmelzung des Französischen mit dem Angelsächsischen und Celtischen, diese beiden Sprachen herrschten bis dahin auf dem Inselreiche in ungetrübter Reinheit, denn Roms Herrschaft hatte hier niemals tiefe Wurzeln geschlagen, das Lateinische bildete daher auch keinen Gegensatz. Dasselbe gilt von dem slawischen Osten; dessen Stämme haben ihren gemeinsamen Namen von Slowo, d. i. Wort und nennen ihre andersredenden, also ihnen unverständlichen westlichen Nachbarn Niemze, d. h. Stumme; ihnen heißt also Sprache nichts anderes, als „Mittel der Verständigung", und Slawen bedeutet „Völker, die Eine Sprache sprechen und sich verstehen". Das ist verständlich. Die Spanier und Italiener, die sich nach dem uralten Namen ihres Bodens benennen, haben ebenfalls einen scharfen, sie als Nation absondernden Volksnamen; ebenso die Franzosen, die einem historisch bestimmten Völkerstamm ihren Namen als Nation entlehnt haben. Nur wir Söhne Teut's verrathen auch in dieser Beziehung unsern Mangel an scharf begrenzter, politisch bestimmter Nationalität; wir bezeichnen uns andern Völkern gegenüber mit dem vagen unbestimmten Ausdrucke „Volk, thiod, zum Volke gehörig". Aber zu welchem Volke? Ich bin ein Deutscher, spricht der Baier in München; ich bin ein Deutscher, spricht der Preuße in Berlin; aber laßt beide zusammenkommen, so nennt der Deutsche aus München den Deutschen aus Berlin einen Preußen und dieser fällt über den Baiern her, daß es dem Nichtdeutschen eine Lust ist, zuzusehen. Sie werden auch nicht eher eins, als wenn einmal ein Fremder über sie beide herfällt, ganz wie in jener glücklichen Ehe, wo Mann und Frau sich wacker prügelten, bis der Nachbar kam und, die Frau zu retten, über den Mann derfiel. Da machte aber die Frau schnell Frieden mit dem Manne und beide fielen über den Nachbar her; was mengt er sich auch in Ehesachen? Und wenn sich nun die Frau prügeln lassen will? Il y a des femmes qui aiment cela! sagt Cléopatre in dem bekannten Vaudeville. Aber wäre es auch nur des Anstands willen, um dem Fremden kein Schauspiel zu geben, die beiden Ehehälften sollten sich besser vertragen. Nun, wie es scheint, sind die Zeiten vorüber, wo die Geschichte mit einer „Völkergeißel" hinter den deutschen Stämmen stehen mußte, um sie zur Einigkeit zu bewegen. Furcht ist ein Erziehungsmittel für Kinder und die Deutschen sind ja mündig. Wo selbst ein Neutermich vergebens wirkt, da hat auch der Kaiser sein Recht verloren. Das Volk kann sich selbst leiten; es ist erwacht, weil Barbarossa schlief.

Die drei großen Sprachstämme, der germanische, slawische und romanische (neulateinische) zerfielen nun wieder unter sich in Schwestersprachen und Dialekte. Die Unterabtheilungen des Romanischen bezeichneten sich nach dem Worte der Bejahung; in Italien sagte man si für ja, in Südfrankreich oc (aus dem Lateinischen hoc, d. h. so ist's), in Nordfrankreich oil (aus dem Lateinischen hoc illud, d. h. so ist's damit). Darum nennt Dante Italien „das schöne Land, das Land des Lautes si", darum spricht man in Frankreich von der langue d'oc und der langue d'oil.

Während sich aber mit den Völkern die Sprachen trennten und das Lateinische seine Herrschaft verlor, blieb die lateinische Schrift noch in allgemeinem Gebrauche, soweit die lateinische Kirche herrschte, und wenn auch in geringerem Maße als die Sprache, so hat auch die Schrift ihre politisch-nationale Bedeutung. Sie verräth z. B. die Spaltung, die zwischen den beiden slawischen Völkern, den Russen und den Polen existirt. Die Ersteren gehören der griechischen Kirche an, sie haben sich daher ein eigenes Alphabet nach dem griechischen gebildet; die Polen sind römisch-katholisch, sie haben daher, obgleich ihre Sprache die Schwester der russischen ist, die lateinischen Schriftzeichen beibehalten. Oestlich die russischen Zeitungen in griechisch-russischen Lettern, westlich die deutschen in protestantisch-deutschen Lettern, zwischen beiden in lateinischer Schrift die Zeitungen des römisch-katholischen Polens, wer erkennte nicht sofort die schiefe Stellung dieses unglücklichen Volkes, das unter seine grimmigsten Feinde sich selbst zu zählen hat? Noch heute hängt es durch die Schrift mit der lateinischen Welt zusammen, über den deutschen Boden hinweg sucht es in Frankreich Schutz und Hilfe, und weil es der römischen Kirche treu geblieben ist, verweigert es der italienischen Revolution seinen Beistand, die doch nichts Anderes erstrebt als die polnische: Herstellung Eines Vaterlandes und Freiheit vom Fremdenjoch, die aber den Kirchenstaat mit diesem Ziele für unvereinbar hält. Dieselben Polen, die in der Verbannung „an den Wassern von Babylon" nach der Freiheit ihres Vaterlandes seufzen, sie habe sie in der Kirche de l'Assomption zu Paris für den römischen Stuhl gegen Garibaldi beten sehen, der ihn stürzen will, um den Königsstuhl Italiens an seine Stelle zu setzen*). Schneidender Widerspruch, zu welchem die Anhänglichkeit an die katholische Kirche diesen slawischen Volksstamm geführt hat; sie fluchen einem Metternich

---

*) Indem ich diese Thatsache berichte, kommt es mir natürlich nicht in den Sinn, den Polen, mit denen ich das Brot des Exils gebrochen habe, in ihrem Kampfe für die Wiedergewinnung ihrer nationalen Selbständigkeit entgegenzuwirken. Nur vor einer Gefahr will ich warnen, die durch den Bund der Freiheit mit dem Fanatismus dem Fortschritt überhaupt droht. Es handelt sich nicht um diese oder jene dogmatische Religion; ein Jeder hat das Recht, auf seine Façon selig zu werden (wie sich Friedrich der Große, der Philosoph von Sanssouci, ausdrückte), mag er zu Gott in schlechtem Französisch oder in schlechtem Lateinisch beten. Uebrigens ist das polnische Volk im Ganzen tolerant. Es handelt sich nur darum, daß es nicht zum Werkzeug priesterlicher Ränke werde. Der Differentenstreit und die Jesuitenumtriebe haben Polens Zerfall vorzüglich beschleunigt, wenn nicht herbeigeführt. Im Jahre 1832 rief Montalembert Frankreich zum Kampfe für Polen im Namen nicht der Freiheit überhaupt, sondern des ausschließlichen Katholizismus auf. Warum sollte priesterliche Herrschsucht diesen günstigen Boden nicht wieder benutzen, um ihren Hebel in Bewegung zu setzen? Der Jesuitenorden verliert sein Ziel nicht aus den Augen. Die liberale Presse Frankreichs hat diesen Punkt in der polnischen Sache nie beachtet, sonderbarer Weise hat sie dagegen für das vom anglikanischen Fanatismus erdrückte Irland niemals rechtes Mitleid gezeigt. Warum nicht? Weil dasselbe unbeschränkte Preßfreiheit habe. Was hilft ihm aber diese, wenn es tauben Ohren predigt? Doch diese Verwickelungen und theilweisen Widersprüche näher zu erörtern, ist hier der Ort nicht.   Eg.

und beten für einen Antonelli! Wie der römische Priester durch die Beichte den geistigen Bund der Ehe zwischen den Gatten stört, die einen Dritten, der aller Weihe und Heiligkeit ungeachtet doch immer ein Mensch mit menschlichen Schwächen bleibt, sich in ihre zartesten Geheimnisse theilen lassen müssen, so hat sich die römische Kirche auch stets in die eigensten Angelegenheiten der Nationen gemischt und deren freie Selbstbestimmung, ihre Unabhängigkeit gestört. Wir Deutschen haben das nur zu hart gebüßt, und die französischen Staatsoberhäupter, Könige wie Kaiser, wußten wohl, warum sie ihre Concordate schlossen; sie wollten Herr im Hause sein.

Wenn aber die westeuropäischen Nationen die lateinische Schrift beibehalten haben, so ist die Herrschaft der römischen Kirche nur in zweiter Linie der Grund davon, der Hauptgrund aber die altclassische römische Civilisation, der diese Nationen ihr historisches Leben verdanken. Was die deutsche Nation betrifft, so hat sie die lateinische Schrift so lange beibehalten, als sie der lateinisch redenden römischen Kirche treu blieb; als sie sich von dieser im sechszehnten Jahrhunderte trennte, wurden die heutigen Lettern die Vermittler der deutschen Civilisation zwischen Schriftsteller und Publikum. Mag immerhin diese Schrift nur eine verdorbene römische sein, in ihrer jetzigen Ausprägung ist sie doch von der letzteren gänzlich verschieden und hat einen völlig selbstständigen Charakter, und daß ihre Entstehung gerade in die Zeit der Erfindung der Druckerei, dieses mächtigen Werkzeugs der gleich darauf ausbrechenden Reformation, fällt, dies ist bedeutsam genug. Unsre Philologen der Grimm'schen Schule haben zwar die Rückkehr zur alten lateinischen Schrift vorgeschlagen und sind mit ihrem Beispiele vorangegangen; einzelne Buchhändler haben auch aus geschäftlichen Gründen ihren Verlag des leichtern Absatzes im Auslande wegen mit lateinischen Lettern drucken lassen, womit sie nur der Trägheit einen Dienst erweisen, denn der Ausländer, der Franzose wenigstens, lernt den deutschen Druck in wenig Stunden lesen. Aber alle diese Versuche sind umsonst, man führt keinen Strom zur Quelle zurück. Wenn eine Literatur, die dreihundert Jahre Bestandes zählt und Namen wie Lessing, Kant, Schiller, Göthe u.s.w. besitzt, einmal in eigenen Schriftzeichen aufgetreten ist, so sind dieselben ebenso unvergänglich als die Literatur selbst. Wollte man auch anfangen, die heute erscheinenden Werke in den früheren lateinischen Lettern zu drucken, so wäre das lesende Publikum doch gezwungen, die deutschen Schriftzeichen zu kennen, um die bisher gedruckten Werke zu lesen; an Mühe wäre also nichts erspart. Und sodann ist die Gewohnheit eine andere Natur; so sehr es dem Auge und dem Gefühle widerstrebt, Béranger in deutschen Lettern gedruckt zu sehen, so verwirrend wäre es für uns, ein Göthe'sches Lied in lateinischem Druck zu lesen. Sprache und Schrift sind zu innig mit einander verwachsen.

Das älteste Denkmal der romanischen Sprache ist bekanntlich der Schwur, den Ludwig der Deutsche seinem Bruder Karl dem Kahlen im März 842 zu Straßburg leistete, worauf das Heer des Letzteren ebenfalls in romanischer Sprache dem deutschen Fürsten antwortete. Alle Welt kennt ihn, nur Folgendes will ich dabei bemerken. Während die deutsche Schriftliteratur mit einer Bibelübersetzung, der des Ulfilas, beginnt, ist das erste Denkmal der französischen Sprache ein **politisches** Document. Nichts ist bedeutsamer für den Charakter beider Völker und ihrer Literaturen. Der Umstand allein, daß es eine Uebersetzung ist, womit das deutsche Schriftwesen eröffnet wird, kündigt die Universalität des deutschen Geistes an, der sich die literarischen Schätze aller Völker und Zeiten aneignet: daß es aber die Bibel ist, die er zuerst übersetzt, läßt uns die philosophisch-religiöse Richtung seiner Thätigkeit ahnen. Selbst als sich der deutsche Genius im sechzehnten Jahrhundert verjüngt, um eine neue äußere reichere Literatur zu erzeugen, beginnt er durch Luther wieder mit einer Bibelübersetzung, denn seine geschichtliche Aufgabe ist, das Welträthsel zu lösen, nur er vermochte die Mythe vom Faust zu schaffen. Der französische Geist dagegen ist verständig realistisch, auf das Nahe und Faßbare gerichtet; die ersten Worte, mit denen er sich auf die Tafeln der Geschichte einschreibt, sind politische, sie künden an, daß er den modernen Staat gründen wird. Selbst aus der Reformation macht er einen politischen Streit, aber in französischer Sprache auch proclamirt er die Menschenrechte.

2. Das französische Epos.

Die Franzosen haben es Jahrhunderte lang nicht gewußt, daß sie einmal ein Epos besessen haben, ganz wie sie heutzutage sich kaum mehr entsinnen können, daß es einmal Wälder bei ihnen zu Lande gab; denn der Wald von Fontainebleau ist kein Wald, sondern ein großartiger Park. Der Wald von Bondy ist von der Erde verschwunden, sein Gedächtniß lebt nur noch in der deutschen Bühnenliteratur, denn unvergessen wird es bleiben, daß 1816 der Hund des im Walde von Bondy ermordeten Ritters Aubry die königliche Bühne zu Berlin betrat und bald darauf Göthen von dem Weimarer Theater jagte, denn

> Dem Hundestall soll nie die Bühne gleichen,
> Und kommt der Pudel, muß der Dichter weichen.

Nun, Göthe hatte, was er verdiente, der Hund rächte nur sein Geschlecht an ihm; warum hatte der Olympier auch den Teufel in die Züge des treuen Begleiters der Menschen gekleidet? warum läßt er seinen Faust sagen: Knurre nicht, Pudel? Die Nemesis bleibt nie aus. Auch die Ausrottung der Wälder rächt sie in Frankreich, ihr hat das Land die zahlreichen Ueberschwemmungen zu verdanken, die namentlich das Loiregebiet verwüsten. Der Vergleich der epischen Poesie mit den Wäldern ist völlig gerecht, in Beiden weht der Hauch der frischen naiven Poesie. Und die Franzosen gingen noch weiter; sie rotteten die Wälder nicht nur aus, sie verspotteten sie auch als Reste der urceltischen Barbarei; Artischocken und Blumenkohl wollte man da ziehen, wo die Druiden in der Nacht heiliger Eichenwälder die geheimnißvolle Mistel pflückten. Ich sprach einmal zu einer Schriftstellerin von der Herrlichkeit der deutschen Wälder und erwähnte dabei die Aussicht von der Wartburg, wo man bis zum fernen Horizont ein ganzes Meer von grünem Laub überblickt, ein Anblick, der wie geschaffen war zur Verjüngung der deutschen Sprache und Poesie in Luther's Bibelwerke zu begeistern. „Votre pays n'est donc pas encore tout à fait civilisé?" meinte die Dichterin. „„Im Gegentheil, erwiderte ich, weil es civilisirt ist, pflegt mein Vaterland die Wälder, denn diese Wälder schützen seine Ernten.""" Das war im Grunde dasselbe Vorurtheil, von welchem aus der civilisirte Boileau mit Verachtung auf l'art confus des vieux romanciers dans ces temps grossiers herabsah (Art poét. I, 117 etc.) und ein Epos blos um des barbarischen Namens Childebrand willen (Art p. III, 242) lächerlich fand; diesen eleganten Schriftstellern des classischen Jahrhunderts galt nur die griechisch-römische Poesie für Poesie. Gegenwärtig übersetzen die französischen Literarhistoriker das alte Bruchstück der germanischen Sage von Hildebrand und Hadubrand; der französische Geschmack ist natürlicher geworden in der Pflege der Kunst wie der der Natur. Die Gartenzeichnung eines Lenôtre, die der Dichtkunst Boileau's entsprach, ist von den englischen Anlagen verdrängt. Und es ist bezeichnend und rechtfertigt die angestellte Parallele, daß man zu gleicher Zeit in Frankreich an die Wiederanpflanzung der Wälder denkt und die Sammlung der alten Gedichte der Trouvères unternimmt, die auf Staatskosten herausgegeben werden. Denn was in Deutschland, wo nach germanischer Weise die Individualität in freier Kraft fortwuchert, durch einzelne Gelehrte (Grimm, Lachmann und zahllose Andere) vollbracht worden ist, das muß in dem romanischen Frankreich der Staat übernehmen. Uebrigens hat das Beispiel Deutschlands hier den Anstoß gegeben; auch die Sammlung der alten Volkslieder Frankreichs ist nach Firmenich's Vorgang auf kaiserlichen Anlaß angeordnet worden.

Was von Paris aus für die französische Poesie des Mittelalters geschieht, das thut in der celtischen Bretagne Herr de la Villemarqué. Auch der Wald von Broceliande um Ploërmel, in welchem das Grab des Zauberers Merlin lag, ist verschwunden und fast zur Mythe geworden, wie Merlin selbst. Aber die alten Lieder, die von ihm singen und sagen, werden von dem genannten Gelehrten wieder zu Tage gefördert. Merlin selbst, glaube ich, ist wieder erwacht; denn als ich über die Stätte wanderte, wo einst der Wald gestanden haben soll und wo verfallene Keltengräber, die in dem geheimnißvollen Schweigen einsamer Felder zerstreut liegen, von sagenhaften verschollenen Zeiten träumten, da war es gewiß Merlin's Geist, der mich in der Wildniß irre führte und mich mit nächtlichem Spuke neckte, bis ich erst spät in der Nacht die Glocken des Städtchens Malestroit vernahm. So möge sie noch einmal an uns vorüberziehen, die schauerreiche poetische Herrlichkeit des Mittelalters, doch nur in möglichst kurzen Zügen, denn da die französischen Sagenkreise auch in die deutsche Literatur übergegangen sind, so ist sie dem deutschen Leser schon bekannt.

Es ist die große Frage, ob die epische Poesie der lyrischen vorangegangen ist. Der Mensch empfindet erst, ehe er handelt, und er wird auch zu allen Zeiten für seine Gefühle einen poetischen Ausdruck gefunden haben. Bei den Griechen wenigstens ging die religiöse Lyrik den Epopöen voraus. Orpheus sang vor Homer. Da aber die Lyrik einer gesteigerten Empfindungskraft (Sentimentalität) bedarf, welche dem ursprünglichen Menschen nicht eigen ist, so ist sie in den Anfängen einer Literatur immer der epischen Poesie untergeordnet. Letztere füllt natürlicher Weise vorzüglich die heroischen Zeitalter aus, welche ihren Thatendurst durch Thatengesang nähren; was von Liedern voran- oder nebenher geht, ist so einfach und unvollkommen, daß es sich mit der Zeit verliert. Keins der alten germanischen Schlacht- und Trinklieder ist uns aufbewahrt; die Sprache war noch zu roh, um eine bei der Lyrik wesentliche künstlerische Form zu gestatten, die das Lied der Aufbewahrung werth gemacht hätte; nur das Stoffliche, die Erzählung prägte sich dem Gedächtniß ein. Die französische Literatur bestätigt dies gerade. Der gebildete Süden war vorzugsweise lyrisch, der Norden dagegen, der sich noch im Thatendrange tummelte und noch nicht zu einer gesättigten ruhigen Bildung gelangt war, schuf die großen Epopöen. Wie Gervinus in der deutschen Literatur, fangen wir denn auch in der französischen mit dem Epos an. Die ersten fahrenden Dichter und Sänger nannte man Jongleurs (von dem Lateinischen Joculatores, Spaßmacher), im Norden (Normandie und England) auch Minstrels, weil sie im Dienste (ministerium) eines Großen standen. Als später die Gelehrten (les clercs) unter dem Namen Trouvères, d. h. Erfinder, Dichter, sich mit der Abfassung von Epen beschäftigten, ließen sie sich von den Jongleurs begleiten, jene lieferten das Gedicht, diese den Gesang oder die musikalische Begleitung dazu. Aber in ihrem Gelehrtenstolze sonderten sich die Trouvères bald von den Jongleurs ab und nach und nach ward letzterer Name gleichbedeutend mit Possenreißer, sowie aus Minstrel das Wort ménétrier, d. h. Bierfiedler, ward.

Drei Sagenkreise kannte das mittelalterliche Epos in Frankreich, von wo sie nach Deutschland verpflanzt wurden: den karolingischen, den bretonischen und griechischen (auch die Aeneide geht von Troja aus), der sich in der Alexandersage gipfelte.

Der karolingische Sagenkreis.

Es war eine traurige Zeit für Deutschland, da ein fremder Held, ein Ausländer, „Prinz Eugen der edle Ritter" als ein nationaler Held gefeiert wurde. Etwas Aehnliches ereignete sich im Mittelalter in Frankreich; das eingeborne Volk eignete sich den Fremdling, den Eroberer durch die Poesie wie einen Nationalhelden an, und die Deutschen empfingen die Epen, die einen deutschen Heroen verherrlichten, aus dem Auslande. Dies sonderbare Spiel der Literatur erklärt sich indessen sehr natürlich aus der Geschichte. Wie Karl der Große zum Franzosen ward, sahen wir schon in der Einleitung. Während sich aber die Franken auf dem gallischen Boden romanisirten, fiel nach dem Aussterben der Karolinger in Deutschland 918 die politische Gewalt an das Herzogthum Sachsen, dessen Bewohner in dreißigjährigem Kampfe gegen den katholischen Karl den Großen ihr volksthümliches Heidenthum vertheidigt hatten, das im sechzehnten Jahrhunderte durch Luther abermals das Germanenthum gegen Rom, wie schon früher durch Armin, schützte und wo überhaupt der Kern des deutschen Volksthums ungeschwächt und unvermischt fortlebt. Karl der Große ward vergessen oder galt wohl gar als Feind, dessen Kriege den Stammhaß zwischen Franken und Sachsen angefacht hatten. Statt seiner ward der alte Dietrich von Bern der Mittelpunkt der deutschen Heldendichtung, die aber bei der Pflege der classischen Studien unter den Ottonen sich der lateinischen Sprache bediente. Weckte doch so Manches damals die Erinnerung an die germanische Völkerwanderung wieder auf: der Einfall der Hunnen (Ungarn) und die Wiederherstellung des burgundischen Königreiches. Während nun der französische Genius die Karlssage schuf, entfremdete die Politik die deutsche Nation der französischen. Die Ottonen kriegten mit dem noch karolingischen Frankreich um Lothringen und zur Bestätigung, daß die deutsche Nation die politische Erbin Roms war, erneuerte Otto I. 962 das Kaiserthum in der Errichtung des „heiligen römischen Reichs deutscher Nation" (heilig als dem früheren heidnischen entgegengesetzt). Trotz des Hasses gegen den sächsischen Stamm mußten auch die fränkischen Kaiser, die auf die sächsischen folgten, den Grundsatz der Oberhoheit des deutschen Reiches vertheidigen. Sie vereinigten mit demselben das Königreich von Arles (Burgund), während ihre Todfeinde, die Päpste, sich gegen sie auf Frankreich stützten. Die Päpste Urban II. und Paschal II., welche den Bann gegen Heinrich IV. erneuern, waren in Clugny gebildet; von Frankreich geht der Kreuzzug aus, der das Ansehen der Päpste gegenüber dem der Kaiser hebt; französischen Kreuzfahrern verdankt Papst

Urban II. die Herrschaft in Rom; ein französisches Concil, das zu Vienne 1112, spricht den Bannfluch über Kaiser Heinrich V. aus. Erst als Franken und Sachsen zusammen vor dem schwäbischen Geschlechte der Hohenstaufen zurückweichen, als die Begeisterung für die Kreuzzüge auch in Deutschland in die Herzen gedrungen ist, neue Interessen und neue Ideen die Welt bewegen, erst dann nimmt die deutsche Dichtkunst in dem Pfaffen Konrad (1173—77) die schon lange fertige Sage von Karl dem Großen auf; denn jetzt, wo seine und seines Stammes feindliche Stellung vergessen ist, erscheint er in dem Nimbus eines Gottesstreiters, eines Kämpfers für Christenthum gegen Heiden und Sarazenen. Während die Deutschen aber letztere erst in den Kreuzzügen kennen lernten, waren die Franken in Gallien, die sich zu Franzosen umbildeten, schon seit drei Jahrhunderten in stetem Kampfe mit denselben; kein Wunder daher, daß sie diesen Stoff poetisch behandelten und ausgearbeitet den Nachbarn überlieferten. So wurden die Franzosen schon vom Mittelalter an die Vorbilder für die deutsche Poesie, während dieselbe keine Einwirkung auf die französische hatte. Was hätten auch die Franzosen jener Zeit Deutschland entlehnen können? Die alten nationalen Sagen, die uns heutzutage so großartig erscheinen, erschienen dem zwölften Jahrhundert gänzlich inhaltsleer und traten in Deutschland selbst vor den französischen Epopöen zurück, die dem Geiste der Zeit mit seinem christlich-ritterlichen Drange entsprachen. Und waren die Deutschen in Bezug auf die Lyrik, im Minnegesang, selbständig, gingen sie den Franzosen darin vielleicht sogar voraus, so waren letztere wenigstens im Süden zu reich an eigenem Sang, um fremden Liedern zu lauschen. So darf man denn behaupten, daß die Franzosen auch für die mittelalterliche Poesie die Initiative ergriffen haben, insofern die drei Hauptelemente dieser Poesie im Kampfe gegen die Ungläubigen, Ritterthum und Minnedienst bestehen; die französische Nation trat eben mit dem Mittelalter zugleich in die Welt, ward mit ihm geboren. Die deutsche Poesie ragt freilich weiter hinaus bis zur Völkerwanderung, die zwischen dem classischen Alterthum und dem Mittelalter sich bewegt, sie ist an sich älter als die französische und ragt, wenn wir sie mit der germanischen überhaupt zusammenfassen, in der scandinavischen Mythologie bis zu Zoroaster's Zeiten hinauf; sie umfaßt überhaupt die Welt. In diesem allumfassenden Charakter liegt die Stärke und die Schwäche des ganzen deutschen Wesens. Der Franzose dagegen weiß sich zu beschränken, und das muß ein Jeder, der praktisch sein will. Indem ich also für die Franzosen die Initiative in der mittelalterlichen Poesie beanspruche, schmälere ich keineswegs die Größe der deutschen Dichtkunst; wie selbst in dieser Beziehung das germanische Element noch eingegriffen hat, werde ich sogleich andeuten. Und gaben die Franzosen den Anstoß zu der mittelalterlichen Poesie, war die ihre schon christlich-ritterlich, während die deutsche fast noch heidnisch-reckenhaft war, so umfaßten sie in ihren Dichtungen darum doch nicht das ganze Mittelalter. Einem Italiener war es vorbehalten, den Schlußstein zum Tempel des mittelalterlichen Gesanges zu fügen. Denn was waren die beiden Hauptträger mittelalterlichen Wesens, wenn nicht Papst und Kaiser, deren Kampf sich durch Dante's göttliche Komödie zieht? Das römische Kaiserthum wäre nicht wieder erweckt worden, wenn es den Völkern nicht als die Spitze irdischer Hoheit erschienen wäre; Kaiserthum und Papstthum sind die beiden Pole des Mittelalters, es ist der Gegensatz von Staat und Kirche, von weltlicher und geistlicher Herrschaft, von Himmel und Erde, von Diesseits und Jenseits. Sobald sie sich im Kampfe erschöpft haben, der sie allein lebendig erhielt, bricht auch mit ihnen das Mittelalter in der Reformation zusammen, bis die französische Revolution endlich auch die Scheinthrone der mittelalterlichen Mächte umstößt. Um daher vollständig zu sein: in drei großen Schöpfungen liegt das Mittelalter künstlerisch beschlossen, in dem Nibelungenliede, der Karlssage und der göttlichen Komödie.

Man kann die Entstehung der Karlssage bis in die Zeit Ludwigs des Frommen verfolgen, wie die Quellen eines mächtigen Stromes, die man auf wilden Gebirgshöhen unter Moos und Sand rieseln hört, ohne sie zu sehen. Doch ehe die mittelalterliche Poesie den freien Flug zum Himmel nehmen konnte, mußte die Welt sich erst von einer furchtbaren Gefahr befreit sehen, von der Gefahr des Unterganges. Man glaubte nämlich allgemein nach dem Vorgange früherer Chiliasten, mit dem Jahre 1000 würde das jüngste Gericht einbrechen, und ein entsetzlicher Schrecken überfiel die mit Otto III. in Rom befindlichen Teutschen, als damals gerade eine Sonnenfinsterniß stattfand. Als aber die Glocken die letzte Stunde des tausendsten Jahres geschlagen hatten, als die Gräber nicht zu kreisen begannen, als keine Posaune des Gerichts in die von tödlichem Entsetzen schauernde Welt tönte, Alles stumm blieb, und nun — o der unsagbaren Wonne! — die Sonne des neuen Jahres tröstlich lächelnd und mild wie immer über die Erde emporstieg; da ging es wie Frühlingsschauer durch die vom Tod errettete Welt und die angstbeklommene Menschheit athmete hoch auf aus wieder freier Brust. Von welcher Begeisterung und Lebensfreude damals Alles ergriffen war, dafür zeugt nichts sprechender als die unzählige Menge von Kirchen, welche die dankende Christenheit nach jenem gefährdeten Jahre dem gnädigen Gott erbaute. In diesem Jahre 1000 trat auch die slawische Welt zum ersten Male dem katholischen Westen in helleres Licht, indem zahlreiche Pilgerschaaren nach Adalberts des Heiligen Grabe in Gnesen wallfahrteten. Und in derselben Zeit erklärt sich der Papst zum pontifex non urbis, sed orbis, zum Herrn nicht nur der Stadt Rom, sondern der ganzen römischen Welt. Die Elemente des Mittelalters sind jetzt vollständig zusammen.

Kein anderer Held aber hatte eine so dauernde Erinnerung, einen so starken Eindruck in den Herzen der Menschen zurückgelassen, als Kaiser Karl der Große. Seine Gestalt wuchs umsomehr, je kleiner seine Nachfolger waren; je elender und nächtiger die Zeiten nach ihm, um so heller ward die Aureole, die um sein Haupt flammte. Er ward zur Mythe, der Agamemnon jener Iliaden, deren Achilles Roland hieß. Ein Dichter der neuen Zeit würde ihn allerdings anders aufgefaßt haben, als ihn die Epen jener Zeit darstellen: denn Karl ist ein epischer Stoff nur als geschichtlicher Held, ihm fehlt das tragische Ende Agamemnon's oder Alexander's des Großen, er ist mehr Staatsmann denn Eroberer, größer als Ordner denn als Zerstörer, und sein Werk selbst wird gekrönt, als ihn der Papst zum römischen Kaiser krönt. Dies ist der Höhepunkt in Karls des Großen Leben. Davon aber sagt die epische Dichtung nichts. Von allen geschichtlichen Thaten Karl's ist nur sein Kampf gegen die Sarazenen in die Poesie übergegangen; dies war im eigentlichen Frankreich, wo im Süden die Erinnerung an die Sarazeneneinfälle noch immer durch die Erzählung und selbst Baudenkmäler (cheminées de Sarrasins etc.) wach erhalten wird, das wichtigste Moment aus Karls Leben. Sind es darum Geistliche, die diese Poesie schufen? Wohl nicht. Der erste bekannte Dichter, der diese Sagen schriftlich abgefaßt hat, ist der normännische Trouvère Turold im eilften Jahrhundert. Der Genius der Zeit trieb dazu, wie er zu den Kreuzzügen trieb; diesen gingen jene Sagen voran, sie dienten wohl gar dazu, die Begeisterung dafür zu schüren, die dann wieder auf den Geschmack an diesen Sagen, auf ihre schriftliche Abfassung und Ausbildung zurückwirkte.

Es wird den Leser interessiren, ein Muster der französischen Sprache kennen zu lernen, in welcher das älteste bekannte schriftliche Epos, das genannte Rolandslied von Turold, abgefaßt ist; ich entlehne es aus Temogeot mit der neufranzösischen Uebersetzung, um die Wortbildung verständlicher zu machen.

> Ço sent Rollans la veue ad perdue;
> Met sei sur piex, quanqu'il poet s'esvertuet;
> En sun visage sa colour ad perdue.
> De devant lui ot une perre brune
> X colps i fiert par doel e par rancune;
> Cruist li acers, ne freint ne s'esguiguet;
> E dist li quens: „Sancte Marie, aiue!
> E, Durendal bone, si mare fustes!'
> Quando jo n'ai prod de vos n'en ai mesture!
> Tantes batailles en camp en ai vencues,
> E tantes teres larges escumbatues
> Que Charles tient, Ki la barbe ad canue!
> Ne vos ait hume Ki par altre fciet!

Mult bon vassal vos ad lung tens tenue:
Jamais n'ert tel en France la solue."

Neufranzösisch:

Roland sent qu'il a perdu la vue;
Se lève sur ses pieds, tant qu'il peut s'évertue;
En son visage sa couleur a perdue.
Devant lui se dressait une pierre brune:
De dépit et fâcherie il y détache dix coups.
L'acier grince (cruist, d. h. kreischt), sans rompre ni s'ébrécher.
„Ah! dit le comte, sainte Marie, aidez-moi!
Eh! bonne Durandal, je plains votre malheur;
Vous m'êtes inutile à cette heure; indifférent jamais.
J'ai par vous gagné tant de batailles,
Tant de pays, tant de terres conquises,
Qu'aujourd'hui possède Charles à la barbe chenue!
Jamais homme ne soit votre maître à qui un autre homme fait peur.
Longtemps vous fûtes aux mains d'un capitaine,
Dont jamais le pareil ne sera vu en France, pays libre!

Wir nannten Roland den Achill dieser Sagen; auch der Hektor fehlt ihnen nicht, obgleich die französischen Epen ihn nicht feiern. Es ist Bernard del Carpio, der Held des spanischen Patriotismus, der den Einfall der Armee Karl's des Großen zurückwirft und dessen Thaten den Stoff zu einem Gegencyclus lieferten. Ein französischer Gelehrter geht soweit, die spanische Literatur selbst zur Vasallin der französischen zu machen. Herr Damas-Hinard (Le Poème du Cid, texte espagnol, avec traduction française etc., par Damas-Hinard, Paris chez Perrotin 1860) behauptet, die spanische Nation habe sich unter Frankreichs Einfluß gebildet. Der Cid, der Garibaldi seiner Zeit, der wie dieser Sicilien für Victor Emanuel, so Valence auf seine Gefahr für seinen König eroberte, ist bekanntlich in zwei Epen besungen, in der cronica rimada und dem eigentlichen poëma del Cid. Die erstere handelt von den Jugendjahren des Helden, ist voller Legenden und erwähnt das Ritterthum, von welchem im poëma keine Rede ist. Aus diesem Grunde ist das letztere nach Herrn Damas-Hinard älter; wie die französischen Rolandslieder ist es in einreimigen und zwar männlich reimenden Strophen geschrieben; die Verse haben zehn, meistens aber zwölf Sylben; das Gedicht handelt übrigens nur von den letzten Jahren des Cid. Nun stand zwar Spanien seit Karl's des Großen Feldzuge in steter Verbindung mit Frankreich, das Catalonische gehörte zur Sprache Oc; aber darum die Anfänge der spanischen Poesie der französischen Literatur vindiciren zu wollen, heißt doch zu weit gehen. Es genügt, daß Frankreich seine epische Poesie gehabt hat, und es hat sie gehabt.

Ich sehe mich hier zu einem Widerrufe genöthigt. Bei einer Darstellung der deutschen Bearbeitungen der Arthussage schrieb ich in der

Revue des Provinces de l'Ouest, redigirt von Herrn Armand Guéraud in Nantes (März 1857): „Es ist unbestreitbar, daß das eigentliche Frankreich keine oder fast keine epische Poesie hat. Warum? weil das französische Volk niemals Jüngling gewesen ist, niemals ein heroisches Zeitalter gehabt hat; es trat in die Welt als ein junger Mann ein, der schon reif zur Heirath mit Frau Geschichte war. Auch haben die Ereignisse, die für dies Volk ein heroisches Zeitalter hätten bezeichnen können und für welche die Franzosen die Initiative ergriffen haben, die Kreuzzüge nämlich, kein poetisches Denkmal in der französischen Literatur zurückgelassen, wie der trojanische Krieg die Iliade und die Völkerwanderung das Nibelungenlied hervorgebracht hat. Im Gegentheil, mit den Kreuzzügen wird in Frankreich die Geschichte geboren: Joinville ist der französische Herodot, dem kein Homer vorausgegangen ist. Die Geschichte aber, als Wissenschaft, ist bei dem Volke, das sie schafft, immer ein Zeichen von Reife." Ich hatte Unrecht; die Sage von Roland ist eine Schöpfung des französischen Genius, französische Erfindung ist jenes Volksbuch von Octavian und Florens, das wir Alle aus der Kindheit her kennen, französisch sind die Haimonskinder, die Ariost entlehnt hat, französisch Hüon von Bordeaux u. s. w.

Indessen mag das germanische Genie nicht ohne Einfluß darauf gewesen sein; es scheint, als wären die Normannen die Schöpfer der Sage von Roland und dieser selbst, wie sein Name anzudeuten scheint, ein Normaunne (Rollo, Rollon, Rolland), vielleicht der Herzog Rollo, der im Andenken seines Volkes zu einem Helden der Sage ward. Daß ein normännischer Trouvère die erste schriftliche Abfassung dieses Liedes gegeben hat, sahen wir schon. Und wer kennt nicht den normännischen Sänger Taillefer aus Uhland's schönem Gedichte? Denn im Norden, wo das germanische Blut und Element am stärksten vertreten war, entstand diese epische Poesie; das übrige Frankreich, der Süden namentlich, schuf sie nicht, wenn wir nicht statt der Ardennen die Auvergne als muthmaßliche Quelle der Haimonssage ansehen müssen. Aber selbst diese, wie Hüon von Bordeaux, hat Vasallen zu Helden und dieselben waren doch wohl zum größten Theil Franken; denn gleichzeitig werden ja auch Doolin von Mainz und Ogier der Däne besungen. Insofern dürfen wir daher unsere Ansicht von dem epischen Genie Frankreichs beschränken und doch wohl auf die Thatsache hinweisen, daß die Kreuzzüge, die erste heroische That der eigentlichen französischen Nation, d. h. in welcher die verschiedenen Bildungselemente zu etwas Neuem und Selbständigem verschmolzen waren, als vorzüglichstes Werk kein Epos, sondern eine Geschichte hervorgebracht haben.

Eine andere Bemerkung kommt uns zu Hilfe. Allerdings ward Frankreich vor Deutschland, welches das heidnische Epos schuf, selbstverständlich vor England und selbst vor dem Vaterlande des Cid die Wiege der romantischen Poesie, aus dem geschichtlichen (d. h. nicht innerlichen) Grunde, weil es lange vor Deutschland (wo das Heidenthum noch lange, selbst nach der Bekehrung, fortwucherte) christlich war und einen harten Kampf mit den Muselmannen zu bestehen hatte, ohne darum wie Spanien in seiner inneren Entwickelung aufgehalten zu werden. Warum war es denn aber später, als es im ungetrübten Vollgenuß seines Wesens war, dem Romanticismus so abhold? warum kam ihm der Geschmack an der romantischen Poesie erst vom Auslande zurück? Frage um Frage. Liegt nicht vielleicht in der späteren Abgeneigtheit gegen diese Poesie ein psychologischer Beweis dafür, daß der Romanticismus dem französischen Genius nicht eingeboren ist, nicht in seiner Natur liegt, kurz, daß der damals noch lebendige germanische Genius die mittelalterliche Epik vor den Kreuzzügen, wenn auch in romanischer Zunge, geschaffen hat? Ein ausgezeichneter Kritiker der Gegenwart, Herr Taine, erklärt uns, was wirklich französische Poesie ist, insofern das Grundelement der französischen Nation doch immer das Celtenthum ist; es sind dies die Schwänke Lafontaine's. Und nicht die Paladine Karls des Großen sind die nationalen Helden der französischen Literatur, sondern die lustigen Gevattern der Fabliaur. Die Paladine sind ja Franken, folglich eingedrungene Ausländer, diese manants und vilains aber sind die eingebornen Gallier, die 1789 das feudale Joch abschütteln. Auch nicht die Normandie ist die Heimath der französischen Poesie (nach Herrn Taine), sondern die Champagne, wo Alles so terre à terre, so platt und flach ist, wie das Land selbst, die Champagne, in der ja auch Lafontaine geboren ist. Es ist gewiß etwas Wahres daran, sonst hätte ein so scharfsinniger Kopf wie Taine dies nicht zu behaupten gewagt, und ist z. B. die Champagne nicht das Vaterland des Champagners, der so heiter und flüchtig perlt und sprudelt, als wäre es flüssiger esprit français? Allein streng betrachtet ist dieser Satz zu einseitig, und ich, der Fremdling im Lande, nehme Frankreich gegen den Franzosen in Schutz. Mag auch immer der Grundcharakter gallisch sein, die französische Nation ist aus der Mischung mehrerer Elemente hervorgegangen und hat auch deren verschiedene Anlagen geerbt. Die Champagne ist nicht nur die Heimath des launigen Lafontaine, sondern auch des romantischen Chrétien de Troyes. Aber ebenso einseitig wäre es, die epische Kraft der französischen Muse zu übertreiben; ich will gerecht sein, nicht mehr und nicht minder. Der romantische Zug ist germanischen Ursprungs, und da die vorwiegenden Grundstoffe im französischen Charakter das Gallische und Römische sind, so tritt vor ihnen von der Renaissance an die romantische Poesie allerdings in den Hintergrund. Als Huon von den Franzosen längst vergessen war, ließ ein Deutscher, Wieland, sein Elfenhorn wieder durch den Wald der Romantik schmettern und den Zauberklängen, mit denen es durch Weber's „Oberon" tönt, lauscht nun die gebildete Welt aller Völker.

Eine echt französische Schöpfung aber in diesem Sagenkreise ist der Erzbischof Turpin; da ist echt gallische Laune und Ironie, fast wie ein Hauch von Voltaire's Geiste. Man vergleiche aus dem Nibelungenliede den Bischof Pilgrin von Passau, der auch eine historische Person war, wie der Erzbischof von Rheims, Karls des Großen Zeitgenosse; dem deutschen Dichter fällt es nicht ein, den Priester zu einer komischen Figur zu machen.

Was diesen Sagenkreis neben den anderen gleichzeitigen kennzeichnet, ist außer der religiösen Begeisterung ihr feudaler Charakter, d. h. die Verherrlichung des Vasallenstolzes und Vasallentrotzes. Die Haimonskinder sowie Hüon von Bordeaux sind Lehnsleute, die sich gegen den Kaiser empören. Karl der Große ist dann nicht mehr der Held, den die Geschichte rühmt, sondern der Oberlehnsherr überhaupt, nicht eine Person, sondern ein Symbol. Es mag darauf das Bild eingewirkt haben, das die letzten Karolinger, die wie die Merowinger mit Ludwig V. als rois fainéants endigten, in der Erinnerung zurückgelassen hatten. Wie diese von den Burgherren und Vasallen verachtet worden waren, so wurde nun Karl selbst, der Kaiser und Oberlehnsherr par excellence, kleinlich und geringschätzig dargestellt; er büßte umgekehrt, statt der Sünden seiner Väter, die Sünden seiner Enkel.

Dagegen spielen die **Frauen** bisher noch keine oder nur eine geringe Rolle; ebenso fehlt dem Karlszyklus das Element der **Ritterlichkeit**. Das Ritterwesen, das wie alles Mittelalterliche jener Epoche im Germanenthume keimte, aber gleichzeitig überall reifte, war der Duft jener Gesellschaft; Minne, Ehre und Glauben sind die drei großen Triebfedern, die es beseelten. Frauen und Ritter erscheinen nun in der

Arthursage.

Was wir in dem Kapitel von der Bretagne schon angedeutet hatten, wollen wir hier etwas umständlicher entwickeln. Der Held dieses Sagenkreises, Arthur, war ein kleiner Häuptling der Bretonen in Wales, der um 510 n. Chr. gegen die eingedrungenen Sachsen kämpfte, die Hauptfeinde der Celten, weshalb sie noch heute für die Eroberer statt des Wortes Engländer nur die Bezeichnung „Sachsen" haben. Er war, ohne idealen Charakter, der letzte Heros einer unterliegenden Nationalität und wurde daher von den bretonischen Barden mit Vorliebe gefeiert. Damals flohen viele Bretonen vor den Sachsen nach der französischen Bretagne (Armorika), sowie viele Irländer aus Religionseifer als Apostel nach dem Festlande übersetzten. Diese Einwanderer brachten ihre celtische Bildung und namentlich ihre Lieder von König Arthur mit. Bald wuchs dessen Gestalt in der Einbildungskraft zu mythischer Größe, aber noch ohne die phantastische Ausschmückung der Trouvères. In den alten celtischen Bearbeitungen dieses Stoffes, die uns Herr de la Villemarqué kennen gelehrt hat, ist von der Tafelrunde noch keine Spur. Ein Priester von Oxford brachte von einer Reise nach der festländischen Bretagne eine solche „Königschronik" nach England mit, die Gottfried von Monmouth um 1140 in's Lateinische übersetzte. Daraus schöpfte (1155) ein Geistlicher von Caen, geboren auf Jersey, also wieder ein Normanne, Meister Wace, den Stoff zu seiner Chronik der bretonischen Könige in achtsylbigen Versen, worin Arthur als Typus aller ritterlichen Heldenhaftigkeit mit der Tafelrunde erscheint.

Aber auch nur durch französische Hände konnte dieser Stoff seine elegante, bis zur Geziertheit zierliche Form erhalten. Die Sitten der Bretonen in Wales und Bretagne hatten noch nicht die Geleckheit der romanischen Nationen; welcher Unterschied besteht selbst noch zwischen den heutigen Bretonen und den Franzosen; hier eine raffinirte Geselligkeit, dort alle Einfalt naiver Herzlichkeit. Die ritterliche Schwärmerei und Liebesromantik, die von den französischen Trouvères dem Arthurcyclus eingehaucht wurde, war den Bretonen jener Epoche unbekannt. Noch im Anfange des zwölften Jahrhunderts hatte der celtische Barde Laour in Wales die Sage von Iwain (bei den Celten Owen genannt) nach alten Liedern wiedererzählt; um 1160 behandelte Chrétien von Troyes denselben Stoff in Versen, aber mit solcher Ausschmückung und Verfeinerung, daß der Abstand zwischen den Sittenzuständen beider Völker und Epochen deutlich hervortritt.

Wie die Normannen zuerst die poetischen Stoffe der Bretonen verfeinerten, so erhielten die Letztern auch ihre kirchliche Baukunst aus der Normandie. Es ist dies im Grunde nichts als der elegante secundäre Spitzbogenstyl, an dessen Schöpfungen die Normandie so reich ist und der von hier aus längs der Meeresküste im Norden nach der Bretagne hinübergewandert ist. Aber so wie er sich in dieser ausgebildet hat, besteht eine wunderbare Analogie zwischen seinen Denkmalen und den französischen Bearbeitungen der Arthursage; man findet in beiden dasselbe Gemisch von Koketterie und Anmuth, hier und da bis zu Launenhaftigkeit und geschwätziger Fülle übertrieben, dieselbe abenteuerliche Keckheit, die sich in der Poesie mit Parcival und in der Architektur mit der Kirche Kreizker zum kühnsten Schwunge schwärmerischer Mystik erhebt.

Auf einer Wanderung durch die Bretagne habe ich die Entwickelung des bretonischen Sagenkreises von den einfachen celtischen Originalen an bis zur Kunstpoesie der Trouvères sozusagen mit den Füßen durchmessen. Westlich von dem wilden Felsengestade des Finistère, unter Klippen verloren, deren schwarze Massen schauerlich aus der schäumenden Fluth aufragen, liegt im Ocean die Insel Sein (Sena bei Pomponius Mela). Es ist ein wüstes Eiland, das seine Bewohner nicht nährt, so schmal an einigen Stellen, daß es bei steigender Fluth in stürmischen Tagen in drei Theile zerschnitten wird. In der celtischen Urzeit war es der Sitz von Priesterinnen, weissagenden Jungfrauen, die die Stürme zu rufen und wieder zu bannen vermochten. Noch ragen am Strande gewaltige Menhirs als Zeugen geweihter Stätte weit in's Meer hinein. Dort in der schreckenvollen Einsamkeit träumte ich mich in Tage zurück, von denen die Geschichte nichts erzählt, die nur die Einbildung, begeistert von Ossian's Harfenklängen, zu beleben vermag. Das war die von Nacht bedeckte Druidenepoche. Aber mir gegenüber stieg im Nebelduste der Ferne das Gestade der Armorika aus dem Meere auf, ich verfolgte im Geiste seine Linien; dort abwärts nach Süden zu lag die Städte, wo einst das fabelhafte Is geprangt, wo König Grallon von Cornwall geherrscht hatte, das Heidenthum wich dem Christenthum, das Leben ward heiterer, üppiger. Nun fuhr ich hinüber nach dem Festlande; indem ich es durchwanderte, kam ich an geheimnißvollen Brunnen vorüber, der Sage nach von weißen Frauen bewohnt; aber es sind nicht mehr heidnische Priesterinnen, das Meerweib Morgana (der celtische Name bedeutet nichts anderes) ist zur bezaubernden Fee geworden. Dort in den Haiden um Brest, unter verwachsenem Dorngesträuch und üppigem Epheu vergraben, träumen die Burgtrümmer von Meslogan und die Winde, die durch sie hinseufzen, klingen sagenhaft von den Ritterthaten des Mittelalters. Da hallt es durch die Luft von Glockentönen und das aufschauende Auge ruht mit künstlerischem Wohlgefallen auf dem pfeilschlanken durchbrochenen Thurme, der dort emporragt. So hat man die Entwickelung der celtischen Bildung von ihrem Anfange an verfolgt, und jede Epoche, die man durch Denkmäler und Landschaft vertreten sieht, entspricht auch einem Stadium in der Ausbildung jenes Sagenkreises. Man fühlt sich reich an poetischen Bildern, aber man fühlt sich nicht gesättigt, nur angeregt; die Bilder gewinnen an Fülle, immer mehr und immer elegantere Kirchspitzen steigen auf, in Trümmer fallende Calvarienhügel winken zur Andacht, man wandert durch neue Wildnisse voll Sagen und Märchen, das Herz bangt wie in schwärmerischer Verwirrung, als ahne es noch Größeres, Höheres. So zieht man weiter, nordwärts, wieder dem Meere zu. Da, was ragt vor uns am fernen Horizonte, wo die Luft vom Sonnenlichte zittert, das sich auf dem Meeresspiegel bricht, zum Aether auf? es ist keine Täuschung, ein erhabenes Werk der Kunst und des Glaubens erwartet uns; was uns bald hier, bald da der Mund der Sage gerühmt hat, unsere Augen sollen es sehen in seiner Wirklichkeit. So wächst es vor uns auf, so eilen wir ihm mit schwellenderem Herzen näher und siehe, da steht es vor uns: das größte Werk der bretonischen Kunst. Sollen wir es leck nennen? es scheint so jugendlich elegant, so sorgenlos heiter. Oder sollen wir es kühn nennen? Denn man erschrickt fast vor dem riesigen Muthe, mit dem es aufragt. Was sag' ich? aufragt? „Schlank und leicht wie aus dem Nichts gesprungen" schwingt sich die Pfeilspitze von Kreitzer zum Himmel auf und verliert sich im Aether, wie eine Seele in der Selbstvernichtung mystischer Schwärmerei. Die Kirche Kreitzer — d. h. die in der Mitte (Kreis) der Stadt (ker) befindliche — steht in St. Pol de Leon (Departement Finistère) und ihre Thurmspitze wurde von Vauban für das subtilste Werk erklärt, das er kenne; er hat Recht. Mir aber erschien es als ein verkleideter Parcival und Titurel, als ein Lied in Stein vom heiligen Graal.

Die Graalsage ergänzt bekanntlich den romantisch mittelalterlichen Charakter dieses Sagenkreises, indem sie ihm die religiöse Färbung giebt. Es ist bedeutsam, daß sie gerade der celtischen Race entspringt, die in ihrer heidnischen Druidenpoesie zum Mysticismus geneigt war. Indessen erhielt auch sie erst von Chrétien de Troyes u. s. w. die höhere Weihe, die ursprüngliche Sage in den celtischen Quellen ist profan oder gar heidnisch und vielleicht der germanischen Mythologie entlehnt. Der Barde Taliesin, der im sechsten Jahrhundert lebte, sagt, daß dies mit Perlen und Diamanten geschmückte Becken im Tempel der Schutzgöttin der Dichter aufbewahrt sei; dieses Becken flöße das dichterische Genie und überhaupt alle Weisheit und Wissenschaft ein; nach Chrétien verschaffte sein Anblick ewige Jugend. Vergleichen wir diese Mythe mit der germanischen von Iduna: letztere ist die Gemahlin Braga's, des nordischen Apoll's, die Göttin der Unsterblichkeit; in goldener Schale reicht sie den Helden in Walhalla die Aepfel dar, deren Genuß ewige Jugend verleiht. Wenn und wie dieses Becken zur Schüssel des Abendmahles geworden ist, ist unbekannt; so manche heidnische Mythe erlitt eine christliche Umwandelung. Der Celte hat fast alle seine alten Druidengebräuche und Glaubenssätze behalten, aber er hat ihnen eine andere Deutung gegeben (mit den deutschen Heidenthümern ist es ebenso). Wir sahen schon das Feuer der Wintersonnenwende zum geweihten Weihnachtsscheit, sozusagen, umgetauft, und ißt sich der Christ im Abendmahle nicht das ewige Leben, wie der Heide in den Aepfeln Iduna's?

Christlich ist die Graalsage, aber nicht priesterlich, wie Demogeot meint, der in ihr die Herrschaft der Kirche über das Ritterthum erblickt. Ich möchte sie eher mit der mittelalterlichen Maurerei in Verbindung setzen, die dem Clerus im Stillen Opposition leistete, wie ja noch heute die Freimaurerei Latenthum und Priesterthum in die reine Menschlichkeit auflösen will. In Wolfram von Eschenbach's Bearbeitung des Parcival macht ein Laie den Priester.

Bei Gelegenheit des Namens Wolfram dürfen wir wohl sagen, daß, wenn die Celten den Rohstoff dieses Cyclus gegeben und die Franzosen ihn zuerst bearbeitet haben, die Deutschen allein ihn auf die wahre künstlerische Höhe brachten. Lassen wir auch dahingestellt, ob Gottfried von Straßburg sein Vorbild Chrétien übertroffen habe, jedenfalls ist Wolfram, der Göthe seiner Zeit, diesem Chrétien weit überlegen; sein Parcival ist ein Faust. In demselben Sinne hat in neuerer Zeit Immermann die Mythe von Merlin neu bearbeitet, ein ungerechter Weise von den Deutschen vernachlässigtes Werk, das ich bei obiger Gelegenheit in der genannten Revue zur Kenntniß der Bretagne gebracht habe. „Dieser Stoff, sagte ich, ist wie dazu geschaffen, daß ein großer Dichter sich seiner bemächtige und ihn mit glänzender und gedankentiefer Einbildungskraft entwickele. Was aber habt ihr Franzosen, Erben und Abkömmlinge der celtischen Race, damit gemacht? Wo ist das literarische Denkmal in euerer Geschichte, das den Namen Merlin trüge? Wieder hat ein Deutscher euer rohes Gold gemünzt¹)." Und in der That haben die Ausländer diesen reichen Schatz mit unendlich mehr Vorliebe und Talent ausgebildet als die Franzosen; man braucht nur an Shakspeare's Lear zu erinnern, welchen Stoff der Dichter dem Werke Monmouth's entlehnt hat. Der französische Historiker erkennt dies offen an. Sicherlich hätte die classische Literatur Frankreichs nicht den unleugbar frostigen Anhauch, wenn sie nicht aus Unkunde oder (wie Boileau) aus Pedanterie den reichen Schatz ihrer mittelalterlichen Vorgängerin so unbeachtet hätte liegen lassen. Sie würde nicht nöthig gehabt haben, als sie am Ende des achtzehnten Jahrhunderts in ihrem unfruchtbaren Reichthum verkümmerte, aus fremden Hippokrenen neues lyrisches Feuer zu schöpfen, wenn sie ihr heimisches Gut besser gewahrt hätte ²).

Im Anfange des dreizehnten Jahrhunderts behandelte Marie de France, die, gebürtig aus Flandern, einige Zeit in England verbracht hatte und außerdem durch Fabeln bekannt ist, diesen Sagenkreis noch anmuthig, doch nur episodenhaft. Im vierzehnten Jahrhundert gingen diese Gedichte mit Meister Map in schwatzhafte Prosa über und bereiten so nebst den Amadisromanen den Uebergang zu den Romanen in Folio der Scudéry, in welchen die römischen und griechischen Helden die Ritter von der Tafelrunde verdrängt haben. Aber schon damals, zur Blüthezeit der epischen Poesie des Mittelalters, klammerte sich die französische Muse an

die antiken Stoffe,

auf die wir jetzt kommen. Nicht umsonst hatte die römische Civilisation so tiefe Wurzeln auf dem gallischen Boden geschlagen; die Muse Frank-

---

¹) Seit dieser Zeit ist der Merlin Edgar Quinet's erschienen. Eg.
²) In neuerer Zeit hat Herr Creuzé de Lesser den britischen Sagenhelden in modernem Französisch bearbeitet und die alte Naivetät in Form und Sprache glücklich nachgeahmt. Ich empfehle sein Werk als höchst unterhaltende Lectüre. Eg.

reichs wollte endlich nicht mehr celtisch, noch weniger germanisch, sie
wollte neulateinisch sein. Allerdings ist die Auffassung und Behandlung
der antiken Sage vollkommen neu und nur dem Namen nach classisch,
frei von den hoffärtigen Ansprüchen des siebzehnten Jahrhunderts, das
sich rühmte, „die Alten übertroffen zu haben"; aber daß Frankreich diese
Sage in das Bereich seiner poetischen Stoffe ziehen konnte, war schon
original genug. Deutschland war auch hierin nur der Nachahmer von
Frankreich; Heinrich von Veldeck's Eneide ist, wie das Gedicht von
Alexander, nach einem französischen Vorbilde geschrieben. So durfte
sich damals der Trouvère Chrétien von Troyes wohl erlauben, Frankreich
den Erben von Roms und Griechenlands Bildung zu nennen, wenn
er singt:

> Ce nous ont nos livres appris,
> Que Grèce eut de chevalerie
> Le premier los et de clergie (= savoir);
> Puis vint chevalerie à Rome
> Et si de clergie la some,
> Qui ores est en France venue.
> Dieu doint qu'elle y soit retenue
> Et que li leus li abellisse (= que ce lieu lui plaise),
> Tant que de France ne isse (= sorte)
> L'onor qui s'y est arrêtée,
> Dont elle est prisée et dotée
> Mieux que Gréjois et Romains.

(D. h.: Unsere Bücher haben uns das gelehrt, daß Griechenland das erste
Loos (Besitz) von Ritterthum und Wissenschaft hatte; dann kam Ritterthum und des Wissens Summe nach Rom, die dann nach Frankreich gekommen ist. Gott gebe, daß sie hier bleibe und daß der Ort ihr gefalle,
sodaß aus Frankreich nicht weiche die Ehre, die hier sich niedergelassen
hat, durch die es (Frankreich) berühmter und an der es reicher ist als
Griechen und Römer es waren.)

Es war natürlich, daß der Süden Frankreichs in dieser epischen
Gattung voranging, indem er im eilften Jahrhundert die in der Ueberlieferung fortlebende Mythe von Ulysses modernisirte; war er doch von
jeher mehr römisch gewesen als gallisch und noch weniger fränkisch. Am
Ende des zwölften und im dreizehnten Jahrhundert folgte auch der Norden
nach. Daß aber die Dichter sich nur an die griechischen Stoffe hielten
und namentlich an Alexander den Großen, anstatt die römische Geschichte
auszubeuten, ist leicht begreiflich. Erstens hatte die römische Bildung
und Literatur selbst nur von der griechischen Mythologie gelebt, und sodann eignete sich für die epische Poesie Alexander mehr, denn alle anderen
Heroen, die mehr dramatischen Stoff lieferten. Dazu kam ferner, daß
der ganze Charakter Alexander's etwas Mittelalterliches hatte; schon seine
Geschichtschreiber waren, dem classischen Genius völlig entgegen, in das

Das Mittelalter.

romantische verfallen; der Wiederaufschluß des Orients, mit dem der Westen durch die Kreuzzüge in Berührung kam, trug wohl auch zur Popularisierung dieses Stoffes bei. Für was aber interessant ist, daß die französische Poesie dem antiken Stoffe Alexanders ihr heroisches Versmaß, den Alexandriner, verdankt, wie die deutsche Dichtung die Nibelungenstrophe geschaffen hat; gleich dem antiken Hexameter hat auch der Alexandriner sechs Füße, wird auch zuweilen Hexameter genannt.

So trägt denn auch in der Literatur das französische Volk die Spuren seiner dreifachen Abstammung von den Celten, Germanen und Römern.

In diese Sagenkreise hinein spielt die christliche Mythe, die allen Völkern des Mittelalters gemein war und in der also Frankreich nichts Originales hatte, in der es sogar späterhin von Dante übertroffen wurde; doch hatte auch des Letzteren Reise durch Himmel und Hölle schon mehrfache Vorbilder. Man kann daher sagen, daß die eigentliche französische Literatur, diejenige, durch die sich der französische Genius wesentlich unterscheidet, noch nicht erschienen war. Nur in den fabliaux und contes tritt das eingeborene von den Fremdlingen bisher niedergehaltene Element, le génie gaulois, mit kecker Selbständigkeit auf; da herrscht der bon sens, der das französische Volk vor allen andern auszeichnet, der heitere Lebensgenuß, der eher zu Paul de Kock'scher Plattheit herabsinkt, als daß er den Schwindelflug zum Aether nähme (eine französische „Messiade" wäre ein Unding), da die geistreiche Spötterei, die bald frivol, bald liberal ihre Geißel über Gatten, Frauen und Priester schwingt; doch sahen wir auch, wie der Kritiker Taine dafür eingenommen war. Uebrigens waren sie dem Stoffe nach zum großen Theil dem Auslande entlehnt, (sie reichen zuweilen bis zur indischen Fabelsammlung Hitopadesa hinauf), die Franzosen wurden hierin von den Italienern sogar übertroffen, als Boccaccio im vierzehnten Jahrhundert sein classisches Decameron schrieb, wie ein anderer Italiener, Petrarka, gleichzeitig die ganze Minnepoesie Frankreichs durch seine Sonette vergessen machte.

Es ist überhaupt schwierig, die Literaturgeschichte des Mittelalters nach Ländern und Völkern localisiren zu wollen; trotz der unzähligen Uebersetzungen und der Leichtigkeit des Reisens sind die Literaturen der Völker in neuerer Zeit viel selbständiger als die des Mittelalters. Selbständigkeit setzt Reife voraus und die Nationen des Mittelalters waren eben noch in der Bildung begriffen. Vom fernsten Osten bis zum atlantischen Ocean herrschte damals ein unaufhörlicher Ideenaustausch, so daß ein Stoff zuweilen gleichzeitig in Deutschland, Frankreich und Italien bekannt wurde. Wie wenig ist in unserer deutschen mittelalterigen Literatur wirklich deutschen Ursprungs? Das Wenige, was es war, z. B.

das Nibelungenlied, schob man bei Seite. Doch dem ist zuweilen, besonders im dramatischen Fache, noch heute so.

So ist, was Frankreich betrifft, der Roman du Renard (Reineke Fuchs), den die Franzosen als ihr vollständiges Eigenthum beanspruchen, germanischen Ursprunges, übrigens der einzige deutsche Stoff, den Frankreich damals dem deutschen Genius entlehnt hat. Wir haben, was noch nicht genügend hervorgehoben worden ist, in diesem Gedichte dasselbe Phänomen vor uns, das uns die Iliade und das Nibelungenlied bieten: es ist ursprünglich kein Kunstepos, mit freiem Bewußtsein von einem Dichter geschaffen, sondern eine Sage, der Volksanschauung entsprungen und von dem Volke fortgedichtet und weitergebildet, lange Zeit bevor ein Dichter den Stoff aufgriff und ihn mit künstlerischer Absicht und zu Parteizwecken als Satire gegen Priester- und Ritterschaft bearbeitete. Wie die genannten zwei großen Volksepen, so ist auch das Epos vom Fuchs, dem schlauen Odysseus der Thierwelt, aus zerstreuten Rhapsodien zusammengewachsen. Denn wohlverstanden, das Gedicht ist ein Epos, eine Sage, keine Fabel oder Allegorie, in welcher Scenen aus der Thierwelt zur Bekräftigung einer Moral dienen sollen. Fuchs, Wolf und Bär, die Helden des Gedichts, sind selbständige Personen, die ihr eigenes, in sich abgeschlossenes Leben leben. Die Sage ist aus der Freude und Theilnahme des Germanen am Naturleben hervorgegangen und greift in uralte mythische Zeit zurück. So klingt z. B. in dem Namen Jsegrim, den der leutescheue, von Thier und Mensch geächtete Wolf führt, wie ein Echo von der längstverlorenen ersten umhegten Wohnstätte an, die der germanische Stamm vor seiner Wanderung nach Europa lange hatte. Der Wolf ist ein irrer landflüchtiger Wanderer, ein Wildfang, wie die alten Deutschen sagten, ein aus der Heimath vertriebener Kain; der Verbannte oder Geächtete sucht sich unkenntlich zu machen, denn wer ihn findet und erkennt, darf ihn ungestraft erschlagen; darum legt der Vogelfreie eine Maske an, eine Eisenmaske (das bedeutet Jsegrim, daher das französische Wort grimer, vom Schauspieler, der sich das Gesicht seiner Rolle gemäß verstellt, und das andere Wort grimace, beide deutschen Ursprungs). In den ältesten Bestandtheilen der Sage ist bekanntlich nicht der Löwe der König, (er war den Germanen unbekannt), sondern der einheimische Bär, der deutsche Bär, wie die romanischen Völker uns zu spotten pflegten. Man kann ferner chronologisch die Sage bis in's zehnte Jahrhundert und wohl noch weiter zurückverfolgen, also in eine Zeit, wo die französische Sprache noch zu ungebildet für ein längeres Dichtwerk war. Wie sich aber die Franzosen diesen Stoff aneignen und sogar noch vor den Deutschen (im zwölften Jahrhundert kennt ihn nur Heinrich der Glichesär) bearbeiten konnten, erklärt sich aus der Pflegestätte der Sage; sie ward in den Niederlanden ausgebildet. Dort aber an der Grenze von wälschem und germanischem Volksthum fand ein steter Verkehr und Austausch statt; so ist namentlich Flandern in jener Zeit von ungemeiner Wichtigkeit für die Beziehungen der deutschen und französischen Literatur unter einander, ein Gegenstand, der noch einer besondern literargeschichtlichen Bearbeitung harrt. Sodann waren es Gelehrte, belgische Mönche, die zuerst diese Sage mit Absicht ergriffen und anfangs lateinisch zur Polemik gegen den hohen Clerus benutzten. Kurz, Reineke Fuchs ist eine germanische Thiersage, von dem Auslande nach Frankreich verpflanzt und zwar von Gelehrten, die den Stoff zu eignen Zwecken nach eignen Ansichten behandelten. Der Titel selbst kündet den ausländischen Ursprung an, Reinhard ist ein germanischer Name. In Frankreich ist der Eigenname zum Gattungsnamen des Thieres geworden, ursprünglich hieß der Fuchs goupil, verstümmelt aus vulpes; nur die deutsche Sprache kann das Rennwort mit dem (wie Dietrich, Friedrich u. s. w. zum Eigennamen gewordenen) Eigenschaftswort zusammenstellen: Reineke Fuchs, d. h. der ränkevolle Fuchs (man vergleiche damit Ausdrücke wie „Hans Liederlich" bei Göthe)[1]); die Sage bot sich wie von selbst zu satirischer und allegorischer Behandlung dar. Wie man im Menschenantlitz Thiergesichter wiederfindet, so sind gewisse Thiere zu Typen für Charaktere und Eigenschaften geworden: der Fuchs vertritt vorzugsweise die Schlauheit, er ward zum Symbol. In dieser Beziehung hält unsere Thiersage eine seltsame Mitte zwischen dem Volkseros und der philosophischen Mythe; Reineke ist in seiner Art eine Gestalt wie Prometheus, Ahasver und Faust. Vergessen wir nicht, daß die Faustsage wie die Thiersage vielfache Bearbeiter gefunden hat (letztere wurde noch in den vierziger Jahren von Glaßbrenner politisch ausgebeutet) und daß der größte Dichter, Göthe, sie beide zusammen behandelt hat. Ein französischer Literator, Herr Lénient, sah in Reineke den Prototyp oder vielmehr das Resumé aller Intriganten, die in der französischen Literatur eine Rolle spielen; nach diesem Gelehrten faßt der Held der Fuchssage Pathelin, Panurgne, Tartufe, Figaro und Robert Macaire zusammen. Es versteht sich von selbst, daß Reineke hier als eine französische Schöpfung angesehen wird; insofern ihn die französischen Bearbeitungen für ihre Tendenzen umgemodelt haben, wollen wir ihn auch Herrn Lénient nicht streitig machen.

Das erste wirkliche Originalwerk der französischen Literatur im epischen Fache ist der Roman von der Rose. Das Gedicht feiert nicht die rosa mystica, die heilige Jungfrau Maria; dieser, obgleich sie vielfach besungen ward und sie begeisternd oder verklärend über der Literatur des Mittelalters schwebte, hat die Dichtkunst in keinem Lande ein

---

[1]) Im Mittelalter sagte man allerdings goupil le Renard wie im Deutschen, heutzutage ist dies unmöglich, das Wort goupil ist verschwunden. Sg.

nennenswerthes Denkmal gesetzt, sie überließ dies der Malerei. Eine ganz andere Rose ist es, die der Dichter nach tausend überstandenen Schwierigkeiten pflückt, die Gunst der von ihm geliebten Frau. Der Dichter Baïf faßte den Inhalt recht artig in folgendem Sonett zusammen, das er dem König Karl IX. widmete:

> Sire, sous le discours d'un songe imaginé,
> Dedans ce vieux roman vous trouverez déduite
> D'un amant désireux la pénible poursuite,
> Contre mille travaux en sa flamme obstiné.
>
> Par avant que venir à son bien destiné
> Mallebouche et Dangier tâchent le mettre en fuite;
> A la fin, Bel-Accueil en prenant la conduite
> Le loge après l'avoir longuement cheminé.
>
> L'amant, dans le verger, pour loyer des traverses
> Qu'il passe constamment, souffrant peines diverses
> Cueil du rosier fleuri le bouton précieux.
>
> Sire, c'est le sujet du Roman de la Rose,
> Où d'amours épineux la poursuite est enclose;
> La rose, c'est d'amour le guerdon précieux.

(Sire, unter dem Bilde eines Traumes finden Sie in diesem alten Roman die mühevolle Bewerbung eines von Begierde brennenden Verliebten erzählt, der in seiner Gluth gegen tausend Hindernisse ankämpft. Bevor er zu dem ihm bestimmten Glück gelangt, suchen ihn Böse-Zunge und Gefahr in die Flucht zu schlagen; endlich leitet ihn Schön-Empfang und bringt ihn nach langer Irrfahrt zur Stätte. Der Liebende pflückt nun in einem Garten, zum Lohn der Widerwärtigkeiten, die er unaufhörlich zu bestehen hat, die kostbare Knospe des blühenden Rosenstrauchs. Sire, dies ist der Stoff des Romans von der Rose, in welchem die Bewerbung vornvoller Liebe enthalten ist; die Rose ist der köstliche Lohn [guerdon] der Liebe.)

Indessen paßt diese Darstellung nur auf den ersten Theil und den ursprünglichen Plan; das Ganze faßt den Kern des französischen Wesens zusammen, Galanterie, Freigeisterei und witzige Spötterei nicht ohne etwas Bosheit. Der Verfasser des ersten Theils ist bekanntlich Guillaume aus Lorris, dieser gab nur eine Art von „Kunst zu lieben" in allegorischer Form; Jehan von Meung (Clopinel, d. h. Hinker, zubenannt), der das Werk fortsetzte und gerade geboren ward, als jener starb (um 1260), gießt die schärfste Lauge seiner Satire über Frauen und Priester aus, das Lieblingsthema der Franzosen, obgleich sie in der Jugend nichts eifriger als eine „Herrin" (maîtresse) suchen und im Alter immer zu Kreuze kriechen. Echt französisch ist es, wenn er die verheiratheten Frauen mit

einem Vogel im Käfig vergleicht, der daraus zu entwischen sucht; in
Frankreich kennt das Mädchen das Leben nicht, sie ist stets bevormundet
und überwacht, erst mit der Ehe tritt sie in die Gesellschaft ein, wird sie
frei; nicht gewöhnt an die Freiheit, ist es denn erklärlich, daß sie sie
nicht immer zu gebrauchen versteht oder daß sie dieselbe zuweilen mißbraucht. Die französischen Romane fangen mit der Ehe an, die deutschen
schließen damit. Auch über den Adel spottet Jehan, obgleich er selbst
adelig war, und spiegelt so vollkommen seine Zeit ab, die Zeit Philipps
des Schönen (1285—1315), der der Kirche so arge Streiche spielte und
zuerst den dritten Stand, d. h. den Bürgerstand, zur Berathung der
Generalstaaten zog. Unternahm er doch auf des Königs Wunsch die
Fortsetzung des Romans, von dem er die letzten zweiundneunzig Verse
unterdrückte und statt derselben gegen achtzehntausend neue hinzufügte.

Achten wir wohl auf die Zeit, in der das Gedicht erschien. Wie es
chronologisch auf die heroische Poesie der genannten drei Sagenkreise
folgte, so ist es auch ein Spiegelbild und Symptom des Verfalls der
mittelalterlichen Zustände. Die Blüthe der lyrischen Poesie des Mittelalters war schon 1226 unter Ludwig VIII. im Albigenserkriege nieder-
getreten worden. Mit Ludwig dem Heiligen starb 1270 der letzte gekrönte
Repräsentant dieses Zeitalters; gleichzeitig hörten die Kreuzzüge auf. Noch
vor Ludwig IX. war 1250 der letzte Hohenstaufenkaiser, Friedrich II.,
gestorben; eine Zeit jammervoller Verwirrung ist der Abgrund, der die
romantische und oft illusorische Reichsherrlichkeit verschlingt. Und als
mit Rudolph von Habsburg 1273 das Interregnum endet, kündigt sich
eine nüchterne prosaische Zeit an. In der ersten Hälfte des dreizehnten
Jahrhunderts unter Ludwig IX., als der Ritter- und Minnegesang noch
in der Ueberlieferung lebte, hatte Guillaume de Lorris wohl noch die
Minne und ihre Gunst als epischen Stoff benutzen können; aber zwischen
seinem Tode und der reifen Jugend Jehans de Meung liegt die wirrvolle
blutige Zeit, die Karl von Anjou in Neapel und Sicilien mit seinen
Gräueln und das deutsche Interregnum mit seinem Elend ausfüllt. „Das
Papstthum (sagt der Historiker Wachsmuth in einem Resumé dieser Epoche)
stürzt jetzt in die Grube, die es sich in blindem Haß gegen die Hohenstaufen gegraben, es verfällt dem Dienste eines machtgierigen Fürsten-
hauses zur Gutheißung empörender Frevel (Haus Anjou in Neapel) und
zunehmender Verschlechterung seines Waltens;" das große Schisma bereitet sich vor. Schon ist der Sinn der Zeit nüchterner, praktischer und
profaner geworden. In Deutschland und Frankreich ist die Prosa aufgetreten, hier mit Villehardouin dem Historiker des vierten Kreuzzuges
und den Gesetzsammlungen (assises de Jérusalem, établissements de
St. Louis), dort durch die Einführung der deutschen Sprache im Gesetz
unter Friedrich II. (der Sachsen- und Schwabenspiegel); von Bologna

geht die neue Rechtskunde aus. Juristen und Legisten treten in den Dienst der Könige und werden eine Macht. Die Wissenschaften überhaupt sind erwacht, eine Menge Kenntnisse sind in der Welt verbreitet und haben eine Art Aufklärung hervorgebracht, deren Wirkung die Satire auf die Gebrechen oder Laster der Kirche, die Polemik gegen die Priesterherrschaft und wohl gar religiöse Indifferenz ist.

Schon im Anfang des dreizehnten Jahrhunderts hatte Guyot aus Provins seine heftige Satire, „Bible" genannt, gegen den Clerus geschrieben. Guyot, der als Troubadour die bedeutendsten Städte Europa's besucht, eine Wallfahrt nach Jerusalem (jedoch nicht als Kreuzfahrer) gemacht hatte und bei dem prachtvollen Reichstage zu Mainz 1184 gewesen war, war zuletzt Mönch geworden und hatte zu Clairvaux und Clugny unerfreuliche Blicke in das Leben der Geistlichkeit geworfen. Zwölf Jahre nach Ablegung seiner Gelübde, etwa um die Zeit des Albigenserkriegs 1209, vollendete er sein Gedicht, das er Bibel nannte, weil es nur Wahrheit enthalte. Er geißelt darin so ziemlich alle Stände, aber am schärfsten die Geistlichkeit. Im selben Jahre, da Innozenz der Dritte, durch den das Papstthum seinen Höhepunkt erreicht, den verworfenen Simon von Montfort zur Erstürmung von Vezlers treibt, ein gräßliches Bild von katholischem Fanatismus, das der vermuchte Tilly in Magdeburg copirte, im selben Jahre ruft die Nemesis durch Guyot schon Wehe über Rom, „wo die Sittenlosigkeit so groß sei, daß es eines Kreuzzugs bedürfe, um die Lüderlichkeit, den Stolz und die Treulosigkeit auszurotten, die dort ihren Sitz aufgeschlagen haben." Das Werk Guyot's begeisterte einen Ritter, Hugues de Berze (oder Berzé) aus Berze-le-Châtel bei Macon, der ohne gelehrte Bildung war, aber viel gereist hatte und z. B. 1204 bei der Eroberung Konstantinopels durch die Lateiner war, zu einem ähnlichen Werke (in 838 achtsylbigen Versen), das er ebenfalls „Bibel" nannte.

Unter solchen Umständen bestieg Philipp IV., der Schöne genannt, den Thron von Frankreich. Die Geschichtschreiber haben über den Privatcharakter dieses Königs so streng geurtheilt als über den Ludwigs XI.; unritterlich, tückisch, grausam, despotisch, es ist nicht leicht eine Abscheulichkeit, deren sie diese beiden nicht für schuldig erklären. Ein Republikaner, Cromwell, ist der Dritte im Bunde mit diesen Königen. Doch ich irre mich, das Kleeblatt ist ein vierblättriges, ich hatte Robespierre vergessen. Gesetzt, alle diese abscheulichen Eigenschaftswörter wären gerechtfertigt, so ist doch neben dem Privatmann in diesen Häuptern einer Epoche noch der Staatsmann zu berücksichtigen. Das ist selbst die wichtigste Seite, denn von den Handlungen des Letztern hängt Wohl und Wehe ganzer Nationen, der Gegenwart und Zukunft ab. Publicisten, französische Publicisten (es giebt keinen größeren Realisten, keinen reinern Schwärmer als einen französischen Republikaner; der als blutdürstig verschrieene Robespierre war einer der größten) haben behauptet, die **Moral** sei **Eine** für den Politiker wie für den Privatmann, der Eine solle so tugendhaft sein wie der Andere. Ein Deutscher dagegen, kein Geringerer als Hegel, sagt in seiner Geschichte der Philosophie: „es wäre unrecht und würde zu der großen weltgeschichtlichen Gestalt Alexanders (des Macedoniers) nicht heranreichen, wenn man ihn, wie die neueren **Philister** unter den Historikern thun, nach einem modernen Maßstab, dem der Tugend oder Moralität messen wollte." Ein anderer deutscher Professor, der Historiker **Wachsmuth**, den Niemand des Jakobinismus zeihen wird, citirt diese Stelle, offenbar mit der Absicht der Billigung. Das Dilemma ist allerdings so spitzfindig als nur irgend eins, das den Mohr im Fiesko verlegen gemacht hat. Zuerst käme es darauf an, was man unter Tugend versteht.' Der Kanzler Crell in Sachsen wurde 1601 auf den Grund des lutherischen Katechismus hingerichtet; die ganze katholische Inquisition galt für tugendhaft. Gefährlich ist es auch, sich auf den Satz zu stützen: der **Zweck** heiligt (oder entschuldigt) das Mittel, den man in neuern Zeiten so ausdrückt: wer den Zweck will, muß auch die Mittel wollen. Die Jesuiten haben ihn aufgestellt. Andererseits kann man aber nicht läugnen, daß die Jesuiten keine Dummköpfe waren, daß sie namentlich gute Syllogismen zu machen verstanden, daß sie consequent sind; man muß ferner zugestehen, daß diejenigen Staatsmänner (große Fürsten, wenn sie selbst regiren, sind nichts anderes), die im Sinne der Privatmoral für tugendhaft gelten, trotz des besten Willens wenig oder nichts für den Fortschritt gethan haben[1]). Ich brauche nur an Joseph II. zu erinnern, der es zu nichts brachte, weil er zu gerade handelte. Heutzutage sprechen die Blauen unter den französischen Republikanern viel von der Tugendhaftigkeit und Rechtschaffenheit Cavaignac's, des Präsidenten der Republik; ich will ihm dieses Verdienst nicht streitig machen, aber sicherlich war er ein beschränkter Geist. Geradheit und Offenheit ist in der Politik nur dann am Platze, wenn man die Kraft hat seine Grundsätze zu verwirklichen; aber in diesem Falle wird auch die Schwäche zum Verbrechen. Wenn z. B. Lamartine der Herzogin von Orleans als der Mutter des Thronerben sein „il est trop tard" zuruft und dann die französische Republik proclamirt, so war das, wenn er einmal Republikaner war, ganz schön von ihm; aber dann mußte er auch voraussehen, daß sich nach Frankreichs Beispiele auch die übrigen Völker erheben würden und daß er für deren Wohl oder Weh verantwortlich wäre. Er mußte diesen zu Hilfe kommen, war es auch nur

---

[1]) Man kann freilich Washington nichts vorwerfen, aber er und sein Volk lebten auch in noch ziemlich patriarchalischen Verhältnissen. Uebrigens stelle ich hier keine Regel oder Richtschnur auf, sondern bestätige nur die Thatsache der Geschichte: sind die Ausnahmen zahlreicher als die genannten Belege, so würde sich der Satz umkehren. Aber man zähle und prüfe. Sg.

um sein eigenes Werk, die französische Republik, zu retten; denn eine solche mitten in einem monarchischen Europa ist ein Unding; die Republik ist wie die katholische Kirche, sie muß allein herrschen wollen, durch jedes Zugeständniß oder Compromiß dem entgegengesetzten Prinzip gegenüber spricht sie sich selbst das Todesurtheil. Antonelli versteht das gar wohl. Aut, aut! Lamartine dagegen schickte sein frommes Manifest in die Welt, dafür lasten Hunderttausende von Opfern der habsburgischen Reaction auf seinem Gewissen. Er war darum doch ein Werkzeug in der Hand der Geschichte, aber ein blindes; das ist vielleicht seine Entschuldigung. Ein anderes Beispiel, aus dem man eine Schlußfolgerung ziehen könnte, ist Victor Emanuel, der „König von Italien." Jeder, der es mit Freiheit und Bildung ehrlich meint, giebt zu, daß die habsburgische Herrschaft in Italien gebrochen (die Bourbonen standen nur in deren Dienste) und Italien aus einem „geographischen Begriff" ein einiger Staat werden mußte. Was weder den Carbonari noch den Mazzinisten gelungen war, das hat der König von Sardinien vollbracht. Offenherzig gesprochen, ich zweifle, ob seine Annexionen u. s. w. sich immer mit dem geschriebenen Gesetz und Völkerrecht vertragen; allein Summum Jus summa injuria. Eine höhere Idee steht über dem geschriebenen Gesetz, die Idee des Fortschritts, der König von Italien hat einem Volke sein Leben gegeben und es stünde diesem schlecht an, die Art und Weise zu bekritteln, wie es in's Leben getreten. Der französische Dichter Laprade, auch einer von den Tugendhaften, schimpft den König freilich il Principe, er sieht in demselben das Ideal Macchiavell's verwirklicht; gesetzt, er hätte Recht, so bewiese das nur, daß auch Macchiavell Recht hatte. Man muß nach den Umständen handeln. Fielen wir in das Mittelalter zurück, so wäre es kein Wunder, wenn ihn ein Historiker ebenso behandelte, wie Philipp der Schöne behandelt worden ist, dessen Zeit überhaupt so manches Aehnliche mit der unsern hat.

Nach meiner Ansicht ist es so: die Menschheit hat auf ihrer Lebensbahn, die man Geschichte nennt, ein Ziel vor Augen, dem sie anfangs instinctmäßig, zuletzt mit Bewußtsein zuschreitet. Dieses Ziel ist offenbar ein gesellschaftlicher Zustand, in welchem Bildung, Wohlstand und Freiheit, d. h. der Genuß des Daseins möglichst gleichmäßig und allgemein vertheilt ist. Das classische Alterthum verfolgte es instinctmäßig, das christliche Mittelalter versetzte die Erfüllung jenseits dieser Erde, die neue Zeit will es diesseits verwirklichen. Je nach der zeitweiligen Weltanschauung und dem Begriffe von dem, was man die Wahrheit nennt, wandeln sich auch die Formen, in denen man das Ideal zu verkörpern glaubt. Indessen ist die Wahrheit doch nur Eine und dieselbe, im Mittelalter wie heute; dasselbe stellte sie nur auf den Kopf, das war der ganze Unterschied. Der Mensch fühlt sie bald instinctmäßig, bald wird sie ihm von freieren vorgeschrittenen Geistern klarer bestimmt; die Erfahrung thut das Ihre dazu.

So rückt die Welt stufenweise (selbst der scheinbare Rückschritt dient zur Aufklärung oder zu einem neuen kräftigeren Ansatz) und logisch consequent ihrem Ziele näher; darin besteht der Fortschritt und das ganze geschichtliche Leben. Nun mischen sich aber die Interessen der Einzelnen hinein nebst den Ansichten, die die Individuen von dem Ideale haben. Die Einen wollen den errungenen Standpunkt einmal für immer festhalten, entweder in der aufrichtigen Meinung, dies sei das Endziel alles Erdenstrebens, oder aus Selbstsucht, weil gerade sie sich dabei wohlbefinden. Diese widersetzen sich nun dem Weitergehen und bilden die sogen. Reaction. In Europa ist es z. B. das Haus Habsburg, das der Anbahnung neuer besserer Zustände am hartnäckigsten entgegenarbeitet, weil dieselben mit seinem Bestand und Interesse unverträglich sind. Man würde aber irren, wenn man annähme, die Partei des Fortschritts handle im Ganzen nur aus reiner Liebe zum Ideal um des Ideales willen. Der Mensch ist allerdings von Natur aus gut und die Priesterlehre von der Erbsünde und der natürlichen Verderbtheit des Menschen ist eine Lästerung, Sünde oder Verbrechen werden nur durch die Verhältnisse bedingt oder durch schlechte Verhältnisse erzeugt. Das Streben nach dem Ideal wurzelt also immer in der guten Natur des Menschen, der seine Vervollkommnungsfähigkeit erkennt und sie bethätigen will. Im Allgemeinen aber ist, und zwar meist durch die Schuld der Reaction, die Bildung nicht so in den Massen verbreitet, daß diese immer mit bewußter Liebe zu dem Ideal handeln; in der Regel treibt sie das Interesse, also ein selbstsüchtiges (wohlverstanden, aber rechtlich begründetes) Motiv vorwärts. „Was sind aber Ihren andres als verstandene Interessen?" schrieb die Karlsruher Zeitung im Juni 1849 zur Zeit des Volksaufstands und hatte Recht. Es giebt angeborene Rechte und der Einzelne, dem sie versagt werden, strebt sie in seinem Interesse zu erringen. Hat er darum Unrecht, weil er selbst dafür kämpft oder soll er warten, daß ein Anderer, der nicht dabei interessirt ist, aus uneigennütziger Liebe zum Ideal für ihn kämpfe? Nichts ist z. B. alberner, als die socialistischen Ideen damit abzufertigen, daß nur diejenigen dafür schrieen, die nichts haben; wenn sie zur Herrschaft oder zum Reichthum gelangt wären, würden sie so still sein als irgend ein Hofrath oder Bankier. Ganz recht, und damit widerlegt ihr euch selbst. Es kommt nicht darauf an, daß Jeder Champagner trinke und Straßburger Pasteten esse, aber Jeder hat das Recht zu existiren und zwar in einem des Menschen würdigen Zustand. Solange nun das Elend massenhaft verbreitet ist, wie in England, werden auch Theorien gepredigt werden, die für alle Menschen die Mittel der Existenz beanspruchen. Der Sklave will die Freiheit, weil er sie nicht hat, und nur wer hungert, ruft nach Brod. Das Recht der Existenz ist das erste; die Vaganden, die Pastournaur, die deutschen Bauern im sechzehnten Jahrhundert begehrten kein anderes und solange es Menschen giebt, denen es verkümmert wird, solange wird auch dafür gekämpft werden. Doch das Princip bestreitet Niemand.

Aber nicht allein die Interessirten und die Idealisten kämpfen für den Fortschritt zu besseren, dem Ideale näheren Zuständen (nur Schwärmer und Unverständige glauben letzteres auf einmal erreichen zu können); es giebt zuweilen durch Macht oder Geist bevorzugte Menschen, die aus persönlichem Eigennutz (wohl zu trennen von dem rechtlich begründeten Interesse) die Partei des Fortschritts ergreifen. Man muß dieselben von den gemeinen Betrügern trennen, die letztere Partei nur ausbeuten; diese können zwar in verderbten oder verworrenen Verhältnissen (wie die italienischen des fünfzehnten Jahrhunderts) gedeihen, sonst aber fallen sie früher oder später. Nein, die wir hier meinen, sind aufgeklärte Geister, die klar erkannt haben, daß die bisherigen Zustände unhaltbar geworden sind, daß die noch im Kampfe liegenden Interessen der bisher unterdrückten Classen oder Völker das Recht und die Zukunft für sich haben. Diese Männer haben aber eigene Zwecke, die mit den genannten Interessen nichts zu thun haben und nur ihre Person betreffen; diese Zwecke sind für sie die Hauptsache, nur können sie ihre Absichten nicht gradezu erreichen, sie ergreifen daher die Ideen des Fortschritts, um sich eine Macht zu gründen, auf welche gestützt sie ihre Privatzwecke verfolgen. Da nun sie die letztern von dem Mittel abhängen, so werden sie selbstverständlich für dasselbe thun, was sie können. Es wäre freilich besser, das Gute würde nur um des Guten willen geliebt und gethan; wenn es aber an solchen Vorkämpfern fehlt oder die Idealisten zu schwach für ihre Aufgabe sind, dann muß man im Interesse des Fortschritts und der Wahrheit auch diesen Kämpfern danken, die sich selbst zu danken wissen. Molière nahm sein Gut, wo er es fand. Man findet auch in der Geschichte Beispiele, daß sich die eigentliche Partei des Fortschritts mit Aufopferung gewisser Ansprüche und Forderungen um solche Männer geschaart hat, weil sie in ihnen die einzige Stütze für ihre Ideen fand, und daß sie ihnen treu geblieben ist, solange deren Privatzwecke mit dem Interesse der Mehrheit nicht in zu argen Widerspruch geriethen. Um an ein Beispiel zu erinnern, so ergriffen im funfzehnten Jahrhundert manche deutsche Fürsten aus ganz eigennützigen Beweggründen, z. B. Säcularisationsgelüsten, die Sache des Protestantismus; sie haben darum doch die Sache des Fortschritts gefördert, wenn sie sich dadurch auch von vornherein den Anspruch auf die Dankbarkeit der Nachwelt vergeben haben.

Eine solche Persönlichkeit nun war Philipp der Schöne. Sein Privatcharakter mag immerhin schlecht gewesen sein (ob man ihn nicht überlebt hat, mag der Historiker entscheiden), aber seine politische Thätigkeit stand im Dienste des Fortschritts. Was kümmern mich die trefflichen Anlagen und der ritterliche Charakter eines Maximilian oder

Franz I.? Sie verabenteuerten ihr Dasein oder kämpften wohl gar der neuen Zeit entgegen, während der launenhafte Despot Heinrich VIII. ein Bollwerk gegen römisch-spanischen Absolutismus schuf. Er war Werkzeug der Freiheit, und da sich nun einmal kein besseres fand, so war es doch immer besser als die Werkzeuge der Reaction. Seine Persönlichkeit war vergänglich, aber das Princip, das er gerettet hat, ist unsterblich. Und dann, es giebt Feinde, die man mit gleichen Waffen bekämpfen muß.

Das große Verdienst Philipps des Schönen ist, den frechen Hochmuth der Päpste, von dem die Hohenstaufenmacht erdrückt worden war, gebrochen und die bürgerliche Ordnung begründet zu haben. Allerdings war dies für ihn nicht der Zweck seiner Thätigkeit, sein einziges Ziel war die Begründung unumschränkter Königsmacht in Frankreich; er bekämpfte die päpstliche Gewalt nur, weil sie ihm hinderlich war, und den Bürgerstand begünstigte er, weil ihm derselbe eine Waffe gegen den Lehnsadel war. Nichtsdestoweniger aber und welches seine Beweggründe gewesen sein mögen, der Geist der neuen Zeit lebte in ihm, er wandelte auf der Bahn des Fortschrittes. Clerus und Lehnsadel waren die herrschenden Mächte des Mittelalters, waren die Fesseln der Freiheit; Philipp brach sie und, verständiger als die Hohenstaufen, begünstigte er die Städte. Im Ganzen wich er nicht von der Politik der französischen Könige überhaupt ab. Vom Anfang der Capetingischen Dynastie waren dieselben, zum Schutz und zur Befestigung ihrer eigenen Macht, durch die Natur der Dinge auf die Bekämpfung und Unterwerfung der großen Lehnsträger angewiesen; die Städte waren ihre natürlichen Bundesgenossen, Ludwig VI. (1108—37) und sein Minister Suger verstanden dies zuerst; sie begründeten die städtische Freiheit zwar nicht, aber sie beförderten dieselbe und nahmen sie in ihren Schutz. Wie Schiller seine Jungfrau von Orleans sagen läßt: „der die Städte stellt um seinen Thron," so gruppirten sich alle Staatselemente um den König; zuletzt verschlang sie derselbe zwar in Ludwig XIV., allein er begründete so wenigstens die Staatseinheit. Die deutschen Reichsoberhäupter dagegen, die Kaiser, ließen die Elemente des Lehnswesens wuchern und so das Reich zerfallen; noch bis heute, ungeheuerlich genug, haben sich in Deutschland Reste des Mittelalters in voller Kraft erhalten. Consequent in ihrer Politik wahrten die französischen Könige ihre Souveränität dem Papstthum und Clerus gegenüber zu allen Zeiten, mit Ausnahme der Valois des sechszehnten Jahrhunderts; diese letztern aber verachtete selbst das obgleich fanatisch-katholische Volk. Sogar der später heiliggesprochene Ludwig IX. trat trotz seiner Heiligkeit den Eingriffen des Papstes in das Staatsleben fest entgegen. Aber am entschiedensten von Allen verfolgte Philipp der Schöne diese Politik. Es war ein folgenschweres Ereigniß, als er am 10. April 1302 Abgeordnete des dritten Standes zu den Reichsständen berief, des dritten Standes, der

vierhundert Jahre später Alles werden sollte. Von den Städten berief er
sie, und da ist es denn von historischer Symbolik, daß, während im Mittelalter bis zur Schlacht von Azincourt 1415 die Oriflamme der Abtei St.
Denis das Nationalbanner war, ein Stadtbanner, das von Paris, dem
modernen Frankreich seine Nationalfarben gegeben hat. Damals klagte
auch Wilhelm von Nogaret, Philipp's entschlossenster Diener, den Papst
an. Dieser letztere war im selben Jahre noch so blind, in seiner Bulle
Unam sanctam die irdische Oberhoheit des Papstes zu predigen. Ja im
folgenden Jahre 1303 wagte er den König in den Bann zu thun und
Frankreich an Albrecht von Oestreich zu verschenken. An Oestreich! Unwillkürlich wird man durch diese großartige historische Komödie an heute
erinnert. Bekanntlich unterlag der Papst. Römer selbst (die Familie
der Colonna) überfielen ihn mit Wilhelm von Nogaret; sein zweiter Nachfolger Clemens V. gab dem Könige nach und verlegte seinen Stuhl nach
Avignon. In ihrer „babylonischen Gefangenschaft" hatten die Päpste
Zeit über ihre Stellung in und zu der Welt nachzudenken; sie haben sie
schlecht benutzt. Im Jahre 1387 gaben sie der Christenheit das abscheuliche Aergerniß des großen Schisma's, einmal (1410) giebt es sogar
drei Päpste auf einmal; da geschah denn (was wir wieder erleben werden), daß die Kirchenversammlung zu Konstanz 1414—1417 eine größere
Autorität hatte als der Papst, wie recht und billig. Und als nun die
damals von der Christenheit für nöthig erkannte Reformation der Kirche
an Haupt und Gliedern unterblieb, wer trägt nun die Schuld des Hussiten-
kriegs und der Spaltung der Kirche im sechszehnten Jahrhundert? Sind
es die Ketzer oder die Päpste? Die Päpste allein mit ihrer Blindheit und
ihrem Starrsinn.

Wahrhaftig, wenn Philipp der Schöne gegen eine solche Macht an-
kämpfte, so war dies nur verdienstlich. Eine That allein lastet auf seinem
Gewissen mit furchtbarer Schwere, und doch ist es mehr die Art und
Weise, wie er sie ausführte, als die Ausführung selbst, worin seine Schuld
besteht; ich meine die Aufhebung des Templerordens. Abscheulich, ja
verrucht war die Führung des Prozesses und Habsucht mag das Haupt-
motiv Philipp's gewesen sein; aber wie das Concilium zu Vienne 1312,
so konnte auch der König erklären, die Aufhebung geschehe nicht auf dem
Wege Rechtens, sondern aus Gründen der Vorsicht. Der Orden war
unverträglich mit der modernen bürgerlichen Ordnung und wenn die Be-
schuldigung von Plänen auf den Umsturz der Throne und die Herstellung
einer europäischen Adelsrepublik auch nicht erwiesen ist, so war sie doch
begreiflich und vielleicht hätte die Folgezeit sie gerechtfertigt. Der Durch-
gang durch die absolute Monarchie war sicher den europäischen Staaten
besser als eine Oligarchie; der Despotismus der letztern ist der ärgste,
man denke nur an Venedig. Die Templer bildeten einen Staat im Staate

und waren durch ihre ungeheure Macht dem Königthume höchst gefährlich, dieses aber war damals der Ausgangspunkt des modernen Staates. Wie der Lehnsadel mußte auch der Ordensadel fallen. Man rühmt zwar den Templern liberale Grundsätze in Sachen der Religion nach, allein es war doch nur die Aufklärung einer Aristokratie und es ist die Frage, ob sie je die Absicht gehabt haben, die Bildung allgemein zu machen. So kann man denn immerhin den Einzelnen alle Anerkennung zollen, die Anklagegründe für ungerechtfertigt erklären und die Hinrichtung der Ritter als eine Grausamkeit verfluchen, die Aufhebung des Ordens bleibt darum doch eine politische Nothwendigkeit. Die neue Geschichte hat einen ähnlichen Fall, die Hinrichtung Ludwig's des Sechzehnten. Robespierre, das wahre Haupt der Revolution, stimmte dafür nur aus politischen Gründen, die Republik brach dadurch mit dem Königthum; der Vertreter des letztern als Person mochte immerhin alles geschriebene Recht und alle menschliche Theilnahme für sich haben, dem Politiker schien das Opfer zur Rettung des neuen Staates nöthig. Man könnte auch auf Richelieu's Kampf gegen die Hugenotten verweisen; nicht als Andersgläubige, nicht als Protestanten verfolgte sie dieser Staatsmann, sondern weil sich der oppositionelle Lehnsadel auf diese Partei stützte und Republiken, wie Larochelle, die einheitliche Verwaltung des Staates störten[1]).

Die Nemesis aber bestrafte, was dabei Strafbares an Philipp war. Wie Jakob von Molay auf dem Scheiterhaufen gesprochen hatte, so stellten sich der König, sein Diener und der Papst binnen Jahresfrist vor dem Richterstuhle der Geschichte. Noch mehr. Nach der Verhaftung der Ritter hatte der König mit seinem Hofe das Restenzhaus des Meisters, den sogenannten Tempel in Paris, bezogen; vierhundert Jahre später schloß der von ihm gegründete nun alleinherrschende Tiers-état den König in denselben Tempel als seinen Gefangenen ein. Der Enkel büßte die Schuld des Ahnen, denn Dynastien wie Nationen sind solidarisch verantwortlich.

Diese Zeichnung der Epoche war nöthig, um die Bedeutung des Romans von der Rose darzuthun. Geschrieben auf des Königs Wunsch und vielleicht zum Theil auf seine Eingebung ist der Roman ein politisches Werk, diente er der Politik des Königs, und da die bisherigen epischen

---

[1]) Zu was es der Templerorden im besten Fall hätte bringen können, wenn er seine Herrschaft politisch begründet hätte, zeigt das Beispiel des preußischen Ordens. Niemand bestreitet die treffliche Einrichtung seines Staates, aber mit welchen Opfern wurde sie erkauft, mit welcher Despotie festgehalten! Das gedrückte Land erhob sich 1440 gegen den übermüthigen Orden. Ein Seitenstück dazu liefert der Jesuitenstaat von Paraguay, nur daß hier der Orden das materielle Wohlbefinden der Unterthanen sicherte. Die Psychologie verachtet die ehrwürdigen Väter sogut wie Shakespeare; vor dem magern Cassius fürchtete sich Cäsar, der rothwangige fette Antonius aber macht dem schlauen arglistigen Octavian sein graues Haar: plenus venter non studet libenter.

Gedichte der Ausdruck des Mittelalters waren, so mußte dieser Roman, der im Dienste der neuen Zeit stand, mit jenen in Opposition treten. Hätte Jehan de Meung die Karlssage ergriffen, deren Hauptelement christlich war, so hätte er die Begeisterung für den Papst geschürt; nahm er die Arthussage auf, so feierte er das Ritterthum; gegen beide aber kämpfte der Staat durch den König an. Die Gralsage vollends war nur die Verherrlichung des Templerordens und diesen beargwohnte der König als eine den Staat bedrohende Macht. Auf Alles daher, was die früheren Dichter gefeiert hatten, goß der Dichter als auf feindliche Mächte die Lauge seiner Satire. Der Freigeisterei kam die Gelehrsamkeit zu Hilfe; Geschichten aller Art von dem grausamen Nero und der keuschen Lucretia u. s. w. wechseln mit Stellen über Alchymie und Boëtius, es ist eine Encyklopädie oder richtiger — denn Alles ist so verworren und bunt wie das ganze Mittelalter — ein pot-pourri alles damaligen Wissens. Auch das Lob des heil. Augustin's findet sich drin; beachten wir das! wir begegnen diesem Heiligen fast immer, wo das Mittelalter seine Selbstkritik unternimmt. Es versteht sich von selbst, daß der Verfasser eines solchen Werkes eine einflußreiche Person und ein Mann von Geist war; wir wissen auch, daß er 1284 für Graf Jean I. von Brienne das Werk des Vegetius über die Kriegskunst übersetzte, anderer Schriften nicht zu gedenken. Der Roman aber erwarb ihm den Titel Père et inventeur de l'Eloquence. Jehan de Meung starb zwischen 1310—18; folgende Anekdote über seinen Tod ist charakteristisch. Um ein schönes Begräbniß zu erhalten, soll er dem Kloster der Cordeliers in Paris zwei schwere Koffer vermacht haben; als die Feierlichkeit vorüber war, öffneten die guten Mönche die Koffer und fanden Nichts als Schiefersteine mit Hieroglyphen und geometrischen Figuren darin; jetzt wollten sie dem Todten das Grab wieder nehmen, aber das Parlament trat wehrend dazwischen. Si non è vero, è ben trovato.

Ginge nicht aus Allem schon die geschichtliche Bedeutung dieses Werkes hervor, so spräche das Urtheil der Nachwelt dafür. Während die Epopöen der Sagenkreise Karl's und Arthur's in tiefes Vergessen oder doch in Geringschätzung fielen, so erhält sich der Roman von der Rose nicht nur in stetem Gedächtniß, es ward ihm auch die Ehre des größten Lobes und des heftigsten Tadels. Der erste Theil, d. h. die eigentliche Fabel (Wilhelm's von Lorris Werk), galt bald für einen Tractat der Alchymie, bald der Moral. Im sechzehnten Jahrhunderte sagte Marot davon: „Unter der von den Liebenden so heiß begehrten Rose ist der Zustand der Weisheit verstanden; die Rose ist darnach vorgestellt unter der päpstlichen Rose, die aus dreierlei zusammengesetzt ist, nämlich aus Gold, Bisam und Balsam; Gold bedeutet die Ehre und Ehrfurcht, die wir Gott dem Schöpfer schulden, der Bisam die Treue und Gerechtigkeit, die wir an unserm Nächsten üben sollen, und der Balsam das, was wir uns selbst schuldig sind. Man kann aber auch unter der Rose den Zustand der Gnade oder die Jungfrau Maria oder den obersten Herrn und die Herrlichkeit der ewigen Seligkeit verstehen." Marot verglich Wilhelm mit Ennius,

> Notre Ennius, Guillaume de Lorris,
> Qui du Roman acquit si grand renom.

Der gelehrte Pasquier im selben Jahrhundert sagt: „Wir haben Guillaume von Lorris und unter Philipp dem Schönen Jean von Meung gehabt, welche Einige unter uns mit dem italienischen Dichter Dante haben vergleichen wollen; ich aber würde sie gern allen Dichtern Italiens gegenüberstellen." Ein Anderer, Lenglet-Dufresnoy, geht noch weiter, er sagt: „Ich betrachte ihn (Guillaume) nicht nur als unsern Ennius, wie ihn Marot bezeichnet hat, sondern auch als unsern Homer. Er ist das Vorbild von allen unsern alten Dichtern gewesen; Regnier hat kein Bedenken getragen, nach diesem Roman la Macette nachzuahmen, ohne Widerspruch die glänzendste und schönste seiner Satiren; und was sehr ruhmvoll für diesen Roman, aber vielleicht nicht ebenso für Ronsard ist, das ist der Umstand, daß Letzterer dies alte Werk immer in Händen hatte." Nun, nicht nur Ronsard, selbst Lafontaine las es noch im Zeitalter Ludwig's des XIV. mit Vergnügen.

Dagegen schrieb Gerson, Kanzler der Universität von Paris (lebte 1363—1420), einen Tractat zur Verwerfung des Romans, dessen Einfluß ihn jedoch so beherrschte, daß er dieselben Formen und Fictionen gebrauchte; er sagte: „wenn ich wüßte, daß er (Jehan von Meung) nicht Buße gethan hätte, so würde ich für ihn so wenig beten wie für Judas Ischarioth." Verdammender kann sich ein gläubiger Katholik nicht ausdrücken. Auch die Frauen waren gegen das Lästerbuch erbittert; Christine de Pisan, Gerson's Zeitgenossin, vertheidigte das weibliche Geschlecht in ihrem „Epistelu über den Roman von der Rose." Ein Gleiches that Martin Lefrane in seinem Philipp dem Guten von Burgund gewidmeten Champion des dames. Endlich brachte ihn Jehan Molinet, Kanonikus zu Valenciennes, um 1480 auf den Wunsch Philipp's von Cleve, Herrn von Ravenstein, in Prosa. Die Uebersetzung ist eine ungenaue Paraphrase in 107 Kapiteln mit Moralitäten und mehreren neuen Allegorien, die sich auf spätere Ereignisse beziehen. Die Pariser Ausgabe von 1521 trägt den Titel:

> C'est le roman de la rose,
> Moralisé cler (d. h. clair) et net,
> Translaté de rime en prose
> Par vostre humble Molinet.

So fehlte denn diesem Romane oder Epos keine der Ehren, die Göthe's Faust zu Theil geworden sind; wenn aber letzterer von welthistorischer Bedeutung ist und das Interesse der Menschheit überhaupt in Anspruch nimmt, wie er denn auch in alle gebildeten Sprachen übersetzt wird, so hat der Roman von der Rose nur ein nationales Interesse, er kennzeichnet nur eine Epoche. Dasjenige Gedicht, das auf der Höhe des Mittelalters steht und das Wesen desselben zusammenfaßt, obgleich auch nicht ohne nationale Färbung, ging von Italien aus, dem Lande des Kampfes zwischen Papst und Kaiser, den beiden Oberherren der Christenheit. Ich meine die göttliche Komödie Dante's, des Zeitgenossen Jehan's de Meung. Es ist durchaus keine Lästerung, wenn wir dies unsterbliche Werk neben dem Roman von der Rose erwähnen. Mit demselben theilte es nicht nur Haß und Bewunderung der Zeitgenossen und Nachkommen (gleichviel mit welchem Rechte), sowie die Ehre zahlreicher Commentare, es hatte mit ihm auch die allegorische Form, die Form eines Traumgesichts gemein und war ebenfalls ein politisches Gedicht. Freilich nahm es einen solchen Schwung, daß alles Andere unter ihm zurückblieb. Schon daß es, wie der Faust, in alle Sprachen übersetzt wird, ist ein Beweis für seine europäische Bedeutung; der Grund davon aber ist sein Inhalt. Dante ist der Luther der italienischen Sprache, wenn nicht mehr, aber er ist zugleich der Homer des Mittelalters. Zwar nur einmal in der Weltgeschichte ist ein Epos das heilige Buch kurzweg, die „Bibel" seiner Welt geworden; es ist die Iliade, der Katechismus der griechischen Schuljugend, das Evangelium des griechischen Volkes, das in diesem Lied seine Götterlehre und sein Heldenthum beschlossen fand. Aber nur einmal auch war dies möglich; es bedurfte eines Volks von noch naiver Anschauung und vorzugsweise künstlerischer Anlage, wie das griechische war, damit ein Lied (im Altdeutschen bedeutet dies Wort ein Epos und überhaupt das sangbare Gedicht) zur Bibel werden konnte. Dies also für das Epos an sich zur Norm zu machen, zu verlangen, daß dasselbe als Encyklopädie das ganze Wissen und Glauben seiner Zeit umschließen solle, wie Villemain gethan hat, heißt das Wesen der Geschichte verkennen und eine Schranke dem Leben setzen, das eben keine kennt. Der Unterschied zwischen Dante und Homer ist der, daß dieser den Griechen ihre Götter schuf, also gleich einem Religionsstifter auf die Zukunft wirkte, während jener einen schon geschaffenen Glauben mit seiner Mythologie und seinem Legendenschatz zusammenfaßte, die Vergangenheit also als Dichter künstlerisch abschloß. In dieser Beziehung bildet die Komödie Dante's ein Gegenbild zu Ovid's Metamorphosen, von denen ich anderswo gesagt habe:

<blockquote>
Encyklopädisch allen Glaubensplunder
Der Heidenzeit vereinigend, sind sie
Ein Resumé der vorchristlichen Wunder;
</blockquote>

Dante sang die nachchristlichen; von jetzt an begann die Kritik des Mittelalters, sein Zerfall. Ganz wie Homer das patriarchalische Priesterthum und das Heroenthum, so konnte auch Dante die Priester- und die Feudalwelt in seinem Gedicht vereinen. Wodurch dies aber einzig dasteht, was es vor allen andern mittelalterlichen Epen auszeichnet, ist der kühne geniale Griff des Dichters, der seine Dichtung in das Jenseits verlegte. Dieses fehlt den übrigen und ist doch der eigentliche Grundgedanke des Mittelalters. Für die Griechen war das Leben nach dem Tode ein Schatten-leben der Erinnerung. „Seine Freuden traf der frohe Schatten in Ely-sä'schen Hainen wieder an;" für die Christen war das Jenseits Alles, das wahre Leben, die eigentliche Bestimmung des Menschen, die irdische dagegen das Schattenleben, eine Vorbereitung auf das ewige. Der Grieche kannte nur die Unterwelt, der Christ theilte das Jenseits in oben und unten, Himmel und Hölle und dazwischen die Erde. Da-durch daß Dante dies Jenseits zum Schauplatz seiner Schöpfungen machte, ise er auf die Höhe des Mittelalters.

Selben zahlte Italien seine literarische Schuld ab, sammeln begonnen. Aeußere und innere der Mangel einer Sprache, deren Fall Lombarden, Gothen, ellen, natürlich tausend man in Italien anden werden ezteres ngland e erklärt Sprache n Sprachen n am Hohen-fenhofe er Junge, bis die gebl. fsprache adelte.

gt an welcher , warum Italien nicht an der Literatur des en hatte, war der Mangel des Lebensadels und Ritte lich der ritterlichen Mythologie; selbst den Enthusiasmu ge kannte man hier nicht, die Italiener beuteten dieselben ausmännisch aus. Was später Ariosto und Tasso sangen, war ihre Dichtung die Kunstpoesie Einzelner, nicht das Product nationaler Begeisterung.

Dagegen lebte die Tradition der classischen Kunst noch fort und sprach alltäglich durch die herrlichsten Trümmer zu Geist und Auge. Ihr Schatten ist es, der als Virgil durch das erste und größte italienische Gedicht, durch Dante's Komödie zieht. Während alle andern lateinischen Schriftsteller für die Menge vergessen waren, hatte Virgil noch ein Gedächtniß im Herzen des Volkes bewahrt. Es ist dies leicht begreiflich; die meisten lateinischen Dichter waren Nachahmer einer fremden Kunst, der griechischen, gewesen;

der große Lucrez war für die Masse unverständlich geblieben und der geniale Ovid, obgleich ganz original, mit seinem Voltairianismus zu kosmopolitisch. Virgil allein war Staats- und Nationaldichter, er hatte in der Aeneide die Trojaner zu seinen Helden gewählt, also gegen die Griechen Partei genommen und endlich die Gründung Roms gefeiert. Der Stoff ließ vergessen, daß er im Grunde doch auch nur ein Nachahmer, wenn auch der talentvollste von Allen, war. Das Volk, das sein Gedicht mit der Umwandlung der Sprache nicht mehr lesen konnte, hatte aus dem Dichter einen Zauberer gemacht, Andere aber ihn zu einem Propheten geheiligt; z. B. hatte der Kaiser Constantin am Osterfeste in der Hauptkirche seiner neuen Stadt die Stelle aus den Eklogen (IV, 4 u. ff.):

Ultima Cumaei venit jam carminis aetas
(Der jüngste Tag, den die Sybille von Kumä prophezeiht hat, ist gekommen) als messianische Weissagung […] So war Virgil nicht nur der Rationaldichter Roms […] sondern auch der Uebergangsdichter, das Bindeglied zwi[…] Christenthum. Durch Dante's Epos kündigt […] an, die von den zwei großen Geistern, d[…] Boccaccio und Petrarka, mit […] Dichter zeigen auch dies[…] schließt die Poesie de[…] Troub[…] […]nies, d. h. mittelalterlichen […] künstlerischer moderner Form, d[…] und der Zukunft zugleich i[…] Geschichte Italien von selbst d[…] mit der alten Welt gekannt[…] […]thümlichen künstlerischen […] Italien sein Verständniß ge[…] […]elbst nicht ausgenommen, […] […]ch türkischen Despotismus erd[…] und die Sonne Homer's, siehe! sie le[…] ist der Christuskopf, der Gott des christlichen […] Jupiterkopf des Phidias, den dieser größte Bildhauer[…] […]en geschaffen hat, der olympische Jupiter, auf dessen Al[…] […]ß der Majestät sich mit himmlischer Milde paart und von de[…] sang, daß er, wenn er mit seinen Augenbrauen winkt, den gewaltigen Olymp erschüttert. Was half es dem römischen Senate, daß er im Jahr 388 seinen Beschluß zur Verdammung Jupiter's faßte; was half es dem Christenthume überhaupt, daß es die schönen Götterbilder umstieß? Der Mensch verehrt nun einmal nur sich in seinen Göttern, und wenn sein Gott eine Person ist, wäre es auch ein Einziger, so wird er auch in den Anthropomorphismus verfallen. Darum nannte Moses, dieser vielleicht größte Held der Geschichte, seinen Gott

„das reine Sein" (Jehova) und, wohl wissend, daß sein Volk daraus doch eine Person in der Art der heidnischen Götter machen würde, verbot er wenigstens schlechthin, denselben bildlich zu gestalten; darum hat die christliche Kunst der dritten Gottperson, dem heil. Geiste, der in der Geschichte der Religion eine so unklar und mystische Rolle spielt, das symbolische Bild der Taube ausgenommen, keine Gestalt zu geben vermocht. Christus aber, für das Mittelalter und für den Katholicismus noch heute der wahre Gott, der die beiden andern Personen der Dreieinigkeit absorbirt, wurde den Völkern als eine fleischgewordene Person gepredigt; unwillkürlich fiel man darauf, ein Bild von ihm zu entwerfen. Denn erstens ist der Mensch seinem Wesen nach eine künstlerische Natur („die Kunst, o Mensch, hast du allein gemeinsam mit Gott") und sodann will jeder auf niederer Bildungsstufe seinen erschaffenen Gott sehen. Die christliche Legende selbst rechtfertigt oder entschuldigt diesen Anthropomorphismus durch die Sage von dem Schweißtuch der heil. Veronika, die dem Erlöser das Antlitz trocknete und dessen Züge auffing, und durch die andere vom Apostel Lukas, der das erste Bild des Meistas geliefert haben soll. Uebereinstimmend, bei den alten Griechen zwar, trotz einzelner Malerei vor der Bildhauerei zurück, in der christlichen Kunst steht der Fall, sie stellt ihre Gegenstände vorzugsweise in Bildern. Fortschritt für die Kunst überhaupt, so begriffen, hat sich der Bildhauerei entzogen, und wenn auch der schöne Umfang, die allein der Dichtung eigen ist, gleich der Malerei, nur im Raum begrenzte Momente schildert, so sind doch umfangreichere, täuschender und also ergreifendere Stoffe erlangend das Reich der Prosa erreicht. Wenn endlich die Götterbilder der Sculptur Ideale waren, die einer Eigenschaft entsprachen (bei den Orientalen vielleicht furchtbar, die Griechen aber die menschen Leiden und Freuden), so individualisirte die Malerei. Die Kunst ward physischer, menschlicher. Da nun das Christenthum selbst innerlicher war als die plastische Religion, so wählte es auch zur bildlichen Darstellung seiner Stoffe mehr die Malerei als die Bildhauerei, es hatte aber zu Beginn für sinnliche Darstellung Gottes nur Sculpturen (schon die griechischen Maler stellten vorzugsweise Menschen statt der Götter dar). Unter diesen war der Jupiter des Phidias der höchste vollkommenste Typus der Göttlichkeit; von den Völkern der damaligen Welt, denen das Christenthum gepredigt ward, waren die Griechen das gebildetste und in Bezug auf die Heimath der neuen Religion das einflußwichste. Unter ihnen also, den byzantinischen Christen, bei denen die antike Kunst noch als Tradition fortlebte, entstand nach dem Jupiterkopf der Christuskopf; von ihnen ging die Malerei nach Italien über und so verehrt noch heute die christliche Welt in der Gestalt

9*

des Gottmenschen den Jupiter Homer's. „Und die Sonne Homer's, siehe! sie leuchtet auch uns." Doch das Christenthum hat es durchgängig so gemacht; wo es einen früheren heidnischen Cultus nicht zu stürzen vermochte, da adoptirte es dessen Gebräuche, indem es ihnen seinen Sinn unterschob. Aus dieser Verschmelzung des Christenthums mit dem Hellenenthum geht später die neue Kunst zur Zeit der Renaissance hervor, von der wir mit Dante schon den Morgenhauch verspüren; mehr und mehr tritt nun die mittelalterliche Kunst, die selbständig in der Zeit der Hierarchie und des Lehnwesens erwachsen war, vor dem helleren Tageslicht in Dämmerung und Nacht zurück. Endlich, wenn Italien alle Schätze der alten Kunst wieder vereint und neue Muster der Bildung gegeben hat (im sechzehnten Jahrhundert, dem Wendepunkt der europäischen Geschichte), dann befruchtet sich die französische Literatur an dem, was wir jetzt nur keimen sehen, zu neuen Schöpfungen.

Dann, ein wenig später aber, wirkt auch Spanien und Portugal auf die französische Literatur ein, sodaß die ganze romanische Völkerfamilie harmonisch zusammenklingt. Spanien hatte durch seinen Kampf mit dem Islam genug zu thun, um literarische Muße zu finden; in Provenzalen herrschte altfranzösische Sprache und Poesie, das eigentliche Spanien mußte erst Schritt für Schritt erobert werden, außer dem Cid ging daher in dieser Epoche nichts Bedeutendes hervor. Später trat das spanische Volk mit Kraft und Selbständigkeit hervor, so daß man hier eigentlich zu poetisieren anfing. Der Roman Diana von Montemayor (geflohen ...) gab der Astrée d'Urfé, Cervantes Lazarillo de Tormes erschienen 1553 und die übrigen Schelmenromane dem Romancomischen Scarrows zum Muster; Corneille arbeitet spanische Stücke in französische um. Portugal ging Spanien voraus durch den Amadis aus dem vierzehnten Jahrhundert, der in Frankreich eine Menge Nachahmer fand. Nur England, wohin die Normannen die französische Sprache gebracht hatten und wo noch Chaucer, der erste eigentlich englische Dichter (1328—1400), aus der gemeinsamen Dichterquelle des Mittelalters geschöpft hatte, sonderte sich in eigner Entwickelung von der lateinischen Welt ab. Bis hierher, d. h. bis zum Roman von der Rose war Frankreich den Schwesterliteraturen nicht nur vorangegangen, es hatte sie auch überragt, ja beherrscht.

Kehren wir nun nach diesem Ueberblicke über die gesammte lateinische Welt zu unserm Roman von der Rose zurück, so sehen wir, daß er die mittelalterliche Epik abschließt, daß er zugleich das erste vollständig originale Kunstwerk der Franzosen ist, daß er aber, ohne die ganze Welt des Mittelalters zusammenzufassen, nur nationale Bedeutung hat. Doch darf man das Wort „national" nicht zu streng fassen, denn immerhin entspricht das Gedicht dem allgemeinen Zuge der mittelalterlichen Muse. Was Stoff und Form (nicht aber die Färbung) betrifft, so hat die deutsche Literatur zur selben Zeit ein ganz ähnliches Werk aufzuweisen in der **Minne-Lehre** des Heinzelin von Konstanz am Ende des dreizehnten Jahrhunderts. In diesem Gedichte besucht der Dichter die als Frau Minne personificirte Liebe in ihrem Lande, ein Pays tendre vor dem Roman der Scudéry (Amerika ist schon vor Christoph Columbus entdeckt gewesen, es ward nur nicht bekannt oder wieder vergessen). Gervinus geht noch weiter, er führt diese Neigung zur sinnbildlichen Einkleidung auf die Allegorie von der Höhle der Liebe im Tristan zurück, er verfolgt sie durch Ulrich von Lichtenstein's (Mitte des dreizehnten Jahrhunderts) Frauendienst und Frauenbuch und stellt diesen die Jagd von Hadamar von Laber zur Seite, worin die Leiden und Freuden der Liebe unter dem Gleichnisse einer Jagd besungen. In Frankreich und Deutschland herrschte dieselbe Gesellschaft und Natur (ich meine die tonangebende ritterliche), in beiden Ländern erzeugte auch erzeugte die Allegorie die episch-lyrische Unmittelbarkeit und Naivetät; sie ward aber von dem deutschen Genius, der so gern grübelt und schematisirt, noch mehr gepflegt und gipfelte sich am Vorabend der Reformation im Ehrendank des Kaisers Maximilian. Wie schon gesagt, es herrscht eine große Monotonie durch die Literatur des Mittelalters (die scandinavischen und slavischen Stämme lagen abseits davon), aber eine Monotonie wie die der Oper Norma, schwelgend in allen Himmeln und Höllen der Leidenschaft, voll der schmelzendsten Töne und der blendendsten Farben. Diese Eintönigkeit war natürlich, denn die christliche Welt war noch Eine; wenn auch die Oberhoheit des Kaisers nicht im Ernste geltend gemacht ward, so gab es wenigstens für Alle ein gemeinsames christliches Haupt, den Papst, und Ulrich von Hutten kennt keinen umfassenderen Ausdruck für die europäische Geisteswelt als "respublica christiana", die christliche Gesellschaft. Nur allmälig prägten die Nationen den ihnen innewohnenden Volkscharakter selbständig aus und machten so selbständige Literaturen möglich.

Für die geschichtliche Weiterentwickelung sehr interessant ist der Ort der Geburt des Gedichts von der Rose. Lorris und Meung liegen im mittlern Frankreich an der Loire, jenes östlich, dieses westlich von Orleans. Dieser Strom war bis damals die Scheidegrenze der beiden Hauptdialekte Frankreichs, der südliche aber war in dieser Epoche schon von dem geschichtlichen Schauplatz zurückgetreten, die Literatur der Provençalen war mit der Zerstörung ihrer Gesittung in dem Albigenserkriege verschwunden; Frankreich ward jetzt Eins. Und da ist es denn beachtenswerth, daß Orleans zwischen jenen beiden fast in der Mitte liegt. Orleans, wo im folgenden Jahrhunderte der französische Patriotismus durch die Heldenjungfrau so verherrlicht und die französische Nationalität gerettet werden sollte; da ist es ferner der Bemerkung werth, daß in jener Gegend längs der Loire, von Orleans bis über Tours hinaus das reinste Französisch selbst im Munde des Volkes und Bauernstandes lebt. Es ist der Garten Frankreichs. Ich habe ihn im Jahr 1851 auf meiner Wanderung nach Nantes, dem Orte meines Exils, durchschritten. Welch' liebliches Geländ und wie harmonirt so schön damit die elegante Gesittung und herzliche Wärme des Volkes! Ich werde den Abend nie vergessen, an dem ich längs der Loire auf dem prächtigen Chausséeramm müde der Herberge zueilte; es dämmerte tief und einzelne Regentropfen fielen, ein verspäteter Wanderer gesellte sich zu mir; es war ein Bürger des nahen Fleckens. Wir sprachen von Allerlei, dann auch vom Woher? und Wohin? Was hinter mir lag, wußte ich wohl zu sagen: Trümmer! was vor mir lag, das war im Dunkel der Zukunft verborgen. „Sie sind verbannt und Demokrat?" fragte mein Begleiter. „Ja!" war die Antwort. „Der Weg des Verbannten ist hart, sagte mein Begleiter wieder, ruhen Sie heut Nacht bei mir aus." Tagelang hielt man mich zurück und jeder Freund meines edlen Wirths machte es sich zur Ehre und Freude, mich an seinem Herde niedersitzen zu lassen. Man spricht viel von deutscher Gastfreundschaft und rühmt sie mit Recht, aber jenen Abend muß ich stets lächeln, wenn ich das deutsche Volk sich selber Tugenden überheben höre." Glaubt mir, der ich Frankreich besser kenne als jene flüchtigen Touristen und Pariser Correspondenten; ich habe das französische Volk an allerlei Orten und in allerlei Schichten kennen lernen, es ist ein gutes edles Volk und hat nicht mehr Schwächen als das deutsche.

Alle Elemente des französischen Volkes und Geistes sind jetzt in ein harmonisches Ganzes verschmolzen, von Anfang seiner Geschichte an strebt Frankreich nach Einheit. Auch in dieser Beziehung dürfen wir zwischen dem Roman von der Rose und der göttlichen Komödie eine Parallele ziehen. Auch der Dichter der letzteren über Guelfen und Ghibellinen stehende Dante kämpfte für die Einheit seines Vaterlandes. Ganz wie das heutige Italien durch Victor Emanuel, wollte er sie durch den Kaiser; das Papstthum solle neben diesem als rein moralische Macht stehen, nicht mit dem Recht den Kaiser ein- oder abzusetzen, aber mit der Befugniß ihn zu warnen, beide sollten wie zwei Sonnen nebeneinander wandeln. Aus diesem Grunde verdammt er Brutus und Cassius, die sich gegen Cäsar verschworen hatten; denn Cäsar war für ihn nicht der Tyrann, sondern das Sinnbild der Einheit. Nicht minder scharf rügt Dante die Ver- und Gebrechen des Papstthums. Es ist, als wär' es heute. Mit Recht gilt er seinem Volke als ein Prophet.

Frankreich war glücklicher; seine Könige, geführt durch ihr Interesse, gründeten seine Einheit. Aber nicht nur in Bezug auf Staat und Sprache war es bisher getrennt gewesen, diese Trennung streckte sich auch auf die

Literatur aus. Was wir bisher davon haben kennen lernen, die epische Poesie, gehörte vorzugsweise dem Norden an. Die Lyrik dagegen war im Süden erblüht. Nicht daß sie dem Norden gemangelt hätte; wo ein Menschenherz schlägt, findet sein Jubel und sein Schmerz auch einen Ausdruck im Liede; aber auch das Lied gestaltete sich hier episch, wie wir sehen werden, und, was unleugbar ist, die Lyrik des Südens ging der des Nordens als K[unst]epoche voraus, sie war reicher als diese und wirkte bildend auf [sie], nicht aber umgekehrt. Wir haben ihr also einen besondern Ab[schnitt zu widm]en.

8. Die Troubadours.

[Lockend tönet]
[........................]
[........................] Klang;
[........................]
[........................]
[Was der .... Vogel-Gesang?]

Zaubermühle,
Süßes Fühle,
Fühl' ich mir plötzlich im Herzen erblühn:
Was [sind's für] Wangen,
Ei[gnes, frem]d[es] Wangen,
Oder sind's Rosen, die schamhaft erglühn?

Träumerische Mienen,
Himmlische Scenen,
Bricht mit der Dämmerung über mich ein.
Leuchten mir Sterne,
Dort in der Ferne,
Oder sind's Augen mit zärtlichem Schein?

Holde Gedanken,
Irren und Schwanken
Füllt mir verwirrend die schmachtende Brust.
Ist es nur Eines,
Ach! oder Keines,
Oder wohl Beide? o selige Lust!

Süßes Erschrecken
Fühl' ich mich wecken;
Siehe, der Lenz ist gekommen in's Land
Und ihm zur Seite,
Reizend Geleite,
Führt er die Liebe an rosiger Hand.

Diese Verse flossen mir in die Feder, als ich jüngst durch glücklichen Zufall grade am ersten schönen Frühlingstage, während noch Walther's von

der Vogelweide Minnegesänge, [...] diesen Abschnitt zu schreiben begann. [...] Igesang eröffnen. Was stimmt woh[l ...] Dreiklang:
Lenz, Lieb' und Lied? O F[...] Welt und
Herz; wo der Greis wieder [...]uste Stern
des Himmels, der Sirius, [...] Abendfeier
lächelt; wo die Natur nur [...] Früchte
nur Blumen giebt; doch w[...] würde
müde dich zu segnen? du bi[st ...]lied.

Um wie viel erquicken[d ...] er in den
Tagen der erst wieder erwa[...] nach dem
gefürchteten Jahre 1000 d[...] gann und
dem Menschengeschlecht no[...], die uns
den Winter so traulich, so [...] Mensch
nach der rauhen Härte de[...] um so inniger; da erschien ihm, [...] racht und
Zierrath kannte, die Jun[...] ihm zur
Freude; und wie in den [...] wie sich
die Lerche begeistert zum [...] die Nach-
tigall, die süße „Stimm[...] Philomelen
benennt), allen Jubel [...] n auch der
Mensch wieder zu erwa[...] ehren) und
eine Sprache zu finden [...] kreise, aus
langer Erstarrung jube[...] die allgemeine Feier und unwi[...] Minnegesang war der Wiederbe[...] mal in der
Geschichte war dieser L[...]

Zwar die Heimat[...] den Frank-
reichs, kannte den rauhen nordischen Winter nicht, der dem schwäbischen
Sängergeschlecht den Mai vorzugsweise als den Wonnemond erscheinen
ließ; auf diesem gesegneten Boden, wo die griechische Schönheit eine zweite
Heimath fand und die Sprache Tibull's unter den Myrten erklang, feiert
die Natur der Göttin der Schönheit fast ein ununterbrochenes Opferfest.
Dafür aber waren die Stürme der Völkerwanderung darüber hingezogen,
wie eisige Schatten hatten sich die Todeswehen der sterbenden römischen
Welt darüber gelagert und Sarazenensäbel wühlten noch im neunten Jahrhunderte in dem zuckenden Busen nach. So begrüßte denn die Bevölkerung dieses Landes den Frieden, der ihr endlich wieder zulächelte, mit
ebenso glücklich aufathmender Brust, als würde es wieder Frühling in der
Welt. Daß aber die provençalische Poesie (sie ist die Erstlingsblüthe,
die Primavera der neulateinischen Literaturen) verhältnißmäßig so zeitig
erwacht ist, ist leicht begreiflich. Von den Stürmen, die den Untergang

der alten Welt begleiteten, wurde das mittägliche Frankreich weniger heimgesucht als Italien und Spanien, die besonders und weit länger der Tummelplatz der neuen Völker waren, und während das nördliche Frankreich sich mühsam aus der Barbarei zu einer neuen Gesittung aufrang, hatte römische Bildung und Sprache hier zu feste Wurzeln geschlagen, um nicht beim ersten Sonnenschein wieder Blühten zu treiben und was vor Allem von Bedeutung ist, der Süden hatte frühzeitig für den Ausdruck seiner Gedanken und Gefühle ein gebildetes Organ. Wir müssen fast vergessen, daß wir in Frankreich sind und von der französischen Literatur sprechen, so verschieden war damals der Süden von dem Norden in Sitte und Sprache. Schon der Name deutet dies an; Franken von den germanischen Fran—— bezog sich hauptsächlich auf den Norden, der Süden, die Prov—— —— —— die Provinz an.

Sprache —— —— nicht zu jener Weise, die wirkliche Kunst —— —— Literatur der Sprache von Oc die epische Poesie —— —— Warum, ist ganz natürlich, obgleich alle Liter—— —— den —— Verfall der provençalischen Poesie zu erklären —— nicht den rechten Grund getroffen haben. Nicht weil die provençalische Poesie der ernsten tiefen Begeisterung ermangelte, nicht weil sie, die Strenge des Gedankens verschmähend, auf den Blumen ihrer schönen Heimath, von dem Dufte derselben berauscht einschlummerte, wie Demogeot meint; nicht darum schuf sie keine classischen Werke. Dies ist selbst nur eine Folge des wahren Grundes. Dieser ist, weil die Bevölkerung dieses Landes nicht zu den neuen Stämmen gehört, welche, wie sie die alte Welt überhaupt verjüngten, statt einer Vergangenheit eine Zukunft hatten und daher, wenn auch instinktmäßig, die Idee einer geschichtlichen Aufgabe in sich trugen und zu Tage förderten. Die Südfranzosen find nur die Nachkommen der Römer (oder Gallorömer) und haben sich weniger als alle andern Bürger des Cäsarenreichs mit den Barbaren vermischt, während Nordfrankreich, Italien und Spanien von germanischem Blute durchdrungen ist. Das Reich der Westgothen war nicht nur im Vergleich mit den germanischen Reichen anderwärts von kurzer Dauer, es hatte auch dies Volk den Blick von Anfang an mehr nach Spanien westwärts gewandt und sodann blieb es, als dem Arianismus zugethan, streng von der römischen Bevölkerung geschieden. Woher sollte nun in der letztern geschichtlicher Trieb, geschichtlicher Reichthum und damit ein münzbarer Inhalt des Lebens kommen? Denn nur geschichtliche Völker haben eine Literatur. Die Südfranzosen haben es gebracht, wozu sie es bringen konnten, und dieses heitere glückliche Leben voll Liebe und Gesang ist darum nicht gering zu schätzen, weil es Blumen und keine Früchte getrieben hat wie der ernst langsam gereifte Norden. Wie die homerische Sängerschule an Joniens lachenden Gestaden, wird die provençalische Poesie im

Gedächtniß der Menschen fortleben als ein schöner Frühlingstraum, zu dem der Geist gern zurückkehrt, um Heiterkeit und Lebensfreude einzusaugen. Aber wie verwebt sich auch Alles in dem Gemälde dieses Dichterlenzes so harmonisch zusammen! Unter dem schönen Himmel der Provence, der den Phokäern den Himmel Joniens zurückrief, auf dieser lachenden Erde, wo die Myrte um Tempeltrümmer und Götterbilder blüht, die dort noch immer vom Olympe träumen, unter dem glücklichen Geschlechte, in dessen Adern noch griechisches Blut wallt und das der strengen dictatorischen lateinischen Sprache griechische Melodie eingehaucht, nur dort konnte jene zauberische provençalische Sprache entstehen, die von selbst Gesang wird und der unnachahmliche Reiz jener Poeten ist. Da stimmt Alles zu Allem, Bild und Rahmen, Natur und Kunst. Und das scholastische Geschwätz der Schulen, hat es denn immer mehr Werth als die anmuthige Sophistik der Liebeshöfe? Mag es auch, Nordfrankreich zu weltgeschichtlichem Ruhme gereichen, die Universität Paris gebildet zu haben; das Collegium der „fröhlichen Wissenschaft" und die Blumenspiele von Toulouse, diese Nachfeier der Poesie der Troubadours, haben einen Reiz und einen Werth, der einzig ist. Wie manche Tändelei auch damit verknüpft sei, so ist es doch erhebend, namentlich in unsern Tagen, wo das Nützlichkeitsprincip die Herzen verknöchert, die reinen Spiele des Geistes geehrt und der Schönheit als solcher geopfert zu sehen.

Indessen ist das alte, namentlich durch die frühere Benennung „Minnesänger" genährte Vorurtheil, als hätten die Troubadours nichts als Liebe gesetzt, längst zerstört. Sie waren zugleich politische Dichter voll Muth und Charakter, denn die politische Poesie, die man bei Herwegh's Auftreten für etwas ganz Neues hielt, ist etwas ganz Altes, sie hat schon im siebenten Jahrhundert vor Christus bei den Griechen geblüht. Falsch verstandener Patriotismus, nationale Eigenliebe oder sonstige Beschränktheit haben den Historiker der deutschen politischen Dichter unter den Minnesängern, Herrn Ernst (Güstrow, 1840), zu höchst schiefem Urtheile über die südfranzösischen Troubadours verleitet, die ich hier nicht unterlassen kann zurückzuweisen. Gehört es denn zum Patriotismus, den Ausländer zu beschimpfen? Oder glaubt Herr Ernst, die französischen Minnesänger recht tief herabsetzen zu müssen, damit die deutschen recht hoch steigen? Ich meine, die Einen sind soviel werth als die Andern. Und wenn es an's Abrechnen gehen soll, so wollen wir auch hervorheben, daß die Provençalen frei von jener Bettelei sind, die uns in dem sonst so trefflichen Walther von der Vogelweide anwidern. Welches Lobpreisen der „Milde", als ob die Freigebigkeit den ganzen Werth des Mannes mache! welches Geschmeichle darum! Von Otto IV. sagt Walther: „Wär er so mild als lang, er hätt' der Tugend viel besessen." Wir wissen Alle, daß in jenen Zeiten jeder Dichter, wenn er nicht selbst ein Lehen besaß,

auf die Freigebigkeit einzelner kunstliebender Herren angewiesen war; aber
derselben die Leibeslänge des Gönners als Richtschnur anzuweisen, ist
wenig zart.

Seien wir gerecht! Gervinus hat Unrecht, die deutschen Minnesinger
auf Kosten der Provençalen herabzusetzen; aber dies giebt Herrn Ernst
nicht das Recht, die letztern zu schmähen, um den Deutschen die Ehre
allein zu lassen. We..n die deutschen Minnesinger „ernster, verständiger,
fr......................die...tro(gigen, leidenschaftlichen, rücksichtslosen"
L......................... .n Oc, so ist das sein sittliches Verdienst,
so.............................e der klimatischen Verschiedenheit. Ruhige
B............ folgt ein........r des Nordens wie die Eiche; aber in
d.........ma.........r der Sonne der Provence kocht auch das Blut
h.............Rechte....er kann Herr Ernst über die „vornehm
g.................çal..........den Stab brechen, da er doch selbst zu-
g...........u......daß..........liebenden deutschen Höfen „im seichten
Le..........über die S......der strengen Sittlichkeit vielfach hinweg-
ge...........wurde."..ulet.....urzt er die Wahrheit vollends auf den Kopf,
in..............den Provençalen ihre Bildung grade zum Verbrechen macht.
Fr.............elle........auch hat". Nachdem er ihr künstlerisches Talent
aner............ge......n hat, da........sie für ihre Zeit ein glänzendes reiches
Leb................hab........fährt er fort: „Aber was haben sie für ihr Vaterland gethan? In dem Sinne des après nous le déluge haben sie vorzüglich beigetragen, die leidenschaftliche Erbitterung der Parteien zu dem
giftigsten Grolle und unauslöschlichem Rachedurste zu steigern, sodaß,
als die ungeheure Spannung endlich brach, als durch die von ihnen be-
günstigten Kezereien die Kirche plötzlich ein entschiedenes Uebergewicht
bekam, die auf jenes freudenreiche Leben folgende Veröduug desto grauen-
hafter wurde, weil sie auch die unschuldigen Bürger und Bauern, in denen
ein wahrer Trieb nach religiöser Befreiung entzündet war, mit ergriff.
Das war großentheils das Vermächtniß der so gerühmten poetischen Bildung der Provençalen, einer frechen, übermüthigen Bildung, welche das
Schicksal herausforderte und zum Leidwesen für die Menschheit einem gar
zu wölfischen Feinde unterlag." Oui! Also der deutsche Protestant, der
für Licht und Aufklärung gegen Rom Partei nimmt, macht den Troubadours, den Vorläufern der Reformation, „Kezerei" zum Vorwurf. Welcher
Widerspruch! Ja, er macht sie noch für die Gräuel verantwortlich, die
die herrschsüchtige Politik des Papstes und die fanatische Wuth seiner
Helfershelfer an dem unglücklichen Lande ausübten. Als ob die Albigenser selbst bei der größten Mäßigung die Toleranz der Kirche hätten erlangen
können! Sonach wäre jeder Fortschritt für die Grausamkeiten der Reaction
verantwortlich. Nun, wir haben es ja noch kürzlich erlebt; wen machten
selbst Wohlmeinende (d. h. brave Leute, aber schlechte Musikanten) für die

Reaction von 1849 mit allem Elend und Frevel, von dem sie begleitet ward, verantwortlich? Die stürmischen oder wie Herr Ernst sich ausdrücken würde, die „wuthschnaubenden" Demokraten, welche „das Schicksal herausforderten." In ihrer Zaghaftigkeit bedenken diese Gängler der Geschichte nicht, daß selbst die bescheidenen Liberalen von Anno 30 bei Metternich keine Gnade fanden. Zeuge die Wiener Conferenzbeschlüsse von 1834.

Zur Rechtfertigung seiner Anklage beruft sich Herr Ernst auf den ersten Kreuzzug (unhaltbares Citat!), besonders aber auf den Eroberungszug Karl's von Anjou, „der uns dieses Geschlecht (die Provenzalen) so recht kennen lehre." Das heißt denn die Geschichte verdrehen. Das alte Gesindel, das den Wütherich Karl begleitete, war allerdings ein verworrenes abscheuliches Geschlecht und die sicilianische Vesper ein gerechtes Strafgericht; was aber hat dies mit den Troubadours und ihren Zeitgenossen gemein? Die provenzalische Bildung, wie sie von den letzteren vertreten ward, war schon seit fünfzig Jahren vernichtet und ein neues Geschlecht unter barbarischen Verhältnissen aufgewachsen, das sich den Unterthanen Raimund's VI. von Toulouse gar nicht zurechnen war, als Karl von Anjou mit seiner Mordbande aus Anjou und Provence nach Neapel zog. Benevent 1209 erstürmt und die Schlacht bei Benevent, in welcher Manfred fiel, geschah 1266. Nach dem Tod des Tyrannen aber zerstreuten sich die Troubadours nach allen Seiten; die Mordbrenner und Mönche aber, die nun in diesem Lande hausten, rotteten die frühere Bildung gründlich aus. Die Verwilderung also, die wir an den Begleitern Karl's von Anjou bemerken, fällt nicht der Epoche der Troubadours zur Last, sondern den Kreuzzüglern und Ketzerbekehrern. Verwilderte nicht auch der deutsche Adel nach dem Verfall des Minnesangs?

Dreierlei verleitete Herrn Ernst zu seinem absprechenden Urtheil. Erstens der Geist des Widerspruchs, herausgefordert durch den entgegengesetzten Fehler, den Gervinus beging, als er die südfranzösischen Minnesänger zu sehr über die deutschen erhob. Zweitens der patriotische Dünkel, demzufolge nicht blos die deutsche Nation sich besser als die andern dünkt und fremde Völker herabsetzen zu müssen glaubt, um dem heimischen Verdienste keinen Eintrag zu thun. (Alberneres hat dieser Dünkel nichts dictirt, als was der Artikel Troubadour im Conversationslexikon vom Jahre 1830 sagt: „Es war die einzige Blüthe, die Frankreich auf dem Gebiete der Poesie hervorgebracht hat u. s. w." In den neuern Ausgaben ist diese Stelle hoffentlich geändert; zur Ehre des sonst so vortrefflichen Unternehmens will ich daher hier abbrechen.) Drittens aber ist es der den Deutschen bisher eigene Mangel an politischer Urtheilsfähigkeit. Seit 1848 haben wir allerdings Manches gelernt, denn nur politisches Leben giebt auch politisches Urtheil; aber bis dahin stand es arg darum. Alle

Welt erinnert sich der schiefen Urtheile, welche von den deutschen Zeitgenossen über die französische Revolution von 1792 gefällt wurden; diese Poeten glaubten, es müsse Alles so rein und rosig vor sich gehen, wie es ihrem idealisirenden Gemüthe vorschwebte. Nur Einer, aber auch ein Riese an Geist und Charakter, machte eine Ausnahme, der große Fichte. Mit der Geschichte Roms und Griechenlands ging es nicht besser. Wir brauchen nur an unsere Gymnasialerziehung zu denken, wie jämmerlich es da mit dem Verständniß des öffentlichen Lebens jener classischen Völker aussah, wenn es nicht null war. Was konnten wir auch dafür von den Pedanten und Philologen erwarten, die uns die alten Redner und Staatsmänner zu erklären hatten? In der Studirstube lernt man die Welt nicht kennen. Der eitle friedfertige Tugendredner Cicero, der das Vaterland von den „Rothen" errettete; eine Art Lamartine in römischer Toga, war natürlich der größte Mann der Republik, warum? weil er so schöne Reden in „ciceronianischem" Latein gehalten hatte. Noch kürzlich eröffnete uns ein Engländer, Grote, ganz neue Blicke in die griechische Welt, die doch sonst Niemand in der Welt so studirt hat als das deutsche Volk; aber das politische Leben verstand nur ein Engländer zu würdigen. Wo hätte Herr Mommsen seine politische Einsicht in die römische Geschichte anders gelernt als im „Deutschen Verein"? Als er mit uns Demokraten 1849 im Hôtel de Saxe zu Leipzig debattirte, mochte er zu gleicher Zeit ein Kapitel der römischen Geschichte studiren. So dürfen wir es denn an Herrn Ernst nicht zu arg rügen, wenn er vor 1848 von seinem Standpunkte „deutscher Besonnenheit und Vernünftigkeit" aus gegen die Troubadours als politische Partei ungerecht wird und ihnen das grade vorwirft, was in politischen Kämpfen nöthig ist: leidenschaftliche Entschiedenheit! Philisterhaft jedoch klingt es, wenn er sagt: „es ist ein Vorzug der deutschen Lieder, daß in ihnen die Subjectivität und das gemeine und unsittliche Interesse des Dichters oder seiner Partei nicht grell und flammend hervortritt, wie in denen romanischer Zunge" (nebenbei gesagt, es sind diese Worte Reminiscenzen phrastrender Hegelei); ferner: „die deutschen Sänger haben besonders deshalb daran festgehalten, keine Namen im Tadel zu nennen, damit nicht die Würde ihrer Mahnung durch Einmischung der Persönlichkeit eingebüßt werde" (was seiner Zeit Professor Gersdorf in Leipzig der politischen Poesie Herwegh's vorwarf); daß man aber „in solchen eine würdevolle Allgemeinheit anstrebenden Gedichten nicht eine flache Allgemeinheit oder ein körperloses Verschwimmen sehen solle" u. s. w. Das erinnert uns ganz an den Rath, den man den politischen Dichtern und Schriftstellern nach 1840 gab, nicht die Personen, sondern die Zustände anzuklagen; nur keine Persönlichkeiten! so allgemein als möglich, wie Heine ironisch sagte. Ganz gut, es giebt Persönlichkeiten, die nichts mit dem öffentlichen Leben zu thun haben, die nichts

beweisen und nichts entkräften, die nur der Privatrache oder der Privat-
schmeichelei dienen. Aber insofern die Zustände von den Personen getragen werden, sind die letztern als öffentliche Charaktere dafür verantwortlich und als solche in England und Frankreich auch stets angegriffen
worden. In politischen Kämpfen ist es wie in anderen Schlachten; man
muß handgemein werden, ohne gemein zu werden. Die Troubadours aber waren eine politische Partei, mehr und entschiedener als die
deutschen Minnesänger; daß sie im Handgemenge unterlagen, ist nur zu
beklagen, nicht aber ihnen vorzuwerfen.

Das aber erkenne ich an, daß auf Seiten der deutschen Lyrik des
Mittelalters ein Dichterkranz blüht, wie er keinen Provençalen geschmückt
hat. Kein Troubadour darf sich mit Walther von der Vogelweide in
Tiefe und Umfang der Poesie messen. Seine oft unzarte Begehrlichkeit
ist freilich ein arger Flecken und es verdient umsomehr Tadel, daß er fort
und fort den Höfen schmeichelt, als er wohl einsehen gelernt hat, daß alle
Menschen gleich sind und daß man den Herrn nicht von dem Knecht unterscheiden kann, wenn man ihre Gebeine blos fände. Er war Zeuge des
Aufschwungs, den damals die Städte und das Bürgerthum nahmen und
ein muthiger aufgeklärter Patriot hätte sich von dem Adel weg an diese
als die Träger der deutschen Zukunft gewendet. Aber (Herr Ernst macht
diese Parallele mit glücklichem Takt) wie Friedrich II., der große Hohenstaufenkaiser, den Geist der Zeit verkennend den Aufschwung des Bürger-
thums erstickte, in welchem die verständigern französischen Könige ihre
Stärke fanden, so fesselte auch den Dichter, Friedrich's Bewunderer, die
Macht der Vorurtheile an den Adel und die Fürstenhöfe; er bezeichnet so
eine Zeit des Uebergangs. Wir haben in der Gegenwart etwas Aehnliches. Die Dichter Laube, Geibel, Dingelstedt u. s. w. haben wohl erkannt, daß die geschichtliche Macht und Aufgabe an die Demokratie, an
das Volk gefallen ist; dennoch, befangen von Tradition und Erinnerung
an Weimars Musenhof und ähnliche Kunst- und Fürstenstätten, haben sie
sich in den Dienst der Fürsten begeben, um auch „Weimar" zu spielen.
Das feinere und reichere Leben an Höfen mag ihrem Geschmacke zusagen;
indessen Andere sind auch verwöhnt, wie denn künstlerische Naturen immer
an eleganter Umgebung Behagen finden; nur haben sie eine festere Ueberzeugung und Charakter genug, das feinere Leben am Hofe dem derberen,
aber biedereren Volke aufzuopfern. Die Zeiten haben sich seit Schiller
geändert; sein Verhältniß zum Hofe von Weimar war ein freies, natürliches und that seiner Würde keinen Eintrag. Sein Fürst fühlte sich
durch die Dichter, die ihn umgaben, geehrt und die freie Wahl, durch die
er sich mit ihnen umgab, macht, daß auch wir Demokraten ihn ehren.
Fürst und Dichter, gemeinsam in die ideale Höhe der Kunst entrückt,
liebten sich als Freunde. Aber heute, wo es gilt die damals geschaffenen

Ideale zu verwirklichen und dieses Streben von den Höfen aus aufgehalten, ja bekämpft wird, heute ist es Verrath an Kunst und Freiheit zugleich, wenn der Dichter seinen Herd noch an Stätten gründet, von denen der Geist des Fortschritts gewichen ist.

Betrachten wir aber Walthern als lyrischen Dichter, so können wir ihn nur preisen. Uhland, dessen vortrefflicher Biographie (Stuttgart bei Cotta 1822) wir nur eine größere Auswahl von Liedern beigegeben wünschten, sagt von ihm: „Das Gepräge der Meisterschaft erkennen wir an den Liedern unseres Dichters vornehmlich an dem Einklange von Inhalt und Form. Der Gegenstand ist durch die Form harmonisch begrenzt und die Form ist durch den Gegenstand vollständig ausgefüllt. Für das bloße Spiel mit Formen ist Walther zu gedankenreich. Eben darum sind auch seine Formen in der Mannigfaltigkeit einfach." In allen Weisen des Liedes hat er sich versucht und in allen ist er ausgezeichnet, von dem sing- und tanzbaren Volksliede an bis zur erhabenen Ode; endlich beschließt er Leben und Dichtung zugleich mit wunderbar ergreifenden Elegieen. Kein Anderer wie er verdient den Namen des vaterländischen Dichters; ich brauche nur an das herrliche Lied „Ihr sollt sprechen willkommen" zu erinnern. Was ihn als Dichter der Liebe auszeichnet, ist, daß er nicht nur den muthwilligen oder neckischen Ton anzuschlagen weiß, sondern auch den hohen und würdevollen, und zum Zeichen, daß Frauenschönheit der Kaiserhoheit ebenbürtig sei, singt er sie beste in gleich stolzen Weisen; das Minnelied wird dann zur Ode.

Durchsüßet und geblümet sind die reinen Frauen,
Es ward nie nichts so wonnigliches anzuschauen
In Lüften, auf Erden, noch in allen grünen Auen.
Lilien, Rosenblumen, wo die leuchten
Im Maienthaue durch das Gras, und kleiner Vögelein Sang,
Das ist gegen solcher wonnereicher Freude krank (d. h. schwach).
Wo man ein' schöne Fraue sieht, das kann trüben Muth erfeuchten (d. h. erfrischen)
Und löschet alles Trauren an derselben Stund'.
So lieblich lachet in Liebe ihr süßer rother Mund
Und Strale (Pfeile) aus spiel'nten Augen schießen in Mannes Herzensgrund.

Viel süße Fraue, hochgelobt mit reiner Güte!
Dein keuscher Leib giebt schwellend Hochgemüthe.
Dein Mund ist röther, denn die lichte Rose in Thaues Blüthe.
Gott hat gehöhet und gehehret reine Frauen,
Daß man ihn'n wohl soll sprechen¹) und dienen zu aller Zeit.
Der Welte Hort mit wonniglichen Freuten leit (d. h. liegt)
An ihnen. Ihr Lob ist lauter und klar. Man soll sie schauen;
Für Trauren und für Ungemüthe (Unmuth) ist nichts so gut,
Als anzusehn ein' schöne Fraue, wohlgemuth,
Wenn sie aus Herzensgrund ihrem Freunde ein lieblich Lachen thut.

---

¹) D. h. Gutes von ihnen sprechen.

Ich wüßte nicht, was die provençalische Lyrik Schöneres aufzuweisen hätte als diese Strophen, ja was sich an Erhabenheit nur damit messen könnte. Sie sind würdig des Volkes, das den hohen Ausdruck „Frauenwürde" geschaffen hat, wie auch kein anderes Volk ein Lied aufzuweisen hat wie Bürger's stolzes „Männerkeuschheit", wie endlich kein anderes Volk eine reinere Jugendblüthe hervorgebracht hat als „die deutsche Burschenschaft", die ohne jene beide undenkbar wäre. Wer diese Jugendblüthe zertreten konnte, machte sich nicht nur des Fluches, sondern auch der Verachtung werth.

Als politischer Dichter ist Walther dadurch für unsere Gegenwart interessant, daß er, vielleicht zuerst in der Geschichte, die weltliche Herrschaft der Päpste (le pouvoir temporel) angreift und bekämpft. „Er verwünscht (sagt Uhland) die Begründung der Priesterherrschaft mittelst der Schenkung Constantin's des Großen, durch welche nach der von den Päpsten verbreiteten Meinung, die Stadt Rom sammt mehreren Ländereien Italiens dem römischen Bischof übergeben und damit der Kirchenstaat gestiftet worden." Denn bis auf Constantin, als den ersten christlichen Kaiser, mußte man zurückgehen, wenn man die weltliche Herrschaft der Päpste rechtlich begründen wollte, und bis auf die Reformationszeit war diese Fabel oder Sage die Hauptstütze des Kirchenstaats. Walther sagt dagegen:

> König Constantin, der gab so viel,
> Als ich es euch bescheiden will,
> Dem Stuhl zu Rome: Speer, Kreuze und Krone.
> Zuhand der Engel laute schrie:
> „O weh! o weh! zum Dritten: weh!
> Eh' stund die Christenheit mit Züchten schöne,
> Der ist ein Gift nun gefallen,
> Ihr Honig ist worden zu einer Gallen,
> Das wird der Welt hernach viel leid."

Nach Walther bekämpft auch Dante die Constantinische Schenkung und gleichzeitig mit diesem Ottokar von Horneck in seiner Reimchronik; letzterer sagt:

> Ei, Kaiser Constantin!
> War thät du tein Sinn,
> Da du den Pfaffen geb
> Den Gewalt und das Urleb,
> Daß Stätt, Burge und Laut
> Unterthenig ihr'r Haut
> Und ihr'n Gewalt sollt wesen?
> Geistlicher Zuchtedelen
> Jst nu zu scharf worden.
> Du solltest in dem Orden
> Die Pfaffen haben lan,
> Als sein St. Peter begann,
> Das wär hoher Miethe werth.

Was wollteſt du das Schwert!
Den Pfaffen zu der Stol geben,
Die damit nichts können leben,
Noch zu Recht können walten u. ſ. w.

Man ſieht alſo, daß die weltliche Herrſchaft des Papſtes ſchon im hohen Mittelalter Gegner gefunden hat, als es noch keine Proteſtanten, Voltairianer und Demokraten von 1789 gab, als die Kirche noch im vollen Beſitz ihrer Kraft war und die Kreuzzüge von der Stärke des religiöſen Lebens und Glaubens Zeugniß ablegten. Es iſt nur der Spruch des Evangeliums: „Mein Reich iſt nicht von dieſer Welt“, dem gemäß die weltliche Herrſchaft bekämpft wurde. Die Vermiſchung der Religion mit der Politik bringt immer nur Störung hervor, das haben auch die franzöſiſchen Proteſtanten unter dem Namen „Hugenotten“ erfahren. Im funfzehnten Jahrhunderte griff Laurentius Valla (geb. 1407 oder 1415, geſt. 1457 oder 1465), päpſtlicher Secretär und Kanonikus an der Kirche zu St. Johannes im Lateran, dieſe Schenkung in ſeiner Schrift „de falso credita et ementita donatione Constantini" abermals an; Ulrich von Hutten gab dieſe Schrift im Jahre 1515 heraus und widmete ſie dem Papſte Leo X. ſelbſt! Von Walther von der Vogelweide an bis auf Herrn von Gueronnière bilden die Gegner dieſer Herrſchaft eine fortlaufende Kette.

Es iſt klar, daß eine Poeſie, die wie die der Minneſänger einen ſo großen Dichter hervorgebracht hat, eine ſelbſtändige und eigenthümliche war, und dennoch begegnen wir bei einem jüngeren Zeitgenoſſen Walther's, dem Tanhuſer, einer Sprachmengerei aus dem Franzöſiſchen, die nur von der im ſiebzehnten Jahrhundert überboten ward. Uhland citirt folgende Verſe:

Daß ich wäre ihr duz amis u. ſ. w.
Ain' Riviere ich da geſach (ſah),
Durch den Flores ging ein Bach
Zuthal über ein' Planüre.
Ich ſchlich ihr nach, bis ich ſie fand,
Die ſchöne Creatüre.
Bei dem Fontane ſaß die Klare, Süße von Statüre.

Doch hätte man wohl Unrecht, daraus auf einen Einfluß der Troubadours auf die deutſchen Minneſänger zu ſchließen. Die Blüthezeit der Erſteren war ſchon zu Ende, als der Tanhuſer ſeinen Sang kaum begann; er bildet eine perſönliche Ausnahme. „Unter allen Minneſängern, ſagt Görres, ſcheint er ſich am meiſten in der Fremde umgeſehen zu haben; er weiß, wie Wienne hat der Legiſten viel, zu Dolet will er nicht lernen von der Nigromanzie u. ſ. w. Auch iſt manches Fremde ihm hangen geblieben, viel lateiniſche Gelehrſamkeit, ſodann kennt er die ganze wälſche Poeſie und wenn er ſich zieren will, ſtehen ihm eine Menge franzöſiſcher Worte zu

Gebote." Der provençalische und der deutsche Minnegesang, beide sind unabhängig von einander erstanden und erblüht; derselbe Geist wehte in den verschiedenen Ländern, der Geist des mittelalterlichen Ritterthums, und trieb überall dieselben Blüthen. Nur der Parallele wegen habe ich die deutschen Minnesänger hier herangezogen; stellen wir einige provençalische neben sie.

Die Auswahl ist freilich schwer; Villemain selbst sagt, daß nicht das Talent den einen oder den andern hervorhebt, sondern nur das abenteuerlich bewegte Leben, das dem Namen und der Dichtung des Troubadours ein seltsames Colorit giebt; Manche sind nur dadurch berühmt, daß sie Petrarka oder Dante nennt. Dem letztern verdankt z. B. der Sirventendichter Sordello seine Unsterblichkeit; er lebte vom Ende des zwölften bis in die Mitte des dreizehnten Jahrhunderts und war aus Mantua gebürtig. (Wie wir sahen, herrschte die Sprache Oc von Catalonien bis in die Lombardei.) Bekannt von diesem Troubadour ist namentlich sein Gedicht auf den Tod des aragonischen Ritters Blacas, das aus einer Elegie zur Satire auf alle Fürsten seiner Zeit wird, indem der Dichter denselben räth von dem Herzen des muthigen Ritters zu essen, damit sie seines Muthes theilhaftig würden, es reiche für Alle aus und sie hätten's große Noth.

Im Allgemeinen sind die Troubadours (Raynouard in seinem Choix des poésies des Tr., Paris 1818—21, führt 350 an) von gleichem Ruhm und Werthe, dem Sternenhimmel oder einer Blumenwiese zu vergleichen; nur wenn der Dichter selbst Ritter und Krieger ist, wie Bertrand de Born, trägt er stärkere Farben auf und die Leidenschaft ersetzt das Genie; facit indignatio versum. Der Hauptreiz ihrer Poesieen besteht ferner in der melodischen Sprache; um diese Dichtungen völlig zu genießen, selbst die casuistischen Tensos und die satirischen Sirventes nicht ausgenommen, muß man sie unbedingt in ihrer Sprache lesen, keine Uebersetzung kann diesen unfaßbaren Hauch wiedergeben. Trotz alles Wohllautes unserer deutschen Minnesänger ist an einen Vergleich in dieser Beziehung nicht zu denken, freilich sind die letztern auch gedankenreicher und stofflich schwerer. Einer der Troubadoursprüche ist in das moderne Französisch übergegangen, er faßt die ritterlichen Gefühle artig in folgenden Zeilen zusammen:

   À Dieu mon âme,
   Ma vie au roi,
   Mon coeur aux dames,
   L'honneur pour moi.

Einen der ältesten Troubadours kennen wir schon, Wilhelm IX., Herzog von Aquitanien und Graf von Poitiers, geb. 22. Okt. 1071 und gest. 10. Febr. 1126. Mit funfzehn Jahren Regent und von angenehmem Aeußeren, anfangs fromm und freigebig gegen die Kirche, wurde er bald in den Strudel des Vergnügens fortgerissen und nahm den Klöstern die kaum geschenkten Reichthümer wieder, um seinen üppigen Hof und die schönen Frauen zu vergnügen. Im Jahre 1101 nahm er das Kreuz, aber Krankheiten lösten das Heer auf und er floh nach Antiochien, wo ihm Tankred Mittel zur Heimreise gab. Von Leidenschaft für die schöne Vicomtesse von Chatellerault entbrannt, entführt er sie und verstößt Hildegard, seine zweite Gemahlin. Der Bischof von Poitiers droht ihm mit dem Bann, Wilhelm zückt das Schwerdt gegen ihn, aber der Bischof spricht ruhig die Bannformel zu Ende und sagt dann: „Nun schlagt!" da antwortet ihm Wilhelm: „ich liebe Euch nicht genug, um Euch in's Paradies zu schicken" und begnügt sich ihn zu verbannen. So stürmt er fort von Ausschweifung zu Ausschweifung, sogar wird er beschuldigt auf dem Boden eines Nonnenklosters ein Freudenhaus gegründet zu haben; endlich citirt den Frevler der Papst Calixt II. vor das von ihm präsidirte Concil zu Rheims (1119), der Graf aber weigert sich zu erscheinen. Später scheint er indessen Buße gethan zu haben, denn er führte Alfons, König von Aragonien, Hilfe gegen die Saracenen zu, begab sich also wieder in Gottes Dienst und starb im 55. Jahre seines Alters. Das ganze Mittelalter mit seinem Ungestüm und seinem raschen Wechsel von Frevel und Buße ist in dem Leben dieses Troubadours abgespiegelt.

Bernard de Ventadour, im eilften Jahrhundert, geboren im Schlosse Ventadour im Limousin, verliebte sich in seine Herrin Agnes, deren Gemahl ihm wegen seiner guten Anlagen eine Erziehung hatte geben lassen. Anfangs fand er nur Verachtung, aber er harrte aus und sang:

> O Liebe, sind so süß die Schmerzen
> In deinem Dienst, so süß die Pein,
> Wie süß erst muß dem treuen Herzen
> Dein Lohn und deine Freude sein.
> O mache, daß ich immer liebe,
> Selbst wenn ich ungeliebt stets bliebe.

Er blieb es nicht, eines Tages belohnte die Vicomtesse im Schatten einer Fichte seine zärtliche Treue mit einem Kusse. Aber in der Trunkenheit seines Glückes verrieth er in seinen Liedern seine Geliebte, da verjagte ihn der Gemahl und sperrte die Arme in einen Thurm. Der Sänger fand ein Asyl (doch „ließ er sein Herz als Geißel zurück") bei der galanten Eleonore von Guyenne. Die erste Liebe blieb nicht die einzige, auch Eleonore besiegte und, wie es scheint, belohnte sein Herz. Er folgte ihr aber nicht nach England, sondern ging nach Toulouse an den Hof Graf Raimund's V.; hier scheint er in der Liebe weniger glücklich gewesen zu sein, denn er klagt in seinen Liedern über glückliche Nebenbuhler. Führten ihn trübe Erfahrungen zu Betrachtungen über die Nichtigkeit der irdischen Freuden? Gewiß ist, daß ihn der Ekel am Leben faßte, denn nach Raimund's Tode ging er in die Cistercienserabtei Dalon im Limousin.

Rührend ist die Geschichte des Geoffroi Rudel (zwölftes Jahrhundert). Die Troubadours forderten zwar in ihren Liedern begeistert zum Kreuzzuge auf, zogen aber nicht immer selbst in den Krieg, gerade wie die Mehrzahl unserer politischen Dichter von Anno 40. Von einem Dingelstedt zu schweigen, der noch an Börne's Grab so heilig gelobte zu handeln, wenn die Stunde schlagen würde, und der mit der Begeisterung für Börne (armer Börne!) nur poetisirte, weil das so Mode war und einem Dichter ein interessantes leidendes Ansehen gab, ganz von ihm und Aehnlichen zu geschweigen, wie Viele von den Freiheitsdichtern sind nicht ruhig zu Hause geblieben, als das Volk naiv genug war ihre Worte für baaren Ernst zu nehmen! Beispiele? Ihr habt sie ja vor Euch; die Wenigen, die es ernst meinten, sind erschossen, gefangen oder verbannt; ein paar nur bat der Kerker losgelassen. Also nichts Neues unter der Sonne; schon unter den Troubadours mußte nicht Jeder Leier und Schwerdt zu führen. Rudel macht eine Ausnahme, freilich trieb ihn nicht der kriegerische Enthusiasmus, sondern die süße Minne zur Kreuzfahrt. Er hört einmal zwei Pilger die ungemeine Schönheit der Gräfin von Tripoli, einer Französin, preisen und sieht selbst ihr Bildniß. „Da faßt ein namenloses Sehnen des Sängers Herz," alle Ruhe weicht von ihm und mit unwiderstehlicher Gewalt zieht es ihn fort zum „theuern Lande, wo ihr Athem weht." Er nimmt das Kreuz, aber schon hat der Sturm der Gefühle, die brennende Sehnsucht, das Fieber von Hoffnung und Ungeduld seine Gesundheit untergraben und todkrank kommt er in Tripoli an. Inzwischen ist die Kunde von dem fremden Sänger, den der Zauber der Schönheit aus fernen Landen hergeführt hat, zu den Ohren der Gräfin gedrungen; sie hört, daß er im Sterben liegt und nach dem Troste schmachtet, sie vor seinem Hinscheiden noch zu sehen; gerührt von soviel Leiden und solcher Hingabe an die Erkorene geht sie zu ihm an sein Schmerzenslager, steckt einen Ring an seinen Finger und er stirbt beglückt in ihrer Schönheit Sonnenlicht. Die Gräfin aber ließ ihn in der Kirche der Templer begraben und nahm den Schleier.

Heutzutage wird der Dichter nur durch den Druck bekannt, er schreibt für den Leser. In jenen naiven Zeiten aber war Lesen und Schreiben eine Luxussache, der Troubadour dichtete für Hörer, die Poesie (wie immer in Epochen ursprünglicher Bildung) war Gesang. Aber nicht immer war der Dichter auch zugleich Musiker, in diesem Falle ließ er sich von einem oder zwei Jongleurs begleiten, die seine Lieder zur Cither sangen und zur Abwechselung Kunststücke machten. (Man leitet das Wort von joculator, Possenreißer ab; diese Gaukler waren ein Vermächtniß des alten Roms, dessen Ball- und Messerwerfer, pilarii und ventilatores, noch geschickter waren als die mittelalterlichen bateleurs, d. h. Stäbchenwerfer oder Equilibristen, und die heutigen prestidigitateurs, d. h.

Flinkfingerer. Gesucht ist die Herleitung von dem Vogel Jynx, deutsch: Wendehals und den Jynxzauberern bei Apulejus.) Aus Virtuosen wurden diese Jongleurs zuweilen selbst Dichter und wenn sie sich durch ihr Genie in das Reich der reinen Kunst erhoben, wohl auch zum Ritter geschlagen; sie wurden somit selbst Troubadoures. Dagegen sehen wir den Troubadour **Gaucelin Faidit** aus dem Limousin (Ende des zwölften Jahrhunderts) aus Mangel an moralischem Halt — er hatte im Würfelspiel sein Vermögen verloren — zum Jongleur herabsinken. Also schon damals gab es verkommene Dichter à la Johann Christian Günther. Nichts Neues unter der Sonne.

Dies Beispiel zeigt, daß das gesellige Leben damals ausgebildet genug war, um einen Tummelplatz für alle Leidenschaften zu bieten. In Sachen der Liebe namentlich sprach die Leidenschaft oft stärker als die Pflicht; das französische Blut fließt so leicht und der celtische Stamm (sagt der Franzose Taine) trägt kein Joch gern lange, selbst das der Ehe nicht. Wir wollen uns dabei nicht auf eine Anekdote stützen, die Herr Demogeot anführt. Zwei Troubadours disputirten vor einem Liebeshofe über die Frage: „Kann zwischen Ehegatten Liebe herrschen?" Die vorsitzende Gräfin von Champagne entschied die Frage mit Nein! Sicherlich wurde die Gräfin zu diesem Ausspruch nicht durch böse Gedanken bestimmt, sondern im Gegentheil durch eine schwärmerische platonische Auffassung der Liebe, die in der Ehe aus dem idealen Aether zur rohen Erde herabgezogen wird. Als ich noch auf der Grenze des Lebens stand, in jenem Jünglingsalter, dem krankhafte Schwärmerei noch als fromme Scheu erscheint, da sang ich auch:

Die wahre Lieb' ist wie die Blume rein;
Sie duftet nur, doch will sie nicht genossen sein.

Es ist dies das Ideal der sogenannten „Minne", das schöne Traumgebild, das von den Deutschen als **Frau Minne** wie eine Muse des Mittelalters personificirt ward. Im Anfang und von einzelnen ernsteren Sängern noch später ward dies Ideal auch festgehalten; aber nach und nach sank dieser religiöse Cultus zur „Galanterie" herab; es ist eine alte Warnung, daß man nicht mit dem Feuer spielen soll, sie wurde damals überhört wie seitdem noch oft. Und so hören wir denn den Troubadour **Giraud von Borneil** zugleich über den Verfall der wahren Liebe und den der Sangeskunst klagen. In Deutschland erhob mancher Minnesänger dieselbe Klage; was will denn Herr Ernst? Giraud war am Ende des zwölften Jahrhunderts zu Exidenil im Limoustin von armen Eltern geboren und hatte sich durch fleißiges Studium ziemlichen Ruhm erworben; doch zieht ihm Dante seinen (Giraud's) Zeitgenossen Arnaud Daniel vor.

Einer der Größten aber, wenn nicht der Größte, ist **Bertrand de Born**, Vicomte von Hautefort in der Diöcese von Perigueur, also auch aus dem Limousin. Die limosinische Mundart, die mit der provençalischen zusammenfällt, hat ein ähnliches Schicksal wie die schwäbische. Wir machen uns heutzutage über das „Schwäbeln" lustig und die Sage geht, ein ehrliches Schwabenkind habe einmal im Beichtstuhl schamhaft unter andern Sünden bekannt, daß er ein „Schwab" sei. „Nun, tröstete ihn der Beichtvater, schön ist's freilich nicht, aber vor Gott gilt kein Ansehen der Person." Und doch, ohne von den modernen Schwaben Uhland und Hegel zu sprechen, die im heutigen Hochdeutsch geschrieben haben, die Minnesänger, die Zierde unserer mittelalterlichen Literatur, haben in diesem schwäbischen Dialekte gesungen. Ebenso verspottet ward die limosinische Mundart von Rabelais und Molière und heute noch geben die Bauern, die jährlich aus dem Limousin auswandern, Stoff zum Spott; gerade in dieser verspotteten Mundart aber sangen die feurigsten Troubadours, sang auch Bertrand de Born. Die gewaltigste Leidenschaft, die in ihm tobte, war der wilde Vasallentrotz, wie wir ihn aus der Sage von den Haimonskindern kennen. Bei Gelegenheit eines Streites mit seinem Bruder Constantin über den Besitz von Hautefort ruft er in einem seiner ersten Sirventen: „Der Friede steht mir nicht an, der Krieg allein hat das Recht mir zu gefallen; Nichts zu fürchten, das ist mein einziges Gesetz... Mögen Andere auf den Schmuck ihrer Häuser und die Bequemlichkeiten des Lebens denken, mein Ehrgeiz zielt nur auf Vorrath von Lanzen, Helmen, Schwertern und Rossen." Wodurch er aber an der Geschichte Theil nahm, ist sein Kampf mit Heinrich II., König von England. Er haßte dessen Sohn Richard Löwenherz, Grafen von Poitou (selbst Minnesänger; wer kennt nicht die romantische Sage vom treuen Blondel und die schöne Oper Grétry's?), reizte seinen Bruder Heinrich, Herzog von Guienne, gegen ihn auf und bildete einen Bund gegen dies „Ja und Nein", wie er Richard wegen seiner Zweideutigkeit spottweise nannte, an dessen Spitze der eigene Bruder trat. Indessen versöhnte sich letzterer mit Richard, trat ihm seine Länder gegen eine Pension ab und zog sich in die Normandie zurück. Bertrand entladet seine Galle in einem Sirvente und trotzt allein fort. Aber er muß sein Schloß an den Belagerer Richard ergeben; der großmüthige Feind umarmt ihn und Bertrand, vertrauend auf die Macht seines Gesanges, richtet ein Loblied an ihn, worin er ihm zuruft: „Seine Würde soll ihn (Richard) dem Meere gleich machen, das Alles behalten zu wollen scheint, was es empfängt, und doch bald an's Ufer wirft; er wolle sich dafür treu seinem Dienste widmen." Sein Vertrauen hat ihn nicht betrogen, Richard giebt ihm sein Schloß zurück, aber sofort rächt der wilde Kämpe den Verrath seiner Barone, die ihn im Streite verlassen hatten. Darauf brach ein neuer Aufstand der Söhne Heinrich's II. aus, Bertrand bot jetzt seine Dienste demselben Heinrich an, den er kurz vorher geschmäht hatte, und als derselbe bald nachher starb, betrauerte er den Tod des englischen Prinzen in einem erschütternden Klageliede. Der König Heinrich belagerte nun sein Schloß Hautefort, denn er beschuldigte ihn seine Söhne zum Aufstande gereizt zu haben; Bertrand, nicht mächtig genug, um allein dem König zu trotzen, gerieth in Gefangenschaft. Der König ließ ihn vor sich führen und sprach: „Ihr also seid's, die ihr euch einst rühmtet mehr Geist zu haben als euch nöthig sei?" — „Damals hatte ich Recht so zu sprechen, antwortete Bertrand, aber als ich den jungen Prinzen euern Sohn verlor, da verlor ich Alles, was ich an Geist und Kraft besaß." Er kannte das Menschenherz und wußte es zu treffen; bei dem Namen seines Sohnes brach der König in Thränen aus und rief: „O Bertrand, unseliger Bertrand, wohl mußte es so sein, daß ihr mit meinem Sohne eure Kraft verlort, denn euch allein hat er geliebt. Aus Liebe zu ihm geb' ich euch eure Freiheit und euer Schloß zurück; ich geb' euch auch meine Huld und Freundschaft wieder; noch mehr, ich geb' euch noch 500 Mark, um das Uebel zu vergüten, das ich euch gethan habe." Bertrand erkannte die Großherzigkeit des Mannes, dem er das Herz des Sohnes gestohlen und der aus Vaterliebe dem Freund des Sohnes vergab; er fiel ihm zu Füßen, schwur ihm ewige Treue und hielt den Eid. Uhland hat diese Scene in einer Romanze würdig geschildert und Heinrich Heine singt:

> Ein edler Stolz in allen Zügen,
> Auf seiner Stirn Gedankenspur,
> Er konnte jedes Herz besiegen,
> Bertrand de Born, der Troubadour.
>
> Es tireten seine süßen Töne
> Die Löwin des Plantagenets:
> Die Tochter auch, die beiden Söhne,
> Er fang sie alle in sein Netz.
>
> Wie er den Vater selbst bethörte!
> In Thränen schmolz des Königs Zorn,
> Als er ihn lieblich reden hörte,
> Den Troubadour, Bertrand de Born.

Und in der That hat sich an keinem Troubadour die Macht des Wortes so offenbart als an diesem. Durch ihn begreifen wir, was Sage und Geschichte uns von Amphion und Thrjäus erzählen. Aber diese Macht war auch nur in jenen Zeiten unmittelbaren Verkehrs zwischen Dichter und Volk möglich, heutzutage ist dieselbe dem Volksredner zugefallen. Dem Verfasser dieser Geschichte ist es vergönnt gewesen, die Gewalt der Rede kennen zu lernen, als die Straßen von Leipzig im Mai 1849 von seiner Stimme widerhallten. Es liegt etwas Magnetisches in der Gegenseitigkeit von Hörer und Redner; meint der Letztere es ernst und aufrichtig, so wird sein Wort unfehlbar ein Echo in den Herzen finden; aber ebenso wenig wird er sich der Rückwirkung entziehen können, die er in ihnen hervorruft. Hat er das Volk einmal entzündet, so wird seine Begeisterung an der angefachten Flamme neue Nahrung schöpfen und aus dem Zusammenfloß beider Flammen unaufhaltbar die That hervorgehen. Was aber muß erst die Erregung und die Wirkung sein, wenn der Redner ein Dichter ist, der durch Gesang spricht, und sein Publikum ein künstlerisch gebildetes Volk wie Hellenen und Provençalen! Dann geschehen jene Wunder, die jene Sagen von Amphion und Orpheus erzeugt haben, dann geschieht das Unglaubliche, daß das vom Schmerz zerrissene Vaterherz dem Todfeinde verzeiht, der ihm das Herz des Kindes entwandt hat, um der Liebe willen, die dieser Feind zu diesem Kinde gehabt hat. Der größte deutsche Dichter, der doch ein unvergängliches Echo im Herzen seines Volkes gefunden hat, hat jene Zeiten der Unmittelbarkeit schmerzlich vermißt und die Sänger der Vorwelt um ihr Loos beneidet, dessen er sich mit Recht würdig fand. Er rief:

    Sagt, wo sind die Vortrefflichen hin, wo sind' ich die Sänger,
      Die mit dem lebenden Wort horchende Völker entzückt,
    Die vom Himmel den Gott, zum Himmel den Menschen gesungen
      Und getragen den Geist hoch auf den Flügeln der Lieds?
    An der Glut des Gesangs entflammten des Hörers Gefühle,
      An des Hörers Gefühl nährte der Sänger die Glut,
    Nährt' und reinigte sie!

Wie qualvoll nun aber vollends das Loos derer ist, die einen Strom von Liedern im Busen tragen und fern von dem Volke, zu dem sie sprechen möchten, in der Wüste der Einsamkeit, der stummen Verbannung blutschmachten, das, nein! das ermeßt ihr nicht. Umsomehr aber begreift der, der zu dieser Qual verdammt ist, das rege gegenseitig bewegte Leben jener Tage, wo Lieder Thaten wurden und Thaten Lieder; um so glücklicher preist er das Loos eines Bertrand de Born, der wie Moses mit seinem Zauberstab bald Thränenströme, bald Bäche Blutes quellen ließ. Und auch dieser Meister von Harf' und Schwert hat keine Gnade vor Herrn Ernst gefunden, er ist ihm zu roh. „Die deutsche Ritterdichtung kennt keine wuthschnaubenden Recken, das Gemüth unserer Dichter ist zu human, um sich der Lust am Grand der Zerstörung zu rühmen," sagt Herr Ernst, und verwirfst damit das wilde Lied, worin Bertrand die Liebe an Belagerung und Schlachtgetümmel singt. Herr Demogeot im Gegentheil nennt es eine wahrhafte Ode, im Original würdig eines Tyrtäus oder Aeschylus und bedauert, daß die provençalische Literatur so weniges der Art aufzuweisen habe. Was ich daran vermisse, ist allerdings seine Ideenlosigkeit; es würde einen höheren Werth haben, wenn dem Kampfe ein Ziel gesteckt wäre, wenn ihm ein höherer Zweck vorschwebte als der bloße Genuß am Kampfe selbst. So feiert es nichts als Getümmel und Schlachtenruf. Allein, meiner Meinung nach, steht es gerade dem Deutschen, dem Germanen schlecht an, ihm dies zum Vorwurf zu machen. Der Vergleich mit Volkher, dem Spielmann, den Herr Ernst anstellt, scheint mir nicht passend; so wie diese Heldenfigur des Nibelungenlieds meinem Gedächtniß vorschwebt, seh' ich darin nicht das Ideal, das Herr Ernst darin erblickt. Kämpft er etwa für ein Ziel, für einen höheren Zweck? Nein, man müßte denn seine Treue und Freundschaft für den grimmen Hagen ein Ideales Motiv nennen; aber Bertrand feiert ja eben diese Treue unter Waffengenossen. Was mir an dem Einen wie dem Andern gefällt, das ist eben die trotzige Heiterkeit, mit der sie dem Tod entgegengehen und doch den vollen Becher des Lebens leeren. Bertrand's Lied athmet ächt germanische Berserkerwuth, und diese, mag sie auch wild sein wie das Wild im Walde, immerhin ist sie poetischer als die Zahmheit der Hanseliere, wonach Ruhe die erste Bürgerpflicht ist. Und welches Ziel konnte sich denn in den Zeiten des Lehnswesens die ritterliche Kampfkunst stecken? Es gab allerdings die Kreuzzüge und die geistlichen Ritterorden; wessen Sinn aber von religiöser Schwärmerei frei war (und Bertrand war es bis kurz vor seinem Tod), der hätte sich wie Don Quixote, der sinnreiche Ritter, Zwecke erfinden müssen. Einen Staat im modernen Sinne gab es nicht, Nationalkämpfe ausgenommen wie den Philipp August's gegen den deutschen Kaiser Otto IV., gab es daher auch kein Feld für eine gemeinnützige patriotische Thätigkeit. Wir sehen aber auch Bertrank's Sohn, ebenfalls Bertrand geheißen und auch Sirventendichter, unter dem französischen Königsbanner in der Schlacht von Bouvines 1214. Es war eine Zeit der Zersplitterung, der allgemeinen Fehde, wo sich Jeder seiner Haut wehrte und die Lehnsträger sich von dem Oberlehnsherrn unabhängig zu machen strebten; in Deutschland gelang es ihnen, in Frankreich siegte der König. So war es natürlich, daß sich in beiden Ländern unter dem Adel eine Rauflust ausbildete, die die Fehde um der Fehde willen liebte. Bertrand war also nur ein Ergebniß seiner Zeit und Hunderte von adligen Grundherren in Deutschland wie in Frankreich waren ihm gleich an Charakter, aber nicht an Genie. Er sang, was Andere nur empfanden, was Andere blind beherrschte. Verdient er darum Tadel? So ist er der künstlerische Ausdruck einer Richtung seiner Epoche geworden und vervollständigt das Bild derselben. Daß es gerade ein Franzose ist, dem wir dies verdanken, thut darum den Verdiensten der deutschen Minnesänger keinen Abbruch; aus letztern ging ein Walther von der Vogelweide hervor, der an Umfang der Stoffe und Gedanken alle Troubadours hinter sich läßt. Nur das kriegerische Element fehlt seinen Dichtungen; es war natürlich, daß dies in einem Südfranzosen, dessen Charakter vom Klima schon heißblütiger angelegt ist, seinen Ausdruck fand. Und endlich wäre es Verleumnung zu behaupten, Bertrand de Born und seine Sangesgenossen wären keinem anderen Gefühle zugänglich gewesen; im Gegentheil, Herr Demogeot sagt selbst: „Die Troubadours feiern selten den Krieg; das wirkliche Leben war zu voll davon, als daß die Poesie sich hätte dabei aufhalten mögen." Von Grundsätzen der Aesthetik aus ist es aber zu verwerfen, daß die Schilderung der Kampflust nur in das erzählende Lied gehör'. Jede Empfindung, die der Liebe wie die des Hasses, gehört in das Reich der Lyrik. Waren die Kriegslieder der alten Germanen (Skalden und Barden) erzählenden Inhalts, so ist dies eine Thatsache, aber keine Regel; die deutsche Poesie begann mit dem Epos, die Lyrik als Kunstpoesie ist aber eine Blüthe vorgeschrittener Bildung. Die Bildung überhaupt legt freilich der Schilderung der Kampflust Maß auf, wenigstens numerisches, und dies sahen wir ja eingehalten. Hier ist übrigens das wildeste Kampflied unsers Sängers:

1.
Der holde Lenz gefällt mir schon,
Der Blüthen treibt und Blätter;
Mich freut auch mit dem süßen Ton
Der Vögel froh Geschmetter.
Mehr aber freut es mich zu sehn
Vom Anger die Standarte wehn,
Zum Kampfe webn den Rittern,
Zu hören dann Berg auf Berg ab
Der Rosse Huf, der Rosse Trab,
Daß Weg' und Stege zittern.

2.
Es freut mich, wenn vor ihnen her
Rings Thier' und Menschen rennen;
Es freut mich, seh' der Kämpen Heer
Ich nun die Burg berennen,
Wenn dichtgeschaart die Reis'gen all'
Losstürzen auf den festen Wall,
Daß Pfähl' und Schanzen beben
Und Zinn' und Mauer, Thurm und Wand
Einstürzen unter ihrer Hand
Und rollen in die Gräben.

3.
Mich freut der Lehnsherr, der voran
Beherzt zum Kampfe reitet
Auf wildem Hengst; o Blick, daran
Sich Herz und Auge weidet!
Sobald das Banner hebt der Held,
Sprengt Alles um die Wett' in's Feld,
Ihm nach, wohin's auch ginge.
Denn Keiner wird für brav geschätzt,
Der nicht empfangen, nicht versetzt,
Was nur vermag die Klinge.

4.
Hei! wie der Schild sich krachend biegt,
Drauf Lanz' und Schwert! zersplittern!
Wie Helm und Helmbusch wankt und fliegt
Vom Haupt den wilden Rittern!
Es rinnt das Blut von jedem Speer,
Die Rosse rennen wild umher.
Blut denn! Was thut's auch eben?
Laßt fliegen Arm' und Köpf' umher!
Ergebt euch nicht. Nimmermehr!
Eher todt als so zu leben!

5.
Ich sag' euch, Speise nicht noch Schlaf
Labt mich mit dem Genusse,
Wie wenn mein Ohr der Schlachtruf traf:
„Kam'raten, à la rescousse!" [1]),
Wenn herrenlose Roß' im Feld
Laut wiehern, daß die Luft ergellt,
Die Reis'gen schrein im Falle:
„Zu Hilfe!", sich noch wehren woll'n
Und röchelnd in die Gräben roll'n.
Die Lust geht über alle.

---

[1]) Mittelalterlicher Schlachtruf, wenn man sich vom Feind bedrängt sah.

Doch auch dieser bis zum Uebermuth lebensfrohe ritterliche Sänger konnte sich der Macht des religiösen Geistes seiner Zeit nicht entziehen. Eben weil die Menschen damals kein Maß kannten und auch den sittlichen Halt nicht in sich fanden, sondern in äußerlichen Mächten oder Regeln, darum verfielen sie sofort aus dem frevelhaften Uebermuthe wilder Kraft in das entgegengesetzte Extrem zerknirschter Buße und Selbstvernichtung. Nachdem sich Bertrand noch in den Krieg zwischen Richard und Philipp August gemischt hatte, ging er erschöpft vom Leben und vielleicht voll Ekel, er, den Alles fürchtete oder gar verabscheute, als Cisterciensermönch in's Kloster, wo er starb. In Dante's göttlicher Komödie aber wandelt sein Schatten durch die Hölle, eine furchtbare Gestalt, die den Kopf als Leuchte in der Hand trägt.

Geben wir zum Schluß von ihm noch ein Liebeslied. Stöhnen und Seufzen hat, wie man daraus sieht, der trotzige Raufdegen nicht gelernt; auch in seinen Liebesversicherungen flucht und wettert er und wehrt sich gegen die bösen Zungen, die ihn bei seiner Dame verleumdet haben, wie gegen die Feinde, die er vom Burgwall hinunterstößt. Aber eben durch diese Originalität zeichnet er sich vor den übrigen Minnesängern aus. Er sagt:

1.

Wie ich von Eurer falschen Schmeichler
    Munde
Verleumdet werden, davon ward mir
    Kunde:
Um Gott, o Dame, glaubt mir, nichts
    ist wahr.
Entzieht nicht Eures Herzens lautre
    Minne
Dem, der Euch dient mit redlich treuem
    Sinne,
Seit Eurem Bertrand Freundin immer
    dar.

2.

Müß' mir mein Sperber, will zur Jagd
    ich ziehen,
Beim ersten Wurfe vor dem Wild ent
    fliehen;
Müß' mir ein Falk ihn zausen auf der
    Faust;
Wenn mir nicht Euer Wort bloß süß
    und linde,
Wenn anders als bei Euch mein Glück
    ich finde,
Wenn fern von Euch statt Lust nicht
    Kummer haust.

3.

Müß' ich im Sturmwind über Heck'
    und Graben,
Den Schild am Hals, durchnäßt vom
    Regen traben;
Wie Gerste müß' durchrütteln mich mein
    Gaul;
Verschlafen und betrunken müß' den
    Zügel
Ein Stallknecht mir verschleudern sammt
    dem Bügel,
Wenn, wer Euch schmeichelt, nicht ein
    Lügenmaul.

4.

Müß' ich am Spieltisch nie gewinnen
    können,
Das Glück mir nie nur einen Heller
    gönnen,
Indeß es Andern blind läuft in die
    Hand;
Müß' jeder Wurf der Würfel mir ver
    sagen,
Wenn einer Andern je mein Herz ge
    schlagen,
Wenn andre Lieb' als Eure mir be
    kannt.

8.

Müss' ich im Arm Euch eines Andern sehen
Und wie ein Dummkopf stumm daneben stehen,
Der Wind zuwider sein stets meiner Fahrt;
Müss' mich am Königshof der Pförtner schlagen,
Mein Roß zuerst mich aus dem Kampfe tragen,
Lügt, der mich anklagt, nicht in seinen Bart.

In Blut und Feuer unter dem Hufschlag des rohesten Fanatismus ging dieser schöne Dichterlenz zu Grunde. Es hatte sich in Südfrankreich allmälig eine Bildung erzeugt, die der römischen Kirche gefährlich zu werden schien. Paulicianer (eine armenische Sekte, die sich nach einem gewissen Paulus im achten Jahrhunderte benannte und den Gnostikern verwandt war) waren mit den Arabern nach Spanien und Frankreich gekommen, vielleicht auch aus der Bulgarei (daher der Schimpfname bougre, anfangs soviel als: Ketzer[1]). Wie alle Sekten, die der katholischen Kirche Opposition machten, verwarfen sie den Bilderdienst und legten das Hauptgewicht religiösen Lebens in Sittenstrenge und Andacht. Diese sogenannte Ketzerei fand um Albi in Südfrankreich vorzüglich Anhang, daher der Name Albigenser; die hier herrschende Bildung war nicht nur tolerant gegen sie, sie theilte auch den Sinn für Unabhängigkeit vom kirchlichen Joch. Wohlstand und Kunst traten fördernd hinzu; so mischte sich Alles zu einer freisinnigen Aufklärung, die der Kirche ein Dorn im Auge war. Noch vor der Poesie legte schon die Prosa Zeugniß davon ab; wie allen Ketzern war es auch diesen um das Verständniß zu thun, sie wählten daher statt der lateinischen Sprache die einheimische Volkssprache, das roman und „la noble leçon des Vaudois" ist nach dem Schwur von 842 eins der ältesten Denkmäler der französischen Sprache. (Der Name Vaudois oder Waldenser ging bekanntlich dem der Albigenser als Ketzername voraus.) Diese Schrift ist eine einfache Paraphrase der Lehren des Evangeliums, aus welcher ein Geist individueller Gewissensfreiheit spricht. Endlich predigte Papst Innocenz III. den Kreuzzug gegen die Albigenser; der verruchte Simon von Montfort führte das Heer an; als er im Jahr 1209 die Stadt Beziers erstürmte, rief er den Mordschaaren, die für das „wahre" Christenthum kämpften, zu: „Schlagt sie Alle todt, Gott wird die Seinen schon herauslesen." Es war nicht das letzte Mal, daß der katholische Fanatismus dies schöne Land verwüstete, in welchem die Bildung immer wieder Keime treibt. Die Verfolgung, die das Parlament von Air in der Provence über die Waldenser verhängte (1545),

---

[1]) In den Cevennen ist dies Wort Katharl ebenfalls als Schimpfwort erhalten und bedeutet Dummkopf, ohne religiöse Beimischung. Bekanntlich kommt es von der aus der Gazarei (Krim) im eilften Jahrhundert nach Westen vorgedrungenen Sekte der Katharer oder Gazarer her.

erneuerte das Andenken an den Albigenserkrieg; darauf folgte der Krieg in den Sevennen, darauf die Dragonaden, darauf die Verfolgungen gegen die Protestanten unter der Restauration. Sonderbar, und doch werden alle diese Opfer der römischen Kirche als fleißige, sittenstrenge, ruhige Bürger des Staates gerühmt. Aber in wessen Namen verfolgt ihr sie denn? Im Namen Gottes oder des Teufels?!

So verstummte denn die gaie scienco, le gai saber, die fröhliche Wissenschaft. Zuweilen fliegt es noch wie ein Lächeln über das Land, aber die schwarzen Schatten der Erinnerung lagern sich bald wieder darüber, die trübe Schwermuth verjagt die heitere Freude. Die ritterlichen Sänger irren zerstreut in der Welt umher, Handwerker nehmen (wie in Deutschland die Meistersänger) den Sang zuweilen auf. Aber statt der Liebe beseelt jetzt Haß und Rache gegen Rom und Nordfrankreich die Poesie. Wenn der Troubadour den Kreuzzug predigt, so thut er es, um den Vorwurf der Ketzerei von sich abzuwehren, hauptsächlich aber um die rohen Kriegshaufen fern von der Heimath wegzuschicken. Ludwig IX., den seine Heiligkeit nicht vor der Ketzerverfolgung schützt, folgt diesem Aufruf, um den Tod zu finden; erst sein Nachfolger Philipp III. erbt Toulouse. Damals flimmte der Troubadour Guillaume de Figueras gegen Rom ein Sirvente an, das an Heftigkeit mit den bekannten Satire Hutten's wetteifert; jede der zwanzig Strophen beginnt mit dem Ruf an Rom, „Gipfel und Wurzel alles Uebels." „Rom, ruft er, du zernagst den einfältigen Menschen Fleisch und Knochen und führst die Blinden mit dir in die Grube. Du übertrittst die Gebote Gottes zu sehr; denn deine Lüsternheit ist so groß, daß du die Sünden um Heller vergiebst; du belastest dich mit zu starker Bürde, Rom! Rom, mit falscher Lockspeise stellst du dein Netz aus und verschlingst manch bösen Bissen. Du hast ein Lammerantlitz mit einfältigem Blick; im Innern aber bist du ein wüthender Wolf, eine gekrönte Schlange, erzeugt von der Natter; darum nennt dich der Teufel sein Geschöpf." So erstarb der Gesang in Flüchen ohnmächtiger Wuth, denn wie Tell konnte der Troubadour zur römischen Kirche sprechen: In gährend Drachengift hast du die Milch der frommen Denkart mir verwandelt.

Aber diese Dichtung hatte zu reiche Blüthen getragen, hatte zu lange die Herzen entzückt, als daß sie ohne alle Wirkung auf die Nachwelt hätte vergehen sollen. Hundert Jahre später, als die Gräuel der Verwüstung unter den neuausgeblühten Oliven- und Myrtenhainen verschwunden waren und ein neues Geschlecht erwachsen war, das nichts mehr wußte von dem alten Kampfe, entzündete sich auf demselben glücklichen Boden der Provence an dem Beispiel und Studium der Troubadours nicht minder als an den schönen Augen Laura's ein neues Dichterherz, das allen Reichthum und alle Schönheit dieser Poesie in unsterblichen Sonetten zusammenfaßte,

Petrarka, der letzte und größte Troubadour, wie das Sonett die schönste Blüthe dieser Dichtung ist, das wahre Kleinod der Poesie. Es blühen Blumen auf Gräbern. (S. Les Troubadours et Pétrarque. Angers, impr. Cornier et Lachèse. 178 pages. Doctoratsthese von Gitel, Professor am Lyceum in Nantes.)

Damals auch (1323), als König Karl IV., der letzte Capetinger, sich zu Toulouse aufhielt, stifteten sieben Troubadours das Collegium der fröhlichen Wissenschaft, le Collège du gai savoir. Der Name mainteneurs, Aufrechterhalter, den seine Mitglieder führten, deutet an, daß die alte Kunst gesunken war und Stützen brauchte. Daß man sie aber aufrecht zu erhalten suchte, ist ein Zeichen, wie tiefe Wurzeln sie geschlagen hatte, wie treu der Geschmack an literarischen Genüssen dem Süden innewohnte. Alljährlich wurden den Siegern bei der Preisbewerbung drei Blumen ertheilt, zuerst ein Veilchen von Gold, sodann eine wilde Rose und eine Ringelblume[1]) von Silber; der Magistrat von Toulouse lieferte das Geld dazu. Als dies gegen Ende des funfzehnten Jahrhunderts ausblieb, übernahm um's Jahr 1484 Clemence Isaure die Kosten durch eine Stiftung; seit dieser Zeit erhielt das Collegium den Namen der Blumenspiele, Jeux floraux. Abermaliger Mißbrauch des Geldes u. s. w. erheischte neue Reformen; sie erfolgten im September 1694 durch Patentbriefe Ludwig's XIV. Der Name wurde in den der Akademie verwandelt, die Zahl der Mitglieder auf 35 erweitert, denen 20 maîtres, d. h. Magister als Beisitzer beigegeben waren und welche sämmtlich vom König ernannt wurden; zu den Blumen kam ein goldenes Tausendschön hinzu, die wilde Rose aber ward jetzt der Preis für die Prosa, die damals in Frankreich ihre Meisterschaft erreichte. Während der Revolution 1790 wurde die Akademie wie alle mittelalterlichen oder königlichen Einrichtungen unterdrückt, im Jahre 1806 aber wiederhergestellt. Statt der provençalischen Sprache ist nun die französische die Sprache der Blumenspiele, aber immerhin sind dieselben ein schönes Vermächtniß der Zeit und Kunst der Troubadours. Toulouse selbst ist diejenige Stadt Frankreichs, die sich am meisten durch Pflege und Liebe der reinen Literatur auszeichnet; es giebt hier allein soviel Dichter als anderswo in einem Departement, auch ein Schuhmacher Namens Pestrepin ist darunter, der wie der Perrückenmacher Jasmin in Agen in dem Patois der Garonnelandschaft singt, seine Gedichte sind im Buchhandel erschienen. Erscheint doch sogar wöchentlich

---

[1]) Un souci. Dieser Blumenname hat nichts mit dem Worte souci, d. h. Sorge gemein, obgleich das Volk ihn so versteht. Er lautete im Mittelalter solcicle, dann soucicle, verkürzt in souci und kommt von solis cyclos oder circulus, d. h. Sonnenzirkel, wegen der strahlenförmigen Blätter, die von dem gelben Rund ausgehen. Der Gebrauch will, daß jeder Blumenstrauß, den man zum Geschenk giebt, eine Ringelblume enthalte.

ein ganzes Journal in nichts als Versen. Toulouse ist ferner die einzige Stadt der Provinz, in welcher eine Theaterzeitung erscheint: la Revue artiste, wohlverstanden im Interesse einer Agentur für Schauspieler. Eine ernste Monatsschrift dagegen ist die Revue de Toulouse et du Midi de la France, redigirt von Lacointa, sie steht jetzt in ihrem siebenten Jahre. Fügen wir hinzu als Zeichen des literarischen Lebens im südlichen Frankreich: Revue d'Aquitaine, erscheint aller vierzehn Tage zu Condom (Dep. Gers); Tribune artistique et littéraire du Midi, Monatsschrift in Marseille; eine andere daselbst, Revue de Marseille u. s. w., so nennen wir nur, was uns gerade in die Hände fällt. Seitdem der Norden das politische Leben in sich concentrirt hat, ist die literarische Thätigkeit der Trost des Südens.

Doch ehe wir von ihm Abschied nehmen, sei es mir vergönnt den Leser in ein Land zu führen, das im kleinsten Rahmen die Literatur jener Zeiten zusammengefaßt hat und zugleich den Punkt bildet, wo Süd- und Nordfrankreich sich die Hand bieten: das Velay. Dieses Land, heutzutage das Departement der Ober-Loire genannt und schon im Eingang erwähnt, gehörte früher zum Languedoc, von dem es die äußerste Nordgrenze bildet und mit dem es auch das politische Leben theilte. Insofern es aber die Anfänge der Loire enthält, den größten und wahrhaft nationalen Strom Frankreichs, an dessen Ufern wir das erste „französische" Epos entstehen sahen, reicht es auch dem Norden die Hand. Und doch ist es so in sich abgeschlossen, daß es wieder von pittoresker Eigenthümlichkeit ist. Der Deutsche glaubt Frankreich zu kennen, wenn er Paris kennt; selten verirrt er sich in die Provinz. Möchte mein Rath eine gute Statt finden und den Freund von Natur und Geschichte veranlassen, einmal über Paris hinauszugehen und sich das Innere anzusehen. Zweierlei empfehle ich ihm zur Wahl. Entweder reise er (zu Fuß, wie es ächten Touristen geziemt) von Orleans längs der Loire stromabwärts nach Nantes oder auch stromaufwärts nach Puy im Velay zu den Quellen der schönen Nebenbuhlerin des Rheins. Er wird sich reich belohnt sehen für seine Mühe und nebenbei auch französisch sprechen lernen. Um die Lust zu dieser Reise in ihm rege zu machen, will ich dieses letzte Land denn auch von allen Seiten schildern, namentlich von der landschaftlichen.

Das Velay.

Die Nordsevennen, durch die Bergkette der Margeride mit den Vulkanen der Auvergne verbunden, umgürten das Land von drei Seiten wie eine Mauer[1]); die ihnen entspringende Loire und der Allier theilen es

---

[1]) So sagt Cäsar de bello gall. 7, 8: quod eis se Cevennâ, ut muro, monitos existimabant (sc. Arverni). Im Celtischen bedeutet Cevenna wahrscheinlich „Rücken" (Kefyn), s. Zeuß S. 794.

in zwei große Thäler, Bergschluchten und öde Hochebenen ergänzen seine Bildung; nach Norden zu senkt es sich ab. Von dorther kam ich an. Eine freudige Ueberraschung erwartet den Reisenden, der in Orleans den Nachtzug nach der Auvergne nimmt; er kommt aus einem wenig bewegten Lande und fliegt in der Nacht die öde Sologne und die weite vom Allier durchströmte Ebene durch; da wird es bei der Station St. Germain les Fossés Tag und am Horizonte erhebt sich über der Auvergne die blaue Kuppel des Puy de Dôme; wer den Rheinstrom hinuntergefahren ist, denkt bei diesem Anblick an das Siebengebirge. Am Fuße des Puy (dieses Wort stammt von dem mittelalterigen podium ab und bedeutet überhaupt Berg) liegt die Doppelstadt Clermont-Ferrand, seitdem St. Flour seine Bedeutung verloren hat, die Hauptstadt der Auvergne. Diese Provinz theilt sich in zwei große Hälften, die Ober- und Niederauvergne, jene gebirgig, diese, auch Limagne genannt, eben; Clermont liegt auf der Grenzlinie zwischen beiden. Wie die heutige Hauptstadt, so lag auch die früheste in dieser Gegend: Gergovia, der Wohnsitz des großen Vercingetorix, Frankreichs Arminius. Dieses Land, dessen Bewohner heutzutage von den Franzosen so muthwillig verspottet werden (ein Spott, den indessen Niemand im Ernst nimmt, denn was verspottet der Franzose nicht? Voltaire's Pucelle und Parny's Guerre des Dieux sagt Alles!), diese Auvergne also ist die Wiege des größten Galliers, den auch wohl nur ein Cäsar besiegen konnte. In Orleans (Genabum) begann im Jahre 51 vor Christus der Verzweiflungskampf um die gallische Nationalität, als die Carnuten unter ihren Führern Cotuat und Conetodun, Cäsar's Abwesenheit und die Unruhen in Italien benutzend, alle Römer niedermachten und so das Signal zum Aufstande gaben. Binnen einem Tage, in kaum mehr Zeit als man heutzutage braucht, um diese Strecke mit dem Dampfwagen zu durchfliegen, drang die Nachricht von der Loire bis nach der Auvergne. Vercingetorix, Sohn eines Fürsten, beruft sofort seinen ganzen Clan zusammen und greift zu den Waffen. Die Vornehmen vertreiben ihn aus der Hauptstadt Gergovia; aber er eilt auf's Land, stützt sich auf das niedere Volk (die Dürftigen und Verlornen, sagt Cäsar, wie noch heute gesagt wird: Leute, die nichts zu verlieren haben, als ob die Hingabe für ein Ideal und die Aufopferungsfähigkeit durch Rang und Wohlstand erstickt würde!) und besiegt seine Gegner. Jetzt ruft er ganz Gallien zum Kampf für die gemeinsame Freiheit auf, erhält die Dictatur und es beginnt ein Krieg, dem an Beispielen von Heldengröße und Ausdauer, von Schrecken und Verzweiflung nur wenige gleichkommen. Mitten im Winter eilte Cäsar aus Italien über die bahnlosen Sevennen zurück und verbreitete durch seine plötzliche, für unmöglich gehaltene Ankunft Entsetzen durch die ganze Auvergne; wo er erscheint, siegen die Römer. Auf den Rath des Vercingetorix suchen die Gallier den Feind durch Verwüstung des Landes zu schrecken; an Einem Tage werden im Lande der Bituriger (dem heutigen Berry) mehr als zwanzig Städte in Brand gesteckt; die andern Gaue folgen dem Beispiel und überall röthen Feuersbrünste den Himmel. Nur die Hauptstadt des Berry, Avaric (der Name klingt wie Aurich in Hannover, das auch auf Sumpfboden liegt), war bisher verschont geblieben und die Bituriger flehten fußfällig die Gallier an, diese Zierde des Landes nicht den Flammen preis zu geben, da ja die Natur des Ortes ihn vor jedem Angriff schütze. Von allen Seiten nämlich umgab die Stadt, das heutige Bourges, ein tiefer von vier trägen Flüssen gebildeter Sumpf mit dem Flusse Avar, heutzutage Auron, und ließ nur einen engen Zugang übrig. Noch heute erkennt man die alte Lage der Stadt und erst vor einigen Jahren ist dieser historisch merkwürdige Sumpf durch Kanalisirung nutzbar gemacht und in Gärten umgewandelt worden, in denen man die Bürger verwundert in Kähnen fahren sieht, denn auf den ersten Blick begreift man nicht, woher das Wasser kommt. Vercingetorix hatte einen Moment der Schwäche, wie er überhaupt im Grunde von sanftem, leicht zu rührendem Herzen war, und stimmte zuletzt für die Schonung; er hatte es bald zu bereuen, seine Dictatur nicht hart ausgeübt zu haben. Denn nicht nur klagte ihn die unverständige Menge des Verrathes an, wie sie es in Zeiten der Revolution so oft thut, wenn der Sieg nicht schnell die Führer unterstützt, sondern er sah auch bald, wie unnütz seine Nachgiebigkeit gewesen war. Avaric erlag nach einer heldenmüthigen Vertheidigung durch Ueberrumpelung. Barbarisch rächten die Römer die Opfer, die in Genabum der Volkswuth gefallen waren; von 40,000, sagt Cäsar, entkamen kaum achthundert dem Gemetzel. Eine Zeile in diesem siebenten Buche von Cäsar's Commentarien (nur Eine, die aber in Lapidarstil geschrieben ist) zeigt nicht nur, mit welchen Strapazen die Römer vor Avaric zu kämpfen hatten, sondern löst uns auch das Räthsel ihres Sieges; denn es erscheint wirklich wunderbar, wie ihre Armee im Herzen eines feindlichen Landes, dessen gesammte Bevölkerung sich zuletzt gegen sie erhob, mitten im Winter (Alesia's Belagerung fiel allerdings später), kämpfend mit Hunger, zuletzt doch den Sieg davon tragen konnte. Cäsar sagt Cap. 17: „Doch wurde von ihnen kein Wort gehört, das der Majestät des römischen Volkes und der früheren Siege unwürdig gewesen wäre." Keine Nation auf der Erde hat jemals diesen Stolz, dieses (nicht Gefühl, nein) dieses Bewußtsein seiner Würde und weltgeschichtlichen Bestimmung gehabt; es war ein Königvolk, peuple-roi, dem die Majestät ausschließlich auf Erden eigen war, denn jede königliche Majestät beugte sich vor ihm, vor seiner Republik. Die römischen Soldaten vor Avaric betrachteten es als eine Schande, als Cäsar, um das Heer zu schonen, die Belagerung aufheben wollte; sie ließen ihm durch ihre Centurionen sagen, daß sie unter seinem Oberbefehl ehrenhaft gedient hätten und sich diese Schmach nicht anthun lassen, nicht unverrichteter Sache abziehen würden. Was hätte Vercingetorix gegen einen solchen, ihm noch dazu an Kriegskunst überlegenen Feind vermocht!? Zwar behauptet er trotz Avaric's Fall seinen Einfluß auf die Nation, zwar ist Cäsar gezwungen die Belagerung von Gergovia aufzuheben und die Aeduer, deren Unthätigkeit allein den Triumph der Volksfreiheit bisher aufgehalten zu haben schien, werden in den allgemeinen Aufstand der gallischen Nation mithineingezogen; je entscheidender der Kampf wird, desto mehr tritt die Ueberlegenheit der Römer hervor. Vercingetorix wird in offener Feldschlacht geschlagen und schließt sich, unbelehrt durch den Fall Avaric's und Lutetia's[1]), in Alesia ein. Es begann nun jene denkwürdige Belagerung, deren Ausgang für immer Galliens Schicksal entschied. Von beiden Seiten fühlte man die Bedeutung der Lage. Cäsar bot alle Kunst und Thätigkeit auf, den Feind zu vernichten und Vercingetorix begriff, daß es sich um sein, um Aller Leben handle. Er entließ die Reiterei mit dem Auftrag an jedes Geschwader, seinen Volksstamm zu sofortigem Entsatz herbeizuführen; er hielt ihnen seine Verdienste um das Vaterland vor und beschwor sie, auf seine Rettung zu denken und ihn, der sich um die gemeinsame Freiheit so verdient gemacht habe, nicht den Feinden zur Marter preiszugeben; wenn sie nicht eilten, so gingen achtzigtausend Mann mit ihm zugleich unter; er habe knapp auf dreißig Tage Lebensmittel, könne aber bei Sparsamkeit noch etwas länger aushalten. Es war Nacht, als er die Reiterei auf dem einzigen von Cäsar noch offen gelassenen Wege entließ. Was mag in seiner Seele vorgegangen sein, als er nun nach und nach den Hufschlag der Rosse in der Ferne verhallen hörte und nun unter dem Schweigen der Nacht nichts mehr vernahm als den Hauch des Windes und das Geräusch der Wachen im römischen Lager! Selten wohl hat es in der Geschichte der Völker schwerere Momente gegeben; es war der feierlichste Augenblick in dem ganzen Leben der celtischen Race, sie sollte vor der römischen Bildung erliegen, aber auch über der letzteren schwebte schon in der Ferne der Todesengel heran, und wenn neue Elemente einst auch deren Werk und Herrschaft zerstört haben werden, dann wird der celtische Genius in Literatur und Politik seine fortdauernde Lebenskraft bethätigen und sich als den ächten ursprünglichen Herrn Frankreichs erweisen.

[1]) Lutetia, d. h. Paris war vom Unterfeldherrn Labienus genommen worden. Wie Avaric lag es in einer sumpfigen Gegend, worauf auch die Vertheidiger ihre Hoffnung stützten. Von den Sümpfen, deren Tradition sich noch im Namen des östlichen Stadtviertels, le Marnis, erhalten hat, kommt auch der alte Name des heute so glänzenden Paris. Loth (Genitiv loithe) heißt im erstischen Dialekte „Morast, Sumpf"; das lateinische lutum, das ebenfalls Koth bedeutet, ist wahrscheinlich celtischen Ursprungs. Nach der Variante Lukotekia bei Strabo und Ptolemäus zu schließen, ist loth eine Contraction und stammt vielleicht von loc'h, See, stehendes Wasser, ab; man vergleiche das teutsche Lache.

Unterdessen war die Zeit verflossen, binnen welcher die Gallier in Alesia die Ankunft ihrer Brüder erwarteten, alle Nahrungsmittel waren aufgezehrt und keine Verproviantirung möglich, denn Cäsar hatte die Stadt von allen Seiten durch ungeheure Verschanzungen eingeschlossen. In dieser höchsten Noth, gesteigert durch die Ungewißheit, in der sie über die Vorgänge im übrigen Gallien schwebten, hielten die Bedrängten in allgemeiner Versammlung Rath. Die Einen riethen zur Uebergabe, die Andern zum Ausfall, solange die Kräfte ausreichen würden. Einer aber, Critognatus, schlug ein so verzweifeltes Mittel vor, daß Cäsar sich nicht enthalten kann, seine Rede mitzutheilen, wie er sagt: „wegen ihrer außerordentlichen und abscheulichen Grausamkeit." Wir wollen sie anhören, gleich darauf werden wir sehen, welches Recht dieser Cäsar hatte so schöne Worte zu führen. Critognatus, ein Auvergner von vornehmem Rang und großem Ansehen, sprach: „Kein Wort verlier' ich über derer Rath, die die schmachvollste Sklaverei mit dem Namen der Uebergabe verschleiern, nach meinem Erachten sollten sie weder für Bürger gelten, noch zu Rath gezogen werden. Nur denen will ich entgegnen, die für den Ausfall stimmten, da nach euer Aller Beifall dieser Rath von dem Gedanken an die alte Tapferkeit beseelt scheint. Nicht aber Tapferkeit, sondern Schwäche ist es, den Mangel nicht ein Weilchen ertragen zu können. Die sich ohne Zögern dem Tode darbieten, werden leichter gefunden, als die den Schmerz geduldig zu ertragen vermögen. Auch ich indessen würde diesen Vorschlag billigen (denn viel vermag über mich die Würde), wenn ich sähe, daß es sich um nichts Anderes als um den Verlust unsers Lebens handelte; aber bei unserer Entschließung haben wir auf ganz Gallien zu achten, das wir zu unserer Hilfe aufgerufen haben. Wie aber meint ihr, daß es unsern Genossen und Blutsverwandten zu Muthe sein werde, wenn sie, nachdem diese Achtzigtausend auf Einer Stelle niedergemacht worden sind, sozusagen auf ihren Leichnamen zu kämpfen gezwungen werden? O wollt nicht die eurer Hilfe berauben, die, euch zu retten, ihre eigene Gefahr verachten, und nicht durch eure Thorheit und Unbesonnenheit oder eure Muthlosigkeit ganz Gallien immerwährender Sklaverei preisgeben. Oder zweifelt ihr etwa an ihrer Treue und Gewissenhaftigkeit, weil sie nicht auf den bestimmten Tag gekommen sind? Wie aber? Glaubt ihr wohl, daß der Muth die Römer antreibt sich an jenen Verschanzungen dort alltäglich abzumühen? Wenn ihr nicht, da aller Zugang abgeschnitten ist, durch die Boten der Unsern die Versicherung ihrer nahen Ankunft erhalten könnt, so nehmt diese Römer zu Zeugen; die Angst vor der Nähe unserer Brüder hat sie aufgeschreckt, daß sie Tag und Nacht an ihren Befestigungen arbeiten. Was also ist mein Rath? Zu thun, was in dem doch ganz unähnlichen Krieg mit den Cimbern und Teutonen unsere Vorfahren thaten, die, in die Städte zusammengedrängt und von gleichem Mangel gemartert, ihr Leben mit den Leibern derer fristeten, die das Alter zum Kriege untauglich gemacht hatte, und sich nicht den Feinden überlieferten. Wenn wir dieses Beispiel nicht schon hätten, so müßten wir es um der Freiheit willen aufstellen und als das schönste den Nachkommen überliefern; denn welcher Krieg war jemals diesem gleich? Nachdem sie Gallien verheert und allerdings großes Unglück darüber gebracht hatten, zogen die Cimbern wenigstens zuletzt aus unsrer Heimath ab und suchten andere Länder auf: sie ließen uns unsere Rechte, Gesetze, Aecker und Freiheit. Die Römer aber was suchen sie, was wollen sie anders, als, getrieben von Neid, sich in den Ländereien und Städten derjenigen niederlassen, von deren Ruf und Kriegsmacht sie erfahren haben, und ihnen eine ewige Knechtschaft auferlegen? Denn noch niemals haben sie zu anderem Zwecke Krieg geführt. Und wenn euch unbekannt ist, was fernen Völkern begegnet, so seht auf das angrenzende Gallien hin, das zur Provinz erniedrigt, nach Verlust seines einheimischen Rechts und Gesetzes den Beilen des Proconsuls unterworfen unter fortwährender Knechtschaft seufzt." (de bello gall. VII, 77.)

So sprach der Gallier, und in einer Literaturgeschichte haben wir wohl das Recht zu bemerken, daß diese Rede, gesprochen von einem „Barbaren" im römischen Sinne des Worts, in Bezug auf Stil und Wendung der gebildetsten Sprache würdig ist; sie ist ein treffliches Denkmal der celtischen Literatur, aufbewahrt von ihrem Todfeinde. Die Versammlung aber schreckte vor dem furchtbaren Vorschlage zurück; man setzte fest, daß alle durch Alter oder Krankheit zum Kriege Untauglichen die Stadt verlassen sollten, daß man aber erst Alles versuchen wolle, ehe man zu dem entsetzlichen Mittel des Cricognatus greifen wolle: jedoch, schloß man, wenn die Hilfe zögere und die Lage der Dinge dazu zwänge, so wolle man eher diesem Rathe folgen, als sich zur Uebergabe oder zum Frieden erniedrigen. Darauf wurde die ganze Bevölkerung der Mandubier, die die Gallier in ihre Stadt aufgenommen hatte, gezwungen mit Kindern und Frauen hinauszuziehen. Als die Unglücklichen zu den römischen Verschanzungen gekommen waren, flehten sie den Feind unter Thränen und allerlei Bitten an, man möchte sie immerhin zu Sklaven machen, sie aber nur nicht Hungers sterben lassen. Cäsar aber, was that er? Nun, er sagt es selbst mit dürren kalten Worten, kalt wie Lictorenbeile: „At Caesar, dispositis in vallo custodiis, recipi prohibebat," aber Cäsar stellte längs des Walles Wachen aus und verbot sie aufzunehmen. Sämmtliche Mandubier mußten Angesichts ihrer Stadt und des römischen Lagers verhungern. Und dieser Cäsar hat zugesehn, er hat sie winseln hören, er hat das Jammern der Weiber, das Röcheln der Männer, das Wimmern der Kinder vernommen, mit seinen Ohren vernommen; er verheimlicht es auch nicht, er schildert mit kurzen herzzerreißenden Worten, wie ihn die hungernde Schaar um Erbarmung anfleht: flentes omnibus precibus orabant; aber nichts rührt sein Herz, recipi prohibebat; mit diesen Worten bricht er den Stab über ein ganzes Volk und kann schweigt er, es ist das Schweigen des Grabes. Und dieser Unmensch erdreistet sich den Vorschlag des Critognatus einer „außerordentlichen und abscheulichen Grausamkeit" zu zeihen (singularem ac nefariam crudelitatem). Wer war der Barbar? War es der in seinem Heiligsten bedrohte Gallier, der um sein Vaterland, seine Nation zu retten, wenige Schwächlinge hinzuopfern rieth, denen das Leben nichts mehr bot und die im Fall der Niederlage doch den Tod zu erwarten hatten, sei es im Gemetzel des Kampfes oder im Elend der Sklaverei? Oder war es der herrschsüchtige Fremdling mit dem ehernen Herzen, der Tod und Elend in ein Land brachte, das ihn nicht wollte, und aus abscheulicher Berechnung eine ganze Bevölkerung zurückließ, die sich ihm freiwillig zur Sklaverei anbot und um nichts dabei arbte als um Brot? Endlich kommt das gallische Hilfsheer an, aber wieder war des Vercingetorix Forderung nicht beachtet worden; statt die gesammte kriegsfähige Mannschaft zu stellen, hatte man auf den Rath der Fürsten jedem Staate nur ein bestimmtes Contingent auferlegt, aus Gründen der Vorsicht, wie sie sagten: als ob, wo Alles auf dem Spiele stand, nicht Alles aufgeboten werden mußte! Die Nationalversammlung, diese jüngste Incarnirung des gallischen Volks und Genius, verstand dies besser: denn als Danton das Vaterland in Gefahr erklärte und nur Eine Vorsicht noch galt: Kühnheit, immer Kühnheit und nichts als Kühnheit!, Worte, von denen das Pantheon der Geschichte widerhallen wird, solange der Erdkreis steht: da mußten alle waffenfähigen Franzosen gegen den Feind der Volkssouveränetät marschiren und bald schützten vierzehn Armeen die junge Republik.

Cäsar führt die verschiedenen Contingente der Gallier namentlich an; unter andern sagt er: parem numerum Arvernis adjunctis (Eleutheris?) Cadurcis, Gabalis, Velaunis, qui sub imperio Arvernorum esse consueverunt (7, 75). „eine gleiche Anzahl (35,000) legten sie den Auvergnern und ihren Clienten den Einwohnern des Querey, Gevaudan und Velay auf." Dies ist das erste Mal, daß der Name des Velay in der Geschichte genannt wird, ein Umstand, der so ruhmreich als schmerzlich ist: das Volk der Vellaver tritt auf, als die politische Selbständigkeit des eingebornen celtischen Volksstammes auf immer erliegen soll.

Trotz der halben Maßregel, zu welcher die gallischen Fürsten gerathen hatten, bestand das gesammte Heer doch aus 210,000 Mann Fußvolk und 8000 Mann Reiterei: unter den Oberbefehlshabern befand sich auch Comius, aus dem Artois in Nordgallien, der wegen treuer Dienstleistungen in Britannien von Cäsar reich belohnt worden war: „aber so stark und so allgemein war der Eifer des gallischen Volkes seine Freiheit zu rächen und zu reiten, daß weder der Gedanke an erhaltene Wohlthaten noch alte Freundschaft irgend Einen abhielt die Waffen zu ergreifen." Als das in Alesia eingeschlossene Heer der herbeigeeilten Hilfsschaaren ansichtig ward, strömte Alles dem Walle zu, unter lautem Freudengeschrei stürzt Einer dem Andern in die Arme und neubelebt rüstet man sich zum Ausfall. Der Kampf beginnt; Cäsar erzählt ihn so dramatisch und ergreifend, daß, um ihn zu schildern, mir nichts übrig bliebe, als die Erzählung Wort für Wort zu übersetzen. Drei Tage blutiger Schlachten entschieden Galliens Schicksal; das ganze herbeigeströmte Heer der Gallier wird niedergemacht oder gefangen genommen; was übrig bleibt, entflieht in die Heimath. Am folgenden Tage beruft Vercingetorix das Volk zusammen; mit einer großherzigen Aufopferung, die an Erhabenheit von keiner andern übertroffen wird, erklärt er, daß er diesen Krieg begonnen habe nicht der eigenen Bedrängniß wegen, sondern um der gemeinsamen Freiheit willen; da aber das Schicksal ihnen entgegen sei, so biete er sich zu zweierlei dar, entweder möchten sie die Römer durch seinen Tod versöhnen oder ihn lebendig überliefern. Man schickt nun Gesandte zu Cäsar, darüber zu verhandeln. Dieser befiehlt die Waffen auszuliefern und die Fürsten ihm vorzuführen; er erwartet sie sitzend in der Schanze vor dem Lager. Dort werden alle Anführer hingeführt, Vercingetorix wird ihm übergeben (Vercingetorix deditur), die Waffen werden hier niedergeworfen. Nach Vorbehalt der Aeduer und Arverner, durch die er die Landschaften wiederzugewinnen hoffte, theilte er aus den übrigen Kriegsgefangenen jedem Soldaten einige Stück, capita singula, als Beute aus. Darauf schickt er neue Besatzungen in die verschiedenen Staaten der Gallier aus, er selbst überwintert in Bibracte (Autun); in Rom aber wird bei der Nachricht von diesem Sieg ein zwanzigtägiges Dankfest angeordnet. Damit schließt Cäsar seine Geschichte des Krieges in Gallien (das achte Buch ist bekanntlich nicht von ihm verfaßt); in der That war dieser auch zu Ende; was noch folgte, waren ohnmächtige Zuckungen, Gallien war von nun an eine römische Provinz.

Nun, es mußte so sein; das heimische celtische Element wäre unvermögend gewesen, aus sich heraus eine Civilisation zu schaffen, die den Forderungen der fortschreitenden Menschheit entsprochen hätte. Dieselbe konnte nur aus der Mischung verschiedener neuer Elemente hervorgehen und Cäsar war das Werkzeug in der Hand der Geschichte, womit sie den gallischen Boden umackerte. Er hatte keine Ahnung von dem, was seine Eroberung zur Folge haben würde; er sah in Gallien eben nur eine Eroberung, die seinem Ehrgeize als Staffel zur Herrschaft der Welt dienen sollte. Aber ein großer Krieger ist auch großherzig. Alexander der Große vergießt bei dem Anblick des sterbenden Darius Thränen und läßt ihn nach seinem Tode prächtig bestatten. Wie handelte Cäsar an seinem

Feinde? Dio Cassius berichtet es uns: Verringetorix wurde nach Rom geführt und in einen Kerker geworfen; als Cäsar später seinen Triumph feierte, mußte der Besiegte ihn schmücken helfen, darauf tödtete man ihn! Nichts brennt diese Schande an Cäsar's Namen und Gedächtniß aus. Seine Soldaten sangen damals Spottlieder auf ihn, sie sangen unter Anderm: Gallias Caesar subegit, Nicomedes Caesarem, Anspielung auf Jugendsünden, die mehr der Verderbniß der Zeit und der schlechten Erziehung zur Last fielen. Aber für die an dem Helden und Märtyrer der heimischen Freiheit verübte Schmach hatte Niemand in Rom ein Gefühl. Und — es klingt ungeheuerlich, aber es ist so — das gallische Volk selbst vergaß ganz und gar den großen Verringetorix, während der freude Eroberer, der Unterjocher sozusagen populär geworden ist; denn, wie ich schon sagte, der Name Julius Cäsar lebt im Gedächtniß des französischen Volkes wie der eines einheimischen Heroen fort. Sonderbare Wendung der Dinge! Ist es hier nicht der Ort zu rufen: Victrix causa diis placuit, sed victa Catoni!

Indessen büßte Cäsar bitter den Wahn, für seine Zwecke gearbeitet zu haben, wo er nur ein Werkzeug der Geschichte war. Er erreichte sein Ziel, die Alleinherrschaft, nicht; am Tage selbst, da ihm der Königstitel für alles Land außerhalb Italiens ertheilt werden sollte, fiel er unter dem Dolchstoß seines Lieblings. Nicht daß die Partei, die ihn stürzte, besser war; weit gefehlt, wir wissen jetzt, daß dieser Brutus nur für die alte Aristokratie kämpfte, die Masse aber für Cäsar war. Der Letztere war, wie Sulla richtig geahnt hatte, der politische Erbe des Demokraten Marius, und daß diese Umgestaltung der römischen Verfassung dem Willen und Geiste des Volkes entsprach, dafür spricht der Erfolg von Cäsar's Erben, Octavian. Aber nachdem wiederum dieser die Aufgabe der Geschichte erfüllt hatte, sah er ebenfalls den persönlichen Gewinn entschwinden; all seine Lieblinge, die er zu seinen Nachfolgern bestimmt hatte, entriß ihm der Tod und nur der böse ihm verhaßte Tiberius blieb übrig. Das Julische Geschlecht erlosch mit Nero. Zwar die römische Monarchie selbst dauerte noch fort, aber nicht als Zweck um ihrer selbst willen, sondern als Mittel, um in fremde Länder für künftige Jahrhunderte Keime einer neuen Bildung auszustreuen. Als sie ihre Aufgabe erfüllt hat, stürzt sie unter den Streithammern der Barbaren zusammen und alle die Völker, die sie auf ewige Zeiten unterjocht zu haben glaubte, erheben sich nur um so lebenskräftiger in ihrer alten Unabhängigkeit, während im Gegentheil Italien die Beute fremder Herren ward. Germanen hatten einst Cäsar geholfen, Gallien zu bekämpfen und seine Herrschaft zu begründen; Germanen waren es, die sein Werk zertrümmerten, Roms Weltherrschaft vernichteten und so zu einer That geschichtlicher Sühne erhoben, was dem Kurzsichtigen ein zufälliges Ereigniß scheint. In Gallien aber entstand nach dem Falle Roms der erste Staat des neuen Europa's, ein Wort, das als politische Bezeichnung erst von nun an möglich, wenn auch erst nach dem Mittelalter gebräuchlich, einen ungeheuren Fortschritt bezeichnet; Vereingetorix war gerächt, war versöhnt. Denn die Weltgeschichte ist das Weltgericht.

Reisen wir nun weiter. Die Fahrt geht durch das Thal des Allier längs des rauschenden Stromes hart an der Felsenwand hin, es ist eine romantische Landschaft, auf hohen Felswänden nisten Dörfer, horsten Burgruinen; man ist versucht das Thal mit dem des Mainstromes zu vergleichen. Dann geht es wieder in die Ebene hinaus. Rechts fesselt uns eine interessante Kirche durch ihren romanischen Styl, es ist die des Städtchens Issoire, aber sie ist nur eine Copie der alten Kirche zu St. Julian in Brioude, der ersten Stadt des Departements der Ober-Loire und der letzten Station der Eisenbahn; letztere hat die „Mauer" der Cevennen noch nicht durchbrochen, noch ist das Velay abgeschlossen von dem Weltverkehr und bewahrt in seinen Bergen die alte Eigenthümlichkeit. Indessen gehörte das genannte Brioude politisch nicht zum Velay, sondern zur Auvergne, obgleich es schon von den frühesten Zeiten an in die Geschichte des erstern verflochten ward, ja sogar für dessen zweite Hauptstadt galt. Wie in Puy, der ersten Hauptstadt, so gruppirt sich auch hier alles Interesse der nach mittelalterlicher Weise schlecht gebauten unreinlichen Altstadt um die dem heiligen Julianus geweihte Kirche; sie ist ein prächtiges Denkmal des romanischen (byzantinischen) Stils und darum für ein „historisches Monument" erklärt worden, d. h. für dessen Erhaltung auf Staatskosten gesorgt wird. Erbaut unter Constantin oder Constantius Chlorus, erneuert unter Ludwig dem Frommen, hat sie zwar später einige Flickereien erlitten, bildet aber noch immer ein harmonisches Ganzes. Das Innere, in drei Schiffe getheilt und in fünf halbrunde Absiden anslaufend, besitzt reiche Verzierungen; einige Kapitäler nähern sich der classischen Antike. Ich citire mit Herrn Dr. Mérimée (Notes d'un voyage en Auvergne) einen geflügelten Genius, der einen Thyrsusstab hält und auf einem Tiger reitet, sowie Greife, die aus einer Schale trinken; unter den ächt mittelalterlichen Skulpturen zeichnet sich ein Teufel mit Stierkopf aus, der zwei Harfenspieler erwürgt; es deutet dies auf den Kampf zwischen Priester und Troubadour, zwischen Kirchenzwang und Denkfreiheit. Wir haben also in dieser Kirche die stetige Entwickelung von der römischen Bildung zum Mittelalter vor uns; wir dürfen sie aber bis zur celtischen Epoche zurückführen. Der heilige Julian (es giebt mehrere Heilige dieses Namens) erlitt nämlich vor der Stadt den Märtyrtod bei einer Quelle, deren Stein noch heute die Spur seines Blutes zeigt. Diese Quelle befindet sich in einem Garten und ist mit religiösen Sinnbildern verziert; alljährlich im August bei dem dreitägigen Volksfeste zu Ehren des Heiligen geht eine

Das Mittelalter.

feierliche Prozession hierher. Von dem Blute habe ich zwar nichts gesehen, das Wasser aber trefflich gefunden, es gilt auch für wunderthätig; wunderbar ist es in sofern, als es mitten in der Ebene quillt und stets klar und frisch bleibt, wenn ringsum Gräben und Furchen voll trüben Regenwassers sind. Aus diesem Grunde galt es sicherlich den celtischen Ureinwohnern für heilig und die christlichen Priester adoptirten den heidnischen Aberglauben nach gewohnter Weise. Ein Wallfahrtsort bei Nantes, St. Julien de Vouvante, besitzt drei wunderkräftige Quellen, deren eine ebenfalls einem Heiligen Namens Julian gewidmet ist (einem Andern, dessen Legende aber mit der des Heiligen von Brioude vermischt wird), ebenfalls ursprünglich ein celtisches Heiligthum. Das Domcapitel bildete im Mittelalter factisch den Seigneur, den Oberherrn. Als die Stadt mit dem Velay unter die Hoheit der Grafen von Toulouse gekommen war, setzte einer derselben, Bertugar (819), 34 Kanonici als Priester für den Gottesdienst ein und 20 Kanonici als Ritter zur Vertheidigung des Schlosses; Priester und Ritter trugen das Bischofsmäntelchen mit dem Kreuz, die letztern auf dem Panzerhemd, ähnlich den geistlichen Ritterorden, die später entstanden. Diese Kanonici nahmen nachher den Grafentitel an; die Einwohnerschaft mußte gegen sie zu den Waffen greifen, um eine Charte städtischer Freiheit zu erhalten: im sechzehnten Jahrhundert erklärten sie sich früh für die Reformation, wurden aber 1583 wieder unterworfen. Zur Zeit der Februarrepublik zeigte sich in der Umgegend wieder tiefer Oppositionsgeist gegen die Kirche: eine ganze Gemeinde verabschiedete um mehrerer Streitigkeiten willen ihren Geistlichen und erklärte sich für den Protestantismus: bei so energischer Kundgebung mußte man ihnen denn auch einen reformirten Pastor bewilligen. Zwei Jahre war derselbe dort, als er einfach, daß er in der Wüste predigte. „Ihr wart schlechte Katholiken, ihr seid jetzt schlechte Protestanten." sagte er und ging seiner Wege.

Ehe wir aber fortgehen, bemerken wir noch, daß in der Nähe von Brioude das Dorf und Schloß Chavagnac liegt, wo Lafayette geboren ward. Er war gerade kein Heros, aber doch merkwürdig als der historische Vertreter jenes Liberalismus, der weniger bürgerlich als spießbürgerlich ist und als Hefe in dem Freiheitskelch von 89 ruhte. Er meinte es gewiß ganz redlich, es steckt aber doch viel Carrikatur darin, man denkt zuweilen an den Biedermann Joseph Prud'homme und stellt dann synonymische Betrachtungen über Wörter wie tiers-état und bourgeoisie, citoyen und bourgeois an, wobei dann wohl auch aus dem bourgeois ein épicier, aus dem Bürger ein Philister wird. Lafayette war's, der Ludwig Philipp als „die beste Republik" vorstellte; ihm gelang für das Haus Orleans, was Mirabeau für die Bourbons erstrebt hatte: die Gründung einer constitutionellen Monarchie. Auf Mirabeau war Robespierre gefolgt, auf Lafayette

Lamartine, den einen wie den andern beerbte ein Napoleon. Sonderbarer Wellenschlag der Geschichte, dieses Oceans der Geisterwelt! Aber auch der Ocean hat seine Gesetze und der Forscher versteht sie zu erklären; es war natürlich, daß ein Geschichtsforscher wie Michelet neben seinem Buche vom Volke auch ein Buch vom Meere schrieb.

Verlassen wir nun Brioude. Vor der Stadt führt ein herrlicher Spaziergang dem Flusse Allier zu; am Ende desselben sieht man ein hübsches elegantes Gebäude, man spricht Teutsch darin. Wie so? fragt man; weil es eine Brauerei ist. Von funfzig Bierbrauern sind neunundvierzig Teutsche; wie sich auch der Franzose seit Becker's Rheinlied und Alfred de Musset's Gegenlied über den petit vin blanc vom Rheine lustig machen mag, vor dem teutschen Biere hat er Respect.

Bei Allbrioude, eine halbe Stunde von der Stadt gelegen, führt eine Brücke von einem einzigen kühnen Bogen über den Allier; von ihr kommt der Name Brioude, brivas bedeutet im Celtischen Brücke, der Stadtname Brives hat denselben Ursprung. Von hier steigt man nun bergan; im Sommer ist die Gegend voll wechselnder Reize für das Auge, zuweilen romantisch, aber an rauhen Octobertagen bietet sie ein düsteres Bild. Von den Sevennen weht uns der kalte Wind entgegen, die dunkeln Fichtenwälder stechen traurig von der öden Landschaft ab, an den Seiten öffnen sich wilde Schluchten, dabei steigt man fortwährend aufwärts und über der schauervollen Gegend erhebt vor uns der Mezenc, der Herr des Gebirges, sein finsteres Haupt. Es ist als wäre man in Sibirien. Wenn man an dem Städtchen Paulhaguet vorüberkommt, hat man rechts das Dorf Salzuit; es giebt hier einen Gebrauch, der uns an Carnac in der Bretagne erinnert. Im August oder September nämlich führen hier die Bauern ihre Ochsen und Kühe zur Messe und lassen das Salz, das sie in das Viehfutter mischen oder als Arznei dem Vieh zu fressen geben, auf dem Altar vom Priester segnen. Der höchste Punkt der Straße ist das Dorf Fix-Villeneuve, 1117 Meter (3351 F.) über dem Meere. Allmälig geht es bergunter, man kommt zu dem romantisch gelegenen Dorf Borne am Flüßchen Borne, das sich unterhalb Puy in die Loire ergießt. Verfolgt man dasselbe, so kommt man zu der Burg St. Vidal, die es ihrer abgelegenen Stätte verdankt, daß sie fast unverletzt erhalten ist, im selben Thale weiter abwärts befindet sich gegenüber den Trümmern einer andern Burg eine stark eisenhaltige Quelle. Setzt man aber seinen Weg auf der Straße fort, so bemerkt man, eine Stunde vor der Ankunft in Puy, links in wilder Gegend eine ungeheure Felsenmasse von majestätischem Anblick mit gewaltigem Thurme und anderem Gemäuer; um seinen Fuß zieht sich eine Masse Häuser hin, die 2—3000 Einwohner zählen kann. Wie heißt die Stadt? fragt man. Es ist keine Stadt, lautet die Antwort, sondern das Dorf Pollgnac. Düstere Bilder der Vergangenheit steigen bei diesem

Namen auf und Anken in der Landschaft einen trefflichen Rahmen. Der Felsen, der das zerfallene Schloß trägt, bildet ein längliches Viereck und ist von so regelmäßiger Form, daß man ihn für ein Werk von Menschenhand halten möchte, sagt der Historiker Mandet, wenn seine riesenhafte Größe ihn nicht sofort für ein Werk des Elements erklärte. Auf diesem jeder Belagerung trotzenden Felsen stand das Schloß der Herren von Polignac, ein raub- und fehdelustiges Geschlecht, das sich „König des Gebirges" nannte; ich habe viele solcher fürstlichen Burgen gesehen, aber keine, die größer, furchtbarer sei. Alles liegt jetzt in Trümmern, selbst der Nachbau vom siebzehnten Jahrhunderte ist verfallen, auf dem alten Burgplatze erntet der Bauer Kohl und Getreide und nur der alte Zwingthurm (donjon) ragt noch trotzig zum Himmel auf. Das Geschlecht aber, das ehemals hier hauste, lebt jetzt in fast bürgerlicher Zurückgezogenheit, seitdem Karl's des Zehnten Minister Armand Jules de Polignac die Ordonnanzen vom Juli 1830 und den Versuch, die Zeiten des alten Despotismus wiederheraufzuführen, mit dem Exile gebüßt hat. Sein Sohn hat während der Verbannung seines Vaters in München studirt und eine gelungene Uebersetzung von Göthe's „Faust" in Versen herausgegeben; im vergangenen Sommer von 1861 führte die Fürstin von Solms den Faust nach dieser Uebersetzung auf ihrem Gesellschaftstheater im savoyischen Badeorte Aix auf; man sprach dabei die Hoffnung aus, daß das Göthe'sche Drama nun wohl auch auf einer Pariser Bühne erscheinen werde. So verzweigt sich der Name Polignac mit der deutschen Literatur; wie werden sehen, wie er auch in die Geschichte der französischen verwebt ist.

Ueber die Burg Polignac ist fabelhaft gelogen worden, gegen fünfzig Schriftsteller haben darüber geschrieben. Fassen wir kurz das Für und Wider zusammen. Am kecksten fabelt die nach den Departementen geordnete France pittoresque von Charles Hugo. Da heißt es: hier stand ehemals ein Apollotempel, der dem Felsen den Namen gegeben hat und zu dessen Orakel schon Kaiser Claudius im Jahre 47 kam; am Fuße des Felsen stand eine Aedicula, eine erste Station für die Pilger, die hier ihre Geschenke gaben und ihre Wünsche aussprachen; von hier ging eine trichterförmige Höhlung zum Gipfel, wodurch die Priester oben die noch so leis gesprochenen Worte sogleich vernahmen; diese bereiteten nun die Antwort vor, während die Pilger den Felsen langsam erklimmten, und stiegen dann in einen tiefen Saal, der durch eine Oeffnung mit dem Tempel in Verbindung stand; diese Oeffnung war von einem Altar bedeckt, über welchem in einer Art Nische die Statue Apollo's stand, durch dieselbe hindurch ward mittelst eines Sprachrohrs das Orakel gegeben; dieser Apollodienst habe schließlich das Christenthum lange Zeit aufgehalten. An dem Allen ist auch kein Titelchen Wahres. Niemals hat hier ein Apollotempel gefanden, man findet durchaus keine Baubruchstücke; das Wenige, was aus gallo-römischer Epoche existirt, ist von der alten Hauptstadt des Landes, Ruessium, herbeigeschafft worden, ebenso ist die Inschrift, die vom Kaiser Claudius spricht, von anderswo hergekommen. Claudius war niemals hier. Die Maske, die man hier als Apollo's Gesicht zeigt, ist zu bärtig, um einem Apollo gehört zu haben, der bekanntlich zu den unbärtigen Gottheiten gehörte; diese colossale Curiosität von barbarischem Geschmack stammt aus dem Mittelalter und war vermuthlich in ein Giebelfeld eingerahmt. Der Erste, der von diesem Tempel spricht, ist der italienische Tourist Siméoni, der 1561 seine Reise in die Auvergne zu Lyon herausgab und sich auf die Erzählung des unwissenden Schloßwärters beruft. Ebenso falsch ist die etymologisch-genealogische Ableitung des Geschlechts und Namens der Polignac's von Sidonius Apollinaris, wie noch 1830 in der „Maison de Polignac, par le baron de ***, Paris, chez Iluert" behauptet wird. Die Mutter des Sidonius, der zu Lyon geboren wurde, war aus der Auvergne, dies bestimmte ihn in diese Provinz zu gehen, wo er später, 462 nach Christus, Bischof von Clermont ward. Da soll er denn seinen Bruder zum Viccomes vom Velay haben erwählen lassen; wenn es nur einen Beweis dafür gäbe! Aber Sidonius spricht nirgends vom Velay und in der falsch interpretirten Stelle epist. 6, lib. 4 bedeutet domus „Familie" (s. Mandet, Histoire du Velay). Die Polignac's suchten allerdings ihre Genealogie soweit als möglich hinaufzuführen, aber über das zwölfte Jahrhundert hinaus ist Alles vernebelt. Der ursprüngliche Name des Ortes ist Podempniacum; im neunten Jahrhundert unterzeichnen hier die viccomites ohne den Namen Polignac; im zehnten Jahrhundert wird im Cartular von Brioude ein Podaniacus erwähnt, jedenfalls dasselbe trotz verschiedener Schreibart: erst 1112 wird ein Pontius viccomes Podemniacensis genannt, und so fort bis 1389; das Volk verdarb dann das d in das flüßige l; doch wird 1340 ein Armandus viccomes Polouniaci erwähnt (s. Mandet). Der heutige Titel prince ist der Familie nach 1830 vom Papste, also von einem Fremden, ertheilt worden.

Wenn man auf der Höhe ist, von der man Polignac erblickt, übersieht man beinahe das ganze Velay. Ganz verschieden ist sein Bergcharakter von dem der Alpen; statt der zackigen Form der letzteren, ist hier Alles kegelförmig oder wartenrund; links ließ man schon den auf der Hochebene isolirt stehenden Vulkan Bar, dessen noch sumpfiger Krater früher von einem See ausgefüllt war; jetzt fährt man nach dem Berge Denis zu, der das Thal von Puy überragt, die Straße geht an dem wie ein ungeheurer Abgrund gähnenden Thale der Borne hin, dann öffnet ein Durchschnitt den Berg und die wunderbarste Aussicht bietet sich dem Auge des Reisenden dar. Die Straße fährt mitten durch den Krater des Denise in das

Thal hinunter, aus dem sich der Berg Anis erhebt, gegen dessen Südseite die Stadt Puy amphitheatralisch aufsteigt, auf dem Berge selbst steht der nackte Felsen Corneille und von diesem ragt die Riesenstatue von Notre Dame-de-France zum Himmel auf. Neben dem Berge Anis erhebt sich ein fast spitz zulaufender, deshalb Alguille genannter, 265 Fuß hoher Felsen, ebenfalls vulkanischen Ursprungs, auf dessen Gipfel eine im zehnten Jahrhundert erbaute Kapelle des heil. Michael romanischen Stiles steht (die Kapellen des heil. Michael wurden vorzugsweise auf Höhen erbaut); eine schneckenförmige Treppe ohne Geländer führt auf 218 Stufen, meist in den Felsen gehauen, auf die Spitze, von der man eine Aussicht hat, die mich an Thüringen erinnerte; an stürmischen Tagen braußt oben der Wind wie Donner. Näher dem Reisenden zu ragt eine andere vulkanische Felsenmasse auf, um welche sich das Dorf Espaly lagert (im Mittelalter Ispalis genannt); in dem Schlosse, von dem man noch die Trümmer auf dem Gipfel erblickt, soll Karl VII. zum König von Frankreich ausgerufen worden sein. Aber die merkwürdigste vulkanische Bildung hat der Reisende rechts in nächster Nähe: die Orgeln von Espaly, nach dem unten liegenden Dorfe benannt, von dem sie durch den Fluß Borne getrennt sind. Es sind dies Basaltfelsen, die wie ein Orgelspiel aufsteigen; während aber die eine Seite lothrecht emporragt, sind auf der andern die Säulen durch eine Erderschütterung gebrochen und umgestürzt, Kanonen ähnlich, die auf der Laffette ruhen. Der Wanderer wird sich nicht wundern, wenn er in dieser vom Feuer durcharbeiteten Gegend Edelsteine findet; als eine derselben eigenthümliche Gattung nenne ich die rothen Zircons, eine Spielart Rubinen, die man in einem schmutzigen Bache bei Espaly findet. Aber am interessantesten ist ein anderer Fund, den man in den Schlacken des Berges Denise vor einigen Jahren gemacht hat: fossile Menschenknochen. Verständigen wir uns erst über das Wort. Der Mensch ist das letzte Erzeugniß der Schöpfung, er ist auf der Erde erschienen, als dieselbe alle großen Umwälzungen beendet hatte; er gehört nur einer einzigen Epoche der Erdbildung an und seit seinem Auftritt ist die Kette des Menschengeschlechtes nicht wieder unterbrochen worden. In früheren Epochen dagegen hatte die Erde Pflanzen- und Thiergattungen erzeugt, die von den heute bestehenden ganz verschieden sind; sie sind untergegangen, ohne fort und fort bis auf heute herab sich fortgepflanzt zu haben; über ihren Resten bildete sich ein neues Terrain (im geologischen Sinne des Wortes), auf welchem neue Pflanzen und Thiere erwuchsen. Dies ist mit dem Menschengeschlechte nicht der Fall; es ist nur Eine Frage, die: ob der Mensch schon während der letzten Erdepoche existirt hat, seit welcher zwar keine neuen Thiergattungen entstanden, in welcher aber verschiedene untergegangen sind, die man, wie die Mammuth in Sibirien, zu den fossilen rechnet. Diese Epoche heißt die des Diluviums. Man darf diese ungeheure, keines-

wegs aber allgemeine Ueberschwemmung nicht mit der sogenannten Sind-
fluth¹) verwechseln, von der Noah und Drukalion Zeuge waren und die
einen sehr beschränkten Raum einnahm. Das Diluvium entstand durch
die Erhebung der Centralalpen; durch dieselbe brachen sich nicht nur die
großen Seeen Bahn, die in dieser Gegend, z. B. in den schon früher bestehenden westlichen Alpen und in der Bresse (Département de l'Ain) sich
vorfanken, sondern auch das Meer selbst erlitt eine Erschütterung, in deren
Folge die Küsten der Gascogne von Sand (Dep. des Landes) und die
Pampas in Südamerika von Schlamm überschüttet wurden.

Diese zwölfte und letzte Epoche änderte aber nur die Form der Erde,
z. B. die Gebirgsketten, deren heutige Gestalt zum großen Theil von daher datirt; das vegetabilische und animalische Leben erlitt keine Veränder-
rung, wenigstens keine wesentlich neuen Bildungen. Schon in der zehnten
Epoche (der des Pariser Terrains) gab es Bäume, die unsern Eichen und
Ulmen ähnlich sind (Dikotyledonen); von den neuen Muschelthieren, die
sich damals bildeten, leben noch heute verschiedene Arten. Nach dieser
Epoche erzeugte die Schöpferkraft der Erde jene Säugethiere, die zwar
nicht die ersten waren (schon in der zehnten gab es Mischungen von Esel
und Schaf, Pferd und Tapir, letztere Palaeotherium genannt), die aber
als die Vorfahren der heutigen betrachtet werden können; nur die Riesen
unter ihnen, die den Elephanten ähnlichen Mastodonten, sind ausgestorben,
noch aber leben die andern Zeugen dieser Epoche, das Rhinozeros, das
Flußpferd, das Eichhörnchen, der Affe. Diese in der elften Epoche (nach
dem terrain de molasse benannt, dessen Muschelreste ich bei Orleans und
in der Touraine beobachtet habe) entstandenen Thiere überlebten also die
zwölfte Epoche; warum hätte sie der Mensch nicht überleben können? Aber,
fragt man, lebte er denn schon? Sobald der Affe und die andern Säug-
thiere lebten, die uns heute umgebn, war auch das Leben des Menschen
möglich geworden; Beweise haben wir dafür als Thatsache freilich nicht,
indessen hat Herr Boucher de Perthes (Antiquités celtiques et antédilu-
viennes, 1849) in Nordfrankreich unter Fossilien von Mastodonten
eine Menge steinerner Waffen und Werkzeuge entdeckt, die schlechterdings
nur von Menschen herrühren können. Ich füge noch die Mythe von Her-
cules hinzu, der Afrika und Spanien von einander getrennt habe. Diese
Trennung soll nach der Ansicht einiger Geologen die Folge der Umwälzung

---

¹) Das Wort Sindfluth kommt durchaus nicht von „Sünde" her und bedeutet nicht etwa eine Fluth, die der Sünden der Menschen wegen gekommen sei.
Zu dieser falschen Deutung hat nur der Umstand verleitet, daß der Name bei der
Gelegenheit Noah's in der Bibel gebraucht wird. Luther selbst hat ihn nicht so
verstanden, er hat Sintfluth geschrieben. Die Wurzel sin bedeutet Stärke und
Ausdehnung; Sintfluth ist daher eine große Fluth überhaupt. Diese Kenntniß
muß populär werden.

der zwölften Epoche sein; ist dem so, und nimmt man an, daß die Arche von Augenzeugen ausgegangen sei, so wäre diese Tradition ein historischer Beweis für das Alter der Menschheit.

Nun ist aber die Frage, ob auch die in dem Vulkan Denise gefundenen Menschenknochen antediluvianisch sind. Einzelne Gelehrte der Stadt Puy behaupten nun zwar, daß diese Vulkane des Velay älter seien als die Alpen; andere Geologen dagegen versetzen die Entstehung der Vulkane des Vivarais und der Auvergne überhaupt in die historische Zeit, d. h. in die Zeit der großen Ruhe, die auf die letzte (zwölfte) Epoche gefolgt ist und noch bis heute währt; die Entstehung dieser Vulkane falle mit der des Aetna, des Tänarus im Peloponnes und der sogenannten Sindflut von Noah und Deukalion zusammen. Sonach wären die hier verschütteten Menschen nicht antediluvianische, sondern historische Individuen sogut wie der ältere Plinius, den der Ausbruch des Vesuv verschüttete.

Wie dem auch sei, diese Auffindung ermangelte nicht, Geologen ersten Ranges zu einer Reise in's Velay zu veranlassen. Im Sommer 1859 kamen die Herren Hebert und Lartet, Mitglieder der geologischen Gesellschaft Frankreichs, nach Puy; ihre Untersuchungen ließen aber keinen festen Schluß zu. Bald darauf langten zwei Engländer an, deren Namen in ganz Europa bekannt sind, Herr Scrope, der eine Geologie von Centralfrankreich geschrieben hat, und Herr Lyell, dessen neues System so einfach und doch so grundverschieden von den frühern ist. Herr Robert, Maire von Polignac und selbst eifriger Geolog, der die Genannten auf die fragliche Stelle des Vulkans geleitete, hatte mich früherem Versprechen gemäß dazu eingeladen, ohne mir die Namen zu nennen; andere Arbeiten ließen mich ablehnen; als ich nachher erfuhr, welche Gesellschaft zu theilen ich die Ehre haben sollte, bereute ich es versäumt zu haben. Herr Lyell stattete noch im selben Jahre zu Aberdeen in der „britannischen Gesellschaft für den Fortschritt der Wissenschaften" unter Vorsitz von Prinz Albert Bericht über diese Nachforschungen ab; 2500 Mitglieder wohnten der Sitzung bei; größeres Echo konnte die Frage wohl nicht leicht erhalten. Der Geolog Herr Bertrand de Doue in Puy, dessen Name weithin in gelehrten Kreisen bekannt ist, theilte dann die Ansichten des Engländers der wissenschaftlichen Gesellschaft von Puy mit (s. selben Bericht im Moniteur de la Haute-Loire 16. November 1859). Dieser Gelehrte, den ein langwieriges Studium (er ist sehr bejahrt) höchst besonnen gemacht hat, bekämpft die allzu nüchterne Zweifelsucht, die an dem hohen Alter des Menschengeschlechts mäkeln will; er ruft gerade die Höhlen zu Zeugen auf, in welchen man neben Resten erloschener Thiergattungen auch Menschenknochen gefunden hat; selbst die gemachten Einwürfe lassen immer noch die Wahrscheinlichkeit zu, daß das Menschengeschlecht gleichzeitig mit den in Sibirien gefundenen Mammuthen, die doch sicher schon vor dem Diluvium existirt haben, die Erde bewohnt hat. Was die Fossilien des Berges Denise betrifft, so sind sie ebenfalls in der Nähe von Resten erloschener Thiergattungen gefunden worden, jedoch in einem frischeren Zustande; sie beweisen wenigstens, daß der Mensch Zeuge der letzten Ausbrüche dieser Vulkane war. Eine Tradition kommt diesem geologischen Zeugniß zu Hilfe; Gregor von Tours (glor. conf. cap. 2) erzählt, im Gevaudan (es ist dies der Name der südlich an's Velay grenzenden Gegend) sei an einem Berge ein großer See dem Mond geweihet; hier kommen alljährlich die umwohnenden Völker drei Tage lang zusammen und werfen Kleider, Vliesse, Käse, Brode u. s. w. als Opfer in den See, bei der Rückkehr am vierten Tage erhebe sich jedesmal ein großes Gewitter. Nun ist in dieser Gegend kein anderer See als der drei Stunden von Puy südlich, auf der kalten Hochebene gelegene See von Bouchet, der den Krater eines Vulkans ausfüllt und über eine Stunde im Umkreise hat. Er ist fast kreisrund, zwei Ränder fassen ihn fast künstlerisch ein, der erste von Steingeröll, der zweite von frischem Grün, darüber erhebt sich die Halde den Gipfel hinauf; das Ganze bietet die Form: einer Trinkschale dar. Ein einsamer vulkanischer Kegel ragt in der Ferne darüber empor, von dessen Spitze überschaut man zugleich das Thal des Allier und das der ferneren Loire. Es ist also wahrscheinlich, daß die vulkanischen Ausbrüche dieser Gegend von den frühesten Augenzeugen der Nachwelt berichtet und dann von der Ueberlieferung in Gewitter verwandelt worden seien; vielleicht fällt selbst die Ausfüllung des Sees in die historische Zeit.

Es gebt eine wunderbare Harmonie durch Welt und Wissenschaften; eine kettet sich an die andere. Ist es eine Grille des blinden Zufalls, daß Gustav Adolph sein Leben gerade an jenem erratischen Block verhauchte, der in vorgeschichtlichen Zeiten von demselben Norden herabgeschwommen kam, von welchem der Schwedenkönig gen Süden zog? So begehen auch wir keine launenhafte Abschweifung, indem wir aus dem Parke der Literaturgeschichte in den Schacht der Geologie hinabsteigen. In der That, was lehrt uns letztere? Der erste feste Niederschlag, der sich auf unserm Planeten bildete, als derselbe durch allmälige Abkühlung aus dem Zustande eines Nebelfleckens in den eines dichten Körpers überging, war der Granit und zwar der Granit der Bretagne, der französischen, sowie der englischen. Diese älteste und letzte Heimath der celtischen Race ist das älteste erste Terrain Europa's, ja sicherlich gleichzeitig mit jeder andern ersten Bildung des Erdballs; ihre Entstehung macht die erste Epoche der Erdgeschichte aus, die mit der Bildung des Balakalks in Wales abschließt. Ist dies nicht höchst symbolisch? Und besteht nicht eine mystische Verwandtschaft zwischen Boden und Bewohnern? In der That darf es uns nicht wundern, wenn wir den Bretaguer, den Mann des Granits, den Bewohner des ältesten Bodens der Erde, auch hartnäckig am Alten festhalten sehen;

und wir müssen bemerken, daß nicht nur die Bretagne und Wales, sondern auch die Vendée in jener ersten Erdepoche aus dem Chaos der feurigen Masse aufstieg. Andererseits — und wenn dies einen Widerspruch zu enthalten scheint, so ist er in Harmonie mit der an Widersprüchen reichen Natur des gallischen Volksstammes — hat die große Natur, indem sie ihre Erdschöpfungen mit dem bretonischen Boden begann, dadurch selbst sagen wollen, daß auch der Race, deren Erdtheil einst dieser Boden werden sollte, die Rolle der geschichtlichen Initiative zufallen würde. Höchst wahrscheinlich wurde auch damals der Granitgrund zur Auvergne, dem Vaterlande des Vercingetorix, gelegt.

Verfolgen wir die Geschichte der Bildung des französischen Bodens weiter. Zuerst also trat aus dem Chaos der Erdmasse der Granit, der schwarzblaue, und dann der grüne Schiefer, zuletzt der Balakalt hervor. Eine neue Bildung begann; das organische Leben erwacht, auf den Inseln setzen sich Moose an, auf den Fluthen schwimmen Seetange; Thierpflanzen und kopflose Mollusken fangen an sich zu regen. Aber für immer sind sie nun verschwunden, neue Umbildungen der Erdrinde haben sie begraben; neue Flözschichten füllen das Meer, das damals mit Ausnahme der in der ersten Epoche entstandenen Granitinseln den ganzen Boden bedeckte: Gneis, Sandstein, Puddingmassen, darüber schwarzer krystallinischer Schiefer, zuletzt Kalkschichten, in welchen die organischen Gebilde versteinerten. Nun erfolgt eine Erschütterung, welche diese verschiedenen Erdbildungen aus dem Meeresgrunde (damals minder tief als heute) als Inseln emporhob, und die zweite Epoche, das zweite Lebensalter der Erde, war beendet. Zu der Bretagne, die jetzt durch das Departement der Ille und Vilaine vergrößert ward, gesellten sich östlich die Departemente Mayenne, Orne und Manche; gleichzeitig tauchte ein Theil der Ardennen, des Brançolais (nördlich von Lyon), des Limousin und des Departements der Aude im Languedoc auf. Dieselbe Erdbildung findet sich auch in Schottland, Böhmen, Finnland und im Harz wieder. Man nennt diese Epoche die **silurische**, nach den Siluren, ältesten Einwohnern von Wales, wo dieses Terrain einen großen Raum einnimmt. Durch die Erhebung dieses Terrains wurde der Golf ausgefüllt, der zwischen den britannischen Granitinseln bestanden hatte, d. h. England und Frankreich wurden mit einander verbunden.

Während die umwälzende Naturkraft jetzt Athem schöpfte, wogte das ungeheure Meer fort und fort; in seinem Schooße ließen sich Trümmer von silurischen Felsen als Puddingmasse und Sandstein (zuweilen von rother Farbe) nieder, darüber wieder Schiefer und Kalk, der sich bei Ausbrüchen des Centralfeuers in Marmor umwandelte. Da man dies Terrain besonders in Devonshire in England gefunden hat, so hat man diese dritte Epoche die **devonische** genannt. Neue Seepflanzen erwuchsen, zahl-

reicher als in der vorhergehenden Epoche; auf den Inseln wucherte in der
feuchten und heißen Atmosphäre, die damals herrschte, eine riesenhaft
üppige Vegetation von baumhohen Farrenkräutern u. s. w. Das wogende
Meer riß sie zum Theil los und dieser Pflanzenwuchs, der mit neuen
Kalkschichten sich verband und nach und nach bei der hohen Temperatur
sich verkohlte, versteinerte·zu Anthracit (Kohlenblende); die Hauptlager
davon finden sich zwischen Nantes und Angers und in den angrenzenden
Gegenden der Mayenne und Sarthe. Die Thierwelt war noch immer
blos durch Muschelthiere und Korallen vertreten. Neue Erschütterungen
erhoben das devonische Terrain über die Meeresfläche, die Wölbe in den
Vogesen stiegen an's Tageslicht, ebenso die Lozère in Südfrankreich und
der Brocken im Harz; dasselbe Terrain findet sich in Großbritannien,
Belgien, Böhmen und Sachsen, in Kurland, in den Alleghanybergen
Nordamerika's und über ganz Sibirien verbreitet.

Jetzt zum ersten Mal, in der vierten, der sogen. Steinkohlenepoche, begegnen wir einer Verschiedenheit zwischen dem französischen
und englischen Boden; die künftige Trennung beider Länder in der Menschengeschichte kündigt sich symbolisch an. Selbst die letztere bietet eine
Analogie zu der Bodenbildung; im Anfang nahm die celtische Race
Gallien und die brittischen Inseln gemeinsam ein; später trat der nationale
Antagonismus von England und Frankreich hervor. Skizziren wir den
Verlauf dieser Epoche. Als das devonische Terrain aus dem Meer empor-
gehoben ward, riß das dadurch aufgeschleuderte und dann zurückstürzende
Wasser Massen des obenaufliegenden Kalks mit sich; während derselbe auf
der Fluth obenauf schwamm, erzeugten sich auf ihrem Grunde neue Pflanzen und Thiere, die später mit dem Kalke versteinerten. Unter den neuen
Gattungen erscheinen jetzt Mischlinge von Fisch und Reptil, wie ein Bindeglied zwischen Wasser und Festland, welch letzteres jetzt bedeutend an
Ausdehnung gewonnen hatte. Die ungeheure Vegetation, die auf demselben wucherte, läßt das Dasein von Strömen und Seen voraussetzen,
was auch durch die darin gefundenen Süßwassermuscheln bestätigt wird,
die von den Seemuscheln sehr verschieden sind. Die Gährung im Innern
des Erdballs dauerte fort; denn jede Schöpferkraft ist wie das Genie, das
sich in wilden Ausbrüchen, wie Schiller's „Räuber" und „Fiesko", aus-
tobt, bis es gesättigt und geklärt zu den geregelten Bildungen der maß-
vollen Kunst übergeht. So brach z. B. das Centralfeuer durch den
Meergrund und verwandelte die Fluth in Dämpfe, welche in Regenströmen
niederstürzten, die Pflanzenwelt entwurzelten und die Reste davon in den
Grund schwemmten. Neue Ausbrüche verbrannten diese Pflanzenreste zu
Kohlen, in deren Nähe sich in Folge derselben wirkenden Ursachen Kohlen-
sandstein und Schiefer bildete; so entstand die Steinkohle, von der sich
die Anthracitkohle durch größeren Glanz, dichtere steinharte Masse und

ihre schwierigere Brennbarkeit unterscheidet; die Steinkohle ist späterer Bildung. Während nun bei der Steinkohlenbildung Englands das Meer betheiligt ist, zeigen die Muschelarten, die man in den französischen Steinkohlenlagern findet, die Existenz von Süßwasser an, worin die Vegetation anfangs zu Torf verfaulte, ehe sie durch das ausbrechende Centralfeuer zu Kohle verbrannt wurde. Der letztern fehlt gänzlich jene Unterlage von Kalk, die, wie wir oben sahen, das Meer von dem devonischen Terrain losgerissen und die durch Vermischung mit Anthracit eine schwärzliche Farbe angenommen hatte. Hat der Demiurg damit andeuten wollen, daß die Rolle Frankreichs in der Geschichte eine festländische, die Großbritanniens eine oceanische sein solle?

Die Steinkohlenepoche endete mit der Erhebung ihres Terrains, das jedoch nicht überall über den Meeresspiegel emporragte, sodaß sich neue Bodenbildungen auf ihm niederlassen konnten. Von jetzt an verlieren die Erdrevolutionen allmälig an Kraft; die Ausbrüche der glühenden flüssigen Masse im Innern werden schon seltener, die durch sie bewirkten Schieferbildungen bilden nur noch zufällige Ereignisse von geringerem Umfang. War diese Masse früher mehr breiartig gewesen, wodurch der Rücken der Urgebirge (Granit) eine abgerundete Form gewann, so wird sie jetzt flüssiger und ergießt sich in breiten Flächen, deren Masse man Trachyt, Basalt u. s. w. nennt. Bei seiner Abkühlung spaltete sich der Basalt senkrecht in meist sechsseitige Prismen und bildete jene sonderbaren Gestaltungen, die unter dem Namen von Riesenwegen, Fingalshöhlen, Orgelspielen von Irland an durch fast ganz Mitteleuropa verbreitet sind. In Frankreich findet man sie in den Departementen Cantal, Oberloire (bei dem genannten Espaly) und Ardèche. Selbst der Granit bricht, wenn er von jetzt an noch erscheint, in flüssigerer Form hervor; im Limousin z. B. (Dep. Corrèze) bedeckt er ein Steinkohlenlager. Dazwischen mengen sich noch Gebilde von breiartiger Masse, wie z. B. der ebenfalls über Mitteleuropa verbreitete Serpentinstein. Alles kündigt jetzt in der That einen Uebergang an. Die folgende fünfte Epoche nennt der Franzose die des „unfruchtbaren Bodens", terrain ponden (im Deutschen zerfällt sie in zwei Bildungen, die des rothen Todtliegenden, grès rouge, und die des Zechsteins, calcaire magnésifère); diese neue Bodenbildung fehlt in Frankreich, mit Ausnahme des rothen Sandsteins (nicht zu verwechseln mit dem der devonischen Epoche) in den Vogesen und dem Departement Aveyron. Bemerken wir im Vorbeigehen, daß aus diesem rothen Sandstein zwei der interessantesten deutschen Baudenkmäler erbaut sind. das Schloß Heidelberg und die Kathedrale von Basel, die aus der ersten Hälfte des elften Jahrhunderts stammt.

Auf die „unfruchtbare" Epoche (sogenannt, weil sie äußerst wenig Fossilien enthält) folgt die der „Trias", die sechste, die ihren Namen

12*

den drei Bestandtheilen verdankt, welche ihr Terrain bilden: bunter Sandstein, Muschelkalk und schillernde Mergelerde oder Keuper. Dieser Boden, der die bekannten Ammonshörner enthält, ist reich an Gyps und Steinsalz, das berühmte Wielizka in Galizien stammt aus dieser Epoche. Ihr gehört der größte Theil des salzreichen Lothringen an, Lüneville ruht ganz auf Muschelkalk; in den Departementen Lot, Aveyron, Tarn- und -Garonne, Cher und Allier findet man die drei Bestandtheile dieses Bodens bald einzeln, bald vereinigt. Diese Epoche bildet einen Hauptabschnitt in der Thierwelt, die meisten frühern Bildungen geben für immer zu Grunde; es ist sicherlich ein Irrthum, wenn man in dieselbe das Erscheinen der ersten Vögel verlegt (die Fußspuren, die man im Connecticut in Amerika entdeckt hat, können ebenso Krokodilen als Sumpfvögeln angehören), aber höchst wahrscheinlich hat diese Epoche die ersten Thierlaute vernommen. Man gebe sich aber nicht der süßen Täuschung hin, als seien es Nachtigalllaute gewesen; was ist melodischer als die Menschenstimme? und doch kommt das Kind mit einem wimmernden Schrei in die Welt. So war der erste Laut, der von den organischen Wesen der Urwelt ausging, nichts anders als Froschquaken. Wie konnte es auch anders sein? Den Säugethieren und Vögeln gingen die Amphibien voraus.

Als das Terrain der Triasepoche vollendet war und über das Meer emporragte, zerfiel Europa in vier große Theile. Schweden und Norwegen im Norden, die mit England und Irland verbundene Bretagne, das Hochplateau von Centralfrankreich von Autun nach Perpignan mit der Auvergne als Hauptstamm, und endlich Mitteleuropa, gebildet von der Linie, die von Dünkirchen über Leipzig, Krakau, Regensburg und Zürich nach Straßburg zu ziehen ist. Ueber dem Boden von Paris, London, Berlin, Madrid und Neapel wogte noch das Meer. Die Alpen und Pyrenäen lagen noch im Abgrunde; außer dem Cantal und den Vogesen erhob kein Berg in Frankreich sein Haupt, indeß stieg wahrscheinlich bald darauf das Morvan (Dep. Nièvre), sowie in Deutschland der Böhmer- und Thüringerwald aus dem Meere empor. Alles dies erlitt in der folgenden siebenten Epoche, der Juraperiode, eine wesentliche Veränderung, als der Jura und das Gebirge der Côte-d'Or in Burgund erschien; das innere Frankreich wurde jetzt durch das Poitou mit der Bretagne verbunden, während es östlich durch eine Landzunge, die von Autun nach Zürich ging, mit Deutschland vereinigt ward. Es blieben also in Europa nur zwei große Ländermassen übrig, Scandinavien und der Halbmond, der von Schottland über Perpignan sich nach Krakau zog. Südlich und östlich von diesem Halbmond gab es noch mehre Inseln, z. B. existirte schon ein Theil von Corsika. Der Juraboden, so genannt, weil das Juragebirge hauptsächlich daraus besteht, zerfällt in zwei große Gruppen, die Liasgruppe und die des Rogensteins (système du lias, système oolithique); Kalk, Sandstein und Thon sind seine Hauptbestandtheile; man findet ihn fast auf dem ganzen Erdball verbreitet. Seine große Stärke setzt eine lange Zeit der Ruhe voraus, die auf die Triasepoche folgte und in welcher er sich bildete. Diese Ruhe begünstigte das Erscheinen der neuen organischen Wesen, die von jetzt an eine ununterbrochene Kette der Entwickelung zu bilden scheinen; während zwischen den frühern Epochen und der heutigen Erdenwelt eine Kluft liegt wie zwischen Insect und Säugethier, so begegnen wir jetzt den ersten Anläufen zu höheren Thiergattungen, bestimmt, in reinerer, sauerstoffreicherer Luft zu athmen, als jene übermäßig von Kohlensäure geschwängerte Atmosphäre, die in der Steinkohlenepoche der Pflanzenwelt bei dem Mangel an genügendem Erdreich hauptsächlich als Nahrung diente. Statt der Farrenkräuter wachsen jetzt Palmen und zapfentragende Bäume, den heutigen Tannen ähnlich; fliegende Eidechsen (Pterodactylen) durchschneiden die Luft, und die Erde trägt die ersten wirklichen Säugethiere (Didelphen, den Beutelthieren von Australien zu vergleichen), also Wesen jener Classe, zu denen der Mensch, der verkörperte Geist, „Gottes Ebenbild", gehört.

Auf die Juraperiode, mit deren Abschluß unter andern auch das sächsische Erzgebirge und die Sevennen sich erheben, der ferner die Solenhofener lithographischen Steine angehören, folgt die Kreidebildung, die man in zwei Epochen theilt, die des Wälderthons und die des eigentlichen Kreidebodens (im Französischen sagt man terrains crétacés inférieurs et supérieurs), zwischen welchen Schichten sich eine Lage grünen Sandsteins befindet; der Sandstein von Pirna und Königstein in Sachsen stammt aus dieser Periode. Man findet in dem Kreideterrain auch eine Art unvollkommener Steinkohle, Lignit genannt, weil sich die Holzfasern darin leichter erkennen lassen als in der ächten zwischen Anthracit und Lignit die Mitte haltenden Steinkohle; aus diesem Lignit werden die eleganten Schmucksachen gemacht, welche bei der preußischen Landestrauer um den letztverstorbenen König von den Berliner Damen unter dem Namen Jetarbeiten getragen wurden; das Departement der Aude im Languedoc ist reich an diesem fälschlich Lava genannten Schmelz (jay, jayet, Jagath). Die Geologen sind nicht einig über den Ursprung der Kreide: Lyell und Andere leiten sie von zerriebenen Schaalthieren her, an denen dieses Terrain ungemein reich ist. Unter den Letztern zeichnen sich die Münzmuscheln (Nummuliten) aus, sogenannt wegen ihrer Aehnlichkeit mit Münzen; aus dem sie enthaltenden Kalksteine, den man in Frankreich in den „schwarzen Bergen" des Languedoc und im Artois findet, sind die ägyptischen Pyramiden erbaut. Während des Niederschlags dieses Terrains erlitt die Erde mehrere Convulsionen; die letzte, die schrecklichste, die sie bisher erfahren hatte und die die Kreidebildung abschloß, erfolgte durch die Erhebung der Pyrenäen. Gleichzeitig mit diesen stiegen unter furchtbaren Geburtswehen die julischen Alpen, die Apenninen, die Karpathen und der

Balkan aus dem Meer auf, das weit zurückfluthend fast ganz Frankreich trocken ließ, mit Ausnahme des Landes zwischen London und Paris, zwischen Cherbourg und Dünkirchen und der Umgegend von Bordeaur. Was uns besonders interessirt, ist die Champagne, deren Boden in dieser Epoche gebildet ward und jetzt zu Tage lag. Wie schon früher erwähnt wurde, sieht der philosophische Schriftsteller Taine in dieser Provinz die Heimath des ächten gallischen Genius, wie er sich namentlich in Lafontaine verkörpert hat. Der Gallier unterscheidet sich von dem Bretonen durch sein leichteres bewegliches Temperament; wo der Bretone schwärmt, spöttelt der Gallier; das muntere Fabliau und die heitere Chanson sind gallischen Geblüts. Wenn nun Taine Recht hat, so darf es uns nicht wundern, daß die Champagne zugleich die Heimath jenes Nektars ist, bei dessen perlendem Schäumen weibliche Augen heißer glühen, des Champagners; er entspricht der französischen Chanson, wie der Rheinwein dem deutschen Liede. Woher kommt nun aber das eigentliche Bouquet dieses Schaumweins? Eben von dem Boden der Kreidebildung. Man macht den Champagner überall nach und nicht ohne Glück, selbst der Grüneberger Dreimännerwein läßt sich noch trinken, wenn er geschickt behandelt wird; aber dem besten fehlt noch jenes unsagbare köstliche Etwas, das die Reben der Champagne von ihrem Kreideboden empfangen; man schmeckt es schon dem gemeinen Landwein daselbst an.

So haben wir denn Frankreich allmälig erwachsen sehen; zu der Bretagne und um die Auvergne herum, die erstere das letzte Asyl des Celtenthums, die zweite das Vaterland seiner größten Helden, hat sich nach und nach alles übrige Terrain gesellt. Aber noch fehlt ihm das Haupt, Paris und sein Boden ruhte noch unter dem Wasser. Es geht mit den Erdschöpfungen wie mit allen andern, das Greiste entwickelt sich immer zuletzt; spät, sagt Göthe, entwickelt sich, in welchem viel zu entwickeln ist.

Wir treten nun in die zehnte Epoche ein, die der Bildung des *Pariser Terrains*, mit welcher die elfte, nach ihrer weicheren Sandsteinbildung (terrain de molasse) benannt, eng zusammenhängt. Ich behalte diese Eintheilung wegen der leichtern Uebersicht für den Laien bei; keine Epoche ist schwerer zu schildern als diese. Während die früheren Bildungen ziemlich einfach vor sich gingen, werden sie jetzt immer verwickelter; oft kreuzt sich Früheres und Späteres verwirrend durch einander, bald zieht sich das Meer zurück, um dem Süßwasser Raum zu lassen, bald räumt wieder dieses dem erstern die Herrschaft ein. Im Grunde genommen bildet die geologische Entwickelung von nun an ein stetiges Ganzes, das man die tertiäre und diluvianische Epoche nennt und das von Lyell in vier Hauptgruppen eingetheilt wird (Eocen-, Miocen-, alte und neue Pliocenbildung). In unserm Interesse sind nur große Umrisse; im Allgemeinen kommen auch die verschiedenen Eintheilungen auf Eins hinaus, in den Details aber sind die Gelehrten selbst noch nicht einig. Eine Bemerkung, die sich hier uns vor Allem aufdrängt, ist eine Analogie zwischen Literaturgeschichte und Geologie. Wir sagten oben, daß das Mittelalter trotz seiner schillernden Farbenpracht doch viel einseitiger gewesen sei als die Zeit der modernen Civilisation; dieselben Sagenkreise und Liebhabereien waren über ganz Westeuropa verbreitet, die größere Bildung aber, die der neuen Zeit angehört, fördert eine selbstständigere Entwickelung der Individualität und bringt daher einen Reichthum von mannigfaltigen Originalen hervor, der in dem Mittelalter unmöglich war. Ganz so verhält es sich mit der Geologie. In der devonischen und Steinkohlenepoche, die wir das Mittelalter unsers Erdballs nennen können, ist der Pflanzenwuchs zwar von wuchernder Üppigkeit, aber auch äußerst eintönig; die üppigste Tropenwelt giebt uns nur ein schwaches Bild von den Farrnkräuterwäldern, die auf dem europäischen Boden emporschossen, aber so riesenhaft stark auch diese Vegetation war, so bestand sie doch nur aus Farrnkräutern; es fehlte die Mannigfaltigkeit. Die Juraperiode bezeichnet die Morgenröthe der neuen Zeit, die Renaissance des Erdballs (nicht in dem literarischen Sinne freilich, wo das Alte neu erwacht): Je weiter wir nun fortschreiten, desto reicher wird auch die organische Welt an Arten und Gattungen, desto mannigfaltiger an verschiedenen Formen. Das Thier- und Pflanzenreich individualisirt sich in's fast Unendliche und ihre Classification wird für den Naturhistoriker so schwierig als die der modernen Geisteserzeugnisse für den Literaturhistoriker. Im Anfang der Menschengeschichte gab es nur wenige Dichter, heute wimmelt es von Lyrikern wie von Mücken, die in der Sonne spielen. Spotten wir nicht darüber, es ist dies eben ein Zeichen des größern und allgemeiner verbreiteten Reichthums von Bildung, und wir verstehen ja immer noch einen Adler von der Mücke zu unterscheiden.

Thon, Kalk, Sand, Gyps, Mergel sind die Hauptbestandtheile des Pariser Terrains, wohl verstanden, es wird nur darum so benannt, weil es in dieser Gegend am vollkommensten studirt worden ist, findet sich aber ebensowohl hier als in Velay, auf der Insel Martinique und in Sibirien. Denn wenn wir den Boden dieser oder jener Gegend früher aufsteigen sahen, so ist darum nicht gesagt, daß spätere Bildungen sich nicht auf ihm niederließen und mit ihm kreuzten. Damals war Europa von Palmenwäldern bedeckt, aber daneben gab es schon Ulmen und Eichen; noch hausten Krokodile da, wo jetzt der Louvre prangt, aber auch das dem Pferde ähnliche Palaeotherium graste auf dem Montmartre. Man findet seine und anderer Säugethiere Spuren in dem Gyps- und Mergellager, das vom Süßwasser nördlich von Paris niedergelegt ward; sie gaben dem berühmten Naturforscher Cuvier den Stoff zu seinen scharfsinnigen Forschungen und Schilderungen. Paris und fast alle nördlich von ihm gelegenen Städte sind aus dem Kalksteine dieser Epoche erbaut; in ihrem Boden findet sich auch unter Anderem die Magnesit, aus welcher die Meerschaumpfeifen fabricirt werden, überhaupt enthält er eine Menge für die Industrie nützlicher Stoffe. Von den Säugethieren, die die Erde damals bevölkerten, sind gegen funfzig Arten längst ausgestorben, unter ihnen gewaltige Wölfe, sehr verschieden von den jetzt existirenden; ebenso gab es der Vögel in Menge, schon tönte der Wachtelschlag auf der Erde und die Schnepfe streifte über den sumpfreichen Boden.

Eine Erschütterung, die von geringerer Ausdehnung als die früheren war, hob das Pariser Terrain an's Tageslicht und füllte somit die Meerbusen aus, die damals über dem Boden existirten, wo später Paris, London, Brüssel und Bordeaux erbaut wurden; andere Gegenden aber, die schon aus dem Wasser emporgeragt hatten, wurden durch diese Bewegung von Neuem untergetaucht, z. B. ein Theil der Touraine, des Languedoc und der Schweiz. Auf ihrem abermals vom Wasser bedeckten Grunde erfolgte ein neuer Niederschlag (terrain de molasse), dessen Bildung die elfte Epoche ausfüllt; dieselbe fällt etwa mit Lyell's Miocen- und alter Pliocenperiode zusammen. Diese Bildung erstreckte sich ebenfalls über viele Theile nicht nur Frankreichs, sondern Europa's und der Erde überhaupt; ihr gehört unter einer Menge von Stein- und Bodenarten der Sandstein von Fontainebleau, der Travertin von Tivoli bei Rom, ja selbst der Kalkfelsen an, auf welchem das erwähnte Gergovia in der Auvergne erbaut ward und der damals stellenweise von Basalt unterbrochen wurde; den Muschelkalk (falun) der Touraine erwähnte ich schon oben. In diese Epoche versetzen mehrere Geologen die Entstehung jener Säugethiere, die sich ohne Veränderung der Form bis heute erhalten haben, während die früheren (Paläotherium u. s. w.) nach und nach untergehen. Die Reste dieser beiden Thiergattungen finden sich vermengt im Kalke der Touraine; ähnliche Funde hat man 1834 bei Georgensgemünd in Baiern und 1832 bei Darmstadt im Miocenterrain gemacht. Jetzt ernährte die Erde Ochsen, Pferde, Damhirsche, Affen; sie näherte sich also dem Zustande ihrer vollkommenen Reise. Der Mensch hätte wahrscheinlich schon leben können. Ob er aber existirte, ist die große Frage, die von den meisten Geologen verneint wird; schwach, zwar mit scharfen Instinkten, wie der Indianer sie zum Theil noch hat, aber mit noch unentwickelter Vernunft kam er zur Welt und da ist der Einwurf wohl erlaubt, wie er sich mit den gewaltigen Thieren hätte messen können, die damals noch in Schaaren auf der Erde lebten und erst durch die ungeheure Erschütterung der zwölften Epoche vernichtet wurden: der zottige Elephant, die Mastodonten, das Dynotherium (Art Tapir) mit langen gekrümmten Hauern, das Flußpferd und Rhinozeros, die Hyäne und der Höhlenbär, sie alle waren noch die starken Herren von Europa.

Die Erhebung des Terrains der elften Epoche fällt mit der Aufrichtung der westlichen Alpen zusammen; unter andern erhob sich damals der Mont Blanc zu seiner jetzigen Höhe. Zwar war sein Grund schon längst gelegt, aber nur nach und nach wurde derselbe wie der der andern Alpen emporgereckt; man hat diese Aufeinanderfolge verschiedener Erhebungen am deutlichsten am Mont Viso beobachtet. Nach dieser Erschütterung gab es in Frankreich noch zwei große Seen, einen in der Provence, den andern in der Bresse (Dep. Ain), welcher sich bis nach Dijon erstreckte; ein dritter dehnte sich vom südlichen Winkel des Elsasses nach Constanz hin. Während die neueren Terrainbildungen auf immer (relativ) ruhigere Weise und den heutigen Phänomenen ähnlich geschehen, sahen wir dagegen die Erdconvulsionen an Stärke und Furchtbarkeit zunehmen; es war dies natürlich. Im Anfang war die Erdmasse in flüssigerem Zustande, die erste Rinde, die sich um sie bildete, konnte noch leicht zerbrochen werden; als sie aber an Stärke zugenommen hatte, mußte auch ihre Durchbrechung von gewaltigeren Erschütterungen begleitet sein. Die schrecklichste stand noch bevor; es war diejenige, welche die zwölfte Epoche (terrain subapennin) abschloß und der Erdoberfläche jene letzte Form gab, die sie bis heute mit Einzelausnahmen behalten hat. Ueber die Epoche selbst dürfen wir rasch hinweggehen, da ihre organischen Gebilde nicht wesentlich von den heutigen verschieden sind und nur in der Gestaltung der Oberfläche einige Verschiedenheit obwaltete. Das nur müssen wir erwähnen, daß die Temperatur der Atmosphäre allmälig gemäßigter ward, was auf Pflanzen- und Thierwelt von großem Einfluß war. Das Ende dieser Epoche wird durch die Erhebung der Centralalpen bezeichnet; in Folge dieser ungeheuern Katastrophe wurden die Dämme zerbrochen, die das Wasser in den großen Alpenseen umschlossen, dasselbe stürzte sich über die Ebenen und überschüttete sie hier (im Rhonethal) mit Fruchterde, dort (in der Camargue und der Crau in Südfrankreich) mit einer Anzahl von Steinen. Wahrscheinlich etwas später wurde auch die Andenkette in Amerika emporgeschleudert; daß in Folge dieser beiden Ereignisse das Meer die angrenzenden Länder überflutete, begreift sich; die Pampas in Südamerika verdanken diesem Umstand ihren Schlammboden. Eine andere Ueberflutung brach vom Nordpol herein, die mit dem Vorrücken der Nachtgleichen zusammenhängt. Zufolge der Beweglichkeit der Erdachse dauert nämlich der Winter an dem einen Pol eine Reihe von Jahrhunderten hindurch länger als an dem andern, dies war zuletzt mit dem Nordpol der Fall; als sich nun die Achse neigte, schmolz ein Theil des damals sich weiter erstreckenden Eises, gewaltige Eisbänke rissen sich los, schwammen nach Süden zu und trugen auf ihrem Rücken jene Felsenblöcke mit sich, die wir heutzutage erratische, d. h. Wanderer nennen und die dann, als die Eismasse unter ihnen zerschmolz, fern von ihrer Heimath auf fremdem

Boden liegen blieben; ein solcher erratischer Block ist der sogenannte Schweckenstein bei Lützen. Durch diese dreifache Katastrophe erhielt die Welt ihre heutige Gestaltung; jetzt, durch die Erhebung der Centralalpen und die sie begleitende Erschütterung, ward auch die Landzunge zerrissen, die zwischen Brest und dem Cap Lizard England noch mit Frankreich verband; jedes der beiden Länder sollte seine selbstständige Rolle in der Geschichte spielen. Ob schon damals oder erst später Europa von Afrika getrennt ward, ist nicht gewiß zu sagen.

Der Leser wird nun fragen: ist diese mehrfache Ueberfluthung des Erdbodens jene Sindfluth, von der die Bibel und die Tradition anderer Völker sprechen? Die Geologen sind darüber nicht einig; diejenigen, die sich bemühen die Wissenschaft mit der Bibel in Uebereinstimmung zu bringen, versetzen die Sindfluth Noah's in die Zeit der Erhebung der Anden, ohne behaupten zu wollen, daß die ganze Erde buchstäblich unter Wasser gesetzt worden sei. Letzteres — sagen wir es kurzweg — wäre unmöglich gewesen. Andere versetzen die Noachische Fluth in eine spätere Zeit und leiten sie von einer nur theilweisen Erschütterung her, nämlich von der kanarischen. Nach den obigen drei großen Katastrophen stiegen nämlich der Aetna in Sicilien, die Insel Stromboli im Mittelmeer und der Tänarus im Peloponnes plötzlich aus dem Abgrund auf, das Meer wich zurück und überfluthete einen Theil von Italien, Griechenland und Aegypten; gleichzeitig brachen nach diesen Geologen die Vulkane der Auvergne und des Velay aus. Wenn diese letzte Fluth ganz mit der Tradition von Dgyges und Deukalion übereinstimmt, so ist doch nicht leicht anzunehmen, daß sie auch Mittelasien, die Heimath Noah's, hätte erreichen können; die Noachische oder sogenannte Sindfluth ist vermuthlich keine andere als diejenige, die in Folge der Neigung der Erdachse hereinbrach. Sie war so wenig allgemein als die andere, zerstörte auch keineswegs das ganze Menschengeschlecht, sondern nur denjenigen Theil desselben, der auf den Ebenen von Mittelasien lebte; diejenigen Menschen, die vorher schon in andere Erdtheile gewandert waren, wurden von ihr nicht erreicht. Wir müssen natürlich die Erklärung zurückweisen, als wäre diese Ueberschwemmung in Folge der Sündhaftigkeit der Menschen hereingebrochen; in dieser Beziehung hat sie nichts gebessert und mehr als einmal hätte die Menschheit dasselbe Schicksal verdient. Diese Erklärung mochte man den Priestern der Urgeschichte hingehen lassen; nach unserer heutigen Bildung würden wir ein solches Mittel, die Menschheit auf bessere Wege zu bringen, ein plumpes nennen, zu welchem ein Gott, wie ihn die heutige Religion auffaßt, nicht greifen würde. Wir aber sehen überhaupt in den Erzählungen der biblischen Schöpfungsgeschichte nur die Versuche der damaligen Weisen, sich die Entstehung der Welt und die Anfänge der Menschheit nach ihrer Weise und Bildung zu erklären; bei ihren mangelhaften Kenntnissen waren

Irrthümer unvermeidlich und wir haben kein Recht sie darum zu verspotten, die mosaische Urkunde namentlich ist ein schöner poetischer Mythus; uns ihn aber heute noch als reine geschichtliche Wahrheit zu predigen, ist ein Anachronismus. Die geologische Wissenschaft läßt sich mit der theologischen Kosmogonie nicht vereinbaren.

In der That, was lehrt uns letztere? Im Uranfang, vor der Existenz aller Materie, war Gott, allein, sich selbst genügend; in der Fülle seiner Liebe schuf er aus seiner Allmacht Wesen, die er lieben, von denen er geliebt werden könnte. Es waren die Engel, rein geistige Wesen wie er selbst. Und warum auch materielle Wesen schaffen, die unvollkommener sein würden als die geistigen? Was bedarf es der Materie für die in sich selige Gottheit? Eine würdige Erklärung dieser Schöpfung giebt nur das auch Gott innewohnende Bedürfniß einer unermüdlichen Thätigkeit; darum läßt Göthe seinen Faust ganz richtig ausrufen: "Im Anfang war die That." Aber ist diese Erklärung auch theologisch? Die biblische Mythe erzählt weiter: einer der Erzengel empörte sich gegen Gott, dessen Herrschaft er an sich reißen wollte, wurde aber besiegt, in die dazu erst von Gott geschaffene Hölle geworfen und bleibt nun der ewige Feind Gottes, später erhielt er den Namen Satan. Der einfache Verstand freilich weigert sich zu glauben, daß ein erschaffenes Wesen, das doch sicher das Bewußtsein seiner Erschaffung hatte, es für möglich halten konnte, seinem ewigen allmächtigen Schöpfer die Herrschaft abzugewinnen; und gesetzt, eine flüchtige Verblendung hätte den stolzen Engel fortgerissen, so mußte er doch bald zur Erkenntniß seiner Thorheit und Undankbarkeit kommen, diese Erkenntniß mußte nothwendig von der Reue gefolgt sein, und diese Reue hätte nicht zuletzt Gott versöhnen sollen? Unser Gefühl sträubt sich, das Gegentheil anzunehmen. Die geschichtliche Kritik würde hierbei den Einfluß der zoroastrischen Mythe sehen, die den Ursprung des "Bösen" sich erklären wollte; wir indessen wollen nur die inneren Widersprüche enthüllen. Nach dem Fall der Engel faßt endlich Gott den Entschluß die Erde zu schaffen; man bedenke wohl, die mosaische Urkunde nimmt die Erde als Hauptsache an, die Sonne ist für den Verfasser nur ein Werkzeug der Beleuchtung, die Sterne nichts anderes. Heutzutage sagt man den Schulkindern, daß die Erde nur ein abhängiger sehr kleiner Begleiter der Sonne ist und daß die Sterne ihr Dasein für sich haben. Die Schöpfung der Erde dauert sieben Tage, der Mensch ist das letzte Gebild. Warum aber sich diese Zeit nehmen? Da der Mensch doch der eigentliche Zweck der Schöpfung war, warum schuf Gott nicht Alles gleich auf einmal? Gestehen wir zu, daß in dieser Reihenfolge der Schöpfung sich unwillkürlich der menschliche Ursprung der mosaischen Urkunde verräth; der denkende Erzähler gab sich Mühe die Entstehung der Erde zu erklären und er sah wohl ein, daß, wie eine Stufenleiter in den Wesen selbst existirt, auch eine solche in ihrer Geburt habe existiren müssen. Dem Wortlaut der Urkunde entgegen begreift die heutige Theologie unter den sieben Tagen ebensoviele große Epochen, sie läßt wohl auch alle geologischen Schilderungen dieser Epoche zu. Begeht sie aber nicht auch trotzdem einen Widerspruch? Für sie ist der Mensch doch immer der Endzweck der Erdschöpfung, alle anderen Wesen der Erde als ohne Seele sind zur Vernichtung bestimmt. Nun begreift die Geschichte des Menschengeschlechts nicht über achttausend Jahre, während frühere geologische Epochen hunderte von Jahrtausenden währten. Um also zu dem Endresultat, zur Menschenschöpfung zu gelangen, hätte es Gott beliebt, eine Zeitlang erst den Ungeheuern von fliegenden Eidechsen, furchtbaren Krokodilen u. s. w. zuzusehen, die doch zu gar nichts bestimmt waren als einem ephemeren Dasein ohne Sinn und geistigem Zweck? Nein, diese langsame, stufenweis durch Jahrtausende aufsteigende Schöpfung hat nur dann einen Sinn, wenn wir zugeben, daß sie nicht das Spiel eines außer ihr stehenden Wesens gewesen ist, das diese Gebilde nur als flüchtige Befriedigungen seiner Thätigkeit, wenn nicht gar als noch Geringeres betrachten konnte, da sie ja nicht für die Ewigkeit bestimmt waren; diese Schöpfung, sagen wir, hat nur dann einen Sinn, wenn wir sie als nach Gesetzen, die der Materie selbst innewohnen, entwickelt betrachten. Denn die Einzelformen sind nur vorübergehende Offenbarungen des Weltgeistes, der in ihnen sich verklärt, die Weltmaterie selbst aber ist ohne Anfang und Ende, sie ist voll ewigen Lebens und producirt aus sich ewig neue Schöpfungen heraus. Wir machen daher den Menschen nicht zu Gott, er bleibt ein Einzelwesen, das dem All für sein Dasein dankbar zu sein hat und seinen Gesetzen zu gehorchen nicht umhin kann. Denn alle Moral kommt auf den Satz hinaus: Gehorcht der Natur.

Der Theolog ist nun vollkommen consequent, wenn er an das Ende der Welt glaubt, d. h. an die Zerstörung des Erdballs durch Feuer oder auf andere beliebige Weise. Die Erde ward ja nur als ein Werkzeug geschaffen, und wenn sie aufgehört hat in den Plan ihres Baumeisters und Schöpfers zu taugen, was sollte sie noch nutzen? Wir aber sehen in der Natur einen selbstständigen Quell des Lebens; aus ihrem unerschöpften Born ging die Erde hervor und ging aus dem Gaszustande, den alle Weltkörper im Anfang haben, durch verschiedene Wandlungen und Entwickelungen hindurch, bis sie zu der heutigen Reife gedieh; wie Alles, was wächst und reift, wird auch die Erde, die im Verhältniß zum Universum nur ein Individuum ist wie der Mensch, nach und nach an organischer Lebenskraft verlieren, altern und welken, nicht aber zerstört werden von außen durch fremde Hand: fremd, insofern die Vernichtung sich nicht nach den innern eigenen Gesetzen der Erdmaterie vollziehen würde. Zu was nachher der Erdball wird, ob seine Masse in neue Verbindungen übergeht oder als Schlacke fortexistirt, kann es uns kümmern? Hat sie doch gelebt, und stirbt das Leben selbst doch nie aus; denn das Weltall ist eben das All.

Natürlich schließen wir nun auch, daß auch das Menschengeschlecht einst absterben wird, wenn seine Wohnstätte nicht mehr lebensfähig sein wird; denn wie der Mensch, so ist auch die ganze Menschheit nur Ein Wesen und Geburt, Reife und Tod sind das Loos jedes Individuums. Wahrscheinlich daß sich die Temperatur der Erde allmälig verringert, daß mit der nach und nach mangelnden Vegetation die Nahrung seltener wird, daß dann das Menschengeschlecht sich instinktmäßig in die wärmeren Gegenden zurückzieht, wohin alle Naturforscher seine Wiege setzen und daß es dort, mehr und mehr verringert, einsam in Vergessenheit verlischt. Dann erst wird es wirklich fossile Menschen geben, denn dann wird das Menschengeschlecht einer abgelaufenen und abgeschlossenen Erdepoche angehört haben, wie einst die Pterodactylen und andere vorweltliche Thiergattungen i h r e r Epoche angehörten.

Wir müssen hier einer Träumerei entgegnen, die zwar das Aussterben des Menschengeschlechtes gelten läßt, aber seine Wiedergeburt „auf einem schönern Sterne" annimmt, da das Wort „Himmel" gar zu leer geworden ist. Als Poesie ist das recht schön, auch ich habe es so gebraucht und that Unrecht, denn nur das Wahre ist auch wahrhaft schön, und dieser Traum ist eben nur ein Traum. Wir kennen auf unserer Erde keine Fremdlinge, die von einem andern Weltkörper hieher versetzt worden wären; alle Wesen, die dieselbe getragen hat, hatte sie aus ihrem Schooße geboren. Nichts ist aber vernünftiger als anzunehmen, daß die übrigen Weltkörper ebenfalls ihre eigenen selbstständigen Entwickelungen haben, daß ihr Organismus ebenso unabhängig ist als der unsers Erdballs, daß sie folglich selbst lebendige Wesen hervorbringen und tragen, die sich die Eroberung ihrer Wohnungsstätte durch Eindringlinge von fremden Weltkörpern sehr verbitten würden. Denn es geht nur Ein Gesetz durch das Weltall; dasjenige, dem unsere Erde gehorcht, regiert auch den Körper, der in der fernsten Nebelgruppe unserm Auge verschwimmt.

Man könnte nun fragen, zuwas diese lange Auseinandersetzung in einer Literaturgeschichte? Den einen besondern Grund unserer geologischen Darstellung haben wir am Eingang angegeben; der andere ist der: von der Weltanschauung, die der Dichter hat, hängt auch seine Poesie und die Literatur überhaupt ab. Dante konnte seine „göttliche Komödie" nur deshalb dichten, weil er eben noch an die Hölle u n t e r uns und das Paradies ü b e r uns glaubte. Je größer aber ein Dichter ist, je mehr wird auch seine Dichtung in Uebereinstimmung mit der Weltanschauung seiner Zeit sein, und wir sind berechtigt an jeden diesen Maßstab zu legen, der für groß gilt. Wir werden nun später sehen, wie die Mehrzahl der heutigen französischen Dichter von den Resultaten der Wissenschaft keine

Kenntniß hat, selen wir höflich: keine Kenntniß genommen hat; sie haben daher nur Spiele der Phantasie hervorgebracht, die ohne alle Wahrheit sind; es fehlt eben diesen Dichtern an einer Weltanschauung. So wenig wahrhaft Großes die katholische Dichterschule der Gegenwart hervorgebracht hat, so überragt sie doch andere blendendere Dichter durch einen kernigen Inhalt, eine festgeschlossene Anschauungsweise, eine wahrhafte Ueberzeugung. Dasselbe müssen wir von Alfred de. Musset sagen, der das Spiel der Welt mit Bewußtsein von seinem selbstgewonnenen Standpunkte auffaßt und das große Verdienst der Wahrhaftigkeit besitzt. Dagegen fehlt Lamartine ganz und gar eine feste sichere Weltanschauung; er ist weder entschiedener Katholik noch freier Denker, rathlos tappt er umher nach der Lösung des Welträthsels, schöne Bilder und Träume ersetzen ihm die Klarheit der Erkenntniß und nicht selten verschwimmen sie in mystisch schimmerndem Nebel. So hat man auch Victor Hugo mit Unrecht den Göthe Frankreichs genannt; denn es fehlt ihm eben jene klare philosophische Festigkeit, die den deutschen Dichter so unerschütterlich macht. Göthe hatte scharf über die verschiedenen kosmogonischen Systeme nachgedacht, er war vertraut mit den geologischen Forschungen und er hatte die Erkenntniß von dem Widerstreit zwischen Theologie einerseits und Philosophie und Naturwissenschaft andererseits. "Natur und Geist, so spricht man nicht zu Christen," dieser Vers aus Faust zeigt den Denker auf der Höhe der Wissenschaft, und wir können nur den Dichter groß nennen, der auch ein großer Denker ist.

Wir waren also in unserer Darstellung bis zum Erscheinen des Menschen gekommen, es ist noch nicht mit Sicherheit bestimmt, in welchen Zeitabschnitt dies fällt. Wir halten es für möglich, daß er schon vor der Erhebung der Centralalpen existirte; sicher aber war er Zeitgenosse der Erhebung der Anden. In den ältesten Spuren von dem Dasein der Menschheit in vorhistorischen Zeiten gehören die Knochen, die man in den bekannten Höhlen mit Knochen von Hyänen, Elephanten u. s. w. vermengt gefunden hat. Wir müssen über die vielfachen Erklärungen dieser Höhlen hinweggehen; wir wollen nur bemerken, daß es uns ganz natürlich scheint, wenn wir die ersten Spuren des Menschen in Höhlen finden. In Asien unter Indiens Himmel mag ein Bananendach demselben zum Obdach dienen können; in andern Gegenden bedarf er eines solidern Schutzes. Diesen boten ihm die natürlichen Höhlen an und wahrscheinlich waren auch die ersten Bewohner Frankreichs, wenigstens zum Theil, Troglodyten. Solche Höhlen finden sich im ganzen Velay und längs der Loire in der ganzen Touraine; sie sind zuweilen so zahlreich, daß manche Archäologen in ihnen die oppida der Kelten sehen, von denen Cäsar spricht. Die der Touraine sind noch heute bewohnt und zum Theil auch wohnlich, der Rauchfang geht durch den Erdboden durch, sodaß man über den Köpfen dieser modernen Troglodyten spazieren gehen kann; ich bin auf meinen Wanderungen in verschiedene eingetreten. Düsterer und von burgartigem Ansehen sind die Höhlen des Velay, zuweilen finden sie sich gruppenweise zusammen, ja stockweise übereinander und bilden dann verschiedene Abtheilungen, die untereinander in Verbindung stehen; offenbar hat sie die Hand des Menschen bearbeitet, der Eingang wurde wahrscheinlich mit Riegeln befestigt. Sie sind durch das ganze Land zerstreut, eine charakteristische Gruppe findet sich eine halbe Stunde von Puy beim Dorfe Vals (von vallis, Thal) am Bache Dolaison in einer pittoresken Gegend; einige befinden sich dreißig Meter hoch über dem Erdboden und zwar ist der Eingang wie abgeschnitten; entweder stiegen die Bewohner auf Leitern hinauf oder der Felsen ist nach und nach zerbröckelt und herabgestürzt. Ganz in der Nähe bildet der Dolaison einen schönen Wasserfall, der in ein kleines Becken, wild romantisch von Wald und Felsen umschlossen, herabfällt; über ihm wölbt sich ein kühn geschwungener Brückenbogen, für den Landschaftsmaler ein entzückender Anblick.

Indessen waren diese Grotten nicht die einzigen Wohnungen der celtischen Einwohner, die sich fast ausschließlich von Jagd und Viehzucht genährt haben mögen; es gab auch Städte in ebnern Gegenden. Die alte Hauptstadt des Landes hieß Ruessium, in der römischen Epoche Vellava civitas vetula oder auch kurzweg Vellava genannt; es ist das heutige kleine Städtchen St. Paulien, drei Stunden nördlich von Puy, dem Erben seiner Macht, in einem den Winterstürmen offenen Thale gelegen und geringen Ansehens; macht man den Weg zu Fuß, so kommt man auf offenem Felde an einem hohen von Menschen aufgerichteten Steine vorbei, es ist ein Menhir, aber die Bewohner der Gegend haben keine Ahnung davon, daß dieser Steinpfeiler ein Denkmal ihrer celtischen Vorfahren ist.

Dieser Menhir ist nicht die einzige Spur, die von dem Celtenthume zurückgeblieben ist, wenn auch hier die späteren Zeiten viel mehr umgestürzt haben als in der Bretagne. Von dem Stein beim Schlosse Arzon habe ich schon gesprochen. Ich nenne hier noch die Druidensteine bei dem Städtchen Langeac am linken Ufer des Allier, Reste eines Dolmens, d. h. celtischem Grabes. Wenn die Nacht von den Bergen herniedersteigt, erzählt die Sage, so kommen kleine blonde Feen in der Stille aus dem nahen Holze, sie spinnen im Gehen einen Rocken von weißer und schwarzer Wolle ab und tragen dabei ohne alle Mühe jene ungeheuren Druidensteine auf dem Kopfe, von denen ein einziger zwanzig Menschen erdrücken würde; sind sie dann an das Ziel ihres Weges gelangt, so setzen sie die Steine ab und setzen sich drauf; zuweilen wahrsagen sie den Leuten die Zukunft. Dieses Feengrab, wie man es nennt, befindet sich 1042 Meter hoch über dem Meeresspiegel auf der höchsten Spitze der Bergkette Margeride.

Zwischen der celtischen und römischen Civilisation liegt als Uebergangsepoche der Verkehr der Gallier mit den griechischen Colonieen am Mittelmeer in Südfrankreich. Ein Denkmal aus dieser Zeit ist eine bronzene rechte Hand (die rechte Hand galt als Zeichen des Friedens) ohne Mittel- und Ringfinger mit der Inschrift in der innern Fläche: συμβολον προς Ουελαυνιους. War sie ein Zeichen des Bundes zwischen Arvernern und Velaunen oder zwischen den Velaunen und einer griechischen Colonie am Mittelmeer? Man stimmt für die erstern; griechische Buchstaben und Zahlen waren bekanntlich in Gallien in Gebrauch. Andere Gelehrte halten dafür, es beziehe sich die Inschrift auf die Velaunen in Ligurien.

In Folge der Eroberung durch die Römer wurde das Band zwischen dem Velay und den Auvergnern gelöst. August vereinigte vierzehn Völker, statt mit dem celtischen Gallien, mit Aquitanien; unter diesen waren auch die Velaunen, die er frei machte, d. h. unabhängig von den Auvergnern. Lyon war das Centrum der römischen Heerstraßen, eine der vier großen von Agrippa gebauten Straßen ging von dort durch das Velay nach Aquitanien; noch heute ist Lyon für die Einwohner das größte Centrum und Muster, wie es Paris für die nördlichen Provinzen ist. Noch trägt die heutige Bauernsprache der Gegend Spuren der römischen Epoche: aura heißt Wind, escoudre (von excutere) dreschen, escoundre (von abscondere) verbergen; patza (von pactum) abgeschlossener Handel, estable oder verkürzt estau (von stabulum) Haus, fay (von fagus) Buche, fayard Buchenholz (letzteres ist auch anderswo in die Volkssprache übergegangen). Der Bauer schwört noch immer bei Jupiter, par Jou! ruft er, es ist das römische per Jovem. In den Städten selbst haben sich römische Gebräuche erhalten, z. B. bei Beerdigungen wird während der Todtenmesse eine Schüssel voll Sous herumgetragen, welche die Leidtragenden dem Freundrn austheilen lassen, die der Ceremonie beiwohnen; dieselben tragen dann den Sous zum Altar, wo ihnen der Priester das Crucifix zu küssen reicht; es ist dieser Gebrauch nichts anders als die Tradition vom Obolus. Die Verehrung der Göttin Trivia ist auf die Mutter Gottes übergegangen, die ja Jungfrau ist wie einst Diana; wenn der Begräbnißzug oder sonst eine Prozession durch die Straßen geht und an einen dreifachen Scheideweg gelangt, an welchem sich stets ein Muttergottesbild eingemauert findet, so hält der Priester den Zug an und spricht ein besonderes Gebet.

Im ersten Jahrhundert nach Christus wurde die römische Civilisation im Velay wohl nur angebahnt, sie blühte im zweiten und ebenso im dritten Jahrhundert trotz der Unruhen in Italien selbst; die meisten römischen Meilensteine sind aus dieser Zeit. Obgleich aber große Bauwerke existirt haben, so hat man doch selten Marmorstatuen gefunden; hat man im vierten Jahrhundert etwa Kalk daraus gemacht oder haben überhaupt wenig existirt? Unter dem Bisthum des Herrn Bonald (jetzt in Lyon) fand man zu St. Paulien ein Haupt des Jupiter Serapis, es befindet sich jetzt auf dem Museum zu Puy.

Dieses St. Paulien war, wie wir schon sahen, die celtische Hauptstadt des Velay; es war natürlich, daß sich die Römer hier niederließen. Die ganze Gestalt des Bodens in der Ebene umher zeigt, daß hier Gebäude gestanden haben, deren Zerstörung die Unebenheiten im Terrain herbeigeführt hat. Der Name des Stadtviertels Marcha Dial erinnert sicher an die Flamines diales, die Priester des Jupiter. Bei der Kirche befindet sich eine Quadrattafel aus weißem Sandstein, ein Meter hoch und ein Meter 75 Centimeter lang, die Bauern nennen sie la pierre à tuer les boeufs, es war wahrscheinlich ein römischer Altar. Nahe dabei, an der Kirchmauer, zum Theil in der Erde versunken steht ein anderer viereckiger Stein, ein Meter 50 Centimeter hoch; auf der Spitze, die eine stumpfe Pyramide bildet, sind drei Köpfe ausgehauen; die Bauern nennen ihn den Dreimännerstein, la peyre dous treis virs, es war ein Cippus auf dem Grabe dreier Freunde. Von den verschiedenen Inschriften, die hier und da in die Mauern eingefaßt sind, citire ich nur eine als besonders wichtig:

Etrucillae
Aug conjug
Aug N
Civitas Vellavor
Libera

d. h. der Etrucilla, der Erlauchten Gattin unseres Augustus, (errichtet dieses Denkmal) die freie Gemeinde der Vellaver. Etrucilla war die Gemahlin des Kaisers Decius (249—251 nach Christus), des bekannten Christenverfolgers.

Wir kommen nun zu einer interessanten Frage: was war die Stadt Puy (seit den Anfängen des Mittelalters die Hauptstadt des Landes) zur Zeit der römischen Eroberung? existirte sie schon? wurde sie erst von den Römern gegründet? oder ist sie gar noch späteren Datums? Die Frage ist wichtiger, als man denkt. Auf den ersten Anblick scheint sie nur eine archäologische Curiosität zu sein; in Wahrheit aber hängt die Geschichte der ganzen heutigen Civilisation damit zusammen, diese Frage spielt in den Krimkrieg und die katholische Agitation hinein, und wie die Stadt Puy selbst das Centrum der Bevölkerung eines großen Landstriches ist, so gruppirt sich um die Frage ihrer Entstehung die politische Bewegung dieses Landes. Schwebte über ihrer Wiege die christliche Taube oder der römische Adler, um von dem gallischen Hahne zu schweigen? Die clericale Partei, die Jesuiten voran, sind für die erstere, die aufgeklärte wissenschaftliche Kritik stimmt für den letzteren. Der Stimmführer der liberalen Partei ist der Archivar des Departements, Herr Aymard, leidenschaftlicher Archäolog, dem ich natürlich beistimme; ich habe das Für und Wider studirt; ein Eingeweihter, mein ehemaliger College am dortigen Staatslyceum, Herr Beliben, jetzt Censor an derselben Gelehrtenschule, hat mich in dem ganzen Labyrinth der Oertlichkeit herumgeführt, und ich spreche daher auf Grund eigner Anschauung. Der Leser wird hierbei einen Blick in das geheime Innere der französischen Bewegung thun; wenn der Provinz auch die Knalleffecte des Pariser Lebens abgehen, wenn die Hitze des Kampfes sich hier weniger durch Flammen verräth, wenn sie oft nur unter der Asche glimmt, so ist sie darum nicht minder stark; es kämpfen hier dieselben Parteien um dasselbe Princip. Ehe ich die Streitfrage aber auseinander setze, will ich die Oertlichkeit der Stadt selbst schildern.

In dem Thale vulkanischen Ursprungs, in das man vom Berg Denise hinuntersteigt, erheben sich mehrere ebenfalls vulkanische Felsenmassen (unter andern die genannten von Espaly und Aiguille); westlich von ihnen, wo dieses Thal dem Loirethal zugeht, erhebt sich aber ein wirklicher Berg, der alles Andere überragt, und hinter welchem an der Nordseite der Fluß Borne der Loire zurauscht; es ist der Berg Anis, auf dessen Gipfel noch ein nackter Felsen emporsteigt, Corneille genannt, beide haben von dem niedrigsten Platze der Stadt aus eine Höhe von 132 Meter. Auf der Südseite unmittelbar unter dem Felsen Corneille stehen auf einer ziemlich gleichen Ebene die Kathedrale mit einer Menge von Häusern für Bischof und Kapitel, Reste alter Befestigung und andere gleich alte Kirchen. Von hier stürzt sich die Stadt wie eine Cascade von Gassen den Berg hinab; diese Gassen sind krumm und schmutzig, die Häuser finster und meistens ohne Bewurf, andere, Vornehmen gehörend, haben noch das burgartige Ansehen des Mittelalters; am Fuße des Berges hingegen, auf den Stadtplätzen sind die Häuser moderner und wohnlich; in der Straße Ponnesac, sonst die vornehmste, giebt es eine Menge in pikantem Renaissance- oder auch Rococostyl. Seit 1830 wurden die alten Gräben um die Stadt ausgefüllt, und nun läuft im Thale ein schöner Boulevard herum mit so prächtigen Häusern, als es nur sonst in Hauptstädten giebt. Am Fuße dieser Südseite öffnet sich ein langes, vom Flüßchen Dolaison durchflossenes, ehemals sumpfiges Thal, an dessen Ende das erwähnte Dorf Vals liegt; das an die Stadt anstoßende Ende bildet den großen Platz du Breuil, auf demselben, der Stadt zublickend, steht das elegante Präfecturgebäude, umgeben von hufeisenförmiger Promenade. Von hier aus gesehen bietet die Stadt Puy ein schönes, halb romantisches, halb mit Symmetrie gezeichnetes Bild. Die ganze Lage aber ladet so natürlich zur Wohnung ein, daß man nicht begreifen kann, warum sich die gallischen Ureinwohner nicht ebensogut hier als anderswo, z. B. in St. Paullen niedergelassen hätten, warum ferner die Römer diese Gegend nicht der von St. Paullen vorgezogen haben sollten. Zwar die Namen „Corneille und Anis" von den lateinischen Familiennamen Cornelius und Anicius herleiten zu wollen, wäre falsch; der Name Corneille hat sicher eine celtische Etymologie; carneillou hießen die Grabstätten, und Traditionen von Menhirs (pierres plantées genannt), die sich auf den Felsen von Puy beziehen, lassen die Möglichkeit einer solchen Grabstätte hier gelten. Der Name kann auch soviel als „Horn, Spitze" bedeuten, die von dem Berge Anis aufragt; über die Etymologie des letztern werden wir hernach sprechen.

Handeln wir erst noch von dem Namen der Stadt. Der celtische Name der alten Hauptstadt (St. Paulien) war Ruessio oder Revessio (etymologisch vielleicht mit Rhilla verwandt; ich erinnere noch an den Namen Rez, in der galloromischen Epoche Retiate genannt, Name eines bedeutenden Ortes an der Loiremündung, der einer ganzen Gegend den Namen gegeben hat); nach damaliger Sitte wurde sie auch mit dem Namen des Volkes benannt, civitas Vellava, wie Lutetia nach den Parisern Paris benannt wurde; später, als die Stadt Puy der Sitz des Bischofs und somit Hauptstadt ward, unterschied man zwischen der „alten Hauptstadt, civitas vetula Vellava," d. h. St. Paullien und der civitas Vellava kurzweg d. h. der neuen wirklichen, der Stadt Puy. Freilich wird die letztere zuerst von Gregor von Tours beim Jahre 591 erwähnt, und die clericale Partei erhebt eine Menge Zweifel; ich führe aber die Ansicht an, die ich auf Grund von Herrn Aymard's Forschungen für wahr halte. Der zweite Name der Stadt Puy war Anicium, anfangs nur einen Theil der Stadt bezeichnend; im Mittelalter sagte man Podium Anicii (französisch Puy d'Anis), noch später Puy-St.-Marie, Puy-Notre-Dame, woraus zuletzt das einfache le Puy, d. h. der Berg ward.

Wie entstand nun die Stadt? das ist die große Streitfrage. Die clericale Partei stützt sich auf die Legende, und diese erzählt, wie folgt. Sankt Georg und Sankt Fronto, zwei der 72 Jünger des Evangeliums, wurden von St. Petrus nach Gallien geschickt, um das Christenthum zu predigen. Der heil. Georg ward der erste Bischof von Ruessium, wo er alle Tempel und Altäre der Götzen umstürzte. Damals wohnte an dem Flüßchen Borne eine fromme Matrone, die an einem heftigen Fieber darnieder lag; in einer Nacht erschien ihr die heil. Jungfrau und kündigte ihr an, daß sie auf dem Berge Anis Genesung finden würde. Am nächsten Morgen ließ sich die Kranke hinauftragen, dort bemerkte sie einen viereckigen, altarförmigen Stein, auf diesen ließ sie sich nieder und schlief ein. Während des Schlummers erschien ihr die heil. Jungfrau auf's Neue: „Hier wirst du beim Erwachen geheilt sein, hier will ich ein Bethaus haben." Als die Matrone erwachte, hatte sie in der That Genesung gefunden; sofort verkündet sie das Wunder dem heil. Georg, und derselbe begiebt sich mit einer Menge Volks auf den Berg. Man war mitten im

Juli in der größten Sommerhitze, aber in Folge eines neuen Wunders vom Himmel war der Ort der Heilung von Schnee bedeckt, plötzlich erschien hier ein Hirsch, zeichnete in flüchtigem Laufe auf dem Schnee den Plan zu dem Tempel und verschwand dann so räthselhaft, wie er gekommen war. Der heil. Georg war aber zu arm, um das Heiligthum zu erbauen, und begnügte sich, den Fußspuren des Hirsches folgend, die Stelle mit einer Hecke einzufassen. Darauf pilgerte der heil. Martial, Apostel von Aquitanien, hierher und errichtete wenigstens einen Altar. So vergingen Jahrhunderte. Der sechste Bischof von Ruessium war St. Paulien, nach welchem sich die Stadt heutigen Tages benennt; er sollte der letzte sein. Unter seinem Nachfolger, dem heil. Evodius, im Lande gewöhnlich St. Vosy genannt, hatte eine Frau im Dorfe Ceyssac bei Puy ebenfalls eine Erscheinung der heil. Jungfrau, und nun erbaute St. Vosy um 560 oder 570 die Kirche. Als sie fertig war, begab er sich mit dem Senator Scutarius, der ihm vom Papste zum Baumeister gegeben worden war, auf den Weg nach Rom, um die zur Einsegnung gehörigen Ceremonien zu ordnen. Kaum waren die Beiden eine Viertelstunde vor der Stadt auf die Höhe gekommen, so begegnen sie zwei Greisen von wunderbar ehrwürdigem Ansehen. St. Vosy fragt, welcher Beweggrund sie in diese Berge führe. „Wir kommen von Rom, gesandt vom heil. Vater, antwortete der Eine, euch diese beiden Reliquienkästchen zu übergeben; kehret um, nicht die Hand der Menschen soll diesen Tempel weihen, den Engeln allein ist diese Ehre vorbehalten. Und damit ihr nicht zweifelt an meinen Worten, so verkündige ich euch: sobald ihr zur Kirche gelangen werdet, werden die Thüren sich von selbst aufthun, die Glocken von selbst läuten, das ganze Heiligthum wird von Kerzen und Fackeln leuchten, himmlische Harmonien werden ertönen, und der Duft des göttlichen Orts, womit die Engel es geweiht haben, wird sein Inneres erfüllen." Darauf verschwanden die beiden Fremden. Die Kästchen aber blieben dem erstaunten St. Vosy in der Hand zurück, sie enthielten unter Anderem einen Finger Johannis des Täufers, einige Tropfen Milch der heil. Jungfrau, ein Stück Nabel und die Vorhaut des Erlösers. Der Glaube des Mittelalters war stark und ärgerte sich an nichts. Noch heute bezeichnen drei Steine auf der Landstraße den Ort der Erscheinung. St. Vosy und Scutarius ließen sofort das Volk von dem Ereigniß in Kenntniß setzen, die Menge kam ihnen verehrend entgegen, und nun zog man zur Kirche hinauf. Als man anlangte, thaten sich die Thüren von selbst auf, die Glocken begannen zu läuten; das Innere war feierlich erleuchtet, und Alles geschah, wie es die himmlischen Boten verkündet hatten. Darum hieß die Kirche auch la chambre angélique. St. Vosy verlegte nun seinen Sitz von Ruessium auf den Berg Anis, und so entstand die Stadt Puy. Auf St. Vosy folgte Scutarius als Bischof.

In dasselbe sechste Jahrhundert verlegt die Legende noch folgende Geschichte. In einer Vorstadt von Puy (heute noch Faubourg St. Marcel genannt) schnitten die Heiden dem heil. Marcel den Kopf ab; der Heilige hebt ihn auf, wie St. Denis den seinen, wäscht ihn in der nahen Quelle und trägt ihn selbst in die Kirche Notre-Dame zur Beerdigung. Ich brauche nicht hervorzuheben, welchen Widerspruch diese Legende enthält. Das Christenthum soll schon seit vier Jahrhunderten im Lande blühen, und dennoch fallen Heilige noch als Märtyrer in der Stadt selbst, die in diesem Jahrhundert der Sitz des Bischofs ward.

Endlich thut die Geschichte die erste schriftliche Erwähnung der Stadt, und zwar beim Jahre 591. Gregor von Tours, Zeitgenosse des Ereignisses, erzählt in seiner Geschichte der Franken (X, cap. 25) Folgendes: Um diese Zeit ward das Land um Marseille von der Pest, das Land um Nantes, Angers und Mans aber von einer großen Hungersnoth heimgesucht. Es ist dies der Anfang der Trübsal, wie der Herr spricht im Evangelium: es wird kommen Pestilenz und Hungersnoth und Erdbeben an mehreren Orten, und falsche Messias und Propheten werden auferstehen, und sie werden Zeichen und Wunder am Himmel thun, damit sie die Auserwählten verführen. So ist es in gegenwärtiger Zeit geschehen. Ein Mann nämlich aus dem Lande der Puuriger (vermuthlich das Land um Bordeaux, nicht Bourges) wurde im Walde, wo er Holz fällen wollte, von einem Schwarm Fliegen überfallen, worauf er zwei Jahre lang für wahnsinnig gehalten wurde; man kann daraus schließen, daß es eine List des Teufels gewesen sei. Dieser Mann zog hierauf durch die benachbarten Städte in die Provinz Arles und lebte hier, in Felle gekleidet, wie ein Einsiedler (religiosus) dem Gebete; der ihm abgeneigte Theil (der Einwohner) aber schrieb ihm, um ihn zu verspotten, das Vermögen der Weissagung zu. Damit er aber an Bosheit wachse, verließ er die erwähnte Gegend und ging ins Gevaudan hinüber (gabalitanas regionis, Departement der Lozère) und scheute sich nicht, sich für den Messias (christum) auszugeben; er führte auch ein Weib mit sich, das er Maria nennen ließ. Das Volk strömte ihm zu und brachte die Kranken zu ihm, denen er durch sein Berühren die Gesundheit wiedergab. Die zu ihm kamen, trugen ihm Gold und Silber und Kleider zu. Um aber um so leichter verführen zu können, theilte er dies an die Armen aus; dabei warf sich zur Erde, ergoß sich mit dem erwähnten Weibe in Gebeten, stand dann auf und gebot den Umstehenden, ihn anzubeten. Er sagte nämlich das Zukünftige voraus und verkündigte den Einen Krankheiten, den Andern Verluste, Wenigen das künftige Heil. Dieses Alles aber verrichtete er mit teuflischen Künsten und Blendwerken. Indessen wurde durch ihn eine ungeheure Menge Volkes verführt, und zwar nicht blos gemeine unwissende Leute, sondern auch Priester der Kirche. Es folgten ihm aber mehr als Dreitausend. Unterdessen fing er an, diejenigen, die er auf seinem Zuge traf, auszuplündern; die Beute aber schenkte er denen, die nichts hatten. Den Bischöfen und Bürgern drohte er mit dem Tode, weil sie es verachteten, ihn anzubeten. Hierauf drang er in das Weichbild (oder: über die Grenze) der Stadt der Vellaver ein, kam zu dem Orte, den man Anicium nennt, und machte bei den nahen Kapellen mit seinem ganzen Heere Halt. Hier stellte er sein Heer in Schlachtordnung, als wolle er den damals dort befindlichen Bischof Aurelius mit Krieg überziehen (der Wichtigkeit dieser Stelle wegen gebe ich hier den Text: Ingressus autem vellavae urbis terminum, ad locum quem Anicium vocitant, accedit et ad basilicas propinquas cum omni exercitu restitit, instruens aciem, qualiter Aurelio ibidem tunc consistenti episcopo bellum inferret); er schickte aber vor sich Boten her, Menschen, die nackten Leibes sprangen und tanzten und seine Ankunft melden sollten. Darüber entsetzte sich der Bischof und fertigte beherzte Leute an ihn ab, die sich erkundigen sollten, was dies Alles bedeute. Als nun der Eine von diesen, ein Mann von hohem Range (qui erat senior), sich neigte, als wolle er seine Knice küssen und ihm den Weg vertreten, so gebot er, ihn zu ergreifen und zu plündern; jener aber zog unverweilt sein Schwerdt und hieb ihn in Stücke: so fiel jener Christus, der eher der Antichrist genannt werden muß, und starb, und Alle, die mit ihm waren, wurden zerstreut. Jene Maria aber wurde zum Tode verurtheilt und bekannte alle seine Gaukeleien und Zaubereien. Denn die Menschen, die er durch teuflische Künste verwirrt hatte, daß sie an ihn glaubten, sind niemals wieder zu Verstand gekommen, sondern haben ihn immer für den Messias erkannt und geglaubt, daß jene Maria Theil an der Gottheit habe. Ueberhaupt kamen durch ganz Gallien sehr Viele zum Vorschein, die sich durch diese Blendwerke einige armselige Weiber, von denen sie unter tollem Toben als Heilige bekannt wurden, beigesellten und sich vor dem Volke als groß verkündigten; wir haben viele unter ihnen gesehen und versucht, sie durch Scheltworte von ihrem Irrthum zu bekehren. Soweit Gregor; wir werden darauf zurückkommen.

Von nun an wird die Geschichte beglaubigter. Auf Aurel folgte der Bischof Benignus; dieser stiftet das Hospital um 596 von dem Vermächtniß, das ein gewisser Gras-Manant, Gastwirth zum „Ochsenkopf" (le logis de la tête de boeuf) bei seinem Tode machte; unter den Hinterlassenschaften befand sich ein Theil der Wiese du Breuil und ein Grundstück am Berge, le Martorel genannt, woraus der Bischof einen Gottesacker für das Spital machte. Jetzt mengt sich noch einmal Legende und Geschichte. Auf Benignus folgte der Spanier Agrippanus, im Lande St. Agreve genannt. Dieser bekämpfte die Ketzerei der arianischen Westgothen, die damals das Velay bedrückten; seine Feinde bestachen seinen Barbier, daß er ihm die Kehle abschneiden solle. Gott aber warnte den Bischof durch einen Traum, und derselbe fiel dem Barbier, der ihn beim Rasiren ermorden wollte, in den Arm, sagte ihm, daß er sein verbrecherisches Vorhaben wohl kenne, daß aber seine Stunde noch nicht gekommen sei, und setzte sich dann wieder ruhig nieder. Der Barbier ward durch dieses Wunder zur tiefsten Reue bekehrt und bewahrte zum Andenken daran ein Bartbaar auf, das er der Kirche von Grenoble schenkte, und dessen Berührung Gesichtskrankheiten heilte. Später zog Agrippanus über die Berge in's Bivarais (Dep. der Ardèche), um Götzendiener zu bekehren; diese aber tödteten ihn, sein Kopf rollte den Berg hinab und, wo er liegen blieb, entsprang eine Quelle. Der Ort, wo er als Märtyrer fiel, damals Chinac geheißen, wurde nach der Bekehrung der Einwohner St. Agrève genannt, der Leichnam des Bischofs aber nach Puy gebracht.

Wir sind nun in das historische Zeitalter eingetreten und wollen nur noch bemerken, daß Adalard der erste Bischof war, der episcopus aniciensis zeichnete; es war im Jahre 919. Hat nun die Legende Recht, fällt die Entstehung der Stadt mit der Einführung des Christenthums zusammen, und ist ihre Gründung in Folge jener mehrfachen Wunder erfolgt, so begreift man, daß dies einen starken Eindruck auf die Bevölkerung machen muß, und wir werden sehen, daß die Legende es nicht verfehlt hat. Ist aber dieselbe grundlos und reine Fabel, so wird dieser Beweis nicht ermangeln, den religiösen Glauben oder wenigstens die Herrschaft des Klerus zu erschüttern. Die historische Kritik, die diesen Beweis zu liefern behauptet, erklärt zwar, daß sie ein rein archäologisches Interesse habe und Religion und Kirche ganz unangefochten lasse, daß es sogar für letztere ein herrlicher Triumph sei, wenn der Kritik der Beweis von einer vorchristlichen römischen Colonie auf dem Berge Anicium gelänge, indem ja dann das Christenthum seine siegreiche Macht an dieser Colonie bewiesen habe. Die Kritiker — ich kenne sie persönlich — sind darin auch wirklich aufrichtig. Nichtsdestoweniger aber bleibt die Wirkung doch eine dem Klerus nachtheilige, und gerade die Erbitterung, mit welcher derselbe die Legende vertheidigt, zeigt, daß er es tief fühlt, sein innerstes Interesse stehe dabei auf dem Spiele. Auf den ersten Anblick scheint es nun, als sei dies Spiel für ihn leicht, als habe die historische Kritik keine Waffen gegen ihn oder doch keine Werkzeuge zur Begründung anderer Thatsachen; liefert doch das Ende des sechsten Jahrhunderts das erste schriftliche Zeugniß von dem Dasein der Stadt, und lautet doch auch dies noch ziemlich dunkel. Aber gerade hier ist der Satz wahr: „wo Menschen schweigen, werden Steine reden," und daß die Kritik auch produciren kann, das hat Niebuhr an der römischen Geschichte bewiesen. Was dieser im Großen, das hat der Archäolog Aymard in eugen Rahmen einer örtlichen Geschichte geleistet. Zwar, wenn sich derselbe auf die zahlreichen Bau-

Steine und Sculpturen aus der römischen Epoche beruft, die man namentlich erst in neuerer Zeit ausgegraben hat, so läugnen die Vertheidiger der Legende kurzweg, daß diese Steine auf Ort und Stelle behauen worden seien, sie wären bei der spätern Gründung der Stadt erst von St. Paulien, der alten Hauptstadt, herübergeschafft worden. Gesagt ist es leicht, aber der Gründe gegen sind mehr als derer für diese Ausflucht.

Ein erster Beweis für das Dasein eines celtischen Ortes vor der Römerzeit ist der genannte Fieberstein, auf welchem die kranke Frau ihre Erscheinung der heil. Jungfrau hatte. Derselbe ist von einer ganz andern Steinart als die des dortigen Bodens und zwar der einzige seiner Art daselbst; er ist von einer entfernten Gegend hieher geschafft worden und zwar höchst wahrscheinlich als Opferstein der Druiden. Wir schließen dies aus Folgendem. Er befand sich nämlich anfangs im Innern der Kirche und zwar vor dem Altar; erst später, der Sage nach in Folge eines darauf begangenen Verbrechens, wurde er daraus entfernt und befindet sich jetzt auf der großen Freitreppe unmittelbar vor dem früheren Eingange der Kirche, die anfangs kaum ein Drittel ihrer jetzigen Länge hatte. Nun haben wir schon mehrmals gesehen, daß die christlichen Priester die heidnischen Heiligthümer nicht immer zerstörten, sondern sie im wörtlichen und bildlichen Sinne des Wortes nur umtauften. Das Dasein dieses offenbar geweihten Steines läßt hier denselben Schluß zu.

Noch vor der Einführung des Christenthums hatte aber schon die römische Religion hier einen Tempel und zwar einen der Diana geweihten, welche Göttin hier mit der Isis zusammenfiel. In der Grundmauer der ältesten Theile der Kirche und des Glockenthurmes befinden sich eine Menge Steine mit Basreliefs eingerahmt, unverkennbar Bruchstücke eines Tempelfrieses. Diese Basreliefs stellen eine phantastische Jagd in einem Eichenhaine dar; die abgebildeten Thiere sind der Löwe, Affe, Hirsch, Bär, Eber, Adler, Greif und die Chimäre. Dieser Tempel setzt auch andere Gebäude voraus, und in der That hat man nicht nur im nahen Dorfe Espaly Trümmer einer römischen Villa, sondern auch eine halbe Stunde von der Stadt an der Loire eine römische Straße entdeckt. Nachgrabungen auf derselben Höhe, wo die Kirche steht und wahrscheinlich der Dianentempel stand, haben ferner Mauerwerk zu Tage gefördert, das sicherlich aus der Zeit vor dem sechsten Jahrhundert (nach der Legende das der Gründung der Stadt) herstammt und einer Ring- oder Befestigungsmauer angehörte; eine Ringmauer setzt aber eine geordnete Bevölkerung voraus. Diese Gegend heißt place da Fort, als sei hier die Citadelle gestanden, und daß Befestigungswerke hier gewesen, ist unleugbar; der Archäolog Aymart aber schreibt place du For, und gestützt auf alte Rauten, wie portale fori für einen hohen Durchgangsbogen, behauptet er, es sei dies das Forum der römischen Colonie gewesen. Durch alles dies läßt sich aber die Gegenpartei nicht entwaffnen; was unleugbar römischen Ursprungs ist, das sei von St. Paulien herübergeschafft worden. Erstens ist aber der letztere Ort sicher nicht von den Römern sehr begünstigt gewesen, seine kalte, wasserlose Lage konnte ihnen unmöglich zusagen, während die Lage der Stadt Puy in der Nähe eines Flusses ganz in ihrem Geschmacke lag: als alte celtische Hauptstadt wurde nun zwar St. Paulien auch von ihnen bewohnt, aber nur aus politischen Gründen, die Colonisten dagegen wandten unzweifelhaft ihre Vorliebe dem Orte auf dem Berg Anis zu. Und in der That hat Herr Aymard eine selber unvollständige Inschrift entdeckt, die ausdrücklich einen „Präfect der Colonie" erwähnt; könnte man die älteren Häuser niederreißen, so würde man gewiß in den Grundmauern unwiderlegliche Beweise für diese Colonie finden. Wie dem nun auch sei, Ruessium (St. Paulien) ist in Folge des Einfalls der Burgunder und namentlich der Westgothen als zurenig Sicherheit darbietend verlassen worden; nähmen wir auch das sechste Jahrhundert als Schlußpunkt seines politischen Daseins an, so ist doch soviel gewiß, daß in dieser Zeit der Unruhen keine Bauten von Bedeutung dort vorgenommen wurden. Nun befindet sich über den genannten galloromischen Blöcken, die den Grund des ältesten Theiles der Kathedrale von Puy ausmachen, in der Mauer eine Schnur von Sculpturen, die nur dem sechsten Jahrhundert angehören kann; die Mauer selbst versetzen die Archäologen in das siebente Jahrhundert. Unzweifelhaft kommt also diese Schnur nicht aus Ruessium, das schon verlassen war. Wie hätte man nun die galloromischen Blöcke von dort herführen sollen, die unmittelbar unter dieser merowingischen Schnur liegen und gegen das Ganze gehalten in der Minorität sind? Wenn man soviel Baumaterial am Orte vorfand, gab man sich nicht die Mühe, jene Blöcke drei Stunden weit zu holen, um eine Grundmauer daraus zu bilden. Aber keine Mythe und keine Legende ist ohne Sinn, noch weniger sind sie ersonnene Lügen. Die Legende von dem Hirsch deutet auf den Tempelfries hin, die Jagd ging in den Basreliefs um das ganze Heiligthum; die christliche Kirche nahm später den Raum ein, den vorher die Jagd umschlossen hatte.

Das Christenthum wurde ferner in dieser Gegend viel später gepredigt, als die Legende wähnt. Georg soll schon im ersten Jahrhundert die römischen Tempel zerstört haben, zu einer Zeit, wo sie nur entstanden. Ja die Trümmer, die man hier findet, datiren aus der Zeit nach Nero; wenn nun das Christenthum schon geherrscht hätte, wie hätte es diese Tempelbauten zulassen können? Dieselben zeugen wenigstens von seiner Ohnmacht. Nun hatte aber das Christenthum seinen ersten Märtyrer in Gallien unter Mark Aurel um 172; damals gründete Pothinus die Kirche in Lyon, die Mutterkirche von ganz Gallien; also diese älteste stammt aus dem Ende des zweiten Jahrhunderts. Noch der Nachfolger des Pothinus, der heil. Irenäus, fiel 202 als Märtyrer. Gregor von Tours, der dies Alles besser wissen mußte, sagt, daß unter Decius (249—251) sieben Bischöfe nach Gallien geschickt worden seien, unter ihnen Stremonius, der in die Auvergne ging; wie hätte nun die kleine, bisher von der Auvergne abhängige Provinz Velay das Christenthum früher kennen sollen? Wir sahen aber schon die Inschrift in St. Paulien, wonach das Velay der Kaiserin Etrucilla seinen Dank ausspricht, der Gemahlin des Christenverfolgers Decius! Wäre dies denkbar, wenn das Christenthum hier geherrscht hätte? Also im dritten Jahrhundert gab es im Velay noch keine christliche Kirche, das Evangelium ward hier höchstens erst im vierten Jahrhundert gepredigt. Nur soviel darf man annehmen, daß der erste Apostel dieser Gegend Georg hieß und nach der Sitte der Zeit Papa, Protopraesul, Episcopus genannt wurde; er ließ sich in Ruessium nieder, wann? das ist freilich eine große Frage. Bedeutsam ist, daß Gregor von Tours ganz von der Kirche des Velay schweigt; wahrscheinlich ist der Grund nur in der Unbedeutendheit dieser Bischöfe zu suchen, die weder bei dem orthodoxen Concil von Clermont 535 noch bei dem von Orleans 541 erwähnt werden, während doch die der Nachbarprovinzen dort zugegen waren.

Der Legende fehlt überhaupt jede historische Grundlage; sie wuchern wahrscheinlich erst im Mittelalter auf, später schöpfte man besonders aus zwei Brevieren der Kirche von Puy, das eine im Jahre 1516, das andere im Jahre 1532 gedruckt. Aber schon 1720 mußte Denys Sainte-Marthe (in der Gallia christiana, Tom. II, p. 680) „über die Chronologie dieser Bischöfe bis auf Aurel nichts Gewisses aufzustellen." Alten Manuscripten zufolge aber soll der letztere Evodius und Scularius zu Vorgängern gehabt haben. Die Benedictiner, auf Grund der Auffindung seines Grabmals, führten auch den genannten Evodius als ersten Bischof von Puy an, setzten ihn aber chronologisch nach Aurel, sodaß der Bischofsitz erst im siebenten Jahrhunderte nach Puy verlegt worden sei. Seitdem aber hat man noch andere Denkmäler aufgefunden, und die Archäologie hat nun Folgendes als geschichtlich festgesetzt.

Der erste Bischof der Stadt Puy war Evodius, vor ihm war der Sitz der Bischöfe in Ruessium. Das Grabmal des Evodius ist zwar erst aus dem karolingischen Zeitalter (wahrscheinlich Ende des neunten Jahrhunderts), und die Inschrift bezieht sich wohl auch nicht auf das Begräbniß, sondern auf die Versetzung des Körpers unter den Altar der ihm damals geweihten Kirche; aber sie sagt ausdrücklich: Hic requiescit corpus sancti Evodii, primi Ecclesiae Aniciensis praesulis. Ein so altes Denkmal verdient sicher Glauben. Die Legende hatte als Freund und Nachfolger des Evodius einen „Senator und Baumeister" Scutarius genannt. Aufgefundene Inschriften bestätigen dies; die erste, unvollkommen, sagt: episo (oder piso, d. h. episcopus) senator artefex fecit; die zweite sagt: Scutari papa vive deo, d. h. Bischof Scutarius, lebe in Gott; die dritte aber und wichtigste sagt: Sepulchrum Sancti ac beatissimi Scutarii hujus urbis episcopus. Die letztere befindet sich auf einem gallo-römischen Grabmale, das man nach dem Gebrauche jener Zeit für die Gebeine des Bischofs benutzt hatte; der paläographische Charakter der erstern und die Sculpturen des Steins deuten auf die Merowinger-Zeit, Alles zusammen aber auf das sechste Jahrhundert; Scutarius ging also dem Aurelius voran.

Die zweite erwähnte Inschrift, ebenfalls merowingischen Styls, steht in einem Giebelfelde, das einer kleinen Thüre als Oberschwelle dient; diese Thüre, in einem der ältesten Theile der Kathedrale befindlich, trägt den Namen porte papale, wahrscheinlich von der Inschrift; die Sage aber giebt vor, im Mittelalter hätten die Päpste allein das Recht gehabt, durch dieselbe in die Kirche zu gehen, und sei sie jedesmal nachher wieder zugemauert worden, daher ihr Name „päpstliche Thüre". Neben der Inschrift befindet sich das Zeichen des Chrisams und das Alpha und Omega. Im Jahre 1847 kam die Kehrseite an's Licht, und da las man: Adidoni et Augusto Sex Talonius Musicus DSPP, d. h. dem Adidon und Augustus setzte Sextus Talonius Musiker (dieses Heiligthum) auf seine Kosten, de sua pecunia. Wer war Adidon? Unzweifelhaft eine jener Gottheiten, mit denen August oft die Ehre der göttlichen Verehrung theilte. Beispiele solcher Verbindung zweier Culte hat man auf vielen Altären entdeckt; citiren wir einige; in Nimes: Sanctitati Jovis et Augusto sacrum; J(ovi) O(ptimo) M(aximo) Heliopolitano et Nemauso (d. h. dem Nemausus, Schutzgott von Nimes, und dem Jupiter von Heliopolis in Aegypten; eine ägyptische Legion bevölkerte bekanntlich Nimes, das daher ein Krokodil und eine Palme in sein Stadtwappen aufnahm); in Bordeaux: Augusto sacrum et genio loci; Augusto sacrum et genio civitatis Bit(urigum) viv(iscorum); in Lyon errichteten sechzig gallische Staaten „Romae et Augusto" einen Tempel. Daß Adidon keiner der großen Götter war, geht aus dem Schweigen des Alterthums hervor; er war ein rein örtlicher Gott. Dom Martin sagt: „die Gallier vergötterten nicht nur ihre Städte, sie feierten auch alle Jahre deren Widmung; und dieser Gebrauch herrschte noch Ende des siebenten Jahrhunderts, denn St. Eloi mußte sich damals gegen diese Feier erheben;" man nannte diese Feste dies pinnarum et murorum. Späterhin setzte das Christenthum an die Stelle dieser Götter irgend einen Heiligen als Ortspatron, und so feiert man noch heute unter dem Namen fête patronale jene alten Feste der dreißnischen Stadtgottheit. Nicht nur Städte aber wurden vergöttert, sondern auch Wälder, z. B. der Ardennerwald unter dem Namen Arduinna (auch Diana Arduinna) und Berge, z. B. die Vogesen unter dem Namen Vosagus oder Vosegus (das französische Vosges hat die richtigere Schreibart bewahrt); das Letztere scheint auch hier der Fall, Aricon ist vermuthlich der Name des Berges der Stadt und wurde später in Anicium, Anis verwandelt. Wie der Name Verdun oft auch Verdon geschrieben und gesprochen wird (dieser Ortsname kommt in den Departements Dordogne, Gironde, Marne u. s. w. vor), so ist auch Abicon sicher nur eine Variante von Aribun; die Etymologie des Namens könnte „infra culmen = unter dem Gipfel, d. h. unter dem Alles überragenden Felsen Corneille" sein (s. Zeus S. 638, adis Präposition, dun d. h. Gipfel, später Veste). Die Umwandlung des Consonanten d in u und c aber ist ganz natürlich. Die Stadt Puy selbst liefert ein schlagendes Beispiel: Der Name der Einwohner sollte eigentlich Podaux oder Podots sein, man spricht aber Ponaux oder Ponnots. Andererseits ist aus Evodius später St. Void geworden; eine Straße in Puy, um 1313 carreria de gradibus genannt, hieß im sechszehnten Jahrhundert rue des Grazes; erinnern wir noch an den Plural dictatored statt dictatores auf alten Inschriften und an den Plural paoted von paotr (Knabe) in der bretonischen Sprache. Unleugbar ist also Abidun oder Anicium der älteste Name des Ortes (nicht als Stadt, sondern als Oertlichkeit überhaupt); daß aber unter dem Augustus der Inschrift nicht etwa ein späterer Kaiser, sondern wirklich der erste Octavianus Augustus gemeint ist, dafür spricht der Umstand, daß der Name ohne allen Zusatz steht; schon unter Tiberius, dem ersten Nachfolger Octavian's, sagt eine Inschrift: genio Ti(berii) Augusti u. s. w. Daraus folgt nun, daß der Ort Puy schon zur Zeit der römischen Eroberung existirte. Allem Anschein nach war das besprochene Heiligthum ein in einer Nische angebrachter Altar. Man darf mit Recht annehmen, daß dasselbe, bevor es zu einer Thüre umgewandelt wurde, einem andern Zwecke diente, wie auch die christliche Inschrift sagt. Die Bevölkerung machte aus dem heidnischen Altar einen christlichen zur Verehrung des Erbauers der Kirche, der seinem traditionellen Beinamen pater patriae zufolge der Wohlthäter der Stadt gewesen zu sein scheint; Scutarius trat in der Verehrung des Volkes an die Stelle des alten Schutzgottes.

Welche Mühe dieser Aufbau der Kritik gekostet hat, welchen Aufwand von archäologischen und andern Kenntnissen sie hierbei hat machen müssen, welche Vorurtheile und Feindseligkeiten sie zu bekämpfen hatte, das kann der Leser aus diesem flüchtigen Umriß nicht ersehen. Ich verweise auch den Gelehrten auf das Werk „l'ancien Velay" von Mandet, die Annalen der akademischen Gesellschaft von Puy und, außer andern Specialschriften, auf den Rapport sur les Antiquités Gallo-Romaines découvertes au Puy dans le sol de la Place du For par Mr. Aymard (Le Puy, Marchessou, Juin 1860). Aber jetzt, wo die Kritik gewonnenes Spiel zu haben scheint, trifft sie mit dem ersten schriftlichen Zeugniß von der Stadt in Gregor von Tours auf neue Schwierigkeiten. Wir haben die Hauptstelle im Uerzte gegeben; wie ist sie zu erklären? Der erste Historiker der Stadt, der diese Stelle citirt, ist der Jesuit Odo Gissey (im Jahre 1620), er übersetzte: „der falsche Prophet kam in das Land Velay und stellte sich vor der Stadt auf, die man Anis oder Puy nennt." In der That kann das Wort urbs soviel als Land bedeuten und findet sich auch in diesem Sinne bei Gregor von Tours, locus kann man Stadt oder Ort überhaupt übersetzen. Allein in demselben Kapitel weiß Gregor sehr wohl den bestimmten Ausdruck Land zu gebrauchen, wenn er eine ganze Gegend bezeichnen will; kurz vorher, wo er von dem Gevaudan, d. h. dem Lande der Gabaler spricht, sagt er: Gabalitanae regionis terminum est ingressus; warum hätte er später nicht dasselbe Wort regio gebrauchen sollen, wo er doch dieselbe Wendung wiederholt? Wenn er dagegen das Wort urbs wählt, so hat er es sicher mit Ueberlegung gethan. Daß aber Puy damals den Rang einer Stadt hatte, bezeugt das erwähnte Grabmal Scutar's, hujus urbis episcopus. Müssen wir nun annehmen, daß die Bischöfe ihre Residenz dort hatten, so kann auch locus nicht mehr durch Stadt übersetzt werden; Alfred Jacobs (in seiner Géographie de Grégoire de Tours, 1858) sagt, es wäre ein Mißbrauch, eine bischöfliche Stadt mit dem Namen locus zu bezeichnen, es sei dies ein Ausnahmsfall (fait exceptionnel) sogar in der unregelmäßigen Sprache Gregor's von Tours. Folglich bezeichnete Anicium (späterhin allerdings der Name der ganzen Stadt) damals nur einen Theil der Stadt.

Adrien du Valois (in Notitia Galliarum, 1675) stellte eine andere Meinung auf; er versteht unter urbs vellava die alte Hauptstadt St. Paulien und nimmt an, Aurel habe damals in dem Orte Anicium nur zeitweilig als in einem befestigten Platze gewohnt. Allein der Zusammenhang des Ganzen ist dagegen. Auf dem Wege aus dem Gevaudan in das Velay kommt man zuerst nach Puy und dann erst in das weiter nördlich gelegene St. Paulien; der Prophet hätte also einen Umweg gemacht, wenn diese Meinung begründet wäre. Daß aber ein solcher Umweg nicht in seinem Plane liegen konnte, geht daraus hervor, daß er besonders von den Bischöfen anerkannt zu werden verlangte, er hatte also Eile den in Puy wohnenden Aurel aufzusuchen. Nur was die Annahme betrifft, daß die Stadt Puy damals noch nicht der regelmäßige Bischofsitz, sondern nur ein zeitweiliger Aufenthalt des Bischofs gewesen sei, so läßt sie sich allerdings durch das Wort tunc rechtfertigen, wofern consistenti nicht soviel als etablirt, d. h. fest niedergelassen bedeutet. Freilich ist dies die natürliche Erklärung von consistenti, und da wir die Inschriften von Scutar u. s. w. kennen, so müssen wir die Meinung Adrien's für irrig erklären.

Gregor von Tours verstand also unter urbs vellava die Stadt Puy und unter Anicium einen Theil derselben. Wie die Griechen die Akropolis von der Stadt unterschieden, so gab es auch damals in den Städten ein gewisses bevorzugtes Viertel, locus, auch castrum genannt, welches den Bischoffsitz, die Kathedrale und andere bedeutende Gebäude umschloß; Priscian, Gregor's Zeitgenosse, definirt arx mit den Worten locus munitissimus urbis. In derselben Epoche hieß die Hauptstadt der Auvergne urbs arverna oder arverni, und Clermont (clarus mons, claromons) war nur der Name des die Stadt beherrschenden castrum; später verdrängte der letztere den alten Namen der eigentlichen Stadt. Ganz dasselbe ist hier der Fall; der Name eines Theils verdrängte den Stadtnamen urbs vellava; freilich war auch dieser Theil der bedeutendste. Der Ausdruck locus war im Mittelalter ganz gewöhnlich für die Bezeichnung eines Stadttheils; ein Kataster aus dem Jahre 1313 erwähnt unter einer Menge ähnlicher z. B. den locus a Martoret, heutzutage Platz Martouret genannt.

Ist denn aber auch wirklich unter urbs vellava, mit welchem Namen doch Revessium bezeichnet wurde, hier die Stadt Puy zu verstehen? Geben wir kurzweg die positive Antwort: ja. Ende des fünften oder Anfang des sechsten Jahrhunderts (vielleicht gleichzeitig mit der Verlegung des Bischoffsitzes) wurde die Würde der Hauptstadt von St. Paulien auf Puy übergetragen und mit der Würde auch der Name civitas Vellavorum; sehr alte Documente nennen St. Paulien civitas Vetula, das heißt doch nichts Anderes als die ehemalige Hauptstadt. Es ist bekannt, daß in der Römerzeit der Gebrauch aufkam, die Hauptstadt eines Landes nach der Völkerschaft zu benennen; so ward aus Lutetia Paris, aus Avaricum Bourges. Es war nun ganz natürlich, daß mit der Verlegung der Hauptstadt auch der Name überwanderte. Wir haben sogar in der Nachbarschaft ein Beispiel, daß selbst der eigentliche Name der alten Hauptstadt auf die neue übergetragen wurde. Das Vivarais oder Departement Ardèche war das Land der Helvier, und ihre Hauptstadt hieß Alba (später Alba Augusta, heute Aps), wo im dritten Jahrhunderte sich das Christenthum niederließ. In Folge der Zerstörung der Stadt durch die Vandalen, 420 nach Christus, flüchtete sich der Bischof Auxonius nach Vivarium (heute Viviers), wovon das Land den Namen Vivarais erhielt. Lange Zeit hindurch nannten sich aber die Bischöfe noch immer episcopi albenses und die Stadt Viviers selbst Albaricum oder Alba. Es ist dies also fast derselbe Fall, den wir in Puy haben; die Bischöfe nannten sich nach ihrer Residenz, nicht nach dem Lande; als später der Name Anicium vorwog, hießen die episcopi vellavenses begreiflicher Weise episcopi anicienses, wie wir dies bei dem Bischof Adalard im Jahre 919 sahen. Ebenso benannten sich die Grafen nach ihrer Stadt, und wenn Karl der Große den Grafen Bullus für Vellagia (d. h. Vellavia) ernannte, so konnte dies nicht mehr St. Paulien sein. Im Jahre 1165 findet man den Grafen von Puy Wilhelm VII. erwähnt, wie sich die untergeordneten Vicomtes des Landes nach ihrer Residenz Vicomtes de Polignac nannten. So schrieb ferner St. Odile im elften Jahrhundert: Orationis gratia Vallavorum adiit civitatem quae alio nomine dicitur Podium beatae Mariae, d. h. er wallfahrtete in die Stadt der Vellaver, die man auch le Puy der seligen Jungfrau Maria nennt. In alten Urkunden aus den Jahren 924, 955 und 1134 heißt es ebenfalls episcopi aniciensos seu vallavenses. Die Kirche selbst wird in der Bulle, durch welche der Papst Leon IX. (Mitte des elften Jahrhunderts) dem Bischof von Puy das Pallium ertheilt, genannt: Ecclesia aniciensis quae et vallavensis seu Podium sanctae Mariae dicitur. Kurz, eine Menge von Beweisen bestätigt, daß der Ausdruck vellavensis vom sechsten Jahrhundert an gleichbedeutend mit dem Namen der Stadt Puy war; letztere hatte auch Gregor von Tours im Sinne. Was den Ausdruck basilicae betrifft, so bedeutet er bei Gregor gewöhnlich Kirchen, nach Ducange bezog er sich auch auf Grabmäler in kirchenähnlichem Style; letzteres ist sicher hier der Fall. In der Gegend des befestigten „Ortes", der hier Anicium genannt wird, befand sich ein uralter Kirchhof (Begräbnißstätte), wahrscheinlich (wie ich schon erwähnte) auf der Stelle eines celtischen. Es läßt dies auf eine ziemlich zahlreiche Bevölkerung schließen. Zu demselben Schluß ermächtigt uns die Stiftung des Hospitals unter Aurel's Nachfolger aus der Hinterlassenschaft des Gastwirths; weder Gasthaus noch Hospital sind denkbar ohne eine städtisch geordnete Bevölkerung. Diese aber setzt eine längere Zeit zur Gründung der Gemeinde voraus, als die Legende annimmt. Die letztere hat also Unrecht, wenn sie der Stadt einen christlichen, ziemlich späten Ursprung zuschreibt. Die Anfänge der Stadt reichen in die celtische Urzeit zurück, ihr Aufblühen fällt in die gallo-römische Zeit.

Das aber ist unbestreitbar und wird von keiner Kritik bestritten: sobald die Existenz von Puy in volles historisches Licht tritt, erscheint auch das Heiligthum der Jungfrau Maria als das Centrum, um welches sich die ganze Geschichte der Stadt gruppirt. Die Kirche beherrscht die ganze Stadt und gewährt einen imposanten Anblick. Eine Freitreppe von 103 Stufen führt in ihr Inneres; der vordere Theil des Schiffs wird von einer zwanzig Meter hohen gewölbten Halle getragen, welche die Hälfte der Treppe überragt. Die letztere führte ehemals grades Wegs in das Schiff da, wo der älteste Eingang der Kirche vor ihrer Erweiterung war, denn im Anfang bestand sie nur aus dem Drittel ihrer jetzigen Länge. Das Chor ist im romanischen Styl erbaut; was sich daran anschließt, erinnert an die gallo-römische Epoche; im Laufe der Zeit mischte sich nach dem Maße der Vergrößerung der gothische Baustyl hinein, so tritt denn auch nach dem Eingang zu der Spitzbogen an die Stelle des Rundbogens. An die Westseite lehnt sich der Kapitelsaal, wo im Mittelalter die Stände des Landes ihre Sitzungen hatten und mancher Liebeshof abgehalten wurde; damals war er mit Fresken verziert, die später übertüncht und erst neuerdings von dem berühmten Archäologen Prosper Mérimée entdeckt worden sind. Von den sieben freien Künsten, die den Saal geschmückt haben mögen, kamen die Grammatik unter den Zügen Priscian's, die Logik als Aristoteles, die Rhetorik als Cicero und die Musik als Tubal zum Vorschein. Hart an den Saal stößt der Kreuzgang (im Französischen cloître genannt); ein elegantes, fast zierliches Denkmal des romanischen Styls, von so harmonischer Schönheit, daß es als historisches Nationaldenkmal unter den Schutz des Staates gestellt ist.

Das Interessanteste der Kirche ist das Marienbild auf dem Altar, zu dem im Mittelalter Päpste, Kaiser und Könige gewallfahrtet sind; die Sage versetzt unter die Pilger auch Karl den Großen. Dieses Marienbild (im Jahre 1793 wurde es verbrannt) stellte die heil. Jungfrau auf einem Stuhle sitzend dar; vom Kopf bis zu den Füßen war sie, wie die ägyptischen Mumien, von einer Menge bemalter, auf das Cedernholz der Statue geleimter Leinwandstreifen umwickelt; Gesicht und Füße waren schwarz, die Hände weiß gemalt; Augen von Glas waren auf farbigem Grund eingesetzt; auf dem Schooße hielt die Jungfrau ein Kind; der Mantel hatte unten eine doppelte Reihe von Franzen, und auf dem linken Aermel war eine Inschrift von fremden Charakteren. Die ganze Statue, zwei Fuß drei Zoll hoch, hatte einen ägyptischen Charakter. Es ging auch die Sage, der heil. Ludwig habe sie von einem Sultan erhalten und der Kirche zu Puy geschenkt. Aber der Erste, der diese Sage erzählt, ist der Pater Gissey im siebzehnten Jahrhundert, und sodann giebt es noch viele schwarze Marienbilder, z. B. in Chartres, ohne daß man sie zu Geschenken des heil. Ludwig gemacht hat. Der Legende nach war die Statue von Puy vom Propheten Jeremias verfertigt; die Zeit ihrer Einführung aber ist gänzlich unbekannt. Alles spricht dafür, daß es nichts Anderes als eine Isis gewesen sei, die in der Römerzeit hier verehrt wurde und später unter dem Namen der Jungfrau Maria der Anbetung der Christen geweiht wurde. Folgendes sind die Gründe. Diana und Isis wurden bekanntlich identificirt, und das Dasein eines Dianentempels in Puy halten wir für unbestreitbar; die ursprüngliche Statue der Diana von Ephesus war schwarz, die Franzen am Mantel sind ein Schmuck der Isis. Bei der Verbrennung fand man in der Asche einen Jaspis, worauf man die Hauptattribute der Isis sah. Das Dunkel, das über der Entstehung des Marienbildes hier schwebt, zeugt dafür, daß er sich in die Anfänge der Stadt verliert; Isis schmolz um so natürlicher in Maria um, als die ägyptische Mythologie ganz mit dem Christenthum harmonirte. Horus, der Sohn der Isis, ist die Sonne. Die Geburt der Sonne für die nördliche Halbkugel fällt auf den 23. December, sie ist hier noch ein Kind wie Jesus, der in derselben Zeit geboren wurde. Die heidnische Mythologie ward überall zur christlichen, der Name ist das Einzige, was geändert ward; der französische Süden behielt seinen römischen, die französische Bretagne ihren celtischen Aberglauben. Wir haben in Deutschland ganz dasselbe; der norddeutsche Bauer, der erst katholisch war und nun protestantisch ist, ist im Grunde immer Heide geblieben; für ihn ist der Freitag, der Tag der Kreuzigung Christi, kein unglücklicher Tag, wie er es für den guten Christen sein soll; es ist noch immer der Tag der Freia, der nordischen Venus, Göttin der Liebe, und darum feiert der norddeutsche Bauer seine Hochzeit regelmäßig am Freitag.

Wir nähern uns nun der Epoche der Lehnsherrschaft. Wie anderswo, waren auch hier die Umstände der Ausbildung derselben günstig. Ein Capitular von 864 verbot zwar den Bau von Burgen, aber die Einfälle der Saracenen und darauf der Normannen nöthigten trotzdem dazu; nicht nur Schlösser und Städte, selbst Stadtviertel und Straßen wurden befestigt. Die Macht führte zur Herrschaft; aus einem Beamten wurde der Graf (comes) zum Herrn mit erblicher Gewalt. Das Capitular Karls des Kahlen vom Jahr 877: „si comes de isto regno abierit, filium illius de honoribus illius honoremus" bestätigte nur die thatsächliche Usurpation. Die politisch einflußreichen Familien waren meist germanischen Ursprungs, der Clerus wurzelte größtentheils im romanischen Volksstamme. Im Velay scheint einmal das Gegentheil stattgefunden zu haben. Als Wilhelm der Fromme 886 — 917 Erbgraf von Auvergne und Velay war, fand eine Bischofswahl statt. Der Clerus hatte einen gewissen Vital gewollt, das Volk aber widersetzte sich; der König Karlmann wollte den Streit schlichten und hatte einen Traum, nach welchem er Denjenigen zum Bischof machen sollte, der ihn am Morgen zuerst grüßen würde; dies that ein gewisser Norbert. Vital aber wollte nicht weichen, und Norbert ward endlich genöthigt, der Familie Vital's die Herrschaft über St. Paulien zu lassen. Abgesehn von den Namen, von denen Norbert ein germanischer und Vital ein lateinischer ist, hatte Karlmann's Interesse geboten, einen Franken einzusetzen (sein Traum war sicher nur ein frommer Betrug); man darf auch annehmen, daß in St. Paulien das alte römische Blut vorherrschte. Dieser Vital wird in einer Urkunde von 1428 der Bruder des Vicomte von Polignac genannt; es ist daher wahrscheinlich, daß die Familie Polignac, die die Herrschaft über St. Paulien besaß, aus Norbert's Zeit, d. h. dem 9. Jahrhundert datirt. So theilte sich denn die alte und die neue Hauptstadt, Lehnsherr und Bischof in die Herrschaft des Velay.

Drei Personen bilden die Factoren des Mittelalters: **Lehnsherr** (Seigneur), **Bischof** und **Volk**. Der erste — es thut mir leid um das Haus Polignac, aber der Bürger hat das Recht und die Pflicht, die Titel und Ansprüche des Adels auf höhern Werth zu untersuchen — der Lehnsherr war damals nichts anders als ein Räuber, eine abscheuliche Geißel des Landes; wenn der Minister Karls des Zehnten die Absicht hatte, diese Zeit wieder heraufzuführen, so hat ihn das Volk 1830 sehr gelind bestraft. Der zweite, der Bischof, war der eigentliche Herr des Landes; anfangs wurde er „Graf für Velay und Brioude" durch Wahl, später riß er diese Würde durch List oder Gewalt an sich und war zuweilen nicht minder drückend, als der Vicegraf auf Schloß Polignac. Die Bürgerschaft von Puy — das Landvolk zählte in jenen Zeiten nicht — stand Beiden gegenüber; sie hatte ihr eigenes Heer, das oft mit den Soldaten des Bischofs in Krieg lag; auch gab es Mauern nicht nur um die Stadt herum, sondern sogar in ihr zum Schutz gegen den Bischof. Sechs Consuln, die alljährlich von den Zünften gewählt wurden, leiteten die städtischen Angelegenheiten.

Ueber diesem wilden, oft blutigen Wirrwarr ragte „die Kirche zu unsrer lieben Frauen vom Berge". Alle Stände, alle Völker wallfahrteten damals zu Notre-Dame-du-Puy; aus Italien und Spanien kamen Pilger hieher, und gab es dann ein großes Fest, vielleicht einen Liebeshof, dann belebte Stadt und Ebene eine wogende Masse von glänzenden Rittern und Frauen, Pilgern und Schaulustigen, Krämern von Waaren, Stoffen und Kleinodien, Jongleurs und Troubadours, Maulthiertreibern aus Aragon und Catalonien, und mehr als einmal war das Gedränge so dicht, daß eine Menge Volkes erstickte. Von diesem lärmenden, glänzenden Treiben ist nichts übrig geblieben, als ein großes Siechthum. Ein böses Sprichwort sagt: die zehnte Person, der man in Puy begegnet, hinkt, und es übertreibt nur wenig; namentlich die niedere Bevölkerung leidet an scrofulösen Anlagen. Man hat der Unreinlichkeit, den ungesunden Wohnungen, der rasch wechselnden Temperatur die Schuld gegeben; alles das mag darauf einwirken und die Krankheit pflegen, aber die echte erste Ursache liegt — sonderbar genug! — in der Frömmigkeit des Mittelalters. Jeder Kranke aus Fern und Nah pilgerte zum Muttergottesbilde in Puy; ob er selbst Rettung erlangte, mag dahin gestellt sein, jedenfalls theilte er seine Krankheit den Einwohnern mit; die Mehrzahl der kranken Pilger blieb wohl gar im Orte — in jenen Zeiten steter Fehde war das Reisen kein Vergnügen — und erbte das Siechthum auf die späte Nachkommenschaft fort.

Und der König? „Der Kaiser ist zu ferne", sagt der russische Bauer, im Anfang des Mittelalters galt das auch vom König in Frankreich. Eine Zeitlang war das Velay, das sich wieder von der Auvergne trennte, wie unabhängig; zwar schloß es sich an das Languedoc, mit dem es die literarischen Bestrebungen theilte, und seine Bischöfe wohnten als solche den Generalstaaten dieser Provinz bei; aber außerdem besaß das Land seine eigenen Stände, deren natürlicher Präsident der Bischof war; diese bestanden aus dreißig Deputirten, 9 für den Clerus, 18 für den Adel und drei, ich sage drei, für den dritten Stand. Doch wollen wir bemerken, daß damals in dem Lande ein regeres Leben und selbst größere Bildung herrschte, als später, wo es mit der wachsenden Centralisation mehr zum Norden gezogen wurde. Es neigt sich Volk und Land mehr dem Süden zu; man erräth dies an dem vorherrschenden romanischen Baustil, an dem größeren Verbrauch von Ziegelsteinen, an Physiognomie und Charakter der Bewohner, an ihren Gebräuchen und namentlich an ihrer Sprache; das Patois der Bauern ist dem Südfranzosen ziemlich verständlich; in der Stadt giebt es eine Menge Redensarten, die beweisen, daß man dem Französischen lange fremd geblieben ist. So sagt man éclairer (statt allumer) la chandelle, faire feu à quelqu'un statt éclairer quelqu'un, tâcher moyen statt faire en sorte, tomber quelque chose statt laisser tomber, feu statt lumière u. s. w. Eine andere Eigenthümlichkeit der Sprache ist der fortwährende Gebrauch des Parfait défini statt des Imparfait.

Wie die politischen, so wollen wir nun auch die literarischen Factoren des Mittelalters betrachten. Die epische Poesie fand im Velay keinen Vertreter; aber drei Troubadours stellen die drei Hauptgattungen der lyrischen Poesie jener Tage dar: Pons de Capdeuil ist der Sänger des Kreuzzugs, der schwärmerische Ritter, der nach dem Verlust des Minneglücks für die Befreiung des heiligen Grabes kämpft; der Schloßherr von St. Didier ist der zärtliche Troubadour, der schon die Verderbniß anbrütet, und der berühmte Pierre Cardinal ein Kind der Stadt Puy, bürgerlichen Ursprungs, ist der Satiriker und Sirventendichter, der die erwachsene Verderbniß geißelt und in dessen Herzen der Zweifel am Glauben nagt. Zu ihnen gesellt sich der Chronikenschreiber, Diakonus Raymund, der naive Vertreter des mittelalterlichen katholischen Glaubens. Das größte Ereigniß jener Zeit, der Kampf um das heilige Grab, lieferte ihm den Stoff, und wie er selbst von Puy gebürtig war, so sollte auch dies welthistorische Ereigniß von Puy ausgehn.

Denn so groß war die Verehrung, deren die h. Jungfrau von Puy genoß, daß Papst Urban II. das Concil, auf welchem der erste Kreuzzug beschlossen werden sollte, nach dieser Stadt berufen wollte; nur das Unzulängliche des Orts bestimmte ihn, es nach Clermont in die Ebene der Limagne zu berufen, wo es am 18. November 1095 eröffnet ward. Peter von Amiens schilderte die Qualen der Christen im heiligen Lande, die Priester versprachen das ewige Heil, die Troubadours unsterblichen Ruhm, und die begeisterte Menge rief: Gott will es! Unter den Ersten, die das Kreuz nahmen, war Athemar von Monteil, Bischof von Puy. Im Waffenhandwerk erzogen, hatte er schon die räuberischen Vicomtes von Polignac gebändigt; als gelehrter Geistlicher ist er berühmt durch die von ihm verfaßte Hymne Salve regina, die von den Trappisten gesungen wird; auch hatte ihn der Papst zu seinem Vertreter erwählt. So zog er an der Spitze von 400 Streitern aus seiner Stadt in's Morgenland. In seinem Gefolge war Raimund aus Aiguilhes, dem an die Stadt anstoßenden Dorfe, das nach dem wie eine Nadel aufsteigenden, 265 Fuß hohen Felsen benannt ist, dessen Spitze (wie schon erwähnt) eine romanische Kapelle krönt. (Guizot nennt ihn also irrthümlich d'Agiles.) Graf Raimund von Toulouse erbat sich ihn von Adhemar, läßt ihn zum Priester weihen, macht ihn zu seinem Kaplan und läßt ihn in seinen Rath zu. Der junge Priester schloß hier Freundschaft mit einem Ritter Pons de Balazun, und beide beschlossen, die Geschichte des Zuges zu schreiben. Pons starb 1099 bei der Belagerung von Archos; von da an ist Raymond der alleinige Verfasser. Seine Chronik fängt mit dem Jahre 1096 in Eselavonien an; er gelobte die strengste Wahrheit, ist auch unparteiisch, aber in seinem schwärmerischen Glauben sieht er überall Wunder und hat Freude an den Grausamkeiten, die an den Türken geübt wurden. Jerusalem wurde am Freitag, 15. Juli 1099 fünf Uhr Nachmittags, erobert; mit dem Ende dieses Monats schließt die Chronik ab. Raymund ging im folgenden Augustmonat mit Andern nach Jericho und über den Jordan, worauf er nicht mehr erwähnt wird; wahrscheinlich starb er in Palästina. Unter Anderm berichtet er auch als Augenzeuge von dem Wunder der h. Lanze, die er küßte, als die Spitze sichtbar ward. Bekanntlich wurden die Christen nach der Einnahme Antiochiens 1098 von dem Sultan Kerbogha belagert, und Unglück aller Art schwächte ihren Muth. Da verkündete ein Pilger Pierre Barthelemy, ebenfalls aus Puy, ein Gesicht, das er gehabt habe, und wonach die h. Lanze, mit der die Seite Christi am Kreuze geöffnet worden war, in der Kirche des h. Petrus zu Antiochien vergraben sei; mit dieser Lanze würden die Christen siegen. Man grub nach, fand sie und siegte. Die Pilger aus dem Lande d'Oc wurden durch das Wunder von Begeisterung ergriffen, aber die aus dem Lande d'Oil waren ungläubig genug, es zu bezweifeln (die Nordfranzosen verriethen sich schon als künftige Voltairianer), sonderbar genug theilte auch der Bischof Adhemar ihren Unglauben. Offenbar war das Ganze ein frommer Betrug, den der Graf von Toulouse angestellt hatte, und Adhemar hatte sich genöthigt gesehen, ihn zuzugeben, um die zaghafte Menge wieder anzufeuern; der naive Kaplan Raymund war natürlich nicht in die Politik des Grafen eingeweiht worden. Als nun Adhemar am 1. August 1098 starb, was bei den herrschenden Krankheiten seine ganz natürliche Ursache hatte, so sah das Volk in seinem Tode eine Strafe des Himmels. In der Nacht nach seinem Tode erschien der Bischof dem Pilger Pierre und sagte ihm, daß er in die Hölle geführt, dort hart gegeißelt und Haar und Bart ihm versengt worden seien. Als die Zweifel trotzdem nicht beschwichtigt waren, erbot sich Pierre zur Feuerprobe; als ihn das Volk zwischen den beiden flammenden Holzstößen lebendig wieder hervorkommen sah, stürzte es verzückt auf ihn, wie auf einen Heiligen, so daß es ihm die Rippen zerbrach und ihn auf der Stelle erdrückt haben würde, wenn ihn nicht ein Ritter befreit hätte; wenige Tage darauf starb er aber doch, an den durch das anstürmende Volk erhaltenen Verletzungen, sagten die gläubigen Provenzalen, an dem Brandwunden nach den ungläubigen Franzosen; das Letztere ist wahrscheinlicher. Unser Historiker Friedrich Raumer, der das Wunder von der h. Lanze erzählt, sagt: „die Erzählung ist aufbewahrt worden, damit ein kindliches Gemüth sich an dem erbaut, was den Verständigen dieser Erde verborgen ist." Das heißt Geschichte für Kinder schreiben. Was Athemar (der Name Aymard ist heute noch häufig im Velay) betrifft, den die Legende zur Hölle führen ließ, so hat ihn Tasso dagegen in den Himmel der Poesie erhoben.

Vom ersten Kreuzzug gab das Velay der Literatur den Chronikenschreiber, hundert Jahre später gab es zum dritten Kreuzzuge den Troubadour, Pons (d. h. Pontius) de Chapdeuil. Ich bin auf einem weiten Umwege zu den Ruinen seiner Burg gewallfahrtet, und bitte den Leser, mich zu begleiten, wenn ich die Reise noch einmal im Geiste mache; es ist eine Reise auf den Mezenc, den höchsten Gipfel des Gebirgs, sie wird uns Land und Leute kennen lehren.

Es ist eine uralte Römerstraße, die wir von Puy aus nehmen, dieselbe, auf der dem heiligen Voisy die beiden Greise aus Rom begegneten, heutzutage die Straße nach Lyon. Eine Viertelstunde von der Stadt, wenn man auf die Höhe kommt, überblickt man das Thal der Loire; im Grunde liegt romantisch schön das belebte Dorf Brives; der celtische Name deutet auf eine Brücke in der gallischen Zeit. Von hier steigt die Straße aufwärts, und man tritt in das von Bergkuppen übersäte Hochland. Hinter dem Dorfe St. Germain-Laprade wird der Charakter der Landschaft immer größer; Hochebene und Aussicht gewinnen an Ausdehnung. Rechts blickt man von der Straße in eine ungeheure Schlucht, von einem dem nahen See St. Front entquollenen Bache durchströmt; dann fährt man längs der Felsenkuppen hin, deren nackte Kegel in meilenweiter Entfernung wie Warzen erscheinen. Auf grünem Anger am Thalabhang liegt malerisch ein Kirchdorf. Ein starker Menschenschlag bewohnt diese Berge; man erzählte mir als Beleg, daß drei Mädchen zwei Gensdarmen zurückgeschlagen hatten, die sie verhaften wollten, und das Gensdarmencorps besteht doch aus dem Kern der starken Männer. Wenn aber einestheils dieses Departement zu denen gehört, in welchen der Schulunterricht am meisten zurück ist (vor zehn Jahren gab es auf 100 junge Menschen 21, die nicht lesen noch schreiben konnten, auf 236 Gemeinden waren 51 ohne Schulen), so zeichnet es sich anderntheils durch häufige Gewaltthätigkeiten aus; dagegen ist es auch dasjenige, in welchem am wenigsten Verbrechen gegen das Eigenthum, sowie die wenigsten Selbstmorte vorkommen. Beides widerstrebt dem Charakter der Bergbewohner. Die Armuth des Landes ist die Ursache der geringen Anzahl von Bettlern und Vagabunden; wer hier leben will, muß selbst arbeiten. Der Ackerbau nimmt hauptsächlich die Thätigkeit in Anspruch; im Jahre 1850 gab es auf 1000 Rekruten 757 Landbebauer. In Bezug auf geschlechtliche Sittlichkeit gehört das Departement zu denen, wo die meisten Ehen geschlossen und die wenigsten natürlichen Kinder geboren werden. Eine Folge des unabhängigen Charakters dieser Bergbewohner war auch die lange Widersetzlichkeit gegen die neue Ordnung, wonach Taufe und Ehe zu bürgerlichen Akten wurden; wie in Vendée und Bretagne, so wurden auch hier während der Revolution Messe, Taufe und andere Ceremonieen heimlich in Scheunen und verborgenen Orten abgehalten; viele Personen sind nicht in die Geburtsregister der Mairie eingetragen; so war z. B. ein alter Postbote, der deshalb seine Pension nicht erlangen konnte; der arme Mann kam zu dem Postinspector, mit dem ich reiste, und bat ihn, um seine Fürsprache zu gewinnen, eine Flasche Bier mit ihm zu trinken; denn in Frankreich, wo der Wein etwas Gewöhnliches ist, gilt das Bier bei dem Volke als ein Luxusgetränk.

Von hier führt der Weg über eine weite Ebene, so kahl und öde wie die Halden der Bretagne, an den Fuß des Mezenc; hier bog ich rechts von der Straße ab, um den See von St. Front zu sehen, auch lac d'Arcone genannt. Waldungen und Fischerhütten am Ufer (er nährt köstliche Forellen) geben ihm ein freundlicheres Ansehen, als der See von Bouchet hat, doch ist er weniger klar und ein Theil seiner Ufer sumpfig. Eines Sonntags wollten ihn zwölf Mädchen, um die Messe nicht zu versäumen, schnell im Kahn durchfahren; da schlug der Kahn um und die ganze blühende Jugend ertrank in den Fluthen. In dieser Wildniß, an dem Strande dieses Sees, ist mir das einzige Beispiel von Nationalhaß in Frankreich begegnet. Ich traf auf zwei Spaziergänger, die aus der Umgegend sein mochten; das Gespräch — es war 1859 zur Zeit des italienischen Krieges — nahm bald eine politische Wendung, und als man erfuhr, daß ich ein Deutscher sei, rief der Eine mit bitterm fanatischem Ausdruck: „Ah, Sie sind ein Feind von uns?" Wie gesagt, es ist dies das einzige Symptom von nationalem Fanatismus, das wir als Deutsche begegnet ist, aber es machte einen so widerlichen Eindruck auf mich, daß ich es verachtete, nur ein Wort darauf zu antworten. Jedem Menschen, der die Bildung der heutigen Zeit in sich aufgenommen hat, erscheint der blinde Völkerhaß als ein Gräuel, als eine gesellschaftliche Rohheit. In solcher Verstimmung wird es Einem nur am Herzen der Natur wieder wohl; ich flüchtete in die tiefste Stille des nahen Gehölzes, und da zum ersten Mal seit meinem Exil in Frankreich, in schweigender Wildniß, überkam es mich wie eine Ahnung von deutscher Waldeinsamkeit, und folgende Verse quollen mir unwillkürlich über die Lippen:

1.

Tiefe Stille um mich her!
Keines Menschen Rede
Trägt zu meinen Ohren mehr
Menschenwitz und Fehde.

2.

Nicht ein Hauch, der um mich weht,
Selbst die Vögel schweigen;
Nur ein heilig Rauschen geht
In des Waldes Zweigen,

3.

Wie der Schöpfung Athemzug,
Wie des Weltalls Seele,
Der auf ihrem Geisterflug
Sich die Welt vermähle.

Als ich aus dem Gehölz heraustrat, lag die ganze Kette des Mezenc im Abendsonnenlichte mit photographischer Genauigkeit vor mir; hart am Fuß bespülte der Lignon (nicht der aus der Astrea bekannte Fluß) die Ruinen der Burg la Malle, die Gegend war von vulkanischer Oede, und über einem Strom von Felsenblöcken stieg ich zum Städtchen Fay-le-froid hinauf, das sonst in der Ebene gelegen, seit den Religionskämpfen auf einer Berglante neu erbaut wurde. Es verdient seinen Beinamen „das kalte", denn obgleich auf der Marke von Südfrankreich, fühlt man hier die ganze Strenge deutscher Winter, wie nur je in erzgebirgischen Städten. Der Nordostwind hat völlig freies Spiel auf diesen öden Höhen, von denen man eine weite Aussicht in das Vivarais genießt und wo der nackte Basalt wie Mauerwände aus der Erde emporragt, auch zum Theil als solche zur Einfassung des Kirchhofs benutzt ist. Der Reisende unternimmt die übrigens bequeme Besteigung des Mezenc gewöhnlich von diesem Städtchen aus, es braucht nur drei Stunden dazu und man bricht nach Mitternacht auf, um das Schauspiel eines Sonnenaufgangs zu bewundern, wie ihn selten eine andere Höhe gewährt.

Man bedarf dabei eines Führers nicht nur der Orientirung, sondern auch der Sprache wegen; denn die Bewohner dieser Höhen, die in vereinzelten Gehöften hin zerstreut sind, sprechen ein selbst dem Franzosen unverständliches Patois. Es war noch Nacht, als mich mein Führer abholte; Alles war dunkel und still um uns und nur die Sterne am Himmel die schweigenden Zeugen. Vor uns erhob der Mezenc seine düstern Kuppen, dann verschwand er hinter einem vordern Bergzuge. Der Tag begann zu grauen, aber noch war kein Leben in der Welt; nur einmal flatterte ein Vogel aufgescheucht aus der Haide empor. Wir stiegen einen Abhang hinunter, das Grauen des Tages nahm zu, eine einsame Wachtel ließ schon in der Ferne ihren Schlag vernehmen, dann schwieg sie wieder, als merke sie, es sei noch zu früh zum Erwachen. Dann krähte der Hahn in einer Meierei; wir begegneten Bauern, die dem Tage vorausgeeilt waren und auf dem Felde arbeiteten. Weiterhin in einem andern Hofe erblickte Licht, die Bauern rüsteten Ackerzeug und Wagen zu. Bizarre Beobachtung: das Dach dieses Bauernhofs bildete die Wasserscheide zwischen Ozean und Mittelmeer; das Regenwasser, das von der einen Seite herabfloß, ergoß sich in die Ardèche und mit derselben in die Rhone, das von der andern strömte der Loire und somit dem atlantischen Oceane zu. Wir nahten jetzt einem Gipfel des Gebirges. Die Sterne blichen mehr und mehr, im Osten nahm die Helle zu, und um das Schauspiel des aufgehenden Tages in seinen verschiedenen Phasen zu verfolgen, ruhte ich auf der dem eigentlichen Gipfel nächsten Felsenkuppe aus, die mich gegen die Kälte des Windes schützte, der auf der Höhe immer heftiger ward, obgleich wir uns mitten im August befanden. Ein Sonnenaufgang in der Ebene giebt keine Idee von der Pracht, die man von diesem Berge aus genießt; in der Ebene ist es im Augenblicke, wo der Sonnenball am Horizonte heraufsteigt, schon lange Tag, hier aber herrscht in allen Thälern ringsum noch tiefe Nacht, und da man von dem Mezene aus die ganze Rhonelandschaft in weiter Ebene überragt, so hat man die Sonne beim Aufgang unter sich. Das Schauspiel, das man vom grand Som bei der großen Karthause in der Dauphiné hat, kann sich mit dem Sonnenaufgang vom Mezene aus nur der großartigen Landschaft wegen messen; und jeder Reisende, den meine Schilderung in die Sevennen verlocken sollte, wird mir es Dank wissen, wenn er dann auf diesem Gipfel genießt, was mich noch in der Erinnerung mit Entzücken erfüllt. Unter mir lag mächtig und zerklüftet die Sevennenkette, die das Departement der Ardèche durchzieht, düstere, grauenhafte Abgründe, in denen die Nebel wie Fluthen unheimlich hinwogten, Bergzinnen, die sich riesig bis an den fernen Horizont hinstreckten; es war kein bloßes Thal, es war eine Welt, die tief unter mir lag. Am äußersten Horizonte zog sich ein schmaler Dunststreif hin, bläulich dunkel; jetzt fing sein unterer Saum sich zu röthen an, bis er sich nach und nach völlig entflammte; es war, als ob eine volkreiche, in langer Ebene hingezogene Stadt in Flammen aufging. Plötzlich entzündete sich weiter östlich ein höherer Wolkenstreif und lenkte den Blick unwillkürlich und erwartend nach dieser Gegend hin; aber drei kleinere Wölkchen, die sich über der brennenden Stadt am Himmel klar und rein vergoldeten, deuteten wie Pagen an, wo die Königin des Tages erscheinen würde. Jetzt wurden die Flammen des Wolkensaums zu voller Feuersbrunst, während sich darüber der Himmel zur lieblichsten Bläue erheiterte, majestätisch mild wie das Lächeln des Siegs auf der Stirn einer schönen Frau. Und nun schwebte das Herz in entzückungsvoller Ahnung; von Zaubergewalt gefesselt hing das Auge am fernen Osten, da plötzlich, wie ein Gott erscheint, blitzte ein göttlicher Funke über dem Horizont auf, und nun stieg sie empor, die Herrliche, Heilige, ruhig und sicher, dem Helden gleich, der seines Sieges gewiß ist, und wie ein Diamant lag die Sonne auf der wonnezitternden Erde. Doch welche Worte vermöchten die Empfindung dieses Augenblicks zu schildern, wo das Herz in Anbetung verstummt? Anbetung! Ich gebrauche dieses Wort mit Bewußtsein, so fremdartig es auch Manchem auf meinen Lippen erscheinen mag. Denn nennt es der Christ Gebet, wenn sich das hilfsbedürftige Geschöpf flehend zum Schöpfer wendet, so ist es Gebet im heiligsten Sinne des Wortes, wenn der Einzelne der Harmonie des Alls gegenüber sich vergißt und in schweigender dankbarer Bewunderung des Unendlichen versinkt, das er außer sich sichtbarlich erblickt, und von dem er sich doch selbst als einen Theil erkennt und fühlt. In solchen Augenblicken, wo sich das Herz von allen Schlacken reinigt, empfindet es die volle Seligkeit, die nichts ist als die reinste Genügsamkeit mit der reinsten Liebe zum Ganzen.

Eine unabsehbare Landschaft entrollt sich nun mit der steigenden Sonne vor den Blicken des Meisenden; in blauer Nebelferne verschwimmen die Savoyer Alpen, über die bei klarem Wetter der Montblanc sein Haupt erhebt, weiter hinunter die Alpen der Dauphiné, ringsum die Sevennen mit den Seen von St. Front und Issarlez, und vor uns die Rhonelandschaft, die sich in das Languedoc verliert. Im Mittelalter, in der Epoche wenigstens, von der wir reden, stand das ganze linke Ufer unter der Oberhoheit des deutschen Kaisers; dieselbe dehnte sich selbst auf das rechte Ufer herüber; die Bischöfe von Viviers waren bis 1307 deutsche Reichsfürsten, und erst Franz I. ließ das Reichswappen vom Schloßthore zu Viviers abnehmen. Um dieselbe Zeit fiel das deutsche Reichswappen auch in Lothringen. Die Abtei von Remiremont in den Vogesen weigerte sich 1566, die Souverainetät Herzogs Karl III. anzuerkennen; die Aebtissin nannte sich Reichsfürstin und suchte den Schutz des Kaisers nach; der herzogliche Voigt aber nahm die deutschen Wappen „in aller Ehrerbietung" ab, und die Aebtissin unterwarf sich. So ließen die deutschen Kaiser, die sich doch „allezeit Mehrer des Reichs" nannten, das Reich zerfallen, während die französischen Könige eine Provinz nach der andern eroberten.

Wenige Stunden vom Mezenc entfernt sind die Quellen der Loire; man sieht aus der Ferne den einem Zuckerhut ähnlichen Gerbier des Jonés, an dessen Fuße sie entspringt; pilgern wir zu der Wiege des nationalsten Stromes von Frankreich. Dreierlei Volksclassen begegnet man auf dem Wege, Maulthiertreibern, die den Wein in Schläuchen über die Berge führen, in welchen Fahrstraßen unmöglich sind; Veilchenlesern, die die weit und breit berühmten „Veilchen des Mezenc" sammeln, um sie dann an die Parfümeriefabrikanten im südlichen Frankreich zu verkaufen, und endlich Schafhirten, die im Sommer, wo die Sonnengluth die Triften des

Languedoc versengt, zahlreiche Heerden aus dem Süden auf die Cevennen treiben. Und diese Fremden sind es allein, mit denen man ein geselliges Wort wechseln kann, denn die eingebornen Bergbewohner sind scheu und wild wie Wölfe, ihr Charakter ist dem der Corsen ähnlich. Die Religionskriege mögen namentlich zu dieser Verwilderung beigetragen haben; Niemand ging hier sonst ohne Messer und Flinte aus, selbst in die Kirche trug man die Flinte mit. Ludwig der Sechszehnte ertheilte daher dem Gouverneur de la Coste de Pradelles die Erlaubniß, die Bergbewohner zu entwaffnen; letzterer verlangte nun bei Todesstrafe Auslieferung der Waffen, ließ dies drei Sonntage hinter einander von der Kanzel verkündigen und reiste dann mit einem Regimente Dragoner durch das Gebirge; trotz des Anrufs wurden noch zweihundert Widerspenstige an Bäumen aufgehängt. Obgleich nun der Charakter der Einwohner sich sehr gemildert hat, so ist er doch noch immer rauh und ungesellig. So trafen wir z. B. einen Bauern, der vor seinem Gehöft die Flinte auf dem Rücken auf- und abging; mein Führer fragte ihn im Patois des Gebirgs, ob wir wohl eine Schale Milch haben könnten; „die Weiber sind nicht da", antwortete er barsch, drehte uns den Rücken und ging langsam weiter, ohne auf unsere Worte zu hören. Eine rauhere Einsamkeit hatten sich die Mönche nicht auslesen können, deren verfallenes Kloster Boune-foi wir in einer Thalschlucht erblickten. Endlich verkündete uns Wasserrauschen die Nähe der Loire. Das unterirdische Wasserbecken, dem sie in einem engen Thale entspringt, dehnt sich vom Fuße des genannten Berges noch weiter hin, denn ihre vielfachen Quellen kommen von drei Richtungen: die größte und eigentliche entquillt aber dem Felsen des Gerbier des Joncs selbst (der Name deutet auf Binsen hin, es sind aber deren keine hier); sie ist in eine hölzerne Rinne gefaßt, über die man einen Fünffrankenthaler legen kann, welches Spiel der Reisende sich nicht versagt, denn er darf sich dann rühmen, die Loire auf einer silbernen Brücke überschritten zu haben. Diese Rinne führt das Wasser durch ein nahes Bauernhaus, wo es in einem steinernen Troge zur Tränke dient, darauf vereinigt es sich mit den übrigen Quellen; eine halbe Stunde weiter empfängt die Loire den ersten Tribut; ein Waldbach, la Rivière noire (wie wir sagen würden: die Schwarze), fast größer als sie selbst, führt ihr sein Wasser zu, dann schäumen sie durch Fichtenholz und Waldtriften hinunter. Wild und schaurig ist die Gegend um ihre Wiege, aber unfern davon hat das Thal einen milden, lieblichen Anblick, der ganz mit dem anmuthigen Charakter harmonirt, der dem Geländ des schönen Stromes im Herzen Frankreichs eigen ist. Aber wer sich wie ich in den noch jungfräulichen Wellen der Loire erfrischen will, wird sie selbst im heißen August von eisiger Kälte finden. So sah ich sie als Kind, die mich auf meilenbreitem Rücken in ihrer stolzen Mündung in's Meer hinausgetragen hatte, und verfolgte in Gedanken ihren prächtigen

Das Mittelalter.

Lauf; es war mir, als läse ich Göthe's schönes Gedicht vom „Strome". Doch auch hier wieder mußte ich einen Vergleich mit Deutschland anstellen. Frankreich besitzt von allen seinen Strömen (nur die Rhone macht eine geringe Ausnahme) Quellen und Mündung, es rafft sich praktisch zusammen; Deutschlands nationalster Strom aber, der Rhein, entspringt und mündet bei Fremden. Möge ein andres Gedicht, an das ich hier denke, möge Herwegh's „deutsche Flotte" eine Wahrheit werden, dann wird auch der Rhein, der ganze Rhein ein deutscher Strom werden, wie die Loire ein französischer ist.

Nun der Leser Land und Leute hat kennen lernen, wollen wir umkehren und die Straße nach Puy zurücknehmen. Vier Stunden vor der Stadt biegen wir rechts ab in ein Thal hinunter, um das herum von allen Seiten hohe Bergkuppen zum Himmel ragen; in der Mitte der Runde, die sich vor uns öffnet, erhebt sich von Bauernhütten umlagert, ein hoher Berg und von den Basaltsäulen, die seinen Gipfel bilden, sehen die Trümmer einer Burg düster herab in's Thal. Wir klimmen hinauf, nahe beim Eingang ertönt eine Glocke; es ist die Schullehrerin, die die Dorfkinder zur Schule ruft; hinter dem kleinen Hause gähnt ein gewaltiges Burgthor von hohen Mauern umragt. Der stolze Eingang läßt auf ein prächtiges Innere schließen, wir treten ein; nichts als Trümmer um uns; weiterhin deutet eine andere Mauer an, daß wir hier nur im alten Vorhofe stehen und das eigentliche Innere des Schlosses höher lag. Aber überall, wo wir hingehen, Trümmer und nichts als Trümmer; ein Raum, fast so groß wie ein Fürstenschloß, bedeckt von lauter Ruinen; auf der höchsten Spitze, wo der Basalt schwindelnd steil wie Säulen emporragt, steht ein hoher Thurm; auch er zerfallen und auf seiner Zinne ragt, wie auf einem Grabe, ein Kreuz. Das sind die Reste der Burg, wo der Ritter und Troubadour Pons de Capdeul hauste. Wie anders war es sonst hier, als die Lebensfreude noch durch die weiten Hallen lärmte; da hallten die Thäler ringsum von Rossewiehern und Waffenslärm, prächtige Reiterzüge geleiteten die Damen zum Schloß herauf, um das sich ein weites fast freisrundes fruchtbares Thal lagert, und von den Zinnen herab tönte die Harfe des Troubadours.

Man hat den Namen Capdeul (heute spricht man Chapteuil) vom Jupiter Capitolinus abgeleitet, dem hier ein Tempel errichtet gewesen sei; an seine Stelle sei in der Verehrung der Bewohner der h. Julianus getreten, dem im nahen freundlichen Dorfe St. Julien-Chapteuil die Kirche geweiht ist. Richtiger leitet man den Namen vom Provenzalischen capdels her, das soviel als Warte, Leuchtthurm bedeutet. Der Glanzpunkt seiner Geschichte fällt in die Zeit unsers Troubadours. Pons liebte die schöne Azalais, Baronin von Mercoeur; sie blieb lange gleichgültig gegen ihn, bis er sich in die Vicomtesse Audiart verliebt stellt und sang:

No vuelb aver l'emperi d'Alamanha,   Ich möchte nicht das deutsche Kaiserreich,
Si N'Audiarz vo vezian miei velh.   Wenn meine Augen, Donna Audiarz,
                                          Dich nicht sehen sollten.

Die Eifersucht erweckte Gegenliebe im Herzen der Geliebten, und nun gab er ihr glänzende Feste auf der Burg Capdeul; die Becher klangen zum Klange der Harfen, Lächeln schwebte auf allen Lippen und der Schimmer der Schönheit fiel wie Sonnenschein von den Augen der lieblichen Azalais auf das fröhliche Leben. Da löschte plötzlich der Tod die schönen Sonnen aus und es verstummten die Harfen in der Nacht, durch die nur die Seufzer des einsamen Troubadours erklangen. So vergehen Jahre. Da läuten die Sturmglocken zum dritten Kreuzzug durch Europa (1186). Reue erwacht im Herzen des Sängers, Reue über das in eitler Lust vertauschte Leben, und der Troubadour greift als Ritter zu Kreuz und Schwerdt. In begeisterten Liedern facht er das heilige Feuer der Kampflust an und fordert Philipp August und Heinrich II. von England zur Versöhnung auf: Philipp August und Richard Löwenherz fahren am 14. Juli 1190 ab, bald folgt ihnen Pons de Capdeul nach, um nie wieder heimzukommen; er starb im heiligen Lande. Sein provenzalischer Biograph erzählt im naiven Style: „et amet per amor ma dona Azalais de Mercuer, molher d'en Ozil de Mercuer, un gran conte d'Alvernhe... Mout l'amava e la lauzava, e ses de lieis mantas bonas cansos. E taut quan ela visquet, non amet autra; et quan ela fou morta, el se croset, e passet outra-mar, e lai morio; und er liebte in (wirklicher) Liebe Donna Azalais von Mercoeur, Gemahlin Otils von Mercoeur, eines großen Grafen der Auvergne... Er liebte sie sehr und pries sie und machte auf sie manch schöne Lieder. Und so lange sie lebte, liebte er keine andre, und als sie gestorben war, nahm er das Kreuz und fuhr über's Meer und starb dort."

Die Familie Capdeul starb im 13. oder 14. Jahrhunderte aus. Zwei Traditionen erhielten sich von ihr bis in unsere Zeit. Wenn Ungewitter oder Feinde nahten, so rief man sonst die Vasallen und Hörigen der Umgegend mit Hörnern vom Schloß zusammen; noch nach dem Zerfall des letztern blieb nun der Gebrauch, daß die Hirten bei herannahendem Ungewitter mit Hörnern bliesen, als ob sie den Sturm damit beschwören könnten. Zur Zeit der Revolution wurden aber diese Hörner nach Puy geschafft, und die Bauern beklagten noch lange den ihnen geraubten Talisman. Ein anderer Gebrauch war eine Wallfahrt der Mütter zum Schloßkreuze am ersten Mai; junge Frauen flehten dort um ein Kind oder dankten für ein erhaltenes; andere legten ein krankes Kind dort nieder und beteten darüber um seine Genesung. Aber auch dieser Gebrauch ist nun verschwunden.

Nicht ohne tiefe Bewegung verließ ich den Ort; die Sonne neigte sich zum Untergange, als ich der Stadt wieder zuschritt; von einem andern Berge blinkten in der Dämmerung die Trümmer der Burg Ebnac, daneber gähnten tiefe Felsengrotten, alte Celtenwohnungen; der Genius der Sage und Poesie schwebt über der ganzen Landschaft. Ergänzen wir die Schilderung jener Tage des Gesanges durch ein anderes Dichterbild. Wenn in Pons de Capdeul die reine Begeisterung lohte, so werfen wir bei seinem Zeitgenossen **Guilhaume de St. Didier** einen Blick in die Verderbniß dieser Epoche. Guilhaume war der Lehnsmann Armands', des Vicomte von Polignac, und liebte dessen schöne Gemahlin; der junge Page Hugo Marescalc, der Vertraute der Gräfin, war in die ganze Intrigue eingeweiht, der Unglückliche! er liebte sie auch, unerhört. Der Historiker Mandet hat die Geschichte des Liebeshandels aus alten Chroniken und Guilhaume's Gedichten zusammengestellt; sie lautet hier etwas romantisch, ist aber doch im Geiste der Zeit abgefaßt; ich will sie danach wiedergeben, die Katastrophe ist historisch. Die Vicomtesse von Polignac hatte zu Guilhaume gesagt, sie werde ihn nur dann zu ihrem Ritter und Verehrer annehmen, wenn ihr Gemahl es ihr selbst gebiete. Armand hatte nun die Eitelkeit, sich auch auf die Kunst des Gesanges zu verstehen; auf diese Modeschwäche der Zeit baute der schlaue Troubadour seinen Plan. Er lehrte dem Vicomte ein Lied, worin der vortragende Sänger seiner Gemahlin als Bote eines ihm unbekannten Ritters verbietet, einen Andern zu ihrem „Ritter" zu wählen, als diesen; der Vicomte läßt sich bethören und singt das Lied vor der Gräfin. Diese lächelt dem anwesenden Troubadour verständnißinnig zu, der Preis des Gesanges wird dem Vicomte zuerkannt, aber den Preis der Liebe trägt Guilhaume davon; nur der arme Page Hugo ging leer aus. Das Glück der Liebenden dauerte lange; die Verschwiegenheit machte ob ihrem Lager, und wenn ihm das Herz zu voll ward, so feierte Guilhaume die Geliebte unter einem erdichteten Namen als Dame Bertrans. Da wurden seine Besuche seltner, er selbst kälter und zuletzt untreu; er liebte die schöne Jüngere Gräfin von Roussillon. Die Gräfin sann auf Rache, der junge Page Hugo sollte das Werkzeug sein; unter dem Vorwand einer Wallfahrt verläßt sie das Schloß Polignac und kehrt auf St. Didier ein. Sie wußte, daß Guilhaume abwesend war, ließ sich sein Gemach einräumen und machte es zum Zeugen Ihrer Untreue, die der junge Page gern bereit war ihr begehen zu helfen. Dem Troubadour ließ dies völlig gleichgültig, er verließ sie nun ganz und gar und zog sich zu Alphons, Grafen von Barcelona und Provence, zurück, bei dem er um 1185 starb. (Nach Cäsar Nostradamus „Histoire et chronique de Provence, Lyon 1614" hatte er den Aesop übersetzt und einen Traktat über Waffenführung geschrieben, den er dem Grafen von Provence widmete.) Der Vicomte von Polignac aber, der die doppelte Untreue seiner Gemahlin an Gatten und Geliebten erfuhr, nahm die Sache nicht so gleichgültig; Hugo wurde einfach fortgejagt und später von Bauern ermordet; die Vicomtesse aber wurde in dem Thurm, den man noch jetzt rechts am Eingange des Schlosses Polignac sieht, an einer Kette angeschlossen, die von der Decke herabhing, und mußte nun ihr Leben in dem festen, finstern Thurme verschmachten.

Denn (ich will meine Leserinnen nicht mit schönen Lügen täuschen), so süß das Wort Troubadour auch klingt, so liebliche Bilder es auch in der Einbildungskraft erweckt, es sah nicht Alles im Mittelalter so rosenfarben aus, als man es sich zuweilen träumt. Wenn wir den Becher jener Lyrik leeren, so schlürfen wir zuletzt eine bittere Hefe, es sind die Satiren der Sirventendichter. Auf den zärtlichen Virgil folgte der beißende Juvenal, statt heiliger Begeisterung machte die Entrüstung den Vers, und die Saite der Lyrik zersprang mit schrillem Mißklang. Ich sagte schon, daß ein Hauptvertreter dieser Richtung ebenfalls im Velay geboren sei; es ist Pierre Cardinal, der Juvenal des französischen Mittelalters genannt.

Die Zustände rechtfertigten ihn und seine Satiren. Namentlich im Velay sah es schlimm aus. Bürger und Bauer, d. h. der Kern des Volkes, seufzte unter schrecklichen Frevel, die Bischof und Lehnsherr verübten und verüben ließen. In den Klöstern, denen die Kreuzzüge reiche Schenkungen verschafft hatten, entfaltete sich mit dem Reichthum ein üppiger Uebermuth; dazu flüchteten sich Verbrecher und dienstlose Kriegsleute in die der Andacht geweihten Stätten, sodaß um 1137 die Klöster von einem südfranzösischen Bischof speluncae latronum, Räuberhöhlen, genannt wurden. Unter andern zog sich der Burgherr Itier de Mandulph, aus Furcht oder Reue, nach einem frevelhaften Leben in die Abtei Chanteuge am Allier im Velay zurück; aber anstatt sich zu bessern, verdarb er hier nur die Sitten; jeden Abend zog eine Schaar Mönche, unter der Kutte den Panzer, zu Pferde aus, plünderte Pilger, Wanderer und Bauern, und casernirte sich in Nonnenklöster ein wie Spiegelberg. Aus dem Kloster ward eine Festung, der Gottesdienst verfiel ganz und gar, und der Abt Raimund zog sich in die Abtei Chaise-dieu zurück, der das Kloster Chanteuge gegeben ward, und die es in ein Priorat herabsetzte.

Aber die meisten Burgherrn zogen den offenen Frevel der Komödie Mandulph's vor. Das Velay ist so reich an Burgruinen, wie nur der Rheingau oder Schwaben; ein pittoreskes Anblick für den heutigen Wanderer, aber ein Anblick voll Schrecken für den Pilger und Krämer im Mittelalter, den Frömmigkeit oder Handel in dies Land führte. Fast jedes Schloß war eine Räuberhöhle, wenn nicht gar eine Mördergrube; Strom und Straße wurden von diesen Burgen beherrscht, die von furchtbarer Festigkeit waren. Da ist z. B. an der Loire, eine gute Stunde Wegs von Puy, das Schloß Bouzol, nahe am freundlichen Dorfe Coubon, wo

Denkmäler noch von der römischen Civilisation zeugen. Wie schön! wie romantisch! ruft der Wanderer aus, der von den Ruinen aus das herrliche Loirethal überblickt; aber wenn man die starken Mauern und die schlau versteckten Gänge betrachtet, wenn man bemerkt, wie zwei ganze große Mauerwände nichts als ausgehauene, jedem Mauerbrecher trotzende Felsenwände sind, dann denkt man mit tiefem Mitleiden an das Volk jener Tage, das von dieser Burg bedroht war. Die Partei, die uns in's Mittelalter zurückführen will, schildert uns dasselbe auch in nationalökonomischer Hinsicht als der heutigen Zeit überlegen; was Louis Veuillot seiner Zeit im Univers journalistisch unternommen hat, das hat ein Herr Ch. Périn, Professor für Staatsökonomie an der katholischen Universität zu Löwen, in einem gelehrten Buche (de la Richesse dans les Sociétés chrétiennes, 2 vol., Paris chez Lecoffre) versucht. Das Mittelalter, sagen die katholischen Journale, die das Buch besprochen, producirte, unsre Zeit will nur consumiren und nichts als consumiren. Ist jemals ein frecherer Unsinn ausgesprochen worden? Unsre Zeit will consumiren, ganz recht; denn consumiren heißt im Wohlstand leben, und wie arg es auch mit dem Pauperismus stehen mag, im Vergleich mit dem Mittelalter wird unverhältnißmäßig viel consumirt, und der Wohlstand, das Wohlbefinden, wie der Franzose sagt, le bien-être, ist heutzutage mehr als je verbreitet. Große Consumtion setzt aber selbstverständlich auch große Production voraus. Aber freilich, Wohlstand erzeugt Aufklärung, und das sagt den Dunkelmännern nicht zu; sie wollen das Mittelalter wieder heraufführen, weil das Volk damals im Elend war; Elend aber erzeugt Aberglauben und blinde Unterwerfung. Denn grade das Gegentheil von dem, was die katholischen Journalisten sagen, herrschte im Mittelalter; consumiren wollten die Junker (wenn die Klöster im Anfang dem Ackerbau nützlich waren, so wurden sie später durch ihre Unzahl schädlich; freilich zog der Bauer vor, Leibeigener einer Abtei, statt eines Junkers zu sein), nichts als consumiren war die Lebensaufgabe der adligen Grundherren, und weil ihr Magen nicht rasch genug arbeitete, so verwüsteten sie frevelhaft, was Bürger und Bauer ihnen zum Trotz producirte, um nur Alles zu consumiren. Woher kamen die blutigen Bauernaufstände, z. B., der der Pastouraux unter Ludwig des Heiligen so gepriesener Regierung (um 1250)? weil es dem armen vom Lehnsadel erdrückten Volke unmöglich ward, zu produciren. Und am Schluß des Mittelalters steht als unwiderleglicher Protest gegen dasselbe der deutsche Bauernkrieg, dieser Verzweiflungsschrei der entwürdigten, mit Füßen getretenen Menschheit. Mögen die Junker das Mittelalter zurückverlangen, der Bürger- und Bauernstand, der ihnen Handleistung dazu reichen wollte, würde einen gesellschaftlichen Selbstmord begehen; die Gegenwart ist dem Volke.

Am schlimmsten von Allen trieben es im Velay damals die Polignac's, grade die Ahnherrn des reactionären Ministers Karls X. Der Vicomte Armand de Polignac und seine Söhne, Pons und Heraclius, füllen fast ein ganzes Jahrhundert mit Schrecken und Gräueln aus; unter dem Namen von Zöllen und Wegegeldern plünderten sie Jeden, der des Weges fuhr; das ganze Land zitterte vor ihnen. Endlich rief der Bischof von Puy, Pierre III., seine Lehnsleute zu den Waffen, den Räubereien dieser „Bergkönige", reguli montium, Einhalt zu thun. Sein eigenes Interesse nöthigte ihn, denn die Vicomtes, nicht zufrieden, die Ländereien und Abteien der Kirche zu verwüsten, strebten danach, dem Bischof die Oberherrschkeit über das Velay zu entreißen. Da dieselben aber trotz ihres gegebenen Versprechens die alten Frevel fortsetzten, so appellirte der Bischof an den König Ludwig VII. Zum erstenmale erschien jetzt ein Capetinger in Südfrankreich und zeigte dem Volke, daß auch die Burgherren einen Richter hatten. Der König Ludwig führte die Herren von Polignac als Gefangene nach Paris und ließ sie nicht eher frei, als bis sie heilig gelobt hatten, ihre Gewaltthätigkeiten zu sühnen und einzustellen; aber sie waren so meineidig, als frevelhaft, und begannen von Neuem das Land zu plündern. Unter dem Bischof Pierre IV., Nachfolger von Pierre III., ward es noch schlimmer; nachdem derselbe den Vicomte von Polignac in den Kirchenbann gethan hatte, schloß er plötzlich Friede mit ihm, um den Ertrag der Zölle und Räubereien mit ihm zu theilen. Der Bischof vom nahen Mende berichtete das abscheuliche Aergerniß dem König, der abermals im Lande erschien und jetzt strenger verfuhr. Dessenungeachtet herrschte wirklicher Friede erst, als das Alter die Kraft der beiden Polignac's brach. Da kam Heraclius zur Sühne barfuß in die Kirche St. Julien zu Brioude, ließ sich unter dem Thore geißeln und kniete dann im Gebet am Altare des Heiligen nieder; darauf zog er in's heilige Land und starb daselbst. Pons aber zog sich als Mönch in ein Cisterzienserkloster zurück, wo er durch harte Büßungen Vergebung seiner Sünden zu erhalten hoffte. So war das christliche Mittelalter; von einem Extrem sprang man zum andern über, von der äußersten Rohheit und Schwelgerei zur härtesten Entsagung und Selbstpeinigung; eine geregelte gleichmäßige Gesittung kannte man nicht.

Wir sahen, daß das Interesse den Bischof antrieb, die Bedrücker des Volkes zu bekämpfen; indessen, welches auch der Beweggrund war, es kam dies immer der öffentlichen Sicherheit zu statten. Ein ähnliches Motiv führte später einmal zu einem frommen Betruge. Banden von Gesindel und Soldaten machten die Straßen unsicher, sodaß sich die Pilger nicht in das Velay wagten; das war ein großer Verlust für die Kirche von Puy, denn entweder blieben mit den Pilgern die Opfergaben ganz aus, oder sie fielen in die Hände der Wegelagerer. Ein Kanonikus beredete daher einen Jungen, in der Stadt nicht bekannten Menschen, sich als h. Jungfrau zu verkleiden und einem frommen, einfältigen Zimmermann, Namens Durand, zur Nachtzeit zu erscheinen. Dieser Durand hatte die Gewohnheit, die Nacht in der Kirche unter Gebet zuzubringen; dort erschien ihm der junge Mensch, gab ihm gewisse Anweisungen und der Biedermann, der ihn unbezweifelt für die h. Jungfrau hielt, breitete sofort das Wunder aus. Alles lief in die Kirche und nun hielt der Kanonikus eine Predigt, worin er die erdichteten Anweisungen auseinandersetzte, wie daß Maria den Frieden wolle in der Christenheit und man eine Brüderschaft zu Aufrechthaltung des Friedens gegen die Wegelagerer stiften solle u. s. w. Sie kam auch zu Stande; die Mitglieder trugen eine weiße Kappe und eine Medaille von Zinn oder Blei, legten fromme Gelübde ab und in der ersten Schwärmerei trieben sie auch eine Menge Banden auseinander; von allen Seiten kamen Bischöfe und Leute jedes Standes herzu, um der Brüderschaft beizutreten und sie auszubreiten, aber eine entschiedene Niederlage, die ihnen ein Hauptmann der „routiers" beibrachte, machte der Gesellschaft ein schnelles Ende.

Die Bürgerschaft der Stadt Puy hatte von ihren Bischöfen oft ebensoviel zu leiden, als von den Polignac's. Da war z. B. Robert de Maubun, Verwandter des Königs Philipp August, ein stolzer, unbarmherziger Mann und Ketzerfeind, der den Kreuzzug gegen die Albigenser predigte und eine Art Inquisition in seinem Lande einführte; er wollte, wie er sich ausdrückte, reine Luft athmen. Seine Reisigen — denn die Bischöfe hatten ihre Soldaten und ihre Festung — schwärmten in der Stadt umher, übten ihren Muthwillen am Volke, ließen sich, wenn die Glocken schon das couvre-feu (Lichtauslöschen) geläutet hatten, die Schenken aufmachen und lärmten bei Wein und Würfelspiel die Nacht durch; der Wirth war oft noch froh, wenn sie ihn nicht mit Schlägen bezahlten. Endlich verlor das Volk die Geduld, an der es doch im Mittelalter nicht arm war. Am 15. Februar 1217 empörte es sich. Schaaren, mit Heugabeln, Spießen und brennenden Fackeln bewaffnet, durchlaufen die Stadt, pochen an alle Thüren und schreien: „Frisch auf, Gesellen, heraus! Die Jagd wird lustig sein, wir wollen den Entrich räuchern." Bald belagert das Volk den bischöflichen Palast, aber die Reisigen schleudern von den Zinnen einen Hagel von Geschossen auf die Belagerer und treiben sie durch einen Ausfall zurück. Aber nun beginnt ein nächtlicher Kampf in den Straßen, die Soldaten des Bischofs werden in die Flucht geschlagen, das Schloß des Letztern erstürmt und geplündert, er selbst entflieht. Vergebens flieht und droht er aus der Ferne, das Volk ist froh, daß es ihn los ist; darauf appellirt er an den Papst, der drei Legaten nach Puy abschickt. Sie finden die Stadt ruhig, aber gleichgültig. Umsonst hetzen fanatische Mönche das Volk gegen „die meuterischen Ketzer" auf, wie sie sich ausdrücken; diese greifen wieder zu den Waffen, mehrere Mönche werden erschlagen, die Häuser der Anhänger des Bischofs in Brand gesteckt und die Legaten müssen unverrichteter Sache heimziehen. Der Papst übertrug nun die Sache dem König; Philipp August beschied die Parteien zu sich (1218), die Stadt war durch zehn Notabeln vertreten. Es ward bestimmt, daß die Bürger das Recht haben sollten, ihre Auflagen selbst zu bestimmen, ihre Magistrate zu wählen, ein Gemeindehaus und Stadtsiegel zu haben, unbeschadet der Privilegien des Bischofs. Derselbe kehrte nun zurück, aber beim Anblick seines verwüsteten Schlosses geräth er in Wuth und droht den Führern des Aufstands mit seiner Rache. Aber diese beschließen ihm zuvorzukommen; Bertrand de Cares, einer derselben, überfällt mit zwanzig Verschwornen den Bischof auf einem nahen Dorfe und ermordet ihn nebst einem Theil seines Gefolges. Der darauf folgende Bischof Bertrand de Montaigu versuchte das bischöfliche Ansehn durch Strenge zu heben und befestigte sich in seinem Schlosse; aber das Volk, das für seine Rechte fürchtete, kam ihm zuvor und nöthigte ihn zur Flucht. König Ludwig der Heilige ließ ihn aber durch seine Truppen wieder einsetzen, wie er auch durch andre Milde und Freigebigkeit den Beinamen des Heiligen zu verdienen suchte. Unter Anderm soll er der Kirche von Puy einen Dorn aus Christi Dornenkrone und die berühmte schwarze Statue der h. Jungfrau geschenkt haben; daß letzteres eine Mythe ist, habe ich schon gesagt.

Am Ende dieses dreizehnten Jahrhunderts ereignete sich ein noch ärgerer Scandal. Der Bischof Guillaume de la Roue machte Junker (messire) Guillaume de Rochebaron, einen boshaften Wüstling, zu seinem Schloß- und Stadtvogt (bayle). Der Chronist Medicis erzählt die Geschichte in dem naiven Style des sechzehnten Jahrhunderts; ich will als eine Probe davon einen Auszug neben der Uebersetzung geben:

Toutes fois est-il à présumer que ce bayle estoit de maulvaise couversation, ébeaté et charnel; car par succession de temps après trouvons qu'il couvoita tant une jeune femme qui mariée estoit à un jeune compaignon de bouchier, ressent et estourdy, loquel demeuroit en la boucherie que nous appelons le Masel-Soubteyre. Et fust si très espris de son amour pour la grande pulchritude et formosité dont elle estoit comblée, qu'il en devenoit perdu et ne pouvoit penser quel moyan il pourroit trouver pour en avoir ce qu'il désiroit. Toutes fois se délibérast-il souba la couleur et ombre de justice, de l'envoyer quérir, pour aulcun affaire secret, en son ho-

Doch ist dafür zu halten, daß dieser Vogt von bösen Sitten, roh und fleischlich gesinnt war: denn in Folge der Zeit finden wir, daß er sehr lüstern nach einer jungen Frau war, die an einem jungen Fleischerburschen heftigen und munteren Geblütes verheirathet war, der in der Fleischerei wohnte, die wir die Metz unter der Erde nennen. Und war er so eingenommen von seiner Liebe um der großen Schönheit und schmucken Gestalt willen, mit der sie ausgestattet war, daß er dadurch ganz von Sinnen kam und kein Mittel ausfindig machen konnte, um zu erreichen, was er begehrte. Indessen beschloß er sie unter dem Fug und Verwand der Justiz holen zu lassen in sein Hôtel, atel, ce qu'il fist. Et quand la paovre jeune innocente jouvencelle, qui pas ne consideroit la dolosité et mauldicte fin que ce damnable bayle prétendoit, fust au-devant de lui en sa chambre, il fist signe à ses familiers et domestiques que chacun se retirast; à quoy ne désobéirent point. Et alors cet homme se essaya la calomnier par doulces collocutions et amoureux propos, loy priant qu'elle se voulust condescendre à l'exécution de son mauldict vouloir, la pensant trouver imbécille et ignorante. Mais la vertueuse et prudente femme ayant Dieu en son conspect, et craignant l'honte et dilacération de son honneur, ne y voulust onc consentir, mais toujours le payolt de très-honnestes refus.

Accoy voyant, cet homme comme désespéré fust si très assailly des aguillons de la chair, que oncques les faulx juges qui accusèrent saincte Susanne, ne Tarquin, l'oppresseur de Lucrèce, ne furent plus. Pourquoy de faict ousrageusement la print, tant pour assouvir le plaisir de sa charnelle volupté, que aussi pour vindiquer son escondissement, et il cultiva en son irreprochable jardin et partist par violence ce qu'il avoit entrepris. Ce trop cher lui costa, car cette femme, triste et douloureuse avec face trop emplorée, s'en retourna en sa maison, et ainsi demeura par aulcuns jours sans se pouvoir jamais saouller de gémir et de pleurer amèrement. Toutes fois, n'osoit-elle rien dire, toujours cuidant affubler le cas. Mais par son mary et par aulcuns ses parents fust si estroittement examinée sur la cause de son grand dueilh, qu'elle, nonobstant grosse erubescence, leur confessa tout le cas comme il avoit été faict, sans rien obmettre de la vérité; et que, pour qu'elle ne fust respudiée, ne l'osoit descouvrir. Le mary et ses parents, ouyant l'horreur de cette mauldicte et vilaine entreprinse, furent fortement esmeus et troublés, car bou-

was er auch that. Und als das arme unschuldige junge Frauenzimmer, das die Arglist und verdammte Absicht, die dieser Suchwerthe Vogt verbarb, nicht ahnte, vor ihm in seinem Zimmer stand, winkte er seinen Vertrauten und Dienern, daß sich Jeder zurückziehen solle; worauf auch ein Jeglicher gehorchte. Nun versuchte dieser Mann durch süße Zusprache und verliebte Worte sie zu beschwatzen und bat sie, daß sie der Ausführung seines verdammten Vorhabens willfahren wolle, meinend ein albernes unwissendes Weib in ihr zu finden. Aber die tugendhafte und verständige Frau, welche Gott vor Augen hatte und die Schande und das Zerreißen ihrer Ehre fürchtete, wollte durchaus nicht einwilligen, sondern schlug es ihm immer höflich und bescheiden ab.

Da wurde dieser Mann wie verzweifelt von den Stacheln des Fleisches so heftig gereizt, daß es die falschen Richter, die die heilige Susanne anklagten, und Tarquin, der Unterdrücker der Lucretia, nicht mehr waren. Darum ergriff er sie schändlicher Weise mit Gewalt, sowohl um seine fleischliche Lust zu sättigen, als auch um sich für ihre Abweisung zu rächen, und er schwelgte in ihrem untadelhaften Garten und vollbrachte mit Gewalt sein Unternehmen. Das kam ihm gar theuer zu stehen, denn die Frau kehrte traurig und schmerzvoll mit gar verweintem Antlitz in ihr Haus zurück und verweilte so einige Tage, ohne fast werden zu können zu seufzen und bitterlich zu weinen. Jedoch getraute sie sich nichts zu sagen, immer meinend den Vorfall zu verheimlichen. Aber sie wurde von ihrem Gatten und einigen ihrer Verwandten so dringend ausgefragt über die Ursache ihres großen Leides, daß sie, trotz großen Erröthens, ihnen den ganzen Vorfall bekannte, wie er geschehen war, ohne etwas von der Wahrheit wegzulassen, und daß sie, um nicht verstoßen zu werden, sich nicht getraut hätte, es zu entdecken. Als der Gatte und ihre Verwandten den Gräuel dieser verfluchten und abscheulichen Unternehmung hörten,

15*

chiers sont gens de sang et de facile motion. wurden sie heftig bewegt und erschüttert, denn Fleischer sind Leute von (wildem) Blut und leichter Erregung.

Die ganze Familie schwört nun, den Vogt zu tödten; sie laufen mit dem Geschrei: zu den Waffen! in die Stadt und wiegeln das Volk auf; der Vogt flüchtet sich vor ihnen in das Franziskanerkloster, aber das Volk stürmt ihnen nach und droht Feuer an's Kloster zu legen. Da nahm ein Mönch die h. Hostie, öffnete das Thor und rief: „Was wollt ihr thun? Sehet, Gott ist hier; aus Achtung vor ihm geht nicht weiter!" — „Was ist das?" schrie das wüthende Volk, stürzte den Mönch mit dem Sacramente über den Haufen, stürmte in's Kloster, tödtete vier Soldaten und zuletzt den Vogt, der sich in dem Glockenthurm der Kirche versteckt hatte. Man warf ihn vom Thurme herab und verstümmelte noch den Leichnam. Die Gewaltthat, mit der sich das Volk gerächt hatte, wurde freilich streng bestraft; mehrere wurden gehenkt, die Consuln unterdrückt und die Einwohner des Siegels und der gemeinen Lade (de l'arche commune), der Stadtschlüssel und Thorwachen, der Ketten (die zur Vertheidigung der Straßen dienten), des Syndicats, der Brüderschaften, der Zusammenberufung durch Trompeten oder auf andere Weise u. s. w. für verlustig erklärt (1277). Erst im Jahre 1349 erhielten die Bürger vom Könige Philipp, dem ersten Valois, gegen 3500 Livres Tourner Währung, die Widerrufung dieses Urteils; der Bischof verwahrte sich zwar dagegen, aber durch die Vermittlung des Bischofs von Paris wurde der Streit zuletzt beigelegt.

Vergleicht man die damalige Zeit mit der heutigen, in welcher die Bischöfe (die Geistlichen überhaupt), der Landesverwaltung und politischen Thätigkeit überhoben, sich ausschließlich mit den religiösen Angelegenheiten zu beschäftigen haben, so wird dies jeder Unparteiische für einen Gewinn und Fortschritt halten und der Meinung sein, daß auch die Bischöfe ihre heutige Stellung für eine ihrer und der Religion überhaupt würdigere halten. Statt dessen sagt uns aber ein Blick in die Zeit, daß die heutigen Bischöfe der katholischen Kirche (die protestantischen Geistlichen haben eine so hohe politische Stellung nicht gekannt, vermissen sie daher auch nicht) grade diese Entfernung von den politischen Händeln beklagen, daß sie (mit achtungswerthen, leider nicht zu häufigen Ausnahmen) das Ideal einer „christlichen Gesellschaft" grade im Mittelalter sehen. Nun lehrt uns die Geschichte des Velay, wie fast aller andern katholischen Provinzen, was es mit dieser bischöflichen Waltung im Mittelalter für eine Bewandtniß hatte. Ja, im Anfang, da war es anders; da war wirklich der Bischof der Gründer und der Angelpunkt der Gesittung, da war er der Vertheidiger (defensor nach dem Sprachgebrauche) des Volks und seiner Rechte; namentlich für die merowingische Epoche ist dies unbestreitbar. Der protestantische Historiker Gibbon erklärt darum auch offen, daß die Bischöfe Frankreich geschaffen und gebildet hätten, wie denn die aus der protestantischen Welt hervorgegangene Geschichtschreibung stets unparteiisch und gerecht die Verdienste der katholischen Kirche anerkannt hat. Aber die katholisch-legitimistische Presse will nun darauf gleich für die Ewigkeit bauen. „Seht, so spricht Gibbon, euer Gibbon!" ruft sie, als ob nun die Bischöfe und die Kirche überhaupt fort und fort dieses Verdienst beanspruchen dürften. Aber hier übersehen sie die Kehrseite der Medaille. Einmal Herren, einmal Meister der großen Lehnsträger sind die Bischöfe und ihr Regiment ebenso übermüthig und gewaltthätig, als es die weltlichen Herren waren. Betrachtet man nun den Bund, den heutzutage die alte Aristokratie mit dem Klerus geschlossen hat, um die mittelalterliche Ordnung oder Unordnung wieder einzuführen, bedenkt man dabei all die Mißhandlungen, denen das Volk in jener Zeit ausgesetzt war, so muß nothwendiger Weise das denkende Volk den beiden Bündnern entfremdet werden, der Kirche sowohl als dem Junkerthum, denn beide zusammen wollen nur den Despotismus der Gewalt neu begründen. Daß letztere Besorgniß keine liberale Phrase ist, liest man in jeder Nummer von „Kreuzzeitung" und „Monde".

Wir bedürfen aber nicht der Aufklärung unsers Jahrhunderts, um derer zu spotten, die uns auf das Mittelalter als das Ideal zurückweisen; das letztere brachte aus seinem eigenen Schooße seine Kritik hervor. Es sind dies die Sirventendichter und unter ihnen der bedeutendste, Pierre Cardinal, gebürtig aus Puy. Seine Eltern, Leute von Stande (sein Vater wird „chevalier" genannt) brachten ihn an die Kathedrale, um für ihn ein Kanonikat zu erhalten; hier lernte er, was man zu seiner Zeit lehrte. Aber bald fühlte er sich seiner Jugend, die Weltlust ergriff ihn, er ward „eitel", nach der Sprache seiner Zeit zu reden, und widmete sich, statt der Theologie, den schönen Künsten. Er sang, was er gesehen hatte. War es seine Schuld, wenn seine Bilder von grellen Farben sind? Von Allem, was bisher als schön und heilig verehrt worden war, strich er den lächelnden Farbenschmelz der Illusion, aber seine heftigsten Lieder richtet er gegen die faux clercs, d. h. gegen die schlechten Priester. Der Ton seiner Sirventen ist so gewaltig und roh, wie die Laster der Mönche selbst, sodaß der Historiker des Velay, Herr Mandet, sie nicht zu übersetzen wagt. Völlerei, Herrschsucht und Geiz sind die Hauptsünden, die er angreift. „Für Geld," sagt er, „findet man immer Vergebung der Sünden." Anderswo ruft er: „Kein Adler, kein Geier wittert ein Aas von weitem so scharf, wie ein clerc einen Reichen; sie machen sich ihm zum Freunde, und wenn er krank wird, so lassen sie sich eine Schenkung von ihm zu ihren Gunsten machen trotz der Verwandten, die er hat." ... „Wenn ich verheirathet wäre, so ließe ich diese Leute meiner Frau nicht zu nahe

kommen, denn das Fett fängt leicht Feuer." Wir citiren nur das
Mißreste.

Aber die weltliche Gesellschaft erscheint nicht minder verdorben, als
die geistliche; Sittenverderbniß und Uebermuth nagen an der üppigen Bildung, die sich überlebt hat. So singt er u. A. von den Reichen:

Nios hom quan va par carreira.	Wenn ein Reicher ausgeht,
El mena per companheira	Führt er zur Gesellschaft mit sich
Malvestat, que va primeira	Bosheit, die voran geht
E mejana e derreira;	Und in der Mitten und hinterdrein;
E grand cobeitat enteira	Und gewaltige Gier
Li fai companhia;	Leistet ihm Gesellschaft;
En tortz portz la senheira	Die Ungerechtigkeit trägt das Banner
Et orgolh la guia.	Und Hochmuth leitet sie.

Ebensowenig fand er Freude an der „schönen Minne"; er war zu
schwarzgallig für das Spiel der Liebe und aller Galanterie fremd. „So
Mancher glaubt sich daran (an der Liebe) zu wärmen und verbrennt sich
nur", sagt er, tals se cuia calfar, quo s'art. „Jedes Weib, meint er, das
seinen Buhlen hat, hat auch seine Entschuldigung bereit." Kurz, er weiß
den Frauen nichts als Böses nachzusagen; er fand die Begeisterung nur da,
wo es galt, Laster zu tadeln oder Fehler zu verspotten. Trotz seiner Strenge
und klaren Nüchternheit war er zwar gläubig und innig fromm, aber
auf seine Kindheit war der Feuerschein von Bezier gefallen, als Simon's
von Montfort rohe Horden es eroberten, und alle edlen Gefühle verbitter-
ten sich in den Herzen der Sänger. Glücklicher Weise fand der frei-
müthige Dichter einen Schützer gegen seine Feinde in Jakob, König von
Aragon, der die Würde des Staates gegen päpstliche Anmaßungen zu
wahren wußte. Nach dessen Tode 1276 ging er nach Tarascon, wo er
bei dem Oberherrn (Seigneur) der Stadt Charles ein Asyl fand, reiste
dann noch nach Reapel und starb fast hundert Jahre alt 1306. Ein
Jerremias hatte er auf den blutgetränkten Trümmern seines schönen Languedoc gesessen; eine neue Zeit brach nun an. Die Troubadours waren
die letzte Einheit der römischen Welt gewesen, deren Erinnerung Frankreich, Spanien und Italien damals noch wahrten. Jetzt fielen sie auseinander zu selbstständiger nationaler Entfaltung. Ein hundertjähriger
Krieg bildet die Geburtswehen des modernen Frankreichs, und das Velay,
die Wiege der Loire, an deren Ufer zu Orleans die Jungfrau aus Dom
Remy den ersten Sieg erficht, der Loire, an deren Ufer beim selben Orleans wir das erste wahrhaft französische Gericht erscheinen sahen, ist bestimmt, Karl VII. zum König auszurufen, unter dessen Regierung Frankreich siegreich aus dem Kampfe hervorgeht.

In diesem ganzen Kriege war das Velay stets auf der Seite des
Königs. Wie sollte es anders sein? In allen Streitigkeiten mit den gro-

zen Grundherren und den Bischöfen hatten die Bürger von Puy bei dem Könige allein Schutz gefunden; denn er, „der die Städte stellt um seinen Thron", wie sich Schiller's Jungfrau ausdrückt, war damals, nach desselben Schiller's Worten, der Schutzgott des dritten Standes, des Bürgers und Landmannes, gegen den Uebermuth und die stolze Gewalt des Adels und der hohen Vasallen. Die Stadt Puy hat auch die Ehre, das Grabmal Bertrand's du Guesclin zu besitzen. Bekanntlich wurde der Leichnam dieses ritterlichen Kämpen in der königlichen Gruft zu St. Denis, sein Herz in der Bretagne beigesetzt, seine Eingeweide aber in Puy begraben. Das Denkmal befindet sich in der Laurentiuskirche, der einzigen der Stadt in gothischem Stil; die Bildsäule des Ritters ist von natürlicher Größe und auf dem Steine liegend dargestellt; darunter befindet sich die Inschrift: Ci-gist très-noble et très-vaillant messire Bertrand Claikin, comte de Longueville, jadis Connétable de France, qui trépassa l'an Mil CCCLXXX le XIII de Juill. Im Jahre 1424 kam der König Karl VII. nach Puy, den Bürgern für ihre Treue zu danken; auf dem Schlosse von Espaly wurde er zum König ausgerufen. Ebenso treu blieb die Stadt seinem Sohne Ludwig XI. während der Ligue für's gemeine Wohl; die Bürger hatten es erfahren, was der Adel unter dem gemeinen Wohl verstand. Auch diesmal stand der Bischof der Stadt, Jean Bastard von Bourbon, auf der Gegenseite und suchte die Einwohner durch Versprechungen von Steuerfreiheit zu gewinnen; aber das Volk ließ sich nicht blenden und blieb dem königlichen Bürgerfreunde treu, der grausam nur gegen die war, die es Jahrhunderte lang gegen das Volk gewesen waren, gegen die Seigneurs. Ludwig der Elfte gehört zu den gekrönten Häuptern, die sich vor der h. Jungfrau von Puy geneigt haben. Da er in seinem 45. Lebensjahre noch keinen männlichen Sprößling hatte, so gelobte er, nach Puy zur h. Jungfrau zu wallfahrten, wenn ihm dieselbe einen Sohn gewähren wolle. Als sein Wunsch erhört war, löste er sein Gelübde; seitdem trug er an seinem Hute ein goldenes Bild der Mutter Gottes, das ihm der Abt von St. Vosy in Puy geschenkt hatte. Ebenso wallfahrteten Karl VIII. 1495 und Franz I. 1533 hierher. Es ist begreiflich, daß die Bewohner dieser Stadt und Gegend, die in dem Muttergottesbilde von Puy ihr Palladium sahen, der Reformation wenig zugänglich waren. Blutige Kämpfe verwüsteten das Land, wie die ganze Sevennenkette, aber die Ligue behielt die Oberhand über Calvinisten und Politiker, wie die gemäßigte königliche Partei genannt wurde. Rühmend müssen wir erwähnen, daß der damalige Bischof die Weisheit und den Edelmuth besaß, die Stadt vor den Gräueln der Bartholomäusnacht zu bewahren.

Wir sind nun zum Zeitalter der Renaissance gelangt, und es drängt sich die Frage von selbst auf, welchen Antheil dieses Land, das um die mittelalterliche Literatur so große Verdienste hat, an dem Wiedererwachen der classischen Literatur hatte. Dieser Antheil ist aus natürlichen Gründen sehr gering. Die herrschende Sprache des Velay war die langue d'Oc; nach den Albigenserkriegen trat dieselbe in den Hintergrund, und das Französische ward nun die herrschende Sprache. Sie war aber eine fremde und ist es auf dem Lande noch heutzutage; sie wurde eben als die Sprache der Eroberer aus dem Norden eingeführt. Dieser Umstand konnte dem literarischen Leben nicht gedeihlich sein. Doch findet die neue classische Literatur zwei Vertreter im Velay: Guillaume Tardif ist der eine. Geboren in der Mitte des 15. Jahrhunderts in Puy, wo er studirte, ward er Lehrer am Collège de Navarre in Paris und Vorleser König Karl's VIII.; er starb wahrscheinlich in Paris. Wir haben von ihm 33 Fabeln Aesop's nach Laur. Valla (s. Fables inédites des 12, 13 et 14e siècles... recueillies par Robert, 2 vol. in 8°, Paris, Étienne Cabin, 1825). Der zweite ist Jacques Mondot, Doctor des kanonischen Rechts, aus dem Velay gebürtig, der 1579 eine Uebersetzung des Horaz in französischen Versen drucken ließ und auch sonst als Dichter gerühmt wird.

Das wichtigste und interessanteste Werk jener Zeit aber ist eine Chronik der Stadt Puy, verfaßt von Etienne Medicis. Derselbe, geboren zu Puy 1475, war Kausmann daselbst und fing im 25. Lebensjahre an, die Geschichte seiner Vaterstadt zu schreiben; leider waren ihm die Archive nicht geöffnet. Vom Ende des 15. Jahrhunderts an bis 1559 berichtet er als Zeitgenosse. Seine Chronik ist nicht gedruckt worden, das Manuscript war in der Revolution verloren gegangen, kann wiedergefunden und von dem Bischof Bonald, damals in Puy, jetzt in Lyon, gekauft und der Stadtbibliothek geschenkt. Ich theilte schon die Geschichte der schönen Fleischerin daraus mit; hier mögen noch ein Paar Notizen Platz finden: 1) im Jahre 1540 wurden die Raupen excommunicirt, die die Frucht verwüsteten; aus Furcht davor flohen sie alle in einen Ort, den ihnen der Official bezeichnet hatte; wenn die Kinder welche antrafen, so riefen sie ihnen: Excommuniagdes! zu, wobei „das arme Gewürm" die Köpfe in die Höhe reckte. 2) Im Jahre 1535 spielte ein Gaukler (bateleur) in der Straße Pannesac u. A. die Geburt Christi. — Am Charfreitag 1556 wurde in der Laurentiuskirche das Leiden Christi gespielt; am dritten Pfingstfeiertag 1575 spielte man vor der Kirche St. Georg „David und Goliath" und 1585 auf öffentlichem Platze auf einem Gerüste „den Tod des Holophernes", welche Darstellung zwei Tage dauerte. Das war die dramatische Literatur jener Zeit.

Die Chronik des Kausmanns Medicis wurde von Jean Burel fortgesetzt; dessen Stil hat nicht die Naivetät des Vorigen, es ist mehr ein trockner, kalter Bericht, obgleich der Stoff, die Geschichte der Bürgerkriege, dramatisch genug war. Ich citire einige Daten: 1) Unter Heinrich II. erschien ein Edict gegen Kleideraufwand, das die damals schon blühende Spitzenfabrik des Landes lähmte. 2) 1552 wurden in Puy Lutheraner verbrannt. 3) Zur Zeit der Ligue versammelten sich „die Politiker", d. h. die gemäßigte Partei, im nahen Flecken Espaly, der deshalb „das kleine Genf" genannt wurde. 4) 1596 erschien ein königlicher Befehl, Alles zu vernichten, was an Urteln, Schriften u. s. w. an die Bürgerkriege erinnerte; ein Commissär, Präsident des Parlaments von Toulouse, verlangte deshalb auch die Auslieferung der Memoiren Burel's; dieser aber machte rasch einen Auszug daraus und lieferte ihn statt des eigentlichen Werkes ab.

Burel's Chronik wurde von Antoine Jacmon, Gerber und Schuhmacher, von 1610—1645 fortgesetzt; beide Fortsetzungen sind, wie die Arbeit von Medicis, Manuscript geblieben.

Der Glanzpunkt der ganzen Geschichte von Puy war, wie gesagt, die Kirche von Notre-Dame; deren Geschichte war die Geschichte der Stadt. Sie fand jetzt am Schlusse des Mittelalters, während dessen sich die bekannten Legenden ausgebildet hatten, ihre besondern Historiker. Schon durch Medicis lernen wir ein religiöses Drama (Mysterium) kennen, das in drei Tage eingetheilt ist und aus dem Ende des 15. oder Anfang des 16. Jahrhunderts herrührt; es behandelt die Geschichte der „Gründung von Notre Dame d'Anis" nach den Legenden von St. Georg und St. Front. Hundert Jahre später wird die Kirche in einem großen Gedichte gefeiert, das um so bedeutsamer ist, als es den Enkel eines eifrigen Protestanten zum Verfasser hatte. Hugues d'Avignon, Herr von Monteil, geboren am Ende des 16. Jahrhunderts, Advokat in der Senechaussée von Puy, veröffentlichte 1630 in Velleyade ou délicieuses merveilles de l'image de Notre-Dame du Puy-d'Anis. Von den drei Büchern, in die das Gedicht getheilt ist, handelt aber nur das erste vom Velay und Notre-Dame; die andern enthalten Lieder, Anagramme u. s. w.; die Beschreibung des Velay übersprudelt von Lob. U. A. läßt der Dichter den h. Georg zur Matrone sagen: die Gottheit habe ihre Güte stets auf Bergen offenbart (auf Sinai, Oelberg u. a.), daher wolle die h. Jungfrau ihren Tempel auf dem Berge Anis erbaut haben. Das bedeutendste Werk über die Kirche ist der Discours historique de la très-ancienne dévotion de N.D. du Puy-en-Velay etc. (1644) von dem Jesuiten Eudes (oder Odo) de Gissey. Von den übrigen Werken, die darauf Bezug haben und damals erschienen, erwähne ich nur noch „la Chanoine" (1646) von Vital Bernard, Kanonikus an N. D. Dieser sagt, er habe von 1206 (neun Jahre vor der Geburt des h. Ludwig) ein „hommage" in den Archiven der Kirche gesehen, worauf das Siegel des Kapitels sei; dieses Siegel stelle die h. Jungfrau so dar, wie sie jetzt sei, das Bild könne daher nicht von diesem König herrühren. Eine tiefere Kritik kann man von diesem Jahrhundert nicht verlangen; die Legende selbst nimmt es gläubig an.

Und doch lebte gleichzeitig ein Mann aus dem Velay, geistlichen Standes, der von einer Verständigkeit war, von einer Klarheit des Blicks, die sich durch keinen Schimmer blenden läßt; es ist Mathieu de Morgues, Herr von St. Germain, der den hohlen Prunk seines briefstellernden Zeitgenossen Balzac so treffend charakterisirt hat, daß man ganz verwundert dasteht, eine so verständige Kritik hundert Jahre vor Voltaire zu finden. Da sie selbst den französischen Literarhistorikern unbekannt zu sein scheint, die sich um die Provinz oft zu wenig kümmern, so will ich den Auszug, den der Historiker Mandet davon giebt, hier wiedergeben, und zwar als Stilprobe im Französischen. Es ist eine Antwort auf den zweiten Brief, den Balzac mit seinem Tractat „vom Fürsten" hat drucken lassen; de Morgues sagt: „Balzac, la haine ne me poussera jamais à médire de toi, ni l'envie à te dire la vérité; mais la charité chrétienne me portera toujours à désirer que tu sois aussi sage écrivain que ta voix et crois être agréable. Un peintre est plus estimé pour le trait que pour le colorit ... En tes oeuvres, selon la diversité des sujets, on remarque de gentils traits; mais c'est en vain qu'on attend de l'or de la sagesse... Tu ajustes et agences avec grande étude tes paroles, et tu perds un jour pour loger une conjonction ou une proposition et, après cela, tes libelles sont de jeunes mignons qui ont les cheveux mieux faits que la tête."

So protestirte der gesunde Menschenverstand aus den Bergen des Velay gegen das Idol der literarischen Tonangeber zu Paris. Mathieu de Morgues, geboren 1582, ward 1615 Hofprediger Ludwigs XIII. und 1620 Almosenier der Marie von Medicis, die er später in Schriften gegen Richelieu vertheidigte. Als dieser ihn deshalb im Velay verhaften lassen wollte, floh er 1631 nach Brüssel zu Marien; nach Richelieu's Tode kehrte er zurück und starb 1670 zu Paris.

Zu dem nun folgenden Zeitalter Ludwig's XIV. lieferte das Velay eine der glänzendsten Persönlichkeiten, den Cardinal von Polignac, die würdigste Berühmtheit, die dieses Haus hervorgebracht hat. Geboren 1661, gestorben 1741, nahm er an drei großen Ereignissen als Diplomat einflußreichen Antheil: an den Unterhandlungen wegen der vier Artikel von 1682 betreffs der gallicanischen Kirche, wobei seine Gewandtheit vom Papste Alexander VIII. durch die bekannten Worte auerkannt wurde: „Sie scheinen immer meiner Meinung zu sein und doch siegt immer zuletzt die Ihrige"; zweitens an der polnischen Königswahl 1696, wo er gegen den Kurfürsten von Sachsen unterlag; drittens an dem Congresse zu Utrecht, wo er seinen Charakter durch würdevollen Anstand stellte, indem er den Friedensschluß nicht unterzeichnete, welcher Jakob den Dritten vom englischen Throne ausschloß, weil er (Polignac) dem Letzteren den Cardinalshut verdankte. In der Literatur ist der Cardinal von Polignac durch sein lateinisches Gedicht „Anti-Lucrez" bekannt, in welchem er den größten poetischen Genius von Rom zu widerlegen suchte, das nur leider Niemand liest, während kein Freund ächter Poesie den römischen Dichter ungelesen läßt [1]). Zwei Stunden unterhalb Puy, am rechten Ufer der Loire, liegt

---

1) Anmerk. Die Lehre des Lucrez hat in der allerneuesten Zeit durch die Entdeckung der Herren Kirchhoff und Bunsen in Heidelberg eine Bestätigung erhalten. Zwei Hauptsätze stehen in der Weltanschauung des römischen Denkers und Dichters oben an: die Ewigkeit (Unerschaffenheit und Unvergänglichkeit) der in's Unendliche verbreiteten Materie; zweitens das Bestehen derselben aus Atomen. Der erste Satz ist eine logische Nothwendigkeit: was unendlich im Raume ist, muß selbstverständlich auch in der Zeit unendlich sein; da nun die Materie den unendlichen Weltraum ausfüllt, so kann sie nicht erschaffen worden sein, sondern muß seit unendlichen Zeiten, d. h. ohne Anfang, existiren. Denselben Gedanken fand ich zu meiner großen Ueberraschung in der „nächtlichen Reise um mein Zimmer" von Xavier de Maistre ausgesprochen, dem Bruder des fanatischen Kämpfers für das verbotene Kirchenthum. Die Lehre von den Atomen aber ist nun eine wissenschaftliche Thatsache. Bis jetzt kennt man 60—70 sogenannte „einfache Körper", d. h. solche, die sich (dem Anschein nach) nicht weiter zersetzen lassen, also aus einem Stoffe bestehen, der mit keinem andern etwas gemein hat. Nun ist es zwar an sich nicht denkbar, daß es von Ewigkeit her so viele specifisch verschiedene Grundstoffe gäbe, es giebt nicht viele Materien (Weltstoff im homogenischen Sinne), es giebt Eine Materie. Bisher aber widersetzte sich diesem ganz rationellen Gedanken die brutale Hartnäckigkeit der Nichtzersetzbarkeit der „einfachen" Körper. Diese Einfachheit ist jetzt nur noch eine scheinbare: wären diese Körper in Wirklichkeit einfach, so würden sie auf dem Farbenspectrum nur Einen, nur einen und denselben Streifen abspiegeln, sie lösen sich aber in mehrere (zuweilen in sechszig) Streifen auf. Wir haben hier also den zwar nicht greifbaren, aber sichtbaren Beweis, daß diese „einfachen" Körper zusammengesetzte sind. So unendlich verschieden aber die Farbennuancen sind, dergestalt, daß unser Auge sie nicht unterscheiden kann, so unendlich sind auch die einfachen Körper, d. h. sie sind Atome Einer und derselben Materie; die Verschiedenheit der sichtbaren Körper beruht wahrscheinlich nur auf der größern oder geringern Dichtheit der von den Atomen gebildeten Aggregate. Eben so unendlich ist ferner die Möglichkeit der Combinirung der Atome; man hat auf dem Farbenspectrum in den von der Sonne ausgehenden Lichtstrahlen das Dasein von (sogenannten) einfachen Körpern entdeckt, die man auf der Erde noch nicht wahrgenommen hat. Aber, wie gesagt, darum ist die Materie, aus welcher der Sonnenball besteht, keine andere, als die unseres Urballs; die Sonne ist nur noch in dem Glühzustande, in welchem unsere Erde vor der cambrischen Periode, d. h. vor der Bildung von Festland, war, die Größe ihrer Masse ist die Ursache ihrer langsameren Ausbildung, während der Mond in Folge seiner geringen Masse sich auch früh abgekühlt hat und zur Schlacke geworden ist. Das Letztere ist sicher auch das Schicksal des Mercur geworden und wird einst das der Erde sein. Wie endlich Sonne und Erde aus der nämlichen Materie bestehen, so ist auch die des Sirius, wie die des entferntesten Nebelfleckens keine andere, als die Materie unseres Sonnensystems. Jetzt, wo die Wissenschaft die geologische Bildung des Sonnenballs durch Thatsachen erklärt, ist es nicht mehr erlaubt, die unsern Planeten nicht zu kennen; die von mir gegebene Darstellung in Bezug auf Frankreich ist daher gerechtfertigt, um so mehr, als die gereifte Generation, der dieses Werk gilt, in den Schulen nicht damit ver-

das Schloß, worin der Cardinal einen großen Theil seines Gedichtes geschrieben hat, la Voûte-sur-Loire, so genannt wegen der schneckenförmigen Windungen (voluta), die der Strom dort bildet. Als Verehrer von Lucrez interessirte es mich, den Wohnsitz seines Gegners zu sehen; die Schönheit der Landschaft war das zweite Motiv. Eine halbe Stunde von der Stadt verengert sich das Thal zu einer Felsenschlucht, wo neben dem Flußbette zuweilen kaum noch der Raum zur Straße übrig bleibt und deren steile Felsenwände theils nackt, theils mit düstern Tannen bewachsen sind; hier und da stürzt ein Gießbach der Loire zu. Eine Viertelstunde vor der „Schnecke", wie man la Voûte übersetzen könnte, wird das Thal weiter, ohne heiterer zu werden; man hat einen Hügelzug vor sich, auf dessen linkem Ende das Schloß liegt. Um auf bequemem Wege zu ihm zu gelangen, passirt man einen Durchschnitt, der in den öden, erdgrauen Hügel gehauen ist, kaum aber tritt man heraus, so entfaltet sich vor den Augen die lachendste Landschaft, ein meilenweites, in der Ferne von blauen Bergen umschlossenes, mit freundlichen Dörfern durchschmücktes Thal, durch dessen grüne Ebene sich wie ein blitzendes Silberband die Loire zieht. Der Contrast mit der düstern Bergschlucht, die man hinter sich läßt, ist so herrlich und zugleich so überraschend, daß ich unwillkürlich Hölty's Worte rief: „Ja, wunderschön ist Gottes Erde!" Und ich wollte Den sehen, der hier nicht ebenso ergriffen würde. Welch' schöne Wanderung längs der Loire die Ebene hinunter, dann durch ein neues, freundlicheres Thal, als das erste war, bis zu dem romantisch gelegenen Bergstädtchen Vorer, wo sich das Thal kesselförmig verengt und die Straße abschließt! Und von dieser Pracht umgeben, konnte ein Dichter den Sänger der „Natur" bekämpfen? Nun, wie gesagt, Niemand liest den Anti-Lucrez, und selbst im Lande, wo er geschrieben ward, spricht nur eine Tradition noch dunkel von ihm. Die Prämie für die besten lateinischen Verse nämlich, die auf dem Lyceum zu Puy am Ende des Schuljahres ausgetheilt wird, wurde sonst von der Familie Polignac gegeben; der Gebrauch war seit einiger Zeit in Vergessenheit gerathen, da hat ihn der heutige Vertreter des Geschlechtes, der erwähnte Uebersetzer von Göthe's „Faust", wieder erneuert. Gleichzeitig aber — und das verdient Erwähnung — wollte derselbe auch denjenigen Schüler belohnt wissen, der sich vor den Andern durch seine Kenntniß der deutschen Sprache auszeichnete. Ich war damals Lehrer des Fachs am Lyceum und darf sagen, daß der Schüler die Belohnung verdiente; er hieß Marcella-Goulon, aus Puy selbst gebürtig, und wird sicher einmal seinen Namen ehrenvoll bekannt machen.

traut gemacht wurde. Die ganze religiös-sociale Umwälzung unseres Jahrhunderts wird aber durch die moderne Wissenschaft bedingt und namentlich eine Literaturgeschichte muß sich mit der letztern in Einklang stellen.   Semmig.

Als Prämie aber ertheilte ihm der Prinz von Polignac — Göthe's
„Faust!" Seltsames Spiel des Zufalls, wenn es einen Zufall in der ver-
nünftigen Welt gäbe! Ein Polignac will den Lucrez widerlegen, und ein
anderer Polignac, der das literarische Andenken des Erstern neu beleben
will, wählt zur Belohnung und Aufmunterung der studirenden Jugend
das Gedicht, das so ganz mit „der Natur der Dinge" harmonirt, den
Dichter, der nichts ist, als reine Natur. Und das ereignet sich in der
Stadt des Glaubens, fast zu den Füßen jenes Muttergottesbildes, vor
dem das ganze Mittelalter anbetend niederkniete. Zwar der Schluß des
zweiten Theils von „Faust" feiert in ziemlich mystischen Klängen Marien,
umgeben von allen Heiligen und Lehrern des mittelalterlichen Glaubens;
aber wer, der Göthe kennt, sieht darin etwas Anderes, als eine Allegorie?
Und übrigens, diesen zweiten Theil hat der Herr von Polignac nicht übersetzt. In dem Augenblicke, wo ich diese Parallele von Natur und Christenthum niederschrieb, schlug ich, wie unwillkürlich und doch seltsam an-
gezogen, ein Gedicht von Egon Ebert auf, das dieselbe Idee behandelt;
dieses beziehungsreiche Zusammenfallen versetzte mich in tiefes Nachdenken.
Und war es nicht Isis, die Weltmutter, die große Natur, die aller Wahrscheinlichkeit nach erst hier verehrt worden war, wo später die „h. Jungfrau vom Berge" angebetet wurde? Und eben riefen draußen die Glocken
zur Messe. Doch seht selbst, ob es mich nicht sonderbar ergreifen mußte,
als ich in solcher Anregung Folgendes las:

Die Bergmesse.

1.

Der heil'ge Tag des Herrn bricht an,
Die schwarze Nacht wird grau,
Bald strömt das Volk zur Meß' heran
Und füllt des Münsters Bau:
Auch ich will in mein Gotteshaus,
Durch dessen Hallen ein und aus
Gefühlt nur, nicht gesehen,
Die luft'gen Engel gehen.

2.

Den Bergespfad steig' ich still hinauf
Bis an die Spitz' empor,
Gleich nimmt der Riesendom mich auf,
Mir wehrt kein ehern Thor;
Mein Betstuhl ist ein Felsen bloß,
Mein Schemel ist das grüne Moos:
Ob ein Gebetbuch fehle,
Ich hab' eins in der Seele.

3.

Hier hält der Weltgeist Messe gern,
Gehüllt in Wolkengrau.

Als Lampe glimmt der Morgenstern,
Den Weihrauch dampft die Au',
Die Orgel spielt der Wasserfall,
Posaune bläst der Wiederhall,
Die Flöte hauchen linde
Die sanften Morgenwinde.

4.

Zugleich ertönt der Meßgesang,
Weckt Alles aus der Ruh',
Der Vogel singt mit hellem Klang,
Der Käfer summt dazu;
Der Hirte jauchzt, das Alphorn dröhnt,
Der Heerden klar Geläute tönt,
Und, daß man nichts vergesse,
So klingeln sie zur Messe.

5.

Und dämm'rig Dunkel schleicht herbei,
Viel Nebel dringt herein,
Doch kämpft das Licht und ringt sich
frei,
Und siegend wächst der Schein;

Die Wandlung naht, der Weltgeist hält
Den Kelch empor vor aller Welt,
Der tränkt das All mit Wonnen —
Es ist der Kelch der Sonnen.

6.

Da stäubt entzwei das Zwielicht all,
Die blüh'nde Erde lacht,
Sie brennt voll Licht, sie tönt voll
Schall,
Sie strahlt voll Farbenpracht;
Und unter mir auf grünem Plan
Zieht aus dem Dom das Volk heran,
Ich aber steige munter
Geörtl den Berg herunter.

So sind wir in unserer geschichtlichen Wanderung an den Vorabend jener großen Umwälzung gekommen, in welcher das französische Volk mit dem ganzen Mittelalter brach, an den Rand des Kraters, der Kirche, Königthum und Adel zugleich verschlang, dessen Lava aber den Boden für eine neue Ordnung umschaffen sollte. Was waren die Vertreter des Mittelalters in jenem achtzehnten Jahrhundert? Wir kennen sie, die duftenden Abbés, die den Damen mit schlüpfrigen Witzen den Hof machten, den leichtsinnigen, würdelosen Hofadel und den königlichen Liebhaber der Du Barry. Und es giebt Leute, die sich noch wundern, daß es einmal 89 an der Weltuhr schlagen sollte. Eine tiefe Stille herrschte während der vorhergehenden Epoche im Velay, nur durch den Räuber Mandrin und das Ungeheuer, „la bête du Gévaudan", unterbrochen. Ersterer, der Rinaldini seiner Zeit, drang 1754 mit der unverschämtesten Dreistigkeit in die Stadt Puy ein, plünderte die Staatskasse, öffnete die Gefängnisse und brandschatzte das ganze Land; man bot ein Detachement von 100 Dragonern auf, um ihn zu fangen, und dennoch entkam er nach Savoyen. Zehn Jahre später erschien das Schrecken des Landes, la bête de Gévaudan, das so fabelhaft geworden ist, als der nemeische Löwe oder der erymanthische Eber; das Volk spricht noch heute davon, ohne zu wissen, ob es ein Wolf, oder ein Eber, oder was sonst war; man nennt es kurzweg das Ungeheuer aus dem Gevaudan.

Endlich kommen die Vorboten der Revolution, u. A. die Halsband-geschichte[1]). Im Departement der Oberloire liegt die Abtei La Chaise-Dieu, wohin der Haupthold dieses Scandals, der Cardinal Rohan, verwiesen wurde. Man reist von Puy über St. Paulien; hier geht es bergan

---

[1]) Anmerk. Folgender Fall, der mir einmal in Puy erzählt wurde und den ich in zerstreuter Stimmung anhörte, scheint sich darauf zu beziehen. Vor längeren Jahren starb in St. Germain-la-Prate bei Puy eine hochbejahrte Frau. Sie hatte von einer Pension gelebt, die ihr — ich weiß nicht mehr, von wem — ausgezahlt wurde; bei ihrem Tode übergab sie ein Kästchen mit geheimen Papieren einer mir genannten Person. Wenn ich nicht irre, so soll es das Fräulein gewesen sein, das damals die Rolle der Königin spielte, und einer adligen Familie der Gegend angehört haben. Da die Person, durch welche der Cardinal getäuscht wurde, sehr jung war, so hätte sie wohl mit einem Alter von 90 Jahren bis 1840 leben können. Man hat sich später gescheut, mir genaue Auskunft zu geben.

Setzmig.

auf eine öde, kalte Hochebene, deren nackte Fläche nur durch düstere Tannenwälder unterbrochen wird; man glaubt sich nach Polen versetzt. Auf der Hälfte Wegs weckt ein furchtbarer Name die Erinnerung an schreckenvolle Scenen der Revolution: im Dorfe St. Just ward 1749 Jourdan, der Kopfabhacker (Coupe-tête), geboren; der eigentliche Familienname desselben, Jouve, ist in der Gegend viel verbreitet. In seiner Abtei La Chaise-Dieu hat ihn vielleicht der Cardinal Rohan manchmal zu Gesicht bekommen, ohne zu ahnen, welch blutiges Drama auf sein Possenspiel mit der Lamotte folgen, und welche Rolle dieser Mann darin spielen würde. Ein kleines Städtchen hat sich um die 1043 gegründete, früher zur Auvergne gerechnete Abtei gelagert, die von ihrem Stifter, St. Robert, den Namen Casa Dei erhielt. Auch sie hatte von den Räubereien des Vicomte's Heraclius von Polignac zu leiden. Er zog mit seinen Reisigen gegen sie aus, nahm mehre Mönche gefangen, die er gegen ein ungeheures Lösegeld freizugeben versprach, und wenn sie auf Treu und Glauben bezahlt hatten, an einen Roßschweif binden und schleifen, oder von seinen Armbrustschützen erschießen ließ. Die Mönche wagten zuletzt kaum mehr, das Kloster zu verlassen, und schrieben an den König Ludwig VII., der ihnen endlich Ruhe schaffte. Unter den Aebten des Klosters nennt man die Cardinäle Richelieu und Mazarin, und den Papst Clemens VI. Unter letzterem (1343) wurde die Kirche des Klosters, jetzt Stadtkirche, neu erbaut; sie ist ein schönes Denkmal des reinen Spitzbogenstils, groß und einfach, und verdient die kleine Mühe der Reise. Zwei und zwanzig Säulen theilen sie in drei hohe Schiffe: in der Mitte des Chores befindet sich das Grabmal des Papstes Clemens VI. mit seiner liegenden Bildsäule aus weißem Marmor. Hundertundsechsundfünfzig Stühle, jeder reich geschnitzt im Geschmack des Mittelalters, umgeben das Innere des Chores; auf der Außenwand desselben zieht sich ein „Todtentanz" herum, von dem aber die Feuchtigkeit eine Menge Figuren verdorben hat; über den Chorstühlen hängen höchst kunstvoll gearbeitete Teppiche, ebenfalls aus dem Mittelalter herrührend und eine Menge Scenen darstellend, u. A. das Abendmahl, während dessen sich ein Apostel mit dem Messer die Zähne ausstochert. Auch dem Kloster hat die Revolution ihr Siegel aufgedrückt; einer der großen Höfe heißt noch aus jener Zeit la Cour de Lafayette.

Bei der Rückkehr nach Pur thut der Tourist wohl, links von der Straße abzubiegen und den Weg nach Chomelix zu nehmen, einem pittoresk am Arzon gelegenen Städtchen voll mittelalterlicher Reste. Der Name Arzon (oder Arthon) ist über das ganze Gebiet der celtischen Race verbreitet und namentlich in der Bretagne häufig; hier ist er der Name des Bergflusses und Schlosses, von dem ich eine Sage am Eingang des Werkes erzählt habe. Nirgends habe ich in Frankreich eine so wild romantische Gegend gefunden, als in diesem schaurigen, mit düstern Nadel-

240   Das Mittelalter.

holzwäldern bewachsenen Thale. Geht man von Chomelix auf der Höhe des rechten Ufers den Fluß hinab, so verliert man sich allmälig in eine einsame Wildniß, in der sich zuweilen eine Aussicht in drei dunkle Thäler eröffnet. Nichts belebt die Stille, als das Rauschen der Bergwasser; plötzlich klingt Heerdengeläut und Hahnenschrei hindurch, ohne daß man eine menschliche Wohnung gewahr wird. Man folgt den Tönen nach und erblickt dann durch eine Lichtung in der Tiefe das verfallene Bergschloß von Arzon. Kein Mensch in der Stadt Puy wird den Reisenden auf diesen malerischen Punkt aufmerksam machen, der Sinn für Naturschönheit schlummert tief im französischen Volke; von den 20000 Einwohnern der Stadt kennen vielleicht drei, sagen wir: fünf Personen diesen reizenden (ich muß schon das Wort wiederholen, das für deutsche Herzen Alles sagt), diesen wild romantischen Punkt. Aber der Dichter, der Maler und der Naturfreund, der meinem Winke hieher folgt, wird ihn mir mit Entzücken danken. Die Trümmer des Schlosses liegen auf einem Berge, Bauernwohnungen lagern sich um dasselbe und in der Tiefe rauscht das Bergwasser. Die Leute, die in dieser Einsamkeit wohnen, kommen dem Fremden mit natürlicher Gefälligkeit entgegen; ein hübsches Mädchen mit braunen Augen, so klar und dunkel wie die Wellen des Arzon, bot sich mir mit herzlichem Entgegenkommen zur Führerin an und lehnte den Dank mit einer Zartheit ab, wie man sie im glänzenden Paris nicht reiner und besser findet. Ich mußte zuweilen an mein sächsisches Voigtland denken. Der Arzon geht nun von hier im selben Thale dem erwähnten Städtchen Vorey zu, wo er sich in die Loire ergießt. Dem kräftigen Fußwanderer rathe ich aber, nicht diesen kurzen Weg zu nehmen, sondern den steilen Berg nach dem Dorfe St. Pierre-Duchamp zu erklimmen und von der Hochebene nach Vorey hinabzusteigen. Welch erhabene Berglandschaft, welche Menge von blauen Kuppen, welche tiefen grünen Thäler, die man von hier aus überblickt, und Alles das in dem jungfräulichen Reiz schweigender Einsamkeit!

Wir haben, nach dem Cardinal Rohan schon Jouve-Jourdan den Kopfabhacker genannt; auf 1789 folgte 1793. „Die Göttin der Vernunft" stieg auf den Altar von Notre-Dame. In Paris, dem gährenden Centrum der Revolution, nimmt man das unter den übrigen Scenen des Terrorismus mit hin; daß sich aber auch die Einwohnerschaft von Puy gegen „Unsre Liebe Frau", gegen das h. Muttergottesbild empörte, das Palladium der Stadt, dem dieselbe allen Glanz und allen Wohlstand eines ganzen Jahrtausends verdankte, das muß allerdings Wunder nehmen. Und es war so. Im Jahre 1793 riß das Volk die Bildsäule der schwarzen Jungfrau vom Altare der Kathedrale und verbrannte sie unter rasendem Jauchzen auf dem Platze Martouret. So endete das Mittelalter.

Nun lebte die Stadt von Erinnerungen. Abgeschlossen in den

Bergen, durch die noch heute keine Eisenbahn führt, wurde sie von den Jesuiten zur Gründung eines Mutterhauses ausgewählt, das an 300 Väter und Novizen zählen soll. Dieselben sind nicht ohne Einfluß; sie überwachen namentlich die Lectüre. Ein Beichtkind der ehrwürdigen Väter würde sich nicht erlauben, Monte-Christo, den berühmten, abenteuerlichen Roman von Alex. Dumas zu lesen; auch hat ein Jesuit in der Stadt eine Leihbibliothek von „guten Büchern" gestiftet, um die Unterhaltungslust nicht auf Irrwege gerathen zu lassen. Das abergläubische Volk glaubt außerdem an das Dasein einer „bibliothèque d'enfer" im Jesuitenkloster, in welcher sich die schlechten Bücher befänden, die die ehrw. Väter, als Gewissensdirectoren, doch lesen müßten, um davor warnen zu können. Noch giebt es hier, in der Stadt von 20000 Einwohnern, mehr Klöster, als in sechsmal größern Städten (sechzehn Frauenklöster), und der geistlichen Brüderschaften und Congregationen sind soviel, daß selbst Einheimische sie nicht zu unterscheiden vermögen; man fühlt sich schon in das südliche Frankreich versetzt. Ein großer Luxus daselbst wird bei Begräbnissen getrieben; es gilt für vornehm, den Sarg von einer Menge geistlicher Congregationen begleiten zu lassen, die für ihre Mühe bezahlt werden müssen. Eitelkeit! Wer sich beim Leben gescheut hat, einen Franc zu verschwenden, bestimmt beim Sterben eine Summe von 800 Fr. für ein prunkvolles Begräbniß, und wenn er nahe am Kirchhofe wohnt, sodaß das große Gefolge von Congregationen und Klosterschwestern sich nicht entfalten kann, so wird der Sarg durch eine Menge Straßen getragen, damit ja alle Welt sieht, wie viel das Begräbniß kostet. Doch diese Eitelkeit in einem Augenblicke, wo das Schicksal die Gleichheit Aller und also Demuth predigt, ist auch den protestantischen Ländern eigen. Ein echt südfranzösischer Gebrauch ist die Prozession der weißen Büßer (pénitents blancs, vom Kopf bis' zum Fuß in Weiß gehüllt), die am Abend des Charfreitags den Schmerzenszug Christi auf Golgatha darstellt; wenn sie in der Dämmerung unter eintönigem Gesang, mit voran getragenen Laternen, die steilen Straßen hinaufklimmt, so macht dies einen gespenstischen Eindruck.

Ein Geschlecht des Velay, das Haus Polignac, welches schon 1789 durch die geistreiche Diana von Polignac den Sieg der liberalen Ideen hatte aufhalten wollen, machte 1830 den letzten Versuch einer entschiedenen Reaction. Armand Jules, Sohn der schönen Freundin von Marie Antoinette, der am 31. März 1814 noch vor Napoleon's Absetzung die weiße Fahne in Paris aufgepflanzt und als Pair 1817 gegen das neue Grundgesetz Frankreichs, die Charte, protestirt hatte, ward den 8. August 1829 Minister und unternahm als solcher den Sturz der Verfassung. Aber

es ist ein eitel und vergeblich Wagen
Zu greifen in's bewegte Rad der Zeit.

Karl X. wurde vom Throne gestoßen. Jetzt erst, mit der Juliregierung, erhielten die freisinnigen Grundsätze von 1789, deren Ausbildung mit glänzender Ausnahme des Code Napoléon die Eroberungspolitik des Kaiserreichs aufgehalten hatte, herrschende Geltung. Auch die Stadt Puy-Velais den Hauch der neuen Zeit, und um ihm Eingang in die alten engen Stadtviertel zu verschaffen, mußten die alten Mauern fallen, die Wallgräben wurden ausgefüllt und auf ihrem Platze erhob sich ein prächtiger Boulevard, so imponirend, daß der Reisende in eine große Stadt zu kommen glaubt; die alte, sumpfige Wiese le Breuil, die wir schon im 6. Jahrhunderte erwähnt fanden, als der reiche Gastwirth Eras-Manant sie dem Bischof Benignus vermachte, wurde nun zu einem schönen Platze umgewandelt, auf dem sich das elegante Präfecturgebäude erhob. Und während in der ruinenreichen, finstern Altstadt Schmutz und Feuchtigkeit herrschen, lacht die Neustadt reinlich und elegant den Fremden an. Droben auf der Höhe, um die ehrwürdige Kathedrale herum, residirt in alterthümlichen, burgartigen Hôtels eine kleine Gesellschaft altadliger, legitimistischer Familien, die sich streng von dem übrigen Leben und Treiben der Stadt absondert und nur ihre kleinen Zirkel unter sich besucht; unten in der Neustadt dagegen regt sich der bürgerliche Verkehr, herrscht der Bürger. Im Ganzen dominirt der Liberalismus hier; die zwei Journale, die in Puy erscheinen, sind liberal; die eigentliche Reaction hat kein Organ. Nach der Februarrevolution tauchte ein socialistisches Blatt auf, in welchem der bürgerliche H a m m e r mit dem bäuerlichen S p a t e n Zwiegespräch führte; hier und da sagte man, die jesuitische Partei habe es gegründet oder doch unterstützt. Wahr oder nicht, je größer die Verwirrung, je mehr hoffte die Reaction auf einen Umschlag zu ihren Gunsten.

So fühlt man sich eigenthümlich angeregt, wenn man diese Stadt durchwandert; auf einem kleinen Raume treten uns die Spuren aller Epochen einer zweitausendjährigen Geschichte entgegen. Unter den eigenthümlichen Gebäuden habe ich eins noch nicht erwähnt, das man sonst sehr selten antrifft. Es ist ein Baptisterium (Tauffapelle, eine Classe Gebäude, die in den ersten Jahrhunderten des Christenthums von den Kirchen gesondert waren); wegen seiner tempelartigen, achtseitigen Form galt es lange Zeit für einen Tempel der Ceres; es steht am Fuße des Felsens Aiguilhe.

Wie eigenthümlich ferner ist in solchen kleinen Provinzialhauptstädten das gesellschaftliche Leben! Was wißt ihr von Frankreich, wenn ihr nur Paris kennt, wo es fast ebenso viel Fremde giebt, als Einheimische! Selbst in den großen Departementalstädten mischen sich weitgreifende Beziehungen in das Leben hinein, sodaß man zuweilen die Provinz vergißt; in Nantes z. B. hört man im Café oder Zirkel um sich herum von der Insel Bourbon u. s. w. sprechen, so vertraut und natürlich, daß einen die

Luft anwandelt, die paar Schritte dahin zu machen, denn sie kann höchstens ein Viertelstündchen davon über der Brücke liegen. Aber jetzt geht einmal in das Innere, in kleine Städte von 10 bis 20000 Einwohnern, wie ist da Alles so seltsam, so still und eng für den Deutschen, bei dem zu Hause in viel kleineren Städten ein so reges Gemeindeleben herrscht, wie es sich mit dem französischen Centralisationssystem gar nicht vereinbaren läßt. Vergleicht einmal Städte, wie Hanau, Chemnitz oder Brieg mit Lille, Angoulême oder Pau, und ihr ahnt sofort, daß ihr in dem Lande seid, wo eine Stadtgemeinde, die Pariser Commune, sich die Herrschaft über einen ganzen Staat anmaßte; das geschichtliche Leben dieser Städte liegt im Mittelalter. Da der Leser vielleicht nie Gelegenheit haben wird, dies selbst zu beobachten, so will ich hier dies lokale Leben in seinen Hauptzügen flüchtig schildern.

An der Spitze der Gesellschaft steht als Repräsentant der Regierung der Präfect. Bei großen Ceremonien, die nicht die Regierung selbst betreffen, hat der Präsident des Appellhofs den Schritt vor ihm; wo ein Erzbischof ist, nimmt dieser den ersten Rang ein. Am Neujahrstage machen die Glieder jedes Verwaltungszweiges ihrem resp. Chef die officielle Aufwartung in corpore; der Chef stellt sich dann mit seinen sämmtlichen Untergeordneten dem Präfecten vor. Wenn aber die Staatsetikette den Staatsdienern ihre officiellen Lasten auferlegt, so nehmen die Beamten auch an den Festen Theil, die der Staat als solcher giebt; dies ist völlig unabhängig von der Verfassungsform; Bürgerkönigthum, Republik oder Kaiserthum, gleichviel! Die centralisirte Staatsgewalt läßt auch auf den geringsten Beamten, der in ihrem Dienste steht, einen Wiederschein ihres Ansehens fallen. Die bürgerliche Stellung eines Solchen bildet zwar manchmal einigen Contrast damit, und der wohlhabende, unabhängige Bürger und Hausbesitzer macht seine ironischen Glossen darüber, wenn sich die Frau eines dürftig besoldeten Beamten mit mühsam errungener Balltoilette in die glänzenden Soiréen der Präfectur begiebt; ich erkenne darin einen schönen demokratischen Zug der französischen Gesellschaft an. Zu den Bällen und Soirées, die der Präfect in der Saison des Carnevals giebt, sind außer den Behörden und Verwaltungszweigen auch die Notabeln der Stadt eingeladen; in größern Städten auch die Redactoren der Journale, selbst der oppositionellen. Das wird manchem Deutschen wunderlich klingen, dem "der französische Despotismus" in so schwarzen Farben gemalt wird von denen, die alle Ballen sehen, nur die im eigenen Auge nicht; ich hab's aber erlebt und versichere, daß die Presse in Frankreich noch immer mehr respectirt wird, als in Deutschland. Natürlich! hier steht der Redacteur gewöhnlich im Solde eines Buchhändlers, in Frankreich aber im Dienste seiner Partei. Bekanntlich feiert man in Frankreich jährlich ein Staats- oder Nationalfest, unter der Regierung

Ludwig Philipp's die Julifeste, unter der Republik den Tag der Februarrevolution, unter der jetzigen Regierung den 15. August, im officiellen Kalender als Namenstag des Kaisers le St. Napoléon genannt. In Folge eines Gelübdes Ludwig's XIII. galt letzterer, der Tag von Mariä Himmelfahrt, schon seit langer Zeit für ein Nationalfest und wird noch jetzt durch religiöse Prozessionen gefeiert; des Abends giebt es Ball auf der Präfectur, Illumination und Feuerwerk. Bei solchen Gelegenheiten thut sich die Opposition durch passiven Widerstand, durch abstention, wie man in Frankreich sagt, kund; so affectirt z. B. der legitimistische ultramontan gesinnte Adel überall die officiellen Feste der Präfectur nicht zu besuchen, und keine größere Freude kann ihm begegnen, als wenn es einmal bei einer solchen Soirée an Tänzern oder Tänzerinnen gefehlt hat. Denn wenn der Kampf der Parteien in Paris offen und lebhaft ist, so ist er in kleinen Hauptstädten der Departements versteckt und etwas giftig zischelnd: man spricht wenig, aber man lächelt um so mehr, und sind Worte zuweilen Dolchstöße, so ist Lächeln nicht selten Gift.

Unter den Bällen und Soiréen, auf denen die Chefs der verschiedenen Verwaltungszweige einen Theil der Gesellschaft vereinigen, verdienen noch die des Generaleinnehmers (receveur général, nach dem Präfecten eine der bedeutendsten Persönlichkeiten) und des Maire's, d. h. Bürgermeisters, Erwähnung. Gesellschaftsbälle auf Subscription, zu denen sich in Deutschland viele Familien vereinigen, giebt es in Frankreich nicht; man tanzt nur in Privatwohnungen, deren größter Salon für uns Deutsche immer noch zu klein ist. Nur die Corporationen der Handwerker veranstalten einmal im Jahre unter sich einen Ball in einem öffentlichen Lokale.

Was die Beamtenwelt anbelangt, so ist charakteristisch an Tours, daß fast alle Staatsdiener der verschiedenen Zweige, die hieher gesendet werden, hier ihre Laufbahn beginnen (debutiren). Der Ort gilt eben für klein: man meint, der Anfänger könne sich hier leichter in seinen Beruf hineingewöhnen. So fangen namentlich die Ingenieure hier an den Quellen der Loire ihre Laufbahn an und folgen dann mit ihrem Avancement der Loire stromabwärts. Ich liebe die symbolischen Beziehungen und erinnere daher daran, daß die Loire der nationale Strom Frankreichs ist; wie sie hier ihren Anfang nimmt, so beginnen auch die Beamten Frankreichs hier ihre Staatscarrière. Daraus erwächst aber eine Unannehmlichkeit für das gesellige Leben. Jeder Beamte hat Eile, vorzurücken, d. h. den Ort zu verlassen; er wird also nicht heimisch hier. Die Bürger hinwieder, die dies wissen, schließen sich auch nicht gern auf und an, umsoweniger, als die Beamten aus Ungeduld den Ort zuweilen geringschätzig behandeln. Er ist aber besser, als sein Ruf, und wohnlicher, als mancher andere.

Das Theater wird in Frankreich nicht von dem idealen Standpunkte der Deutschen aufgefaßt, wonach die Kunst fast wie eine Religion behanteilt und verehrt wird; es ist sozusagen ein „Salon" für das ganze Publikum, wo man hingeht, um zu sehen und gesehen zu werden. In der Literatur ist darum auch das Lustspiel, die Komödie der Gesellschaft die nationale Stärke der Franzosen. Die Provinz ist schlecht damit versorgt; während in Deutschland es fast keine Stadt von 6000 Einwohnern giebt, die nicht zwei bis drei Monate lang eine Schauspielertruppe besitzt, preist sich die Stadt Puy sehr glücklich, wenn eine mittelmäßige Gesellschaft einmal auf ein Paar Monate zu ihr kommt; und zwar im heißen Sommer, denn im Winter zieht die Direction das einträglichere, volkreichere Clermont vor. Der vornehme Theil der Gesellschaft, besonders die Damenwelt, besucht das Theater nicht; einen triftigen Entschuldigungsgrund hat sie allerdings in dem leichtfertigen, zuweilen unsittlichen Charakter der heutigen dramatischen Literatur Frankreichs. Welcher Vater wollte Unsittlichkeiten, wie sie der Père prodigue von Alex. Dumas Sohn enthält, seiner Tochter anzuhören geben? Es ist damit nicht gesagt, daß die Tugend nun gerade ihren ausschließlichen Tempel hier aufgeschlagen habe; aber wir wollen darum doch vor der Chronique scandaleuse unsere besten Ohren verschließen. Nirgends sticht die Lästerzunge mehr, aber nirgends läßt sie auch mehr, als in kleinen Städten. Das Schlimmste an den letzteren ist eben die Mittelmäßigkeit; man ist weder außerordentlich im Bösen, noch im Guten; man geht den breitgetretenen Pfad der Gewohnheit und des Schlendrians und sagt den Andern Böses nach aus bloßer Langeweile, weil man keines sieht.

Die einzige gesellige Vereinigung des Ortes ist die geschlossene Gesellschaft, Cercle genannt. In jüngster Zeit haben sich endlich auch zwei musikalische Vereine gebildet, der eine (la Fanfare du Velay) für Blasinstrumente, der andere (l'Orphéon) für Gesang, nach Art der deutschen Liedertafeln; beide tragen gelegentlich zur Verschönerung von Festen bei. Die Damen sind aber überall in Frankreich von solchen Liedertafeln ausgeschlossen; Aufführungen von Oratorien, die in Deutschland in Städtchen von 6000 Einwohnern nichts Ungewöhnliches sind, sind natürlich hier unmöglich. Ein natürlich freier Umgang ist den Geschlechtern in Frankreich nicht gestattet; es herrscht hier in der Erziehung der grade Gegensatz von Deutschland und England. In diesen beiden Ländern genießt das Mädchen einer würdigen Freiheit und weiß daher als Gattin sich leicht auf das häusliche Leben zu beschränken, ohne darum den gesellschaftlichen Kreisen sich zu entfremden. In Frankreich dagegen steht das Mädchen unter steter gängelnder Aufsicht; kein Wunder, wenn sie später, durch die Verheirathung plötzlich frei geworden, nicht immer ihre Freiheit zu gebrauchen versteht, wenn der Gebrauch zuweilen in einen Mißbrauch umschlägt. Ein anderer Grund dieses Mißbrauchs sind die schlecht assortirten Ehen; sehr oft wird das Mädchen verheirathet, anstatt daß es sich verheirathen sollte; nicht nach der Neigung fragen die Eltern, sondern nach der Stellung und dem Reichthume des Gatten. Doch auch dies hängt mit der Erziehung zusammen, die eine gegenseitige Prüfung zwischen künftigen Gatten und eine ernste Neigung erschwert, wenn nicht unmöglich macht.

Mit der schönen Jahreszeit hören die geselligen Zusammenkünfte auf. Der erste Mai ist ein Kinderfest. Anderswo, z. B. in der Bretagne, putzen die Kinder am Grünconnerstage auf offener Straße eine Art Altäre auf (Nachahmung der an Christi Tod erinnernden ausgeschmückten Andachtsstationen, die man in den Kirchen herstellt), und bitten die Vorübergehenden um einen Sous für ihr „Paradis"; im Velay thun dies die Kinder am ersten Tage des der h. Jungfrau gewidmeten Maimonats (mois de Marie). Dann kommen auf den nahen Dörfern die Kirchweihfeste und locken die Jugend der arbeitenden Classen aufs Land; diese Feste heißen im Süden fêtes votives, in Flandern Kermes, in Nantes Assemblées, in der celtischen Bretagne Pardons, in Savoyen Vogues, im Velay Vogues oder Reynages. Kein Concert bietet den höhern Ständen einen Vereinigungspunkt; da, wo eine Garnison mit Regimentsmusik liegt, spielt letztere zweimal in der Woche auf öffentlichem Platze; eine Stunde lang gehen dann die Damen in Begleitung auf und ab, und „geben sich und ihren Putz zum Besten." Von Zeit zu Zeit fällt aber ein Concours régional d'agriculture, d. h. eine Ackerbauausstellung von mehreren Departementen in den Ort; dann belebt er sich auf eine Woche lang und bemüht sich, die Fremden festlich zu bewirthen.

Eigentliche Jahrmärkte giebt es in Frankreich nicht mehr; die sogenannten soires werden nur noch von Kunstreitern, Seiltänzern, Pfefferküchlern u. s. w. besucht; die Wochenmärkte für Getreide- und Viehhandel erhalten sich allein noch. Ein ungemein lebhafter Markt dieser Art ist der Mauleselmarkt am ersten November in Puy, la foire de Toussaint, welchem nur der in Poitiers an Lebhaftigkeit gleichkommt, und zu welchem die Roßkämme aus dem ganzen Languedoc herbeikommen. Man legt sich nämlich seit uralten Zeiten im Velay stark auf die Production von Mauleseln; sie werden hier, das Stück zu 200 Fr., nach dem Süden verkauft (die des Poitou sind weit theurer), wo sie noch ein Jahr lang gepflegt und dann nach Spanien ausgeführt werden. Der große Platz du Breuil gewährt alsdann ein höchst pittoreskes Bild, einen bunten Wirrwarr von blauen Blousen, tummelnden Thieren, Schaubuden, Gauklern u. s. w.

So hat die Hauptstadt des Velay noch manche provinzielle Eigenthümlichkeit bewahrt. Zwar haben der Arzt und der Advokat in Paris studirt und sind Jahre lang Bürger des Quartier latin gewesen; zwar bezieht jeder große Händler seine Waaren von Paris und die Putzmacherin macht ihre Einkäufe wenigstens in Lyon, aber die große Masse des

Volks, namentlich die des Landes verläugnet den alten traditionellen Charakter noch nicht. Die Bäuerinnen tragen, wie die Frauen in Tyrol, eine Art Männerhüte, die sie in der Kirche abnehmen; bei den Wohlhabenden ist der Hut elegant mit Borten und kleinen Federn verziert; bei den Armen ist es einfach ein Stück Filz, das wie ein umgestürzter Suppenteller geformt ist. Die Bauern haben einen eigenthümlichen Tanz mit den Auvergnern gemein, la bourrée, den sie statt aller Instrumente mit bloßem Gesange begleiten; so eintönig der letztere ist, so einförmig ist das Gespringe; die Frauen sind dabei ohne allen Ausdruck und Anmuth; es ist, als ob die Männer dabei nur ihre wilde Kraft ausloben wollten, denn oft lassen sie die Mädchen oder Weiber mitten im Tanze stehen und tanzen unter sich fort; wehe dann dem armen Fußboden! Wie lärmsüchtig sie sind, beweist der Umstand, daß jede Schenkwirthschaft auf Polizeibefehl vor der Thüre eine Laterne brennen haben muß, damit bei etwaiger Rauferei man sofort das Haus unterscheiden kann.

Eigenthümlich ist der Stadt und Umgegend in industrieller Beziehung die Spitzen- und Wollenfabrikation, wie wir schon aus den Chroniken des siebzehnten Jahrhunderts sahen. Doch, welcher Unterschied zwischen dem Velay und dem sächsischen Erzgebirge, wo dieselbe Industrie existirt. In dem letztern verdienen die armen Arbeiterinnen kaum das Dasein, und ihr dürftiges Leben ist nichts, als ein stetes Sterben; in den Bergen des Velay dagegen kann die geschickte Klöpplerin sich einen recht erträglichen Verdienst machen, und doch wird der Kaufmann dabei noch wohlhabend. Sollte dies nicht ein Bestimmungsgrund für die sächsische Regierung sein, eine Untersuchung über diesen Erwerbszweig anzustellen und sich der unglücklichen Spitzenklöpplerinnen anzunehmen? Im Velay arbeiten die Klöpplerinnen vor dem Hause auf der Straße; um Licht zu sparen, setzen sie sich auf freien Plätzen in den Vorstädten um eine Gaslaterne in Gruppen zusammen. Den Fremden überrascht dies, zumal wenn er die Weiber nicht nach gewohnter Weise schwatzen, sondern unverständliche Formeln murmeln hört; damit die Arbeit rascher geht, beten sie nämlich einen Rosenkranz ab oder sagen Litaneien her, und, während die mittelalterliche Andacht in den Herzen der Bürgerschaft verlischt, tönt noch von den Lippen der arbeitenden Armuth zu dem Muttergottesbilde der Kathedrale der Ruf hinauf: „Heilige Jungfrau, bitte für uns!"

Bei so engbegränztem Leben ist es begreiflich, daß das wissenschaftliche Leben des Landes, welches von der akademischen Gesellschaft zu Puy vertreten wird, sich vorzugsweise auf den Ackerbau und die Geschichte der Gründung der Stadt richtet. Die Resultate, die der erwähnte Archäolog Aymart aus seinen antiquarischen Forschungen gewann, konnten von der Geistlichkeit, die an den Traditionen der Legende festhielt, nicht gleichgültig aufgenommen werden. Nach manchen Scharmützeln nahm ein Jesuit den Handschuh auf und suchte die von Herrn Aymard aufgestellten Behauptungen in mehreren Artikeln von etwas pikanter Form zu widerlegen, die er in einem Lokalblatte veröffentlichte. Die Parteien gruppirten sich um die beiden Stimmführer; auf der Straße und in Gesellschaft discutirte man lebhaft über das Für und Wider; der Kampf ward selbst mit Bitterkeiten gewürzt, denn aus einem rein antiquarischen war der Streit ein leidenschaftlich politisch-religiöser geworden. Auf der einen Seite kämpfte der Priester für die heilige Autorität eines tausendjährigen Glaubens, auf der andern der Denker für das noch ältere, für das ewige Recht der freien Forschung. Indessen hatte der Jesuit weder Glück noch Geschick; er mußte das Feld räumen, während neue Nachgrabungen neue Beweise für Herrn Aymard's Behauptungen zu Tage förderten. Da er nun nicht mit wissenschaftlichen Gründen widerlegt werden konnte, so rechnete die Gegenpartei auf ein Ereigniß, das nicht nur ihn auf immer erdrücken, sondern auch die ganze glänzende Vergangenheit des Mariencultus von Puy wieder in's Leben rufen sollte.

Dieser Cultus wird in Frankreich seit einigen Jahren als der mächtigste Hebel zur Wiederbelebung des katholischen Glaubens mit einem Eifer gefördert und gepflegt, von dem die protestantische Welt keine Ahnung hat. Und die katholische Kirche hat vollkommen Recht, sich grade auf den Glauben an die h. Jungfrau zu stützen, denn erstens bildet er einen der wesentlichsten Unterscheidungspunkte gegenüber dem Protestantismus; zweitens ist er noch immer von ergreifender Wirkung auf die Gemüther. Der gewöhnliche Protestant glaubt ihn mit dem banalen Vorwurfe des Aberglaubens und der Götzendienerei abgefertigt zu haben, und gerade der Protestant, wenn er einmal ernstlich sich mit dem Katholicismus beschäftigt, wird am tiefsten von diesem Glauben erfaßt; man denke nur an die vielfachen Bekehrungen, die dieser Glaube unter den Engländern bewirkt hat, deren starre, vornehm schale Hochkirche das Herz so leer läßt. Aber gerade aus dieser unverständigen Leerheit entspringt einerseits der Fanatismus, mit dem sie in katholischen Ländern alle Ceremonien, die nach „Papismus" riechen, mit plumper Rohheit öffentlich beschimpfen, wo schon das Gastrecht Anstand lehren sollte, andererseits jene religiöse nach Glauben dürstende Innigkeit, die sie so schnell der katholischen Kirche sich hingeben läßt. Dieselbe weiß es auch, daß es keinen innigern Katholiken giebt, als einen bekehrten Engländer, und hat seit Jahren ihre tiefen Pläne auf Albion gerichtet. Schiller hat diesen Zug in Mortimer meisterhaft charakterisirt.

Diese Pflege des Mariencultus erhielt im Jahre 1854 durch die Bestätigung des Dogmas von der unbefleckten Empfängniß die kirchliche Weihe (der Glaube daran ist bekanntlich sehr alt, nur war Niemand verpflichtet dazu; Luther glaubte fest daran). Ein französischer Apologet des Katholizismus, obgleich Laie, Herr Nicolas, hatte diesen Cultus mit vielem Scharfsinn wissenschaftlich zu begründen gesucht. Mehrerlei Wunder (sie sind es für den Katholiken) unterstützten ihn, u. A. die Bekehrung des Israeliten Ratisbonne, der sich plötzlich zu den Füßen eines Marienbildes bekehrte und erklärte: „Sie hat Nichts gesprochen, aber ich hab' Alles verstanden" (elle ne m'a pas parlé, mais j'ai tout compris). Und so stark ist der Glaube, daß er sich selbst nicht durch die Erscheinung vom Berge Salette im Dauphiné irre machen läßt, die doch in der Gegend selbst eine Betrügerei genannt wird. Allerwärts entstehen neue Congregationen und Brüderschaften unter dem Schutze und zu Ehren der h. Jungfrau; nicht nur innere „Missionen" bilden sich, die sich die Verbreitung und Vertheidigung des Marienculius zur Aufgabe stellen; es erscheinen zu diesem Zwecke selbst Journale und Kalender. Man muß auch diese Gährung der katholischen Welt kennen, um zu begreifen, wie die Lösung der „römischen Frage" nicht so leicht ist, als man sich denkt.

Eines der Hauptmittel und zugleich eines der Hauptsymptome dieser Bewegung sind die vielen Bildsäulen der h. Jungfrau, die an den verschiedensten Orten Frankreichs jüngst errichtet wurden, zuweilen freilich auf dem sehr profanen Wege einer Lotterie. Eine der berühmtesten und besuchtesten ist die Notre-Dame de Fourvières in Lyon, einer zu fast zwei Drittheilen gut katholisch gesinnten Stadt und daher ein Herd der Opposition gegen Alles, was zur Lösung der „römischen Frage" unternommen wird. Es hätte daher Wunder nehmen müssen, wenn nicht auch in Puy, dem sonst so berühmten Wallfahrtsorte, ein Zeugniß für diese Bewegung abgelegt worden wäre. Schon einige Jahre vor der letzten Revolution hatte man die Schändung gesühnt, die 1793 an dem Muttergottesbilde verübt worden war. Man hatte demselben ein neues nachgebildet und diesem eine kostbare Krone von über 100000 Francs Werth aufgesetzt, wozu das Geld durch freiwillige Beiträge aufgebracht worden war. Die seierliche Einweihung geschah unter großen Ceremonien; auf dem Platze Martouret, wo man die alte Statue verbrannt hatte, hielt die Procession an und flehte zu Gott um Gnade. Da kam einmal ein Jesuit, Namens Comballot, nach Puy, um während der Fasten die innere Mission zu predigen, und ganz von ungefähr entfuhr ihm während der Predigt der Gedanke, man solle oder könne der h. Jungfrau, der die Stadt soviel verdanke, auf dem Felsen Corneille, als dem höchsten Puncte über der Stadt, eine Bildsäule errichten. Ein anwesender Priester faßte die Idee auf, und der pittoreske Reiz, den dieselbe hatte, that das Seine. Das Geld strömte herzu; man errichtete eine Commission und forderte die Bildhauer auf, Modelle einzuliefern. Ein Deutscher, Herr Kinn aus Speier, gewann den zweiten Preis, den ersten Bonnassieur in Paris, der die glückliche Idee gehabt hatte, die Oertlichkeit zu studiren und an der Stelle selbst sein Modell auszuarbeiten. Man hatte sich um einen Beitrag an den Kaiser gewandt. Es war gerade zur Zeit des Krimkrieges, und er versprach, im Fall des Sieges, die zu erobernden Kanonen zum Guß zu schenken. Diesem Versprechen schrieb die Geistlichkeit den Fall Sewastopols zu; sie sagt, die h. Jungfrau habe diese Veste der Schismatiker zu ihrer Verherrlichung gestürzt.

Die Statue ist in der That ein Kunstwerk; der Bildhauer hat die Jungfrau dargestellt, wie sie auf dem rechten Arme das Jesuskind hält und ihm die Stadt zeigt, die der Sohn mit seiner Kinderhand segnet; er hat den dreifachen Charakter Mariens, als Jungfrau, Mutter Gottes und Königin des Himmels schön zu vereinen und auszuprägen gewußt. Die Bildsäule ist wohl eine der größten, die es giebt; sie wiegt 100000 Kilogramm; von den 212 Kanonen, die der Kaiser dazu gegeben hat, haben 170 das Metall hergegeben, die übrigbleibenden sind symmetrisch um das Denkmal geordnet. Der Leib des Kindes faßt funfzehn Menschen, das Ganze dreihundert. Im Innern führen fünfundsiebzig Stufen in den Kopf, den eine Krone von zwölf vergoldeten Sternen umgiebt; durch die Augenhöhlungen hat man die Aussicht über die herrliche Landschaft. Am Fuße trägt eine Bronzeplatte die Inschrift: Salvo, Regina, mater immaculata! zum Zeichen, daß es ein Denkmal zu Ehren des Dogma's von der unbefleckten Empfängniß ist; zugleich erinnern die Worte an die vorzugsweise von den Trappisten gesungene Hymne Salve regina, die der Bischof Adhemar von Puy, den Helden des Kreuzzugs, zum Verfasser hat. In Givors bei St. Etienne wurde die Statue in 103 Stücken von Fournier Vater und Sohn gegossen; die Arbeit macht beiden Ehre. Die Säule selbst ist 16 Meter hoch und steht auf einem Granitsockel von 8 Cubikmetern, ihre Höhe über dem Platz du Breuil ist 100 Meter, über dem Meeresspiegel 500 Meter.

Ein Verbrechen hätte sie beinahe mit Blut getauft: heimische Arbeiter brachten aus Brodneid und Eifersucht in einer fürchterlichen Gewitternacht das Gerüst aus den Fugen, um die fremden in den Abgrund stürzen zu lassen. Aber eben die Schwüle der Gewitternacht hatte einen Priester aus dem Bette an's Fenster getrieben; dort bemerkte er, daß etwas auf dem Felsen vorgehe, und seine Anzeige beugte dem Unglück vor. Der 12. Sept. 1860, als Jahrestag der Verkündigung jenes Dogma's, ward zur feierlichen Enthüllung festgesetzt. Man verwechsele nun diese Bildsäule nicht mehr mit der schwarzen sitzenden Jungfrau der Kathedrale, die den Ruhm der Stadt im Mittelalter gründete. Die neue steht auf dem Felsen Cornelle, dem Gipfel des Berges Anis, und überragt die ganze Stadt; sie heißt Notre-Dame de France. Der kurze Verstand hält es freilich für unangemessen, die Mutter Gottes, die nach dem katholischen Dogma alle Christen mit gleicher Liebe umfaßt, zu einer Nationalheiligen zu machen. Gesetzt, Oesterreich setzte auf einen Felsen Tirols Notre-Dame d'Autriche, und es käme zum Kriege zwischen Frankreich und Oesterreich, wäre es nicht Lästerung, wenn der Oesterreicher zur h. Jungfrau Oesterreichs um Schutz gegen die h. Jungfrau von Frankreich beten wollte?

Ich will das Fest als Augenzeuge schildern. Es war in der That großartig. Zwar ließ die religiöse Indifferenz und Zweifelsucht hier und da manches spöttelnde Wort fallen; zwar wurde bei Dem oder Jenem der religiöse Enthusiasmus durch den zu hoffenden Gewinn belebt, den der Anstrom von Fremden bringen mußte, aber für den Augenblick übertönte der Lobgesang auf Maria alle Stimmen. Acht Tage lang vorher hat der Jesuit Vater Felix, bekannt durch seine Predigten in Notre-Dame zu Paris, dessen Rednergewalt ich aber hier keineswegs bestätigt gefunden habe, in der Kathedrale die Begeisterung durch Andachtsstunden zu schärfen gesucht. Auch auf andre Weise versuchte man sie zu beleben. Da fehlte z. B. in der Nische eines Hauses seit 1793 eine Statuette der h. Jungfrau; kurze Zeit vor dem Feste klopfte es hier in der Mitternachtsstunde an die Thür, die Magd öffnet und sieht beim Lampenschimmer einen tief verhüllten Mann vor sich, das Gesicht mit einer Maske bedeckt. Er überreicht ihr ein Packet mit den Worten: „Dies ist die Statue der h. Jungfrau, die sonst hier verehrt ward und nach dem Ave der Vorübergehenden schmachtet. Meine Mutter hat mir in ihrer Todesstunde aufgetragen, dies Bild zurückzugeben. Forscht nicht nach meinem Namen, folgt mir nicht nach auf meinem Wege!" Mit diesen Worten verschwand er in der Dunkelheit.

Nun kommen von allen Seiten die Fremden heran, die Wege wimmeln von Pilgern. Nicht Alle freilich führt die schwärmerische Andacht der, Viele treibt die Neugier, die Vergnügungssucht; sie wollten ein Fest sehen. Ja, im Mittelalter, wo der Wallfahrer, auf ungebahnten Pfaden durch düstere Wälder ziehend, sein von Räubern und Wölfen bedrohtes Leben wagte, um den fernen Heiligen vor seinem wunderthätigen Bilde zu verehren, da hatte die Pilgerschaft noch einen Werth, denn nur die rechte Andacht, der wahre Glaube konnte dazu führen. Aber heute pilgern die Christen von Paris im Dampfschiffe nach Jerusalem, wenn — ihr Vermögen ihnen erlaubt, diese Vergnügungsreise zu machen.

Die Nacht vor dem Feste ist schwarz; man hat die Krone der Riesenstatue erleuchtet und die h. Jungfrau blickt als Stella maris, als Consolatrix afflictorum in die Finsterniß, ein Licht den Irrenden. Endlich bricht der Tag an; Glockengeläute und Kanonenschüsse begrüßen ihn. Die Straßen haben sich zu Gärten, zu Wäldern umgewandelt; die kleinsten, schmutzigsten Gäßchen sind mit Guirlanden, Maien und Fichten geschmückt. Hunderttausend Menschen wogen auf und ab; alle Gemeinden der Umgegend ziehen in Prozession heran und sammeln sich nach und nach auf dem Festplatze. Um zehn Uhr begiebt sich der Präfect mit allen Behörden in Uniform an den Fuß der großen Freitreppe, die auf 103 Stufen in die Kathedrale führt. Jetzt steigt die Geistlichkeit unter den drei großen Vorhallen der ehrwürdigen Kirche diese Treppe herunter. Es ist ein imposanter Anblick, wie keiner der Anwesenden sich entsinnt, je gehabt zu haben. Zwölf Bischöfe, unter ihnen ein Kapuciner aus Spanien, schließen den Zug, zuletzt der Cardinalerzbischof von Bordeaux; sie erheben Jeder die Hand und segnen die Menge. Alle Theile der Procession zusammen haben eine Ausdehnung von mehr als einer Stunde Wegs; dreitausend Priester leiten sie in Festgewändern. Auf dem Platze du Breuil im Thale ist eine Bühne errichtet, in deren Mitte ein Altar steht. Man sieht von hier aus die Stadt sich amphitheatralisch erheben; von dem Felsen Corneille blickt das Riesenbild der Jungfrau hernieder auf die wogende Menge, und durch das Brausen weht es wie ein Hauch des Mittelalters. Wahrlich, man glaubt sich zurückversetzt in das Jahr 1095; es ist, als ob sich die Christenheit in der Ebene versammele, um in feierlichem Concil den Kreuzzug zu berathen. Die Gottesmutter hat das Gebet des Bischofs erhört, der mehrere Messen zu Erhaltung guten Wetters hat lesen lassen, und die Sonne theilt die Wolken, die wochenlang über der Stadt gehangen hatten; die Kirchenfahnen, die goldenen Kreuze, die blinkenden Uniformen, Alles schimmert im Sonnenglanze. Es ist ein wunderbar romantisches, südfranzösisches Bild. Die Einbildungskraft entflammt sich, und als nun der Bischof von Puy, der das Hochamt feiert, das Allerheiligste erhebt, als mehr denn 60,000 Christen niederknieen, den gegenwärtigen Gott anzubeten, als nun der Chor der Priester die Hymne: O salutaris hostia! anstimmt, da gab es einen Augenblick hoher Begeisterung, der feierlich in dem „Magnificat anima mea Dominum" nachbebte, das jetzt ein Priester mit ergreifend metallener Stimme sang. Das war der Höhepunkt des Festes.

Ich erinnerte an den ersten Kreuzzug. Und in der That wäre der Priester zu entschuldigen gewesen, der bei dem Anblick dieser Pracht, umgeben von so großen historischen Erinnerungen, andere Träume genährt, andere Gefühle gehegt hätte, als die der frommen Verehrung. War doch im Augenblick das Oberhaupt der katholischen Kirche in seinen weltlichen Besitzungen bedroht, und eilten die Legitimisten, die Enkel jener Kreuzfahrer (les fils des croisés, wie sie sich so gern nennen), nach Rom, um die Waffen für den heiligen Vater zu ergreifen! Doch wenn diese Träume genährt wurden, so verriethen sie sich wenigstens nicht. Das stärkste Wort, das der Erzbischof von Bordeaux als Hauptredner sprach, war, daß er dies Fest eine katholische Demonstration nannte. Einen großen Theil der Bedeutung entzog dem letztern auch die Abwesenheit des Staatsoberhauptes, welches man dazu eingeladen hatte; selbst der Eroberer von

Sewastopol, Marschall Péllisier, den man angekündigt hatte, war nicht gekommen. Den Kaiser hielt seine Reise nach Algier und dem Süden ab; aber zu einer Zeit, wo die politischen Parteien die Religion zu ihren Zwecken benutzen, hätte schon die Rücksicht auf die Unabhängigkeit seiner Politik dem Staatsoberhaupte Vorsicht gerathen.

Die Feier gewann zuletzt in der Menge immer mehr den profanen Charakter eines immerhin großartigen Festgenusses. Von Fanatismus keine Spur; man findet ihn nur noch in der bei der heutigen Bewegung interessirten Partei; die große Menge kennt ihn nicht mehr. Unter den Festinschriften las man sogar: „Marie, Beschützerin der Industrie", in ebensoviel chinesischen Laternen, als die Worte Buchstaben hatten; es war eine Spitzenhändlerin, die den Grundgedanken des Jahrhunderts aussprach. In dieser Beziehung war das Fest eines der schönsten, das ich je gesehen habe; der Abend gewährte das gewöhnliche Schauspiel: Feuerwerk und Illumination, aber diese beiden waren des Ganzen würdig. Auf den Bergen umher brannten hohe Feuer, während die Riesenstatue selbst, sowie auf dem Nebenfelsen die Kapelle des Erzengels Michael prächtig erleuchtet waren. Allgemeinen Jubel rief das Tableau des Feuerwerks hervor, welches die h. Jungfrau mit dem Jesuskinde darstellte. Tags darauf wurde in der Kathedrale feierliches Hochamt gehalten, um Gott für seinen über das Fest ertheilten Segen zu danken.

Während der Feierlichkeiten fragte mich ein Voltairianer mit einer gewissen Ironie über diese selbst: „Ist Ihr Protestantismus fähig, ein solches Fest zu feiern?" Wäre die Frage alles Ernstes von einem echtgläubigen Katholiken gestellt gewesen, so hätte ich an die Gustav-Adolfsfeier auf dem Schlachtfelde zu Lützen, an verschiedene Lutherfeste, an die Jubelfeste der Reformation erinnern können, sicherlich großartige protestantische „Demonstrationen" voll gläubiger Innigkeit, von denen die katholische Welt ihrerseits keine Kenntniß oder doch keinen Begriff hat. Aber es war nicht nöthig; warum mich auf den confessionellen Standpunkt beschränken, den ich selbst längst verlassen habe, der für Tausende von beiden Confessionen ein vergessener ist. Nein, über all diesen confessionellen oder kirchlichen Festen erhebt sich ein neuer Cultus, der, wie die Gottidee selbst, an Freiheit und Erhabenheit gewachsen ist, auch höher und umfassender ist: der Cultus des Genius; denn jedes große Genie ist eine Offenbarung des Weltgeistes, der in demselben sichtbar wird. Dieser Cultus ist in der deutschen Nation zuerst aufgetreten. Wer hat 1840 in Paris aus dem Gutenbergsfeste ein „religiöses" Fest zu machen verstanden, wie es in Deutschland der Fall war, wo der Sieg der geistigen Freiheit gefeiert ward? Und vor Allem darf man hier an das Schillerfest erinnern. Eine solche über den Erdball verbreitete Feier, in welcher alle kirchlichen Unterschiede aufgingen, spricht mehr als Alles von der ungeheuern Umwälzung, die in der geistigen Welt vor sich geht und alle Schichten der Gesellschaft ergreift, und in der Ewigen Stadt selbst reicht kein Kirchenfest, trotz alles Prunks und alles Schimmers, an die Höhe, an die Tiefe, an die Gluth dieses Festes.

Durch die Errichtung der Riesenstatue hatte also der Glaube an die Gründung der Stadt durch die h. Jungfrau sichtbare Bestätigung erhalten sollen. Während aber die Taube der christlichen Legende so über der Stadt schwebte, hatte sich im Thale der Adler der römischen Geschichte auf die Stadtgöttin selbst niedergelassen und protestirte. Das war also gekommen. Im Jahre 1795 ward im Dörfchen Aiguilhe¹) ein uneheliches Kind geboren, dessen reicher Vater vergessen ist, während der arme Knabe der Stolz seiner Heimath geworden ist. Das Kind ward der Bildhauer Crozatier. Seine Mutter, die sich als Nähterin von ihrer Hände Arbeit ernährte, war nach Paris gegangen und ließ ihren Sohn 1802 nachkommen, um ihm eine gute Erziehung geben zu lassen. Er trat bei einem Ciseleur in Lehre, zeichnete sich bald aus und ward 1813 auf Empfehlung seiner Lehrer vom Kaiser von der Conscription freigesprochen. Ein Jeder, der die Denkmäler von Paris kennt, kennt auch den Namen Crozatier. Von demselben ist u. a. auch der Gutenberg in Mainz; für das Viergespann auf dem Triumphbogen des Caronsselplatzes erhielt er das Kreuz der Ehrenlegion. Er starb vor nicht allzulanger Zeit. Unter mehren Vermächtnissen, die den Charakter des Künstlers ehrten, war auch eins für seine Geburtsstadt, ein monumentaler Brunnen, von welchem er das Modell selbst ausgearbeitet hatte. Es ist ein Kunstwerk, das auch der Weltstadt Paris Ehre machen würde. In der Mitte steht die Stadt Puy, nach antiker Weise als Göttin personificirt, außer andern Figuren von den vier Flußgöttern Loire, Allier, Borne und Dolaison umgeben, die das Velay befruchten; und zum Zeichen, daß sie eine römische Colonie sei, trägt sie den Adler der Legion in der sichern Hand, und unter diesem stehen die majestätlichen vier Buchstaben S. P. Q. R. Senatus populusque romanus! Als diese Buchstaben nach der Aufstellung sichtbar wurden, entstand in der Stadt eine große Bewegung. Die Partei der Legende schrie, daß man sie überrumple, daß es ein Gewaltstreich sei, daß dadurch der heidnische Ursprung der Stadt eine officielle Bestätigung erhalte, während die Wissenschaft noch nicht die ihre ertheilt habe. Sie wandte sich an die städtische Behörde, und dieselbe war nachgiebig genug, den Befehl zu geben, die vier Buchstaben zu beseitigen. Schon kam der Kupferstecher und legte die Leiter an, als die Partei der Geschichte ihrerseits protestirte.

---

¹) NB. Die französische Orthographie verlangt Aiguille zu schreiben; in dieser Gegend aber wird das l mouillé durch ein h angedeutet; so wird z. B. der Ortsname Taulhac wie Taulliac ausgesprochen. S.

Wenn auch, sagte sie, der wissenschaftliche Streit noch nicht entschieden sei, wenigstens das Resultat von der Gegenpartei noch nicht anerkannt werde, so geböte doch die Pietät und Achtung vor dem Vermächtnißgeber, dieses Vermächtniß zu schonen und es wenigstens nicht eher zu ändern, als bis die eine oder andere Ansicht den Sieg davongetragen habe. Man mußte dem Archäologen Aymard und seiner Partei willfahren. Und so stehen sich denn jetzt die römische Colonie und das Standbild der h. Jungfrau gegenüber; dieses ist von dem bischöflichen Palaste, der Kathedrale, dem geistlichen Seminar und andern Kirchengebäuden wie von einer Schutzwache umgeben; das Denkmal jener steht auf dem freien Platze der modernen Stadt und lehnt sich an die Präfectur an, den Sitz der Staatsbehörde. Es ist eine symbolische Versinnlichung des großen Conflicts unserer Zeit. Vatikan oder Capitol, wer wird siegen? Die Regierung soll über dem Conflicte stehen, der die Gesellschaft bewegt, und sie ist auch thatsächlich bemüht, das „oder" in einer Versöhnung beider Gegner zu verwischen. Dabei aber kann sie freilich nicht übersehen, wie sie selbst bei dem Conflict betheiligt ist. Der Vatikan will kein Zugeständniß machen, will keine Theilung der Gewalt und wird von den Feinden der Regierung vertheidigt und unterstützt; die Legitimisten ergreifen die Waffen für ihn. Kein Wunder, wenn das eigene Interesse der Regierung gebietet, auch ihrerseits nicht zuviel einzuräumen und auch das Recht des Capitols zu wahren. So ist es auch in Puy. Ohne der Würde und den Rechten der Kirche zu nahe zu treten, läßt der aufgeklärte Präfect doch der Partei der historischen Forschung seinen gewichten Schutz zu Theil werden.

Mir trat diese sinnbildliche Bedeutung klar vor die Augen, als ich die Stadt verließ. Es war gerade nach dem großen Feste, das ich geschildert habe. Noch prangten die Straßen in dem grünen Festgewande, das sie zu Ehren der h. Jungfrau angelegt hatten. In dieser erregten Stimmung fuhr ich den Vulkan Denise hinan, von dem aus wir unsere historische Wanderung begonnen haben. Welch herrliche Aussicht von seinem Gipfel! Wie reizend lag im Morgenduste das ganze Gebirge des Velay vor mir! Die Riesenstatue ragte im Sonnenglanze zum Himmel und aus allen Thälern stieg der Morgennebel in weißen Flocken zu ihr empor, wie Weihrauchwolken. Ich reiste in Gesellschaft von Priestern; das Gespräch kam bald auf die Tagespolitik. Cialdini war eben in den Kirchenstaat eingedrungen. „Nun, Lamoricière wird ihn schon empfangen," sagte ein junger Abbé. Wenige Tage nachher kam die Nachricht von seiner Niederlage bei Castelfidardo.

Mit der Schilderung dieses Streites, in welchem sich der Ursprung der Stadt Puy und die Geschichte der Gegenwart so seltsam verketten, wollen wir von dem Velay Abschied nehmen. Der Ausflug dahin hat uns mehr gegeben, als er versprach. Er hat uns mit den Troubadours

nicht nur ein Bild vom ganzen Mittelalter gegeben, sondern uns auch
tiefe Blicke in die celtische und die gallo-römische Epoche thun laſſen. Ja,
über die Grenzen der Geſchichte hinaus ſind wir gegangen, und haben
den Boden Frankreichs ſelbſt aus dem Chaos auftauchen und ſich allmälig
bilden ſehen, und wiederum hat uns dieſer Ausflug ein Bild der bewegten Gegenwart entrollt und an die Pforte der verhängnißvollen Zukunft
geführt. Wir nehmen nun den Faden unſerer Geſchichte der Lyrik
des Mittelalters wieder auf, und wie wir jetzt aus dem Velay nordwärts
fahren, ſo wenden wir uns auch zu den

Lyrikern von Nordfrankreich.

Die nordfranzöſiſche Poeſie trat jetzt das Erbe der Sprache von Oc
an; denn kaum hat die Literatur der letztern mit dem Kreuzzuge gegen die
Albigenſer, der die Troubadours nach allen Winden zerſtreute, ihre ge-
ſchichtliche Rolle ausgeſpielt, ſo nimmt nordwärts der Loire Thibaut IV.,
Graf von Champagne, die Harfe auf, die Jene hatten fallen laſſen. Er
iſt nicht der erſte, noch der einzige Minneſänger des Nordens, aber der
namhafteſte eigentlich lyriſche Dichter jener Zeit, in deſſen Liedern,
die ſeine Liebe zu Blanche von Caſtilien, Mutter des h. Ludwig, feiern, es
wie ein Echo der provençaliſchen Poeſie wiederklingt. Wie einſchmei-
chelnd klingt nicht die bukiſche Strophe, die in Frankreich der trockenſte
Mathematiker aus ſeinen Schuljahren im Munde behält:

> Au revenir que je fis de Provence,
> S'émut mon coeur, un petit, de chanter:
> Quand j'approchois de la terre de France.
> Où celle maint, que je ne puis oublier.

(Bei meiner Heimkehr aus der Provence, begann mein Herz zu beben und
zu ſingen; als ich nahte dem Lande Frankreich, wo die weilt, die ich nicht
vergeſſen kann; maint vom lateiniſchen manere.)

Hüpfen die Verſe nicht wie Taktnoten, wie die Pulsſchläge ſelbſt des
verliebten Herzens? Und klingt es nicht wie Geſang von den Lippen einer
Schäferin, die längs der blühenden Hecke am Wieſenrain ihre Spindel
abſpinnt, wenn er in die Klage ausbricht:

Les douces doulors	Die ſüßen Schmerzen
Et les maux plaiſans	Und das liebliche Weh,
Qui viennent d'amor	Das die Liebe bereitet,
Sont dols et cuiſans.	Wie thut es ſo weh'.

(Wörtlich: ſind arg und brennend: dols von dolosus — falſch, arg, oder dolere
— ſchmerzen.)

Wenn aber die Poeſie der Troubadours ihren Zauber namentlich
von der melodiſchen Harmonie der Sprache entlehnte, ſo ſpricht in den
Liedern Thibaut's hier und da ſchon jener dem nördlichen Frankreich eigene
Esprit ſein Wort mit, der ſo geſchickt Verſtändigkeit mit Empfindſamkeit,

und Empfindsamkeit mit schalkhafter Bosheit zu verschmelzen weiß. Wie zart und fein sind die Worte:

> Mes chants sont tous pleins d'ire et de douleur;
> Et je ne sais si je chante ou je pleure.
>
> (Meine Lieder sind voll Zorn und Schmerz, und ich weiß nicht, ob ich singe oder weine.)

Ist es ferner nicht ganz modern, wenn er singt:

Aucune fois je l'ai vue	Manchmal sah ich sie im Traum
En songe tout à loisir...	So ganz nach Gefallen...
Lors je pleurois tendrement.	Und dann wein' ich innigiich.
Oh! je voudrois en dormant	Könnte doch im Schlummer ich
Ecouler ainsi ma vie!	Es durch's Leben wallen!

Das sind Stellen, die recht gut am Ende des 18. Jahrhunderts hätten geschrieben werden können, in der Epoche jener Empfindsamkeit, an der Frankreich so gut litt, wie Deutschland, wenn sie auch nur im letztern bis zur Krankheit, bis zum Wertherfieber gesteigert ward. Aber so weit trieb es Graf Thibaut nicht; bei ihm blieb die Sehnsucht nach dem Tode nur eine poetische Phrase, die er zwar ganz hübsch zu wenden weiß, die er aber noch hübscher verspottet; er sagt offenherzig zu seiner Angebeteten:

> Madame, je vous le demande,
> Pensez-vous, ne soit péché
> D'occire son vrai amant?
> S'il vous plait, ne m'oreiez,
> Car je vous le dis vraiment,
> Si vous m'aimez mieux vivant,
> Je n'en serai point fâché.

Und die Geschichte sagt uns: so sehr sich der Graf in Liebe abhärmte, er ward doch dick und fett dabei.

Dieses Gemisch des provençalischen und nordfranzösischen Genius, dieser Nachklang südlicher Harmonie, verbunden mit echt französischem esprit, darf uns in Thibaut nicht wundern. Niemand war mehr berufen, den Uebergang von südlicher zu nordfranzösischer Lyrik zu bilden, als er; geboren 1201, gestorben 1253, lebte er gerade in der Zeit, wo der Norden Herr des Südens wurde, und brachte auch seine Jugend im Süden zu. Er ist also nicht der Vertreter der eigentlichen einheimischen Lyrik des Nordens, sondern der Dichter des Uebergangs. Schon vor ihm hatten andere ritterliche Dichter einen volksmäßigern Ton im Minnelicde angeschlagen, wobei sie gewiß nur aufnahmen, was sie im Munde des Volkes hörten. War doch auch in Deutschland das Natur- und Minnelied schon vom Volke gesungen und diese einfachere Poesie von Rittersleuten gepflegt worden, ehe gegen Ende des 12. Jahrhunderts die kunstreichere Liederpoesie der eigentlichen Minnesänger aufblühte. Es ist natürlich nicht zu bestimmen, wenn die nordfranzösische Lyrik begann, schon weil die Bildung der Sprache selbst nur allmälig vor sich ging; manches Lied mag entstanden und vergessen sein. Wie aber die Uranfänge der französischen Poesie, gleich denen der germanischen, mehr historische Stoffe behandeln, so wählte auch die Lyrik mit Vorliebe einen epischen Rahmen und gab ihren Liedern einen stofflichen Gehalt. Diese letztern gleichen oft völlig dem, was wir Ballade oder Romanze nennen; sie sind wenig von unsern Bergreihen und sonstigen Volksliedern verschieden, wie sie namentlich im 15. Jahrhundert so zahlreich gesungen wurden.

Wie trefflich sich diese Dichter auf die Stimmung verstanden, zeigen die glücklich gewählten Beispiele, die Herr Demogeot citirt, z. B.

    En un vergier, près d'une fontenelle
    Dont claire est l'onde et blanche la gravelle,
    Sied fille à roi, sa main à sa maixelle;
    En soupirant, son doux ami rappelle.

(In einem Garten bei einem Quell mit klarer Welle und weißem Kies sitzt die Königstochter, die Wangen auf die Hand gestützt, und ruft mit Seufzen nach ihrem süßen Freund; maixelle vom latein. maxilla, Diminutiv von mala).

Ein anderes Lied fängt so an:

    Belle Doëtte, aux fenêtres séant,
    Lit en un livre, mais au coeur ne l'entend;
    De son ami Doon lui ressouvient.

(Die schöne Doette saß am Fenster und las in einem Buche; aber im Herzen verstand sie nichts von dem, was sie las; es dachte an ihren Freund Doon.)

Wie pittoresk ist folgender Eingang:

    Riche fut le tournois dessous la tour ancienne;
    Chacun par sa valeur veut qu'Idoine soit sienne;
    Et la belle s'écrie: „A l'aide! comte Etienne!"
    Il n'est point devant lui d'adversaire qui tienne;
    Et cavale et coursier sans cavalier reviennent.
      Hé Diex!
     Qui d'amour sent dolour et peine
     Bien doit avoir joie prochaine.

    Moult le fit bien Estienne qui prouesse a et force;
    Pour l'amour de pucelle s'évertue et s'efforce;
    Les écus froisse et fend com s'ils fussent d'écorce;
    Il n'attaque baron qu'à terre il ne le porce.
      Hé Diex!
     Qui d'amour sent dolour et peine
     Bien doit avoir joie prochaine.

(Reich war das Turnier unter dem alten Thurme; Jeder will durch seine Kraft, daß Idoine die Seine sei. Und die Schöne ruft: „Zu Hilfe! Graf Etienne!" Es ist kein Gegner, der vor ihm Stand hält, und Stute und Streitroß kommen ohne Reiter heim. Ei, bei Gott! Wer von der Liebe Pein und Schmerzen fühlt, soll auch nächstens Freude haben. Wacker hielt sich Etienne und kämpft um die Liebe der Jungfrau; er bricht und spaltet die Schilde, als wären sie von Rinde; keinen Baron greift er an, den er nicht zu Boden würfe u. s. w.)

Die ältesten Verse sind von dem Troubère Audefroy le Bastard aus Arras, geboren Ende des zwölften Jahrhunderts; sie sind völlig unabhängig von den südlichen Einflüssen geschrieben, unter denen sich Thibaut's Muse bildete; es weht ein germanischer Duft in ihnen. Die epische Poesie zog ihre Hauptnahrung vor den ritterlichen Abenteuern, die wir in Audefroy's lyrische Gedichte übergeben sehen, hauptsächlich aus dem christlichen Enthusiasmus und Haß gegen die Ungläubigen; sie feierte in Karl dem Großen den Bekrieger der Sarazenen, und begeisterte dadurch zu den Kreuzzügen. Die Lyrik schlug dieselbe Saite an und kein Troubadour der Provence, kein deutscher Minnesänger athmet in seinen Liedern eine tiefere Gluth, ein heiligeres Feuer, als der Graf Quênes de Béthunes, der trotz seines Alters noch das Kreuz nahm und der Erste auf den Mauern von Constantinopel war. Wie alle echte Begeisterung, zeichnet sich auch die seine durch eine kräftig einfache Sprache aus:

>   Et sachent bien les grands et les menoars,
>   Que là doit-on faire chevalerie,
>   Où l'on conquiert paradis et honour,
>   Et prix et los et amour de sa mie.
>   Dieu est assis dans son saint héritage;
>   Or on verra si ceux le secourront
>   Que par son sang il tira d'esclavage,
>   Quand il mourut en la croix que Turcs ont.
>   Sachez qu'ils sont honnis ceux qui n'iront,
>   S'ils n'ont poverté ni vieillesse ni chalage,
>   Et ceux qui sains, jeunes et riches sont
>   Ne peuvent pas demeurer sans hontage.

(les menoars, die Geringen, minores; assis, belagert, assiégé; los, Ruhm, laus; malage, Krankheit, maladie; hontage, Schande, honte.

Und die Großen und Geringen sollen es wissen, daß man da als Ritter kämpfen soll, wo man Paradies und Ehre erwirbt und Preis und Ruhm und Liebe seiner Herrin. Gott ist belagert in seinem heiligen Erbe; nun wird man sehen, ob ihm die beistehen, die durch sein Blut er aus der Knechtschaft zog, als er am Kreuze starb, das nun die Türken haben. Wißt, daß die beschimpft sind, die nicht hinziehn, wofern Armuth oder Alter oder Krankheit sie nicht abhält, und daß die, so gesund, jung und reich sind, nicht ohne Schande daheim bleiben können.)

Aber schon war Berechnung und Gewinnsucht an die Stelle des uneigennützigen, aufopfernden Glaubenseifers getreten; die Barone und Ritter, die das lateinische Kaiserthum stürzten, theilten das Land unter sich, während die Italiener sich dabei durch den Handel bereicherten und namentlich die Venetianer nach Privilegien auf dem Boden des h. Grabes strebten. Gegen diese eifert der Sänger mit Worten von biblischer Erhabenheit:

>   Ennemis de Dieu vous seres.
>   Et que pourront dire ses ennemis.
>   Là où les saints trembleront de doutance

Devant celui pour qui rien n'est secret?
Dans ce grand jour quel sera votre arrêt,
Si sa pitié ne couvre sa puissance?

(Ihr seid die Feinde Gottes. Und was werden Gottes Feinde sagen können, wo selbst die Heiligen vor Zagen beben vor dem, dem nichts verborgen ist? Was wird euer Urtheil sein an jenem großen Tage, wenn seine Barmherzigkeit nicht seine Macht bedeckt?)

Wer denkt dabei nicht an die schrecklichen Verse des Dies irae, die wie die Posaunen des jüngsten Gerichts in die Seele schmettern:

Quando judex est venturus,	Wenn der Richter kommt zu tagen,
Quid sum miser tum dicturus,	Was kann werd' ich Sünder sagen,
Quum vix justus sit securus?	Wo Gerechte selbst noch zagen?

Der Graf Ouesnes starb 1224. Das Leben seines Zeitgenossen, Renaud Castellan von Couey, ebenfalls Trouvère, zeigt, daß die nordfranzösischen Liederdichter ebenso reich an Abenteuern waren, als die der Provence und des Languedoc. Das Schloß Couey lag bei St. Quentin, unfern davon das Schloß Faïel, wo Aubert de Faïel mit seiner Gattin, Gabriele de Vergy, hauste. Renaud entbrannte in Liebe zu der schönen Dame und besiegte endlich den Widerstand derselben. Aber er hatte gelobt, das Kreuz zu nehmen und konnte sich seiner Verpflichtung nicht entziehen; Renaud schiffte sich mit Richard Löwenherz nach Palästina ein, theilte seine Kämpfe und Siege und ward bei der Vertheidigung eines Schlosses durch einen vergifteten Pfeil tödlich verwundet. Schon wollte er heimkehren, um zu den Füßen seiner Dame zu sterben, aber der Tod war schneller. Da gebot er seinem Knappen, sein Herz in eine silberne Kapsel zu legen und dasselbe nebst einem Briefe seiner Geliebten zum Andenken an ihn zu überreichen. Nach seinem Hinsterben that der Knappe, wie ihm geheißen. Aber der Herr von Faïel begegnete ihm auf dem Wege, und das Geschenk fiel in seine Hände. Er übte eine grausame Rache. Der Koch mußte auf sein Gebot das Herz des Castellans von Couey zubereiten und der Dame von Faïel vorsetzen. Nach der Mahlzeit fragte der Schloßherr seine Gemahlin, wie sie das Gericht gefunden habe. „Vortrefflich!" erwiederte diese. „Das wundert mich nicht," sagte Aubert, „es war ja das Herz eures Geliebten, des Castellans von Couey." Nach so edler Speise wollte die Unglückliche nichts mehr genießen, sie starb eines freiwilligen Hungertodes. Uhland, der die schöne Zeit der Troubadours poetisch wieder erweckt hat, der, ein moderner Troubadour, Alles in denselben schönen Weisen gefeiert hat, was jene Sänger beseelte: die schöne Minne und den heiligen Kampf für Freiheit und Männerwürde, unser Uhland hat auch das Schicksal des Sängers von Couey in rührend schöner Romanze besungen. Wer kennt sie nicht?

Aber nicht blos ritterlichen Charakters war die Lyrik, andre Lieder stimmen den echten Volkston an, wie in folgenden Versen:

Belle Alix matin leva,
Son corps vêtit et para,
En un verger elle entra,
Cinq fleurettes y trouva,
Un chapelet fait en a
De roses fleuries.
Pour Dieu! sortez vous de là,
Vous qui n'aimez mie.

(Schön Alix stand des Morgens auf, kleidete und schmückte ihren Leib, in einen Garten trat sie ein, pflückte dort fünf Blümelein, hat ein Kränzlein draus gemacht von erblühten Rosen. Um Gotteswill'n! hebt euch von hier, ihr, die ihr niemals liebet.)

Diese Verse sind aus dem Ende des zwölften Jahrhunderts, wo man noch französisch in England sprach, und wurden von Langton, Bischof von Canterbury, als Text zu einer Predigt gewählt, indem er jedem Vers eine mystische Beziehung auf die heilige Jungfrau beilegte. Wir haben in Deutschland Aehnliches gehabt.

Der Name Langton ruft uns die ganze stürmisch erregte Epoche, in welche diese Lyrik fällt, ins Gedächtniß zurück. Johann von England, der nichtswürdige Bruder des löwenherzigen Richard, hatte sich der Wahl Langton's widersetzen wollen und wurde dafür vom Papste Innocenz III. 1211 in den Bann gethan und 1213 des Reiches entsetzt, sein Land aber Philipp August von Frankreich geschenkt. Als dieser es in Besitz nehmen wollte, trat Kaiser Otto IV., der ungefähr soviel taugte als Johann, für den König o h n e L a n d in die Schranken, ward aber bei Bouvines 1214 geschlagen. Dieser Sieg war die erste große Kundgebung der französischen Nationalität, sowie auch der König Philipp als der glorreiche Hort galt, um den sich der Staat ordnete, den die Gelehrten als Augustus priesen, den die Dichter feierten. Zwar eroberte er England nicht, aber auch Johann ohne Land ward seines Lebens nicht froh, denn seine Demüthigung vor dem Papste hatte den Aufstand der Barone zur Folge und er mußte den Empörten die Magna Charta gewähren (1215). So hatten die Händel mit Langton zur Begründung der bürgerlichen Freiheit Englands geführt, während sich in Frankreich die königliche Macht befestigte. Ueber all diesem Sturme, der die drei Länder erschütterte, stand der Papst Innocenz III. 1198—1216, unter welchem die päpstliche Macht ihren Höhepunkt erreichte, vor dem sich alle Fürsten beugen, dessen Politik aber doch vor der französischen zu Schanden wird. Er ist es auch, der zum Kreuzzug gegen die Albigenser auffordert, von welchem an der Geist des Mittelalters entweicht und die großen Krisen ausbrechen, die der Reformation vorangehen.

Wir müssen zuweilen an den historischen Hintergrund erinnern, welchen die Dichter hatten, deren Poesien wir schildern. Denn wenn man von der mittelalterlichen Lyrik, dem Minnesange, spricht, so ist der Leser nur zu geneigt, sich von den ernsten Kämpfen des Lebens abzuwenden und sich in süße Träume zu wiegen voll Silberklang und Minnespiel. Aber jene Epochen waren viel stürmischer und ernster, als man nach den Liebesliedern schließen möchte. Lest z. B. Walther von der Vogelweide, der in eben jene Zeit fällt, und das ganze Weh des gespaltenen Vaterlandes, die ganze freudige Hoffnung des Patrioten und das stolze Selbstgefühl des deutschen Volksthumes weht euch rührend und kräftigend aus seinen Liedern entgegen; denn nicht blos Rosen, auch Eichenlaub flocht er in seinen Dichterkranz. So müssen wir auch die erwähnten französischen Romanzen von einem höhern Standpunkte aus betrachten als dem rein poetischen; wie sich in Philipp August die französische Nationalität zuerst in vollem Glanze der Majestät entfaltete, so sind auch die Lieder, die unter seiner Regierung geschaffen wurden, ein Ausdruck der Nationalität, die zu ihrem Bewußtsein gekommen ist und ihre Sprache geschaffen hat. Andererseits führen in England die Kämpfe gegen König und Ausland zur Versöhnung zwischen den zwei Elementen der englischen Nation, den Sachsen und Normannen, und bereiten so mit der Gründung eines eigenen Volksthums auch eine selbständige Literatur vor.

Noch ein anderes schauervolles Drama spielt in diese Zeit hinein, das nicht ohne Bezug zur Literatur des Mittelalters ist; denn mit ihm verliert die celtische Nationalität, die wir als die Grundlage vom französischen Volksthum ansehen müssen, ihre politische Bedeutung; mit ihm spielt ferner die Arthursage, außer der literarischen, auch eine geschichtliche Rolle. Nachdem schon Wilhelm der Eroberer die Souveränetät über die Bretagne beansprucht hatte, erkennt endlich Ludwig der Dicke von Frankreich die Oberhoheit Englands über dies Land an (1113). Als nun der bretonische Adel sich weigerte, Conan den Vierten als Herzog anzuerkennen (1156—1169), verheirathete dieser seine Tochter Constanze mit Gottfried, Prinzen von England, und dankte zu deren Gunsten ab. Zu derselben Zeit erhielt Heinrich II. von England die Landeshoheit über das celtische Wales (1183) und durch einen Schenkbrief des Papstes Adrian IV., eines Engländers, 1154 auch Irland, das von nun an der englischen Herrschaft verfällt. In der Bretagne bekämpfen zwar die eingebornen Herren Gotfried als Fremden, aber durch Frankreichs Vermittlung wurde er doch zu Rennes zum Herzog ausgerufen. Gotfried, in der Bretagne Geoffroy II. genannt, fand ein trauriges Ende; er hatte sich von Philipp August von Frankreich zum Krieg gegen seinen Vater aufwiegeln lassen und war nach Paris gegangen, wo man ihm prächtige Feste gab; aber gerade bei einem der Turniere, die man ihm zu Ehren anstellte, ward er tödtlich verwundet. So war die Bretagne ohne Fürst und dem Zwist der Parteien preisgegeben. Aber wenige Monate nach Gottfrieds Tode

1186 gebar seine Wittwe Constanze einen Sohn, dem man den hoffnungsreichen Namen Arthur gab. Es ging damals im Volke die Sage um, Arthur der König von der Tafelrunde sei nicht gestorben; die Feen hätten ihn von seinen ruhmvollen Wunden geheilt und er werde als Kind wiederkommen, um die Bretagne zu befreien und ihr den alten Glanz wiederzugeben. So eilte sonst das portugiesische Volk bei wehendem Südwinde an die Meeresküste und hoffte auf König Sebastians Wiederkehr, so harrte das deutsche Volk auf das Erwachen Kaiser Friedrichs Barbarossa. Der König von England, der diesen Volksglauben fürchtete, bestach daher die Mönche von Glastonbury zur Aussage, sie hätten König Arthurs Grab gefunden, aber die Bretagne ließ sich nicht beihören. Die Partei Constanzens und Arthurs strebte sogar, als Heinrich II. gestorben war, nach dem englischen Thron für den jungen Arthur, und als Richard Löwenherz den Krieg nach der Bretagne trug, rettete der Adel Arthur und erkannte ihn als Herzog an. Dies geschah 1197. Zwei Jahre später fiel König Richard vor Chalus und sein Bruder Johann nahm den Thron von England und der Normandie zum Nachtheil seines Neffen Arthur ein. Aber der funfzehnjährige Knabe war ein lebendiger Protest gegen des Königs Unrecht und der ruchlose Johann hatte keine Ruhe, bis er dies Hinderniß alleiniger sicherer Herrschaft nicht aus dem Wege geräumt hatte. Er ließ daher den jungen Arthur, während derselbe in Poitou ein Schloß belagerte, durch Verrath gefangen nehmen und erst nach Falaise, dann nach Rouen bringen. Den dritten April des Jahres 1203 am Gründonnerstage nahm ihn der tückische Johann mit sich in eine Barke, es war Abend, der Jüngling war von Hunger und Gefangenschaft entkräftet; Peter von Maulac war dabei. Diesem gab der König den Befehl den Herzog Arthur zu tödten und da derselbe zu mitleidig war und sich weigerte, so ermordete der ehrlose Johann mit eigener Hand seinen Neffen und wirft ihn in die Seine. Die ganze Bretagne zuckte vor Abscheu und Entrüstung bei der Nachricht zusammen und verlangt Gerechtigkeit für das unschuldige Opfer von Philipp August König von Frankreich als dem Oberlehnsherrn der Normandie; dieser fordert den Mörder nach Paris vor das Gericht der Pairs, und als Johann sich weigert zu erscheinen, verurtheilen ihn die Richter zum Tode. Philipp aber zieht alle in Frankreich gelegenen Lehen Johanns als verwirkt ein (1204 und 1205). Die Bretagne selbst zwar blieb selbständig, aber im Jahre 1212 gab Philipp die Hand der Prinzessin Alix, Tochter Constanzens von ihrem zweiten Gemahl Gui von Thouars, an Peter von Dreux, einen Urenkel Ludwigs des Dicken, und so stieg eine französische Familie auf den Thron der Bretagne. Wir kennen schon das Schicksal des Landes; wie sich auch das celtische Volksthum gegen das französische Wesen noch wehrte, die politische Selbständigkeit geht nach und nach verloren und der Name Arthur selbst, dies Symbol heimischer Größe, wird allein durch die

Lieder des Fremdlings und Eroberers der Nachwelt überliefert. Ja die französischen Trouvèrés und nach ihnen die deutschen Dichter schmücken diesen Namen mit einem Ruhm und Glanz, wie ihn kein celtischer Barde geträumt hat.

Wenden wir uns nach dem historischen Ueberblick wieder zu der Lyrik jener Epoche, so erinnern wir uns, daß dieselbe schon einen mehr volksmäßigen Charakter gewann; sie war kräftiger, von frischerem Grün als die provençalische, aber weniger glänzend und elegant. Dasselbe gilt von den Liebeshöfen, die mit der Poesie in so innigem Zusammenhange standen und zu denen wir auch im Norden ein Seitenstück finden; es sind die Ulmenspiele, jeux sous l'ormel. Gewöhnlich pflanzte man vor dem Schlosse oder auf den Plätzen vor der Kirche eine Ulme; unter derselben wurden alle Versammlungen und feierlichen Acte der Gemeinde gehalten, ein Gebrauch, der aus der germanischen Heidenzeit herrührt und noch heute in Frankreich und Deutschland von den Bauern beibehalten ist. Die Ulme bei dem Schlosse sollte auch dem Herrn als Schutz gegen Wetterunbill dienen, sie wurde orme d'abri genannt und gehörte nebst dem Hauptschlosse dem ältesten Sohne. Unter der Ulme hielt man auch Tänze und Spiele, zuweilen auch Versammlungen von Minnesängern und Damen, um Fragen der Liebe zu verhandeln und über den Werth von Gedichten zu entscheiden. Jeux sous l'ormel nannte man auch Gedichte von bukolischem Charakter. Ein anderer Name erinnert durch seine Etymologie an den Süden, die puys d'Amour. Sonderbare Schicksale des Wortes! Der Ursprung von Puy ist griechisch; πόδιον ist ein Tritt, d. h. eine Erhöhung, von wo aus man besser steht; bei den Römern hieß podium im Circus oder Amphitheater die vorspringende Loge (nach heutiger Bezeichnung), worin der Kaiser oder die vornehmsten Senatoren saßen; im Mittelalter hieß jede Anhöhe so (das Volk machte puy daraus), u. a. auch der Ort, wo die Richter der poetischen Wettkämpfe saßen, zuletzt diese Wettkämpfe selbst. So gab es einen Puy de la Conception d. h. einen poetischen Wettkampf zu Ehren der unbefleckten Empfängniß der h. Jungfrau, der 1486 zu Rouen gestiftet wurde.

Wie sehr die edle Verskunst mit dem Volksleben verwachsen war, zeigen die Gouillards oder Clercs-ribauds des dreizehnten Jahrhunderts, fahrende Dichter aus dem Volke, die um Geld die Seigneurs feierten oder bei Hochzeiten und Dorffesten sangen. Einige trugen Tonsur, die Concile geboten ihnen aber das ganze Haar zu rasiren, um das Zeichen des geistlichen Standes zu beseitigen. Wir hatten in Deutschland im 15ten Jahrhundert die Spruchsprecher und noch heute wissen im südlichen Deutschland die Hochzeitbitter ganz artig zu reimen. Diese Hochzeitreimer existiren auch noch in der Bretagne (wenn auch der Gebrauch ausstirbt), sie heißen **Bazvalan** für den Bräutigam und **Brotaër** für die Braut; am Tage der Hochzeit halten sie unter mancherlei Ceremonien poetische Zwiegespräche, von denen man in den Barzaz-Breiz des Herrn de Lavillemarqué das Beispiel nachlesen kann; über die Gebräuche sehe man Souvestre (les derniers Bretons) nach.

Aber eben alles Volksmäßige wurde in der französischen Literatur beseitigt und erdrückt, der celtische Genius mußte dem römischen weichen, die Kunstpoesie, die aus eigentlich gelehrten Stuben hervorging, erhielt dermaßen die Oberhand, daß man auf die Literatur des Mittelalters mit Verachtung hinabblickte, obgleich grade die nationalsten Dichter, Sterne erster Größe wie Lafontaine und Béranger aus der volksmäßigen Poesie ihre Unsterblichkeit schöpften. Vor der Hand konnten nur die Provençalen Vorbilder sein und diesen verdankte auch Thibaut, was seine Gedichte an gefeilterer Form besaßen, nicht jedoch (wie wir sahen) ohne den Schmelz nordfranzösischer Naturfrische. Leider begegnen wir auch schon bei ihm jener leidigen „Bekehrung" im Alter, von der uns die französischen Dichter so manches Beispiel geben; ich erinnere nur an Racine. Als ob sie ihr Leben lang nicht Verstand oder Muth gehabt hätten, ihr Leben so zu regeln, daß sie sich im Alter einer solchen Demüthigung nicht zu unterwerfen hatten! Und wenn es noch dazu immer der Mühe verlohnt hätte! Racine geht sogar soweit, seine Meisterwerke als sündhaft zu bereuen. Also, darf man schließen, eure schöne Literatur steht im Widerspruch mit eurem Glauben und der Sittlichkeit? Dieser Mangel an logischer Consequenz und Entschiedenheit der Ueberzeugung ist ein Hauptgebrechen besonders der französischen Lyriker, die nur zu oft in der Poesie ein bloßes Spiel der Phantasie erblickten, nicht aber ein Priesterthum, das der Menschheit Würde zu wahren hat. Es giebt zwar große Dichter, die auch in dieser Beziehung große Ausnahmen sind: einer der größten **André Chénier**, und vor Allen Béranger der Unbestechliche, dessen Händedruck mich noch in der Erinnerung stolz und glücklich macht, beide als Dichter eben darum so groß, weil sie auch große Denker waren. Es ist dies, wie ich schon gesagt zu haben glaube, nicht meine individuelle Meinung, ich habe diese Ansicht über die Masse der Lyriker von Franzosen selbst aussagen hören und dann geprüft und wahr gefunden. Vague, nuageux, diese und ähnliche vorwurfsvolle Eigenschaftswörter, die der Franzose der deutschen Poesie ertheilt, kommen nur zu oft seinen Lyrikern zu. Wo diese Eigenschaften in der deutschen Poesie gefunden werden, da entsprechen sie einer Seite des menschlichen Herzens, sind also psychologisch gerechtfertigt; bei den französischen Lyrikern rühren sie meistens von mangelhafter Bildung her, es fehlt ihnen an Kenntnissen. Die größten Dichter aller Zeiten hatten auch tüchtig studirt; Dante, Petrarca, Schiller, Göthe waren Gelehrte; unter den Franzosen war der Größte, Molière, mit allen Kenntnissen seiner Zeit vertraut.

Wenn es Ausnahmen giebt wie Béranger, so sind dies Günstlinge des Glücks, denen die Natur alle Fülle der Lebensweisheit in der Wiege mitgab wie den Weisen Griechenlands, und sodann beschränkte sich derselbe auf eine Gattung der Lyrik, in der eben nur die Lebensweisheit sprach. Dagegen war André Chénier in der blühenden Jugend gelehrt wie das Alter, und sehe selbst, ob die Gelehrsamkeit in ihm die Poesie erstickt hat; denke ferner an Lucrez, den größten Dichter Roms und André Chénier's Vorbild, grade aus der Philosophie schöpfte er die Begeisterung. Es fällt mir hierbei die Anekdote ein, die unser Julius Fröbel in der ersten Nummer der Zeitung „Adler" erzählt hat: ein junger Mann, der sich zum Dichter geboren glaubte, wollte nichts von „naturwissenschaftlichen" Erklärungen hören, weil er fürchtete, die „poetische" Anschauung möchte darunter leiden. Es darf nicht wundern, wenn aus dem Jüngling nichts geworden ist, weder ein Gelehrter noch ein Dichter. Wie z. B. die Geologie mit aller Poesie sich verträgt, habe ich schon gesagt; Lucrez studirte Naturwissenschaft und Göthe die Geologie. Nun vergleicht einmal den hohlen Klingklang und den unklaren verschwommenen Bildernebel, der sich nur zu oft in Lamartine's Gedichten findet, wenn es sich um Naturerscheinungen handelt, mit den Schilderungen der gelehrten Dichter, Lucrez, André Chénier und Göthe. Um es zusammenzufassen: wie der Redner (nach Quintilian), so soll auch der Dichter ein vir bonus, ein edler Charakter sein, man kann dies aber nicht ohne Klarheit der Urtheilskraft werden; denn logische Inconsequenz oder (um deutlich zu reden) Mangel an Folgerichtigkeit im Denken zieht auch Mangel an Charakter nach sich. Zweitens: was der Wahrheit widerspricht, kann nicht schön sein; der Dichter muß daher nicht nur ein Denker sein, sondern auch eine gründliche Kenntniß von Natur und Geschichte haben. Nur ein Göthe durfte zu dem gelehrten Doctor Faust sagen:

> Grau, theurer Freund, ist alle Theorie
> Und grün des Lebens goldner Baum,

und noch dazu legte er sie wohlweislich in den Mund des Mephistopheles. Ganz dieselbe Ansicht brachte ich vor Jahren einmal in Verse, als ich in Schab's Musenalmanach (Jahrgang 1853) Verse von Gottfried Keller, der sich selbst einen „Autodidakten" nennt, „Für die Rothen", las. Zwar nahm ich hier die Feder aus politischem Zorn, als ich so abgeschmackt über eine ganze Partei von einem Manne aburteln hörte, der weder Beruf noch Recht dazu hat; alberne Schreier giebt es in jeder Partei, hüben und drüben, aber man beurtheilt nach ihnen nicht das Ganze. Worte von meinem Landsmann Adolf Böttger, „den Lebenden" zugerufen, gossen Oel ins Feuer, und so schrieb ich folgende Verse, die nicht mehr Anspruch auf poetischen Werth machen als die, denen sie antworten:

Poetische Bilder- und Vertrauensmänner.

1.
Mit Bildern läßt sich trefflich streiten,
Mit Bildern ein System erbaun,
Mit Bildern spielen den Gescheidten
Und rufen: „Laßt uns nur vertraun;

2.
„Es ist genug zerstört im Lande,
Nur mit Vertraun wird aufgebaut,"
Indeß rings von der Felsen Rande
Noch jede Zwingburg niederschaut.

3.
Doch wuchs aus hohler Bilder Samen
Der Wald der deutschen Poesie?
Schafft man mit bloßen Bildern Dramen
Und braucht's nicht auch Psychologie?

4.
Als Schiller stolz aufflog zur Sonnen,
Hat er mit Bildern phantasirt?
Hat er nicht fleißig und besonnen
Vorher erst seinen Kant studirt?

5.
Denn als er reif ward, ward er's inne,
Daß jedes Bild und Gleichniß hinkt,
Daß nur von des Gedankens Zinne
Die Wahrheit und die Schönheit winkt.

6.
Sind seines Glaubens stolze Worte
Nicht Kantische Philosophie?
Nun, werft der deutschen Dichtkunst Pforte
Vor „graue Eselstheorie"!

7.
Noch tönt es fort wie Schwertgeklirren:
„Der Mensch ist frei geschaffen, frei!"
Und niemals wird die Welt beirren
Nicht Bildersturm noch Pöbelschrei.

8.
Drum geht ihr Herrn „Autodidakten"
Erst in die Schul' und lernt etwas,
Bevor ihr eure abgeschmackten
Ideen gießt aus dem Tintenfaß.

9.
Vor Allem Logik thut das Meiste,
„Wie Blut ein ganz besonderer Saft,"
Giebt Consequenz nicht nur dem Geiste,
Giebt auch noch dem Character Kraft.

Graf Thibaut, der uns zu diesen Reflexionen veranlaßte, war indessen nicht der Erste, der sich bekehrte, als er nicht mehr sündigen konnte; ein Trouvère des zwölften Jahrhunderts, Denis Pyram, war ihm mit seinem Beispiel vorangegangen. Er beichtet also:

    J'ai moult usé, comme péchère,
    Ma vie en trop folle manière;
    Et bien trop j'ai usé ma vie
    Et en péché et en folie;
    Quand cour hantais et les courtois,
    Si, fesois-je des sirventois,
    Chansonnettes, rimes, saluts,
    Entre les drues et les drus.
    Ce me fit faire l'enemy;
    Si, me tient ord et mal bailly.
    Les jours jolis de ma jeunesse
    S'en vont, j'arrive à la vieillesse,
    Il est bien temps que me repente.

(d. h. Ich habe mein Leben als Sünder zu thöricht genützt; ich hab' es nur zu sehr in Sünde und Thorheit zugebracht; als ich noch den Hof besuchte und mit den

Hofleuten umging, da machte ich Satiren, Lieder, Reime und Complimente unter dem jungen Volke. Der böse Freind ließ mich das thun, auch hat er mich besudelt und übel zugerichtet; die schönen Tage meiner Jugend vergehen, ich gehe ins Alter ein, es ist Zeit, daß ich bereue. moult — beaucoup (multum); drues et drus, die jungen Leer bestleute, eigentlich: flügge; ord — beschmutzt (fawon ordure); courtois (= courtisan) bedeutet heutzutage höflich, auf ähnliche Weise ist im Deutschen aus h ö f i s c h das heutige h ü b s c h geworden.)

Und, fügt Herr Demogeot schalkhaft hinzu, um Buße zu thun, sang nun der Trouvère das Leben und die Wunder vom heiligen Edmund, König von England. Es ist allerdings ganz verzeihlich, daß der Greis die Freuden des Lebens, weil sie flüchtig sind, auch für nichtig hält; auch unser Walther von der Vogelweide stimmt in seinen alten Tagen einen ernsten religiösen Ton an, doch scheint es mir, als sei er natürlicher als der französische Trouvère. Und wenn letzterer die Freuden des Lebens im Uebermaß genossen hat, so ist es seine Schuld, daß auf den Genuß der Ekel gefolgt ist. Im Grunde aber hängt diese sogenannte Bekehrung mit der katholischen Bildung zusammen, nach welcher all diese weltlichen Lieder nur Frivolitäten sind. Vorzüglich aber und zwar noch heute wird das Theater von der katholischen Kirche als wahres Teufelswerk (pompes de Satan) hingestellt, dessen Besuch dem Seelenheil nur verderblich werden könne; wenn es von ihr abhinge, so würde es gar keine dramatische Literatur geben. Die Kirche stützt sich hierbei auf die Verdammungsurtheile der lateinischen Kirchenväter aus den Zeiten des untergehenden Heidenthums; sie vergißt aber dabei, daß dies ganz andre Verhältnisse waren. Damals war die dramatische Kunst allerdings zur rohesten grobsinnlichsten Posse geworden, die Pantomime beherrschte die Scene; aus diesen Vorstellungen war freilich für Geist und Herz keine Nahrung zu holen. Was aber in Racine's Tragödien Sündhaftes sein soll, das begreift man nicht.

Der hundertjährige Krieg mit England, der jetzt Frankreich zu verwüsten begann (ungefähr von 1337 bis 1453) war der Entwicklung einer nationalen Poesie ebensowenig günstig, als es der dreißigjährige Krieg der deutschen Literatur war. Indessen mitten in diesen Wirren begegnen wir noch einem lyrischen Dichter, der zwar weit weniger Naivetät, aber in Bezug auf die Form mehr Kunst besitzt als seine Vorgänger und durch seinen Ideenkreis noch dem Mittelalter angehört. Karl von Orléans (geb. 1391, gest. 1463), Enkel König Karls V. und Vater Ludwigs XII. kam grade zu der Zeit in die Welt, wo mit dem Roman von der Rose das frostige Spiel der Allegorie die Herrschaft über die freie Schöpfung der Einbildungskraft gewann, und er ergeht sich nach Herzenslust in diesem Rosengarten, wo Alles künstlich ist, von den Rosen an bis zu den Marionetten Doulx-Regard, Bel-Accueil, Liesse, Faux-Dangier u. s. w. Wir haben fein Recht es ihm vorzuwerfen, unsere deutsche Poesie jener Zeit litt an derselben Krankheit; es war das Siechthum des Mittelalters. Die Welt war des Singens müde, sie fing an zu denken, ziemlich pedantisch zwar, ziemlich scholastisch, aber sie dachte doch. Der Verstand wollte auch sein Recht haben. Dem Liebenden gleich, der nach der Hochzeit vom zärtlichen Sklaven sich zum tyrannischen Gebieter aufwirft, waltete er nun als Herr im Hause über sein hübsches unterwürfiges Weibchen Phantasie und die alte Schwiegermutter Weisheit half ihm treulich das zarte Seelchen beleidigen. Drollige Ehe! Das Schooskind Jupiters, die den Thyrsusstab der Begeisterung schwingt, gehorchte nun dem Pedanten, dem Schulmeister, der den Tatel führte in den Schulen der Meistersänger. Aber sprechen wir glimpflicher von dem Ehrenmanne und den Meistersängerschulen, in denen der Bürgerstand jene gleichmäßige Bildung des Volkes verbreitete, durch die dasselbe für die Reformation empfänglich ward. Man kann nicht immer Wein trinken, aber Wasser braucht man immer; der üppigste Feinschmecker ruft zuletzt voll Ueberdruß aus: „Toujours des perdrix!" nur das Brod wird man nie satt; und was Brod und Wasser für die Nahrung des Leibes, das ist der Volksunterricht, die Volksschule für die Bildung des Geistes, für die gesittete Gesellschaft überhaupt. Wie aber die Bildung, die aus den Meistersängerschulen in das Volk drang, die Reformation vorbereitete, so wirkte diese wieder auf den Volksunterricht zurück und drang vor Allem auf Gründung von Schulen. Haben wir Achtung vor dem Schulmeister, dem Volkslehrer! Aus jener Ehe zwischen Verstand und Phantasie ging ferner in Deutschland die mystisch-ideologische Dichtung des 14ten Jahrhunderts hervor, für die wir weiter unten ein lateinisches Seitenstück finden werden und die ebenfalls der Reformation die Bahn brach. Denn wir gelangen nun an das Ende des Mittelalters. Bis hieher hatte zwischen der französischen und deutschen Literatur eine gewisse Einheit geherrscht, nicht nur in Bezug auf die meisten Stoffe, die man bearbeitet und sich zum Theil entlehnt hatte, sondern auch auf die Art und Weise der Behandlung, wie wir noch eben Minnegesang und Allegorie in beiden Ländern herrschen sahen. Diese Einheit fiel jetzt aus einander. Ehe wir weiter gehen, wollen wir aber noch einen Augenblick bei dem Dichter verweilen, der uns zu dieser Betrachtung führte.

Was Charles d'Orléans auszeichnet, ist nicht die Begeisterung, sondern die Vollendung der Form; zum ersten Mal begegnen wir einem französischen Dichter, der zugleich ein Künstler ist. Die echte Tiefe seines Gefühls kommt in seinen Gedichten nicht zum Ausdruck, für ihn ist die Poesie nur ein anmuthiges Spiel, dem er das Heiligste seines Herzens nicht anvertraut; er macht Esprit in Versen. So stellt er sein Herz als ein Schloß dar, das von Falsch-Gefahr (Faux-Dangier) belagert und von Hoffnung beschützt wird. Als er seine Dame verloren hat, vergleicht er sein Schicksal mit dem Schachspiel, das Glück hat seine Dame genommen und wenn er sich keine neue macht, so wird er matt werden u. s. w. Daher die vielfachen Allegorien und Personificationen, aber alles dies ist in so eleganter Form vorgetragen, sein Witz hat eine so gefällige Schmeichelei, daß es uns anspricht wie hübsche Schmucksachen. Frische Blumen sind freilich schöner, aber wenn es Herbst wird, muß man sich schon mit Nachahmungen begnügen. So kann man auch sagen, daß die Poesien dieses Prinzen Frankreichs dem flüchtigen Sonnenlächeln der letzten schönen Herbsttage gleichen; es fröstelt uns bei den Allegorien, die ins Ohr rascheln wie dürres Laub, auch die Sonnenstrahlen haben wenig Wärme, aber sie lächeln doch und vergolden die welken Blätter; auf die Länge zwar möchte man's nicht aushalten, aber ein Hauptverdienst dieser Poesien ist eben ihre Kürze, sie sind klein wie Kleinodien, sie lassen einem keine Zeit zur Langeweile. Und wenn es dem Dichter in diesen Kleinigkeiten an Gluth des Gefühls fehlt, so wird dieselbe durch das naive aufrichtige Gefallen ersetzt, das er an ihnen nimmt; man sieht, daß es ihm Ernst ist, nicht mit dem, was er sagt, sondern mit der Manier, wie er es sagt. Es klingt fast natürlich, wenn er folgendes Zwiegespräch mit seinem Herzen hält, so natürlich wie manches andere ähnliche Lied von Heine, das auch nicht wahrer war; ich habe es ungefähr nachgebildet, aber man brachte wohl das Original und die hübsche Sprache dieser Ballade; denn im Französischen heißt Ballade dem etymologischen Ursprung nach (woron auch bal d. h. Tanzfest) jede muntere Kleinigkeit, die man ebensogut singen als tanzen kann.

1.

N'a pas longtemps qu'allai parler
A mon coeur tout secrétement
Et lui conseiller de s'ôter
Hors de l'amoureux pensement;
Mais il me dit, bien hardiment:
„Ne m'en parlez plus, je vous prie;
J'aimerai toujours, si m'aid Dieu!
Car j'ai la plus belle choisie:
Ainsi m'ont rapporté mes yeux."

2.

Lors dis: Veuillez me pardonner;
Car je vous jure par serment
Que conseil je vous crois donner,
A mon pouvoir, très loyaument:
Voulez-vous sans allégement
En douleur finir votre vie?
— Nenni da! dit-il, j'aurai mieux:

1.

Nicht lang' ist's her, so redet' ich
Gar heimlich mit dem Herzen mein
Und rieth ihm zu: „Ich bitte dich,
Laß das verliebte Sinnen sein."
Es aber sprach gar sedlich: „Nein!
Schweig', deine Worte sind verloren;
So Gott hilft, laff' ich's Lieben nicht!
Die Schönste ist's, die ich erkoren:
Von meinen Augen lautet
So der Bericht."

2.

Drauf sprach ich wieder: „Höre mich,
Mein Herz, und wolle mir verzeih'n;
Ich schwör' dir's ehrlich zu, daß ich
Mit meinem Rath es redlich mein'.
Willst du denn, daß in Schmerz und Pein
Trostlos dein Leben sei verlorn?" —
„Ei lieber gar! So mein' ich's nicht;

Madame m'a fait chère lie*): Ihr Lächeln hat mein Glück geschworen,
Ainsi m'ont rapporté mes yeux. Von meinen Augen lautet
           So der Bericht."

3.

Croyez-vous savoir sans douter, „Erräthst du aber, sagte ich,
Par un seul regard seulement, Ihr Herz aus einem Blick allein?
Lui dis-je alors, tout son penser? Gesetzt, ihr Blick betröge dich?
Oeil qui sourit quelquefois ment. Auge, das lächelt, lügt oft fein." —
— Taisez-vous, me dit-il, vraiment: Da sprach's: „Laß nun das Reden sein,
Je ne croirai chose qu'on die; Taub sind dafür mir Herz und Ohren,
Mais la servirai en tous lieux: Ich bleib' in deren Herz und Pflicht,
Car de tous biens est enrichie; Die reich an jedem Reiz geboren;
Ainsi m'ont rapporté mes yeux. Von meinen Augen lautet
           So der Bericht."

Ich kann das Verdienst dieser Poesien nicht besser als mit Herrn Demogeots Worten charakterisiren: „Niemand besaß den natürlichen Instinkt des Rhythmus in einem höhern Grade. Die Harmonie seiner Gedichte ist nicht blos die Harmonie der Worte, sondern auch die der Verhältnisse in der Entwickelung des Gedankens. Jede seiner Poesien ist ein harmonisches Ganzes, äußerst geringfügig und schwächlich zwar, aber vollkommen organisirt, regelmäßig und anmuthig um eine Idee oder einen Refrain erwachsen, wie eine Pflanze um ihre Herzfaser. Man kann von ihm nicht blos einzelne Verse, glückliche Ausdrücke, sinnige Strophen citiren, wie bei Thibaut, sondern ganze Stücke, die eine liebliche Einheit bilden. Zum ersten Mal erlangt die französische Poesie die Schönheit der Form und bringt endlich ein Kunstwerk hervor." Ein solches Kunstwerk im kleinsten Rahmen, dem Sonett ähnlich, ist folgendes Lied (chanson ist der Titel), auf dessen Nachbildung ich verzichtet habe; übrigens liegt es ja auch dem Leser dran den Fortschritt der Sprache selbst kennen zu lernen, von der wir beim Epos die Anfänge gesehen haben. Das Lied lautet so:

    Rafraichissez le chastel de mon coeur
    D'aucuns vivres de joyeuse plaisance;
    Car Faux-Dangier, avec son alliance,
    L'a assiégé dans la tour de douleur.

    Si ne voulez le siège sans longueur
    Tantôt lever, ou rompre par puissance,
    Rafraichissez le chastel de mon coeur
    D'aucuns vivres de joyeuse plaisance.

---

*) Anm. faire chère lie à quelqu'un hat die doppelte Bedeutung vom heutigen traiter qqn. d. h. gut behandeln und gut bewirthen; Brantôme sagt: cette dame me fait bonne chère d. h. freundliche Miene.   Eg.

> Ne souffrez pas que Dangier soit seigneur
> En conquêtant sous son obéissance
> Ce que tenez en votre gouvernance.
> Avancez-vous et gardez votre honneur;
> Rafraîchissez le chastel de mon coeur.

(d. h. stärkt das Schloß von meinem Herzen mit einigem Proviant von heiterer Lust; denn Faux-Dangier mit seinem Anhang hält es belagert in dem Thurm der Schmerzen. Und wollt Ihr die Belagerung nicht ohne längeres Zögern aufheben oder gewaltsam brechen, so stärkt das Schloß von meinem Herzen mit einigem Proviant von heiterer Lust. O duldet nicht, daß Faux-Dangier Herr davon sei, daß er unter seinen Gehorsam bringe, was Ihr unter eurer Botmäßigkeit habt. Rückt heran und wahrt eure Ehre; stärkt das Schloß von meinem Herzen.)

Die Eleganz und Geselltheit, welche diese Gedichte zur Schau tragen, überrascht um so mehr, als sie in einer so stürmischen Zeit entstanden, wie die Epoche unseres Dichters war. Karl von Orleans war 1391 geboren; im Jahre darauf ward König Karl VI. wahnsinnig; am Hofe herrschte mit der verworfenen Isabeau von Baiern die ärgste Sittenlosigkeit und mit derselben die unsinnigste Parteiung. Der Vater unsers Karl wurde auf Anstiften Johanns von Burgund 1407 ermordet, 1419 fällt der Mörder seinerseits durch Mord. Inzwischen war nach der Schlacht bei Azincourt 1415, in welcher Karl von Orleans gefangen wurde, das ganze nördliche Frankreich mit Paris in die Hände des Königs von England gerathen; Isabeau, die Gemahlin des Königs von Frankreich, die Mutter des Dauphin, schloß den ungeheuerlichen Bund mit dem Feind und Fremdling und unser Dichter vernahm in seinem Gefängnisse zu Pontfret, wie Frankreich durch den Tractat von Troyes 1420 auf immer mit England vereinigt wurde. Und für all dies entsetzliche Unglück, für den Mord seines Vaters, für die Verwüstung, die Vernichtung seines Vaterlandes fand die Muse des königlichen Sängers, des Prinzen von Geblüt, nicht einen Schrei des Schmerzes, der Entrüstung?! In einer Zeit, wo Alles zu Grunde ging, was ihm theuer sein mußte, wo er Vater und Vaterland, Freiheit und Geliebte verlor, fand er die Muße und das künstlerische Behagen 152 Balladen, 131 Lieder und 402 Ringelgedichte (rondels) zu schreiben? Ja, möchte ich hinzusetzen, und wir selbst halten es der Mühe werth, bei so wehvoller Geschichte, deren Studium für den Deutschen voll so ernster Lehren ist (denn sie ruft ihm das heimische Weh in's Gedächtniß), uns mit der Lecture von Liederchen zu kurzweilen, die zwar ganz artig gedrechselt sind, die aber von nichts lispeln als Liebeleien und Tändeleien? Sollten wir uns nicht mit Geringschätzung und tiefem Mitleid oder noch gerechterem Zorn von einem Manne wenden, der, wenn er unter allem persönlichen und öffentlichen Unglück erdrückt daniederliegt, keine andern Seufzer ausstößt als Liebesseufzer?

Und nun, da Alles verloren ist, da der Fremdling soldatisch in der

Hauptstadt schaltet, da der heimische König sich verzweifelt hinter die Loire zurückgezogen hat, ja sogar schwachherzig und verweichlicht Alles aufgiebt, da der Name Frankreich wie aus der Geschichte gestrichen ist, da geschieht ein Wunder, so groß, so heilig, so göttlich unerwartet, daß der Ungläubigste fast beschämt das Haupt beugen und ausrufen möchte: das ist kein natürliches Ereigniß, kein Spiel des Zufalls, eine unsichtbare Hand hat rettend in das Geschick dieses Landes hineingegriffen! Seht, Alles verzagt, überall wendet sich der Sieg von Frankreichs Fahnen zu dem Banner Englands, das letzte Bollwerk der französischen Nation, Orleans, steht auf dem Punkte sich dem Belagerer zu übergeben und wenn dieses gefallen, dann steht dem Engländer der Weg durch jede Stadt, durch's ganze Land offen; und nun Frankreichs letztes Schicksal sich naht, da erscheint plötzlich ein Bauermädchen, ein armes Hirtenkind von nur achtzehn Jahren, und unbeirrt durch die Zweifel, die der König und seine Umgebung an ihr und ihrer Sendung hegen, sich selbst ihres Berufs mit unbesiegbarer Sicherheit bewußt, ruft sie:

>Nichts von Verträgen! nichts von Uebergabe!
>Der Retter naht, er rüstet sich zum Kampf.
>Vor Orleans soll das Glück des Feindes scheitern.

und was sie gesprochen, führt sie aus. Orleans wird entsetzt, der Feind geschlagen, König Karl VII. zieht siegreich in Rheims ein und am 17. Juli 1429 wohnt Johanna der feierlichen Krönung des Königs bei; ihre Aufgabe war erfüllt. Wunderbares Mädchen, in der sich fromme Schwärmerei so innig mit der verständigsten Klarheit, die reinste Weiblichkeit mit männlich sicherer Entschiedenheit vereinigen! Verwirrt steht die Weisheit dieser Welt vor deiner Erscheinung, denn „kein Verstand der Verständigen sieht, was in Einfalt übt ein kindlich Gemüth",

>Doch wie du selbst aus kindlichem Geschlechte,
>Selbst eine fromme Schäferin wie du,
>Reicht dir die Dichtkunst ihre Götterrechte;

denn niemals hat der Weltgeist ein heiligeres, ein rührenderes Drama gedichtet als das Leben des Mädchens von Orleans war. Und seht, bei der Betrachtung dieser wunderbaren Erscheinung kann ich mich des Gedankens nicht erwehren, daß ein Volk, dessen Geschichte ein solches Ereigniß aufzuweisen hat, das am Rande des Abgrundes durch ein solches Wunder gerettet worden ist, eine große Sendung auf Erden zu erfüllen haben muß. Ja, wenn ich Frankreich haßte wie ich es liebe, ich müßte beim Hinblick auf diese Rettung ausrufen, wie Schiller selbst die Jungfrau sprechen läßt: „Dieses Land soll fallen, das Gott liebt wie den Apfel seines Auges?" — Wo der Gott der Weltgeschichte seine Liebe so sichtbar offenbart, da muß er auch für die Weltgeschichte, d. h. für das Wohl aller

Völker eine Absicht haben. Aber freilich auch welch ungeheure Schuld der Dankbarkeit erwächst aus solcher Rettung für dieses Volk! Wenn es dieser Sendung vergäße, wenn es, statt die große Aufgabe zu erfüllen, die ihm zugefallen ist, seine Kraft leichtsinnig in Frivolitäten zersplitterte oder wohl gar zum Nachtheil der Weltgestaltung, vielleicht zur Stillung gemeiner Herrschaftsgelüste mißbrauchen wollte, — ?! — Doch nein, warum Unmögliches denken! Es hat sich im 16ten Jahrhundert von Fremden, Italienern und Spaniern, zu blutigen Gräueln gegen die Freiheit des Gewissens verführen lassen können, Gräuel, die es zwei Jahrhunderte später durch ebenso entsetzliche Gräuel sühnen zu müssen glaubte, für die aber im Grunde nur jene Fanatiker verantwortlich sind, welche eine ruhige Entwicklung des Fortschritts in Hugenottenblute erstickt hatten; es hat sich von dem bis zur Selbstvergötterung übermüthigen Despoten Ludwig XIV. zu gewaltthätigen Freveln mißbrauchen lassen können, für die ihm Europa's Fluch und Haß zu Theil wurde. Aber seitdem es im Jahre 1789, dem heiligen Jahre der Völkerverjüngung, zum Bewußtsein seines geschichtlichen Berufs, zum Selbstbewußtsein gekommen ist, kann dieses Volk seinem Berufe nicht mehr untreu werden, denn eine solche Untreue wäre Selbstmord. Darum, wie auch Manche, irre geleitet vielleicht durch trügerischen Anschein, wenn nicht gar bethört durch die Feinde der Freiheit, deren Grundsätze die französische Nation in der Revolution von 1789 proclamirte, an dieser Nation zweifeln mögen, ich vertraue auf Frankreich und meine Aufgabe ist eben die der Verständigung zwischen ihm und Deutschland.

Zwar das Wunder, das uns so stolze Gedanken von Frankreichs geschichtlicher Stellung und Sendung einflößte, läßt sich, wie alle andern Wunder, ganz natürlich erklären. Abgesehen von dem physischen Zustande der Jungfrau, auf welchem ihre geistige Reizbarkeit beruhte, so mußte schon die ganze verzweifelte Lage des Volkes zu einer im entgegengesetzten Sinne ebenso äußersten Reaction treiben. Was die Aerzte bei Fieberkranken bestätigen, wo der höchste Paroxysmus eben die Krise und den Umschlag zur Genesung andeutet, gilt auch von ganzen Nationen. Und Johanna kam ja auch nicht vom Himmel gestiegen; sie lebte in ihrem Volke, ihre Umgebung sprach alltäglich von dem Unglück des Vaterlandes, drückte alltäglich ihre Bangigkeit aus und legte den Keim der Begeisterung in das Herz des reizbaren Mädchens. Die Krise mußte zuletzt ausbrechen, oder Frankreich wäre zu Grunde gegangen; daß sie aber ausbrach, war eben der Beweis von der gesunden unverwüstlichen Lebenskraft dieser Nation. Ragte nicht selbst die celtische Urzeit in dieses Ereigniß hinein? Feen der Druidenepoche spukten um die alte Buche des Dorfes Dom Remy, der Genius der celtischen Race sprach in diesen Erinnerungen. Anstatt aber durch die natürliche Erklärung des Wunders etwas von seiner Bedeutung zu verlieren, gewinnt das Ereigniß nur eine um so erhöhtere Bedeutung.

Denn gerade weil ihm die Rettung nicht von außen kam, weil das französische Volk sie in sich trug, grade darum müssen wir es für so lebenskräftig halten. Und die menschliche Natur muß sich stolz erhoben fühlen, daß eine rein menschliche Natur, ein Weib wie alle andern, die wir Mutter, Schwester oder Gattin nennen, solches „Wunder" verrichten konnte. Mancher Mensch, der in Schwachheit verzagt oder im Alltäglichen versinkt, wird sich beim Hinblick auf solche Charaktere sagen: Dieser Mann, dieses Weib war ein Mensch wie du, nicht mehr, aber o stolzer Gedanke! auch nicht weniger, was könntest, was solltest du nicht thun?

Nur vergessen wir nicht, daß dieses fromme Heldenmädchen ein Kind des Volkes war. Das Volk hat das Volk errettet, während der König und der Hof verzagten, ja Volk und Land und selbst die edle Retterin verließen! Es sollte der Jungfrau die heiligste der Kronen werden, die Märtyrerkrone. Wenn man erwägt, daß die französische Nationaleinheit sich noch nicht mit scharfer Bewußtheit ihrer selbst aus dem mittelalterlichen Chaos herausgearbeitet hatte, daß besonders der Norden unter englischem Soldatendrucke erlag, so darf man wohl das Volk selbst nicht zu hart anklagen, daß es seine Retterin nicht aus den Ketten des Feindes befreite. Der Aberglaube ihrer Zeit war ihr ebenfalls untheilbringend; denn Viele, die im Grunde gute Patrioten sein mochten, standen in Zweifel, ob die Jungfrau den Mächten des Himmels oder den Teufeln der Hölle gehorcht hatte; sie ward ja auch von der katholischen Kirche als Ketzerin gerichtet, wenigstens waren es lauter Theologen, die sie verurtheilten. Aber Nichts entschuldigt den gewissenlos leichtsinnigen König und seinen abscheulichen Undank. Er hatte sie prüfen lassen, ehe er sich ihres Beistandes bediente, hatte sie um sich gesehen, mit ihr gesprochen, in deren Antlitz die reinste Unschuld leuchtete, und er, der ihr Krone und Reich verdankte, war bei Verlust aller Ehre verpflichtet, Alles aufzubieten, um die Gefangene zu retten. Und er that Nichts! Das ganze capetingische Geschlecht machte sich in Karl dem Siebenten des Throns von Frankreich unwürdig. Denn es verbindet eine gewaltige Solidarität alle Glieder eines historischen Geschlechts. Noblesse oblige, sagt ein französisches Sprichwort; und in der That, wenn der Enkel den Ruhm seines Ahnen theilt, so theilt er auch seine Schande, und wenn sich die Würden des Ahnen vererben, so muß der Enkel auch für das Verbrechen des erstern büßen. Für uns, die demokratischen Bürger des 19ten Jahrhunderts, haben diese Grundsätze keine Geltung; das Individuum allein ist für seine Schuld verantwortlich. Aber Jeder wird nach seinem Standpunkte beurtheilt und gerichtet, und wenn der mittelalterliche Adel die Solidarität der Ehre beansprucht, so muß er folgerichtig auch die der Schande anerkennen. Die legitimistischen Journale Frankreichs übersehen das freilich; sie haben den Muth, die Jungfrau von Orleans als die Ihre zu preisen, weil sie von der innigsten Liebe zum

König ihres Landes beseelt war. Allerdings war sie das; aber die Schmach und der Undank des Königs sind darum nur um so größer.

Die Kirche nahm später bei der Revision des Prozesses ihr früheres Urtheil zurück und zwar diesmal auf Befehl des Papstes selbst; indem sie der Wahrheit die Ehre gab, that sie nur ihre Pflicht. Was aber that nun die Poesie, durch die der Genius eines Volkes spricht, zur Ehrenrettung, zur Verherrlichung der Heldin und Märtyrin? Die Antwort fällt dem Literaturhistoriker schwer. Diejenigen, die den guten Willen hatten, hätten besser geschwiegen; man weiß, daß Chapelain's ungeheuerliche Epopöe der Anlaß zu jenem Voltaire'schen Gedichte wurde, das wir mit den Worten eines Franzosen selbst (Merceler) als ein **Verbrechen gegen die Nation**, un crime antinational, kennzeichnen dürfen. England hatte die Jungfrau als eine Hexe verbrannt (Shakespeare's Darstellung wird durch seine Zeit entschuldigt, die noch zu nahe an jene Epoche gränzte, um ein freies Urtheil zu haben), einem Engländer kam es zu, das doppelte Verbrechen Englands und Voltaire's zu sühnen. Es war Robert Southey, der schon in seinem Drama „Wat Tyler" die Grundsätze des zeitgenössischen Frankreichs vertheidigt hatte. Zwar ist sein 1796 erschienenes Epos, Joan of Arc, sein Meisterwerk, doch ist ihm immerhin viele Anerkennung zu Theil geworden. Dem edelsten, dem reinsten Dichter der neuen Zeit, unserm Schiller allein konnte es gelingen, die reinste Heldin aller Zeiten auch ihrer würdig zu feiern, obgleich die Verletzung der geschichtlichen Wahrheit vom Standpunkte der Kunst aus mit Recht getadelt werden kann. So haben ein Engländer und ein Deutscher die Heldin Frankreichs verherrlicht; wie sollten sich nicht auch die drei Nationen im Großen unter einander lieben und achten?

Nach allem Vorhergehenden wird man nun mit um so größerer Spannung die Frage stellen: was hat denn der Zeitgenosse Johannens, Karl von Orleans, als Dichter für den Ruhm derselben gethan? Die Antwort ist kurz und trocken: Nichts. Das klingt traurig, nicht wahr? und doch finde ich ihn durch Herrn Demogeot vollkommen entschuldigt, wenn derselbe sagt: „Nicht sein Herz darf man anklagen, sondern seine Poetik. Karl betrachtete die Poesie nicht als den natürlichen Ausdruck dessen, was unsere Seele bewegt; sie war für ihn ein kurzweiliges Spiel der Phantasie, eine Art gelehrter Stickerei, wozu der Witz den Stoff lieferte." Sein wirkliches Gefühl kam in seinen Gedichten nicht zum Ausdruck, dieses sprach eine zu natürliche Sprache für solche Künsteleien. Auf wen also fällt die Schuld? nicht auf ihn, sondern auf die Dichtkunst seines Zeitalters, die noch nicht die würdevolle Stellung eingenommen hatte, die der Kunst überhaupt gebört. Denn wie die religiösen Ansichten des Menschen an Reinheit und Würde wachsen, je weiter die Menschheit in der Erkenntniß des Ganzen vorwärts schreitet, so wird auch der Beruf der Dichtkunst mit der wachsenden Bildung ein höherer, oder vielmehr die Dichtkunst kommt nun erst zum Bewußtsein ihres Berufs. Was einem Racine unmöglich gewesen wäre, das vermochte ein Schiller, nicht wegen größerer Dichterkraft, sondern wegen der vorgeschrittenen reicheren Bildung seiner Zeit; erst an des achtzehnten „Jahrhunderts Neige" waren die Worte „an die Künstler" möglich. Der größte Mensch wird durch die Zustände seines Jahrhunderts bedingt und beschränkt, sowie er anderntheils durch den Fortschritt desselben gehoben wird. Was daher an ihm mangelhaft ist, ist nicht immer seine Schuld, sowie die Vorzüge, die er vor seinen Vorgängern hat, nicht immer sein Verdienst sind. Wir müssen uns an den Gedanken gewöhnen, daß nur die Menschheit im Ganzen der volle Mensch ist; wie der einzelne Mensch in reiferen Jahren einen höhern Standpunkt einnimmt, von dem aus er die Welt richtiger und würdiger beurtheilt, so bereichert sich auch die Menschheit im Laufe der Geschichte an Kenntnissen und Ideen, die dem Dichter einen größern Horizont eröffnen als den, so die Dichter vor ihm hatten. Natürlich hat dieser Satz seine Anwendung nicht nur auf die Zeit, sondern auch auf den Raum. Die ganze Menschheit erst ist der ganze Mensch; der Einzelne ist nur ein Atom, die einzelne Nation nur ein Theil derselben. Keine für sich allein erschöpft das Menschenthum, arbeitet für sich allein die volle Idee der Kunst heraus; jede bringt nur einen Theil davon zur Anschauung, die vergleichende Literaturgeschichte allein ist daher die wahre Literaturgeschichte. Keine Nation hat folglich auch das Recht über eine andre abzusprechen und die heimischen Ansichten und Kunstwerke als den allgemein gültigen Maßstab zur Beurtheilung fremder aufzustellen. Die Franzosen waren lange Zeit in dieser Verblendung, die classische Schule ist es noch; unser Schiller war gerechter, er übersetzte Shakespeare's Macbeth, aber zugleich auch Racine's Phädra. Er hatte eben den Fortschritt der Zeit begriffen (und dies ist sein großes persönliches Verdienst), während Gottsched einseitig der classischen Tragödie der Franzosen huldigte und Lenz ebenso einseitig dem britischen Drama. Diese Beiden sind sklavische Nachtreter geworden und wie alle Nachtreter unter ihren Vorbildern geblieben, während Schiller eine neue tragische Kunst schuf, deren Dichtwerke von einer höhern, Racine und Shakespeare unbekannten Idee beseelt sind, von der Idee des geschichtlichen Fortschritts.

Wenden wir dies auf die Zeit Karls von Orleans an, so müssen wir gestehen, daß die Dichter jener Zeit nicht viel mehr thun konnten als sie gethan haben. Die Dichtkunst galt damals nur für ein Spiel, nicht für ein Priesterthum im Dienste der ewigen Ideen. Dieser Dienst kam allein noch der Geistlichkeit zu; wo daher Karl von Orleans einen ernsten Ton anstimmt, da spricht er auch ganz wie ein Prediger, wie z. B. in seinem „Klagelied von Frankreich." Das Elend seines Vaterlandes, sagt er.

käme von der Hoffahrt, Völlerei und Schwelgerei her; es solle sich aber damit trösten, daß es viel mehr Reliquien von Heiligen habe als alle andern Länder Europas, und um sich aus der Noth zu retten, möge es nur recht viele Messen lesen lassen. Es ist die große Frage, ob der Dichter nur ein Wort von dem, was er da sagt, ernstlich gemeint und gefühlt habe; er plärrte nur nach, was die Priester vorsangen. Er der Fürstensohn von kriegerischem Muthe, der Ritter und Kämpfer für das Vaterland, fühlte sicher instinktmäßig, daß das Heil wo anders lag, aber es blieb nur Gefühl, sein Geist war noch befangen im Glauben der Kirche. Wie der Einzelne, so das Ganze. So wenig die Nation sich ihrer politischen Einheit schon mit voller Klarheit bewußt war, so wenig gab es auch eine öffentliche Meinung im heutigen Sinne des Wortes, deren Ausdruck die Poesie hätte werden können. Vielleicht nur einmal im französischen Mittelalter war die Poesie der Ausdruck eines Allen gemeinen Gefühls und Gedankens, zur Zeit des Rolandsliedes, in welchem der Kampf gegen den gemeinsamen Feind, die Sarazenen, gefeiert wurde und das zugleich der Begeisterung für den Kampf um's heilige Grab entsprach. Das Andre war mehr oder minder Standespoesie, die Gedichte von der Tafelrunde wurden bei Hofe oder auf den Burgen des Adels gesungen, die Contes und Fabliaux t. b. die Schwänke erzählte man sich in Bürgerkreisen; nach und nach bildete sich die gelehrte Poesie, die aus dem Studium der alten Welt hervorging. Später im 17ten Jahrhundert geschah durch das Hôtel Rambouillet ein Fortschritt, indem die Literatur in die gesellschaftlichen Salons überging, welche dem königlichen Hofe gegenüber eine eigene Autorität bildeten; es gab Hofdichter und Dichter der Gesellschaft, wohlverstanden der vornehmen. Der Dichter, der Schriftsteller stand immer noch im Dienste eines Standes oder gesellschaftlichen Kreises, nur zu oft gehörte er sogar zum Personal eines adligen Haushaltes. Mit Voltaire begann endlich die ungeheure Revolution, durch ihn herrschte der Geist als solcher, der Schriftsteller wurde eine Macht, die Literatur ein nationales Gemeingut. Das war im Mittelalter unmöglich; es hatte eine Menge Freiheiten (franchises, Immunitäten, Privilegien), aber es kannte noch nicht die Freiheit; es gab eine Menge Kasten und Stände in der Nation, aber es gab noch keinen Volksstaat. Die Erscheinung der Jungfrau von Orleans bereitete diesen mächtig vor; auf Karl VII. folgte der bürgerfreundliche Ludwig XI., der es zuerst entschieden unternahm den Lehnsadel und die Feudalität zu brechen. Aber darum stehen wir auch mit der Jungfrau am Schlusse des Mittelalters, dessen romantischer Genius sich in dieser Erscheinung verherrlicht. Ebenso schließt Karl von Orleans die Dichtung des Mittelalters ab, denn (sagt Herr Demogeot in eleganten Worten) schon vergoldete ein früher Strahl der Renaissance von ferne die Spitzen des königlichen Palastes. Die mittelalterliche Welt zerfiel.

Die deutsche Nation empörte sich auf's Neue, wie einst zur Zeit Armin's, gegen Rom's Fremdherrschaft; denn Luther's Werk ist ebensowohl eine philosophisch-religiöse That als ein nationaler Kampf. Heinrich Heine hat diese Seite der Reformation glücklich aufgefaßt, als er Kaiser Heinrich den Vierten auf dem Schloßhofe zu Canossa Angesichts des übermüthigen Papstes die Geburt des kühnen Sachsen ahnen läßt, der die in dem Kaiser verletzte Würde des deutschen Volkes rächen wird. Möge das Gedicht hier Platz finden, es hat noch heute seine Lehre.

1.
Auf dem Schloßhof zu Canossa
Steht der deutsche Kaiser Heinrich,
Barfuß und im Büßerhemde,
Und die Nacht ist kalt und regnicht.

2.
Droben aus dem Fenster lugen
Zwei Gestalten und der Mondschein
Ueberflimmert Gregor's Kahlkopf
Und die Brüste der Mathildis.

3.
Heinrich mit den blassen Lippen
Murmelt fromme Paternoster,
Doch im tiefen Kaiserherzen
Heimlich knirscht er, heimlich spricht er:

4.
„Fern in meinen deutschen Landen
Heben sich die deutschen Berge,
Und im stillen Bergesschachte
Wächst das Eisen für die Streitart."

5.
„Fern in meinen deutschen Landen
Heben sich die Eichenwälder,
Und im Stamm der höchsten Eiche
Wächst der Holzstiel für die Streitart."

6.
„Du mein liebes treues Deutschland,
Du wirst auch den Mann gebären,
Der die Schlange meiner Qualen
Niederschmettert mit der Streitart."

So war es. Die Reformation rächte die von Papst und Cardinälen tausendfach beschimpfte und niedergetretene deutsche Nationalität in dem Abfall von Rom. Und bis auf heute hat auch diejenige deutsche Regierung den meisten Patriotismus, die meiste Achtung für deutsche Nationalehre gezeigt, die am entschiedensten mit Rom gebrochen hat. Der katholische Klerus fremder Länder versteht dies natürlich nicht, aber deutsche Patrioten sollten es nicht vergessen. Heutzutage handelt es sich zwar nicht mehr um das kirchliche Werk Luther's, sondern um die deutsche Wissenschaft, aber diese ist von der Reformation ausgegangen, sowie auch die deutsche Sprache durch Luther verjüngt worden ist. Bisher aber waren Sprache und Wissenschaft das einzige nationale Band des deutschen Volkes. Jetzt, wo es auch politisch einig werden will, möge es an den Ausgangspunkt seiner neuern Geschichte denken.

Während sich Deutschland von Rom sonderte, fühlte sich Frankreich im Gegentheil magisch nach Italien gezogen, von dem ihm einst die ersten Keime der Bildung gekommen waren. Kaum hatte es im 15ten Jahrhundert die Engländer vertrieben und seine Unabhängigkeit wieder erkämpft, als es unter Karl dem Achten seine eroberungssüchtigen Waffen nach Italien trägt (1494), dem es noch nach Beendigung des Krieges von

Katharina von Medicis an bis auf Mazarin herab alle Künste seiner verfeinerten und verderbten Gesittung entlehnt. Bei dem Anblick der Kunstwerke und der geselligen Eleganz, die ihn hier überraschte, schien Frankreichs Genius wie aus einem langen tiefen Traum zu erwachen; er erinnerte sich plötzlich seines lateinischen Ursprungs und daß Roms Sprache auch auf seinen Lippen lebte, und wie das nationale Selbstgefühl Deutschland zur Trennung von Rom, zur Reformation getrieben hatte, so trieb ein gleicher nationaler Instinkt Frankreich zur Wiedervereinigung mit der lateinischen Welt, zur Renaissance.

Fast Alles, was von mittelalterlichen Stoffen und Gesängen sein Herz erfreut hatte, ward von ihm vergessen oder als barbarisch verachtet. „Les siècles grossiers" nannte Boileau das Mittelalter. Armer Boileau, wie beschämt würdest du dastehn, wenn du heute wiederkämst, der du das Reich der Poesie hast abzirkeln wollen, wie Le Nôtre den Garten von Versailles! Mit Freuden blicken wir trotz unsers Fortschritts, an dem auch du dein redlich Theil hast (wir werden später auch dein Verdienst anerkennen), auf jene „rohen Jahrhunderte" zurück und lauschen dem tausendstimmigen Gesange ihrer Trouvères und Troubadours, denn sicher war die Zeit der Liebeshöfe poetischer als der Hof des „großen Königs" mit seiner gelehrten Galanterie.

Die Liebeshöfe erinnern uns an ein Verdienst des Mittelalters und seiner Literatur, das wir nur flüchtig berührt haben, das aber von so tief eingreifender und nachhaltiger Wirkung auf die menschliche Bildung gewesen ist, daß wir genöthigt sind, die Aufmerksamkeit der Leser noch einmal darauf hinzulenken. Es ist die hohe Anerkennung, die dieses Zeitalter den Frauen zollt; nach der Stellung der Frauen in der Gesellschaft aber kann man die Bildung einer Epoche und eines Volkes überhaupt bemessen.

Die untergeordnete Stellung, die Asien in der Geschichte einnimmt, hängt mit der untergeordneten Stellung zusammen, die dort den Frauen angewiesen ist; wo der Mann, auf seine physische Kraft trotzend, allein herrscht, da kann eine wahrhaft menschliche Bildung nicht aufkommen. Zwar läßt sich das Streben, sich auch zur Geltung zu bringen oder auch am Lebensgenuß Theil zu nehmen, in den Frauen nicht unterdrücken; aber zu Sklavinnen herabgewürdigt wie sie sind, streben hier die Frauen nur nach Sklavenweise und mit Sklavensinn ihr individuelles Recht geltend zu machen. Die herzgewinnende Feinheit und Ueberredungskraft des Weibes wird im Orient zur ränkevollen Verschlagenheit, zu gemeiner Verschmitztheit; der weibliche Schönheitssinn bethätigt sich in kindlicher Putzsucht. Noch heute haben die türkischen Frauen alle Unarten der Kinder, Zanksucht, Näschigkeit, Neugierde u. s. w., ohne den schmeichelnden unschuldigen Reiz dieses lieblichen Alters zu besitzen. Die Natur hat die Entwürdigung des Weibes durch die Rohheit gerächt, in welcher der Mann im Orient geblieben ist. Und wenn ja der Orientale zu verschiedenen Zeiten (in Altassyrien, im alten und mittelalterlichen Persien u. s. w.) eine höhere Stufe der Bildung erreichte, so überschritt er doch niemals diejenige Stufe, über die uns nur die Hand der Frauen leitet; das ewig Weibliche zieht uns hinan. Der Satz ist wahr, so sehr er auch von „ewig-weiblichen" Federn mißbraucht wird.

In Europa begegnen wir sofort in den ältesten Zeiten einem ungeheuern Fortschritt; der Orient kannte nur Despotismus und Sklaverei neben der naturwilden Unabhängigkeit arabischer Wüstensöhne, in Europa tritt die bürgerliche Freiheit. Eine griechische Mythe erklärt uns das Räthsel: Kekrops, der Erbauer Athens, soll der Stifter der Ehe gewesen sein, Athen aber war die erste Republik der Erde. Denn wie (nach des Historikers Heeren Bemerkung) Vielweiberei und Despotismus stets Hand in Hand gehen, so ist auch die Ehe immer die Begleiterin politischer Freiheit gewesen; erst wo das Weib geachtet wird, wird der Mensch geachtet. Um ein Weib entspann sich der erste Conflict zwischen Europa und Asien, der trojanische Krieg; um die Freiheit entspann sich später der zweite, der große Perserkrieg. Ein Weib bildet den Mittelpunkt des homerischen Epos, Iliade: eheliche Treue krönt das andre, die Odyssee. Indessen verloren die griechischen Frauen nach und nach die würdige Stellung, die sie im heroischen Zeitalter des Hellenenthums eingenommen hatten und die ungefähr dieselbe war, die das Weib im germanischen Alterthume einnahm. Der Grieche des heroischen Zeitalters heurte d. h. kaufte (daher das Wort: Heirath) das Weib um ihrer selbst willen, ohne Mitgift zu erwarten oder zu verlangen, und zwar nicht als Sklavin, sondern als Frau d. h. als Herrin, als dem Manne Gleiche (während die orientalische Anschauung z. B. in der mosaischen Urkunde zum Weibe sagt: der Mann soll dein Herr sein), denn das Wort Frau, Frouwe ist das Femininum von Frô d. h. Herr. Von Solon an trat in Staat und Sitte eine große Veränderung ein. Der athenienfische Staat, der die Blüthe des griechischen Staates war, beschränkte sich auf die eigentlichen athenischen Bürger; der Fremde war Schutzverwandter oder Sklave. So war auch die Stellung der Frauen eine dreifache. Nur die eingeborne Athenienserin war wirkliche Gattin, nur mit ihr konnte der Bürger eine Ehe schließen, nur ihre Kinder hatten das Bürgerrecht. Mit einer Fremden konnte der Athenienser nur im Concubinate leben, sie war sozusagen seine Haushälterin (Pallakē genannt); bekam er Kinder von ihr, so stand es ihm frei, sie zu Sklaven zu machen, auf keinen Fall konnten sie Bürger des Staates werden. Zwischen diesen und den Bürgerinnen nahmen die Hetären (Maitressen, wie wir ungefähr sagen würden) eine glänzende Stellung ein, sie waren gebildeter und an weiblichen Reizen reicher als die athenienfischen

Frauen; eine solche Hetäre war Aspasia, die Geliebte des Perikles. Sie genossen gesellschaftliche Achtung, wenn sie deren werth waren; die Bürgerinnen allein aber waren staatlich geehrt und als solche vom Gesetze geschützt. Nur erkauften sie diese Ehre theuer. Stets auf das Innere des Hauses beschränkt genossen sie einer höchst mangelhaften Erziehung; wie hätten sie die Liebe des Mannes fesseln, wie sich derselben erfreuen können? Phidias drückte diese häusliche Beschränkung der Frauen symbolisch aus, indem er die Venus Urania in Elis den Fuß auf eine Schildkröte setzend darstellte; so wie die Schildkröte nie ihre Schale verläßt, so soll auch die Frau nie aus dem Hause kommen. Selbst das größte Unglück, das den Staat betrifft, entband sie nicht von dieser Pflicht; als nach der Schlacht von Chäronea die Kunde von der Niederlage der Griechen, die dadurch der Obergewalt König Philipps von Macedonien verfielen, nach Athen kam, liefen die Frauen voll ängstlicher Neugierde an die Thüren; „unwürdig war es ihrer und der Stadt" hieß es damals darüber im Munde der Griechen. Das klingt sehr verschieden von den idealen Bildern, die sich die große Menge gewöhnlich vom griechischen Leben macht, aber es ist so. Das öffentliche Leben war nur für den Mann da; Fremde, Sklaven und Frauen waren davon ausgeschlossen. Es herrschte aber auch bei den Griechen die Ansicht, daß die Frauen ein an Geist und Herz vernachlässigtes, leicht zum Bösen hinneigendes Geschlecht seien; und selbst Plato, von schwärmerischem Vorurtheil als Idealist gepriesen, dachte gering genug vom Weibe, um das Ideal der weiblichen Tugend in guter Hausverwaltung und Gehorsam gegen den Mann zu finden.

In Sparta, dessen Staatsverfassung für eine Ausnahme vom griechischen Leben gelten kann, war das Weib allerdings freier, aber diese Freiheit gründete sich auf eine rohe Auffassung vom Staatszwecke. Die Erziehung der Jungfrau ging nur auf Pflege der physischen Stärke hinaus, damit sie dem Staate kräftige Bürger gebäre. Die Ehe war ein Gestüt.

Die Blüthe des griechischen Lebens war die Kunst, die Frucht des römischen der Staat. Sowie dieser eine höhere Ausbildung erhielt, so gewann jetzt auch die Stellung der Frauen an Achtung und Freiheit. Bei den Griechen hatte die spätere Sitte mit der patriarchalischen gebrochen; bei den Römern genießt das weibliche Geschlecht ununterbrochen derselben Stellung, ja dieselbe verbessert sich sogar im Laufe der Zeiten. Die weiblichen Charaktere, die wir bei Titus Livius in der Urgeschichte Roms finden, begegnen uns noch in den spätern Zeiten der Republik. Zwar war der Familienvater unumschränkter Herr im Hause, aber Mann und Frau achteten sich als Gatten (conjux) und die Ehre einer Gattin, der Lucretia, ward durch die Vertreibung der Könige und die Gründung der Republik gerächt. Das Ideal der römischen Tugend war zwar die Mannheit (virtus) und der Name der Jungfrau war die Mannbare oder Männin (virgo). aber Jahrhunderte lang vor dem Christenthum und seinen Märtyrinnen achtete man jungfräuliche Keuschheit in den Vestalinnen. Noch immer endlich ist die große Cornelia, die Mutter der Gracchen, das Sinnbild heiligen Mutterstolzes. Doch wir müßten Seiten und Bogen ausfüllen, wollten wir nur eine geringe Anzahl römischer Frauen ihrer würdig schildern; selbst in den Zeiten der Verderbniß des kaiserlichen Roms treten uns neben den verworfensten Gestalten noch Bilder weiblicher Größe entgegen, die der Stolz des römischen Namens sind. Woher schöpften aber die Römerinnen diese Größe? Offenbar aus der höhern Achtung, die der Römer vor den Frauen hatte, aus der freiern Stellung, die sie im Leben einnahmen; denn gänzlich verschieden von griechischer Sitte, erlaubte ihnen das römische Volk öffentlich zu erscheinen, selbst an Schauspielen und Gastmählern Theil zu nehmen. Denn Freiheit erzieht, Achtung verpflichtet und erhebt; eine Wahrheit, die nur leider selten von Staatsmännern, selten selbst von Erziehern (Eltern und Lehrern) beachtet wird.

Auch in der griechischen Welt hatten sich mit dem Zerfall derselben die starren Bande gelöst und die Vorurtheile gemildert, in denen und unter denen das Weib geschmachtet hatte, und es war so allmälig, lange vor und unabhängig von dem Christenthume, eine der Frauen würdigere Stellung angebahnt worden. Diese Revolution des religiösen Lebens brach im Schoße des jüdischen Volkes aus. Bemerken wir hier, daß noch vor der griechisch-römischen Civilisation die Frauen zuerst bei den Juden staatsrechtlich geachtet worden sind. Diese Achtung war sicherlich schon in den Sitten der Nation begründet, es ist aber darum doch ein nicht hoch genug anzuschlagendes Verdienst der mosaischen Gesetzgebung, das Recht und die Ehre des Weibes gewahrt zu haben. Dieses Verdienst mochte durch nationale Rücksichten bedingt sein, auch wahren diese Gesetze die weibliche Persönlichkeit noch auf beschränkte Weise, immerhin aber zeichnet sich das jüdische Volk dadurch vor den es umgebenden, zum Theil verwandten Nationen wunderbar aus und verräth einen sittlichen Charakter, durch den es unter allen Völkern allein befähigt ward, die Wiege des Christenthums zu werden. Wir sehen bei ihm die Frauen eine häuslich-gesellige Lebensweise führen, die wenig von dem deutschen Familienleben verschieden zu sein scheint; man denke nur an die beiden Schwestern, die häusliche Martha und die sinnige nach geistiger Ausbildung dürstende Marie in Bethanien. Bethanien! freundliche Heimath des friedlichen Glückes, wo die Palme der Andacht neben der Myrthe geschäftiger Liebe grünt! Wer sehnt sich nicht manchmal aus dem Gewirr des unruhigen Lebens nach deinem stillen Frieden? Hoffig verklärt vom milden Schimmer der Erinnerung lächelst du mir aus fernen Jugendtagen wie eine fromme Idylle zu. Ich war Student der Theologie und sollte meine erste Predigt halten, als Text war mir Bethanien gegeben. Ich hielt die Predigt in einem freundlichen Dorfe, dem Geburtsort meines Vaters, das ich mit Verbanien verglich, und alle Welt wünschte mir Glück; meine Mutter gab mir zur Erinnerung an den festlichen Tag einen goldnen Ring. Sonderbar! als in Folge meiner philosophischen Studien die Umwandlung in mir vorgegangen war, die mich für immer der Theologie entfremdete, zerbrach der Ring. Zehn Jahre später sprach ich, statt von der Kanzel, von der Volkstribune herab. Der Leser wird bei dieser Abschweifung der Phantasie vielleicht lächeln; er mag denken, daß ich in der tiefsten Einsamkeit der Verbannung lebe, wo ich zu Vertrauten meines Herzens nur Schatten der Vergangenheit habe.

Wie wir schon andeuteten, so irrt man sich, wenn man die Wirksamkeit des Christenthums als eine unerwartet Alles umwälzende annehmen wollte. Mitten unter der Vielgötterei war schon der Gedanke an Eine Gottheit bei den Gebildeten wach geworden, wir finden Spuren dieser neuen Weltanschauung bis in die griechischen Lustspieldichter Menander u. s. w. hinein. Ebenso sahen wir auch die gesellige Stellung der Frauen schon sehr verbessert. Alles war für eine sittlich-religiöse Umwälzung vorbereitet. Das Christenthum rückte aber die Geschlechter einander näher, wie sich ja immer die Glieder einer entstehenden oder verfolgten Gemeinde näher an einander anschließen. Das Gebot der gegenseitigen Liebe, das zuerst vom Christenthume klar ausgesprochen wurde, nachdem es schon von manchem Heiden geahnt oder erkannt worden war, hob natürlich auch die Frauen in der Achtung. Eine außerordentliche Wirkung aber brachte die neue Forderung des Glaubens hervor; indem sie die dem Weibe eigene Gefühlsinnigkeit bis zur religiösen Schwärmerei steigerte, die selbst das Leben für die Bestätigung des Glaubens hinopferte, erschien das Weib in einer so erhabnen und heiligen Größe, daß der widerstrebendste Heide an seinem Glauben irre wurde und in dem weiblichen Gemüthe eine Macht, eine Erhabenheit erkannte, die er bisher nicht einmal geahnt hatte. Was ist eine Arria, die, um dem zum Tode verurtheilten zaghaften Gemahl Muth zu machen, sich den Dolch in die Brust stößt und ihn dann dem Gatten mit den Worten reicht: „es thut nicht weh", was ist die Todesverachtung dieser Römerin gegen die bis zur Verzückung gesteigerte Begeisterung der christlichen Frauen und Jungfrauen, die in der Arena dem blutlechzenden Tiger voll Seligkeit entgegenlächelten, weil sie über sich den Himmel offen sahen? Zwar hatte schon das Judenthum seine Märtyrer und Märtyrinnen des Glaubens gehabt und jene Mutter der Makkabäerzeit, die ihre sieben Kinder hinopfert und dann selbst den Flammentod stirbt, ragt an alle christlichen Märtyrinnen heran; aber das Judenthum war eben die Wiege des Christenthums; aber für die griechisch-römische Welt war dieses passive Heldenthum, dieses freudige Leiden des Todes für eine religiöse Ueberzeugung völlig neu. Cato und Brutus waren allerdings auch für eine Ueberzeugung (politisch oder religiös gleichviel, es war eine Ueberzeugung) gestorben; aber sie starben aus Verzweiflung, weil ihr Ideal zu Grunde ging. Die Christen dagegen ließen sich selbst durch den Tod nicht an dem Glauben irre machen, daß ihre Religion siegen werde, sie hofften selbst unmittelbar in's ewige Leben einzugehn.

Dieser Einfluß des Christenthums auf die Hebung des weiblichen Geschlechts war ungeheuer; zum ersten Male erschienen die Frauen als sittliche Wesen dem Manne gleich und ebenbürtig. Sie sind nicht mehr bloße Geliebten oder Gattinnen, bestimmt zur Ergötzung des Mannes oder zur Erhaltung der Familie, ihre Glaubensgenossen erkennen in ihnen so gut eine Seele an (auch ein neuer Begriff, der mit dem Christenthum erscheint) als im Manne. Nur verflüchtigte sich dieser Einfluß mit der Ausbildung des Christenthums als Dogma und noch mehr mit seinem Siege über die heidnische Welt. Denn zuerst war dasselbe eine sittliche Umwälzung, die sich auf die jüdische Gesellschaft beschränkte und nur nach und nach auch die andern "Völker" (Chojim) in seinen Kreis zog. Das Neue Testament stellt diese beiden verschiedenen Seiten des Urchristenthums deutlich dar; die Evangelien erzählen die sittliche Umwälzung, in den Briefen des Apostels Paulus wohnen wir der Entstehung und Ausbildung des Dogma's bei. Die erstern geben uns nichts Neues in Bezug auf die Stellung der Frauen; es sind jüdische Sitten, die sie schildern. Die Grundansicht des paulinischen Dogma's aber war der gesellschaftlichen Stellung der Frauen keineswegs günstig. Zwar empfiehlt er die Wittwen der christlichen Liebe der Gemeinden, aber nur als Schwestern im Glauben, als Seelen, so zu sagen; das Geschlecht als solches wird ganz vernachlässigt. Während Jesus von der Ehe ein Ideal aufstellt, das auf der tiefsten Achtung für dieses Institut beruht, will Paulus die Ehe lieber ganz unterdrücken; er zieht den seligen Stand vor, denn immer mehr trat das ewige, jenseitige Leben in den Vordergrund, dieses Leben aber, das reelle Dasein schwand zu einem Schattenbilde hin. Das Fleisch galt für sündhaft. Im Anfang konnte sich die für die Gesellschaft nachtheilige Consequenz dieser Ansicht nicht herausstellen, zumal solange sich die neue Kirche noch nicht unbehindert aufrichten konnte; der Verfolgung gegenüber trat nur der Glaube an Jesus als Gott auf und dieser Glaube, sahen wir, gab eben den Frauen jene Gefühlsinnigkeit, die ihren Verfolgern die Bewunderung abzwang. Diese Begeisterung nahm nach dem Siege der neuen Religion eine andere Richtung, die auch auf ein Märtyrerthum hinauslief und zwar das freiwillige. Die Geschlechter zogen sich von einander zurück und lebten in der Einsamkeit, später in Klöstern der Andacht und frommen Büßungen, bemüht das Fleisch d. h. den Schönheitssinn zu ertödten. Wir erkennen auch hier wieder das Christenthum als ein Resultat der Geschichte, als ein Moment der psychischen Entwickelung der Menschheit. Kein Wort im

Evangelium, kein Spruch aus Jesu Munde selbst gebietet oder empfiehlt diese Kasteiungen und Selbstquälereien, richtiger Selbstödtungen. Woher entsprangen sie also? Aus dem Heidenthume, d. h. aus dem Ekel, der die ganze heidnische Welt in jener Zeit ergriff. Sie hatte der Schönheit zu reich geopfert, der heitere Lebensgenuß war zur tollen Orgie geworden und mit Ekel und Abscheu erwachte die Menschheit aus dem Sinnenrausche. Dieser sittlichen Umkehr entsprachen eine Menge Erscheinungen innerhalb des Heidenthums, der oberflächlichste Kenner dieser Periode kennt die stoische Philosophie. In solcher Stimmung lauschte man um so gläubiger der Predigt von dem Gekreuzigten und der Apostel konnte im Hinblick auf ihn die Bekenner ermahnen: kreuzigt eure Lüste und Begierden. Seitdem das Heil aus einem Grabe erstiegen war, hatte das Leben seinen Reiz verloren. Man erkennt sofort, daß diese Lehre vom Absterben nur in der griechisch-römischen Welt möglich war, nur hier ein Echo finden konnte. Wäre das Evangelium mit diesem Gebote unter naturgesunden unverdorbenen Völkern gepredigt worden, es wäre gar nicht verstanden worden; und wenn dies Gebot der sittlichen Fäulniß des Heidenthums gegenüber einen Werth hatte, so konnte es doch nicht immer seine Geltung behaupten.

Wir sehen also nach dem Siege des Christenthums noch immer die griechisch-römische Gesellschaft fortleben und ihre Färbung dem neuen Glauben geben. Was die Stellung der Frauen Würdigeres hatte, war schon vom Heidenthume vorbereitet worden, hatte im Judenthume fast in gleichem Grade bestanden und durch das Christenthum nur einen freiern Ausdruck und Bestätigung erhalten. Ein wesentlich neuer Gewinn war für das weibliche Wesen nur der Aufschwung des Gefühls. Dieses schlug später in die gänzlich antisociale Ascetik um. Gleichzeitig wirkte der Geist der heidnischen Welt nach dem Siege der neuen Lehre auf dieselbe zurück; im griechischen Osten ward das Christenthum zu scholastisch spitzfindiger Grübelei und Dogmenzwist, im Occident trat die Kirche das Erbe des kaiserlichen Roms an und bildete sich hierarchisch geordnet zur Herrin der Welt aus. Mit der Rückkehr dieser Hauptelemente des absterbenden Alterthums fiel auch das Weib in die alten Zustände zurück, gewann wenigstens keine sonderlich bessere Stellung.

Es bedurfte neuer Völker mit neuem Geiste und neuen Einrichtungen, um die begonnene Umwälzung zu vollenden. Dies geschah durch die Germanen. Erst mit ihnen ist Wort und Begriff der Frauenwürde in die Welt getreten. Sie, an denen schon Tacitus die hohe Achtung vor der Weiblichkeit rühmt, flößten diese fromme Scheu, die sich vor dem Weibe als etwas Göttlichem neigte, auch den Völkern ein, unter denen sie sich während der Völkerwanderung niederließen. Dazu gesellte sich die Achtung, die der Germane vor der Persönlichkeit des Andern hatte und die nach und nach einen Begriff erzeugte, der den Alten unbekannt gewesen war, die Ehre. Als sich nun noch durch die Kriege mit den Sarazenen die religiöse Schwärmerei entzündet hatte, entwickelte sich auf dem Grunde der Lehnsverfassung jene Ritterlichkeit, in der die drei geistigen Triebfedern, Liebe, Ehre und Glaube so wunderbar mystisch verschmolzen. Von Neuem war der Cultus der Schönheit erwacht, aber in einem geistigeren höheren Sinne, als ihn die Griechen kannten. Die Heroën der Iliade begehren die schönen gefangenen Frauen als Bettgenossinnen, sie kennen nur die sinnliche Schönheit und Lust und fragen nicht, ob ihre Liebe auch erwiedert wird, ob der geliebte Gegenstand freiwillig und gern gewährt, was sie begehren. Das ritterliche Mittelalter dagegen begnügt sich nicht mit dem bloßen Genuß, es strebt nach mehr und Höherem. Der Liebende strebt danach, daß die Frau, um deren Gunst er wirbt, seinen persönlichen Werth anerkenne, ihn aus der Menge anderer Verehrer heraushebe, ihn liebe und zwar ihn liebe, weil sie ihn achtet. Dies setzt natürlich voraus, daß er selbst das Weib als seines Gleichen, ja sogar als ein höheres Wesen achtet, und indem er die Gunst der Geliebten zu verdienen sucht, wirkt dies Streben ihrer würdig zu sein auf sein eigenes Handeln zurück. Die Liebe hebt ihn über das Gemeine empor, sie macht ihn besser, veredelt ihn. Zuweilen verlangt er nicht einmal die Gewährung als Lohn, sei es daß ein früheres Band die Frau unauflöslich an einen Andern knüpft, sei es daß sie an Rang zu hoch über ihm steht; aber er liebt sie doch und ist selig in dem bloßen Gefühle, daß sie ihn achtet und in Gedanken minnt, daß sie ihn zu ihrem Ritter erkiest, der ihre Ehre vertheidigt und preist. Ein Lächeln von ihrem Munde, eine Rose vom Blumenstrauß an ihrer Brust belohnt ihn überreich für allen Kampf und alle Schmerzen. Es ist rein „platonische Liebe", die ihn beseelt; sonderbar, diese Liebe erscheint erst mit dem christlichen Mittelalter und man hat sie nach diesem Plato benannt, der sie weder kannte noch verlangte. Im Gegentheil!

Jedermann begreift den ungeheuern Fortschritt, der in der gesellschaftlichen Stellung der Frauen erfolgt ist; es ist ein Fortschritt nicht blos über das Alterthum hinaus, sondern auch über den Charakter der ersten christlichen Jahrhunderte. In den letztern trat, wie natürlich war, der Verkehr zwischen den Geschlechtern ganz in den Hintergrund; es fehlte ihnen die rückwirkende bildende Kraft der Liebe, die den sittlichen Charakter des Liebenden hebt und stärkt. Dieses neue Bildungsmoment der Ritterlichkeit und Minne war im Mittelalter den germanischen und romanischen Völkern eigen (die slavische Welt lag abseits dieser geschichtlichen Bewegung, auch neigt sich der slavische Volkscharakter weniger dazu hin), die beweglichere reizbarere Natur der Südfranzosen hat es aber am feinsten ausgebildet. Hier, im Lande der langue d'oc, der Heimath der Liebeshöfe, erhielt die Minne ihr Gesetzbuch. Man hatte verschiedene Grade zu durchschreiten, ehe man zum Ritter einer Dame ernannt wurde, zum Zeichen, wie hoch der Preis der Liebe geschätzt wurde. Zuerst war man feignaire, d. h. der schüchterne, zaudernde Verehrer; genehmigte dann die Dame die Bewerbung, so ward man als prégaire d. h. Bittender zugelassen; nach weiterer Prüfung stieg man zum entendeire d. h. Gehörten auf und dann erst durfte man als ami den Schwur für's ganze Leben leisten (s. das neue Werk Histoire de la chevalerie en France par J. Libert. 1 vol., Paris chez Hachette). Dieses neue Element gesellschaftlichen Lebens färbte sich nun in der Literatur ab und gab ihr jenen „romantischen" Reiz, der sie von der classischen Dichtkunst unterscheidet. Erotische Lieder kannte auch das Alterthum, Horaz schildert uns gar artige Liebesscenen, aber alles dies war im Sinne der Meinung gedichtet, die man von den Frauen hatte. Ganz verschieden davon ist der mittelalterliche Minnegesang und die Rolle, welche die Frauen in der epischen Poesie spielen. Gedichte wie Tristan und Isolde, Erscheinungen wie Petrarca's Liebe zu Laura und seine Sonette waren im Alterthume nicht möglich. Zwar entspann sich der trojanische Krieg um ein Weib, aber wie riesig überragt Chriemhildes und ihre Rache den Character Helenens! Auf höchst naive Weise ist der Unterschied zwischen antiker und mittelalterlicher Poesie, wie er durch den Eintritt der Minne in Leben und Literatur bezeichnet wird, in Heinrich von Veldeck's Eneit ausgedrückt; man lese darin das Gespräch über die Minne zwischen Lavinia und ihrer Mutter und vergleiche dann Virgil damit.

Freilich litt auch die Minne und mit ihr die Stellung der Frauen an der Krankheit des Mittelalters, der Uebertreibung, dem Schwanken zwischen den Extremen. Bald nannte man das Weib einen Engel, der Anbetung würdig, bald zweifelte man, ob es auch nur ein menschliches Wesen sei. Es fehlte jener Zeit und ihren Sitten das rechte Maß. Der Schluß des Mittelalters ward durch das Streben bezeichnet, zwischen Einbildungskraft und Verstand das Ebenmaß herzustellen, die Extreme verwischten sich. Zwar als die Prosa mehr in den Vordergrund trat, wurden auch die Zeiten prosaischer, doch hatten die Frauen in der Gesellschaft jetzt so viel festen Fuß gefaßt, daß sie unmöglich alle Errungenschaften wieder verlieren hätten können. In der Literatur haben sie jetzt volles Bürgerrecht, den Gestalten der Armida, Chlorinde und Erminia verdankt Tasso's Gedicht die schönsten Stellen. Um diese Zeit kam nun in Nordfrankreich, das erst jetzt zur vollen Bildung gelangte, eine Erscheinung auf, die wie ein Nachschimmer der ritterlichen Minne aussieht, aber nur den Schein, nicht die Wärme davon hat, die Galanterie. Ein echt französisches Gewächs, die schmeichelnde Lüge der Liebe, immer lächelnd und gefällig, aber trügerisch wie die Fata Morgana! Sie konnte nur unter dem Volke entstehen, das die feine Umgangssprache und den leichten gleitenden Verkehr so wunderbar ausgebildet hat, und harmonirt trefflich mit einer andern Blüthe des französischen Lebens, der Coquetterie. Nur wollen wir nicht als griesgrämiger Moralist das Kind mit dem Bade verschütten: es ist mit der Galanterie wie mit der Höflichkeit, die auch auf französischem Boden ihre frühste und feinste Pflege gefunden hat, wie diese führt sie oft zum wahren Gefühle. Und sodann vergessen wir nicht, daß die Völker wie Pflanzen vom Klima abhängen. Der südliche Romane ist heißblütiger, seine Leidenschaft tiefer und wahrer; der Deutsche nahm in seinen Eichenwäldern eine ernstere keuschere Natur an; der allmälige Jahreswechsel, der leise Uebergang vom Winter zum Frühling und vom Frühling zum Sommer, den weder Italien noch Frankreich kennt, stimmt ihn inniger und empfindsamer, schüchterner in der Liebe, aber auch um so treuer. Das Klima von Frankreich dagegen ist beweglicher, hat weder die deutsche Strenge noch die spanische Gluth; das Meer, dem der ganze Westen offen liegt, wirkt mildernd auf die Atmosphäre, während längs der Ostgränze Wälder und Berge den kalten Winden wehren. Als ich von den Vogesen mitten im Winter nach Lothringen hinabstieg und Nancy zuwanderte, machte es einen Eindruck auf mich, als ginge ich einem Gartenlande zu. Wie das Klima, so ist auch das Naturell der Franzosen, gefällig und beweglich, und so erblühte die Galanterie. Eine äußerst wichtige Rolle in dieser Bewegung spielten im 17ten Jahrhundert die Damen und Schöngeister des Hôtels Rambouillet; hier wirkten die Frauen auf eine äußerst wohlthuende Weise auf die Bildung der Sprache und des geselligen Umgangs. Das aber ist eben ihr Beruf. Wie später diese Feinheit in Fadheit überging, so artete die Galanterie in die frivolste Sittenverderbniß aus. Nur in dem Bürgerstande fand die Strenge der Sitten und der Erziehung eine Zuflucht, in ihm wuchsen die Frauen heran, die, wie die Roland, eine so wichtige Rolle in der Revolution spielen sollten. Es drängt sich uns hierbei eine interessante Bemerkung auf. Wie sich die Revolution gegen das ganze Mittelalter kehrte, so finden wir auch bei den Frauen, die auf der Seite der neuen Ideen standen, keine Erinnerung an die Zeit christlicher Begeisterung und ritterlicher Minne. An antiken römischen Vorbildern hatten sie sich herangebildet, wie ja auch die ganze Revolution so manchem Decor aus der römischen Republik entlehnte. Sie war, so zu sagen, der politische Schluß der Renaissance, in welcher das römische Element des französischen Volksthums wieder erwachte.

Die Revolution war das Werk des Bürgerstandes gewesen; erst mit den Julitagen von 1830 war ihr Sieg entschieden. Es schien jetzt der Grund zu einer recht..cken Ordnung der Gesellschaft gelegt, in welcher die Freiheit eines Jeden gesichert war und alle gerechten Ansprüche Genugthuung finden sollten. Aber gleich am Tage nach dem Siege trat eine Erscheinung auf, die von der neuen Ordnung der Dinge bald als ein Feind bekämpft wurde, für den in der Gesellschaft kein Raum war: der

Socialismus. Er hatte schon in der ersten Revolution durch Baboeuf sich geltend zu machen versucht, aber ebenfalls wie alles Andre in römischer Färbung; Baboeuf nannte sich Gracchus. Jetzt stellte er sich keine geringere Aufgabe als das Räthsel der Sphinx zu lösen und das ganze menschliche Wesen zu reformiren. Vor Allem stellte er durch den Grafen St. Simon das furchtbare Problem der Arbeit auf, in Charles Fourier kritisirte er mit schneidender Schärfe den Handel und zog durch die Lehre von den Leidenschaften die Grundlinien einer neuen Moral und Pädagogik. Andere Denker betraten die gebrochene Bahn, während Buonarotti's Buch über die Verschwörung seines Freundes Baboeuf auf die Massen wirkte. Zuletzt spaltete sich der Socialismus nach seinen beiden Hauptrichtungen, die zwei Extreme zu sein scheinen, aber sich näher verwandt sind als man denkt (les extrêmes se touchent), in die tugendhafte Friedenspredigt und die stürmische Kriegserklärung gegen die bestehende Ordnung. Les extrêmes se touchent, sagte ich: während unter dem Beile von 1703 Hekatomben auf dem Grèveplatze fielen, führte man auf den Pariser Theatern Dramen voll rosigem Frieden und idyllischem Glücke auf. Die beiden Gegensätze hießen Cabet und Proudhon*), Cabet der lammfromme, der gute Hirt, der die Welt in einen Schafstall verwandeln wollte, Proudhon der neue Mohammed mit dem Schwerte der Zerstörung, der „die gewerbliche Anarchie" predigt.

Es ist hier nicht der Ort den Socialismus weiter zu besprechen, mit dem wir Alle durch die Februarrevolution in Berührung getreten sind. Ich will hier weder die Phantastereien erklären, die ihn begleiteten, noch das Korn von der Spreu sondern. Nur auf seinen Zusammenhang mit den religiösen Zuständen Frankreichs will ich hier hinweisen. Frankreich leidet seit dem 17ten Jahrhundert an einem tiefen Zwiespalt. Es hat die Reformation, die doch längst vor Luther innerhalb der katholischen Kirche verlangt wurde, im 16ten Jahrhundert gewaltsam als eine Gefahr für die Staatseinheit beseitigt und kann sich doch der Mahnung nicht erwehren, die der Geist der Forschung unabweislich an den edlen Menschen stellt: prüfe, ob dein Glauben in Einklang mit deinem Denken ist! Denn es ist kein Friede für das Menschenherz, solange es dieser ersten aller sittlichen Forderungen nicht Genüge gethan hat. Daher der stete Zwist, in welchem die größten Geister Frankreichs seitdem mit der herrschenden Kirche gelebt haben. Der Jansenismus ist nur eine andere Form des Protestantismus; wie auf Luther der Spenersche Pietismus, so folgten auf jenen der Quie-

---

*) Interessant ist, daß Proudhon wie Fourier in derselben Stadt, in Besançon, geboren sind: es ist auch die Vaterstadt von Victor Hugo, dem Revolutionär des Drama's, und Ballanche, dem Theosophen; aus der Freigrafschaft (aus Lons-le-Saulnier) ist ferner Rouget de Lisle, der Schöpfer der Marseillaise.

Semmig.

tismus und Fenelon. Endlich wird der Zwist zu offenem Kriege; Voltaire und die Encyklopädisten stürzen die Altäre um. Als nach den Jahren des Revolutionschaos der Neubau der Gesellschaft begann, stand man im Sonnenlichte der neuen Zeit auf den Trümmern einer alten Welt. Wehmüthig sprachen die Erinnerungen derselben zum Herzen Frankreichs und wie Chateaubriand fand es in Thränen seinen Glauben wieder. Aber doch wollte es um keinen Preis das Licht „der Aufklärung", die Philosophie des 18ten und die Wissenschaft des 19ten Jahrhunderts aufgeben. Neue Horizonte öffneten sich in dessen Scheine, neue Pfade winkten zu neuen Zielen. „vorwärts!" rief ihm der Genius der Zukunft zu, „kehre zurück zu mir, in meine Mutterarme!" rief ihm wieder die Vergangenheit mit rührender Stimme. Trauriger Widerspruch, an dem einer der größten Dichter des neuen Frankreichs, Alfred de Musset, zu Grunde gegangen ist, der Dichter des „Rolla" und der „Hoffnung auf Gott". Dors-tu content, Voltaire?! O, in wessen Brust hallte diese Frage mit ihrem herzzerschneidenden Schrei nicht nach und wühlte darin fort wie ein zweischneidiger Klinge? Eine Frage, ein Ruf wie der Eule Geschrei in den Ruinen eines Klosters, Schrei der Verzweiflung, den kein Lacordaire, kein ehrwürdiger Vater Felix mit noch so schönen Rednerworten übertäubt. Daher dieses Drängen, diese Unruhe in den Gemüthern! daher dieses Schwanken und Suchen nach dem „unbekannten Gotte" in den glaubensleeren und doch glaubensdurstigen Herzen! daher die Menge von Propheten, deren Religionen sich eine die andre verdrängen, und die Philosophen, die ihr System zur Religion erheben wollen: Lamennais, der Savonarola des 19ten Jahrhunderts; Chatel, ein Seitenstück Ronge's, der Gründer der französisch-katholischen Kirche, die sich auf die Nationalität beschränkte und daher Napoleon dem Großen als Nationalheiligen einen Tag im Kalender weihte; August Lecomte, der Stifter der positiven Philosophie, der (hat sich doch auch das Christenthum auf den Cäsar Constantin gegründet) dem russischen Zaren Nicolaus einen Bundesantrag machte; und vor allem Saint-Simon, der Hohepriester der Industrie, und sein Jünger, der Vater Enfantin, der Papst, der sich zum Stellvertreter seines Herrn und Meisters aufwarf.

Den innigsten Glauben fand das Christenthum bei seinem Erscheinen zuerst bei den Armen und den Frauen. An diese und an das arbeitende Volk wandten sich daher auch die Systeme, die das Christenthum verdrängen wollten, und vor allem der St. Simonismus, der am schärfsten mit dem Anspruch auftrat eine neue Religion zu gründen. Die Ansichten Fourier's über die Stellung der Frauen und seine Classifizirung konnten keinen Anklang finden; Proudhon, dieser eingefleischte Geist des Widerspruchs, war voll realistischer Verachtung gegen sie, er sah in ihnen nur Haushälterinnen. In der philosophischen Zeitschrift, „la Revue" kurzweg genannt (seit einigen Jahren eingegangen), wurde er von der geistreichen Jenny d'Héricourt mit siegreicher Schärfe bekämpft. Dagegen wurde die Predigt vom „freien Weibe" in Menilmontant mit ungeheurem Enthusiasmus aufgenommen. Eine gänzlich neue Idee trat mit der Forderung der „Frauenemancipation" in die Welt und ward von George Sand mit allem Zauber der Poesie verklärt. Wir Alle, die wir damals jung waren, entsinnen uns noch der süßen Schauer, der ahnungsreichen Begeisterung, womit jene mysterienreiche Frage uns ergriff. Eine neue Aera that sich vor uns auf, wir blickten in eine Zukunft, die an Glanz und Fülle der Seligkeit die reichste Vergangenheit hinter sich ließ; Freiheit und Schönheit schmolzen harmonisch in Eins zusammen und die olympischen Göttergestalten selbst blichen wie Nebelschatten vor dem Bilde des „neuen Menschen" hin. Denn nichts Geringeres sollte mit der Frage der Frauenemancipation gelöst werden als das Räthsel der Sphinx; jetzt erst, hieß es, ist das menschliche Wesen erkannt, jetzt erst kommt es zu seiner vollen Entfaltung. Zwar wurde die St. Simonistische Gesellschaft aufgelöst, nach allen Winden zerstoben ihre Gründer und Glieder und in weiter Ferne lauschte Félicien David den Symphonien der Wüste, aber Ein Geist war unter uns geblieben, der sie Alle ersetzt, der in wunderbar ergreifenden Bildern zu unsern Herzen sprach, und dieser Eine war ein Weib, George Sand. Räthselvolle großartige Erscheinung, voll ewiger Wandlungen und in allen Wandlungen immer von gleicher Zauberkraft, wer hätte nicht deinem Genie mit Verwunderung gehuldigt! Noch vor wenigen Jahren, als ich zur Zeit der Weltausstellung in Paris war, schrieb ich folgende Sonette an sie nieder:

Das Weib.

I.

Was nur Schönes blüht auf diesem
Runde,
Reicht das Weib uns dar in Ueberfluß;
Einen Wonnekelch voll Hochgenuß
Beut die Braut in nächtig sel'ger
Stunde.

Allen Kummer scheucht in treuem Bunde
Von uns weg der Gattin süßer Gruß,
Und der Mutterliebe heil'ger Kuß
Lächelt uns von eines Weibes Munde.

Doch der Mann mit rohen Unlants
Hohne
Schwelgte herrisch, und der Schöpfung
Krone
Pferdt' er in unwürd'ge Sklaverei.

Sklaven konnten greifen nach dem
Schwerdte,
Doch am Webstuhl duldend und am Herde
Saß das Weib und niemals war es frei.

II.

Schönes Frankreich, du der Freiheit
Wiege,
Ja, dich hat die Grazie geweiht,
Denn noch pflücken sich in jedem Streit
Deine Frau'n, gleich Kränzen, stolze
Siege.

Eine Jungfrau war's in Englands
Kriege,
Die dich von dem fremden Joch befreit,
Und zur Himmelsleiter eingeweiht
Hat die Roland des Schaffotes Stiege.

Da, geschwellt vom heil'gen Freiheits-
       triebe,
Sprachst du Hohepriesterin der Liebe:
„Brecht die letzte Kette nun entzwei!

Laßt euch jeden Retter noch geraten,
Dem ihr Glück und Liebe dankt und Leben,
Auch das Weib, es werde endlich frei!"

III.

Liebe jauchzt entzückt im Sturmgetose,
Liebe lächelt auf der Blumenflur
Und dem Quell der Lieb' entspringet nur,
Was das All nur hegt, das schrankenlose.

Doch, o Weib, du heil'ge Liebesrose,
Kron' und Sinnbild bist du der Natur,
Glück und Segen träuft auf deiner Spur
Und die Zukunft trägst du in dem Schoße.

Sei gesegnet! dir auch lacht Aurore
Und hinweg mit ihrem Nebelflore
Flieht die Nacht der alten Tyrannei.

Flammend schlägt das Weib in Frei-
       heitswonne
Nun das Auge auf, der Zukunft Sonne,
Und die Menschheit wird, die Welt wird
       frei!

Eine deutsche Schriftstellerin, die ebenfalls für das weibliche Geschlecht und seine Befreiung aus den Banden der trägen Beschränktheit in die Schranken getreten ist, Frau Louise Otto, hat dem Verfasser dieses Werkes in ihrer „Frauenzeitung" einst eine Stelle unter den „Dichtern für das Frauenrecht" angewiesen; er durfte sich daher wohl erlauben, hier seine Verse zu citiren. Aber sprechen wir jetzt prosaisch. Was ist es mit der Frauenemancipation? Alle Fragen, die der französische Socialismus erhoben oder angeregt hat, betreffen allgemein menschliche Interessen; was er von der Arbeit, dem Handel, dem Capital u. s. w. sagt, geht die bürgerliche Gesellschaft jeden Volkes an, die eine Frage allein ist wesentlich französisch. Der englische Socialismus Owen's und der Chartisten kennt sie nicht. In Deutschland wurde sie von den Schriftstellern des jungen Deutschlands aufgegriffen; die oberflächlichste Lectüre zeigt, wie wenig sie aus den heimischen Zuständen hervorgegangen ist, sie wurde als eine fremde Pflanze gepflegt und verwelkte früh von selbst in den Herzen dieser Schriftsteller, die Maßregeln des deutschen Bundestags thaten nichts dazu. Die Fassung, welche Frau Louise Otto dieser Frage gegeben hat, ist eine sehr verschiedene von der St. Simonistischen; diese letztere läßt sich nur aus der französischen Gesellschaft heraus erklären, wie schon die Galanterie. Wenn George Sand gegen die Ehe eiferte und die Mädchen, die man zum Trau-altar führte, als Opfer beweinte, so galt das nur den Ehen, die sie um sich sah, und es fragt sich nur, welches Geschlecht die meisten Opfer zählt. Eine Ehe wie die in der Indiana geschilderte mußte zu einem gewaltsamen Bruche führen und ihr Opfer, Indiana, hatte das Recht sich dagegen zu empören; ist aber darum die Ehe an sich zu verwerfen? Von der Weibergemeinschaft wollen wir gleich gar nicht reden, sie war ein Ideal der Trunkenheit und beruht auf dem gänzlichen Vergessen des sittlichen Werthes, den das Weib so gut hat als der Mann: anstatt zur Freiheit zu führen, erstickt sie nur die weibliche Persönlichkeit. Der Mormonismus hat uns ein hinlänglich abschreckendes Beispiel davon gegeben, was die Vielweiberei ist; ob physische Gründe sie im Oriente rechtfertigen, wollen wir hier nicht untersuchen. Unter den gebildeten Völkern Europas kann die Ehe allein als sittliche Form der Verhältnisse der Geschlechter gelten; die Familie ist die schöne Frucht davon und die Grundlage der Gesellschaft.

Nun ist aber Thatsache, daß der unglücklichen Ehen in Frankreich viele, sehr viele sind. Wenn das Urtheil eines Fremden nicht Glauben finden sollte, so wird ihn der Ausspruch eines Franzosen finden; man lese das Buch „les mauvais ménages" von Jourdan, früher Advokat, jetzt Redacteur am Siècle. Daß dasselbe eine wunde Stelle des gesellschaftlichen Körpers berührte, zeigt die Hast, mit welcher es verschlungen wurde; in den ersten vierzehn Tagen sind 8000 Exemplare davon verkauft worden. Jourdan verlangt die Einführung der vollkommenen Scheidung, wie sie in protestantischen Ländern herrscht, was allerdings für das katholische Frankreich eine Ketzerei ist. Die Ursachen dieses ehelichen Unglücks habe ich anderswo bei Besprechung von Michelet's jüngsten Schriften (la Femme und l'Amour) auseinandergesetzt. Nur Einiges will ich kurz berühren. Der Ehen aus Neigung sind wenig, namentlich in den höhern Ständen; der Mann heirathet die Mitgift, das Mädchen die angeriebene Stellung; letzteres wird oft gar nicht befragt. Die Erziehung hindert auch die Möglichkeit, eine Wahl aus Neigung zu schließen. Der deutschen und englischen Sitte entgegen, wird das Mädchen in Frankreich, solange es unverheirathet bleibt, gegängelt und bewacht wie ein stetes Kind (man sehe nur so manches Lustspiel und Drama, wo der Verfasser eine demoiselle schildert: oft macht er eine Agnes daraus, deren Naivetät die äußerste Gränze streift), ein freier Umgang mit der männlichen Jugend findet nie Statt, nur auf den Bällen begegnen sich die Geschlechter in Gegenwart der Eltern und bei solchen Gelegenheiten sucht natürlich Jedes durch den blendenden Schein zu gefallen. Ist die Ehe geschlossen, so tritt die Frau plötzlich in eine ungewohnte Freiheit; jetzt erst kann sie Alles beobachten und prüfen, jetzt erst macht sie Erfahrungen und Bekanntschaften in der Männerwelt; wie leicht ist es möglich, daß sie die übereilte Wahl bereut, wo nicht eine neue gesetzlich strafbare schließt! Andererseits herrscht in der Bildung der beiden Geschlechter ein arger Abstand. Die Schulerziehung der weiblichen Jugend ist sehr mittelmäßig; die sogenannten talents d'agrément werden überwiegend ausgebildet, hierzu kommt eine oberflächliche Kenntniß von Geschichte und Literatur, Alles ist nur darauf berechnet in der Gesellschaft zu glänzen. Wie kann da von einem Austausch der Gedanken die Rede sein? Der Mann sucht seine geistigen Genüsse auswärts und das Weib, dessen Herz ebenfalls gerechte Ansprüche hat, sinnt in der Einsamkeit auf andern Trost. Und die Gefahr wird um so größer, als die Französin so reich an natürlichem Witz und zugleich an Eigensinn ist; Michelet rühmt la forte personnalité de nos demoiselles françaises und mit Recht, nur fehlt diesen natürlichen Eigenschaften oft das Gegengewicht einer ernsten Erziehung und dann arten sie leicht in Capricen der schlimmsten Art aus, wenn der Gatte „dieser starken Persönlichkeit" geistig nicht sehr überlegen ist. Wo aber die Frau den Werth des Mannes erkennt, darf derselbe auch auf das vollste Glück der Ehe rechnen. Und dieses Glück wird in Frankreich so geschätzt wie in andern Ländern, die Gesetze nehmen sogar die Ehe in strengern Schutz als anderswo. Der Gatte darf den Ehebrecher, den er in seinem Hause ergreift, im Augenblick ungestraft tödten. Und wenn trotzdem von den Fabliaur des Mittelalters an bis auf heute herab die französische Literatur fast nichts als Spott für den betrogenen Gatten hat, wenn man heutzutage Lustspiele mit dem Titel „les maris ne sont toujours rire" aufführt, so ist dies eben eine Folge der an Widersprüchen so reichen gallischen Natur.

Nur aus dieser gallischen Natur und diesen Zuständen, verbunden mit der enthusiastischen Bewegung, welche um 1830 die „romantische" Literatur hervorgerufen hatte, läßt sich die Frauenemancipation erklären, wie sie damals gefordert ward. Der deutsche Charakter konnte diese Frage nicht hervorbringen. In Deutschland traten die Frauen mit dem Aufschwung unserer Literatur im vorigen Jahrhundert aus der philisterhaften häuslichen Beschränktheit, in der ihr geistiges Leben bisher gedämmert hatte. Es wiederholte sich hier in engern Gränzen, was wir bei dem Auftreten des Christenthums gesehen haben. Die Frauen lernten für höhere Interessen erglühen und ihr geistiger Aufschwung erwarb ihnen auch eine höhere Verehrung von Seiten der Männer; die edlen Frauengestalten, welche Schiller in seinen Dramen aufstellte, waren dabei von nicht geringem Einfluß. Thekla's heiliges Bild erzog manchem Max im wirklichen Leben und höher achtete der Jüngling das Mädchen, in welchem er eine Thekla verkörpert glaubte. Es wird den gebildeten Mädchen und Frauen Deutschlands wenig Freiheit, wenig Berechtigung im Leben zu wünschen übrig bleiben. Denn was verlangen wir, wenn wir auch für das weibliche Geschlecht seinen Antheil am geschichtlichen Fortschritt, seinen gerechten Theil von Freiheit verlangen? Doch nichts anders, als daß es seine natürlichen Anlagen ausbilden und diesen gemäß den Genuß des Lebens mit dem Manne theilen soll. Mit seiner wachsenden Bildung wird auch die Achtung wachsen, die der Mann vor ihm hegt. Doch wird die weibliche Thätigkeit stets eine andre sein als die des Mannes, es beruht dies auf dem physiologischen Unterschied der Geschlechter. Der Gleichheit geschieht darum kein Eintrag: die Frauen seien frei in ihrer Sphäre, wie der Mann in seiner, dann erst wird die Liebe beide verbinden und in der Liebe erscheint eben die volle Gleichheit, die wahre Liebe aber ist nur zwischen Zweien denkbar. Das echte Weib wird nur in der Ehe seine Freiheit finden.

Indem die Idee, einer Frauenemancipation zu einem tiefern Eingehen auf diese höchst wichtigen Fragen angeregt hat, steht sie im Zusammenhange mit der geschichtlichen Bewegung. Und wenn die Fassung, die sie in Frankreich gefunden hat, nur aus den Zuständen dieses Landes hervorgehen konnte, andern Völkern also unverständlich bleiben mußte, so ist doch der Kern dieser Idee von Interesse für die Menschheit überhaupt. Schon Plato erklärte, daß der ganze Mensch aus Weib und Mann zusammen bestehe; wie können wir daher das menschliche Wesen erkennen und zur Entfaltung bringen, solange die eine Hälfte uns ein Räthsel oder gleichgültig ist? Diese Gleichgültigkeit für das Weib schwand in der Geschichte zuerst mit dem Mittelalter hin, das ist das große Verdienst dieses Zeitalters und der sittliche Kern des Minnegesangs. Wir dürfen uns aber von der poetischen Verklärung, von dem Glorienschein, den der Minnegesang um das Frauenhaupt gewoben hat, nicht blenden lassen. Sie ist schön, die Zeit der jugendlichen Minne, wo der Jüngling in seiner Geliebten ein überirdisches Wesen erblickt, wo ihn die Liebe zum Dichter und Helden macht. Aber derselbe Dichter, der da gesungen hat:

O daß sie ewig grünen bliebe
Die schöne Zeit der jungen Liebe!

er hat auch gesungen:

Die Leidenschaft flieht,
Die Liebe muß bleiben,
Die Blume verblüht,
Die Frucht muß treiben.

Und dieser Dichter ist doch der reine, der ideale Schiller! Ist es nicht bezeichnend, daß auf den Cultus von Venus Anadyomene, der Göttin der Schönheit, der Cultus Mariens d. h. der Mutterliebe gefolgt ist? Die neue Zeit aber hat Beides zu verschmelzen gewußt in Raphael's sogenannter Sixtinischer Madonna*), denn dieses Meisterwerk ist die Antike verklärt durch das Christenthum, das Ideal der Weiblichkeit, eine Mutter und doch eine Jungfrau, denn es ist ein reines Weib. So seht Ihr, daß Ihr nichts verliert, wenn auch der Rosengarten des Minnegesangs verblüht, nur „der schöne Wahn reißt mit dem Gürtel entzwei, die Liebe muß bleiben." Um unser Urtheil vor einseitiger Befangenheit zu wahren,

---

*) Das Original befindet sich bekanntlich in Dresden, in meinem Vaterlande. Selten habe ich das Heimweh so plötzlich mich durchzucken fühlen, als wenn ich in der Ferne ein Abbild dieses Gemäldes sah. Einmal traf ich es im Dorfe Plogoff auf dem Vorgebirge Raz am äußersten Ende der Bretagne, wo das Meer die sogenannte Leichenbucht bildet und wo ich die Einsamkeit des Exils doppelt fühlte, weil auch das Französische, meine zweite Heimathsprache, hier fremd und kaum verstanden war, denn Alles spricht hier celtisch. Ich stand lange in der armen Dorfkirche vor dem Bilde, die Copie war ziemlich schlecht, aber sie rief mir schöne Bilder der Vergangenheit ins Gedächtniß zurück. Semmig.

haben wir die Stellung der Frauen bis auf die neueste Zeit verfolgen müssen. Welche Umwandlung aber auch diese Stellung erfahren möge, zweierlei bleibt sicher: die Frauen sind von nun an für immer in das gesellschaftliche Leben eingetreten, sie stehen von nun an in steter Wechselwirkung zur Literatur. Darum schließt auch Schiller sein Gesellschaftslied von den „vier Weltaltern" ebenso fein als wahr mit der Strophe:

> Drum soll auch ein ewiges zartes Band
> Die Frauen, die Sänger umflechten.
> Sie wirken und weben Hand in Hand
> Den Gürtel des Schönen und Rechten.
> Gesang und Liebe in schönem Verein,
> Sie erhalten dem Leben den Jugendschein.

Aller Zauber der Poesie und Liebe verklärt aber vor Allen Ein Paar in jenen Tagen der Minne, verklärt es so wunderbar rührend, daß wir noch kurz unsern Blick auf ihm verweilen lassen wollen, ehe wir Abschied nehmen vom Gesange des Mittelalters: Abailard und Heloise. Wer kennt sie nicht die unglücklichen Liebenden, deren Schicksal selbst unsern Schiller zu einem Lied von mystischem Anklange begeistert hat, der uns um so mehr ergreift, als er dem Genius unsers Dichters sonst so fremd war. Der Weg der Verbannung hat mich auf die Stätten geführt, die durch den Namen des kühnen Denkers und liebenden Sängers geheiligt sind. Auf meinen Wanderungen durch die Bretagne war ich schon zu dem Kloster von St. Gildas de Rhuys im Morbihan gekommen, wo Abailard unter rohen Mönchen gelitten hatte, deren Mißhandlungen, ja Todesdrohungen er sich nur durch die Flucht hatte entziehen können. Noch zeigt man in dem uralten Gemäuer die Stelle, durch die er entkam. Seltsame Träume gingen durch meine Seele, als ich an sonnigem Herbsttage durch den Klostergarten wandelte und von der Mauer hinweg über den Ocean blickte, der sich schäumend zu meinen Füßen brach. Da plötzlich unter dem Rauschen des Meeres und dem Gesäusel des Laubes stieg der Gesang der Nonnen aus der Klosterkirche geisterhaft wie ein Echo vom Paraklet aus jenen Tagen auf und es war mir, als hörte ich Heloisen mit Schiller's Worten singen und meine Seele sang schwärmend mit:

> Matt mit die von schweren Kummern,
> Will mit dir ich müde schlummern
> Und in Sion gehen ein.
> Lös' das Kreuz mir!
> Auf zum Licht führ'
> Die beladne Seele mein.

Wenige Tage darauf, kurz bevor ich von der Bretagne Abschied nahm, führte mich mein Freund Guéraud in die Vendée. Vier Stunden hinter Nantes kamen wir durch den Flecken Le Pallet; am Ausgang des Ortes links hart an der Straße bemerkt man einen Hügel mit sichtbaren Spuren alter Befestigung, von der außer einer Kapelle nur weniges mit Dornen überwachsenes Gemäuer übrig geblieben ist *). Hier in diesem kleinen Orte ward im Jahre 1079 der Mann geboren, dessen Ruhm als Gelehrter die Welt durchflog und dessen Kampf ganze Concile der Christenheit nöthig machte: Abailard. Dieser so tiefe als gewandte Denker, der tausend und abertausend Schüler zu seinen Füßen fesselte, verschmähte es nicht um den Ruhm eines Minnesängers zu buhlen und in Liedern, die ganz Paris auf allen Straßen und Plätzen nachsang, seine geliebte Heloise zu feiern. Nicht ein einziges dieser Lieder hat uns die neidische Zeit aufbewahrt, ein um so schmerzlicherer Verlust, als Abailard, frei von Nachahmung der Provençalen, aus eigener Fülle des Herzens in nordfranzösischer Zunge sang. Wenn uns aber auch diese Melodieen der Liebe verloren sind, so sind sie doch heute, durch ein seltsames Spiel der Geschichte, nebst seiner Liebe selbst sein einziger Ruhm. Ja, der tosende Lärm des tausendstimmigen Beifalls, der ihn als Philosophen und Dialektiker auf seinem Lehrstuhl umbrauste, er ist längst verhallt und unsere Phantasie denkt sich ihn nur noch am Herzen seiner Heloise.

Wer aber würde auf so geweihter Stätte nicht von frommen Schauern ergriffen? In dem zwei Stunden von Le Pallet gelegenen Städtchen Clisson ist auch dem unglücklichen Liebespaar in einem herrlichen Parke an der romantischen Sèvre eine Grotte geweiht, in welcher der Besucher von schwärmerischer Stimmung von dem Schicksal dieser edlen Seele träumt, und was ich darüber in Villemain, Guizot und andern gelehrten Historikern gelesen hatte, faßte ich in folgende Verse zusammen, die wie ein Denkmal der Epoche des Minnegesangs dieselbe abschließen mögen:

1.

Abailard und Heloise,
Höchster Liebe Sternenbild,
Gieß' in meine Seel', o gieße
Deinen Zauber süß und mild.
Aller Streit in meinem Busen
Löst sich auf so wunderbar,
Lächelt mir im Kranz der Musen
Heloïs und Abailard.

2.

Nichtig, ach! ist alles Streben
Nach des Ruhmes spröder Gunst;
Nur die Liebe ist das Leben
Und das Wissen eitler Dunst.
Trieb's doch aus dem Paradiese
Schon das erste Elternpaar;
Glücklich machte Heloise,
Nicht das Wissen Abailard.

---

*) Anm. Ich habe diese Reise unter dem Titel „Drei Tage in der Vendée" im Stuttgarter Morgenblatt geschildert (Ende 1859 und Anfang 1860). Die Redaction nahm dabei die Vendéer von 1793 in Schutz. Sie ist in großem Irrthum. Möchten die Herren Fillon in Fontenay-Vendée und Dugast-Matifeur zu Montaigu doch endlich einmal ihre Geschichte des Kriegs in der Vendée herausgeben! Niemand kennt diese Zeit besser; sie würden alle Vertheidiger jenes Aufstandes zum Schweigen bringen. Semmig.

3.

Ward ihm je der Sieg entriſſen
In der Dialektik Feld?
Ein Nebler war er an Wiſſen,
Ja, ſein Ruhm durchflog die Welt.
Und nach all dem Kampfgetriebe,
Sagt: was blieb uns von ihm? Was?
Der Roman von ſeiner Liebe —
Vanitatum vanitas!

4.

Den ganz „Afrika" nicht retten
Konnte, ſelbſt Petrarca's Ruhm
Fand in winzigen Sonetten
Ein unſterblich Heiligthum.
Was nur wie zu kurzer Weile
Frierend ſang ſein liebend Herz,
Amor grub's mit ſeinem Pfeile
Ein in unvergänglich Erz.

5.

So hat Danten auch, gefleidet
In die Züge von Virgil,
Wohl das Wiſſen einſt begleitet
Und verlaſſen ihn am Ziel.
An dem Thor zum Paradieſe
Wartete Beatrix ſein.
Seines Herzens Helfte
Führt' ihn in den Himmel ein.

6.

Weg denn mit den Folianten
Und dem trocknen Bücherſtaub,
Ihr Gelehrten und Pedanten!
Roſen nur und Rebenlaub
Sollen kränzen mir die Haare,
An Anakreon's Altar
Opfre ich dir heil'gem Paare,
Heloiſ' und Abailard!

4. Die Wiſſenſchaft im Mittelalter.

Der Name Abailard führt uns von ſelbſt dazu, einen Blick auf das wiſſenſchaftliche Leben jener Zeit zu werfen. Beſteht doch ein inniger Zuſammenhang zwiſchen Poeſie, Wiſſenſchaft und Religion. Einmal ſogar im Laufe der Geſchichte haben ſich die drei harmoniſch zu einem Ganzen verſchmolzen: in Homer. Sein Epos faßte nicht nur das ganze Wiſſen ſeiner Zeit zuſammen, es ſchuf auch den Griechen ihre Götter und ward ſpäter das heilige Buch, die Bibel dieſes künſtleriſchen Volkes; der griechiſche Knabe lernte in der Schule in ſeinem Homer leſen, die Iliade war ſein Katechismus und Evangelium.

Endlich aber ſiegte der Gekreuzigte über die Götter Griechenlands, mit ihnen flohen die ſchönen Künſte, die ja nur in ihrem Dienſte erblüht waren, das Licht der Wiſſenſchaft aber erloſch im Sturme der Völkerwanderung. Nur das ewige Lämpchen flimmerte vom Altare tröſtend in die Nacht. Die Poeſie erhob zuerſt unter den Künſten ihre Stimme wieder, ſchüchtern und ſtammelnd noch, aber allmälig immer ſicherer; denn die Poeſie iſt an keinen Cultus ausſchließlich gebunden; in jedem Menſchenherzen hat ſie auch einen Tempel,

Und ſingend rings und jubelnd
Durch's alte Ordenhaus
Zieht als der letzte Dichter
Der letzte Menſch hinaus.

Die Kunſt überhaupt iſt ja ſelbſt Gottesdienſt, durch ſie bethätigt der Menſch, wie Feuerbach ſchön entwickelt hat, ſeine göttliche Natur. Das

Weltall, unendlich in Zeit und Raum, ist unerschaffen und unvergänglich als Ganzes; Alles in demselben ist nur ein ewiges Werden, der Mensch allein schafft. Die Tugend selbst, sagt Schiller, gehört in die Aesthetik, und „was erst, nachdem Jahrtausende verflossen, die alternde Vernunft erfand, lag im Symbol des Schönen und des Großen vorausgeoffenbart dem kindischen Verstand."

Lange Zeit ging in Frankreich wie in Deutschland die Wissenschaft neben der Poesie her, ohne daß eine Wechselwirkung sichtbar ward. Zuvörderst wurden sie durch die Kluft der Sprache getrennt, die Gelehrten bedienten sich ausschließlich der lateinischen und die Dichter, die meistens Laien waren, kannten dieselbe nur selten. Diejenigen Geistlichen aber, die sich der Poesie zuwandten, schrieben zu einer Zeit, wo die Wissenschaft erst noch in der Entwickelung begriffen war, so u. A. die Dichter der Karlssage, so die deutschen Mönche, die im 10ten und 11ten Jahrhundert unsre nationalen Sagen in lateinische Verse faßten. Die Poesie des Mittelalters war älter als seine Wissenschaft. Was die dichterischen Gemüther, die in dem Getümmel der ersten nachrömischen Jahrhunderte erblühen konnten, zu singen vermochten, das ist natürlich in dem Gewirr der Zeit verklungen und verloren. Das erste Schriftdenkmal der französischen Sprache ist vom Jahre 842 und erst im 11ten Jahrhundert beginnt mit dem Italiener Lanfranc (geb. 1005 in Pavia, gest. 1089 in Canterbury), der in den Ländern französischer Zunge lebte, die wissenschaftliche Bewegung; zu dieser Zeit aber hatte die Poesie schon genug andern Stoff zu verarbeiten. Erst als dieser aufgebraucht war, als die naturwüchsige Poesie sich erschöpft und der Rosengarten der Romantik abgeblüht hatte, suchten die Dichter in dem Treibhause der Gelehrsamkeit nach Stoff für ihre Muse.

Um den Gebrauch der lateinischen Sprache für die Wissenschaft zu erklären, brauchen wir die Gründe nicht so tief zu suchen, wie Herr Demogeot, wenn er sagt: „Der geistlichen (d. h. wissenschaftlich gebildeten) Gesellschaftsclasse waren die neuen Idiome Europa's zu schwächlich für ihre kräftigen Gedanken; in der Vergangenheit wurzelnd, sprach sie auch deren Sprache; sie bewahrte das unvergängliche Idiom Roms als eine Bürgschaft der Unsterblichkeit oder aus dem dunkeln Instincte der Herrschaft." Nein, die Sache ging viel natürlicher zu. Es gab damals noch keine andre Wissenschaft als die altclassische, die in der lateinischen Sprache erhalten war; Wissenschaft und Sprache waren Eins. Ebenso gab es keine andern Schulen als die der Geistlichen an Domkirchen und in Klöstern und die römische Geistlichkeit sprach natürlich die römische Sprache. Als, was von den classischen Wissenschaften sich noch erhalten hatte, zum ersten Male wieder von Karl dem Großen in eine Art Akademir vereinigt wurde, welche Sprache hätte derselben als Organ dienen können? Doch sicher nicht die fränkische.

Erst im 12ten Jahrhundert, als die Poesie schon lange thätig war, trat die Wissenschaft aus ihren bisherigen Pflanzstätten, Domschulen und Abteien, heraus und gründete sich einen eigenen unabhängigen Lehrstuhl. Unscheinbar ist dieser Schritt und doch von weltgeschichtlicher Bedeutung. Wilhelm von Campellis (Guillaume de Champeaux) that ihn in Paris, als er das Kloster von Notre-Dame verließ und dem Kanzler der Kathedrale zum Trotz, der bisher allein das Recht gehabt hatte die Erlaubniß zum Lehren zu geben, seine Schüler auf das linke Seineufer außerhalb der damaligen Stadt führte. Noch heute sind alle wissenschaftlichen Anstalten von Paris in diesem Stadttheile vereinigt, den die gewöhnliche Redeweise das lateinische Viertel, das lateinische Land nennt (le quartier latin, le pays latin). Die Legende erzählt zwar, Karl der Große habe die Pariser Universität gestiftet, und alle Lyceen von Paris feiern auch noch la St. Charlemagne als fröhliches Schulfest; es ist aber eben eine Legende. Alle Schulen hatten von der Kathedrale abgehangen, es gab in Paris bisher sogut wie anderswo nur eine Domschule. Die Gebäulichkeiten wurden aber allmälig zu eng, der Lehrer zu viel, die Fluth trat endlich über. Guillaume von Campellis gab den Anstoß, andre Lehrer gruppirten sich um ihn und die bischöfliche Gewalt mußte ihnen endlich die Freiheit des Unterrichts zugestehen. So machte der Gedanke den ersten Versuch sich vom Dogma zu emancipiren, die Wissenschaft war nicht mehr das Monopol der Kirche, zum ersten Mal steht sie selbständig da. Allmälig häufen sich die Lehrstühle, um sie herum sammeln sich tausend und abertausend Schüler, aus denen Cardinäle und Päpste hervorgehen, und so entsteht nach und nach die Universität Paris. Im Jahre 1199 erhielt sie ihre erste Charte von König Philipp August, wonach ihre Glieder z. B. von der Jurisdiction des Prevôt der Stadt ausgenommen waren, wofern sie nicht auf frischer That ergriffen wurden. Päpstliche Bullen ertheilten der Universität andere Privilegien, und wenn sie sich auch „die älteste Tochter der Könige" nannte, so wußte sie sich doch auch geschickt auf die päpstlichen Bullen zu stützen und wahrte so nach beiden Seiten ihre Unabhängigkeit. Ihre Geschichte zerfällt in drei Epochen: 1) von 1200 bis zur Reform des Cardinals d'Estouteville 1452; 2) von da bis zur neuen Reform 1600; 3) von 1600 bis zur Unterdrückung der alten Universitäten im Jahre 1792.

Es ist etwas Ungeheures um dies kleine Ereigniß, die Uebersiedlung Guillaume's; dasselbe ist so wichtig für die Entwicklung der Menschheit als nur irgend eins. Der menschliche Geist als solcher errichtet sich selbst ein Heiligthum, in welchem nicht der Glaube, sondern die Vernunft ihren Gottesdienst feiert. Schüchtern noch schreitet im Anfang die Wissenschaft neben der Kirche einher, deren Stütze sie sich nennt; aber die Kirche ahnt früh, daß ihr das entlaufene Pflegekind einmal über den Kopf wachsen wird, und die Päpste suchen die Wirksamkeit der Universität Paris oft zu beschränken. Ihr Interesse gebot es nur zu sehr. Schuf doch das Beispiel von Paris im Jahre 1347 die Universität Prag, aus welcher Huß hervorging, an dessen Scheiterhaufen sich der entsetzliche Hussitenkrieg entzündete! Aus der Universität Wittenberg aber, gestiftet im Morgenroth der neuen Zeit (1502), ging der Schwan hervor, den Huß verkündet hatte: Luther! Ja, wie Wenige auch und wie selten diese Wenigen daran denken, Wittenberg wurzelt in Paris und wir durften es hier nicht versäumen, darauf hinzudeuten, wie in dieser Stadt, in der sich die ganze europäische Gesellschaft ein Rendezvous giebt, die Wissenschaft die erste freie Wohnstätte fand. Abermals erkennen wir hier das glückliche Vorrecht des französischen Volkes, dem geschichtlichen Leben Europa's den ersten Anstoß zu geben. Frankreich ging voran in den Kreuzzügen, es gründete die erste Universität, es gründete später mit Descartes die moderne Philosophie, es gab zuerst den Ton an für die moderne gesellige Bildung und, wie die germanischen Franken auf gallischem Boden den ersten modernen Staat gegründet hatten, so führten die Franzosen, geleitet von den Grundsätzen der unveräußerlichen Menschenrechte, jene Staatsumwälzung aus, die, wie Mirabeau sagte, die Reise um die Welt machen wird. Mag dem kühnen Aufschwung auch immer eine Epoche der Ermattung folgen, mag auch das deutsche Volk berufen sein, mit seinem Ernst, seiner Tiefe und Ausdauer (die deutsche „Nation" hatte an der Pariser Universität das amtliche Beiwort constantissima Germanorum natio) zu ergänzen und zu vollenden, was sein leichtblütiger Nachbar begonnen hat, undankbar wäre es, die Verdienste zu verkennen, die das französische Volk sich um Freiheit und Aufklärung erworben hat. Gerade der erste Schritt ist der schwerste, und diesen that Paris. Zwar gab es gleichzeitig schon die medicinischen Schulen von Salerno und Montpellier, sowie die Rechtsschule von Bologna, aber in Paris zuerst wurden alle Wissenschaften zugleich gelehrt. Die erste und mächtigste Facultät war die facultas artium d. h. der sieben freien Künste. Von ihr ging die Theilung in vier Nationen aus, die französische, picardische, normannische und englische; um 1437 nach den Kriegen mit England ging letztere in die deutsche über. Jede Nation ernannte einen Procurator zur Vertheidigung ihrer Interessen, die Procuratoren wählten den Rector der Universität (seit 1278 auf drei Monate), welcher stets ein magister artium d. h. Professor der philosophischen Facultät sein mußte. Die Rechtsfacultät (auch faculté de décret genannt, weil sie sich namentlich mit den Decretalen der Päpste beschäftigte) wurde von Honorius III. 1208 der Pariser Universität entzogen, bis auf Ludwig XIV. gab es hier keine Rechtslehrer. Die medicinische Faculcät trennte sich 1280 von der Universität und gab sich besondere Statuten; ihre Lehrer waren bis 1452 zum Cölibat verpflichtet. Der Name Universität litt nicht durch diese Trennung, denn er bezeichnete damals nicht die Gesammtheit der Wissenschaften, sondern die Genossenschaft der Lehrer und Schüler im Sinne des mittelalterlichen Corporationsgeistes, so sagte man z. B. damals universitas mercatorum d. h. Krämergilde. Eine ernste Gefahr drohte der Körperschaft betreffs der theologischen Facultät. Im Jahre 1229 hatte die Universität wegen einer Beleidigung, für welche ihr die Regierung Genugthuung verweigerte, ihren Unterricht eingestellt; die Bettelmönche, Franziskaner und Dominikaner, benutzten dies, um drei Katheder der Theologie zu errichten. Die Universität wollte 1252 jedes Dominikaner- und Franziskanerkloster auf Einen Lehrstuhl beschränken; die Gegner widersetzten sich und da der Papst und König Ludwig der Heilige dieselben in Schutz nahmen, so beschloß die Universität 1255 sich aufzulösen. Nur war selbst der Vortheil der Gelehrsamkeit damals auf Seiten der Mönche, unter denen sich St. Thomas von Aquino der Dominikaner und St. Bonaventura der Franziskaner befanden. Die Universität mußte nachgeben, die beiden letztgenannten Lehrer wurden 1257 zum Doctorat zugelassen und ihre Orden gehörten nun zum Universitätskörper, nahmen aber zur Strafe von Seiten desselben in Folge eines Decrets von 1260 die letzte Stelle darin ein.

Zum Unterhalt der Studirenden gründete man Collegien d. h. Gebäude, in welchen die jungen Leute zusammen wohnten und beköstigt wurden; für die Aermern wurden Stipendien ausgesetzt, in Frankreich noch heute bourses genannt. Das berühmteste dieser Collegien war die Sorbonne. Robert aus Sorbonne, einem Dorfe bei Sens in Burgund, Beichtvater des h. Ludwig, hatte 1253 ein Haus gekauft, das er zu einer Herberge für arme Studenten bestimmte; der König schenkte ihm einige Häuser in der Nachbarschaft dazu. Robert Sorbon, wie er sich nannte, setzte in dieses Collegium sechszehn Stipendiaten (bursarii, heutzutage boursiers), diese, später auf 100 angewachsen, nannten sich congregatio pauperum magistrorum studentium Parisiis in facultate theologica, denn das Collegium war vorzugsweise für das Studium der Theologie bestimmt. Man unterschied die Genossen (socii) von den Gästen (hospites). Genoß konnte man nur nach dreimaliger Wahl, Vertheidigung einer These, Robertina genannt, unentgeltlicher Haltung eines philosophischen Cursus und weiterer zweimaliger Wahl werden. Um Gast zu werden, mußte man die Robertina vertheidigen und eine dreimalige Wahl passiren, hatte aber kein Stimmrecht und genoß die Wohnung nur bis zur Erlangung der Doctorwürde. Aus den Genossen wählte man einen Prior, dem man jeden Abend die Schlüssel der Wohnung übergab, an der Spitze des Ganzen stand ein Provisor. Späterhin ging der Name Sorbonne auf die ganze theologische

Facultät über. Mezerac nannte sie im 17ten Jahrhundert das permanente Concil von Gallien. Die heutigen Gebäude ließ 1629 der Cardinal Richelieu, Provisor der Sorbonne, vom Architekten Merrier erbauen; sie sind gegenwärtig der Sitz der Pariser Akademie und dienen zu den Vorlesungen der Facultät der Theologie, der Philosophie (f. des lettres) und der exacten Wissenschaften (f. des sciences).

Kehren wir zum Anfang des dreizehnten Jahrhunderts zurück, so sehen wir, wie damals der Italiener Brunetto Latini, der Lehrer Dante's, selbst Frankreichs Ueberlegenheit anerkannte, indem er nicht nur sein Werk französisch schreibt, sondern auch ausdrücklich erklärt, daß die französische Sprache die angenehmste sei. Alle Nationen schickten ihre lernbegierige Jugend auf die Universität Paris, wo damals der Deutsche Albert der Große (1205—1280), der Schotte Duns Scotus (1266—1308), der Spanier Raimund Lullus (geb. 1235, in Paris 1287), der Engländer Roger Baco (1214—1292) und der Italiener Dante (1265—1321) fast in einer und derselben Epoche weilten. Von dem Lärmen und Treiben jener Jugend, die, wenn sie den Tag über die hitzigsten Kämpfe der Scholastik ausgefochten hatte, des Nachts Raufereien mit der Bürgerschaft anzettelte, um nach dem Schweige der Disputation auch etwas Blut zu vergießen, davon können wir uns jetzt nur schwer einen Begriff machen. Die Universität nahm ein ganzes Drittheil der Stadt ein! Ein Dichter des 14ten Jahrhunderts, Eustache des Champs, drückt sich über Paris so aus:

   C'est la cité sur toutes couronnée,
   Fontaine et puits de sens et de clergie,
   Sur le fleuve de Seine située,
   Vignes et bois et terres et prairie,
   De tous les biens de cette mortelle vie
   A plus qu'autres cités n'ont ;
   Tuit étranger l'aiment et l'aimeront;
   Car pour déduit et pour être jolie,
   Jamais cité telle ne trouveront.

(d. h. das ist die vor allen gekrönte Stadt, Quell und Brunnen von Geist und Wissenschaft (clergie, das Wissen der clercs), am Seinestrom gelegen; Weingärten, Wald und Feld und Wiese, von allen Gütern dieses vergänglichen Lebens hat es mehr als andere Städte; alle Fremden lieben es und werden es immer lieben; denn in Bezug auf Vergnügen (déduit) und Reiz werden sie niemals eine gleiche Stadt finden.)

Freilich konnte sich die wissenschaftliche Forschung damals nicht sofort in den reinen Aether des rücksichtslosen Gedankens aufschwingen; sie übte und prüfte lange ihre Flügel. Das Mittelalter ist eben die Herrschaft der Kirche, des Glaubens und es war für jene Zeit schon vermessen genug von der menschlichen Vernunft, die Glaubenssätze beweisen zu wollen. Die Wissenschaft, die sich dies zum Zweck setzte, hieß die Scholastik; sie bildete den Gipfel des Unterrichts.

Derselbe zerfiel bekannter Weise in zwei Theile, das Trivium und Quadrivium, und wie die Wissenschaft selbst, so war auch diese Unterrichtsmethode dem Mittelalter von dem sinkenden Alterthum überkommen, das sein ganzes Wissen darin zusammengefaßt hatte. Das Trivium umfaßte Grammatik, Rhetorik und Dialektik, das Quadrivium Arithmetik, Geometrie, Astronomie und Musik; dies waren die „sieben freien Künste", daher der Titel magister liberalium artium, maître-ès-arts. Die griechischen Gelehrten des Museums zu Alexandrien hatten unter Kaiser Augustus diese Ordnung begründet, später wurde sie in die Schulen des römischen Reichs eingeführt. Der Afrikaner Marcianus Capella vollendete diese Methode 470 zu Rom in seiner Encyclopädie, worauf Cassiodor, der Kanzler des Ostgothenkönigs Theodorich (geb. 480, gestorben um 575) sein Buch „de septem disciplinis" schrieb. Der heutige Unterricht in Frankreich trägt noch die Spuren dieser Eintheilung. Man nennt heutzutage „Universität" den Inbegriff des gesammten Staatsunterrichts, gegenüber den von Geistlichen geleiteten Schulen und Priesterseminarien, die aber auch unter der Aufsicht des Ministeriums des öffentlichen Unterrichts stehen. Es giebt nicht mehr verschiedene besondere Universitäten, wie ehemals in Orleans, Nantes, Bourges u. s. w. und wie noch jetzt in Deutschland. Straßburg allein besitzt noch die vier Facultäten vereint, aber die wirkliche Gesammtheit unsrer Kenntnisse hat nur in Paris ein Centrum, während in Deutschland jede Universität wenigstens darauf Anspruch macht. Rennes z. B. besitzt nur drei Facultäten, die juristische, die der Literatur und die der exacten Wissenschaften, Montpellier die beiden letztern nebst der medicinischen, aber nicht die juristische; Douai hat nur die Facultät der Literatur, Lille die der exacten Wissenschaften u. s. w. (NB! man zählt in Frankreich fünf Facultäten, indem die philosophische in die f. des lettres und die f. des sciences getheilt ist.) Der Elementarunterricht, den der Staat durch seine Schullehrer (instituteurs) ertheilt, hat in den frères der écoles chrétiennes und andern geistlichen Congregationen einen gefährlichen Nebenbuhler; das, was wir in Deutschland Bürgerschulen nennen, giebt es in Frankreich nicht (in Paris entspricht dem indessen die auf Stadtkosten erhaltene école Turgot vollkommen); wo etwas Aehnliches besteht oder im Bilden begriffen ist, z. B. die treffliche école communale in Nantes, kann es neben den Stiftungen der Brüderschaften nicht aufblühen. Der Bürger, der seinen Söhnen eine höhere Bildung geben will als die in den Elementarschulen geboten wird, schickt sie auf die eigentlichen Gelehrtenschulen, an die allerdings Handels- oder Industrieclassen angehängt sind für solche, die den höhern wissenschaftlichen Unterricht nicht besuchen können oder nicht brauchen. Der wissenschaftliche Staatsunterricht beginnt in den Lyceen (so heißen seit dem neuen Kaiserreiche die Staatsgymnasien, die städtischen werden collèges genannt), er bildet hier das enseignement secondaire und wird an den Facultäten beendet (enseignement supérieur). Die Normalschule in Paris (école normale supérieure) ist eine Art Nebenfacultät, die zum Zweck hat gediegene Lehrer für die Lyceen zu bilden. Ueber diesen steht das Institut, das von den bedeutendsten Geistern, Künstlern und Gelehrten gebildet wird und außer der französischen Akademie, die eine Art Sonderstellung einnimmt, aus der Akademie der Inschriften und schönen Wissenschaften, der der exacten Wissenschaften, der der schönen Künste und der der moralischen und politischen Wissenschaften besteht. Letztere, die sich mit Philosophie und Rationalökonomie beschäftigt, wurde, nachdem sie eine Zeit lang beseitigt gewesen war, 1832 auf Guizot's Vorschlag wieder hergestellt. Der erste Grad, den die Universität (d. h. wohlverstanden der Staatsunterricht) ertheilt, heißt bachelier, der zweite licencié, der dritte docteur. Das Diplom eines Baccalaureus erhält man nach beendeten Gymnasialstudien; in Deutschland wird dieses Examen, obgleich es ebenso schwer ist, für nicht so wichtig gehalten, um es durch ein Diplom und einen Titel zu belohnen, der Schüler erhält dadurch nur das testimonium maturitatis d. h. das Zeugniß der Reife für die Facultätsstudien. Es liegt nun einmal im französischen Wesen etwas Prunk zu machen. Früher gab es nur das Baccalaureat ès-lettres; diejenigen, die nach den Gymnasialstudien die polytechnische Schule oder die Militärschule von St. Cyr besuchen wollten, bedurften dieses Diplom nicht; da sie aber vor der Zulassung zu jenen Schulen ein Examen zu passiren hatten, so wurden sie auf den Lyceen in bestimmten Cursen besonders dazu vorbereitet. Dies zu regeln, theilte der Minister Fortoul 1852 die Gymnasialstudien in zwei Classen, die der lettres und die der sciences; diese Theilung beginnt von Tertia an; je nach der Carrière, der sich ein Schüler widmet, sucht er nun das Diplom eines bachelier ès-lettres oder ès-sciences zu erhalten. Diese letzte Würde ist ebenfalls neu gegründet. Man nennt diese Theilung le système de bifurcation und die modernen Zugeständnisse abgerechnet ist es soviel als das Trivium und Quadrivium. Die drei Wissenschaften des erstern machen noch immer den literarischen Unterricht aus und zwar in derselben Stufenweise wie sonst; jedes Lyceum hat sechs Classen (die siebente und achte sind Vorbereitungsclassen); Sexta, Quinta und Quarta heißen classes de grammaire, und Tertia, Secunda und Prima (diese letzte in Frankreich classe de Rhétorique genannt) bilden les classes de lettres, in denen auf die Bildung des literarischen Geschmacks hingearbeitet wird. An der Spitze steht la classe de Logique (früher auch cl. de philosophie genannt), wie wir sagen würden: Selecta. Diese Classe, die also der alten Dialektik entspricht, hat außer den Vorlesungen über Logik eigentlich nur die Wiederholung der früher gewonnenen Kenntnisse zum Zweck und in der Regel weniger Ansehn als die Classe der Rhetorik.

Anders im Mittelalter, wo die Dialektik im Bunde mit der Theologie als scholastische Wissenschaft unumschränkt herrschte. Man weiß, zu welch hohlen Spitzfindigkeiten und unfruchtbaren Klopffechtereien, zu welchen Lächerlichkeiten und welcher Pedanterei diese „heilige Alliance" geführt hat. Man fertigt sie spöttisch mit dem Worte Schulweisheit ab. Es ist allerdings spaßhaft genug, die hochgelahrten Doctoren der Universität in allem Ernste z. B. darüber disputiren zu hören, ob eine Sau, die man zu Markte führt, vom Menschen gehalten wird oder von dem Strick, den man ihr um den Hals gebunden hat. Aber es ist doch nicht lächerlicher, als wenn man von dem protestantischen Prediger Konrad Sußmann im Jahre 1666 über Christi Esel am Palmsonntage also predigen hört: „Er lebrt uns 1) unsre eselhafte Natur; a) diese ist recht dumm an Verstand, 1. Cor. 2, 14. b) wird liederlich angebunden, Röm. 7, 23 ff. 2) Christi demüthige Willfährigkeit zu leiden; 3) die uns gebührende Unterwerfung unter's Joch Christi; oder wenn ein Amtsbruder seiner Hochehrwürden „unsers Herrn Christi Adventswagen" zum Texte nimmt und mit Aufwand aller ihm zu Gebote stehenden Gelehrsamkeit entwickelt, daß er wird sein 1) ein offener, 2) ein hoher, 3) ein starker und 4) ein wohlgezierter; oder wenn gar ein Dritter über die Worte Joh. 3 predigt („der Wind wehet und du hörst sein Sausen wohl und weißt nicht, wohin er geht und woher er kommt") und also eintheilt: 1) woher er kommt, 2) wohin er geht, 3) daß wir Beides gar nicht wissen. Es ist mit der Narrheit wie mit der Menschheit überhaupt, sie kommt in allen Zonen fort. Und streng genommen, was ist denn die ganze große Hegel'sche Philosophie, dieses riesenhafte logische Gebäude, anders als Scholastik? Ist es nicht von vornherein die ärgste Verkehrtheit, die Welt aus dem bloßen Gedanken construiren zu wollen? Und beansprucht sie nicht auch, ganz wie die Dialektik des Mittelalters, den Ruhm der Orthodoxie, der kirchlichen wie politischen? Eine Zeit lang ward sie auch als Staatsphilosophie anerkannt, aber der Schelm saß ihr doch im Nacken und zuletzt wurde die Posaune des jüngsten Gerichts über Hegel den Antichrist geblasen. Denn traut ihr nur, der denkenden Vernunft, und wenn sie sich noch so schmeichlerisch als Magd der Theologie anbietet, mag sie sich Philosophie nennen oder Philologie, wie im vorigen Jahrhundert in der protestantischen Kirche, wo sie den Rationalismus erzeugte, wenn sich die Schlange einmal in's Paradies des frommen Glaubens geschlichen hat, sie wird euch bald die Augen öffnen und dann wird der Apfel vom Baume des Wissens zum Apfel der Zwietracht, um den jene dreißigjährigen Kriege entbrennen, in denen zuletzt doch Minerva, die Göttin der bildenden Vernunft, die Mauern brechen hilft, hinter denen sich der Räuber Helena's, des schönen griechischen Lebensgenusses geborgen wähnte.

Die Theologie hat auch zu allen Zeiten nur mit Mißtrauen die Dienste der Philosophie angenommen. Und in der That, würde der

b. Bernhard, der Vorkämpfer der katholischen Kirche, den Scholastiker Abailard mit so leidenschaftlicher Hartnäckigkeit und Erbitterung verfolgt haben, wenn diese Schulweisheit so unschuldig gewesen wäre? Abailard war ein Schüler jenes Wilhelm von Campeulis, der zuerst den Unterricht von der bischöflichen Oberbehrit emancipirte und so den ersten Grundstein zur Universität Paris legte; dieselbe konnte nicht glänzender eingeweiht werden als durch diesen Kampf. Es ist der Streit zwischen Realismus und Nominalismus. Der erste ist das, was wir jetzt Irealismus oder Supranaturalismus nennen, er stützt sich auf den Namen Plato, auf den Namen, sagen wir, denn die Werke des Akademikers waren so ziemlich unbekannt; der zweite bedeutet den Rationalismus oder Empirismus und Aristoteles ist sein Schutzpatron, obgleich auch dessen Schriften nur äußerst mangelhaft bekannt waren. Die Nominalisten sind die Freigeister jener Epoche, die Realisten dagegen schwärmerisch und rechtgläubig. Jene hatten zum Stifter ihres Systems Roscellin von Compiègne, diese zum Vorfechter den h. Anselmus, geboren 1034 zu Aosta am südlichen Abhange der Alpen, wo noch heute unter der Herrschaft Piemonts französisch gesprochen wird, weshalb er für einen Franzosen gelten kann. Anselmus, der 1078 Abt des Klosters Bec in der Normandie ward und 1109 (nach Andern 1099) als Erzbischof von Canterbury starb, gilt als der Schöpfer des sogenannten ontologischen Beweises für das Dasein Gottes; die Ideen sind den Realisten etwas Reelles (daher der Name des Systems), aus der Idee Gottes muß man daher nach Anselmus auf die Realität, auf das Dasein Gottes schließen. Mit dieser Methode lassen sich freilich alle Schwärmereien vertheidigen, mit ihr glaubten die Realisten auch das Geheimniß der Dreieinigkeit zu beweisen. Viel natürlicher ist es zu sagen: credo quia absurdum, ich glaube es eben, weil es dem Denken widerspricht. Die Methode der Realisten wurde von Roscellin bestritten, welcher behauptete, die Begriffe hätten keine Existenz an und für sich, sie seien bloße Namen (daher die Bezeichnung Nominalismus). Das Concil von Soissons 1092 verdammte seine Lehre und der kühne Denker starb unter dem Fluche der Kirche. Aber Peter Abailard (geb. 1079) nahm den Nominalismus wieder auf und vertheidigte ihn siegreich gegen seinen eigenen Lehrer, den Realisten Wilhelm von Campeulis. Statt des Einen Besiegten erwuchsen ihm indessen unzählige neue Feinde, Fanatiker des Glaubens, die ihn nicht mit Gründen bekämpften, sondern mit Gewalt. Von Ort zu Ort muß er ziehen, nirgends wird ihm Ruhe und endlich steht selbst der h. Bernhard gegen ihn auf, der schwärmerische furchtbare Mönch, furchtbarer als der Papst, denn seinem Worte gehorchen Haupt und Glieder der Christenheit, streng gläubig, aber auch unerbittlich gegen Andersdenkende, die er mit allem mittelalterlichen Hasse verfolgte. Diesem Hasse erlag endlich der edle hartgeprüfte, durch Leiden aller Art aufgeriebene Abailard im Jahre 1142; sein müder Leib neben der Asche Heloisens, die ihm bald nachfolgte, und jedes liebende Herz und jeder freisinnige Kopf segnet sein Andenken. Sein Geist aber lebte fort, der Nominalismus ging trotz steter Verfolgungen nicht unter, im 14ten Jahrhundert erwuchs ihm in dem Franziskanermönch und muthigen Eiferer gegen päpstlichen Uebermuth Wilhelm von Occam ein neuer Kämpfer, der ihm endlich den Sieg errang, und man kann sagen, daß der Geist Occam's und durch ihn der Geist Abailard's in Luther arbeitete, als dieser kühne Mönch die Lehre von der Transsubstantiation umwarf, die schon von Roscellin's Zeitgenossen, Béranger von Tours, angegriffen worden war. Seltsamer Gegensatz! und doch glaubte dieser Luther an die unbefleckte Empfängniß der Jungfrau Maria, der heilige Bernhard dagegen verwarf diesen Glaubenssatz, der heutzutage für die ganze katholische Christenheit verbindlich geworden ist.

Aber damals beherrschte der h. Bernhard das gesammte Jahrhundert, er war das Orakel des christlichen Europa, an seinen Ausspruch appellirten Fürsten und Päpste und die Kirchenversammlungen lauschten seiner Stimme wie einer göttlichen. Nie hat ein Mensch so durch die Gewalt des Geistes geherrscht wie er, nur einmal wieder hat die Welt etwas Aehnliches gesehen und wieder war es Frankreich, das den Mann gebar: Voltaire. „Wenn irgend ein Mensch bewiesen hat, daß dem Geist die Herrschaft der Welt gebühre und daß vor der Geistesbildung aller irdische Glanz verschwinde, so ist es dieser ausgezeichnete Mann, der es unternahm, unter einem Volke und zu einer Zeit, wo man sonst Gelehrte und Künstler nur für edlere Domestiken der Großen hielt, ihnen einen selbstständigen Rang der Achtung zu sichern. Die Wirkung dieses Strebens ging auf die ganze gebildete Welt über und nie hat wohl ein Dichter, ein Philosoph, ein Geschichtschreiber eines solchen Publikums sich zu erfreuen gehabt als Voltaire, nie ein Mensch durch bloße Geisteskraft seiner Nation ein solches Uebergewicht, selbst in politischer Hinsicht, erworben als Voltaire." Es ist das Conversationslexikon, das dieses Urtheil fällt und das von Niemand der Uebertreibung beschuldigt werden wird. Freilich, zwei größere Contraste kann es nicht leicht geben als Voltaire und der h. Bernhard; es sind die beiden Pole, um die sich Frankreich dreht: schwärmerischer, bis zur Verfolgungswuth steigender Glaube auf der einen Seite, auf der andern der witzigste, selbst das Heiligste und Reinste nicht verschonende Spott und zwischen beiden trockene kalte Gleichgültigkeit. Es mußte so sein, daß Frankreich nach einem h. Bernhard auch dessen Gegenfüßler Voltaire gebar; es war dadurch nur consequent mit seiner widerspruchsvollen Natur und rächte Abailard durch Voltaire.

Ebenso ergreifend wie dieser historische Gegensatz ist der Contrast, den damals Süd- und Nordfrankreich bildete; dort der fröhliche oder friegerische Gesang der Troubadours umgeben von üppiger Cultur, hier die ernsten Kämpfe des grübelnden Verstandes und der Lärm der Schulen; dort die heitere Kunst, hier die strenge Wissenschaft. Langsam aber reiften die Früchte, welche die letztere für die menschliche Bildung trug; auf die zeitgenössische Volksliteratur konnte daher die mittelalterliche Wissenschaft von keinem oder nur geringem Einfluß sein. Der Laie verstand die tiefere Bedeutung dieser Schulkämpfe nicht, die Kirche herrschte über die große Menge und hielt die Vernunft unter dem Glauben gefangen, auch blendete das äußere Leben mit seinen ritterlichen Kämpfen die Einbildungskraft mehr als die Grübeleien der Katheberweisheit. Selbst die Vorkämpfer der naturwissenschaftlichen Forschung im 13ten Jahrhundert, der Dominikaner Albert der Große aus Schwaben und der Franziskaner Roger Baco in England, gingen nur als Zauberer und Schwarzkünstler in die Volkssage über, wie später der Dr. Faust den Stoff zu unserm weltgeschichtlichen Morbus gab. Nur das Pedantische und Lächerliche, nur das formale Wesen der scholastischen Philosophie wurde von der Literatur angenommen, als die Phantasie ihre naive Schöpfungskraft im epischen und lyrischen Felde vergeudet hatte; denn die frostigen Allegorieen, die jetzt in Frankreich und Deutschland die Helden und Recken der alten Epopöen verdrängen, mit ihren Schattengestalten den Roman von der Rose bevölkern und selbst in die Lyrik, die Poesie des Gefühls eindringen, sind nichts anders als die allgemeinen Begriffe, um deren Natur sich Realisten und Nominalisten stritten. Es fehlte wenig, so wäre die Logik selbst wie irgend ein andres Weib brillig gesprochen und wie sonst die Dame des Herzens oder gar wie die h. Jungfrau verehrt worden. Das Gedicht eines deutschen Meistersängers, Barthel Regenbogen, der im Anfange des 14ten Jahrhunderts lebte, zeigt mit ausdrücklichen Worten, wie die neun Musen von den sieben freien Künsten entthront worden waren. Regenbogen war ein Schmied, der sein Handwerk aufgab und in Mainz „ganz dem edeln Sange" lebte, was den Versbau betrifft nicht ohne Talent, wie folgende von ihm erfundene Weise (der vierte gekrönte „Ton" des Meistergesanges) beweist, die sich fast dem Sonette an die Seite stellen könnte; er richtet sich in der dritten Strophe also an die Meistersänger von Mainz:

> Umb Singens willen bin ich her zu uch gezogen;
> Was ich uch sagen, das ist sicher ungelogen,
> Kent ihr mich gern, ich bins geheißen Regenbogen,
> Der je Gesangs ein Meister was, nach dem tun ich mich nennen.
>
> Umb Singens willen beug ich us ein Rosenkranz;
> Die Eulken, Rowen machen um die Bletter ganz:
> Wer singet wuse Wort und auch der Töne Schanz
> Und mir den Cranz gewinnet an, den Meister will ich kennen.

Philosophy des Aristoteles tut machen,
Die Musica und auch die Kunst Jeometry.
Rhetorica die went dem edlen Sange by,
Die Lorca und auch die hoh Astronomy:
Verlybet mir mnn Rosenkranz, von Freuden wil ich lachen.

Die Meistersängerschulen aber, die in Deutschland dem Rittergesange folgten, hat Frankreich nicht gekannt, und das ist zu beklagen, nicht um des poetischen Geschmacks willen, dem diese Schulen wenig zu Gute kamen, sondern um der Verbreitung der Volksbildung willen. „Die Meisterschulen, sagt ein alter Literarhistoriker (Herzog, Geschichte der deutschen Nationalliteratur, Jena 1831) haben ein entschiedenes Verdienst um die Erhebung des deutschen Bürgers zu einer Bildung, welche sich um diese Zeit in diesem Stande in keiner andern Nation auf gleicher Stufe befand; sie weckten seine geistige Kraft, erregten sein Nachdenken und seine Betrachtungen über die verschiedensten Gegenstände und machten ihn für die im Anfange des 16ten Jahrhunderts verkündete Geistesfreiheit empfänglich."

Einiger Gewinn kam der Sprache in Frankreich von einer Seite, von der man es nicht erwartet hätte, von den Bettelmönchen, welche Rom im 13ten Jahrhundert zur Bekämpfung des Geistes der Empörung in die Welt schickte und die in die zwei großen Heere der Dominikaner und Franziskaner zerfielen. Als Rom das Lateinische zur Kirchensprache machte, wollte es dadurch die Herrschaft des blinden Glaubens befestigen, denn der Gebrauch der lebenden Sprache des Volkes hätte das Nachdenken und den Geist der Prüfung erwecken können; dieser Gebrauch der Volkssprache von Seiten der Waldenser galt allein schon für Ketzerei. So lange aber die Volkssprache von dem wissenschaftlichen Gebrauche ausgeschlossen ist, so lange sie nur für die rein praktischen gemeinen Bedürfnisse des gewöhnlichen Lebens angewendet wird und die höchsten Interessen des Geistes in einem fremden toten Organ, wie das Lateinische, verhandelt werden, so lange bleibt auch die Volksbildung auf einer niedrigen Stufe stehen. Nun war es die Aufgabe jener Mönche die Ketzerei zu bekämpfen und das Volk zu belehren; wie hätten sie dies aber vermocht, hätten sie nicht in seiner Sprache zu ihm sprechen wollen. Dadurch gewann dieselbe aber nicht nur an Bildung, sondern auch an Ansehn. In Deutschland selbst zählen wir unter die bedeutendsten Denkmale der mittelalterlichen Prosa die Predigten des Franziskanermönchs Berthold im 13ten Jahrhundert und die des Dominikaners Tauler (geb. 1294, gest. 1361); beide, in Bezug auf Styl und Begeisterung würdige Vorgänger Luther's, dürfen sich nach dem Maßstab ihrer Zeit beurteilt, neben die größten deutschen Redner späterer Zeit stellen. Ist doch selbst in unsern Tagen der Predigerorden der Dominikaner, von dem wir indessen nicht vergessen wollen, daß er der Träger der Inquisition ward, dieses Frevels gegen „den heiligen Geist" der Menschheit, ist doch dieser Orden wieder durch ein allerdings mehr glänzendes als gediegenes Rednertalent ausgezeichnet worden, den Pater Lacordaire; in dieser Beziehung war seine Aufnahme in die Akademie vollkommen gerechtfertigt, hätte sie nur nicht mehr dem Ultramontanen als dem Stylisten und Sprachförderer gegolten!

Das Eindringen der Bettelmönche in die Universität von Paris bezeichnet einen Wendepunkt in der Geschichte derselben. Von dieser Zeit fiel nach und nach das ganze moralische Gewicht in die theologische Facultät, die Sorbonne; Universität und Sorbonne ward, sozusagen, gleichbedeutend. Zugleich wuchs der politische Einfluß dieser Anstalt. Die Könige befragten sie bei den wichtigsten Angelegenheiten um Rath, so Philipp der Schöne 1308 bei der Unterdrückung des Templerordens, so unter Philipp V. 1317 bei der Proclamation des salischen Gesetzes. Ja sogar Päpste neigten sich vor ihrem Ausspruche; die Sorbonne erklärte, der Ansicht des Papstes Johann XXII. zuwider, daß die Heiligen unmittelbar nach ihrem Tode Gott schauten (la vision béatifique) und der Papst gab den Angriffen der Pariser Theologen 1333 nach). In Paris selbst war der Rector ein eigener König neben dem Könige. Als der Bischof von Paris (das Erzbisthum datirt erst von 1622) einen Schüler der Universität in's Gefängniß hatte setzen lassen und ihm eine Geldbuße auferlegt hatte, protestirte die Körperschaft gegen diese Verletzung ihrer Privilegien bei dem erwähnten Papste Johann XXII. und derselbe entschied, daß der Bischof die Geldbuße zurückzuzahlen habe. Ein anderes Mal, 1347, erzwang der Rector in der Kirche St. Germain l'Auxerrois den Vorrang vor dem Erzbischof von Embrun. Unter König Karl V. wurde der Prévôt (d. h. Bürgermeister) von Paris, Hugo Aubriot, gezwungen, vor dem Rector und den Magistern der Universität Abbitte zu thun, weil er die Schaarwache des Nachts in ein Collegium hatte eindringen lassen; später wurde er auf die Forderung der Universität von dem bischöflichen Tribunal dafür noch in's Gefängniß gesetzt. Ein andrer Prévôt, Guillaume de Tignonville, hatte mehrere Schüler hinrichten lassen; er wurde gezwungen (1407), die Leichname mit eigner Hand vom Galgen abzunehmen, sie zu begraben und vor dem Rector und den Professoren der Universität Abbitte zu thun. Das Ansehn und die Macht der letzteren wuchs namentlich während des großen Schisma (Ende des 14ten und Anfang des 15ten Jahrhunderts) und das Gefühl ihrer Macht führte sie zum Mißbrauch. Wollte sie ihre Privilegien wahren oder rächen, so stellte sie ihre Vorträge und Predigten ein und zwang so ihre Gegner zur Nachgiebigkeit. Zwar zählte sie von Zeit zu Zeit Männer unter ihren Lehrern, die den Einfluß, den sie auf den Staat ausübte, rechtfertigen konnten; nichtsdestoweniger gebot dem letztern sein wohlverstandenes Interesse, die allzumächtig gewordene Körperschaft in ihre Schranken zurückzuweisen. Als daher Frankreich endlich aus den Kriegen mit England gerettet hervorging, wurde der Cardinal d'Estouteville 1452 vom Papste beauftragt, die Universität von Paris zu reformiren. König Karl VII. gab ihm mehrere Commissare aus dem Parlamente bei. Nicht nur beschränkte man die Privilegien, sondern unterwarf auch die Universität der Oberaufsicht von Beamten, die man Réformateurs perpétuels nannte. Zwar spielte die Sorbonne während der Ligue noch einmal eine politische Rolle, aber sie war nicht glücklich. „Es ist ein eitel und vergeblich Wagen, zu greifen in's bewegte Rad der Zeit;" die Sorbonne hatte sich nicht nur der Reformation widersetzt und die blutigen Verfolgungen hervorgerufen oder unterstützt, denen die ersten Bekenner der religiösen Bewegung zum Opfer fielen, sie widersetzte sich auch der Reform ihrer selbst und des Unterrichts überhaupt. Wir sehen daher auch überall die katholischen Universitäten dem Verfall oder der Erstarrung entgegengehn, während die Wissenschaften auf den protestantischen Universitäten blühen; wir sehen sogar innerhalb Frankreichs selbst, wie die Pariser Universität von einem andern Institute überflügelt wird, in das sich von nun an die neue Wissenschaft flüchtet. Es ist dies das Collège de France.

Der mittelalterliche Wust und Pedantismus, den die Universität von Paris eigensinnig beibehielt, erschien im Lichte der Renaissance in aller Lächerlichkeit. Da gründete Franz I. 1529 das Collège de France, die Hochschule von Frankreich. Da die ursprüngliche Bestimmung desselben der Unterricht in den drei Sprachen, Lateinisch, Griechisch und Hebräisch, war, so hieß es im Anfang auch Collège des trois langues. (Weil sein Gebäude auf dem Platz Cambrai stand, hieß es auch le collège de Cambrai; unter Ludwig XIII. wurde es auch Collège royal genannt, weil es unter dem besondern Schutze der Könige stand und seine Professoren den Titel „lecteurs royaux" hatten.) Die Universität leistete den heftigsten Widerstand; der Dichter Clement Marot goß seinen Spott darüber in folgenden Versen aus:

> Bien ignorante est elle d'estre ennemio
> De la trilingue et noble academie
> Qu'as érigée ....
> O povres gens de savoir tout étiques!
> Bien faites vrai ce proverbe courant:
> Science n'a haineux que l'ignorant.

(d. h. Ist sie dumm, der dreizüngigen edeln Akademie Feind zu sein, die du errichtet hast! O arme Leute, schwindsüchtig an Wissen! Wohl macht ihr das Sprichwort wahr: die Wissenschaft hat keinen andern Gegner als den Unwissenden.)

Das Toben der Doctoren der Sorbonne war umsonst; Franz I. gründete an der neuen Hochschule im Ganzen zwölf Lehrstühle (u. A. für Mathematik, Philosophie und Medicin), sieben andere wurden von seinen Nachfolgern hinzugefügt. Die Lehrer standen unter der unmittelbaren

Autorität des Großalmoseniers und hingen nur von der Gerichtsbarkeit der Parlamente ab. Kurz, das Collège de France bildete von Anfang an das, was wir eine deutsche Universität nennen. Unter Ludwig XIII. wurde das Gebäude aufgeführt, das dem Collège bis heute zum Sitze dient; durch Colbert erhielt es mehrere Vortheile und Freiheiten. Durch den Sturm der Revolution ging es glücklich hindurch, während alle Universitäten des Mittelalters zu Grunde gingen (wenigstens in ihrer damaligen Einrichtung); sie war eben ein Kind der neuen Zeit und ihr Wesen die freie Wissenschaft. Während die Facultäten nur den Schulunterricht zu ergänzen haben, ist es die Aufgabe des Collège de France, der Wissenschaft neue Bahnen zu brechen und sie weiter zu führen. Erst seit 1832 hängt es vom Minister des öffentlichen Unterrichts ab; bisher stand es als eine vom Schulwesen unabhängige Anstalt unter dem Ministerium des Innern. Mehrmals hat es in der geschichtlichen Bewegung eine Rolle gespielt, so 1848 durch die Vorträge Edgar Quinet's und Michelet's, so noch jüngst durch den Vortrag Renan's über die Bedeutung der semitischen Race.

Nach den Unruhen der Ligue beauftragte Heinrich IV. eine Commission mit einer neuen Reform der Universität; diesmal ging dieselbe von der königlichen Gewalt allein aus, die päpstliche Oberhoheit schwand mit dem Mittelalter dahin. Das Reglement erschien erst am 18. Sept. 1600; es betraf die Religion und die Disciplin, u. A. ward der ausschließliche Gebrauch der lateinischen Sprache in den Lyceen beibehalten.

Unter andern mittelalterlichen Resten, die damals verschwanden, ist hier der Zug zur foire de Landit (Jahrmarkt) in St. Denis zu erwähnen. Das Wort Landit ist eine Verstümmelung von indictum und bedeutet einen bestimmten Tag und Ort für eine Versammlung des Volkes, es bezeichnete besonders den Jahrmarkt zu St. Denis bei Paris. Die Stiftung desselben wurde bald auf den König Dagobert, bald auf Karl den Großen oder auch Karl den Kahlen zurückgeführt; sie fällt aber wohl erst in das 12te Jahrhundert. Im Jahre 1109 hatte man nämlich ein Stück vom wahren Kreuze nach Frankreich gebracht; um die fromme Reugier des Volkes zu stillen, ordnete der Bischof von Paris ein indictum in der Ebene von St. Denis an, woraus dann bald ein Jahrmarkt ward, der am Tage St. Barnabä den 11. Juni begann, anfangs drei, dann acht und vierzehn Tage dauerte. Die Ebene zwischen St. Denis und Lachapelle war in dieser Zeit von Buden und Häusern übersät, worin alle Kostbarkeiten des Mittelalters verkauft wurden: Teppiche, Pelzwerk, Krämerwaaren, Stoffe, Pferde, roncins et palefrois, dignes de comtés et de rois, wie ein Dichter des 13ten Jahrhunderts sagt. In Sachsen bieten die Märkte von Lorenzkirchen und Wanzügeln, die auf offnem Felde statt finden, ein ähnliches Schauspiel. Zu diesem Markte zogen der Bischof von Paris

Das Mittelalter.

und der Rector der Universität in großer Procession; dem letztern folgten die Lehrer und Studenten, die sich dazu auf dem Platze Ste. Geneviève versammelten. Der Rector kaufte dort das Pergament, das die Universität brauchte, und Niemand durfte an einen Andern welches verkaufen, bis er seinen Bedarf erhandelt hatte. An diesem Termine bezahlten auch die Studenten an ihre Lehrer die Honorare, die davon Landis genannt wurden. Die Procession gab zu mancherlei Aergernissen und Störungen Anlaß, man beschränkte daher die Zahl der Schüler, die dem Rector folgen sollten. Im Jahre 1444 ward der Markt in die Stadt St. Denis verlegt, wo er noch heute am 11. Juni unter dem Namen foire Landit abgehalten wird. Wie toll und lustig es im Mittelalter dort zuging, zeigt der Sprachgebrauch, wonach landit soviel als Gelag und Schlemmerei bedeutet, Jean de Meung sagt daher im Roman von der Rose:

Car quand frères de cloistre sont frères de landit,
Leur bonne renommée forment en amendris.

(d. h. Wenn Klosterbrüder zu Saufbrüdern werden, kann verderben für ihren guten Ruf.)

Kehren wir nun in's siebzehnte Jahrhundert zurück. Die Concurrenz der Jesuiten, die das Collège Clermont (heutzutage Lycée Louis-le-grand) gründeten, das Beispiel der vortrefflichen Schulen von Port-royal und die Fortschritte der Congregation vom Oratorium, die sich dem Unterrichte widmete, nöthigten jetzt die Universität zu Anstrengungen, die nicht ohne Erfolg blieben. Damals glänzte in ihrem Schooße der berühmte Rollin (geb. 1661 zu Paris, gest. 1741 ebendaselbst), der 1694 zum Rector erwählt ward; er ist das Muster eines Universitätslehrers geblieben. Im 18ten Jahrhundert nahm sie an den Streitigkeiten des Jansenismus Theil, aber nicht zu ihrem Vortheil; bittere Satiren stellten sie als in den letzten Zügen liegend dar. Und so war es auch, obgleich sie durch die Vertreibung der Jesuiten 1762 wieder an Macht gewann; das genannte Lycée Louis-le-Grand ward damals der Hauptsitz der Universität. Die Republik unterdrückte sie wie alle Corporationen des Mittelalters.

Gleichzeitig gingen auch die 24 andern Universitäten Frankreichs zu Grunde (Avignon mitgerechnet, das dem Papste gehörte). Die älteste davon war Toulouse, gegründet 1233; die von Orleans wurde 1312 von Philipp dem Schönen ausschließlich für das Rechtsstudium gestiftet.

Was man nach der neuen Ordnung des Schulwesens unter Universität versteht, haben wir schon gesagt. Es ist der Staatsunterricht (Instruction publique, NB! dies Wort, das man gewöhnlich mit öffentlich übersetzt, ist hier in dem römischen Sinne zu nehmen, wo es wie in res publica das Staatswesen bezeichnet, dieser zerfällt in drei Hauptclassen: l'enseignement primaire d. h. die Volksschulen, secondaire d. h. Gymnasien, und supérieure d. h. die Facultäten. Besondere Universitäten im mittelalterlichen Sinne der Corporationen kann es natürlich nicht mehr geben. Wie im Mittelalter die Pariser Universität bis auf Rollin's Zeit herab die Opposition des Clerus zu bekämpfen hatte, so hat auch die heutige Universität einen stesen Gegner in der ultramontanen Partei. Ich sage nur: diese Partei; die Geistlichkeit überhaupt steht nebst der Universität unter einem und demselben Ministerium, beide Theile müssen daher wohl sich mit einander vertragen; wo aber Glieder der Geistlichkeit ultramontane oder sonst herrschsüchtige Gelüste nähren, entstehen auch immer Reibungen mit der Universität. Die sogenannten Frommen werfen der letztern wohl auch etwas Voltairianismus vor; die Wahrheit ist nur, daß sie keine Bigoterie begünstigt; als Staatsanstalt achtet sie aber „die Religion der Mehrheit" vollkommen nach Gebühr und vernachlässigt die religiöse Erziehung keineswegs, nur das tändelnde Beiwerk, das in den ziemlich zahlreichen Jesuitenschulen gepflegt und gehegt wird, findet hier keine Stätte. Wem es vergönnt gewesen, einen vergleichenden Blick hineinzuwerfen, weiß, daß die Disciplin, mit der sich freilich die Bigoterie nicht verträgt, in den Schulen der Universität besser bestellt ist als in den von Jesuiten geleiteten. Der Kampf zwischen der ultramontanen Partei und der Universität hat zum Stichwort: Freiheit des Unterrichts. Die Deutschen, die dies Wort von ihrem gewohnten philosophischen Standpunkte auffassen, verstehen dasselbe ganz falsch; man muß es nach den französischen Verhältnissen erklären und da bedeutet das schöne Wort mit seinem liberalen Klange nichts anderes als die Volkserziehung in den Händen der Geistlichkeit. Das Ideal der unbeschränkten Lehrfreiheit kennt Frankreich nicht, es ist dies ein deutliches Gewächs wie die voraussetzungslose Forschung (die Absetzung Bruno Bauer's, die Entlassung des Göttinger Siebengestirns und Geschichten der jüngsten Zeit beweisen, daß das Ideal auch in Deutschland noch manchmal — ein Ideal ist), das französische Leben concentrirt sich nun einmal im Staat, es ist dies seine römische Tradition. Der Staat beaufsichtigt Alles; wenn der Clerus sich und den Unterricht von dieser Aufsicht emancipiren möchte, so sieht man leicht ein, daß er damit nicht eine ideale Freiheit bezweckt, sondern nur die Staatsautorität durch die seine ersetzen möchte. Sicher aber ist es besser, vom Standpunkte der Freiheit besser, daß der Unterricht in den Händen des Staates concentrirt ist als in denen der schon so mächtigen Hierarchie des Clerus. Dieser Kampf um die Freiheit des Unterrichts ward 1830 von Montalembert von der Discussion auf die Praxis übergeführt, der Graf öffnete als Schulmeister (maître d'école, so nannte er sich selbst) eine Volksschule. Ich habe diesen liberal-clericalen, ritterlich-revolutionären, schwärmerisch-verworrenen Kämpen der katholischen Partei anderswo gezeichnet; hier erwähne ich nur kurz, daß er 1830 unterlag. Was nach der Julirevolution nicht gelungen war, unternahm man nach der Februarrevolution auf's Neue und eine Zeit lang mit Erfolg. Vor Allem beseitigte man soviel Volksschullehrer (instituteurs primaires) als möglich, weil dieselben und nicht mit Unrecht für revolutionär galten; an ihre Stelle setzte man „die Brüder der christlichen Schulen", eine Congregation, die sich den Elementarunterricht zur Aufgabe gestellt hat. Die Concurrenz, die dieselben den Staats- und Gemeindeschulen machen, ist, wie wir sahen, höchst gewaltig. Die Erfahrung hat aber gelehrt, daß es immer besser und im Interesse des Staates ist, wenn das Volksschulwesen Lehrern anvertraut ist, die vom Staate abhängen, und wenn die Stellung derselben von der Art ist, daß sie zu ihrem Stande Liebe haben. Von diesem Grundsatz aus sind die Reformen zu erklären, die der gegenwärtige Minister des Unterrichts in diesem Fache vornimmt. Den Gymnasialunterricht suchte die ultramontane Partei nach der Februarrevolution ebenfalls und zwar nach dem Spruche: divide et impera, zu beherrschen. Zur Beaufsichtigung und Leitung des Unterrichts ist nämlich das Land in Akademieen getheilt, an deren Spitze ein Rector steht, welcher in jedem Departement einen Inspector als (hierarchisch ihm untergeordneten) Vertreter hat. Als nun der bekannte Herr von Fallour das Ministerium des Unterrichts leitete, zertheilte er die alten Akademieen in soviel neue als es Departements gab. Die Rectoren verloren natürlich dadurch an Ansehn und geriethen zugleich in Abhängigkeit von allen möglichen lokalen Einflüssen. Die gefährlichen Folgen dieses Systems traten so schnell und grell hervor, daß sich die Regierung unter dem Unterrichtsminister Fortoul, Nachfolger des Herrn Fallour, beeilte, zu der alten Ordnung zurückzukehren. Der Widerstand, den ihr jetzt die ultramontane Partei und die Vincentiusgesellschaft leistet, zeigt, daß sie zuletzt allen Boden verloren hätte, wenn sie die Oberherrschaft des Staates nicht schnell wieder geltend gemacht hätte. Die Concurrenz, die der Universität von den Gymnasien unter geistlicher Leitung gemacht wird, ist darum nicht zu verachten; nicht in wissenschaftlicher Hinsicht, denn in dieser Beziehung hat die Universität nichts zu fürchten, sondern insofern als sie derselben die materiellen Vortheile einer größern Schülerzahl entziehen und in ihren Zöglingen Abneigung gegen die Staatsanstalt hegen, Abneigung, die zuweilen in Haß übergeht und in spätern Jahren böse Frucht tragen könnte. Der legitimistische Adel schickt seine Kinder vorzugsweise auf die Gymnasien der Jesuiten in Paris (Stadtviertel Vougirard), Lyon, Vannes u. s. w. In der letztern Stadt haben sie das städtische Gymnasium erdrückt, nach dem Sonderbundskriege 1847 hatten sich die meisten Schweizer Jesuiten hieher geflüchtet. Außerdem ist an jedes „große Seminar" (so heißen die Anstalten zur Bildung von Priestern) ein kleines Seminar angehängt, welches nichts anders ist als ein Gymnasium. Da der Unterricht hier wohlfeiler ist als auf den Staatsanstalten, so schicken namentlich die wohlhabenderen Landleute ihre Kinder hieher, zumal sie das Kostgeld oft in natura durch Lieferungen von Getreide, Wein, Kartoffeln u. s. w. entrichten. Außerdem giebt es noch andere Institute unter Leitung von Geistlichen, worin der Gymnasialunterricht ertheilt wird; eins der berühmtesten ist das von Pont-Levoy bei Blois. Nur ist in all diesen Anstalten der Unterricht mehr auf das Blendende berechnet; so ließ z. B. der Bischof von Orleans, der bekannte Akademiker Dupanloup, von den Zöglingen seines kleinen Seminars einmal den Philoktet in griechischer Sprache aufführen, einer solchen Aufführung des „Oedipus in Kolonos" wohnte ich im kleinen Seminar zu Nantes bei.

Angriffe anderer Art erfuhr die Universität jüngst von der liberalen Oppositionspresse; diese letztere warf ihr vor, alles Praktische von sich entfernt zu halten, ihren Unterricht nicht im Einklange mit den Bedürfnissen der Neuzeit zu halten. Welche Carrière, fragt man, eröffne sich vor einem Baccalaureus, wenn er das Lyceum verlasse? kaum eine andre als die eines Gymnasiallehrers und darin wimmele es von Mitbewerbern; dagegen hänge die Handelsschule vom Ministerium des Handels ab, die Ackerbauschulen von dem des Ackerbaues. Der Vorwurf ist, wie man sieht, nicht allzu ernstlich. Jeder Franzose kann sich ja nach seiner Neigung für diese oder jene Laufbahn ausbilden, der Staat hat für jede eine Bildungsstätte; er hat nur den Unterricht unter verschiedene Ministerien vertheilt. Demjenigen, welches vorzugsweise den Titel „Ministerium des öffentlichen Unterrichts" führt, hat er aber außer den Facultäten der Medicin, Rechtswissenschaft und Theologie (diese wird nur als Wissenschaft gelehrt, der Priester bildet sich als solcher auf den genannten Seminarien) nur den eigentlich wissenschaftlichen Unterricht vorbehalten, der die nothwendige Grundlage oder Ergänzung jeder Bildung ist. So ist die Universität heutzutage wieder das geworden, was sie in der Zeit ihrer Entstehung war: die Hochschule der freien Künste, der sogenannten Humanitätsstudien. Diese wiegen vor, in dieser Facultät muß jeder, der sich dem Studium des Rechts oder der Medicin widmet, zuvor seinen Grad als bachelier ès-lettres erworben haben. Erst nach demselben ertheilt jede Facultät ihre besondern Grade, den eines licencié und endlich den eines docteur; jeder Grad hat in dem ebenfalls aus dem Mittelalter beibehaltenen Universitätscostüm seine eigenen Unterscheidungszeichen.

So hat uns die fortgesetzte Geschichte der Universität auf natürlichem Wege zu der Epoche zurückgeführt, von der aus wir sie begannen. Wir sahen damals den Lehrer der Universität, Abälard, einem Mönche, dem h. Bernhard, erliegen. Aber dieser letztere pflegte unbewußt in seinem Innern schon den Keim der Auflösung seines eigenen Werkes, ich meine den Mysticismus. Derselbe spielte gegen das Ende des Mittelalters dieselbe Rolle, die am Ende des 17ten Jahrhunderts der Pietismus innerhalb der protestantischen Kirche spielte. „Pietist" gilt heute für ein Schimpfwort wie der Name Mucker; zur Zeit seiner Entstehung aber stand der Pietismus im Dienste der Aufklärung, er brach die Buchstabenherrschaft des starren orthodoxen Lutherthums und löste es in die Willkür des gefühlschwelgenden Gemüths auf, er brach dem kritischen Rationalismus die Bahn. In einer gleichen Opposition befand sich der Mysticismus gegenüber der römischen Kirche und half der Reformation die Bahn brechen, indem er gegenüber der äusserlichen Autorität des Papstes und des kirchlichen Dogma's auf „das innere Licht" des Einzelnen, auf die eigene selbstgewonnene Ueberzeugung hinwies. Die Philosophie ging von der Universität aus, der Mysticismus ging aus den Klöstern hervor, wo, wie Demogeot schön sagt, die langen Stunden der Andacht, die Einsamkeit des Herzens und die geheime Gährung der concentrirten auf sich selbst zurückgedrängten Leidenschaft alle frommen Illusionen gebären und nähren mußten. Wir begegnen nun hier einer andern Poesie, die während des ganzen Mittelalters neben der Dichtkunst in der Volkssprache blüht und in der Regel mit ihr in Wechselwirkung steht, der lateinischen. Von der Geistlichkeit, die über weltliche Stoffe in lateinischer Sprache dichtete, sei hier nur Wilhelm der Bretone (Guilielmus Brito) genannt, der gegen 1165 in der Bretagne geboren, Kaplan und Rath von König Philipp August ward; er schrieb dessen Geschichte in einem großen Gedichte Philippis, das in zwölf Bücher getheilt gegen 10000 Hexameter zählt. Von einem Andern, Adam von St. Victor, gebürtig aus Arras, gest. 1177 als Kanonicus der Abtei St. Victor-lès-Paris, citire ich ein Distichon aus seiner von ihm selbst verfertigten Grabschrift:

<blockquote>
Unde superbit homo? Cujus conceptio culpa,
Nasci poena, labor vita, necesse mori.
</blockquote>

(d. h. Auf was ist denn der Mensch so stolz? er, dessen Empfängniß die Sünde, dessen Geburt eine Strafe, dessen Leben ein Mühsal und dessen unvermeidliches Verhängniß der Tod ist!) Wie meisterhaft ist das lateinische Distichon an Energie und Kürze!

Während aber diese, abgesehen von etwaigen Verstößen gegen die Prosodie, in dem altclassischen Versmaße schrieben, näherten sich andere lateinische Dichter durch die Form der volkssprachlichen Poesie, indem sie die Sylben nur nach der Betonung der spätern Aussprache wogen und den Reim, der den alten Sprachen fremd war, hinzufügten. So verdorben dies Latein im Vergleich mit den Versen eines Horaz erscheint, so war es doch aus natürlicher Entwickelung hervorgegangen und spricht mehr an, als die correctere Sprache und die erlernten künstlichen Formen, deren sich Wilhelm der Bretone u. s. w. als eigentliche Gelehrte bedienten. Ohne weiter auf die allmälige Verderbung der lateinischen Sprache einzugehen, deren Literatur seit den Antoninen (138—180 nach Chr. Geburt) an Altersschwäche zu leiden begann, so bemerken wir nur, wie die Quantität der Sylben schon früh und namentlich in den Provinzen verloren ging. So schrieb der christliche Schriftsteller Commodianus, der gegen Ende des dritten Jahrhunderts oder unter Constantin im vierten Jahrhundert lebte, eine Satire des heidnischen Aberglaubens, die also anfängt:

> Praefatio nostra viam erranti demonstrat,
> Respectumque bonum, cum venerit seculi meta,
> Aeternum fieri, quod discredunt inscia corda.
> Ego similiter erravi tempore multo,
> Fana prosequendo, parentibus insciis ipsis.
> Abstuli me tandem Iudo, legendo de lege.
> Testificor dominum, doleo, proh! civica turba
> Inscia quod perdit, pergens deos quaerere vanos.
> Ob ea perdoctus ignaros instruo verum.

Dies sollte lateinische Hexameter vorstellen; entweder kannte Commodianus die Regeln der Prosodie nicht mehr, oder er wußte, daß das Volk, für welches er schrieb, sie nicht mehr beobachtete. (NB! man bemerkt, daß die Anfangsbuchstaben der Verse das Wort Praefatio bilden; Commodianus treibt anderswo dieselbe Spielerei.)

Bald war aber auch der Hexameter der Fassungskraft und dem Geschmacke des Publikums nicht mehr angemessen; als daher gegen Ende des vierten Jahrhunderts der h. Augustin gegen die Ketzerei der Donatisten schrieb, wählte er den bei den Modernen beliebten einfachen leichten Trochäus (Tetrameter acatalectus oder Octonarius); es ist dies der sogenannte alphabetische Psalm, den er ausdrücklich für das ungebildete Volk schrieb und dessen erste Strophe so lautet:

> Abundantia peccatorum | solet fratres conturbare;
> Propter hoc dominus noster | voluit nos praemonere,
> Comparans regnum caelorum | reticulo misso in mare,
> Congreganti multos pisces, | omne genus hinc et inde.
> Quos cum traxissent ad litus, || tunc coeperunt separare:
> Bonos in vasa miserunt, | reliquos malos in mare.
> Quisquis recolit evangelium, | recognoscat cum timore,
> Videt reticulum ecclesiam, || videt hoc saeculum mare,
> Genus autem mixtum piscis | justus est cum peccatore.
> Saeculi finis est litus, | tunc est tempus separare,
> Quando retia ruperunt, | multum dilexerunt mare.
> Vasa sunt sedes sanctorum, | quo non possunt pervenire.

Zweierlei Verschiedenheiten vom antiken Verse treten uns hier entgegen: erstens ersetzt, wie schon meistens bei Commodianus, der Accent der gewöhnlichen Aussprache die Quantität, sodann aber kommt hier ein wesentlich modernes Element hinzu, der Reim. Die Frage nach dem Ursprunge desselben ist, wie man sogleich sehen wird, nirgends mehr am Orte als in einer französischen Literaturgeschichte und knüpft sich nirgends passender an als an die Erscheinung des Mysticismus.

Was den alphabetischen Psalm (psalmus abecedarius) des h. Augustin betrifft, so ist der Reim hier mehr bloße Assonanz. Der Psalm zerfällt in zwanzig Strophen, jede mit einem Buchstaben in der Reihenfolge des Alphabets von A bis V beginnend (daher der Name) und je zwölf Verse zählend, worauf ein Epilog von dreißig Versen folgt. Jeder Vers schließt mit dem Vokal e; der eigentliche Reim (z. B. are oder ore) kommt nur ausnahmsweise und wahrscheinlich unabsichtlich vor. Dagegen war vielleicht die Alliteration, die hier und da am Anfange der Worte erscheint, absichtlich angebracht, z. B. peccatorum propter praemonere, oder Vers 3 regnum reticulo, Vers 4 congreganti genus, Vers 6 miserunt malos mare u. s. w. Eine Unregelmäßigkeit, auf die wir noch aufmerksam machen wollen, herrscht in Bezug auf die Elision; Vers 3 muß man offenbar mit Elision reticulo mios' in mare lesen; in einem Verse der zweiten Strophe muß man ebenfalls drei Elisionen lesen, er lautet:

Modo quo pacto excusabunt factum altare contra altare.

Dagegen herrscht in dem dritten Verse der zweiten Strophe:

Sic fecerunt scissuram et altare contra altare

offenbar keine Elision. Solche Widersprüche sind in Zeiten des Uebergangs und der Sprachumbildung natürlich. Neu ist ferner, daß das j vor einem Vokal wie j ausgesprochen wird oder ganz wegfällt, z. B. abundantja, evangeljum, ecclesjam, wie man im Deutschen oft R e l i g o n, N a t j o n ausspricht.

Der Ursprung des Reims.

Wir haben hier also eine ganz andre Verskunst vor Augen, als die der classischen lateinischen Dichter war, eine Verskunst, die so ziemlich Alles beobachtet, was in den neuern europäischen Sprachen zu einem Gedichte gehört, und zwar bietet dieser Psalm das erste Muster derselben, das uns die Geschichte aufweist. (Eine geringe Spur davon bei Commodianus kann nicht in Betracht kommen.) Von jetzt an werden wir derselben in zahlreichen lateinischen Gedichten begegnen. Wir müssen also jedenfalls den Ursprung der modernen Verskunst und insbesondere des Reims in dieser Epoche suchen. Es ist die Zeit, wo das Christenthum Staatsreligion wird, und diese Verskunst ist nicht ohne Bezug dazu. In christlichen Gedichten lateinischer Sprache ist sie zuerst angewandt, während die antike Verskunst den heidnischen lateinischen Dichtern eigen war. Doch werden wir sehen, wie andre christliche Dichter von Zeit zu Zeit noch die antike beibehalten und mit der modernen zu versöhnen suchen. Es muß also noch eine andre Quelle geben, aus der sie entsprungen ist. Wo ist dieselbe zu suchen? Das Leben des Dichters, der sie zuerst anwandte, muß es uns sagen. In Afrika hatte sich der h. Augustinus mit claſſiſchen Schriftſtellern Roms beſchäftigt, aus denſelben konnte er dieſe Verskunſt nicht geſchöpft haben. Von Afrika ging er nach Rom und bald nachher nach Mailand, wo er die Beredtſamkeit lehrte und vom Biſchof Ambroſius getauft wurde. Deſſen Schreiber Paulinus erzählt uns aber, daß erſt von dieſem Biſchof der Kirchengeſang in der Mailänder Kirche eingeführt worden iſt und von da in faſt alle weſtlichen Provinzen übergegangen iſt. Ambroſius ſelbſt verfaßte mehrere Hymnen in jambiſchen Tetrametern, in denen die Aſſonanz, ja zuweilen auch die Alliteration unverkennbar iſt. (NB. wir verſtehen unter Aſſonanz die Gleichheit der Vokale, unter Alliteration die Gleichheit der Conſonanten.) So fängt ſein Hymnus auf die Märtyrer folgender Maßen an:

> Aeterni Christi munera | et martyrum victorias,
> Laudes ferentes debitas, | laetis canamus mentibus.
> Ecclesiarum principes, | belli triumphales duces,
> Coelestis aulae milites | et vera mundi lumina,
> Terrore victo saeculi | spretisque poenis corporis
> Mortis sacrae compendio | vitam beatam possident.

Obgleich die lateiniſche Declination die Aufeinanderfolge gleichlautender Endſylben ganz natürlich hervorbringt, ſo iſt doch die Wiederkehr derſelben Vokale hier zu auffallend, um unwillkührlich zu ſein, z. B. canamus mentibus, Vers 1 der Vocal a, Vers 3 und 4 principes duces milites, Vers 5 die Sylbe is, endlich Vers 2 die Alliteration laudes laetis. Noch auffallender iſt die Wiederholung derſelben Endſylben am Anfang eines andern Hymnus:

> Somno refectis artubus | spreto cubili surgimus,
> Nobis, pater, canentibus | adesse te deposcimus.
> Te linguam primum concinat, | te mentis ardor ambiat,
> Ut actuum sequentium | tu, sancte, sis exordium.

Anderswo lieſt man:

> Sic quinque millibus viris || dum quinque panes dividis,
> Edentium sub dentibus | in ore crescebat cibus.

Haben wir hier nicht vollkommenen Reim? Nur Eines unterſcheidet noch dieſe Poeſien von denen des h. Auguſtinus, die Beobachtung nämlich des antiken Metrums und der Quantität der Sylben, ſodaß die Aſſonanz mehr als Zugabe erſcheint, während ſie bei dem h. Auguſtin zum weſentlichen Beſtandtheil des Verſes wurde. Da wir nun dieſes Spiel mit dem Gleichklange bei keinem andern lateiniſchen Dichter jener Epoche finden, ſo muß es der Biſchof Ambroſius aus einer andern Umgebung als der römiſchen Geſellſchaft entlehnt haben; ſein Urſprung ſagt uns, woher er es nahm; er war ein Gallier (geb. 333, geſt. 397), und der h. Auguſtinus richtete nach der galliſchen Verskunſt.

Sagen wir es kurz heraus, der Reim iſt celtiſchen Ursprungs. Celtische Dichter (Gallier und Irländer) haben ihn in der christlich-lateinischen Poesie angebracht, durch die Kirchengesänge wurde er populär und ging in die romanischen Sprachen über, die deutschen Dichter nahmen ihn aber erst im neunten Jahrhundert an. So hat denn der Grundstamm der französischen Nation auch in der Wiedergeburt der Verskunst (ich sage: nicht der Poesie) die Initiative ergriffen. Die Forschungen des gelehrten Zeuß haben es unwiderleglich dargethan, wir entlehnen ihm die meisten Belegstellen. Zeuß, der das Wort assonantia im weitern Sinne als Gleichklang faßt, citirt u. A. auch echt antike Hexameter eines andern gallischen Dichters, des aus Bordeaux gebürtigen Ausonius, Zeitgenossen des h. Ambrosius, in welchen Versen die Alliteration wenigstens absichtlich scheint:

> Phoebe potens numeris, praeses tritonia bellis,
> Tu quoque ab aërio praepes Victoria lapsu,
> Cerne serenatam duplici diademate frontem
> Seria ferens, quae dum togae, quae praemia pugnae etc.

Die citirten drei Dichter greifen ins vierte Jahrhundert zurück; citiren wir nun Beispiele aus dem fünften Jahrhundert. Der h. Patricius, Apostel der Irländer von 433—460 nach Chr. Geb., hatte einen Neffen Secundinus, dem man den alphabetischen Psalm zuschreibt, in welchem der erstere bei seinen Lebzeiten gefeiert wird. Die erste Strophe (jede Strophe hat vier Verse) lautet so:

> Audite, omnes amantes ‖ Deum, sancta merita
> Viri in Christo beati ‖ Patrici episcopi,
> Quomodo bonum ob actum ‖ similatur angelis
> Perfectamque propter vitam ‖ aequatur apostolis.

(NB. wir theilen nach Zeuß jeden Vers durch ‖ in zwei Hälften.)

Der Gleichklang der Endsylben, die Wiederkehr derselben Vokale ist sicher auch hier absichtlich. Was das Metrum betrifft, so vermißt es Zeuß hier wie bei dem Augustinischen Psalm vollkommen und meint, daß nur die Sylbenzahl gemessen sei. Dies ist nur bei einer ganz accentlosen Sprache zulässig, wie die heutige französische Sprache es ist. Wie noch die heutige bretonische, so betonte sicher auch die alte celtische Sprache eine Sylbe mehr als die andere. Diese Verse also ahmen sicher noch das lateinische Metrum nach und zwar dasjenige, das nebst dem jambischen den modernen Nationen am meisten zusagt, das trochäische nämlich; sie müssen als katalektische Tetrameter oder Septenarien gelesen werden. Nach der letzten Strophe liest man noch folgende, jedenfalls von einem Andern hinzugefügte:

> Patricius episcopus ‖ oret pro nobis omnibus,
> Ut deleantur protinus ‖ peccata quae commisimus.
> Patrici laudes ‖ semper dicamus,
> Ut nos cum illo ‖ semper vivamus.

Da sich diese ganz moderne Strophe in der Antiphoniensammlung des irländischen Klosters Benchuir befindet, so ist sicher, daß sie ebenfalls von einem Irländer geschrieben ist, und zwar, nach dem Alter des Codex zu schließen, wenn nicht früher, so doch im siebenten oder spätestens im achten Jahrhundert. Dasselbe Antiphonarium enthält ein Gedicht „Versiculi familiae Benchuir", in welchem die Assonanz a sich nicht nur am Ende der Verse, sondern selbst der Vershälften niederläßt und zwar durch das ganze Gedicht hindurch; außerdem reimt von jedem Verspaare sowohl der Schluß als die Vershälfte zusammen, geringe Unregelmäßigkeiten abgerechnet. Die Verse zerfallen in zwei Hälften von je sieben Sylben. Der Anfang ist:

Benchuir bona regula, | recta atque divina,
Stricta, sancta, sedula, | summa, justa ac mira.
Munter Benchuir beata, | fide fundata certa,
Spe salutis ornata, | caritate perfecta.

NB. „Benchuir" steht hier im Genitiv: Munter, ein celtisches Wort, bedeutet Familie, hier religiöse Gemeinschaft. Der Schluß lautet:

Virgo, valde foecunda | haec et mater intacta,
Laeta ac tremebunda, | verbo dei subacta:
Cui vita beata | cum perfectis futura,
Deo patre parata, | sine fine mansura.

Was das Metrum betrifft, so könnte man darin einen Anklang der jambischen katalektischen Dimeter finden, wie sie z. B. Seneca in Chören gebraucht hat (Medea, 862 ff.); nur ist die alte Prosodie gänzlich verschwunden. Man beobachtet hier den allmäligen Uebergang und die Umwandlung der antiken Trochäen und Jamben; mit der Quantität der Sylben fallen nun auch die Freiheiten weg, die den classischen Dichtern erlaubt oder vielmehr möglich waren, z. B. anstatt des Jambus einen Tribrachys oder anstatt des Spondeus einen Anapäst zu gebrauchen. Bei den Modernen muß in der Regel die Sylbenzahl strenger eingehalten werden. So ist z. B. das heutige jambische Metrum, das in Gellert's Liede herrscht:

Mein erst Gefühl sei Preis und Dank,
Lobsinge Gott, o Seele!

kein anderes als das der Septenarien; aber wie gemessen erscheint es im Deutschen neben den Versen aus Terenz, mit welchen es Zumpt (Latein. Gramm. Sechste Ausg. S. 605) vergleicht.

Wie nun diese Dichter die Reime zuweilen zu verschlingen anfingen (denn der Gleichklang wird jetzt aus bloßer Assonanz mehr zu männlichem Reime), zeigt ein Hymnus aus dem letzterwähnten Codex, memoria abbatum nostrorum betitelt und in der Mitte des siebenten Jahrhunderts geschrieben. Er besteht aus sechs Strophen, jede Vershälfte aus acht Sylben; die erste und letzte Strophe reimt mit a, die vierte und fünfte mit us, die zweite und dritte mit um und us. Ich gebe die zweite, die gesperrten Worte sind die Namen der Aebte des Klosters Penchuir (heutzutage Bangor):

> Amavit Christus Comgillum, | bene et ipse dominum,
> Carum habuit Beognoam, | domnum ornavit Aedeum,
> Elegit sanctum Sinlanum, | famosum mundi magistrum,
> Quos convocavit dominus | coelorum regni sedibus.

Comgillus war der Lehrer von Columban, der von Irland nach dem Festland übersetzte und verschiedene Klöster stiftete, u. a. auch in Alemannien am Bodensee das Christenthum predigte; hier stiftete sein Begleiter Gal das Kloster St. Gallien, hier ward später Otfried geboren, der erste deutsche Dichter, welcher den Reim gebrauchte. Wie bedeutsam dies ist, werden wir weiter unten sehen.

Aus dem alphabetischen Hymnus auf diesen Comgillus, der in demselben Antiphonarium enthalten ist, theilt Zeuß zwei Strophen mit, worin die Kunstfertigkeit bis zur eintönigen Spielerei getrieben ist; Assonanz und Alliteration zusammen verschlingen sich innerhalb der Verse:

> Audite pantes ta erga | alloti ad angelica
> Athletae dei, abdita | a juventute florida,
> Aucta in legis pagina, | alta sancti per viscera,
> Apta fide, justitia, | ail dei docta gaudia,
> Alii adlata merita, | affatim concordantia.
>
> Doctus in dei legibus, | divinis dictionibus,
> Didatus sanctis opibus | deo semper placentibus,
> Dedicatus in moribus, | dei Stephanus agius,
> Docebat sic et ceteros | dicta docta operibus.

(NB. pantes ta erga sind griechische Worte, πάντες τὰ ἔργα, ebenso agius d. h. ἅγιος.)

Der erwähnte Columbanus, geb. um 560 in Irland, gestorben 615 im Kloster Bobbio in der Lombardei, war selbst Dichter und zwar schrieb er echt antike Hexameter, jedoch ist in den meisten derselben Alliteration oder Assonanz unverkennbar angebracht. Ich will von seinen Sprüchen (monosticha) nur wenige anführen:

> 100. Disco sed a doctis, indoctos ipse doceto.
> 102. Sermo datur multis, animi sapientia paucis.
> 170. Cui secreta quidem credas, cautissime cerne.

In diesem Spruche (auf deutsch: Trau schau wem!) erscheint die Alliteration in jedem Worte, denn quidem wird wie cuidem gesprochen, und secreta ist trennbar in se-creta. Den Fehler gegen die Prosodie in cautissime muß man hingehen lassen.

> 207. Diligit hic natum, virga qui corrigit illum.

Die Verse, welche diesen Sprüchen als Einleitung vorausgeschickt sind, haben außer der Affonanz und Alliteration im Innern auch noch den Reim; Zeuß citirt 1—5:

>   Haec praecepta legat devotus et impleat actu,
>   Virtutum titulis vitam qui quaerit honestam,
>   Vel homines inter cupiat praeclarus haberi,
>   Vel morum meritis coelestia regna mereri
>   Atque deo Christo socius sine fine videri.

Diese von Galliern und Irländern begründete Verskunst ward nun populär und auch von den Dichtern germanischen Ursprungs angewandt. Der Historiker Hallam („Europa im Mittelalter", franz. Uebersetzung, Paris 1822, Bd. IV.) führt ein Gedicht an, das der Bischof Auspicius von Toul im fünften Jahrhundert an den fränkischen Grafen Arbogast richtet; ich lese die Verse als Jamben wie den Ambrosianischen Hymnus auf die Märtyrer, das Gedicht fängt so an:

>   Praecelso expectabili | bis Arbogasti comiti,
>   Auspicius, qui diligo, | salutem dico plurimam.
>   Magnas coelesti domino | rependo corde gratias,
>   Quod te Tullensi proxime | magnum in urbe vidimus.
>   Multo me tuis artibus | laetificabas antes,
>   Sed nunc fecisti maximo | me exultari gaudio.

Ohne andere Affonanz zu suchen, so bietet wenigstens der erste und sechste Vers entschieden den Reim dar. Ferner citirt Hallam eine Strophe aus einem Liede, das auf den Sieg Clotar's II. über die Sachsen 622 geschrieben ist:

>   De Clotario est canere rege Francorum,
>   Qui ivit pugnare cum gente Saxonum,
>   Quam graviter provenisset missis Saxonum,
>   Si nos fuisset inclitus faro de gente Burgundionum.

(faro, altdeutsch d. h. Herr, Edelherr, woraus Baron ward.)

Da dies Lied jedenfalls zur Verbreitung im Volke bestimmt war und gesungen wurde, so geht daraus hervor, daß man im siebenten Jahrhundert noch lateinisch in Frankreich sprach; doch ist die Frage, ob grade die germanischen Franken lateinisch verstanden, das Lied war also für die eigentlichen Gallier oder Galloromanen geschrieben. Eins ist indessen auffallend, und deswegen habe ich es hier citirt, die Strophe ist nämlich der Nibelungenstrophe auffallend ähnlich. Dieselbe ist natürlich älter als die letzte Redaction, in welcher 1210 das Nibelungenlied erschien; dem heidnisch-deutschen Volksgesang ist der Strophenbau überhaupt fremd, derselbe beginnt erst mit der Einführung des Reims durch Otfried und der Reim ist eine Nachahmung, ein entlehnter Schmuck. Hat sich nun der Nibelungenvers allmälig aus dem Otfriedischen Verse gebildet, in der Weise wie Gervinus es schildert (Handbuch, 4. Aufl. S. 15)? Aber der Vers allein bildet noch nicht die Strophe, welche ja auch der ritterlichen

Dichtung fremd ist. Wenn es nun aber wahr wäre, was Gervinus andeutet, daß nämlich auch der Stoff des Nibelungenliedes in lateinische Verse gebracht worden sei? Und warum nicht, da doch ganz verwandte Heldensagen von Geistlichen lateinisch besungen worden sind! Mir wenigstens scheint diese Nachricht keineswegs fabelhaft, wie sich Gervinus ausdrückt; im Gegentheil scheint mir nichts natürlicher, als daß eine der schon im fünften Jahrhundert gebräuchlichen lateinischen Strophen von je vier Zeilen dem Dichter des Nibelungenliedes zum Vorbilde gedient hat, wenn dies Lied nicht gar schon lateinisch in solchen Strophen geschrieben war und dann deutsch nachgebildet wurde.

Noch mehr ausgebildet ward endlich der Reim von den Angelsachsen. Wie die andern Germanen hatten sie sich ebenfalls in der Dichtkunst mit der Alliteration begnügt und begnügten sich wohl auch noch ferner damit. Diejenigen aber, die lateinisch schrieben, nahmen die fertig vorgefundene celtische Verskunst an, wie sie von den Irländern auch die Schriftzüge und Ausschmückung der Codices annahmen, bildeten aber die Assonanz bis zum dreisilbigen Reime aus. So schrieb z. B. Aldhelm, Bischof in Wessex (gest. 709) folgende Verse:

Summi satoris solia ‖ cedit qui per aethralia,
Alti Olympi arcibus ‖ obvallatus minacibus,
Cuncta cernens cacumine ‖ coelorum summo lumine.

Neben dem Reime erscheint hier auch noch die Alliteration; das Versmaß ist das der Ambrosianischen Hymnen, nur ohne antike Quantität. Ein Andrer (Anonymus ad Anonymam) singt:

Vale Christo virguncula, ‖ Christi nempe tyruncula,
Mihi cara magnopere ‖ atque guara in opere,
Tibi laudes contexo ‖ atque grates in gomino,
Teque rogo cum tremore, ‖ agna Christi pro amore, etc.

Die angeredete Jungfrau antwortet:

Vale vivens feliciter, ‖ ut als sanctus simpliciter,
Tibi salus per saecula ‖ tribuatur per culmina etc.

Wir haben diese lateinische Poesie bis aufs achte Jahrhundert herab verfolgt, im folgenden erscheint der Reim in den modernen Volkssprachen. Wenn wir ihn aber am Ende des römischen Alterthums in lateinischen Poesien auftreten sahen, dürfen wir darum annehmen, daß er bei diesen lateinischen Dichtern entstanden und von da zu Celten und Germanen übergegangen sei? Sicherlich nicht. Wir sahen erstens, daß es nicht römische Dichter waren, die den Reim oder (mit einem allgemeinern Worte) die Assonanz in die Poesie einführten, sondern Fremde, die in lateinischer Sprache dichteten. Zweitens — und das ist die Hauptsache — widerstrebt er der ganzen Natur der classischen Sprachen und ihres Versbaues. Die zwei Hauptformen nämlich, die es für die Poesie giebt, die zwei

Hauptarten künstlerischer Darstellung durch die Sprache, die antike nämlich d. h. griechisch-römische und die moderne, sind wesentlich von einander unterschieden. Ja, es unterscheidet sich die antike von der aller andern Völker und Sprachen. Sie hat einen gänzlich eigenthümlichen Charakter. Andrerseits ist die modern europäische Form für die Poesie der außereuropäischen ähnlicher als der antiken. Literaturen, die auf einer niedern Bildungsstufe stehen geblieben sind, lassen wir natürlich aus den Augen; von diesen erwähnen wir hier nur die hebräische, die weder Metrum noch Reim kennt und nur in dem Parallelismus der Ideen besteht.

Die antike Dichtungsform besteht im Rhythmus, sie fragt nur nach der Quantität der Sylben, nicht nach deren Gleichklange, und ihre Kunstfertigkeit besteht daher in der mannigfaltigen Abwandlung des Metrums. Die Sylben werden dabei nicht nach ihrer Bedeutsamkeit gemessen, mit welcher der Accent zusammenfällt, sondern nach ihrem Lautgehalte, so daß eine kurze Sylbe lang wird, wenn zwei oder mehrere Consonanten darauf folgen. Die Laute werden daher nur körperlich abgewogen und zum Bau des Metrums, wie Steine zu einem Tempelbau, zusammengefügt. Diese Form ist rein plastisch, sie entspricht den Bild- und Bauwerken des künstlerischen Geschlechtes, das sie schuf, und ist von einer Feinheit der Gliederung, von einer architektonischen Harmonie, wie sie keine andere Literatur besitzt. Zur größern Verständlichung will ich noch anführen, was Zumpt (ich beziehe mich betreffs der antiken Metrik stets auf dessen vortreffliche lateinische Grammatik sowie auf Pullmann's griechische) über das Verhältniß von Quantität und Accent im modernen Sinne des Wortes sagt. "Die metrische Betonung oder der ictus (Tactschlag), welchen diejenige Sylbe erhält, die nach dem Rhythmus unter die Arsis (Hebung) fällt, ist in den beiden alten Sprachen ganz unabhängig von dem Wortaccente. Die alten Komiker haben sich zwar bemüht, den Wortaccent mit der rhythmischen Betonung in Uebereinstimmung zu bringen, und das ist der Grund, weshalb sie sich viele Verkürzungen positionslanger Sylben erlaubt haben, aber sie sind soweit davon entfernt, den Accent zum Träger des Rhythmus zu machen, daß sie jene Kunst der Uebereinstimmung nur in der mittelsten Dipodie (d. h. in der Versmitte) und auch in dieser nicht als Gesetz in Ausübung zu bringen suchen. In den übrigen Theilen der römischen Poesie, welche mehr der griechischen Regelmäßigkeit folgen, wird, wie bei den Griechen selbst, auf den Wortaccent gar keine Rücksicht genommen. Ja wir müssen glauben, daß der Widerstreit der metrischen Betonung mit dem vulgären Accent in Versen für die Alten einen besondern Reiz gehabt hat. In

Arma virúmque canó Trojaé qui primus ab óris
Italiam fató profugús Lavínaque vénit

stimmt der prosaische Accent nur in den Ausgängen der Verse mit der metrischen Betonung überein. Diese letztere muß bei der Recitation von Versen vorherrschen, jedoch so, daß der prosaische Accent nicht ganz unterdrückt wird." Man wird zugestehen, daß wir Modernen nicht im Stande sind, antike Verse richtig zu recitiren; bei uns Deutschen herrscht der Wortaccent zu gebieterisch vor und die Franzosen haben fast gar keinen Accent. Was die Letztern betrifft, so ist ihr Versbau in seiner Art fast so eigenthümlich und von dem andrer Sprachen verschieden, als es die antike Form für die Poesie gegenüber der modernen überhaupt war.

Mit dem Geiste des Alterthums entwich aber auch die alte Aussprache. Die der griechischen Zunge erhielt sich vielleicht noch länger, da an dem Hofe von Byzanz die classische Gelehrsamkeit fortgepflegt wurde; erst dann herrschte die Volkssprache, das Neugriechische, vor und wie im Occident von der römischen Kirche die lateinische Sprache beibehalten wurde, so fand auch das neugriechische Sprachthum in der griechischen Kirche und den Schriften der Kirchenväter ein Band und zum Theil ein Muster. Doch hat die griechische Sprache nur einen sehr kleinen Theil des Gebietes behauptet, auf dem sie sonst herrschte; in Asien und Aegypten ist sie von der Zunge des Islams verdrängt und die meisten Anhänger der griechischen Kirche sind Slaven. Dagegen lebt die lateinische Sprache in vier blühenden Töchtern noch fort und ihre Umwandlung verdient größere Beachtung. Die Aussprache ward schon durch die Ausdehnung verfälscht, die das römische Reich erhielt; die Barbaren, die hineingezogen wurden, sprachen das Lateinische natürlich mehr oder minder mit ihrem fremden accent aus, wie die heutigen Franzosen es von den Nichtfranzosen sagen. Lange vor der Völkerwanderung waren schon Gallier und Germanen, zum Theil als Sklaven, in Rom wohnhaft. Warum hätte sich durch den Verkehr mit den Barbaren nicht auch das Gehör des eigentlichen lateinischen Volkes abgestumpft? Schon zu Cicero's Zeiten unterschied man zwischen der Sprache der Literatur und der der Conversation, die Volkssprache mochte noch uncorrecter sein. Und wie viele Barbaren saßen später im Senate! So vergaß das Volk nach und nach die Quantität der Sylben oder entwöhnte sich ihr und verlor damit das Verständniß und den Geschmack am antiken Versbau. Nur das Natürlichste davon behielt es bei, die Trochäen und Jamben nebst Anapäst und Daktylen, ersetzte aber die Quantität durch den Accent, der jedoch nicht immer von der Bedeutung der Sylben abhängig war, sodaß die Stammsylbe oft kurz, die Ableitungssylbe lang wurde. Die Herrschaft des Accents über die ursprüngliche Quantität führte allmälig dazu, die Harmonie des Sylbenwechsels durch die Melodie des Gleichklanges, durch den Reim zu ersetzen. Seitdem der Wortaccent, besonders durch die Barbaren, zur Herrschaft gekommen war, wären die eigentlichen Lateiner sicherlich von selbst dazu gekommen, wie andre Völker unabhängig von der europäischen Gesittung ja auch dazu gekommen sind.

Es war aber nichts natürlicher, als daß der Reim auch von den Barbaren eingeführt wurde und zwar von den Celten, die ihn schon in ihrer Sprache ausgebildet hatten. Jedoch muß hervorgehoben werden, daß die lateinische Sprache vor allen fähig war sich ihn anzueignen, mehr als die griechische. Denn im Grunde genommen beruht der Reim auf dem Organismus des Gehörs und kann überall entstehen.

Der oberflächlichste Blick auf die griechische Declination und Conjugation zeigt, daß wenig Endsilben fließend zusammen klingen konnten. Nur die zusammengezogene Conjugation ließ zahlreichere weibliche Reime zu, die erste und zweite Declination dagegen hätte, namentlich in Jamben, männliche Reime möglich gemacht; vielleicht lassen sich auch solche in Pentametern am Ende der Vershälften auffinden. Der weiche vokalreiche ionische Dialekt hätte sich freilich vortrefflich zu gereimten Versen geeignet; aber das griechische Volk besaß ein gar zu fein gebildetes Gehör, um seine viel nuancenreichere Metrik, die allen möglichen Wechsel der Harmonie zuließ und zugleich seinem Sinn für plastische Kunst mehr entsprach, dem unbestimmtern und nichts weniger als plastischen Reime aufzuopfern. Nur ausnahmsweise greift Homer einmal zum Reim, wenn er das mühselige Auf- und Abstimmen der Holzfäller schildert, die im Walde des Berges Ida das Holz zum Scheiterhaufen des Patroclus holen; der Vers steht Gesang 23, 116 der Iliade:

πολλὰ δ' ἄναντα κάταντα πάραντά τε δόχμιά τ' ἤλθον.

Eustathius macht hierbei auf den mehrfachen Zusammenklang (τῶν αὐτῶν συμφώνων ἐπαλληλία) aufmerksam; übrigens erinnert der Vers an den bekannten von Virgil

Quadrupedante pedum sonitu quatit ungula campum,

der den taktmäßigen Galopp der Pferde ausdrückt. Doch ist dies immer nur eine nachahmende Harmonie.

Die lateinische Sprache war dagegen viel reicher an gleichlautenden Endungen, nicht nur weibliche, sondern auch gleitende Reime sind in ihr möglich. In Seneca's Tranzen findet man manche Spuren; ich citire zwei weniger beachtete Stellen. In den „Trojanerinnen" Act 1, V. 83 sagt Hekuba zum Chor:

    Fidae casus nostri comites,
    Solvite crinem. Per colla fluant
    Moesta capilli tepido Trojae
    Pulvere turpes. Paret exertos
    Turba lacertos. Veste remissa
    Substringe sinus etc.

und V. 156 ruft der Chor:

    Felix Priamus
    Dicimus omnes. Secum excedens

> Sua regna tulit. Nunc Elysii
> Nemoris tutis errat in umbris
> Interque pias felix animas
> Hectora quaerit etc.

Es ist nicht anzunehmen, daß das Ohr des Dichters diese Reime nicht empfunden und sich daran gefallen habe. Von Ovid citirt Zeuß die bekannten Distichen (Amor. 1, 5)

> Aestus erat, mediamque dies exegerat horam,
> Apposui medio membra levanda toro.

und ebenfalls Amor. 9, 10

> Ecce Corinna venit, tunica relata recincta,
> Candida dividua colla tegente coma.

In dem ersten Pentameter reimen die beiden Vershälften, im zweiten Distichon haben wir nicht nur die Alliteration von c und die Assonanz von a, sondern auch noch den Reim. Man braucht darum nicht mit Zeuß anzunehmen, daß Ovid den celtischen Versbau gekannt habe (er hätte sonst gewiß davon gesprochen, wie er seine Gedichte in deutscher Sprache erwähnt hat); wenn sich eine Sprache dazu eignet, fällt ein musikalischer Sinn leicht von selbst darauf, und übrigens sehe ich in Ovid einen schon ziemlich modernen Dichter.

Doch diese vereinzelten Reime gehören nicht zum Wesen der lateinischen Verskunst, die wie die griechische ihnen eher ungünstig war. Sie beweisen nur, daß die lateinische Sprache sich leicht zur gereimten Poesie eignete. Diese Fähigkeit ward aber von den celtischen und, nach deren Vorbilde, den germanischen Dichtern so schnell und so glücklich nachgebildet, daß die nach celtischem Geschmack geschriebenen lateinischen Gedichte die in der Muttersprache an Kunst übertrafen. Natürlich: die celtische wie die germanische Sprache war noch zu hart und consonantenreich, um musikalische Wirkungen leicht möglich zu machen; die lateinische dagegen, die nun schon seit Jahrhunderten von den größten Geistern gepflegt worden war, ließ sich spielend behandeln und bot von selbst Melodieen dar. Die Provenzalen hatten nicht lange daran zu feilen, um ihre Klangkleinode daraus zu bilden. Nur Eins entlehnten die celtischen Dichter der lateinischen Sprache, das Metrum nämlich, nicht jenes kunstreiche der lyrischen Strophen, sondern das einfachere natürlichere der Trochäen und Jamben, das namentlich im Drama gebraucht wurde. Andere christliche Dichter waren ihnen darin schon vorangegangen. So hatte schon Prudentius für den vierten Weihnachtsfeiertag, den Tag der unschuldigen Kindlein, die von Herodes umgebracht worden waren und als die ersten Märtyrer des Christenthums angesehen wurden, eine Hymne verfaßt, die in demselben Metrum geschrieben war, das der h. Ambrosius für seine Hymne auf die Märtyrer gewählt hatte. Es ist interessant, die Entwicklung der modernen Poesie bis in die geheimnißvollen Anfänge zu verfolgen, ich gebe daher vier Strophen dieser Hymne.

1.
Salvete, flores martyrum,
In lucis ipso limine
Quos saevus ensis messuit,
Ceu turbo nascentes rosas.

2.
Vos prima Christi victima,
Grex immolatorum tener,
Aram sub ipsam simplices
Palma et corona luditis.

3.
Quid proficit tantum nefas?
Quid crimen Herodem juvat?
Unus tot inter funera
Impune Christus tollitur.

4.
Sic dira regis impii
Edicta quondam fugerat,
Christi figuram praeferens,
Moses receptor civium.

Fühlt man nicht durch diese jambischen Tetrameter, denen Horaz nichts vorzuwerfen gehabt hätte, einen seltsamen Duft wehen, der der antiken Poesie fremd ist? Schon die Bilder haben etwas Modernes; ein heutiger Dichter könnte sich nicht anders ausdrücken, als es die erste Strophe thut: „Seid gegrüßt, ihr Blüthen der Märtyrer, die das wilde Schwert schon an der Schwelle des Lichtes gemähet hat, gleichwie der Sturm die jungen Rosen bricht." Man hat bisher diese lateinische Kirchenpoesie nicht genug beachtet, sie war sicher von großem Einfluß auf die Bildung der Nationalliteraturen; wäre es auch nur, daß sich an diesen in einer organisch ausgebildeten Sprache geschriebenen Hymnen das Gehör der Dichter bildete, die in fremden Zungen sangen. Nur der Reim war von Fremden hineingetragen worden, und zwar von Celten.

Wohlverstanden! die Celten nahmen die Initiative für die westeuropäische Poesie; an und für sich ist der Reim nicht an Eine Nation gebunden, wenn er auch von einer und der andern mehr oder minder gepflegt wurde. Die semitischen Araber hatten ihn so gut als die Celten. Nach Gabelenz scheint er sogar der mongolischen Race eigen (Élémens de la grammaire mandchoue, citirt von Zeuß). Aus der Sanscritliteratur weiß dagegen Zeuß nur Ein Beispiel anzuführen und der Merkwürdigkeit wegen will ich es hier geben:

nitschitang kham upétya niradaih | priya hinábridayáwa niradaih
salilair nihitan radschah kschitau | rawitschandráw api nó palakschisu.

Man nennt ein solches Distichen, von dem jeder Vers wieder in zwei Glieder zerfällt, einen Slok; wie man sieht, so reimen die zwei Vershälften unter einander. Ob übrigens die alten Inder eine Metrik gehabt, wie die griechisch-römische, ist nicht zu bestimmen; die Quantität der Sylben besaßen sie jedoch. Der kürzere und gebräuchlichste epische Vers verlangte für jede Vershälfte acht Sylben; in dem angeführten Slok hat die erste Hälfte zehn, die zweite elf Sylben.

Einen eigenthümlichen Mischcharakter hat die russische Verskunst (von der der übrigen Slaven weiß ich nichts), die nationale altrussische nämlich, denn die moderne ist eine Nachbildung der französischen und deutschen. Wie in der altgermanischen wird hier nach Betonungen gerechnet, der Reim ist nicht selten, aber zufällig, von selbst aus sprachlichem Zusammenklang entstanden; diese Verskunst scheint in der Mitte zwischen germanischer und celtischer zu stehen, ist aber auch hier stehen geblieben. Denn der Gegensatz, der das ganze russische Leben spaltet, wo sich seit Peter dem Großen fremdländische Civilisation und heimisches Volksthum gegenüberstehen, geht auch durch dessen Literatur; die naturwüchsigen Volkslieder blühen wild, aber officiell herrschen die Treibhauspflanzen, die man vom Auslande eingeführt hat und von denen man die Absenker weiter pflegt. Große Geister scheinen allerdings eine Verschmelzung und Versöhnung herbeizuführen (s. Wolfsohn, die schönwissenschaftliche Literatur der Russen. I. Bd. Leipzig 1843).

Haben wir nun schon der Behauptung von dem celtischen „Ursprung" des Reims das Abstracte genommen, was man ihr Schuld geben könnte, so gehen wir jetzt noch weiter, indem wir erklären: die altgermanische (scandinavische) und die celtische Verskunst beruhen zusammen auf einem und demselben Princip, gehen von einer und derselben Form aus, haben sich aber dann wie die zwei Hauptäste Eines Stammes getheilt. Bei beiden Nationen nämlich bildet der Gleichklang das Wesen der poetischen Form; die Germanen aber begnügten sich mit dem Gleichklang am Anfang der Worte (meistens der Consonanten, doch auch der Vokale), dies ist die Alliteration; die Celten dagegen suchten den Gleichklang nicht nur am Anfang, sondern auch am Ende und selbst in der Mitte, dies führte zur Assonanz und endlich zum Reim, erstere war bloßer Anklang, dieser dagegen reiner und voller Zusammenklang. Ja, wahrscheinlich ist das Wort „Reim" ein celtisches. Man leitet es gewöhnlich von dem griechischen Worte Rhythmus ab, welches aber etwas Anderes bedeutet (die Gleichmäßigkeit der Zeitdauer in Erhebung und Senkung der Stimme) und in der That nannten die lateinischen Schriftsteller des Mittelalters alle Gedichte von celtischem Versbau (d. h. mit Reimen oder Assonanz) rhythmische, die in classisch-lateinischen Metren geschriebenen aber metrische. Einfacher ist die Ableitung von dem celtischen Worte rim d. h. Zahl, wobei man beachten möge, daß das griechische Wort $\dot{\rho}\upsilon\theta\mu\acute{o}\varsigma$ (obgleich verschieden von $\dot{\alpha}\rho\iota\theta\mu\acute{o}\varsigma$) im Lateinischen ebenfalls durch numerus d. h. Zahl übersetzt wurde. Daß man aber das Wort, welches die poetische Structur bedeutete, auf den Schmuck dieser Structur übertrug, läßt sich leicht annehmen.

Wir kennen diese neue von Celten eingeführte Verskunst bis jetzt nur aus den lateinischen Nachbildungen; betrachten wir sie nun in der Ursprache. Die celtische Sprache theilte sich bekanntlich in zwei große Schwesterzungen: die irländische (welche zwei Mundarten hatte, das eigentlich Irische und das Gällische oder Schottische) und die britannische, deren Mundarten das Cambrische im Lande Wales, das nun ausgestorbene Cornische in Cornwall und das Armorikanische in der französischen Bretagne waren; das Gallische war mit der letztern nahe verwandt. Die Cambrier behielten die ursprüngliche einsilbige Endassonanz bei (dies Wort im allgemeinen Sinne als Anklang genommen, der zum Gleichklang führt), selten wandten sie die zweisilbige an; die Irländer führten sie bis zur dreisilbigen fort, die Gallier scheinen diese reichere Assonanz ebenfalls gekannt zu haben. Bei den Irländern erleichterte diesen Reim die Zusammensetzung der Wörter, wie der teutsche Knabe Herz und Schmerz, Lieb' und Trieb reimt, so konnte jeder Irländer somue und domuo (reich und arm), sóire und dóire (Heil und Elend), sochumacht und dochumacht reimen (so heißt gut, wohl, do das Gegentheil). In der ältesten Zeit bestand jedoch die Endassonanz bei ihnen nur in der Wiederholung desselben Consonanten, die Vokale konnten wechseln (z. B. un, in, en), während die Cambrier die ganze Sylbe reimten. Später trat das Gegentheil ein, indem sie (die Irländer) denselben Vokal wiederholten, den Consonanten aber gleichgültig ließen; Zeuß nennt dies halbe Assonanz oder Correspondenz. Der Vers bestand aus zwei Gliedern von bestimmter Sylbenzahl, Assonanz und Reim war auf beide vertheilt; die zwei Glieder schrieb man in Einer Linie. Der Reim verband oft nur zwei Versglieder, nicht immer zwei Verse; zuweilen findet aber auch Reimverschlingung Statt. Es mag unentschieden bleiben, wie viel dabei Kunstregel war oder der Willkür des Dichters überlassen blieb. Ganz in seiner Willkür stand die Zahl der Sylben sowie die der Verse; das Versglied von sieben Sylben war das gewöhnlichere.

Was die metrische Aussprache der Verse betrifft, so hat sich Zeuß selbst noch nicht entschieden. Derselbe nimmt indessen für die celtische Sprache dasselbe Gesetz an, das in der deutschen herrscht, nämlich daß die Wurzelsylben den Ton haben, die Ableitungssylben aber keinen oder einen Nebenton; dennoch lassen sich manche celtische Verse richtig als Jamben oder Trochäen lesen. Doch bleibt immer die Frage, ob die celtischen Dichter sich im Anfang nicht, wie die germanischen, damit begnügt haben, für jeden Vers eine bestimmte Anzahl betonter Sylben anzunehmen, die Zahl der unbetonten aber beliebig zu lassen. Nach dem, was mir noch von heutigen bretonischen Versen im Ohre nachklingt, folgt das Celtische in der Betonung und Versaussprache denselben Regeln als das Deutsche; freilich hat die deutsche Sprache durch ihre feinere Ausbildung einen Grad der Vollkommenheit erreicht, der für die celtische unerreichbar geblieben ist.

Das Mittelalter. 333

Da die Ossianischen Gedichte auf keinen Fall in ihrer reinen Urgestalt auf uns gekommen sind, so lassen wir die von Zeuß angeführten Beispiele weg. Die treuste Uebersetzung ist noch immer die von Ahlwardt, auf die ich diejenigen Leser verweise, die keine gelehrten Studien machen können; wer sich heute noch mit einer Uebersetzung Ossian's befassen will, muß das Original kennen und die celtische Verskunst studiren.

Ein getreues Muster irländischer Dichtungsform bietet uns dagegen der von Leo in Halle commentirte Hymnus auf den h. Patricius, der spätestens im achten Jahrhundert, also vor Otfried geschrieben worden ist. Der Leser wird in den folgenden Distichen leicht die Alliteration am Anfang der Wörter erkennen; vorzüglich gepflegt ist der Endreim. Ich gebe nach jedem Distichon die Uebersetzung in lateinischer Sprache, die sich am besten zur treuen Wiedergabe eignet. Distichon 27 reimt einsylbig:

Anais tasach diaxea, | intan dobert comain dó;
Asbert moonieded pátraic, | briathar tassaig airbu gó.

(d. h. Quievit spiritus in perpetuum, postquam dederat revelationem ei; dixit quod venturus esset Patricius, verbum spiritus non fuit falsum.)

Distichon 17 reimt zweisylbig:

Pridchad soscela dochách, | dognith mórferta iletbu,
Iced lusco la trusca, | mairb dosfuisced do beibu.

(d. h. Praedicabat evangelium cuivis, faciebat magna miracula late, Sanabat claudos jejunio, mortuos suscitabat ad vitam.)

Distichon 24 bietet den dreisylbigen Reim:

Do faith fodes co victor, | ba hé aridralastar,
Lassais immuine imbai, | asintenad galastar.

(d. h. Processit ad meridiem, ad Victorem, hic cum arcessivit, Arsit rubus in quo fuit, ex igne locutus est.)

Wir lassen die unreinen Reime, welche Zeuß halbe Assonanzen nennt und als eine Eigenthümlichkeit der celtischen Poesie betrachtet, z. B. nua und temrach, dochach und dobruth, und halten uns nur an die reinen und vollen. Sie beweisen, daß der Reim der celtischen Sprache eigen war, denn welches Vorbild hätte man in Irland gehabt? Etwa die gereimten lateinischen Gedichte? aber dieselben haben nur Celten zu Verfassern. Die Germanen aber, die nach Irland fuhren, hatten damals noch keine Reime.

Auf die französische Verskunst konnten jedoch weniger die Irländer einwirken als vielmehr der gallisch-britannische Theil der celtischen Race. Leider hat sich von der gallischen Poesie nichts erhalten, wir kennen von gallischen Dichtern nur lateinische Poesien. Wenn sich aber in derselben Alliteration und Reim vorfindet, wie wir bei Ausonius und Ambrosius gesehen haben, so dürfen wir schließen, daß die celtische Verskunst der Gallier denselben Gesetzen folgt als die irländische. Glücklicherweise haben wir aber eine Menge Gedichte in britannischer Mundart und da dieselbe der gallischen nahe verwandt war, so ist jener Verlust durch die britannischen Gedichte ziemlich ersetzt. Und hier begegnen wir gleich einer höchst wichtigen Verschiedenheit, die zwischen der cambrischen und der irländischen Poesie obwaltet, indem nämlich in der erstern der Endreim, der fast nur einsylbig und stets voll ist, beliebig durch eine Menge aufeinander folgender Verse fortgeführt wird. Diese Reimfolge herrschte auch in der epischen Poesie der ältesten französischen Trouvères, nur gesellte sich hier früh der weibliche Reim zum männlichen. Eine andere Verschiedenheit betrifft die Abtheilung der Verse; bei den Irländern zerfiel jeder Vers in zwei Glieder, zuweilen reimten nur die beiden Glieder unter einander, zuweilen auch zwei auf einander folgende Verse, wie wir soeben sahen. Diese Eintheilung findet sich zwar auch bei den Cambrern, allmälig aber wurden die einzelnen Glieder selbstständiger und es bildeten sich wirkliche Strophen. Eine besondere Form ist die der Triaden d. h. Strophen, die aus drei Versen bestehen, von denen jeder in der Regel sieben Sylben hat; so verspottet König Arthur den Seneschall Keye

Kynnllyuan aoruc Kei b. h. tunem fecit Cajus
o uaryf dillus usb eurei, a barba Dillusii Alli Eureji;
pei iach dy anghen uydei. ai salvus is, tibi mors esset.

Diese Strophenform kann aus dem irländischen Verse entstanden sein, der zuweilen auch, aber selten, in drei Glieder zerfiel; doch wurde sie von den Dichtern in Wales selbständig ausgebildet. Eine Gattung von Sprüchen, englynion genannt, besteht aus solchen Triaden; zuweilen sind auch ganze Gedichte darin geschrieben. Warum sollte man nicht annehmen, daß die lateinischen Kirchengesänge, die aus dreigliedrigen Strophen bestehen, z. B. das dies irae, eine Nachbildung dieser cambrischen Triaden sind?

Die Triaden wurden später künstlich verschlungen, indem man am Ende einer jeden einen Vers hinzufügte, dessen Reim durch das ganze Gedicht wiederkehrte. Diese Verschlingung der Strophen durch einen besondern Schlußvers herrscht ebenfalls in verschiedenen Kirchenhymnen und es ist die Frage erlaubt, ob nicht die Terzinen aus diesem ursprünglich celtischen Strophenbau herzuleiten sind.

Der Barde Aneurin, der in der ersten Hälfte des sechsten Jahrhunderts lebte, giebt uns ein Beispiel der epischen Form. In dem Gedichte Gododin, so benannt nach dem Schauplatz der Geschichte, besingt er die Kämpfe der Cambrier gegen die Angeln; das Gedicht fängt so an:

Gredyf gwr oed gwas d. h. Gredyf vir erat juvenis
Gwhyr am dias, vigorosus in tumultu,
Meirch mwth myngvras Equus rapidus jubae densae
Ydan mordhuyt mygr was. Sub femore splendidi juvenis.

Hierauf beginnt ein andrer Reim, der ebenfalls viermal wiederkehrt. Dieser Versbau erinnert noch an den irländischen; je zwei Verse bilden nämlich einen besondern Sinn, sie können also als Glieder eines einzigen Verses angesehen werden; die Alliteration entspricht sich ebenfalls innerhalb zweier Verse. Nachdem der Dichter den Jüngling Grevyf gefeiert hat, preist er einen größern Helden Caeauc; er wählt nun auch ein größeres prächtigeres Versmaß. Es sind vier Strophen von je neun Versen, in jeder Strophe geht ein besonderer Reim durch alle Verse, in welchen außer dem Endreime es auch noch Nebenreime giebt; und während die Verse auf Grevyf in der Regel nur fünf Sylben haben, so haben die auf Caeauc neun Sylben. Die zweite Strophe beginnt so:

<blockquote>
Caeawe cynnyriat cyvlat erwyt,
Ruthyr oryr yn y lyr pan lithiwyt.
Y amot a vu noi a garwyt,
Gwell a wnaeth y arvaeth ay gitiwyt. u. s. w.
</blockquote>

(d. h. Caeauc condomitor somit hastam suam, — incurrit ut aquila in litore cam irritata est. — Ejus signum fuit nota quae erat accepta, — bene perfecit tesseram: non recessam!)

In der That, keines Volkes Poesie war damals so ausgebildet als die celtische und besonders die vom Lande Wales, dem Reiche König Arthur's. Schon darum ist es nicht zu verwundern, daß die Stoffe dieser Poesie in fremde Literaturen übergingen. Doch den reichen Schmuck, den sie bei Aneurin annahm, vermochte ihr die noch junge französische Sprache nicht zu geben; die Trouvères ahmten ein anderes Versmaß nach, von dem uns ein Zeitgenosse Aneurin's, der Barde Taliesin, ein Beispiel giebt. In seinem Gedichte „Ilustle y Beird" d. h. Zorn der Sänger (gegen die schlechten der Unsitte verfallenen Kleriker, kloarec in der französischen Bretagne genannt) wird derselbe einsylbige Reim durch das ganze Gedicht geführt, darauf folgt eine vierzeilige Strophe mit einem andern Reime. Die vier ersten Verse lauten:

<blockquote>
Cler o gam arsor a arserant,   d. h. Clari iniquo usu utuntur,
Cathl annawiol yw ol moliant,   Hymnus profanus est eorum panegy-
Cordd arwag ddisian a ganant,   ricus,
Celwydd bob amser a arserant,   Cantum vacuum vanum canunt,
                                     Mendacio quovis tempore utuntur,
</blockquote>

und so reimen die noch folgenden 25 Verse jeder mit aat. Was thun aber die französischen Trouvères anders, als durch eine Menge Verse von bestimmter Sylbenzahl einen und denselben Reim durchzuführen? Nur daß neben dem einsylbigen Reime in Folge der vielen Endungen mit halbstummem e auch der zweisylbige Reim erscheint; dieser letztere besteht aber oft nur in bloßer Assonanz, so reimen im Rolandsliede Irlande — cambre — tantes — blanche — pesance u. s. w. Wo sollte nun diese

Dichtform herkommen, wenn nicht von den Celten, mit denen die Normannen (und die ersten Trouvères waren meist Normannen) in steter Berührung waren? Ich will ein Seltenstück zu der celtischen Form aus einem Epos vom Karolingischen Sagenkreise geben. Der Roman des Loherains d. h. Lothringer schildert den Kampf der fränkischen Race mit der eigentlich französischen; seine Wurzeln reichen in's zehnte Jahrhundert hinauf. Der Kampf entspinnt sich um die schöne Blancheflor, der Dichter schildert ihren Einzug in Paris (NB! Demogeot, dem ich die Stelle entlehnt, hat die Wörter modernisirt, wie unser von der Hagen das Nibelungenlied, doch ohne Satzbau und Reim zu ändern):

Car la pucelle est entrée à Paris,	Denn die Jungfrau hielt ihren Einzug in Paris
Moult richement, avec le duc Aubris,	In reichem Schmuck, mit dem Herzog Aubris,
Cheveux épars, vêtue en un samis.	In fliegenden Haaren, gekleidet in Atlas.
Le pale-froi, sur quoi la dame sist,	Der Zelter, worauf die Dame saß,
Était plus blanc que n'est la fleur de lis.	War weißer als die Lilienblume.
La dame avait taille mince, œil joli,	Die Dame hatte feinen Wuchs, hübsches Auge,
Bouche épanouette, avec des dents petits,	Rundlichen Mund, mit kleinen Zähnen
Plus éclatants que l'ivoire aplani,	Glänzender als glattes Elfenbein,
Hanches bassettes, front vermeil et poli,	Niedrige Hüften, rothe glatte Stirne,
Les yeux riants et bien faits les sourcils;	Lachende Augen und wohlgeformte Brauen.
C'est la plus belle qui oncques mais nasquit.	Die Schönste ist's, die je geboren ward.
Sur ses épaules tombent en longs replis	Auf ihre Schultern fallen in langen Wellen
Ses cheveux blonds, qu'un chapelet petit	Ihre blonden Haare, die ein kleines Hütchen
D'or et de pierres joliment lui couvrit.	Voll Gold und Edelsteinen ihr hübsch bedeckt.

Nur die Alliteration wird von der französischen Sprache nicht aufgenommen, obgleich das französische Ohr nicht unempfindlich dafür ist; ich erinnere an die Redensarten appartenir bel et bien à qqn., jeter feu et flammes, demander qch. à cor et à cris u. s. w. In der Poesie wird sie aber höchst selten und gemeiniglich nur als nachahmende Harmonie angebracht, wie in dem Verse Racine's

Pour qui sont ces serpents qui sifflent sur vos têtes?

worin das Zischen der Schlangen nachgeahmt wird. Ein merkwürdiges Beispiel französischer Alliteration liest man in einer Epistel von Clément Marot.

Ces mots finis, demeure mon semblant
Triste, transy, tout terny, tout tremblant,
Sombre, songeant, sans sûre contenance,
Dur d'esparit, denué d'espérance,

> Melancolic, morne, marry, musant,
> Pâle, perplex, paoureux, pensif, pensant,
> Foible, failly, foulé, fasché, forclus,
> Confus, conrcé: croire Crainote concluc,
> Bien congnoissant, que vérité disoit
> De celle là que tant elle privoit.

Man sieht den Versen an, daß die Alliteration etwas Gesuchtes, mehr Affectirtes ist; natürlicher Schmuck der französischen Poesie ist sie nie geworden. Vielleicht ist sie überhaupt von den Celten des Bestlandes weniger gepflegt worden als von den Irländern und Cambrern. Wenigstens fehlt sie in den Poesien des armorikanischen (aber auch des cornwallischen) Dialekts; im Uebrigen tragen dieselben aber alle Spuren des celtischen Versbaues an sich. Da dasjenige, was von ihnen erhalten ist, nur selten in hohes Alter hinaufreicht und sie aus einer Zeit datiren, wo der Reim schon völlig ausgebildet war, so können sie für unsere Behauptung nicht als Belege dienen und dürfen wir sie bei Seite lassen. Aus dem Gesagten geht hervor, daß die celtische Nation die Poesie mit ungemeiner Kunstfertigkeit pflegte. Wie sie den Gesang liebte, zeigt folgender Spruch (pennill, verschieden von dem dreizeiligen englyn) in dem Dialekte, worin die Helden von Arthur's Tafelrunde zuerst besungen worden sind, im cambrischen:

> Dyn a garo grwth a thelyn, sain cynghanedd, cân ag englyn,
> A gar y pethan mwya tirion, sy'n y nef y'mlith angylion.
> Yr ûn ni charo dûn a chaniad, ni chair yuddo naws o gariad,
> Fe welir bwn, tra bydalo byw, yn gâs gan ddyn, a châs gan dduw.

d. h. auf Deutsch:

Der Mensch, der Cither und Harfe liebt, den Ton des Gleichklangs, Gesang und Spruch,
Liebt die lieblichsten Dinge, die da sind im Himmel und unter den Engeln.
Der allein, der Ton und Singen nicht liebt, liebt in sich nicht die Tugend der Liebe,
Er wird gesehn werden, so lange er lebt, in Haß mit den Menschen und Haß mit Gott.

Es ist dasselbe, was unser Seume sagt: „Wo man singt, da laß dich ruhig nieder; böse Menschen haben keine Lieder." Dieser Spruch schließt unsre Darstellung der celtischen Dichtungsform würdig ab.

Der Leser wird nun das Irrige der Behauptung einsehen, als sei der Reim durch die Araber in die europäische Poesie gekommen. Die Araber setzten im Jahre 710 nach Spanien über, also 300 Jahre nach der Erscheinung des Reims. Auf den Strophenbau der Provençalen kann die arabische Poesie eingewirkt haben; diese Möglichkeit ist das Einzige, was ich zulasse. Doch sicherlich hat die Unfähigkeit, wechselnde Metren wie die griechischen zu bilden, die provençalischen Dichter dazu geführt, ihre Kunstfertigkeit in mannigfaltiger Reimverschlingung zu zeigen, wie auch die deutschen Minnesänger unabhängig von fremdem Einfluß dazu gekommen sind; und wie die Griechen die aleäische und sapphische Strophe, wie sie das Distichon, die Hendekasyllaben u. s. w. geschaffen haben, so schufen die Südromanen das Sonett, die Stanze, die Terzine u. s. w., Strophen, die sich von den antiken durch ihren musikalischen Zauber auszeichnen. Die provençalische Dichtform diente der italienischen zum Vorbilde, doch wurde der Reim schon durch seine Verbindung mit der Musik in den lateinischen Kirchengesängen auch außer der Kirche populär, abgesehen von der Umformung der Aussprache, wonach der Accent die prosodische Quantität verdrängte und den Sinn für gleichen Sylbenklang weckte. Was die spanische d. h. castilische Poesie betrifft, so dürfen wir für dieselbe eher diese natürliche Entwickelung des Reims aus dem neuen innern Charakter der Sprache geltend machen, die Fülle der Vokale begünstigte hier vorzüglich die Assonanz. Doch erlaubt auch hier die Nachbarschaft der catalonischen (provençalischen) Poesie die Einwirkung derselben auf die spanische anzunehmen. Das älteste Denkmal derselben, eines der ältesten wenigstens, la Chanson du Cid, geschrieben in der Mitte des zwölften Jahrhunderts, ist wie die Epopöen der Trouvères in einreimigen Tiraden geschrieben, doch ist der Reim bloße Assonanz. Hätte sich die spanische Dichtung unter arabischem Einfluß gebildet, so hätte sie wohl auch den vollen Reim angenommen. Das Vorbild der verwandten französischen Sprache stand ihr viel näher; auch ist die Sprache der Chanson du Cid ein Gemisch von reinem Lateinisch, wenigem Arabisch und vielem Französisch. So hat die celtische Dichtungsform mittelbar auch die spanische gebildet.

Noch irriger ist die Behauptung, daß die Gothen den Reim aus Asien mitgebracht hätten. Gothische Gedichte sind uns nicht aufbewahrt; wenn sie aber den Reim gekannt hätten, warum sollten ihn andre deutsche Dialekte nicht angenommen haben? Er erscheint aber erst am Ende des neunten Jahrhunderts in Otfried's Gedichten. Man könnte sagen, daß die schwäbische Mundart (die alemannische), worin Otfried und später die Minnedichter schrieben, als klangreicher und weicher ihn hervorgebracht habe. Nur war sie dies damals noch nicht, sie wurde es erst durch die Dichter. Ja man kann sogar schon Reime in einem Gedichte des achten Jahrhunderts, dessen Sprache viel Niederdeutsches hat, auffinden, in dem Hildebrandsliede:

  Doh maht du nu aodlicho, ibo dir din ellent taoc,
  in sus hêremo man hrusti giwinnan.

 (d. h. doch magst du nun leichtlich, wenn dir deine Kraft erstarkte,
 an so edlem Mann die Rüstung gewinnen.)

und weiter unten:

der ß do nu argosto, quad Hildibrant, ostarliuto
(d. h. der sei doch nun der feigste, sprach Hildebrand, unter den Ostleuten).

Doch sind dies so vereinzelte Anklänge von Reim, daß sie gar nicht in Betracht kommen können, wenn sie überhaupt absichtlich sind. Die ganze deutsch-epische Poesie jener Zeit kannte nur die Alliteration d. h. den Gleichklang am Anfang der Wörter, nicht den am Ende d. h. den Reim. Der epische Vers der Germanen zerfiel in zwei Glieder, in jedem Gliede mußten zwei Sylben den Ton haben (die Zahl der unbetonten Sylben war gleichgültig) und von den vier betonten Wörtern mußten wenigstens zwei alliteriren. Diese Dichtungsform war Deutschen, Angelsachsen und Skandinaviern gemeinsam, sie herrschte selbst noch nach Otfried. Die Form, welche letzterer wählte, ist also nebst dem Reime eine fremde. Woher nahm er sie? Die Antwort ist leicht. Otfried war aus der Gegend um den Bodensee gebürtig, alle Klöster daselbst waren von Irländern gestiftet oder doch bewohnt worden. Zur Zeit des Mönches Hartmut, der Otfried nennt, lebten in St. Gallen zwei Schotten (Irländer), der Bischof Marcus und sein Neffe Moengal. Der celtische Einfluß auf Otfried's Bildung ist unleugbar. Sehen wir uns die ersten Reime an, die in der deutschen Poesie erscheinen; ich wähle die Verse, worin Otfried sein Heimweh schildert, sie berühren mich am nächsten:

1.

Wêlaga elilenti
hario bist u horti;
thu bist harto filo suar,
thaz sagen ih thir in alla war.

d. h. Wehe Elend (Verbannung),
Sehr bist du hart;
Du bist sehr viel schwer,
Das sage ich dir in aller Wahrheit.

2.

Mit arabeitin werbent,
thie heiminges tharbent.
Ih haben iz funtan in mir,
ni fand ih liebes wiht in thir.

Mit Mühsalen werben (ringen),
Die der Heimath darben.
Ich habe es empfunden in mir,
Nie fand ich Liebes irgend in dir.

3.

Ni fand in thir ih ander guat,
suntar rozzagaz muat,
seragaz herza,
joh managfalta sworga.

Nicht fand ich in dir andres Gut
Als traurigen Muth,
Verwundetes Herz,
Und mannigfaltigen Schmerz.

„Aus dem Otfried'schen Verse", sagt Gervinus, „ging nach Maßgabe der sich abschleifenden Sprache allmälig der kurze erzählende Vers der spätern ritterlichen Dichtung hervor." Wir wollen dem nicht schlechthin widersprechen, die natürliche Entwickelung war allerdings möglich. Doch sahen wir schon bei den Cambrern die Glieder des irländischen Verses selbständig werden und somit kürzere Verse bilden, welche das Vorbild der

Trouvères wurden. Die deutschen Dichter aber sangen diesen nach und nahmen unwillkürlich die celtisch-französische Form an. Gottfried von Straßburg in seinem „Tristan und Isolde" erwähnt ausdrücklich diese Vorbilder; er spricht von einem Harfner: „der selbe was ein Galois" (aus Wales oder Cambrien), von „Leichen aus Britun" d. h. bretagnischen Liedern. Der König Mark fragt u. A.:

> Tristan, ich hörte dich doch eb
> Britunisch singen und Galois,
> Gut Latin und Franzois,
> Kanstu die Sprache? u. f. w.

Ohne nun anzunehmen, daß Gottfried selbst die cambrischen Originale gekannt habe, so beweist dies doch die Entwicklung der deutschen epischen Form aus der celtisch-französischen.

Gervinus sagt ferner: „Dadurch daß der klingende Reim in der Cäsur dem stumpfen am Schlusse nicht mehr entsprach, verlegte sich der Reim aus dem Schlusse der beiden Vershälften auf den Schluß zwei aufeinanderfolgender ganzer Verse, und daraus entstand der Nibelungenvers." Ich habe von dem letztern schon gesprochen. Ich erinnere hier nur an den Hymnus auf den h. Patricius, wo ebenfalls schon der Reim auf den Schluß des ganzen Verses verlegt ist. Ganz nach irländischer Weise ist Laurin im Heldenbuche gedichtet; es sind langzeilige Verse, deren Glieder unter einander reimen; z. B.

> Simitt biu bet ouch vernomen, fremete Geste wären komen;
> su fragte, swer si möhten sin? do sprach ir ein Twergelin:
> „Der Kunich hat nach iu gesant; iu sint die Geste bekant u. s. w.

Gesetzt nun auch, diese Verse und Strophen seien aus heimischer natürlicher Entwicklung hervorgegangen, so war doch immer diese Entwicklung erst nach der Einführung des Reims möglich, und dieser ist ursprünglich der deutschen Poesie fremd. Doch wer läugnet, daß die deutschen Dichter die französischen Muster gekannt haben: wir sahen unter den Minnesängern ja schon Sprachmengerei. Freilich hat unsre deutsche Sprache allmälig im Versbau eine künstlerische Vollkommenheit erreicht, die den andern Sprachen geradezu unmöglich ist. Sie besitzt eine Biegsamkeit, die es ihr gestattet die Poesien, ich möchte sagen: aller Literaturen in der Urform wiederzugeben, selbst die griechisch-römlichen. Zwar, was die letztern betrifft, so wird der gelehrte Kenner immer eine gewisse Unzulänglichkeit erkennen; denn es fehlt der deutschen Sprache wie jeder andern der prosodische Charakter der antiken Sprachen. Wir ersetzen die Quantität der Sylben durch den Accent; dieser — und das entspricht unserm philosophischen Genius — ruht stets auf der Wurzelsylbe; Betonung und Messung der Sylben fällt daher zusammen. Von der innern Bedeutsamkeit der letztern hängt ihre Quantität ab, und man kann daher, sagt der Grammatiker Heyse mit Recht, die deutsche Sylbenmessung eine geistige nennen, während die antike eine körperliche war. Diesen Unterschied zu verwischen gelingt nur so vollkommenen Sprachkünstlern wie Platen einer war. Aber welche Kunstvollendung erreicht auch die deutsche Sprache in den Werken eines Platen, eines Rückert! Den Deutschen allein ist es gewährt selbst den Versbau eines Aristophanes nachzubilden*). Und wenn die deutsche Sprache sich durch die Annahme des Endreimes bereichert hat, so hat sie endlich wieder den Grad von Selbständigkeit erreicht, wo sie ihn auch entbehren kann. Der französischen Poesie dagegen, der unmittelbaren Erbin der celtischen, ist der Reim unentbehrlich. Sie hat keinen andern Schmuck für die gebundene Rede, denn es fehlt ihrer Sprache der Accent. Rhythmische Schönheit besitzt zwar die französische Poesie so gut wie die andern Völker, doch nicht in demselben reichen Maße und so vollkommen sie auch manchmal sei, sie bedarf doch immer eines Zusatzes, des Reimes. Voltaire in seiner Uebersetzung von Shakespeare's Julius Cäsar hat es versucht reimlose Verse (vers blancs) zu schreiben; so sagt Cassius zu Brutus:

>Je connais ta vertu.
>Ainsi que je connais ton amitié fidèle.
>Oui, c'est l'honneur, ami, qui fait tous mes chagrins.
>J'ignore de quel oeil tu regardes la vie;
>Mais, pour moi, cher ami, j'aime mieux n'être pas,
>Que d'être sous les lois d'un mortel mon égal.
>Nous sommes nés tous deux libres comme César.
>Aussi braves comme lui, comme lui nous savons
>Supporter la fatigue, et braver les hivers.
>Je me souviens qu'un jour, au milieu d'un orage,
>Quand le Tibre en fureur luttait contre ses bords:
>Veux-tu, me dit César, te jeter dans le fleuve?
>Oseras-tu nager malgré son fier courroux? etc.

Für ein französisches Ohr sind diese Verse ohne Reiz. Voltaire hat dabei den Alexandriner festgehalten, in dem durch die Cäsur noch eine Art Sylbenfall anklingt. Hätte er die Jamben nachmachen wollen, so wäre es noch ärger gewesen; aber Jamben sind auch in der accentlosen französischen Sprache unmöglich.

Man kann sagen, daß die Franzosen schon durch das Festhalten am Reime ihren celtischen Ursprung verrathen. Da der Reim aber auch in andre Sprachen übergegangen ist, so muß er noch etwas Andres sein als eine nationale Eigenthümlichkeit; er muß eine höhere, eine geschichtliche

---

*) Anm. Die Wahrheit über deutsche Verskunst ist in französischer Sprache gesagt worden von Herrn Adler-Mesnard, Professor an der Normalschule in Paris. Ich werde die Abhandlung dieses um deutsche Sprachpflege in Frankreich höchst verdienten Gelehrten nächstens in's Deutsche übersetzen. Semmig.

Bedeutung haben. Welches ist sie? Dieses: der Reim ist wesentlich christlich, wesentlich romantisch. Der romantische Genius, der mit dem Christenthume erwachte, begnügte sich nicht mehr an den scharfen ausgeprägten Linien der sinnlichen Welt; er ahnte etwas Tieferes, was über die begränzte sinnliche Individualität hinausragt oder sinnbildlich in ihr verschlossen liegt; aber eben weil es unsichtbar, geheimnißvoll und unendlich ist, vermag er nicht es sich in scharfer plastischer Form darzustellen, er kann es nur anklingen lassen und der Reim ist dieser romantische Anklang, der in der Seele nachzittert und dunkle Gefühle weckt, „die im Herzen wunderbar schliefen." Fällt doch auch die Entstehung des Reims mit der eigentlichen Schöpfung der Musik zusammen, dieser vorzugsweise romantischen Kunst. Der mystische Schwung der Seele, die sich in die Dämmerung des Unendlichen verlor, hätte ihn sicher unwillkürlich als ihrer dämmerungsvollen verschwimmenden Ahnung entsprechend hervorgebracht, und wenn sie ihn schon fertig vorfand, so war es eben bei einem Volke, dessen Wesen (ich erinnere an die Druidenreligion) schon längst von diesem mystischen Schwunge ergriffen war. Was zeichnet Ossian, diesen vorzugsweise celtischen Dichter, vor andern aus? Eine sanfte Wehmuth, die sich bis zur Empfindseligkeit steigert, ein romantisches Gemüth. Man erinnere sich der Parallele Herder's. „Homer," sagt er, „dichtet rein objectiv, Ossian rein subjectiv. Bei Homer treten alle Gestalten frei und lebhaft hervor; Ossian hat Nebelgestalten. Er wählt seine Helden nicht wie sie sind, sondern wie sie sich nahen, wie sie erscheinen und verschwinden. Im Homer sieht man die Handlung, im Ossian ahnet man sie an Tritten, Zeichen und Wirkungen." Wir können die antike und die moderne Dichtform nicht besser charakterisiren, als durch diese Parallele. Homer der Grieche ist der plastische Dichter, Ossian der Celte ist der romantische, und der Reim ist celtisch und romantisch zugleich. Führen wir das in kurzer Skizze weiter aus.

Die Griechen, mehr Künstler als Dichter (wie schon Heine richtig bemerkt hat), erreichten die Vollkommenheit nur in der rein plastischen Kunst, der Architektur und Bildhauerei. Diesen plastischen formal abgeschlossenen Charakter trägt auch ihre Poesie. Aber so schön, so lebensvoll die Statue sei, es fehlt ihr der Spiegel des Auges, der uns in die geheimnißvollen Tiefen des Herzens blicken läßt. Mit dem Christenthum aber, sagte einmal Karl Grün, schlägt die Statue das Auge auf; denn das ist die Bedeutung des Christenthums gegenüber der antiken Welt, darzuthun, daß der Mensch eine Seele habe, die mit dem Fernen und Unsichtbaren in mystischem Einklange steht und von deren Widerschein die schöne Sinnlichkeit verklärt wird. Aber das Wesen der Seele ist eben ein mystisches und nur die unsinnlichste Kunst, deren Werk nicht mit Augen und Händen zu fassen ist und sich der zergliedernden Macht des Verstandes entglebt, nur die Muſik, die ſtatt der Ideen Gefühle ausdrückt, das Gemüth des Menſchen erſchüttert und ihn begeiſternd fortreißen kann, ohne doch dieſer Begeiſterung ein eigenes klares Ziel zu ſetzen, nur die Muſik vermag dem ahnungsvollen Weſen der Seele erſchöpfenden Ausdruck zu geben, wie Schiller ſo ſchön in ſeinem Diſtichon ſagt:

Leben athme die bildende Kunſt, Geiſt ferdr' ich vom Dichter,
Aber die Seele ſpricht nur Polyhymnia aus.

Daher iſt die ſchöne Legende von der h. Cäcilie nicht nur poetiſch, ſondern auch wahr (in höhern geſchichtlichen Sinne), wenn ſie ſagt, wie es im Herzen der chriſtlichen Märtyrin vom Lobpreiſen Gottes widergeklungen habe. Und dieſer Widerklang der Seele zieht mit dem muſikaliſchen Reime in die Poeſie ein, die wie die Statue erſt mit ihm die Augen aufſchlägt und in Abgründe des Herzens blicken läßt, die Aeſchylus und Sophokles ſelbſt nicht geahnt haben.

Die Griechen ſahen in der ſichtbaren Welt die Welt überhaupt, außer ihr nichts; ſie betrachteten ſie aber als ein harmoniſches Kunſtwerk und dieſe Harmonie ſpiegelt ſich in ihrer Kunſt ab, daher auch W. Schlegel ſagt: „Bei den Griechen war die menſchliche Natur ſelbſtgenügſam; ſie ahnte keinen Mangel und ſtrebte nach keiner andern Vollkommenheit, als die ſie wirklich durch ihre eigenen Kräfte erreichen konnte." Das Chriſtenthum dagegen betrachtet die ſichtbare Welt als eine Schattenwelt, die vergehen ſoll; erſt jenſeits dieſer iſt die wahre Welt und das ewige Leben. Das chriſtliche Herz konnte ſich nicht mehr mit dieſem Leben begnügen, die Harmonie der Alten iſt ihm daher unmöglich geworden, es ahnt dieſe Befriedigung erſt jenſeits. „Und wenn nun die Seele," ſagt W. Schlegel, „gleichſam unter den Trauerweiden der Verbannung ruhend, ihr Verlangen nach der fremd gewordenen Heimath zuathmet, was anders kann der Grundton ihrer Lieder ſein als Schwermuth? So iſt es denn auch: die Poeſie der Alten war die des Beſitzes, die romantiſche*) dagegen iſt die der Sehnſucht; jene ſteht feſt auf dem Boden der Gegenwart, dieſe wiegt ſich zwiſchen Erinnerung und Ahnung." Wir gehen aber weiter und ſagen, ſtatt Poeſie, das größere umfaſſende Wort Kunſt überhaupt. Diejenige Kunſt, die der Ahnung und Sehnſucht am meiſten entſpricht, iſt die Muſik, ihr zunächſt ſteht die Malerei. Ofen ſagt: „Die Bildnerei iſt die Kunſt der Heiden, deren Götter Menſchen ſind; die Malerei iſt die Kunſt der

---

*) Anm. Wohlverſtanden! das Wort romantiſch bedeutet die mittelalterliche Kunſt, die aus dem Chriſtenthum hervorgegangen iſt. Bei den Franzoſen hat es einen andern Sinn; die ſogenannte romantiſche Schule Deutſchlands ging zum Mittelalter zurück, ſie war katholiſch, die franzöſiſche iſt dagegen mehr proteſtantiſch. Das Verſtändniß der Antike ging der Zeit Racine's gänzlich ab; die Claſſiker des ſiebzehnten Jahrhunderts ſind überhaupt voller Widerſprüche. Semmig.

Christen, deren Menschen Götter, Heilige sind. Gott kann gemalt, aber nicht gebildet werden." Und da ist es nun höchst bedeutsam, daß die Musik als Kunst von dem christlichen Italien geschaffen worden ist; das italische Volk, das im Alterthum ohne alle künstlerische Originalität war und es selten zu etwas Anderem als zur Nachahmung der Griechen brachte, ward plötzlich durch die religiöse Umwandlung auch mit künstlerischer Schöpfungskraft begabt. Allerdings war es durch seine Naturanlage zu dieser Umwandlung vor den Griechen befähigt; kein Volk war gläubiger und gläubischer als das römische (das Wort superstitio hat zugleich einen guten und einen bösen Sinn).

W. Schlegel kennt nur die antike und die romantische Poesie; die Neuern sind bei ihm nur Romantiker. Die neue Zeit und Kunst aber bezweckt die Versöhnung (Verschmelzung) von Antike und Romantik, von Hellenenthum und Christenthum, von Natur und Seele. Diese Versöhnung wird durch die Malerei dargestellt, die auf der Grenze zwischen plastischer und romantischer Kunst steht; bei der Bildhauerei haben wir tastbare Formen vor uns, die Malerei zaubert uns nur Formen vor, sie giebt uns den Schimmer davon und läßt uns immer etwas ahnen, gleich der Musik. Diese schafft mit sieben Grundtönen, die Malerei mit sieben Grundfarben; es besteht aber zwischen Farben und Tönen ein mystisches Band. Wenn man einem Blinden die Zinnoberfarbe verständlich machen will, so vergleicht man sie mit Trompetenschmettern. Für Licht- und Schallwellen giebt es nur ein und dasselbe Verhältniß. Die Musik aber bewegt nur die Gefühle, sie läßt nichts in bestimmten scharfen Umrissen hervortreten; die Malerei dagegen bedarf zugleich der Zeichnung. Durch die Zeichnung hängt sie mit der Antike zusammen, an der Antike bildete sich Raphael, Raphael aber stand am Eingang der Neuzeit und war ein Italiener. Italien war naturnothwendig dazu berufen die Malerei zu schaffen, indem es einestheils der Mittelpunkt der christlichen Kirche war, anderntheils die Tradition der Antike besaß. Wenn ich sage, daß es die Malerei geschaffen hat, so meine ich nur, daß es ihr jene künstlerische Vollendung gegeben hat, durch die sie etwas ganz Andres geworden ist als die frühere Malerei. Allerdings kamen die Keime der Kunst aus Byzanz, wo die antike Tradition niemals unterbrochen war und wo der Jupiterkopf zum Christuskopfe umgeschaffen wurde. Aber ein Frauenkopf wie der der Sixtinischen Madonna konnte erst nach dem Christenthum geschaffen werden, die antike Welt hatte das weibliche Wesen nicht begriffen. Und wie sich im Weibe Sinnlichkeit und ahnungsreiche Schwärmerei wunderbar mischt, so konnte nur die Malerei, diese halb plastische halb romantische Kunst, das Ideal des Weibes schaffen.

Nach dieser Skizzirung des Unterschieds zwischen antiker und romantischer Kunst wird man die Bedeutung des Reims um so deutlicher erkennen. Dieser Unterschied ist so groß, daß der Reim auf die griechischen Metra nicht einmal anzuwenden ist, ja die ihnen eigene Harmonie sogar vernichtet, wie man dies bei den Versuchen R. Gottschall's gesehen hat. Dieser selbst deutet durch seltsamen Widerspruch das romantische Wesen des Reimes sehr schön in folgenden aleäischen Strophen an, wo er den Zauber des Reims mit dem des Mondlichtes vergleicht:

1.	2.
O zage vor dem kühnerrn Schwunge nicht,	Und wie auch wechselt griechischer Rhythmen Gang,
Der alten Brauches sklavische Fessel bricht,	Sie ziert des deutschen Reimes gefäll'ger
Der um die Regel, die uns bindet,	Klang;
Zartere Blüthen des Reimes windet.	So schwebt des Mondes Zauber milder
	Um die unsterblichen Marmorbilder.

Ein Kritiker der Augsburger Zeitung bemerkt dabei richtig und geschmackvoll: „Die aleäische Strophe ist das Auf- und Abwogen einer Welle, der dritte und vierte Vers ist die Verdoppelung des ersten oder zweiten, die Jamben streben zur Höhe hinan, die Daktylen fallen wieder herab; der Hochton liegt nicht auf der mittelzeitigen Endsilbe, sondern auf der Länge des zweiten Jambus und des ersten Daktylus; der Reim legt den Nachdruck auf's Ende, zerstört also die metrische Bedeutung des Verses." Die antiken Metra sind eben, wie er sagt, Statuen, in sich abgeschlossene Kunstformen, die ihren eigenthümlichen Reiz haben. Die lateinischen Kirchenlieddichter haben dies sehr wohl gefühlt; wenn sie Hymnen in antikem Versmaße dichteten (die katholische Kirche ist nicht arm daran), so ließen sie den Reim ganz bei Seite. Sie hätten es gewiß nicht gethan, denn musikalischen Schmuck bringt die katholische Kirche und Kirchenpoesie an, wo sie nur kann, wenn sie eben nicht das Ungehörige gefühlt hätten. Diese religiösen Hymnen sind fast alle aus neuerer Zeit, selten reichen sie über das sechszehnte Jahrhundert hinaus, viele haben den gelehrten Jesuiten Santeuil zum Verfasser. Die echten Perlen dieser Poesie sind aus dem Mittelalter. Mit Ausnahme des Stabat mater, dessen Verfasser aber zuletzt auch Mönch ward, sind all diese Poesien das ausschließliche Eigenthum der Geistlichen, und wo die Letztern von dem verzehrenden Feuer der Andacht ergriffen waren und die Innigkeit ihres Glaubens von poetischer Schwärmerei getragen wurde, da hauchten sie ihre Empfindungen in lyrischen Ergüssen aus, die den schönsten Liedern dieser Art in der Volkssprache gleich stehen, ja vielleicht diese Lieder erst hervorriefen oder doch bildend auf sie einwirkten. Doch die Trennung zwischen lateinischer und Volks-Sprache war im Mittelalter durchaus nicht so groß als sie uns heute erscheint; als allgemein verbreitete Kirchensprache wurde sie (ich lasse die wissenschaftliche Kenntniß bei Seite) von bei Weitem mehr Personen verstanden, und — das ist die Hauptsache — gesprochen, als es heute der Fall ist. Selbst als diplomatische Sprache war sie verbreiteter als heutzutage das Französische; so das was das Volk am meisten berührt, seine Geschichte, wurde in lateinischer Sprache niedergeschrieben, und seltsam genug! Petrarca wurde nicht für seine Sonette, sondern für sein lateinisch geschriebenes Gedicht Africa gekrönt. Die lateinischen Werke und Poesien des Mittelalters gehören also sogut als die in der Volkssprache in eine Literaturgeschichte; verschiedene derselben, die die deutsche Literatur betreffen, sind u. A. von Jakob Grimm herausgegeben worden. Die kirchlichen Poesien aber betreffen alle Völker des Mittelalters und einige derselben mögen hier um so eher ihren Platz finden, als das protestantische Publikum sie gänzlich vergessen hat oder nur noch sagenhaft kennt. Viele sind von Luther in deutscher Sprache nachgebildet worden, die auf Marien fielen mit der Verehrung derselben weg. Die katholische Kirche singt aber am Tage der Empfängniß der h. Jungfrau noch heute sieben Hymnen von je achtzeiligen Strophen, von denen ich zwei auswählen will:

1.
Salve mundi Domina,
Coelorum regina,
Salve Virgo Virginum,
Stella matutina,
Salve plena gratiae,
Clara lux divina,
Mundi in auxilium
Domina festina.

2.
Salve arca foederis,
Thronus Salomonis,
Arcus pulcher aetheris,
Rubus visionis,
Virga frondens germinis,
Vellus Gideonis,
Porta clausa nominis
Favusque Samsonis.

Die Hymne auf Johannes den Täufer, in sapphischen Strophen geschrieben und eine der ältesten dieser Art, ist für die Geschichte der Musik interessant. Man nennt bekanntlich die Töne der diatonischen Tonleiter (im Deutschen c, d, e, f, g, a, h) in Frankreich ut, re, mi, fa, sol, la, si, statt ut sagt man auch do nach italienischer Weise. Diese Benennung der Noten soll von dem Benediktiner-Mönch Guy aus Arezzo im 11ten Jahrhundert herrühren; er theilte nämlich den Umfang der Töne in Hexachorde (eine Folge von sechs Tönen; das natürliche si wurde erst im 15ten Jahrhundert hinzugefügt, bis dahin bediente man sich dafür des si bemol (auf deutsch B) und bezeichnete die Töne mit den Anfangssylben der halben Verse der ersten Strophe von genannter Hymne:

Ut queant laxis resonare fibris,
Mira gestorum famuli tuorum,
Solve polluti labii reatum,
Sancte Joaunes.

Der Dominikaner Thomas von Aquino, von seinen Schülern der zweite Augustin, doctor universalis und doctor angelicus genannt (als solcher erscheint er am Ende des zweiten Theils von Göthe's Faust), geb. im Neapolitanischen 1224 und gest. 1274, begründete die Lehre von der Transsubstantiation durch eine neue wissenschaftliche Darstellung. Wie diese Lehre zur Anbetung der Hostie führte, so ordnete Thomas auch die ganze Feier zur Verehrung des h. Sacramentes und dichtete u. A. dazu die folgende Hymne, von der die zwei letzten Strophen stets während der Segenssprechung unter Erhebung der Hostie gesungen werden.

1.

Pange, lingua, gloriosi
Corporis mysterium
Sanguinisque pretiosi,
Quem in mundi pretium,
Fructus ventris generosi
Rex effudit gentium.

2.

Nobis datus, nobis natus
Ex intacta Virgine,
Et in mundo conversatus,
Sparso verbi semine,
Sui moras incolatus
Miro clausit ordine.

3.

In supremae nocte coenae
Recumbens cum fratribus,
Observata lege plene,
Cibis in legalibus,
Cibum turbae duodenae
Se dat suis manibus.

4.

Verbum Caro, panem verum
Verbo Carnem efficit,
Fitque Sanguis Christi merum,
Et si sensus deficit,
Ad firmandum cor sincerum
Sola fides sufficit.

5.

Tantum ergo Sacramentum
Veneremur cernui,
Et antiquum documentum
Novo cedat ritui;
Praestet fides supplementum
Sensuum defectui.

6.

Genitori Genitoque
Laus et jubilatio,
Salus, honor, virtus quoque
Sit et benedictio:
Procedenti ab utroque
Compar sit laudatio.

Wer kennt nicht schon aus Göthe's Faust das erschütternde dies irae dies illa, unter dessen Donnerworten Gretchen im Dome ohnmächtig zusammensinkt? Wer kennt nicht jenes Stabat mater, jene Elegie des frömmsten Schmerzes und der heiligsten Sehnsucht, an der sich die größten Meister der Tonkunst, Palestrina, Pergolesi, Haydn, Rossini u. A. versucht haben? Beide Gedichte sind so mit der Geschichte der Kunst und Literatur verwachsen, daß jeder Gebildete sie kennen muß; Schlegel, Geibel u. A. haben sie selbst in kleinere Gedichte verwebt. Ich gebe daher den lateinischen Text und die deutsche Uebersetzung davon. Der Verfasser des dies irae ist nach Einigen Gregor der Große, nach Andern der h. Bernhard, wahrscheinlich aber ist es aus späterer Zeit; Manche vermuthen den Cardinal Frangipani-Malabranca. Was aber demselben von dem Gedichte ursprünglich zugehört, ist schwer zu bestimmen, denn der Text hat viele Aenderungen und Zusätze erlitten; ich gebe ihn aber vollständig so wie ihn die katholische Kirche jetzt bewahrt. Die Uebersetzung dagegen (der Verfasser ist der bekannte Freiherr von Wessenberg) begreift nur die ersten acht Strophen:

1.

1.
Dies irae, dies illa,
Solvet saeclum in favilla,
Teste David cum Sibylla.

2.
Quantus tremor est futurus,
Quando Judex est venturus,
Cuncta stricte discussurus!

3.
Tuba mirum spargens sonum
Per sepulcra regionum,
Coget omnes ante thronum.

4.
Mors stupebit et natura,
Cum resurget creatura,
Judicanti responsura.

5.
Liber scriptus proferetur,
In quo totum continetur,
Unde mundus judicetur.

6.
Judex ergo cum sedebit,
Quidquid latet apparebit,
Nil inultum remanebit.

7.
Quid sum miser tunc dicturus,
Quem patronum rogaturus,
Cum vix justus sit securus?

8.
Rex tremendae majestatis,
Qui salvandos salvas gratis,
Salva me, fons pietatis.

9.
Recordare, Jesu pie,
Quod sum causa tuae viae,
Ne me perdas illa die.

11.
Juste judex ultionis,
Donum fac remissionis
Ante diem rationis.

2.

1.
Furchtbar wird der Tag sich röthen,
Kund gethan von den Propheten,
Der die Welt in Staub wird treten.

2.
Welch ein Schauer, welch ein Beben,
Wenn herab der Herr wird schweben,
Richter über Tod und Leben!

3.
Der Posaune folgt zum Throne
Aus den Gräbern jeder Zone,
Wer ein Joch trug, wer die Krone.

4.
Die man sah wie Staub verwehen,
Staunend zum Gericht erstehen
Wird Natur und Tod sie sehen.

5.
Und das Buch liegt aufgeschlagen,
Jeder ließ sich eingetragen,
Der mit Wonne, der mit Klagen.

6.
Blitz entstrahlt des Herrn Gesichte:
Nichts entzieht sich mehr dem Lichte,
Nichts vergeltendem Gerichte.

7.
Herr! darf ich zu hoffen wagen?
Werd' ich deinen Blick ertragen,
Wo Gerechte selbst noch zagen?

8.
O wer kann vor dir bestehen!
Laß mich, Herr! nicht untergehen,
Unverdient doch Heil mich sehen.

10.
Quaerens me sedisti lassus,
Redemisti, crucem passus,
Tantus labor non sit cassus.

12.
Ingemisco tanquam reus;
Culpâ rubet vultus meus;
Supplicanti parce, Deus.

13.
Peccatricem absolvisti
Et latronem exaudisti,
Mihi quoque spem dedisti.

14.
Preces meae non sunt dignae,
Sed tu bonus fac benigne,
Ne perenni cremer igne.

15.
Inter oves locum praesta
Et ab hoedis me sequestra,
Statuens in parte dextra.

16.
Confutatis maledictis,
Flammis acribus addictis,
Voca me cum benedictis.

17.
Oro supplex et acclinis,
Cor contritum quasi cinis;
Gere curam mei finis.

18.
Lacrimosa dies illa,
Qua resurget ex favilla
Judicandus homo reus;
Huic ergo parce, Deus.

19.
Pie Jesu Domine,
Dona eis requiem. Amen.

Die Schlußstrophe ist offenbar später hinzugefügt worden. Was die erste betrifft, so wird sie nur in Rom gesungen; sie ist eine Anspielung auf eine Stelle der sibyllinischen Bücher, wo die Verse ein Akrostichon bilden (Jesus Christus, Sohn Gottes, Erlöser, Kreuz*). Da die Erwähnung des heidnischen Orakels eine Entweihung schien, so hatte man in der Diöcese von Troyes schon die Strophe so umgeändert:

Dies irae, dies illa,
Qua ignescent sol et luna
Et ab alto ruent astra.

In der Diöcese von Paris singt man aus demselben Grunde noch heute nach folgender Fassung:

Dies irae, dies illa,
Crucis expandens vexilla,
Solvet saeclum in favilla.

Das Stabat mater hat zum Verfasser den Jacopone, eine Art Vorläufer des Dante. Ein gelehrter Jurist, ward er durch den Tod seiner Gattin so tief erschüttert, daß er 1268 in den Mönchsorden der Tertiarier trat und den Rest seines Lebens in harten Bußübungen, unterbrochen von verzückten Gesichten, zubrachte. Die beifolgende Uebersetzung ist von mir.

1.
Stabat mater dolorosa
Juxta crucem lacrymosa,
Dum pendebat filius.
Cujus animam gementem,
Contristatam ac dolentem
Pertransivit gladius.

1.
Weinend stand die schmerzenreiche
Mutter an des Kreuzes Eiche,
Dran ihr Sohn geschlagen hing.
Durch ihr Herz in tiefer Trauer,
Bebend in des Schmerzes Schauer,
Wie ein schneidig Schwerdt es ging.

2.

O quam tristis et afflicta
Fuit illa benedicta
Mater Unigeniti!
Quae moerebat et dolebat
Et tremebat, cum videbat
Nati poenas inclyti.

3.

Quis est homo, qui non fleret,
Christi matrem si videret
In tanto supplicio?
Quis posset non contristari,
Piam matrem contemplari
Dolentem cum filio?

4.

Pro peccatis suae gentis
Vidit Jesum in tormentis
Et flagellis subditum.
Vidit suum dulcem natum
Morientem, desolatum,
Dum emisit spiritum.

5.

Eia, mater, fons amoris!
Me sentire vim doloris
Fac, ut tecum lugeam.
Fac ut ardeat cor meum
In amando Christum Deum,
Ut tibi complaceam.

6.

Sancta mater, istud agas,
Crucifixi fige plagas
Cordi meo valide.
Tui nati vulnerati,
Jam dignati pro me pati,
Poenas mecum divide.

7.

Fac me vere tecum flere,
Crucifixo condolere,
Donec ego vixero.
Juxta crucem tecum stare,
Te libenter sociare
In planctu desidero.

8.

Virgo, virginum praeclara,
Mihi jam non sis amara;

1.

Ach in welchem Gram und Leide
Stand die hochgebenedeite
Mutter des Erlösers da!
Wie sie trauerte im Herzen,
Wie sie schauert', als die Schmerzen
Sie des hehren Sohnes sah!

3.

Wer ist, der nicht weinen würde,
Wenn er unter solcher Bürde
Christi Mutter säh' erdrückt?
Wer nicht still' in seinem Herzen
Mit ihr, wenn er ihre Schmerzen
Um den heil'gen Sohn erblickt?

4.

Seines Volkes Sünden wegen
Sah sie, wie mit Geißelschlägen
Jesum marternd man zerreißt;
Sah sie, den ihr Schoß getragen,
Sterben, ach! und fast verzagen,
Als er aufgab seinen Geist.

5.

Mutter, Quell der Liebe, flöße
Ein mir deines Schmerzes Größe,
Daß ich mit dir wein' und klag'.
Füll' mein Herz mit glüh'nden Trieben,
Jesum meinen Gott zu lieben,
Daß ich dir gefallen mag.

6.

Heil'ge Mutter, meinem Herzen
Drück' die Wunden ein und Schmerzen
Dessen, der am Kreuze litt.
Deines Sohnes, der voll Gnaden
Meine Schuld auf sich geladen,
All sein Leiden theil' mir mit.

7.

Mach', daß ich mit dir mich eine,
Den Gekreuzigten beweine,
Weil mein Erdenleben währt.
Stehn am Kreuz an deiner Seite,
Dein Genoß in deinem Leide,
Das ist, was mein Herz begehrt.

8.

Jungfrau, aller Jungfraun Blüthe,
Ja gewähr' in deiner Güte,

Fac me tecum plangere.	Daß ich mit dir klagen kann,
Fac ut portem Christi mortem,	Daß ich trage ohne Klage
Passionis ejus sortem	Christi Tod und ganze Plage,
Et plagas recolere.	Seine Wunden bete an.

9.

Fac me plagis vulnerari,	Laß mich seine Wunden tauschen,
Cruce hac inebriari,	Mich in seinem Leid berauschen,
Ob amorem Filii!	Seinetwill'n gewähr' es mir!
Inflammatus et accensus,	Sieh' die Gluth, die ich ihm trage,
Per te, Virgo, sim defensus	Und an des Gerichtes Tage
In die judicii.	Sei du Schutz und Anwalt mir.

10.

Fac me cruce custodiri,	Mach', daß mich sein Kreuz bewache,
Morte Christi praemuniri,	Christi Tod mich kräftig mache,
Confoveri gratia;	Seine Gnad' nicht von mir weich';
Quando corpus morietur,	Nur wenn einst mein Leib wird sterben,
Fac ut animae donetur	Laß du meine Seele erben
Paradisi gloria.	Dann sein heilig Himmelreich.

Die drei letzterwähnten lateinischen Hymnen, die berühmtesten der Kirchenhymnen, haben Italiener zu Verfassern. Daß wir sie dennoch in die Darstellung der französischen Literatur einführen, darf nicht wundern. Die Geistlichkeit aller Nationen bildete damals eine Nation für sich mit ihrer eigenen Sprache, der lateinischen. Was der Mönch Jakopone sang, ward von der ganzen Kirche angenommen und nachgesungen. Dasselbe gilt von jenem wunderbaren Buche, in welchem sich der Mysticismus des Mittelalters gipfelt, von der Nachfolge Christi, nächst der Bibel das verbreiteste und am öftesten gedruckte Buch der Erde. In unserm rationalistischen Deutschland ist es nach und nach aus der Gesellschaft verschwunden, selbst die kirchlich-religiösen Gemüther kennen es wohl nur noch dem Namen nach, an seine Stelle sind die „Stunden der Andacht" getreten, in denen Alles verwässert ist, das Christenthum sowohl als die Naturwissenschaft. In Frankreich beschäftigt man sich noch mit diesem frömmsten aller Bücher, und zwar nicht blos aus religiösem Bedürfniß, sondern auch aus literarischem Interesse, aus Geschmack an der honigfließenden Darstellung, an dem schönen wunderzarten Style. Keine Literaturgeschichte, ja keine Geschichte Frankreichs überhaupt darf hier das Buch mit Stillschweigen übergehen. Am besten hat es der Historiker Michelet beurtheilt, Henri Martin hat seine Bedeutung nicht erkannt. Um das Werk zu würdigen, muß man es vom historischen Standpunkte aus betrachten, und alsdann erscheint es als die Auflösung des ganzen kirchlichen Christenthums in dem gefühlschweigenden Herzen des Gläubigen ohne Vermittlung von Priester und Kirche. Es ist, wie wir sagten, der Gipfel des Mysticismus; dieser aber ist von jeher der unbewußte Gegner der hierarchischen Ordnung der Kirche gewesen und als solcher von der Kirche noch an Fénélon, diesem nächsten Geistesverwandten des Verfassers „der Nachfolge Christi", verdammt worden. Stand doch schon der h. Bernhard, dieser gewaltige Vertreter des erst aufkeimenden Mysticismus, factisch über Papst und weltlicher Hoheit. Allmälig aber wuchs in den Klöstern dieser Geist der frommen Schwärmerei, der nach unmittelbarer Vereinigung mit seinem Schöpfer ringt, dieser Durst der Seele, den Nichts zu stillen vermag als Gott selbst. „Da laufen so Viele zu allerlei Orten, um die Reliquien der Heiligen zu besuchen, und bewundern ihre Thaten, betrachten die prächtigen Gebäude ihrer Tempel und küssen ihre heiligen Gebeine, die in Gold und Seide gewickelt sind. Und siehe, hier bist du gegenwärtig bei mir auf dem Altare, du mein Gott, Heiliger der Heiligen, Schöpfer der Menschen und Herr der Engel." Wer ist es, der so spricht? Sind es Worte des Mittelalters oder der Reformation? Es sind Worte des Mittelalters und sie stehen im vierten Buche cap. 1, Vers 9 „der Nachfolge Christi", aber man fühlt, welch langen Weg die katholische Christenheit hat zurücklegen müssen, um solche Worte sprechen zu können. Die Seele ist müde bis zum Tode, Nichts in diesem Lande der Verbannung vermag sie mehr zu stärken, „denn Alles", sagt sie, „ist mir zur Last, was auch diese Welt mir zum Troste bietet." (III. cap. 48, 4.) Verlangt sie nach dem Troste aus Priesters Munde? „Das Reich Gottes ist in euch, sagt der Herr. Bekehre dich von ganzem Herzen zum Herrn, verlaß diese armselige Welt und deine Seele wird Ruhe finden." (II. 1.) Nur nach Einem verlangt sie, nach ihm selbst, ihrem Gott. „Guter Jesus, wann werde ich vor dir stehen und dich schauen? Wann werde ich die Herrlichkeit deines Reiches betrachten? Wann wirst du mir Alles in Allem sein? quando eris mihi omnia in omnibus?" (III. 48, 3.)

So tritt dies Werk am Ende des Mittelalters auf als der bedeutendste Vorläufer der Reformation innerhalb der katholischen Kirche selbst und schließt zuletzt bedeutsam genug mit der Lehre vom Abendmahl, diesem Angelpunkt der protestantischen Bewegung. Und in der That, wenn die Seele in ihrem Gespräche mit Jesus ausruft: „Weder Moses noch Einer von den Propheten soll zu mir sprechen, sondern du vielmehr sprich, mein Herr und mein Gott," (III. 2, 1.) oder wenn es gleich am Eingang heißt: „Die Lehre Christi geht allen Lehren der Heiligen vor, und wer den Geist hätte, würde das verborgene Manna darin finden;" so ahnt man in diesen Worten schon Luther's Erklärung auf dem Reichstage zu Worms, sich vor keiner andern Autorität zu beugen als vor der der h. Schrift, dem Worte Gottes selbst. Die Seele bricht mit der Kirche und sucht ihren Erlöser auf eignen Wegen.

Der Ursprung selbst des Buches ist nicht ohne ein geheimes Band mit Luther. Niemand weiß Zeit oder Ort seiner Entstehung, Niemand kennt den Namen seines wirklichen Verfassers; Manche glauben sogar, es sei wie die Iliade oder das Nibelungenlied das Werk Vieler und nur zuletzt von Einem geordnet worden, und dieser Eine ist Thomas von Kempen, der der Abschreiber in seinem Kloster war*). Aber ob Verfasser oder letzter Ordner, Thomas hat unzweifelhaft Antheil an diesem Werke und war ein Augustinermönch; ein Augustinermönch aber war es, der den Bruch mit der kirchlichen Autorität vollendete. Des h. Augustin's Lehre von Gottes Gnaden wirkte in Beiden.

Die Franzosen haben schon aus dem Style auf einen französischen Verfasser gerathen; sie meinen, so klare lichte Form wäre nur dem französischen Genius möglich. Die schöne Prosa Fénélons ist allerdings ein lieblicher Abglanz dieses Werkes; wenn ich aber an Gellert's rührend mildes Lied „Wie groß ist des Allmächtigen Güte", an ebendesselben Hymne „Gott ist mein Lied" erinnere, in welch letzterer die klarste Einfachheit mit biblischer Erhabenheit verschmolzen ist, so habe ich auch innere Beweise für den deutschen Ursprung aufgestellt. Herr Leroy hat auf der Bibliothek zu Valenciennes ein Manuscript dieses „Innern Trostes" mit der Jahreszahl 1462 entdeckt; er hält diesen französischen Text für das Original der „Nachfolge", das späterhin in's Lateinische übersetzt worden sei; das vierte Buch befindet sich nicht darin, es sei später hinzugefügt worden. Wer, der dieses Latein mit seinem natürlichen hinreißend innigen Tone liest, wird es für eine Uebersetzung halten wollen? Dieses Kleinod aller mystischen Werke, die das Christenthum hervorgebracht hat, zu schildern, fehlt mir hier der Raum. Wenn man bedenkt, daß es mehr als tausend lateinische Ausgaben und mehr als tausend französische Uebersetzungen davon giebt, so genügt dies, um auch den bloßen Freund der Literatur daran wieder zu erinnern.

Die Stadt Kempen, wo Thomas Hämmerlein 1380 geboren ward (er starb 1471 als Superior seines Klosters bei Zwoll) liegt im Erzstifte Köln. Es ist dies bedeutsam. Denn der Dom zu Köln am Rhein ist in der Baukunst dasselbe, was das Buch „von der Nachfolge Christi" in der Literatur ist, der höchste Ausdruck des Mysticismus, des Ringens der

---

*) Anm. Selbst diejenigen, die Thomas für den Verfasser halten, nehmen an, daß er ältere ähnliche Werke dabei benutzt habe. Demogeot sieht in diesen mystischen Ergüssen, die die Seelenkämpfe der Klosterbrüder schildern und von denen viele verloren gegangen sein mögen, das Seitenstück zu den Epopöen des Ritterthums. Was den Kanzler Gerson betrifft, den Manche für den Verfasser der „Nachfolge" halten, so stimmt sein heftiger Charakter wenig mit dem engelmilden Tone dieses Buches zusammen; Gerson war Einer der Verurtheiler von Huß und Hieronymus. Das ist aber gewiß: das Buch erschien zu einer Zeit, wo die Kirche zerfiel, wo es drei Päpste auf einmal gab und das Consanzer Concil eine höhere Autorität als die des Papstes beanspruchte, kurz wo das Gemüth keinen Trost fand als in sich allein. Semmig.

Seele nach unmittelbarer Vereinigung mit Gott. Denn nirgends mehr als im Mittelalter steht Alles in so innigem Zusammenhange unter einander, vor Allem aber Kunst und Literatur. Wir sahen den Mysticismus, die Emancipirung des Laien, durch Wolfram von Eschenbach in die epische Poesie getragen. Die Baumeister des Spitzbogenstyls sind die Verkörperung jenes Titurel, der den prachtvollen Tempel erbaute, in welchem sich der h. Gral vom Himmel niederließ. Erklären wir das.

Die kirchliche Baukunst des Mittelalters hat zwei Baustyle, den romanischen und den sogenannten gothischen. Wie der Name sagt, so hat sich der erstere aus dem römischen entwickelt, sein Grundcharakter ist der halbkreisrunde Bogen, der des gothischen dagegen der Spitzbogen. Der romanische wird auch der byzantinische genannt, weil die Oströmer (Byzantiner) im Anfang die Hauptpfleger der neuen Kunst waren. Man hat die byzantinische Baukunst so charakterisirt: Ruhe und Einfalt, aus Armuth entstanden und in Schwerfälligkeit sich verlierend. Dies gilt im Wesentlichen für alle Perioden dieses Styls.

Im Laufe des zwölften Jahrhunderts wurde nun der Rundbogen (le plein-cintre) allmälig durch den Spitzbogen (l'ogive) ersetzt; zugleich erfuhr das Säulen- und Zierwerk eine wesentliche Umwandlung und so erscheint im dreizehnten Jahrhundert jener berühmte Spitzbogenstyl, in dem die sogenannten gothischen Kirchen erbaut sind. Derselbe hat drei Perioden, die der erhabenen Eleganz im 13ten Jahrhundert, die des 14ten Jahrhunderts und die des zierlichen überladenen Styls im 15ten Jahrhundert. Vom 16ten Jahrhundert an machte das griechisch-römische Alterthum wie in Allem, so auch in der Baukunst seinen Einfluß geltend, und wie die Bildung überhaupt sozusagen wieder heidnisch ward, so verlor man auch den Sinn und die Kraft zu neuen Schöpfungen im Kirchenstyl.

Es hat sich seitdem nur Ein Styl dieser Art gebildet, der sogen. jesuitische, dessen Absicht überraschende Blendung zu sein scheint. Der gothische des Mittelalters gilt daher noch immer für das vollkommene Muster christlichen Kirchenstyls. Man hört das so ohne Ueberlegung aussprechen und selbst von katholischen Priestern, die sich doch darauf verstehen sollen. Ist dem aber wirklich so? Ich will es kurzweg sagen, christlich ist der Spitzbogenstyl, aber nicht kirchlich. Dies letztere war nur der romanische Styl*).

---

*) Anm. In den meisten französischen Seminarien werden die jungen Priester auch in Archäologie unterrichtet; die protestantischen Geistlichen sind völlig unwissend darin, das Mittelalter, dem die gothische Baukunst angehört, studiren sie nicht oder kaum. Den Kirchenbau überlassen sie den Baumeistern und diese, ausgenommen die wirklichen Künstler der Hauptstädte, haben die mittelalterliche Tradition ganz verloren. Der philosophische Denker vermißt dies natürlicher Weise

Der romanische ist das Symbol der Herrschsucht des Clerus; die Laien haben mit den Kirchenbauten in diesem Style nichts zu thun gehabt, sie sind nur die blinden Ausführer priesterlicher Ideen gewesen. Man kennt wohl von keiner romanischen Kirche den Baumeister; nicht der künstlerische Genius, nicht die Begeisterung hat sie geschaffen, sondern sie sind nach überlieferten Grundsätzen von der Geistlichkeit entworfen und auf deren Angabe ausgeführt worden. Der romanische Baustyl füllt die Jahrhunderte aus, wo der Clerus alle Bildung in sich vereinigt hatte und unumschränkt herrschte. Erst nach der überstandenen Todesangst im Jahre 1000 begann die Laienwelt aufzuathmen, durch den ersten großen Kreuzzug am Ende dieses Jahrhunderts griff sie selbstthätig in das christliche Leben und seine Geschichte ein. Die hohe Begeisterung schlug allmälig in Mysticismus um und dieser ist das Ringen der Seele nach Emancipation von der äußern kirchlichen Autorität. Im zwölften Jahrhundert regt derselbe seine ersten Schwingen, in dem nämlichen Jahrhundert strebt er schon mit dem Spitzbogen aufwärts zum Himmel, zu Gott. Es ist dies zugleich die Epoche, wo die christlich-ritterliche Karlssage, das Rolandslied, niedergeschrieben ward. In der Gralsage und im Wilhelm Wolfram's von Eschenbach vollendet sich die geistliche Weihe des Ritterthums, ein Laie macht den Priester und Ritter verheißen den Himmel. Dies geschah am Ende des zwölften Jahrhunderts und im folgenden übersetzen die Baumeister der Spitzbogenkirchen diese Ideen in Stein. Alles ist in diesen Kirchen, nicht mehr wie in den romanischen in Herkommen und Gesetz eingezwängt, sondern sich losringend von Banden, frei zum Himmel strebend, bis die Seele mit der höchsten Spitze mystisch schwelgend sich im Schooß des Unendlichen verliert. Die Fesseln der priesterlichen Autorität hat sie tief unter sich gelassen, ja während ihres Aufschwungs spottend zerbrochen, wie eine Menge Zerrbilder, die sie unterwegs als Zierrath angebracht hat, noch immer zeigen. Das ist der Sinn des Spitzbogenstyls, seine historische Bedeutung; darum hat seitdem kein neuer Kirchenbaustyl aufblühen können, weil eben der Mysticismus, den die gothische Baukunst vertritt, in den Bruch mit der Kirche, in die Reformation ausläuft und mit dem Protestantismus das kirchliche Bewußtsein nach und nach verlischt. Die meisten gothischen Baukünstler sind Laien, Gesellschaften von Laien bilden sich als Baubrüderschaften, die sich später in das Freimaurerthum auflösen, dem geistigen Erben jener Bauhütten (Logen), und wenn in Köln ein Bischof den Plan zur Kathedrale entwirft, so wissen wir, daß der höchste Vertreter des Mysticismus in der Literatur, Thomas von Kempen, ja auch ein Geistlicher war.

nicht, aber von welch frommen Illusionen die protestantischen Geistlichen befangen sind, die den Kirchensinn noch zu fesseln glauben, ist wirklich seltsam.

Semmig.

Man hat über den Ursprung des Spitzbogens gegrübelt wie über den des Reims. Wie der letztere, soll auch jener von den Arabern kommen. Allerdings gab es im Oriente Spitzbogen, wie es auch Reime gab, aber diese Spitzbogen waren nicht in allgemeinem Gebrauche. Man hat behauptet, die Kreuzfahrer hätten sie bei ihrer Rückkehr nachgeahmt; kann man annehmen, daß sie Ausnahmen nachgeahmt hätten? Eine Kunst entwickelt sich leichter aus dem schon gegebenen Systeme, als durch Fremdes, das man hineinträgt. Der Spitzbogen macht auch nicht allein den ganzen Baustyl aus, es gehört alles Nebenwerk noch dazu, und zwischen dem orientalischen (arabischen und auch maurischen) Baustyle und dem mittelalterlich-christlichen herrscht eine wesentliche Verschiedenheit. Das Zusammentreffen dessen, was sich noch einigermaßen ähnlich ist, der Bogenform, ist zufällig, wie es das des Reimes war; doch wollen wir dabei nicht vergessen, daß byzantinische Baukünstler unter Arabern und Mauren verbreitet waren. Noch weniger rührt, was man des Namens wegen glauben könnte, der Spitzbogenstyl von den Gothen her. Die Ostgothen waren ein gebildetes Volk und ihr König Theodorich errichtete selbst die Würde eines comes nitentium rerum, eines Staatsministers für die Kunstwerke, was freilich die rohen Franken nicht abgehalten hat, auf Treu und Glauben hin diese Geistlichen „Barbaren" zu schimpfen. Aber dieselben hatten keine Zeit, eine neue Kunst zu schaffen, ihr Reich in Italien dauerte nur sechzig Jahre (403 — 554 n. Chr.) und der Spitzbogenstyl kam erst siebenhundert Jahre später auf. (So spricht man auch fälschlich von lombardischer Kunst, dieselbe ist nichts als romanische, höchstens eine plumpere Abart davon.) Andre meinen, die Westgothen in Spanien hätten diesen Styl nach Vorbild der maurischen Bauten geschaffen. Ich sagte aber schon, daß der Spitzbogen nicht Alles ausmacht und daß selbst hierin die maurische Kunst nur ähnelt. Die Westgothen hatten auch Andres zu thun als zu bauen, sie mußten kämpfen und den Boden erst erobern. Wenn sie die Schöpfer dieser Baukunst wären, wie kommt es denn, daß ihr Nachbarland, Südfrankreich, diesem Styl so schwer zugänglich war, daß derselbe zuerst im Norden weit von Spanien erblühte? Sagen wir es kurz heraus: der Name „gothische Baukunst" ist ein Schimpfwort, erfunden von den Italienern, die an die classischen Formen des Alterthums gewöhnt, in dem Spitzbogenstyl nur Verrenkung und Barsaßen; barbarisch und gothisch war ihnen aber ein und dasselbe.

Wie entstand nun der Spitzbogen? Wie jedes Kunstwerk, das einer neuen Weltanschauung entspricht, aus dem Genius eines von Begeisterung ergriffenen Künstlers. Nicht auf einmal freilich konnte sich der ganze Styl entwickeln, denn jede Kunst, die den materiellen Stoff handhabt, erlangt nur allmälig durch lange Uebung die Vollendung und prägt so das Ideal aus, das den ersten Künstlern, vielleicht nur als Ahnung, vorgeschwebt hat. Das Durchschneiden zweier Rundbogen, die hintereinander stehen, kann möglicher Weise das sinnende Auge eines Künstlers stark ergriffen haben. Die Erinnerung an einen ausgeschweiften Bogen, den man in Sicilien, in Spanien oder im Oriente gesehen, kann — unmöglich ist es nicht — eingewirkt haben. Jede Kunstschöpfung knüpft ja zuletzt an etwas Früheres an. Aber alles dies sind nur zufällige Momente, die mit dem Geiste dieses Styls nichts zu thun haben. Der schwärmerische fromme Sinn der zum Himmel ringenden Seele hat ihn aus sich herausgeschaffen. Was man von der Nachbildung der Wälder und ihrer Laubdome gesagt hat, ist poetisch, aber nicht historisch.

Wo ist er nun entstanden, dieser Spitzbogenstyl? Da, wo die christlich-ritterliche Poesie, wo das Rolandslied entstanden ist: im Herzen Frankreichs. Wir haben den Schöpfer dieser Baukunst mit Titurel verglichen, Titurel war der Sohn eines Königs von Frankreich. So ist es, die Initiative der mystischen Baukunst gehört ebenfalls den Franzosen. Um Paris herum erscheinen ihre ersten Spuren; eines der schönsten Denkmäler derselben, die Cathedrale von Chartres, erbaut auf dem Boden, wo einst das Centralheiligthum des druidischen Galliens stand und noch jetzt riesige Menhirs die Ebene bedecken, wurde im zwölften Jahrhundert begonnen und 1260 beendet. Am schnellsten verbreitete sich der Spitzbogenstyl in der Normandie, von hier ging er nach England und der Bretagne über. Langsam und spät fand er jenseits der Loire, namentlich im Süden Eingang. Ebenso rang in Deutschland der romanische Baustyl noch einige Zeit mit dem neuen des Spitzbogens, während der letztere in Frankreich schon entschieden gesiegt hatte. Der Name „deutsche Baukunst" ist daher nicht gerechtfertigt und wir behalten daher den Ausdruck „Spitzbogenstyl" bei, weil derselbe, zwar in Frankreich entstanden, doch der mystisch-religiösen Richtung aller katholischen Nationen des Mittelalters entsprach.

Ich habe früher im „deutschen Museum" eine andre Ansicht über diese Baukunst ausgesprochen; ich habe mich damals geirrt. Wenn die mittelalterliche Weltanschauung, der diese Bauart entspricht, falsch ist, so mag der neuere Künstler diesem Styl verwerfen; aber im Zusammenhang mit ihrer Zeit betrachtet, war diese Kunst der Ausdruck einer hohen Begeisterung, die nach Licht und Freiheit rang. Den französischen Ursprung derselben behaupten nicht nur Franzosen, z. B. der Archäolog de Caumont, und zwar gestützt auf die geschichtliche Entwicklung derselben, sondern auch Deutsche, wie der verdienstvolle Kenner Kolloff in Paris, der Freund Börne's; ihm verdanke ich manche Aufklärung in der Kunstgeschichte.

Wenn aber die Franzosen mit der Schöpfung dieses Baustyls vorangegangen sind, so steht das größte Wunderwerk desselben auf deutschem Boden: der Dom zu Köln am Rhein. Im Jahr 1218 ward er begonnen, zu einer Zeit, wo der Katholicismus schon protestantisch ward und der Protestantismus noch katholisch war. Katholiken und Protestanten dürfen sich also gemeinschaftlich an seinem Ausbau betheiligen, und wenn einst das große Werk der Einigung und Versöhnung vollbracht sein wird, wenn wir wieder Ein Volk, ein einig Volk von Brüdern sein werden, dann ist kein anderes Gebäude würdiger, der Tempel zu sein, worin das große Fest der Volkseinheit gefeiert wird, als er, der Dom zu Köln am Rhein.

Wie dieses Werk der Baukunst demselben Geiste entsprang, dem die vier Bücher „von der Nachfolge Christi" ihr Entstehen verdanken, so erleidet auch auf demselben kölner-niederländischen Boden die Malerei eine ähnliche Umwandlung. Die byzantinische Kunst, die bisher in Deutschland das Vorbild geblieben war, entsprach so ziemlich der byzantinisch-romanischen Baukunst; die freie Individualität kam in ihr nicht zur Geltung. „Man begnügte sich das einmal Gelungene zu wiederholen; gewisse durch irgend eines Künstlers Autorität aufgestellte und von dem Geschmacke der Zeit gebilligte Formen erhob man gleichsam durch Uebereinkunft zur allgemeinen Regel der Körperbildung und pflanzte sie auf spätere Zeiten fort; namentlich war es allgemeine Sitte statt des Hintergrundes den Gemälden einen flachen Goldgrund zu geben, aus welchem die Figuren ohne Perspective hervortreten. Erst Johann von Eyck, geboren um 1400, war es, der die lebendige Individualität treu ergriff; er gab den Goldgrund auf und gab den Bildern durch einen naturgemäßen Lufthintergrund eine natürlichere Gruppirung und Perspective" (Citat aus dem Conversationslexikon). Auf ihn folgte Albrecht Dürer, der große Porträtmaler; das Individuum ward frei und selbstständig. Das freie Walten der Individualität aber ist ein vorherrschend germanischer Zug und so war es auch Deutschland, das mit der obersten Autorität des Mittelalters, mit der Kirche brach, während es den ganzen politischen Wust des Mittelalters bis auf die neueste Zeit fortgeschleppt hat. Das heilige römische Reich deutscher Nation stürzte erst 1806 zusammen; die Leibeigenschaft wurde in Sachsen erst 1831 abgeschafft und die gewerbliche Freiheit des Individuums ist vom Zunftzwange bis auf unsere Tage gefesselt geblieben. Die letzte weltgeschichtliche That des deutschen Volks ist noch immer die Reformation, von der die philosophische Weltanschauung der Gegenwart die letzte Consequenz ist.

In Bezug auf die Kirche behalf sich Frankreich mit Compromissen: dagegen bildete es die Idee des Staates aus, die ja auch zuerst auf französischem Boden zur Erscheinung gekommen war. Die Könige waren von Anfang an die Vertreter dieser Idee gewesen und hatten sich dabei (man denke an Ludwig den Dicken, Philipp den Schönen und Ludwig den Elften) auf den dritten Stand, das Bürgerthum gestützt; den Lehnsadel dagegen, dieses Hauptelement des mittelalterlichen Staates, hatten sie stets argwöhnisch und eifersüchtig niedergehalten, bis Richelieu endlich seine Macht gänzlich brach. Zweierlei Ergebnisse hatte dieser geschichtliche Gang: der Staat verkörperte sich zuerst sichtbarlich im Monarchen (Ludwig XIV.), zuletzt fiel die Staatsgewalt 1789 dem dritten Stande anheim; die Herrschaft der Bourgeoisie unter Louis Philipp und das vote universel ruhen auf demselben Princpe, die politischen Individuen sind gleich vor dem Gesetze, es giebt keine Ständeunterschiede mehr. Die weltgeschichtliche That des französischen Volkes ist die Revolution.

Das Mittelalter und seine Anschauung wurde durch die Entdeckung zweier Welten beschlossen, die der alten und die der neuen. Galilei's Schicksal beweist, wie die mittelalterliche Weltanschauung von der letztern sich bedroht fühlte. Die Entdeckung der antiken Welt aber oder, wie man sich auch ausdrückt, das Wiedererwachen der schönen Wissenschaften, la Renaissance, belebte den Geist der Forschung. Während sie aber in Deutschland ein Hauptmoment der reformatorischen Bewegung bildete, behielt sie in Frankreich einen mehr literarischen Charakter. Wie man hier römisch in kirchlicher Hinsicht geblieben war, so wollte man es auch in literarischer wieder werden; die ganze Kunst des Mittelalters fiel als gallisch d. h. barbarisch der Verachtung, wenn nicht der Vergessenheit anheim. Eine neue Kunst ersteht. Nur zwei Schöpfungen des untergehenden Zeitalters hielt man einer weitern Pflege für würdig, ja bildete sie mit solcher Kraft und Vollendung aus, daß sie den schönsten Schmuck der französischen Literatur bilden: die Geschichte und das Lustspiel. Wir haben sie darum absichtlich in diesem Bande nicht behandelt. Sie und das Zeitalter der Renaissance mit seinem blutigen Wirrwarr bedürfen einer besondern Schilderung.

Indeß wo wir jetzt am Ende unserer Aufgabe stehen, dürfen wir vom Mittelalter scheiden, ohne noch einen Blick auf seine größte Macht, auf die Kirche zu werfen? Fast möchten wir erschöpft die Feder niederlegen. Um nur einigermaßen den Gegenstand zu erschöpfen, bedürfte es eines Raumes, der uns nicht mehr zu Gebote steht; und in wenigen Umrissen dies Gebäude zu zeichnen, das damals die Welt in sich einschloß, ist unmöglich. Wir begnügen uns auch mit vereinzelten Bemerkungen.

Wie wir sagten, die Kirche gleich dem Himmelsdome schloß bei ihrer Entstehung Alles in sich ein, was nur das Leben ausmacht; sie beherrschte den Staat, die Künste erblühten in ihrem Dienste, der Ackerbau fand unter dem Krummstab Schutz, die Handwerker fanden Patrone in den Heiligen des Himmels, ein Heiliger (St. Eloi) war selbst zuerst Handwerker und Künstler, ehe er der Schutzpatron der Kunstschmiede ward. Die Bischöfe aber waren beim Untergange des Reichs als defensores die natürlichen Vertreter des Volks und seiner Rechte. Das Bild ist nicht ohne Grund, wenn man sagt: als die Fluth der Völkerwanderung alles Land und alle

Bildung begrub, retteten sich die Keime einer neuen Welt in das Schiff der Kirche wie in eine Arche Noah. Sahen wir doch in dem Lande Velay das ganze Leben nicht nur einer Stadt, sondern eines Landes sich um eine Kirche gruppiren. War doch im Mittelalter St. Denis, die heilige Abtei, berühmter und populärer als selbst Paris. Frankreich aber war „die älteste Tochter der Kirche"; auf französischem Boden fand zuerst das Christenthum ausserhalb Italiens gastliche Stätte, auch hießen seine Könige die allerchristlichsten.

Welches war nun im Mittelalter seine Stellung zur Kirche? Wir müssen es offen bekennen, eine ziemlich profane. Die älteste Tochter hat sich früh zu emancipiren gesucht oder wohl gar die Rolle einer Schwester zu spielen geschienen. Fünf geschichtliche Documente charakterisiren die Stellung, welche Frankreich bis auf heute der Kirche gegenüber eingenommen hat.

Zuerst die pragmatische Sanction des h. Ludwig vom Jahre 1268. Dieselbe sicherte den Prälaten und Patronen der geistlichen Lehen und Pfründen ihre Jurisdiction und den Kirchen des Landes das freie Wahlrecht, verdammte die Simonie, gebot, daß die Ertheilung, Verwaltung u. s. w. der geistlichen Lehen, Würden und Aemter nach dem gemeinen Rechte und den Bestimmungen der Concilien geschehe; sie verbot die Erhebung von Geldauflagen seitens des römischen Hofes, ausgenommen wenn die Ursache vernünftig, fromm, sehr dringend und von der Regierung ausdrücklich anerkannt sowie von der Kirche des Landes gutgeheißen sei; im Uebrigen bestätigte sie die Freiheiten und Rechte der Kirchen, Klöster und Geistlichkeit des Landes.

Man hat diese Sanction für unecht erklärt und behauptet, sie sei während des großen Schisma's (1378—1417) fabricirt worden. Die gerügten Mißbräuche traten während des Aufenthalts der Päpste in Avignon (1309—1376) und des erwähnten Schisma's wieder hervor. Das Concil zu Basel (1431—1449) bekämpfte dieselben und seine Grundsätze wurden vom französischen Clerus in der zweiten pragmatischen Sanction, der von Bourges angenommen, welche Karl VII. am 7. Juli 1438 erließ. Nach derselben sollte die Wahl der Prälaten in den Kathedral- oder Collegialkirchen nach den kanonischen Regeln geschehen, um die Bestätigung des Papstes zu erhalten; die graces expectatives d. h. die Bullen, wodurch die Päpste, die sich eine gewisse Zahl von Lehen reservirt hatten, in Voraussicht des nahen Todes des Titelträgers die Anwartschaft auf dieses Lehen ertheilten, wurden abgeschafft; die Annaten (Zahlung einer Jahreseinkunft an den Papst) wurden aufgehoben; ganze Städte und Gegenden durften nicht mehr mit dem Interdicte belegt werden; endlich wurde noch bestimmt, daß man von einem kirchlichen Richterstuhl mit

Uebergehung der andern Tribunale (tr. intermédiaire) an kein anderes kirchliches noch selbst an den Papst appelliren dürfe.

Diese Sanction wurde unter Ludwig XI. 1463 durch den Einfluß des Bischofs von Arras, Jean Gaufredy, abgeschafft; die Generalstaaten von 1484 verlangten ihre Wiederherstellung; gänzlich abgeschafft wurde sie 1516 durch das Concordat zwischen Franz I. und Leo X., genannt das Concordat von Bologna; dieses vermehrte die königliche Macht, indem die Wahl der Bischöfe und Aebte aufgehoben wurde, statt dessen wurde die Bestätigung dem Papste auf Ernennung durch den König zugestanden. Umsonst verlangten die Generalstaaten die Wiederherstellung der Wahl durch die Geistlichen.

So hatte sich nach und nach eine Tradition von den Freiheiten der gallikanischen Kirche gebildet mit der Hinneigung zur Oberbeaufsichtigung durch das Staatsoberhaupt. Dieses Gemisch von Ueberlieferung und Thatsache wurde unter Ludwig XIV. theoretisch festgestellt. Der Abbé Fleury, Erzieher Ludwig's XV. und Kirchenrechtsschriftsteller, wohlverstanden: ein Mann von gemäßigten Grundsätzen, der die goldne Mittelstraße liebte, hat diese Theorie geordnet. Die Freiheiten der gallikanischen Kirche beruhen auf zwei Grundsätzen: 1) daß die Gewalt, die Jesus Christus seiner Kirche gegeben hat, eine rein geistliche ist und weder direct noch indirect das Weltliche betrifft; 2) daß die ganze Macht des Papstes, als Oberhauptes der Kirche, gemäß den in der ganzen Kirche angenommenen Gesetzen ausgeübt werden soll und daß er selbst dem Urtheile eines allgemeinen Concils in den von dem Constanzer Concil bezeichneten Fällen unterworfen ist. Diese Grundsätze wurden von dem französischen Clerus bei seiner Versammlung 1682 in Paris feierlich für die alte Lehre der gallikanischen Kirche erklärt; aus ihnen folgen nun mehrere Freiheiten: der König hat seine weltliche Macht von Gott allein; Niemand hat das Recht ihm Rechenschaft über die Regierung seines Reiches abzuverlangen; es ist nicht wahr, daß das Amt der Schlüssel indirect sich auf das Weltliche erstrecke, daß ein excommunicirter König abgesetzt und sein Land einem Andern gegeben werden könne. Folglich dürfen sich weder die Geistlichen Frankreichs selbst noch der Papst in die Jurisdiction einmischen, der Papst darf keine Geldauflagen in Frankreich erheben, selbst nicht als Almosen für die Indulgenzen, außer mit Genehmigung des Königs und Zustimmung der Geistlichkeit; der Papst darf die Veräußerung des Grundbesitzes der Geistlichen nicht eigenmächtig erlauben noch weniger gebieten, denn die Geistlichen sind, obgleich Gott geweiht, doch Menschen und Staatsbürger und als solche wie alle andern dem Könige und der weltlichen Gewalt in allem Weltlichen unterworfen, trotz der Privilegien, die die Souveräne ihnen haben gewähren wollen. Folglich kann sich der Clerus nicht ohne Erlaubniß des Königs versammeln und können die Bischöfe, obgleich vom Papste beschieden, nicht ohne Urlaub des Königs das Land verlassen.

Bossuet faßte dies in vier Artikel zusammen und der französische Clerus proclamirte und zeichnete sie feierlich als das Grundgesetz der gallikanischen Kirche im Jahre 1682. Und in der That sind diese Grundsätze die Achse gewesen, um die sich von Anfang an die französische Politik gegenüber dem römischen Stuhle bewegt hat, sie scheinen auch dem französischen Nationalcharakter gemäß zu sein, denn die zwei Versuche des Volks sich entschieden für den Einen oder den Andern zu bekennen sind nicht gelungen. Zur Zeit der Ligue hätte es gern dem Papste die unumschränkte Herrschaft eingeräumt, aber die Staatspolitik siegte über die Kirche. Die constituirende Versammlung von 1789 gab im Laufe ihrer Verhandlungen die bürgerliche Verfassung des Clerus vom 8. Juli 1790, wodurch die Priester zu Staatsbeamten gemacht wurden. (Nach derselben sollte es für Frankreich zehn Erzbischöfe, auf jedes Departement einen Bischof geben, die Wahl der Bischöfe und der Pfarrer durch das Volk geschehen, das Kirchenvermögen und die geistlichen Sportein aufgehoben und die Geistlichen aus der Staatskasse besoldet werden.) Aber weder der römische Stuhl noch ein großer Theil der französischen Priester selbst nahmen diese Verfassung an.

Darauf schloß der erste Consul am 15. Juli 1801 mit Pius VII. das Concordat, das am 10. Sept. bestätigt ward und am 2. April 1802 zur Ausführung kam. Danach ernannte der erste Consul die Erzbischöfe und Bischöfe, denen der Papst darauf die canonische Einsetzung ertheilte; die Bischöfe ernannten die Pfarrer, deren Wahl aber die Regierung zu billigen hatte. Die darauf folgenden organischen Artikel gestatteten Synoden oder Concile nur mit Gutheißung der Regierung zu berufen. Dieses Concordat steht noch heute in Kraft, denn das neue 1813 geschlossene ist niemals ausgeführt worden. Das am 11. Juli 1817 zwischen Pius VII. und Ludwig XVIII. geschlossene Concordat hob das von 1801 zwar auf, doch hinderte eine starke Opposition dessen Ausführung ebenfalls. Außerdem ist durch das Gesetz vom 18. Germinal an X (6.—8. April 1802) den Lehrern an den Priesterseminarien geboten, ihre Zöglinge in den vier Artikeln von 1682 zu unterrichten.

Alle diese Fragen erhalten ein um so größeres Gewicht in der Gegenwart, wo Frankreichs Entscheidung von unberechenbarem Einfluß auf die Gegenwart ist. Eine Bemerkung drängt sich uns hier auf. Die römische Kirche hat sich, Polen ausgenommen, nach und nach auf die Länder des alten römischen Reichs beschränkt, auf die Länder, wo man sonst lateinisch sprach und wo die neulateinischen Sprachen herrschen (z. B. Südamerika). Die vorzugsweise römisch-katholischen Länder Deutschlands sind ebenfalls römische Provinzen gewesen, sind von Römern colonisirt worden. Nord-

Deutschland ist kaum länger als 600 Jahre römisch-katholisch gewesen, von hier ging die Trennung im 16ten Jahrhundert aus und hier liegt auch der Schwerpunkt der deutschen Geschichte. Was Irland betrifft, so war, neben seiner frühen Bekehrung, vornehmlich der Haß gegen die Sachsen (d. h. Engländer) ein Beweggrund der Anhänglichkeit an die römische Kirche. Neben dem lateinischen Rom ist aber das griechische Rom aufrecht geblieben, wenn auch der Schwerpunkt vor der Hand nicht mehr in Byzanz liegt, und protestirt gegen die Allgemeinheit (Katholicität) der Herrschaft des erstern. Dessen kräftigste Stütze ist Frankreich und hier müssen wir uns der im Eingang entwickelten Ansicht erinnern, wonach die fränkischen Dynastien in Frankreich für französische gelten. Sonach war es ein Franzose, Pipin der Kurze, der durch die Schenkung des Exarchats an den Papst 755 den Kirchenstaat gründete, den Kirchenstaat, den heute Frankreich allein noch schützt. Und da heutzutage in der italienischen Bewegung von den Anhängern der bedrohten oder gestürzten Sonderstaaten das Legitimitätsprincip angerufen wird, so bemerken wir noch, daß Pipin ein Usurpator war und daß, als Bonifacius ihn salbte und Papst Zacharias seine Thronbesteigung billigte, die römische Kirche gegen die Legitimität Partei nahm. Wie damals aber, so wird Rom auch heute von Norditalien bedroht. Sonderbarer Kreislauf der Geschichte! Die Weltgeschichte ist das Weltgericht.

Und wie damals, so steht auch heute Frankreich an der Spitze der neulateinischen Welt. Ich nannte es die kräftigste Stütze der römischen Kirche; kein Clerus der katholischen Welt kommt an Kraft, Intelligenz und Würde dem französischen gleich; in keinem Lande auch hat die katholische Lehre einen so wissenschaftlichen und literarischen Charakter angenommen. Einst retteten die Franken die katholische Kirche von dem Untergange durch den Arianismus und schützten sie gegen den Islam: gesta dei per Francos! Heute ruht das Geschick der Kirche in den Händen der Franzosen.

Weltgeschichtlicher Augenblick. Die protestantische Kirche steht der Bewegung staunend, schweigend zu, ohne sie recht zu begreifen. Offen gesprochen: es handelt sich um nichts Geringeres als das Christenthum. Die römische Kirche allein hat das christliche Dogma noch bewahrt; die Protestanten behaupten, sie habe es verfälscht, mit Zusätzen vermengt; ich will darauf nicht eingehen, nur das Eine ist wahr: die römisch-katholische Kirche allein hat das christliche Dogma noch bewahrt! und sie hält es in fester ausgeprägter Form, läßt nicht daran deuteln noch mäkeln. „So ist es, glaubt!" Und nun halter dagegen die protestantische Welt mit ihren tausend Sekten, von denen sich jede „Kirche" nennt. Was erblickt ihr da? Einen ungeheuern Zerfall, die Trümmer des Christenthums. Keine Einheit, kein Band! Doch, die Bibel ist Allen gemein.

Die Bibel aber, was ist sie denn, was ist ihr Sinn? Sibyllinische Blätter, die ein Hauch des Windes verweht. Hat nicht jeder Einzelne das Recht der freien Forschung, der eigenen Deutung? Nennt euch was ihr wollt: Denker, Forscher, Gottesverehrer, nur nennt euch nicht Christen. Denn ihr dürft mir nicht mit der Vieldeuterei kommen, wonach Frömmigkeit, edles Menschenthum, Nächstenliebe u. s. w. mit dem Worte Christenthum benannt wird. Das ist so Sprachgebrauch, weiter nichts. Oder geht in das Land, das die Wiege der Reformation war, geht nach Sachsen und fragt einmal in den Mittelständen, im Volke überhaupt, was man da denn eigentlich vom dogmatischen Christenthume noch weiß und festhält? Gott, Tugend und Unsterblichkeit, das sind die drei Ideen, die den Schiffbruch der Kirche überlebt haben, die drei Worte des Glaubens von Schiller, Kantische Philosophie. Man wird mir zwar entgegnen, das genüge vollkommen für unser aufgeklärtes Zeitalter; aber darum handelt es sich hier nicht, sondern nur darum, ob das Dogma der christlichen Kirche darin enthalten ist? Nein, nur die römisch-katholische Kirche hat es noch gerettet.

Aber, fragt ihr, ist denn die Kirche selbst gefährdet, weil die weltliche Macht des Papstes, weil der Kirchenstaat gefährdet ist? Ich will die Geschichte darauf antworten lassen. Der logische Gang der Geschichte allein bildet die Wahrheit heraus.

Indessen ist meine schließliche Meinung diese: die heutige Gesellschaft zerfällt in Staat und Kirche, man sucht diese Spaltung durch Verträge zwischen dem einen und dem andern auszugleichen. Ist denn aber der Mensch zweierlei, ist sein Wesen nicht schlechterdings Eines? Kann man im Menschen zwischen dem Bürger und dem religiösen Wesen (dem Christen, Juden, Gläubigen überhaupt) unterscheiden? Daß man es thut, weiß ich freilich. Man thut es sichtlich, indem man für ihn zwei Centren annimmt, Kirche und Staat. Der Mensch ist Einer, und das Ideal einer gesellschaftlichen Ordnung wäre diejenige Verfassung, die ihn als Ein Ganzes annimmt. So nahm ihn die griechische Welt, in welcher Staat, Religion und Kunst Eines war; so auch die jüdische Theokratie; so auch das Mittelalter, wo im Anfang die Kirche Alles umfaßte, wo der Mensch nur als Christ dem Staate gehorchte.

Das Uebel der Gegenwart ist, daß die Kirche diese Ansprüche (von ihrem Standpunkte aus gerechte Ansprüche) nicht vergessen hat und noch immer über den Bürger, nicht den Christen allein herrschen will, während der Staat den Bürger für sich beansprucht. Welches ist die Gränze, wo der Christ aufhört und der Bürger anfängt? Ewige Wiederkehr des uralten Räthsels der Sphinx!

Einheit thut aber der Gesellschaft noth. Ein Ersatz dafür, oder vielmehr ein Nothbehelf ist die Staatsreligion. Dem widerstrebt aber der religiöse Indifferentismus und der Liberalismus unserer Zeit (für den Ultramontanen ist Beides Eins, muß Drittes Eins sein). Was ist nun das einzige Mittel, die Einheit des menschlichen Wesens zu ihrem Rechte zu bringen, ohne die Freiheit des Einzelnen und die Ruhe des Ganzen (der Gesellschaft) zu stören? Ich kenne keins als die vollkommene Freiheit der Meinungen. Eine philosophische Forderung!

Nachwort.

Ich bin mir und dem Leser folgende Erklärungen schuldig. Als ich mich im Anfang meines Exils in Frankreich mit der französischen Literatur bekannt machte, fielen mir verschiedene Gedichte, z. B. von Alfred de Vigny, in die Hände, Gedichte, die seltsam mit meiner Lage und Stimmung harmonirten. Ich übersetzte sie. Andere kamen hinzu und so sammelte sich allmälig der Stoff zu einem Bande „Französischer Literaturbilder" an. Da dieselben nur die letzten hundert Jahre umfassen, so gedachte ich ihnen einen kurzen Abriß der französischen Literaturgeschichte überhaupt vorangeben zu lassen. Der Titel sagte aber dem Herrn Verleger nicht zu, derselbe wollte ihn in „Geschichte der französischen Literatur" umgewandelt wissen. Dies hatte eine Umänderung des ganzen Werkes zur Folge, auf die ich nicht vorbereitet war, und so erscheint dieser Band ein Jahr später, als ich berechnet hatte. Andere Ursachen der Verzögerung kamen hinzu, wodurch manche Uebelstände bewirkt wurden.

Als ich z. B. im Eingang Lacordaire's Thätigkeit besprach, lebte derselbe noch. Dies kann indessen nichts an meiner Ansicht ändern. Es giebt keine Todten in der Geschichte. Homer lebt unter uns durch seine Gesänge, so kräftig wie damals, als er sie selbst auf der Küste Joniens dem griechischen Volke sang.

So war auch Herr Laprade noch nicht seiner Stelle entsetzt worden, als ich von ihm sprach. Doch kann auch dieser Umstand meine Ansicht über ihn nicht ändern. In der Nummer des Correspondant vom 25. Februar d. J. veröffentlichte er eine „Unterhaltung mit Corneille", worin er sagt: Ne touchons à ce temps que par notre mépris. Wer kann dafür, daß Herr Laprade das Große nicht sieht oder fühlt, was in unserm Jahrhunderte, in unsern Tagen geschieht oder sich vorbereitet? Wenn es verschliche Menschen giebt, so giebt es auch opferfreudige Märtyrer und Helden in unserer Zeit. Und wenn das Ideal des Herrn Laprade ein anderes ist (le poste de l'honneur est près de ce qui tombe, sagt er), so sollte er an denen, die aufrichtig für das ihre kämpfen, wenigstens den Muth der Ueberzeugung ehren.

Vor Allem aber muß ich bemerken, daß die Polen betreffende Stelle vor den traurigen Ereignissen geschrieben und gedruckt war, die selbst bei den Feinden der polnischen Sache das tiefste Mitleiden mit dem polnischen Volke hervorrufen mußten, wo anders sie menschlich fühlen. Leider wird durch solch unverständiges Verfahren der religiöse Fanatismus nicht nur gereizt, sondern selbst gerechtfertigt. Andererseits ist die natürliche Folge davon, daß Polen keine Zukunft in seiner Isolirung, sondern nur in der Versöhnung mit der slavischen Race hat, der es angehört und von der es sich mehr verblendet als eigensinnig absondert. Russen und Polen müssen endlich erkennen, daß sie Brüder sind; hierin liegt der Schwerpunkt der polnischen Frage.

Ueber den Gang meines Werkes muß ich noch bemerken, daß dieser Band bei allem Umfang doch nur die Umrisse des Ganzen giebt. Geschrieben ist es nicht für die Gelehrten (sollten diese ja etwas Neues darin finden, so kann dies nur in der Neuheit einer Ansicht beruhen), sondern nur für die große gebildete Welt. Ich habe geglaubt, daß ein zwölfjähriger Aufenthalt in Frankreich, der mich mit allen Schichten der Nation in Berührung gebracht hat, meinen Beobachtungen und Auffassungen einen Werth verleiht, den andere obgleich gelehrtere Bücher unmöglich haben können. Die meisten Deutschen, die nach Frankreich kommen, kennen fast nur Paris und verkehren auch mehr mit ihren Landsleuten als mit den Franzosen.

Ich habe mir zum Zweck gestellt, soviel als möglich alle Seiten des französischen Lebens zu schildern. Jetzt wo das deutsche Volk nach seiner Einheit strebt, muß es ihm von Interesse sein, das Leben einer Nation kennen zu lernen, deren Größe sowohl als Schwäche in der Centralisation beruht. Bemerken muß ich freilich, daß der Franzosenhaß, der in jüngster Zeit wieder aufflammte, bei mir keine Sympathie findet, sowie ich täglich auch die Vorurtheile bekämpfe, die etwa von Franzosen noch gegen Deutschland genährt werden. Ich liebe Frankreich — wie sollte es anders sein! — und wenn ich es tadle, so tadle ich es als Freund. Wüßten übrigens die Deutschen, mit welcher Achtung und Liebe der eigentlich gebildete Theil der Franzosen von Deutschland denkt und spricht, der Franzosenhaß, den die Einen oder Andern noch nähren, würde längst der Versöhnung gewichen sein. Und Versöhnung zwischen Deutschland und Frankreich ist die große Aufgabe und Pflicht unserer Zeit, zu der ich hiermit meinen Baustein tragen möchte.

Daß ich alle möglichen französischen Darstellungen der Literatur verglichen habe, versteht sich von selbst. Als Leitfaden bin ich aber vor Allem Herrn Demogeot's trefflichem Handbuche gefolgt. In wiefern ich dabei doch selbständig geblieben bin, wird man leicht erkennen.

Mein Freund, der Schriftsteller Carl Cramer in Leipzig, der sich mit aufopfernder Mühe der Correctur des Ganzen unterzogen hat, wofür ich ihm hier meinen aufrichtigen Dank sage, hat mir einen gerechten Vorwurf gemacht: die geologische Darstellung sei für eine Literaturgeschichte zu weit ausgesponnen. Zu meiner Entschuldigung — nicht Rechtfertigung — will ich entgegnen: als ich Deutschland verließ, waren die naturwissenschaftlichen Kenntnisse noch nicht in's Volk gedrungen und die reife Generation, die mit mir erwachsen ist, ist wahrscheinlich auch jetzt noch nicht vertraut damit. Für diese glaubte ich ausführlicher sein zu müssen, als der Plan des Werkes eigentlich verträgt.

Was die Darstellung selbst betrifft, so habe ich die verschiedenen Hauptsysteme unter einander verglichen (wie der Kenner leicht sehen wird) und bin zuletzt der einfachen Chronologie gefolgt, die Herr Brothier, früher Mitarbeiter an der philosophischen „Revue", angenommen hat. Leider habe ich an diesem so aufgeklärten Mann einen höchst unziemlichen Ausdruck zu tadeln. Bei Gelegenheit, ich erinnere mich nicht gleich welchen Gegenstandes, spottet er über die „ténébreuse Allemagne" und ist doch wenige Seiten später unwillkürlich genöthigt, die Entdeckungen deutscher Gelehrten zu rühmen und sich auf dieselben zu stützen. Solche Ausdrücke verzeiht man kaum noch dem die Vorurtheile des vorigen Jahrhunderts nachschleppenden Volke, keineswegs aber dem Denker, der sich den Beruf giebt, das Volk zu bilden und weiter zu führen. Es giebt Träumer und Schwärmer in Frankreich wie in Deutschland. Nun, seit der Entdeckung der Herren Bunsen und Kirchhoff in Heidelberg wird wohl auch Herr Brothier statt von einem finstern von „einem lichtvollen Deutschland" reden. Keine Entdeckung rechtfertigt dieses Beiwort mehr als die erwähnte.

Endlich bitte ich noch die geehrten Redactionen, die mein Buch einer Beurtheilung würdigen sollten, sei sie tadelnd oder beistimmend, mir die betreffende Nummer ihrer Zeitschrift durch Vermittlung der Verlagshandlung zukommen zu lassen, damit ich bei der Fortsetzung des Werkes darauf Rücksicht nehmen kann.

Bei dieser Gelegenheit habe ich eine Anfrage zu stellen. Vor längerer Zeit habe ich eine größere Skizze über das französische Sonett nach Deutschland geschickt, die das Maß eines Journalartikels zu weit überschritt. Von derselben hat sich der zweite Theil, die Sonette Boulay-Paty's verloren. Sollte sich derselbe in dem Bureau einer Redaction vorfinden, so bitte ich um gefällige Zurücksendung.

Zum Schluß gebe ich eine Probe meiner Uebersetzungen; es ist der
See von Lamartine. Dieses Gedicht, das zur Zeit seiner Erscheinung
so ungemeines Aufsehen erregte, ist von Niedermeyer in Musik gesetzt; zur
Vergleichung lasse ich die Uebersetzung dem französischen Text folgen.

Le lac.

1.

Ainsi, toujours poussés vers de nouveaux rivages,
Dans la nuit éternelle emportés sans retour,
Ne pourrons-nous jamais sur l'océan des âges
    Jeter l'ancre un seul jour?

2.

O lac! l'année à peine a fini sa carrière,
Et près des flots chéris qu'elle devait revoir,
Regarde! je viens seul m'asseoir sur cette pierre,
    Où tu la vis s'asseoir!

3.

Tu mugissais ainsi sous ces roches profondes,
Ainsi tu te brisais sur leurs flancs déchirés;
Ainsi le vent jetait l'écume de tes ondes
    Sur ses pieds adorés.

4.

Un soir, t'en souvient-il? nous voguions en silence;
On n'entendait au loin, sur l'onde et sous les cieux,
Que le bruit des rameurs qui frappaient en cadence
    Tes flots harmonieux.

5.

Tout à coup des accents inconnus à la terre
Du rivage charmé frappèrent les échos:
Le flot fut attentif, et la voix qui m'est chère,
    Laissa tomber ces mots:

6.

„O temps! suspends ton vol, et vous, heures propices!
    Suspendez votre cours!
Laissez-nous savourer les rapides délices
    Des plus beaux de nos jours!

7.

„Assez de malheureux ici-bas vous implorent,
    Coulez, coulez pour eux;
Prenez avec leurs jours les soins qui les dévorent;
    Oubliez les heureux.

Nachwort.

8.

„Mais je demande en vain quelques moments encore ;
    Le temps m'échappe et fuit ;
Je dis à cette nuit : Sois plus lente, et l'aurore
    Va dissiper la nuit.

9.

„Aimons donc, aimons donc ! de l'heure fugitive,
    Hâtons-nous, jouissons !
L'homme n'a point de port, le temps n'a point de rive,
    Il coule et nous passons!"

10.

Temps jaloux, se peut-il que ces moments d'ivresse,
Où l'amour à longs flots nous verse le bonheur,
S'envolent loin de nous de la même vitesse
    Que les jours de malheur?

11.

Eh quoi ! n'en pourrons-nous fixer au moins la trace?
Quoi ! passés pour jamais ! quoi ! tout entiers perdus !
Ce temps qui les donna, ce temps qui les efface,
    Ne nous les rendra plus !

12.

Éternité, néant, passé, sombres abîmes,
Que faites-vous des jours que vous engloutissez?
Parlez : nous rendrez-vous ces extases sublimes,
    Que vous nous ravissez?

13.

O lac ! rochers muets ! grottes ! forêts obscures !
Vous que le temps épargne ou qu'il peut rajeunir,
Gardez de cette nuit, gardez, belle nature,
    Au moins le souvenir !

14.

Qu'il soit dans ton repos, qu'il soit dans tes orages,
Beau lac et dans l'aspect de tes riants coteaux,
Et dans ces noirs sapins, et dans ces rocs sauvages
    Qui pendent sur tes eaux !

15.

Qu'il soit dans le zéphyr qui frémit et qui passe,
Dans les bruits de tes bords par tes bords répétés,
Dans l'astre au front d'argent qui blanchit ta surface
    De ses molles clartés !

16.

Que le vent qui gémit, le roseau qui soupire,
Que les parfums légers de ton air embaumé,
Que tout ce qu'on entend, l'on voit ou l'on respire,
    Tout dise : ils ont aimé !

Der See.

1.

So soll'n wir rücklehrlos der ew'gen Nacht zugleiten,
Zu neuen Ufern stets gejagt vom Wellenschlag,
So können wir denn nie im Ocean der Zeiten
    Nur ankern Einen Tag?

2.

O See! kaum blich das Jahr mit seinem Sonnenscheine,
Und zu den lieben Well'n, die sie sollt' wiedersehn,
Blick her, komm' ich allein und sitz' auf diesem Steine,
    Wo du sie sitzen sehn!

3.

So grade brausest du tief unter diesem Felsen,
Brachst dich an ihrer Wand verwittert und zerritzt.
So hat im Wind der Schaum, den deine Wogen wälzen,
    Den süßen Fuß bespritzt.

4.

Einmal — gedenkst du noch? — wir schifften still und lauschten;
Rings schwiegen Well' und Luft in milder Abendgluth.
Fern um uns her kein Laut, nichts als die Ruder rauschten
    Harmonisch in der Fluth.

5.

Da plötzlich hörte ich des Strandes entzückte Klippe
Von Tönen, unbekannt der Orte, wiederhall'n;
Die Fluthen lauschten auf und die mir theure Lippe
    Ließ diese Worte fall'n:

6.

„O hemmet euren Lauf, hemmt ihn, o günst'ge Stunden,
    Hemm' deinen Flug, o Zeit!
Laß sie uns schlürfend leer'n, die nur so schnell verschwunden,
    Der Jugend Seligkeit!

7.

„Unglückliche genug flehn zu euch in Verzagen,
    Rinnt, Stunden, für sie, rinnt!
Rafft ihren tiefen Gram dahin mit ihren Tagen;
    Vergeßt, die glücklich sind.

8.

„Umsonst, ach! fleh' ich noch um eine kleine Weile;
    Die Zeit entflieht im Lauf;
Und sag' ich zu der Nacht: Flieh' nicht mit solcher Eile,
    Der Tag kommt doch herauf.

9.

„Laß uns denn lieben! Sieh', die Stunde ruft: genießet!
    Wohlauf, genießen wir!
Kein Hafen winkt uns zu und uferlos verfließet
    Die Zeit und wir mit ihr!"

10.

O eifersücht'ge Zeit, soll'n diese trunknen Stunden,
Da uns die Liebe füllt den Kelch der Seligkeit,
Entfliehn wie die, da uns das Unglück schlägt voll Wunden,
    Mit gleicher Schnelligkeit?

11.

Wie! ganz und gar verlor'n! dahin, dahin auf immer!
Wie! selbst nicht eine Spur bleibt uns von all dem Glück?
Die sie uns gab und nimmt, es giebt die Zeit uns nimmer,
    Die Stunden nie zurück!

12.

O Ewigkeit, o Nichts, Abgründe düstrer Trauer,
Was mit den Tagen macht ihr all', die ihr verschlingt?
O sprecht: kommt eine Zeit, die diese Wonneschauer
    Uns jemals wiederbringt?

13.

O See! Fels! dunkler Wald! was rings mein Blick gewahrt!
Ihr die die Zeit verschont oder macht wieder jung,
Bewahrt von dieser Nacht, schöne Natur, bewahre
    Nur die Erinnerung!

14.

Sie schwärm' in deiner Ruh', sie schweb' auf deinen Stürmen,
Du schöner See, sie sprech' aus deinem heitern Strand,
Aus jener Tannen Nacht, den Felsen, die sich thürmen
    Ob dir mit steiler Wand!

15.

Ein Lieple in dem West, der flüchtig dich umsäuselt,
Im Plätschern deiner Well'n am grünen Ufersaum,
Sie läch' im Mondenschein, drin deine Fluth gekräuselt
    Erglänzt wie Silberschaum!

16.

Das Flüstern in dem Schilf, des Windes seufzend Wehen,
Und jeder Balsamhauch, der je umdustet dich,
Und was das Ohr vernimmt, und was die Augen sehen,
    Sag' all: sie liebten sich!

Druck von Otto Wigand in Leipzig.

Inhaltsverzeichniß.

	Seite
Offener Brief an Herrn von Lamartine. Ein Vorwort	V
I. **Vorgeschichte**	1
1. Die europäische Sprachfamilie	1
2. Frankreichs Ureinwohner	5
Die Iberer	5
Die Kelten	6
Keltische Sprachreste	9
Keltische Literatur	10
Die Bretagne	18
Lyrik der Bretagne	22
Epik der Bretagne	36
Das Mährchen vom Ritter Blaubart	40
Die Dramatik der Bretagne	43
3. Rom	67
4. Das Christenthum	72
5. Karl der Große und die Franken	77
6. Frankreich	83
II. **Das Mittelalter**	85
1. Die Sprachen	91
2. Das französische Epos	97
Der karolingische Sagenkreis	100
Die Arthussage	107

Die antiken Glosse . . . . . .
　　　Die Fabliaur . . . .
　　　Le Roman du Renard . . . . .
　　　Der Roman von der Rose . . . . .
3. Die Troubadours . . . . .
　　　Das Gelah (eine Epifode) . . . .
　　　Die Lyriker von Nordfrankreich . . . .
4. Die Wissenschaft im Mittelalter .
　　　Der Ursprung des Reims . . . .
　　　Die Kirche . . . . .
Nachwort . . .